Johann Caspar Julius von Ficker

Beiträge zur Urkundenlehre

Johann Caspar Julius von Ficker

Beiträge zur Urkundenlehre

ISBN/EAN: 9783743318533

Hergestellt in Europa, USA, Kanada, Australien, Japan

Cover: Foto ©Thomas Meinert / pixelio.de

Manufactured and distributed by brebook publishing software
(www.brebook.com)

Johann Caspar Julius von Ficker

Beiträge zur Urkundenlehre

BEITRÆGE

ZUR

URKUNDENLEHRE

VON

DR. JULIUS FICKER,

PROFESSOR AN DER K. K. UNIVERSITAET ZU INNSBRUCK.

ERSTER BAND.

INNSBRUCK.

VERLAG DER WAGNER'SCHEN UNIVERSITAETS-BUCHHANDLUNG.

1877.

DRUCK DER WAGNER'SCHEN UNIVERSITAETS-BUCHDRUCKEREI.

VORBEMERKUNGEN.

1. Den Hauptinhalt der folgenden Unterfuchungen bildet der Verfuch einer Beantwortung der Frage nach der Richtigkeit des aus den Königsurkunden gewonnenen Itinerar. Dafs es fich dabei um eine Frage handelt, deren Wichtigkeit nicht leicht überfchätzt werden kann, wird niemandem gefagt werden dürfen, der fich jemals mit Forfchungen auf dem Gebiete der älteren Reichsgeschichte befchäftigte. Wir betrachten das Itinerar der Könige und Kaifer, wie fich dasfelbe aus der Zufammenftellung der Orts- und Zeitangaben ihrer Urkunden ergibt, als das fefte Gerippe der Reichsgefchichte, welches es geftattet, auch das ungenau Ueberlieferte richtig zu ftellen, die nach Zeit und Ort nicht genügend bestimmten Nachrichten an der ihnen zukommenden Stelle einzureihen und zu verwerthen. Aber nicht das allein. Wir fehen vor allem in dem Itinerar den Haupthaltpunkt für kritifche Unterfuchungen der verfchiedenften Art, den Mafsftab, an dem wir vorzugsweife Glaubwürdigkeit, Unverfälfchtheit und Echtheit der Quellen zu prüfen haben. Um so wichtiger mufs die Beantwortung der Frage feien, ob diefer Mafsftab felbft denn ein durchaus zuverläffiger ift, ob wir wirklich zu der Annahme berechtigt find, dafs urkundliches und thatfächliches Itinerar fich ausnahmslos decken, dafs der König fich am Tage der Datirung der Urkunde auch immer an dem in ihr genannten Orte aufgehalten habe.

Diefe Frage wurde bisher ganz überwiegend bejahend beantwortet. Böhmer ging bei feinen bahnbrechenden Arbeiten jederzeit von der Annahme der unbedingten Richtigkeit des Itinerar aus; er erklärt fich ausdrücklich gegen die mehrfach ausgefprochene Behauptung, dafs die Zeitangabe nicht immer mit dem Aufenthaltsorte des Ausftellers zufammenfalle, er meint, in diefem Falle fei fein Regeftenwerk ja überhaupt nicht ausführbar gewesen. Arbeitete er diefes zunächst aus auf Grundlage der Drucke, fo mochte auch da, wo die Unvereinbarkeit der Datirung mit dem Itinerar zur Verwerfung der Echtheit der Urkunde nicht zu genügen schien, in Mängeln der Ueberlieferung und der Wiedergabe

1] eine in den meiſten Fällen ausreichende Erklärung gefunden werden. Fälle, wo der Widerſpruch ſich bei zweifellos echten Originalen ergibt, entgingen freilich auch ſeiner Aufmerkſamkeit nicht. Aber der Maſſe des ſich genügend fügenden Material gegenüber mochte da immerhin die Annahme von Schreibfehlern und ähnlichen Mifsgriffen die Bedenken beseitigen.

In neuerer Zeit find nun für einſchlagende Arbeiten in ungleich weiterem Umfange die Originale ſelbſt herangezogen. Für gar manche dem Itinerar ſich nicht einfügende Datirung iſt damit die Annahme ſpäterer Verderbnifs ausgeſchloſſen. Trotzdem iſt die Anficht Böhmers im allgemeinen die herrſchende geblieben. Insbeſondere hielt Stumpf mit gröſster Beſtimmtheit an ihr feſt. Wie er ſich Reichskanzler 1,122 ausdrücklich dahin ausſpricht, dafs Ausnahmen von der Regel des Zuſammenfallens von Zeit und Ort nur anzunehmen ſeien, wo in der Datirung ſelbst darauf hingewieſen iſt, ſo hat er ſich von dieſer Annahme denn auch bei ſeiner Anordnung der Königsurkunden leiten laſſen, indem er das Widerſprechende durchweg als Zeichen der Unechtheit oder aber als Verſehen der Kanzlei behandelt. Ebenſo erklärte Breſslau zunächſt auf Grundlage der Durchforſchung der Diplome K. Konrads II., dafs an der völligen Genauigkeit des aus den Urkunden ermittelten Itinerar feſtzuhalten ſei. Von ihm, wie von andern, ſind dann wohl in Einzelfällen Ausnahmen von der Regel zugelaſſen; es wird auch weitergehend wohl zugegeben, dafs die Frage noch nicht als endgültig beantwortet zu betrachten ſei. Aber wenigſtens ſtillſchweigend pflichten der Annahme Böhmers faſt alle neueren Forſcher bei, indem ſie bei ihren Unterſuchungen das urkundliche Itinerar als übereinſtimmend mit dem thatſächlichen und als ſicherſtes Hülfsmittel geſchichtlicher Forſchung behandeln.

2. Von Bedenken gegen die Richtigkeit des urkundlichen Itinerar wird allerdings ſtreng genommen ſo lange nicht die Rede ſein dürfen, als es ſich nur um vereinzelte Regelloſigkeiten handelt. Steht feſt, dafs Ort und Zeit ſich immer entſprechen ſollten, ſo kann die Zuverläſſigkeit des Itinerar im allgemeinen nicht dadurch in Frage geſtellt werden, dafs das ſelbſt in Originalen in Folge von Schreibfehlern und ähnlichen Verſehen in Einzelfällen thatſächlich nicht der Fall war. Dann wird es ſich einfach darum handeln, das in der Kanzlei begangene Verſehen nach Mafsgabe der feſtſtehenden Regel möglichſt zu beſſern, um die Angabe trotzdem für die Vervollſtändigung des Itinerar benutzen zu können. Von Bedenken gegen die Richtigkeit im allgemeinen wird erſt dann die Rede ſein können, wenn ſich ergeben ſollte, dafs jenes Entſprechen von Ort und Zeit entweder überhaupt nicht immer beabſichtigt war, oder aber, wenn auch beabſichtigt, die Abweichungen ſich nicht aus regelloſen Verſehen in Einzelfällen, ſondern aus einer Art und Weiſe der Datirung der Urkunden ergaben, welche zu oft ſich wiederholenden gleichmäſſigen Mifsgriffen in dieſer Richtung Veranlaſſung bot.

Denke ich, dafs das wirklich zutrifft, fo ftehe ich mit diefer Anficht nicht vereinzelt; fie wird von einem der kompetenteften Fachmänner getheilt. Mit nächfter Rückficht auf die Diplome der Karolinger fprach fich Sickel dahin aus, dafs Tag und Ort nicht genau denfelben Zeitpunkt bezeichnen follten, dafs er daher dem Itinerar nur annähernde Richtigkeit beilegen könne. Zu entfprechendem Ergebniffe war ich felbft für eine fpätere Zeit gelangt, als die Ergänzung der Regesten K. Ludwigs des Baiern mich zu einer genauern Prüfung feines Itinerar nöthigte. Aehnliche Bedenken, wie ich fie dort befprach, ergaben fich dann wieder bei der fortgefetzten Befchäftigung mit Böhmers Regeften der fpätern ftaufifchen Zeit behufs einer neuen Ausgabe derfelben. Zu den Fällen, auf welche fchon Huillard-Bréholles in diefer Richtung hinwies, gefellten fich eine Reihe entfprechender. Fand ich auch nicht gerade Veranlaffung, an dem Zusammenfallen von Ort und Zeit als Regel zu zweifeln, fo befeftigte fich doch mehr und mehr die Anficht, dafs es fich bei den dem Itinerar nicht entfprechenden Datirungen wohl um Ausnahmen handle, aber doch nicht um unberechenbare Regellofigkeiten; dafs, weil die Verfchiebungen des Itinerar fich durchweg in einer gewiffen Richtung ergaben, dabei nicht blofser Zufall wirkfam fein könne, demnach auch die Möglichkeit vorliegen müffe, Haltpunkte zu gewinnen, nach denen fich beurtheilen läfst, was im Einzelfalle für die Abweichung mafsgebend war, zu zeigen, wie das, was im grofsen Zufammenhange als Unregelmäffigkeit erfcheint, darum doch auch wieder der befonderen Regel nicht entbehren mufs. So oft ich verfucht und veranlafst war, die Löfung der fich hier bietenden Fragen beftimmter ins Auge zu faffen, fo hielten mich doch lange die vorauszufehenden Schwierigkeiten davon ab.

3. Zu diefen Schwierigkeiten zählte ich insbefondere den Umftand, dafs ich mich mehr und mehr überzeugte, wie ein Verfuch, nur jene Frage an und für fich zu löfen, zu keinen genügenden Ergebniffen führen könne, wie es nöthig fein werde, die Unterfuchung auf die a n f c h e i - n e n d f i c h w i d e r f p r e c h e n d e n A n g a b e n d e r U r k u n d e n überhaupt auszudehnen, welche fich überwiegend daraus ergeben, dafs diefe und jene Angabe zur Datirung nicht zu ftimmen fcheint. Denn die Löfung jener Frage wird wefentlich dadurch bedingt feien, dafs die Bedeutung der Datirung feftgeftellt wird, was wieder nur möglich ift, wenn wir ihr Verhältnifs zu andern Angaben der Urkunde beftimmter ins Auge faffen. In diefer Richtung ging man bisher durchweg von der Anficht aus, dafs nicht blos in der Datirung felbft der Ort dem Tage entfpreche, fondern dafs auch die fonftigen Angaben der Urkunde auf diefen Ort und Tag zu beziehén feien. Oft genug war das fogar bezüglich der verbrieften Handlung der Fall. Wenn auch fchon mehrfach beftimmter darauf hingewiefen war, dafs zwifchen Zeit und Ort der Handlung und· der Beurkundung zu fcheiden fei, fo wurde das doch höchftens in Einzelfällen beachtet, im allgemeinen angenommen, dafs

3] es ſich da, wo nicht etwa in der Urkunde ſelbſt auf das Verhältnifs hingewieſen ſei, um keinen vom Forſcher zu beachtenden Zeitunterſchied handle. Mindeſtens aber war nach der herrſchenden Anſicht die Datirung für alle Angaben maſsgebend, welche ſich auf die Beurkundung ſelbſt beziehen. Dafs eine aus der Kaiſerzeit datirte Urkunde dem Herrſcher nicht den Königstitel geben dürfe und umgekehrt, dafs die Zeugen am angegebenen Tage und Orte beim Könige waren, dafs der Kanzler, wenn nicht anweſend, zur Zeit der Datirung mindeſtens im Amte geweſen ſeien müſſe, das und ähnliches ſind doch Behauptungen, welche bisher nicht leicht einem Widerſpruche begegneten.

Aber auch in dieſer Richtung war ich mehrfach auf die gewichtigſten Bedenken geſtoſſen. Schon vor einigen Jahren ſuchte ich bezüglich mehrerer zweifellos echter Urkunden K. Friedrichs II. nachzuweiſen, dafs ſie nicht blos nicht am angegebenen Orte und nicht zur angegebenen Zeit, ſondern überhaupt nicht vom Kaiſer ausgeſtellt ſeien. Fand das meines Wiſſens bisher keinen Widerſpruch, ſo mufs doch der Nachweis eines Falles, der in ſolchem Maſse der Anſicht von der vollen Genauigkeit aller urkundlichen Angaben widerſpricht, die begründetſten Zweifel erregen, ob wir befugt ſind, andere, weniger gut beglaubigte Urkundentexte wegen oft viel geringerer Regelloſigkeiten ſchlechtweg als unecht zu verwerfen. Und fanden ſich dann weiter mehrfach Fälle, wo der Anſtand ſich in der Richtung ergab, dafs eine anderweitige Angabe der Urkunde wohl dem Orte, nicht aber der Zeit der Datirung, oder umgekehrt, entſprach, ſo überzeugte ich mich mehr und mehr, dafs eine Unterſuchung der Richtigkeit des Itinerar ſich nothwendig auf alle zur Datirung in irgendwelcher Beziehung ſtehenden anſcheinenden Widerſprüche der Urkunden erſtrecken müſſe. Und damit ergab ſich eine Aufgabe, bei der mich nicht blos der Umfang abſchreckte, ſondern auch das Bewuſstſein, gar mancher nothwendigen Vorkenntniſſe zu ermangeln.

Auch jetzt würde ich mich zu einem Eingehen auf dieſelbe nicht entſchloſſen haben, wenn nicht die Unterſuchung nächſtliegender Fragen mich unbeabſichtigt ſo weit in den Stoff hätte hineingerathen laſſen, dafs ich mich nicht enthalten mochte, den Weg, auf den ich mich einmal geführt fand, wenigſtens bis zu einem gewiſſen Punkte weiter zu verfolgen. Eine durch verfaſſungsgeſchichtliche Studien veranlaſste Unterſuchung über die Intervenienten der Königsurkunden brachte mich zunächſt auf die Frage, in wie weit wir jene als zur Zeit der Beurkundung am Hofe anweſend betrachten dürfen; und damit auf die weiteren Fragen, ob man bei der Datirung zunächſt die Zeit der Handlung, oder aber die der Beurkundung im Auge hatte; und in letzterm Falle, in wie weit wenigſtens annähernd die Zeit der Beurkundung zugleich als maſsgebend für die Zeit der Handlung anzuſehen ſei. Dabei ergaben ſich nun ungleich häufigere und ſtärkere Abweichungen, als ich das irgend erwartet hatte. Es ergaben ſich aber zugleich Fälle, bei denen ſich herausftellte, wie die genügende Beachtung diefes Verhältniffes oft von ausfchlaggebender Wichtigkeit feien könne. Es mag genügen, an das vielbefprochene Schreiben der deutfchen Fürften für K. Philipp an den Pabft zu erinnern; wenn die Unterfuchungen der mit der Gefchichte diefer Zeit vertrauteften Forfcher über das Jahr, in welches es zu fetzen fei, zu keinem befriedigenden Ergebniffe führten, fo lag doch der Grund zweifellos darin, dafs man durch die Datirung verleitet Speier auch als den Ort der Handlung betrachtete, während ein meiner Anficht nach ficheres Ergebnifs bei genügender Beachtung des Unterfchiedes zwifchen Handlung und Beurkundung alsbald gewonnen wurde. Veranlafsten mich folche Umftände, zunächft jener Frage weiter nachzugehen, als das der nächfte Zweck erfordert hätte, fo mufste mich das natürlich auf alle fchon früher gehegten Bedenken bezüglich der Genauigkeit des urkundlichen Itinerar und der anfcheinenden Widerfprüche der Urkunden überhaupt zurückführen. Und dabei glaubte ich mich denn mehr und mehr zu überzeugen, dafs die Art und Weife, wie man vom Standpunkte der vollen Zuverläffigkeit des urkundlichen Itinerar und der nöthigen Uebereinftimmung der fonftigen Angaben mit der Datirung ausgehend die verfchiedenften Widerfprüche zu erklären fuchte, in vielen Fällen an und für fich unzuläffig erfcheinen müffe. Es handelt fich dabei insbefondere um die Annahme von Fälfchungen und von Schreibfehlern in den Originalen. Werde ich fpäter in Einzelfällen wieder und wieder auf die eine und die andere zurückkommen müffen, während fich da andererfeits doch keine Gelegenheit zu zufammenhängender Erörterung bietet, fo wird es fich empfehlen, mich von vornherein über die Geßchtspunkte auszufprechen, welche ich beiden Annahmen gegenüber glaube einhalten zu müffen.

ERKLÄRUNG DURCH FÄLSCHUNG.

4. Die Erklärung der Widerfprüche durch Annahme der Fälfchung der Urkunde fcheint allerdings immer der nächft liegende Ausweg zu fein. Aber bei genauerer Prüfung erweift er fich häufig als durchaus unzuläffig.

Das kann fich zunächft ergeben aus der Echtheit des Original. Ich glaube an diefem Ausdrucke hier und fpäter auch gegenüber den an und für fich gewifs richtigen Bemerkungen von Sickel Acta Kar. 1,376 fefthalten zu follen, da mir keiner die Sache fo beftimmt zu bezeichnen fcheint und der Begriff der Echtheit und Unechtheit doch überall anwendbar ift, wo fich etwas als das erweift oder nicht erweift, was es angeblich feien foll. Auch das wirkliche Original ift für uns zunächft nur ein angebliches Original, bis die genauere Prüfung ergeben hat, dafs die Angabe zutrifft, dafs es alfo echt fei. Und auch das, was fich nach der Auffaffung Sickels fchliefslich überhaupt nicht als Original erweift, erhebt durch feine äufsere Erfcheinung den Anfpruch, Ori-

4] ginal zu feien, kann in diefer Beziehung als unechtes oder bei zweifel-
haftem Ergebnifs auch als verdächtiges Original bezeichnet werden.
So richtig es zweifellos ift, in der Regel nur vom Original fchlechtweg zu fprechen, fo zuläffig erfcheint es mir doch auch, es überdies als
echt zu bezeichnen, wo der berührte Umftand irgend in Frage kommt.
Ich wies nun fchon darauf hin, dafs in vielen Fällen bei Urkunden
mit den auffallendften Unregelmäfsigkeiten die Echtheit des Original
die Annahme einer Fälfchung ausfchliefst, dafs gerade die ausgedehntere
Prüfung der Originale in neuerer Zeit die Bedenken gegen die volle Zuverläffigkeit des Itinerar wefentlich gefteigert hat. Es wird fich in dieser
Richtung nur fragen können, ob fich wirklich mit voller Sicherheit über
die Echtheit folcher Stücke urtheilen läfst. Und das glaube ich allerdings bejahen zu müffen, wenn beim Beurtheiler die im allgemeinen,
wie für den befondern Fall nöthigen Vorkenntniffe vorhanden find.
In erfter Reihe wird es fich dabei um die graphifchen Merkmale
handeln. Es ift kein angebliches Original bekannt, welches nach inneren
Merkmalen erft in einer Zeit entftanden fein kann, in welcher der Schriftcharakter fchon wefentlich von dem der angeblichen Entftehungszeit
abwich, und welches dennoch in diefer Richtung fich als unanfechtbar
erwiefen hätte; entweder verräth es unmittelbar den Schriftcharakter
jener fpätern Zeit, oder es wird bei ängftlichem Nachbilden einer echten
Vorlage in feiner Gefammtheit den Zwang, den fich der Schreiber in
diefer Richtung aufzuerlegen hatte, fo beftimmt hervortreten laffen, dafs
der Umftand felbft dem mit den Einzelnheiten der Schrift nicht Ver-
trauten fich unmittelbar bemerklich machen wird. Ift oft auf das Privilegium maius Auftriae als Beifpiel einer Fälfchung hingewiefen, deren
äufsere Erfcheinung unanfechtbar fei, fo kann ich nur fagen, dafs mir
das Stück, als es mir unter einer Reihe anderer vorlag, auf den erften
Blick den Eindruck künftlicher Nachbildung machte, ehe ich irgend
ahnte, dafs ich die vielbefprochene Fälfchung in Händen habe.
Es ift nun freilich zuzugeben, dafs, fo ficher die Schriftmerkmale
oft die Unechtheit erweifen können, diefelben in vielen Fällen nicht mit
gleicher Sicherheit die Behauptung der Echtheit rechtfertigen werden.
Die Fälfchung kann eine nahezu gleichzeitige feien und damit jede Veranlaffung zu Beanftandung in der bezeichneten Richtung entfallen. Zumal bei Privaturkunden wird zweifellos auf Grundlage einer Prüfung der
graphifchen Kennzeichen fich häufig nur Unverdächtigkeit, nicht aber
Echtheit behaupten laffen. Bei Königsurkunden ift die Sachlage aber
doch vielfach eine andere. Allerdings fehlt da in fpäteren Jahrhun-
ten ein fo fefter Haltpunkt, als ihn Sickel Acta 1.371 für die Karolinger-
diplome in der eigenhändigen und durch individuellen Charakter aus-
gezeichneten Rekognition fand. Aber einmal ift hier fchon fehr viel
gewonnen mit der an das Original zu ftellenden ftrengeren Forderung,
dafs die Schrift nicht blos zeitgemäss, fondern auch kanzleigemäfs fei.
Die Fälle dürften felten feien, wo beim Zutreffen beider Merkmale den-

noch gegründete Zweifel an der Originalität bleiben. Aber bei der verhältnifsmäfsig grofsen Zahl ziemlich gleichzeitiger Urkunden, welche fich aus der Reichskanzlei erhalten haben, läfst fich da ja noch weiter bis auf den individuellen Charakter der Hand des einzelnen Schreibers zurückgehen. Ergibt das angebliche Original fich als gefchrieben von einem Schreiber, der nach Ausweis anderer Originale zur betreffenden Zeit in der Kanzlei befchäftigt war, fo wird die Echtheit keinem Zweifel unterliegen können. Selbft dann, wenn von keinem der angeblichen Originale die Echtheit an und für fich feftfteht, wird die Gleichheit der Schrift für alle Beweis der Echtheit feien müffen, wenn die näheren Umftände, insbefondere Fehlen jeder Verbindung zwifchen den Empfängern, darauf hinweifen, dafs es fich nicht um Fälfchung durch diefelbe Perfon würde handeln können. Sind nach Schum, N. Archiv der Gefellfch. 1,149, St. 3268 für Walkenried und St. 3269 für Bergamo von derfelben Hand gefchrieben, fo läfst fich die Uebereinftimmung doch nur durch das Hervorgehen beider aus der Reichskanzlei erklären. Wird in neuerer Zeit bei diplomatifchen Unterfuchungen diefer Umftand ganz befonders beachtet, fo ift das gewifs der richtige Weg, um zu möglichft zweifellosen Haltpunkten für die Entfcheidung zu gelangen. Es ift möglich, dafs trotz umfaffendfter Vorarbeiten in diefer Richtung auch für Königsurkunden in Einzelfällen fich nur die Behauptung der Unverdächtigkeit wird rechtfertigen laffen, da ja zufällig von einzelnen Schreibern nur einzelne Diplome erhalten feien können. Für die weit überwiegende Maffe der wirklichen Originale wird fich aber fchliefslich auf diefem Wege die Echtheit mit zweifellofer Sicherheit erweifen laffen.

Bedenken könnte da etwa nur noch der von Rieger in den Sitzungsber. der kaiferl. Akad. 76,493 befprochene Umftand bieten, dafs auch aus der königlichen Kanzlei Fälfchungen hervorgegangen zu feien fcheinen. Es wäre ja möglich, dafs es fich bei folchen Fälfchungen nicht wie in dem von ihm zunächft befprochenen Falle um ein angeblich viel älteres, fondern um ein der Zeit der Fälfchung angeblich gleichzeitiges Diplom handeln und damit jenes Kennzeichen der Echtheit feine beweifende Kraft verlieren würde. Für unfere Zwecke wird es nicht nöthig feien, auf den Fall näher einzugehen, etwa näher zu erörtern, in wie weit wir auch da noch von einem echten Original einer unechten Urkunde würden fprechen dürfen. Beabfichtigen wir, uns nicht mit der Glaubwürdigkeit der beurkundeten Thatfache, fondern mit den anfcheinenden Regellofigkeiten der Beurkundung zu befchäftigen, fo werden wir in diefer Richtung zweifellos die aus der Kanzlei felbft hervorgegangene Fälfchung dem echten Originale gleichftellen und überzeugt fein dürfen, dafs bei ihr jede bei echten Beurkundungen unzuläffige Regellofigkeit forgfam vermieden feien wird.

Glaube ich nun nach dem Gefagten, dafs ein völlig ficheres Urtheil über die Echtheit der Originale insbefondere von Königsurkunden möglich ift, fo ergibt fich doch zugleich, dafs diefes Urtheil nicht Sache eines

4] folchen fein kann, der, wie ich, für andere Zwecke wohl viele Originale eingefehen hat, dabei aber doch niemals dem graphisch-diplomatifchen Beftande eine gröfsere Aufmerkfamkeit zuwandte; mit der blofsen Einficht des Original ift in diefer Richtung nichts gewonnen, wenn der Blick des Prüfenden nicht fchon vorher durch langjährige Uebung und Vergleichung die für folche Aufgaben unerläfsliche Schärfe erlangt hat. Aber es fcheint mir für die Zwecke, welche ich verfolge, durchaus zu genügen, wenn ich die Gründe angab, wefshalb ich das Urtheil folcher, bei welchen ich jene Schärfe des Blickes vorausfetzen darf, als ein genügend ficheres behandle. Denn über Einzelfälle, wie ich fie im Auge habe, liegen Urtheile kompetenter Fachleute ohnehin in fo grofser Zahl vor, dafs fie wenigftens für die Gewinnung eines fichern Ausgangspunktes durchaus genügen.

5. Suchen wir uns nun auf Grundlage folcher Urtheile das **Mafs der nach Ausweis echter Originale zuläffigen Unregelmäfsigkeiten** der Beurkundung zu vergegenwärtigen, fo wird zugegeben werden müffen, dafs diefes Mafs doch das weit überfchreitet, was man vor noch nicht langer Zeit in diefer Richtung irgend für möglich gehalten hätte. Ich gehe zweifellos am ficherften, wenn ich mich dafür vor allem auf die Ergebniffe der Prüfung von Originalen durch Stumpf berufe, deffen Urtheil ich da nicht allein überhaupt als ein für mich mafsgebendes betrachte, fondern auch als ein gerade in diefer Richtung befonders unbefangenes, da Stumpf der Annahme der Zuläffigkeit von Regellofigkeiten in echten Urkunden im allgemeinen durchaus abgeneigt ift. Er gibt felbft Wirzb. Immunitäturk. 18 ein Verzeichnifs von Unregelmäfsigkeiten, welche nach Mafsgabe feiner Unterfuchungen Originale nicht verdächtigen. Diefes Verzeichnifs würde nun allerdings meine Behauptung kaum rechtfertigen. Es handelt fich zum grofsen Theile um ziemlich unfchuldige Dinge, leicht erklärliche Mängel, mehr um Auffallendes und Eigenthümliches, als Widerfprechendes; von Regellofigkeiten, wie ich fie im Auge haben, ift da etwa nur für St. 1464.65. 3980 Rekognition durch einen Kanzler zugeftanden, der zur Zeit der Datirung noch gar nicht im Amte war. Aber bei Auffitellung diefes Verzeichniffes hat fich Stumpf fichtlich in Schranken gehalten, an welche er nach Mafsgabe feiner Unterfuchungen in keiner Weife gebunden war. Es mag genügen, zum Belege auf die von ihm früher als verdächtig bezeichneten Stücke hinzuweifen, welche er wenige Seiten früher, Wirzb. Imm. 12, nachträglich auf Grundlage einer Prüfung der Originale als echt anerkennt. Danach würde jenes Verzeichnifs fich doch etwa dahin ergänzen laffen, dafs es nach St. 232 keinen Anftofs erregen mufs, wenn eine acht Jahre vor der Datirung geftorbene Königin als lebend erwähnt wird, nach St. 412, wenn eine Königsurkunde aus der Kaiferzeit datirt ift, nach St. 2264, wenn ein Kanzler rekognofzirt, der zur Zeit der Datirung fchon feit anderthalb Jahren nicht mehr im Amte war, nach St. 798. 3552, wenn die Datirung deutfche Orte zu einer Zeit nennt,

wo der Ausfteller in Italien oder gar auf dem Kreuzzuge war. Und wir werden noch viele ähnliche Fälle aus Originalen zu erwähnen haben, welche von Stumpf oder andern Fachmännern als echt anerkannt find. Um das Mafs deffen, auf was wir da gefafst feien müffen, im allgemeinen anzudeuten, mag es genügen, noch auf einige befonders auffallende Fälle hinzuweifen. Nach der Darlegung von Bayer in den Forfch. zur D. Gefch. 16,178 wird an der Echtheit einer bisher allgemein verworfenen Königsurkunde gar nicht zu zweifeln feien, obwohl fie eine Reihe angeblicher Unterfchriften von Männern enthält, welche zur Zeit der Datirung fchon verftorben waren. Von Sickel ift eine, von ihm in der Sitzung der kaiferl. Akademie vom 15. Dec. 1875 befprochene, im Namen und unter dem Siegel K. Ottos I. ausgeftellte Urkunde als unbedingt echt anerkannt, welche nach einer mir freundlichft mitgetheilten Abfchrift den Kaifer bald felbftredend einführt, bald von ihm in dritter Perfon fpricht, welche im Eingange den Bifchof Hartbert von Chur, am Ende aber feinen Nachfolger als lebend erwähnt. Stumpf bezeichnet das Original von St. 500 als unzweifelhaft echt; und doch können, während der Haupttheil des Textes und das Protokoll K. Otto I. angehören, die Schlufsfätze des Textes nur von K. Otto II. herrühren.

Man würde nun aber das Gewicht folcher Fälle meiner Anficht nach durchaus unterfchätzen, wenn man fie lediglich als mafsgebend für den Einzelfall behandelte. Es wird doch nicht zuläffig feien, die eine Regellofigkeit als unanftöfsig zu betrachten, weil fie in einem echten Originale nachgewiefen ift, eine andere, vielleicht nächftverwandte aber noch als ficheres Kennzeichen der Unechtheit zu behandeln, weil jenes bis jetzt noch nicht zutrifft. Stumpf ftellt Wirzb. Imm. 18 ein Verzeichnifs von Unregelmäfsigkeiten auf, von welchen jede für fich ausreichen foll, um die Echtheit, wenn nicht der Urkunde, doch des angeblichen Original zu entkräften. Aber wenn einmal zugegeben ift, dafs echte Königsurkunden aus der Kaiferzeit datirt feien können, müffen dann etwa St. 271. 286 fchon defshalb unecht feien, weil fie eine Kaiferurkunde aus der Königszeit datiren? Wenn Stumpf Wirzb. Imm. 30 anerkennt, dafs St. 564. 565, Diplome K. Ottos II. mit dem Protokoll K. Ottos I., echt feien, werden wir dann von vornherein Urkunden verwerfen dürfen, weil fie umgekehrt einem vom Vater herrührenden Text das Protokoll des Sohnes zufügen? Dafs fich bis jetzt vielleicht nur für das eine, nicht aber für das andere Fälle von zweifellofer Echtheit ergeben haben, wird man doch als blofsen Zufall wenigftens fo lange behandeln dürfen, als die genauere Prüfung diefer Verhältniffe noch nicht feftgeftellt hat, dafs wohl für den Widerfpruch nach der einen, nicht aber auch nach der andern Richtung hin ein genügender Grund vorhanden war.

So lange folche Prüfung noch ausfteht, geben uns die als echt anerkannten Originale zunächft nur den Beweis, dafs im allgemeinen die auffallendften Widerfprüche in der Datirung felbft oder zwifchen der Datirung und anderen Angaben fich auch in echten Urkunden finden

5] können. Aber fie berechtigen uns von vornherein nicht, da eine beftimmte Gränze zu ziehen. Weiter werden fie uns dann allerdings für jene Prüfung die ficheren Haltpunkte gewähren. Läfst fich feftftellen, dafs die Regellofigkeit einer anerkannt echten Urkunde fich nothwendig aus diefem oder jenem Vorgehen bei der Beurkundung ergeben haben müffe, fo wird damit jede andere Regellofigkeit, welche bei folchem Vorgehen ihre genügende Erklärung findet, als an und für fich nicht ausreichend für die Annahme der Fälfchung auch dann betrachtet werden müffen, wenn fie bis jetzt in keinem Originale von zweifellofer Echtheit nachgewiefen wurde.

6. Ich glaube in diefer Richtung aber noch weiter gehen und Urkunden, welche Unregelmäfsigkeiten der angedeuteten Art enthalten, vielfach auch dann als echt betrachten zu dürfen, wenn fie uns nur in Abfchrift erhalten find oder über das angebliche Original ein mafsgebendes Urtheil noch nicht vorliegt. Auf den erften Blick wird uns allerdings jede Unregelmäfsigkeit wenigftens als Verdachtsgrund erfcheinen. Bei näherer Unterfuchung ergibt fich dann aber nicht felten gerade Nichterklärlichkeit der Unregelmäffigkeit bei Annahme der Fälfchung, es ftellt fich heraus, dafs diefelbe bei Annahme der Echtheit nach Mafsgabe anderer Fälle höchftens auffallend, aber nicht unerklärlich ift, während gar nicht abzufehen ift, wie ein Fälfcher zu derfelben gelangt fein follte. Liegt dann gegen eine folche Urkunde wirklich kein weiterer Verdachtsgrund vor, fo ift doch der Schlufs nicht abzuweifen, dafs das, was anfangs Verdachtsgrund war, umgekehrt gerade als Merkmal der Echtheit zu betrachten ift.

Auch bei Annahme der Fälfchung wird die Unregelmäfsigkeit einer Erklärung bedürfen, fie mufs doch durch irgend etwas veranlafst feien. Man könnte allerdings verfucht feien, diefe Forderung von vornherein abzuweifen, weil eben die Fälfchung überhaupt jeder Regel entbehre, weil der Unwiffenheit oder Nachläffigkeit eines Fälfchers jede Regellofigkeit zuzutrauen fei. Dem wird man in fehr vielen Fällen ohne weiteres zuftimmen können; nicht freilich, als ob eine Veranlaffung in irgendwelchem Falle fehlen könne; fondern weil im gegebenen Einzelfalle jene Unwiffenheit als ausreichende Erklärung anzuerkennen ift.

Aber nicht in jedem Falle reichen wir damit aus. Faffen wir nicht eine einzelne, fondern eine Reihe verdächtiger Urkunden ins Auge, fo ergibt fich nicht felten eine Wiederholung der Widerfprüche in beftimmter Richtung. So werden wir fehen, dafs die Widerfprüche in der Datirung felbft in der ganz überwiegenden Mehrzahl der Fälle fo liegen, dafs der König den Ort am angegebenen Tage fchon verlaffen haben mufste, nicht umgekehrt. Wir finden weiter nicht gerade felten in übrigens unverdächtigen Urkundentexten Perfonen als lebend erwähnt, welche zur Zeit der Datirung erweislich verftorben waren. Schwerlich aber dürfte fich eine nicht ohnehin durch eine Reihe anderer Gründe als Fälfchung zu erweifende Urkunde finden, in welcher noch nicht lebende Perfonen im Texte aufgeführt würden. Wir gelangen fo auf das Ergebnifs, dafs das im Einzelfalle einfach als regellos Erfcheinende doch beim Zufammenfaffen verwandter Fälle der Regel nicht entbehrt.

Dafs zur Erklärung folcher Erfcheinungen die Unwiffenheit der Fälfcher nicht ausreicht, liegt auf der Hand. Diefe müfste durchschnittlich eben fo oft zu einem Zufrüh, als zu einem Zufpät geführt haben; es ift undenkbar, dafs die Fälfcher rein zufällig fo überwiegend gerade nur auf das eine gelangt wären. Und zwar gerade auf das, was beim Fefthalten an der Datirung als wirklicher Ausftellungszeit zwar einen Widerfpruch, aber keine Unmöglichkeit ergibt. Jedes Vergangene kann aus irgendwelchem Verfehen als noch feiend erwähnt werden; aber niemandem wird fich aus blofsem Verfehen das Zukünftige offenbaren.

7. Umftände, wie die befprochenen, müffen allerdings im allgemeinen mifstrauifch gegen die Verfuche machen, die Widerfprüche in fonft unverdächtigen Urkunden auf Fälfchung zurückzuführen. Aber da fie nur im Zufammenhange von Gewicht find, können fie für den Einzelfall nicht mafsgebend feien. Wohl aber kann das zutreffen bei einem verwandten Verhältniffe, bei Uebereinftimmung von Unregelmäffigkeiten in Urkunden für verfchiedene Empfänger. Das der Regel Entfprechende wird fich zuweilen auch in von einander unabhängigen Fälfchungen übereinftimmend ergeben können; es konnten zwei Fälfcher Kenntnifs davon haben, dafs der König an einem beftimmten Tage an diefem oder jenem Orte war; ihr Wiffen erklärt genügend die Uebereinftimmung ihrer richtigen Angaben. Aber gerade das Unrichtige und Regellofe, nicht auf die Wirklichkeit der Thatfachen oder den vielleicht zwei Fälfchern bekannten regelmäfsigen Brauch der Kanzlei fich Stützende wird fich nicht zweimal zufällig ganz übereinftimmend geftalten. Nennen zwei Urkunden übereinftimmend Ort und Tag, während erweislich der König an diefem Tage an einem andern Orte war, oder ftimmen fie in einer Formel überein, welche dem Kanzleigebrauche nicht entfprach, fo kann dabei kein Zufall gewaltet haben. Sollen es Fälfchungen feien, fo mufs fich ein Zufammenhang glaublich machen laffen. Und diefer ift in der Regel ganz unwahrfcheinlich, wenn es fich um Urkunden für verfchiedene Empfänger handelt.

So ift die Echtheit von St. 549. 550 bezweifelt, weil beide von 961 Ind. 3 ohne Tag datirt im Texte Otto I. fchon als Kaifer kennen. Das kann auch bei Annahme der Fälfchung nicht auffallen, da fie für Gernrode und das von diefem abhängigen Klofter Frofe beftimmt find, alfo Werk deffelben Fälfchers feien könnten. Wie aber ift es nun zu erklären, dafs auch St. 548 für Klofter Hadmersleben bei gleicher Datirung ganz denfelben Widerfpruch im Texte zeigt? Man könnte auf die nicht zu weite Entfernung beider Klöfter hinweifen, die doch einen Zufammenhang der Fälfchungen nicht gerade unwahrfcheinlich mache. Aber

7] weder im Inhalte, noch in der formellen Faſſung ergibt ſich irgendwelche
Uebereinſtimmung; n. 548 müſste ganz unabhängig von den Gernroder
Urkunden gefälſcht oder interpolirt ſeien. Ganz zufällig würden alſo
zwei Fälſcher gleichmäſſig darauf verfallen ſeien, eine und dieſelbe zum
Inkarnationsjahr nicht paſſende Indiktion zu nennen; beide würden weiter zufällig keinen Tag genannt haben, wie das in dieſer Zeit doch ungewöhnlich iſt; ſchlieſslich würden wieder beide zufällig auf die zum
Jahre noch nicht paſſende Erwähnung des Kaiſers verfallen ſeien. Das
gränzt ſo nahe an die Unmöglichkeit, daſs ich die Urkunden eben wegen
jenes anſcheinenden Widerſpruches für echt halten würde, wenn ſich
auch von keiner das Original erhalten hätte.

Würde man trotz des Fehlens aller Spuren gegenſeitiger Beeinfluſſung im beſprochenen Falle auf die Nachbarſchaft der Klöſter Gewicht legen wollen, ſo würde in andern auch dieſer ſchwache Halt fehlen. Das Diplom K. Lothars von 1134 für das weſtfäliſche Kloſter
Klarholz, St. 3298, iſt von Stumpf und Schum, Vorſtudien zur Diplomatik K. Lothars 12, insbeſondere deſshalb verdächtigt, weil es darin
heiſst: *data per manum Norberti archicancellarii et Magdeburgensis
archiepiscopi*, Norbert aber nur Erzkanzler für Italien geweſen ſei. In
wie weit dieſes Bedenken überhaupt begründet, können wir hier zunächſt
aufser Acht laſſen. Nun iſt aber jene Formel, welche ſtatt des Recognoscere das Dare per manum angibt, an und für ſich eine ganz ungewöhnliche. Wäre ſie etwa ſpäter in Gebrauch gekommen, ſo könnte
man annehmen, der Fälſcher habe ſie willkürlich auf frühere Zeit übertragen; aber genau ſo iſt ſie überhaupt nie üblich geworden; wir werden
darauf zurückzukommen haben. Wäre ſie ſonſt überhaupt nicht nachweisbar, ſo könnte ein mit der gewöhnlichen Rekognitionsformel unbekannter Fälſcher ſie frei gebildet haben. Aber ganz dieſelbe Formel
finden wir gerade von Norbert auch 1133 angewandt in Urkunde K.
Lothars für S. Benedetto di Polirone, St. 3282. Die Möglichkeit zufälli-
gen Uebereinſtimmens iſt da doch ſo beſtimmt ausgeſchloſſen, daſs der
Zuſammenhang einer Erklärung bedarf. Dieſe in der von Schum eventuell angedeuteten Annahme finden zu wollen, der Fälſcher in Weſtfalen
habe die Formel dem Diplom für Polirone oder einem andern für Italien
ausgeſtellten entnommen, wird ſchwerlich zuläſſig ſein. Die einzige Annahme, welche mir dem geſammten Sachverhalte gegenüber den Zuſammenhang genügend zu erklären ſcheint, iſt doch die, daſs Norbert
wirklich nicht blos in italieniſchen, ſondern auch in deutſchen Urkunden
ſich jener Formel bedient hat. Es liegt uns alſo hier eine Unregelmäſſig-
keit vor, welche ſich ungleich leichter bei Annahme der Echtheit, als
der Unechtheit erklärt. Gerade der anfängliche Verdachtsgrund ſpricht
für die Echtheit. Selbſt wenn andere Gründe uns nöthigen würden, die
Urkunde dennoch für unecht zu halten, würde jener Umſtand uns beſtimmt auf die Annahme hinweiſen, der Fälſcher müſſe eine echte, von
Norbert in jener Weiſe unterzeichnete Urkunde zur Hand gehabt haben,

welche, wenn fie ihm 'erreichbar feien follte, doch wohl nur eine für Deutfchland ausgeftellte feien konnte.

8. Mit der letzterwähnten Annahme find wir nun überhaupt auf einen Umftand hingewiefen, der oft befonders deutlich zeigt, wie wenig die Annahme einer Fälfchung in allen Fällen ausreicht, um das Auffallende einer Urkunde zu erklären. Wir halten diefelbe wegen einer Regellofigkeit für gefälfcht. Begnügen wir uns aber damit nicht, fuchen wir uns die Sachlage beftimmter zu vergegenwärtigen, fo fehen wir uns gar nicht felten auf die Nothwendigkeit der Annahme einer echten Vorlage gerade für das Unregelmäffige hingewiefen. Statt das erwartete Ziel, den fchlagenden Beweis für die Fälfchung zu erreichen, find wir wieder beim Ausgangspunkte angelangt; nur freilich, dafs wir diefen jetzt, durch unfere Wanderung belehrt, ganz anders aufzufaffen haben. Was wir für eine echte Vorlage anzunehmen uns genöthigt fahen, das dürfen wir in einer uns vorliegenden Urkunde nicht mehr beanftanden, wenn es hier unter entfprechenden Verhältniffen vorkommt. Unfere Unterfuchungen werden uns fo oft auf ein derartiges Ergebnifs führen, dafs es fich empfiehlt, den Umftand von vornherein eingehender zu erörtern.

Eine ganz felbftftändige Fälfchung, bei welcher dem Fälfcher überhaupt kein echtes Mufter vorlag, wird fich als folche faft immer unmittelbar verrathen müffen. Selbft wenn der Fälfcher bezüglich aller fachlichen Angaben etwa aus Urkundenauszügen oder anderweitigen Quellen genügend unterrichtet war, der Inhalt keinen Anftand bietet, wird es ihm nicht haben gelingen können, ohne Vorlage zufällig die Form fo richtig zu treffen, dafs diefelbe als zuläffig erfcheinen könnte. Wir werden allerdings in diefer Richtung auf Umftände treffen, welche fehr weitgehende Regellofigkeiten der Form auch in echten Urkunden ausreichend erklären können. Aber in der einen oder andern Richtung wird eine völlig freie Fälfchung fo ficher auf Unzuläffigkeiten führen, dafs wir für unfere Zwecke diefen Fall aufser Acht laffen können. Es mag immerhin auch die freie Fälfchung zufällig gerade zu einer Regellofigkeit führen, welche im allgemeinen als mit Echtheit der Urkunde vereinbar zu betrachten ift. Aber diefelbe wird dann ficher nicht den einzigen Verdachtsgrund bilden.

9. Unfere Unterfuchungen werden uns durchweg auf Fälle führen, bei welchen es fich nur um Echtheit oder unfelbftftändige Fälfchung handeln kann, weil deutlich hervortritt, dafs jedenfalls einzelne Beftandtheile der Urkunde nicht frei konzipirt feien können, mit erwiefen echten Urkunden so genau übereinftimmen, dafs der etwaige Fälfcher fich an echte Mufter gehalten haben mufs.

Das wird nicht gerade immer die Fälfchung weniger ficher erkennbar machen. Wo es fich um Benutzung echter Vorlagen für Fälfchungen angeblich anderer Entftehung handelt, wo alfo etwa nach echter Urkunde eines fpätern Herrfchers ein angeblich von

9] einem frühern Herrfcher herrührendes Diplom gefertigt ift, da wird fich die Unechtheit wenigftens an einzelnen Beftandtheilen oft fchlagender nachweifen laffen, als bei freier Fälfchung. Diefe wird auf Formeln führen, welche zu keiner Zeit dem Brauche der Reichskanzlei entfprochen haben; aber echte Originale geben uns ja Belege dafür, dafs in Einzelfällen die Schreiber der Reichskanzlei die Formeln ganz willkürlich geftaltet haben. So fchliefst z. B. St. 500 mit: *signum d. O. m. et inv. imp. augusti; anno autem regni eius tricesimo quinto facta; W. canc. ad v. R. archicapellani notavi in Ravenna civitate.* Das ift eine Form, für welche meines Wiffens jedes zweite Beifpiel fehlt und die bei fonftigen Verdachtsgründen gewifs ein erfchwerendes Moment bilden würde. Aber die Urkunde ift im Originale vorhanden, das von Stumpf für zweifellos echt erklärt wird. Müffen wir danach gerade die unbedingte Regellofigkeit in Einzelfällen als zuläffig erklären, fo wird fie meiner Anficht nach unzuläffig, wenn fie nur eine bedingte ift, nur für die angebliche Entftehungszeit als folche erfcheint, dagegen einer erweislich erft fpäter üblich werdenden Form unter Umftänden entfpricht, welche die Annahme ausfchliesst, dafs die Uebereinftimmung fich auch ohne Zufammenhang zufällig hätte geftalten können. So würde mir z. B. bei dem angeblichen Diplom K. Ludwigs des Frommen für Murhardt, Wirtemberg. Urk.B. 1,87, fchon die Faffung der Datirungszeile: *datae Wormacie, a. d. inc. 817, ind. 10, regni 3, imp. 1; actum feliciter amen*'), als Merkmal der Unechtheit ·genügen. Weicht fie von der in Karolingerzeiten üblichen durchaus ab, fo entfpricht fie genau einer faft nur unter K. Friedrich I. üblichen Datirungsform. Es wäre wenigftens denkbar, dafs ein Schreiber der Kanzlei K. Ludwigs entgegen allem Brauche das Inkarnationsjahr genannt und den Ort fchon unter Datum aufgeführt hätte; undenkbar aber wäre es mir, dafs er dabei nun zufällig auch noch zu jener eigenthümlichen Verbindung des Actum· mit der Apprekation gelangt wäre, wie fich diefelbe im zwölften Jahrhunderte im Zufammenhange mit der allmählichen Umgeftaltung der Datirungsformel überhaupt aus der Verfetzung des Ortes vom Actum zum Datum ergeben hat.

Selbft in Fällen, wo die angeblichen Entftehungsverhältniffe der Fälfchung fich nur wenig von denen der benutzten echten Vorlage unterfcheiden, werden an und für fich geringe Abweichungen von der üblichen Form ausfchlaggebend erfcheinen können, wenn es einerfeits unwahrfcheinlich ift, dafs fie fich durch Willkür oder Nachläffigkeit eines Kanzleibeamten ergeben konnten, andererfeits gerade die Benutzung einer echten Vorlage die Abweichung genügend erklärt. Unter folchen Vorausfetzungen halte ich fie oft für gewichtiger, als die auffallendften Regellofigkeiten. So würde mir bei St. 2165, zuletzt befpro-

---

*) Ich bemerke ein für allemal, dafs ich bei dem häufig anzuführenden Wortlaute der Datirungszeilen folches, was für den nächften Zweck nicht ins Gewicht fällt, ausgelaffen oder kürzend geändert habe, ohne das immer bemerklich zu machen.

chen von Steindorff Heinrich III. 1,389, der Umftand, dafs eine Kaiferurkunde aus der Königsepoche datirt ift, nach Mafsgabe verwandter Fälle
viel weniger bedenklich feien, als dafs es zweimal, im Titel und entfprechend im Signum, heifst: *Heinricus d. f. cl. imperator auguftus*, ftatt
des kanzleigemäfsen: *Romanorum imperator augustus*. Einmal mochte
ein Kanzleibeamter immerhin aus Verfehen das fehlende Wort auslaffen;
aber doch nicht leicht zweimal gerade in ein und derfelben Urkunde.
Bei Annahme der Fälfchung dagegen erklärt der Umftand fich leicht;
es erweist fich auch fonft als Vorlage ein echtes Diplom aus der Königsepoche, in dem es an beiden Stellen dem Brauche entfprechend nur *rex*,
nicht *Romanorum rex* heifst, fo dafs der Fälfcher feine Aufgabe, die
Königsurkunde für ein Kaiferdiplom zu verwenden, fichtlich für gelöft
hielt durch Erfetzung des *rex* durch *imperator*. Aehnliches ergibt fich
bei St. 2117, Gefchichtsq. der Pr. Sachsen 2, 7, wo eine Königsurkunde
des Nachfolgers, St. 2229, für ein Kaiferdiplom als Vorlage diente, in
dem königlichen Signum und der königlichen Datirung aber lediglich
Namen und Ziffern geändert wurden.

Bei Benutzung echter Vorlage für eine Fälfchung anderer Entftehungsverhältniffe wird ein gefchickter Fälfcher vielleicht genügend
beachtet haben, dafs er Namen, Titel, Ziffern der Datirung und ähnliche
Angaben zu ändern hatte; er gebot vielleicht auch über die Mittel, das
richtig durchzuführen. Dafs aber auch die Formen fich im Laufe der
Zeit änderten, wird er überhaupt häufig gar nicht berückfichtigt haben;
und wenn auch, beim Fehlen einer Vorlage entfprechender Zeit fehlten
ihm die Mittel, die Aenderungen richtig durchzuführen. Dafs fachliche
Widerfprüche durch ungefchickte Aenderung einer Vorlage anderer
Entftehungszeit veranlafst wurden, wird daher insbefondere nur dann
anzunehmen feien, wenn auch die formelle Faffung fich als unzuläffig
erweift, auf welche zweifellos für die Feftftellung von Fälfchungen diefer Art das gröfste Gewicht zu legen ift. Denn fo günftig liegen diefe
Verhältniffe doch felten, wie bei St. 844, vgl. das Facsimile bei Gerbert
Hift. N. Silvae 3,15, wo bloffe Aenderungen der Ziffern im Original genügten, um aus einem Diplome K. Ottos II. ein folches K. Ottos I. herzuftellen, was fich in einer Abfchrift allerdings zunächft nur durch den
fachlichen Widerfpruch zwifchen Rekognition und Datirung verrathen
würde

10. Ganz anders ftellt fich der Sachverhalt bei Benutzung echter Vorlagen für Fälfchungen angeblich gleicher Entftehung; der enge Anfchlufs an die Vorlage, der dort zum Verräther
wurde, fchliefst hier bei allem, was wirklich auf der Vorlage beruht, den
Beweis der Fälfchung aus. Gerade diefe Fälle find aber aus nächftliegenden Gründen fehr häufig.

Benutzt ein Fälfcher für fein Machwerk eine echte Vorlage, fo ift
er dazu durch das Streben veranlafst, jenes einer echten Urkunde möglichft ähnlich zu machen. Das wird er nur dann zu erreichen hoffen

10] dürfen, wenn er fich der Vorlage fo eng anfchliefst, als das der Zweck der Fälfchung irgend erlaubt. Diefer Zweck kann es allerdings nöthig machen, bei der Fälfchung von der Annahme gleicher Entftehungsverhältniffe abzugehen; er wird vielleicht erfordern, gerade ein Diplom eines beftimmten früheren Herrschers herzuftellen, während dafür eine echte Vorlage fehlt, nur die Urkunde eines fpätern Herrfchers zur Verfügung fteht. Dann wird der Fälfcher allerdings die vorhin befprochenen Mifsgriffe fchwer vermeiden können. Im allgemeinen war das aber zweifellos der feltener zutreffende Fall. War man auf Herftellung eines Diplom gerade eines beftimmten Herrfchers hingewiefen, fo wird es wenigftens in bedeutenderen Kanzleien in der Regel nicht zu fchwer gewefen feien, auch eine von demfelben herrührende echte Vorlage zu befchaffen. In fehr vielen Fällen aber erforderte der Zweck überhaupt nicht die Anfertigung eines Diplom gerade eines beftimmten Herrfchers. Es genügte, den behaupteten Anfpruch nur durch irgendwelche Königsurkunde ftützen zu können. Welchem Herrfcher man diefe zufchreiben wollte, das konnte man ohne irgendwelche Beeinträchtigung des Zweckes einfach davon abhängen laffen, ob man gerade eine echte Urkunde diefes oder jenes Herrfchers zur Hand hatte.

An diefe Vorlage hatte ein umfichtiger Fälfcher fich nun fo genau zu halten, als das mit dem Zwecke der Fälfchung irgend vereinbar war. In Einzelfällen, worauf wir zurückkommen, kann eine Fälfchung durch die verfchiedenften Motive bedingt gewefen feien. Aber das find Ausnahmen. Regel ift doch, dafs Urkunden gefälfcht werden, um ein Beweismittel für einen Rechtsanfpruch zu befchaffen, dafs die nothwendigen Aenderungen alfo auch nur die Theile der Urkunde zu treffen hatten, welche für den befondern Rechtsinhalt von Gewicht find.

In diefer Richtung wird nun zu beachten feien, dafs von den beiden Haupttheilen der Urkunde, Protokoll und Text, das erftere in feiner Faffung nie durch den befondern Inhalt beftimmt ift. Höchftens in feiner Vollftändigkeit, infofern bei weniger wichtigen Gegenftänden auch wohl ein weniger vollftändiges Protokoll gegeben wurde. Davon können wir hier abfehen, wo es fich lediglich um die Richtigkeit des Vorhandenen handelt. Der für uns entfcheidende Umftand ift, dafs das Protokoll zweier an demfelben Tage ausgefertigten Urkunden ganz genau daffelbe feien kann, wenn ihr Inhalt auch der allerverfchiedenfte ift. Bei Fälfchungen für rechtliche Zwecke war daher beim Protokoll an und für fich keine Veranlaffung zur Abweichung von der echten Vorlage geboten.

Aenderungen waren nur beim Texte nöthig. Waren hier Eingangs- und Schlufsformeln auch wohl in beftimmtere Bezichung zum befondern Inhalte gebracht, fo waren fie doch in den meiften Fällen fo allgemein gehalten, dafs eine Aenderung kaum nöthig fchien. Eine folche hatte überwiegend nur die Narratio und Difpofitio zu treffen. Auch da wird es dem Fälfcher oft möglich gewefen feien, fich gerade

an eine echte Vorlage nächftverwandten Inhaltes zu halten, fo dafs unbedeutende Aenderungen zur Erreichung des Zweckes genügten. Jedenfalls wird er alle unnöthigen Aenderungen unterlaffen haben.

Ein folches Vorgehen ift nicht blos von vornherein anzunehmen,
es läfst fich bekanntlich in einer Menge von Einzelfällen unmittelbar
nachweifen, wo uns auffer der Fälfchung auch die benutzte echte Vorlage felbft erhalten ift, oder doch die Sachlage ein ficheres Urtheil über
die Geftaltung der Vorlage erlaubt. Man fieht, wie zuweilen Einfchiebung oder Aenderung eines einzigen Wortes im Texte, etwa des Namens des Empfängers oder des gefchenkten Gutes, genügten, um den
Zweck zu erreichen. In dem Diplom K. Friedrichs für die Herren von
Borgo San Donino von 1174, Ficker Ital. Forfch. 4,187, hielt man die
Einfchiebung von zwei Worten für genügend, um daraus ein Beweismittel für entfprechende Rechte der Markgrafen Pallavicini herzuftellen.
Von Reg. Rud. 473 findet fich Orig. Guelf. 3,863 eine Verunechtung,
in der lediglich der Name des Empfängers geändert ift. Vergleichen
wir mit dem echten Privilegium Auftriae von 1156 das gefälfchte Maius,
fo ergibt fich, dafs die Aenderungen fich auf Narratio und Difpofitio
befchränken, dafs aber auch hier, wie der wohl verfchiedene, aber doch
verwandte Inhalt das vielfach geftattete, die echte Faffung nach Möglichkeit beibehalten ift. Selbft bei ganz verfchiedenem Inhalte macht
fich diefes Streben wohl in auffallendfter Weife geltend. So bei der fo
überaus erfolgreichen Fälfchung St. 4942 von 1195, Verleihung pfalz-
gräflicher Befugniffe an die Venerofi; ich wies Ital. Forfch. 2,100 darauf
hin, dafs als Vorlage die Privilegienbeftätigung für den Bifchof von
Parma St. 4941 diente und trotz des verfchiedenen Gegenftandes die
wörtliche Uebereinftimmung in allen Theilen des Textes fo weit ängft-
lich feftgehalten ift, als das der Zweck nur irgend erlaubte.

Erforderte nun diefer Zweck bei Fefthalten an unferen Vorausfetzungen niemals eine Aenderung des Protokolles, fo ergibt fich zweifellos als Regel, dafs wir bei diefem in folchen Fällen abfichtliche Abweichungen nicht vorausfetzen dürfen, dafs daffelbe, fo weit nicht etwa
Nachläffigkeiten des Fälfchers zu einer Abweichung führten, der echten
Vorlage durchaus entfprochen haben wird. Und das beftätigt fich durchweg, wo uns die letztere erhalten ift.

11. Es liegt nun auf der Hand, ein wie wichtiges E r g e b n i f s f ü r
d i e W ü r d i g u n g d e r E r k l ä r u n g a n f c h e i n e n d e r W i d e r -
f p r ü c h e d u r c h F ä l f c h u n g wir damit gewonnen haben. Ergibt
fich, dafs die Urkunde, wenn überhaupt unecht, nach einer echten Vorlage und zwar ihres Rechtsinhaltes wegen gefälfcht feien müfste, fo
haben wir ein Hülfsmittel gewonnen, um zu beurtheilen, ob auch die
Vorlage den Widerfpruch fchon enthalten haben wird. Ift das der Fall
und bildete jener Widerfpruch den einzigen Verdachtsgrund für die
Urkunde, fo haben wir diefelbe als echt zu betrachten. Ift fie aber aus
anderen Gründen unecht, fo ift wenigftens für die Erklärung des Wider-

11] fpruches-damit nichts gewonnen, da derfelbe fich nach Mafsgabe der Vorlage ebenfo in einer echten Urkunde gefunden haben mufs.

Das aber trifft nun in folchen Fällen überwiegend gerade für die Widerfprüche zu, welche wir zunächft ins Auge zu faffen haben. Ergeben fich diefe zwifchen Text und Protokoll, fo wird die Entfcheidung davon abhängig machen zu feien, ob der Zweck bei der fraglichen Angabe des Textes zu einer Abweichung Veranlaffung bot. Beim Hauptinhalte wird das immer zu vermuthen feien. Die ftaatsrechtlichen Beftimmungen des Privilegium maius ftehen im beftimmteften Widerfpruch zum Protokolle; da nöthigte der Zweck zum Abgehen von der Vorlage. Sollten wir nun aber weiter, wenn uns die Vorlage nicht erhalten wäre, etwa fchliefsen müffen, auch die für den Zweck ganz gleichgültige Angabe des Textes, welche die Handlung auf Sept. 8 fetzt, müffe geändert feien, weil fich ein Widerfpruch zu der Datirung von Sept. 17 zu ergeben fcheint? Es find freilich Fälle denkbar, wo der Zweck auch in Nebenangaben des Textes eine Aenderung nahe legen konnte; aber die befondere Sachlage wird das in der Regel leicht erkennen laffen. Es ift denkbar, dafs ein Fälfcher die Angabe eines der Intervenienten der Vorlage in die des eigenen Diözefanbifchofs änderte, weil gerade auf deffen Antheilnahme Gewicht zu legen war, fich dabei vergriff und den Namen eines zur Zeit der Datirung fchon verftorbenen Bifchofs nannte. Zu entfprechendem Vorgehen fehlte aber doch jede Veranlaffung, wenn gar nicht abzufehen ift, wefshalb der Fälfcher auf die Intervenienz gerade der Perfon, bei der fich der Widerfpruch ergibt, irgendwelchen Werth gelegt haben follte. Und Aehnliches wird doch anzunehmen feien bei der für unfere Zwecke befonders wichtigen Zeugenangabe, wenn ich diefelbe auch aus fpäter zu erörternden Gründen nicht von vornherein als zum Protokoll gehörig behandeln möchte.

Von befonderer Bedeutung ift nun aber der Umftand, dafs die für uns wichtigften Widerfprüche fich vorzugsweife im Protokoll felbft ergeben, bei diefem aber in der Regel jeder Anlafs zu einer Aenderung fehlte.

Vor allem handelt es fich hier um den fich aus Vergleichung mit anderen Angaben ergebenden Widerfpruch zwifchen Ort und Zeit. Der Fälfcher konnte da wie jeder andere Abfchreiber Verfehen machen; aber es ift doch nicht leicht abzufehen, was ihn hätte veranlaffen follen, abfichtlich den Namen des Ortes oder die Angabe der Zeit zu ändern, wenn nicht etwa der befondere Zweck der Fälfchung darauf hinwies, was doch ficher nur als ganz vereinzelte Ausnahme in Rechnung zu ziehen ift. Und dazu kommt häufig noch ein anderes. Wir werden finden, dafs in den meiften Fällen diefer Art Ort und Zeit zwar nicht zufammenftimmen, aber trotzdem ein nicht zu errathender Zufammenhang zwifchen ihnen befteht, infofern es fich um einen kurz vorher verlaffenen Ort handelt. Es mag ja auch hier Ausnahmsfälle geben, etwa ein weniger behutfamer Fälfcher, deffen Vorlage einen italienifchen Ort nannte,

darauf verfallen ſeien, ſtatt deſſen einen ihm bekannteren deutſchen Ort
zu nennen. Was aber hätte ihn veranlaſſen können, etwa Mantua ſtatt
Verona zu nennen? Und wenn ihn wirklich die reine Willkür dazu veranlaſste, wie iſt es nun zu erklären, daſs er, und nicht er allein, ſondern
eine ganze Reihe von Fälſchern, dabei in wunderbarſter Weiſe gerade
auf einen Ort gerieth, der wirklich einige Tage früher dem Itinerar entſpricht, ſtatt auf einen, der dem Itinerar nur in umgekehrter Richtung
oder auch gar nicht entſprechen würde?

Das trifft denn aber auch die ſonſtigen Widerſprüche, welche ſich
innerhalb des Protokolles ergeben können, ſo etwa zwiſchen Kanzler
und Datirung oder zwiſchen königlichem Eingangsprotokoll und kaiſerlichem Schluſsprotokoll. Was konnte den Fälſcher veranlaſſen, bei ſolchen Dingen von der Vorlage abzuweichen?

Dieſe Umſtände ſind auch früher nicht unbeachtet geblieben. Man
hat bei Einzelunterſuchungen gefühlt, daſs einer Erklärung, wie ſie mit
der Annahme der Fälſchung vereinbar ſeien, nicht auszuweichen ſei.
Da ſcheint mir nun aber kaum etwas beſtimmter für meine Anſicht zu
ſprechen, als die groſse Unwahrſcheinlichkeit der Folgerungen, zu denen
man ſich in ſolchen Fällen genöthigt ſieht. So liegt gegen St. 2259
kein Verdachtsgrund vor, als der, daſs die geſammte Urkunde der Kai-
ſerepoche Heinrichs III. angehört, die Datirung aber der Königszeit entſpricht. Es ergibt ſich zugleich, daſs auch dieſe letztere auf einer echten
Vorlage beruhen müſste. Ich möchte dem gegenüber Echtheit der Urkunde annehmen, da ich aus noch näher zu erörternden Gründen nicht
abſehe, was einen Fälſcher veranlaſst haben könnte, nur bei der Datirung von ſeiner Hauptvorlage abzuweichen. Steindorff Heinr. III. 1,398
hingegen betrachtet durch jenen Widerſpruch jeden Verſuch, das Stück
als echt in Schutz zu nehmen, für von vornherein ausgeſchloſſen. Er
gelangt damit nun aber ganz folgerichtig zu der weitern Annahme, wir
hätten hier eine Fälſchung zuſammengeſetzt aus einem echten Kaiſerdiplom, dem die Datirungszeile fehlte, und einem echten Königsdiplom,
von dem nichts weiter übrig geblieben war, als die Datirungszeile. So
ſicher die Möglichkeit nicht zu beſtreiten ſeien wird, ſo wenig dürfte es
doch nöthig ſeien, die Wahrſcheinlichkeit des Zutreffens der Erklärung
näher zu erörtern.

12. In dieſer Richtung ſcheint mir nun insbeſondere durchaus unzuläſſig die Annahme abſichtlicher Abweichungen von der
Vorlage behufs Ablenkung des Verdachtes, wie dieſelbe
von Stumpf vertreten iſt. Begnügte ſich dieſer Sitzungsber. 32,623 mit
Feſtſtellung der nicht zu beſtreitenden Thatſache, daſs Fälſchungen zuweilen aus mehreren echten Dokumenten kombinirt erſcheinen, ſo ſagt
er Wirzb. Imm. 1,48: „um den Verdacht abzuleiten, welchen eine allzu
getreue Kopie aller Einzelheiten hätte allenfalls erwecken können,
wurde bei Herſtellung von Falſifikaten es beinahe zur Regel, daſs mehrere, meiſtens chronologiſch naheliegende Originale zu Rathe gezogen

2*

12] und aus jedem derfelben abwechfelnd ein oder mehrere Beftandtheile entlehnt worden find; nur auf diefe Weife läfst fich eine Reihe
von Fälfchungen erklären, befonders folche, denen noch echte Doku-
mente deffelben Datums zur Seite ftehen.* Er hat dann neuerdings*)
Wirzb. Imm. 2,25 n. 41 diefe Annahme nochmals mit aller Schärfe vertreten, indem er behauptet, die Verunechtungen des Protokoll feien
„offenbar in der bewufsten und vermeintlich klugen Abficht gefertigt,
um durch diefelben über die inhaltliche Fälfchung zu täufchen." Wenn
das als richtig anzuerkennen wäre, würden allerdings unfere vom geradezu entgegengefetzte Gefichtspunkte ausgehenden Folgerungen jeden Halt verlieren.

Ich glaube aber kaum befürchten zu dürfen, dafs jene Annahme in
weiteren Kreifen auf Zuftimmung zu rechnen hat. Bei näherer Erwägung
wird man darin doch nur einen weiteren Beweis finden können, wie
fchwer es oft ift, gerade bei Annahme der Fälfchung die Unregelmäffigkeiten der Urkunden zu erklären. Der umfichtige Fälfcher, der überhaupt echte Urkunden zu Rathe zieht, zeigt doch fchon dadurch, dafs
er recht wohl weifs, wie er nur durch möglichft engen Anfchlufs an die
Vorlage den Verdacht ablenken kann. Stumpf felbft geht Wirzb. Imm.
27 n. 38 in diefer Richtung ja fo weit, dafs er annimmt, felbft die in Originalen bei der Datirung oft hervortretende Verfchiedenheit der Hand
urfd Dinte fei von Fälfchern künftlich nachgeahmt. Es würde das
nicht befremden können. Die Aufgabe des Fälfchers von Urkunden
ift doch wefentlich diefelbe, wie die des Falfchmünzers. Der eine, wie
der andere, wird feine Aufgabe vielleicht fehr ungefchickt löfen. Aber
fo lange nicht glaublich zü machen ift, dafs die Abweichungen der
falfchen Münzen von den echten daraus zu erklären find, dafs die
Falfchmünzer Bedenken trugen, die echten gar zu genau zu kopiren,
um nicht Verdacht zu erregen, fo lange dürfte doch daran feftzuhalten feien, dafs für die Erklärung der Abweichungen gefälfchter Urkunden von den echten Vorlagen jede andere Annahme zuläffiger
ift, als die, durch folche Abweichungen das Falfifikat weniger verdächtig zu machen.

Allerdings kommen folche Abweichungen auch wohl in den Beftandtheilen der Urkunde vor, in welchen wir fie nach unferer früheren
Erörterung in der Regel nicht erwarten follten, wie etwa in der Zeugenaufführung oder im Protokolle. In diefer Richtung ift nun zunächft daran
zu erinnern, dafs wir dabei ausfchliefslich den gewöhnlichen Zweck fal-
fcher Urkunden, die Herftellung eines Beweismittels für den Rechtsinhalt, im Auge hatten, welcher in der Regel nur Aenderungen im Texte
erheifcht, ganz fo, wie auch bei der falfchen Münze zur Erreichung des

---

*) Die zweite Abhandlung über die Wirzburger Immunitäten erfchien erft, als
meine Arbeit fchon druckfertig war; habe ich fie nachträglich noch mehrfach berückfichtigt, fo mag das nicht gerade überall in genügendem Mafse der Fall gewefen feien.

gewöhnlichen Zweckes die Abweichung fich auf den Werth des verwandten Metalles befchränken, nicht auf das Gepräge ausdehnen wird.
Nun gibt es freilich auch falfche Münzen, bei welchen der Gehalt des
Metalles tadellos ift, aber gerade das Gepräge abfichtliche Abweichungen oder auch den Avers und Revers zweier echter Vorlagen mit einander verbunden zeigt. An der Regel wird uns das gewifs nicht irre
machen dürfen. Wir werden vielmehr fchliefsen, der Zweck der Fälfchung war eben nicht der gewöhnliche; fie war auf Täufchung eines
Münzfammlers berechnet. Und ebenfo kann ja auch eine Urkunden-
fälfchung durch ungewöhnliche Zwecke veranlafst feien; es kann etwa
gelten, den Beleg für eine gewagte wiffenfchaftliche Behauptung, für
das Alter eines Gefchlechtes zu befchaffen. Auch da wird der Fälfcher
fich möglichft genau an die Vorlage halten; wir haben Beifpiele, dafs
in folchen Fällen Aenderung oder Einfchiebung eines Gaunamens, eines
Zeugen für den Zweck genügte. Dafs wir nun da, wo die Sachlage das
Vorhandenfeien folcher ungewöhnlichen Zwecke wahrfcheinlich macht,
auch einen ganz anderen Mafsftab anzulegen haben, ift felbftverftändlich. Es find das aber feltene Ausnahmen, auf welche zumal bei Fälfchungen, welche erweislich nicht lange nach der angeblichen Entftehungszeit fchon vorhanden waren, nicht leicht zu fchliefsen feien wird.

Abweichungen von der Vorlage, welche nicht zunächft den Hauptinhalt treffen, ergeben fich nun allerdings auch in Fälfchungen, bei welchen es fichtlich in erfter Reihe auf Herftellung eines anderen Hauptin-
haltes zur Behauptung von Rechtsanfprüchen abgefehen war. Letzteres
trifft insbefondere auch durchweg die von Stumpf Wirzb. Imm. 48 n. 95
zum Belege für feine Annahme angeführten Beifpiele von Fälfchungen,
für welche die echten Vorlagen noch vorhanden find. Ich mufs annehmen, dafs er dabei nur im Auge hatte, überhaupt auf die verfchiedenartigften Abweichungen von den echten Vorlagen hinzuweifen; denn der
von ihm zunächft betonte Fall einer Zufammenfetzung aus mehreren
echten Vorlagen würde nur für einen Theil der Beifpiele überhaupt in
Frage kommen können; ebenfo der in der Anmerkung felbft erwähnte
Fall von Verftöffen in den Unterfertigungen des Herrfchers und des
Kanzlers.

Einen Beleg nun, dafs die Abweichungen abfichtliche zu dem Zwecke
waren, um den Verdacht abzulenken, weifs ich in diefen Fällen nicht zu
finden. Einzelne werden wir fpäter genauer zu befprechen haben, weil
es mir wenigftens zweifelhaft ift, ob wir überhaupt Fälfchungen vor uns
haben. Andere, fo St. 264. 481. 1012. 1143, beftätigen durchaus meine
Annahme; nur der Text ift theilweife oder ganz geändert, aber das
Protokoll der Vorlage beibehalten.

Zeigen fich aber Abweichungen im Protokoll, fo kann es fich doch
zunächft fragen, ob diefe überhaupt auch nur abfichtliche waren. Wenn
der Fälfcher von St. 705 fich im allgemeinen genau an das Protokoll
feiner Vorlage hält, aber dem Herrfchernamen ein *ego* vorftellt und den

12] Tag ausläfst, fo wird das doch fchwerlich den Schlufs rechtfertigen, er fei fich bewufst gewefen, dafs er aus irgendwelchem Grunde hier von der Vorlage abweichen müffe. Der Fälfcher konnte eben feine Aufgabe, wenn er fich derfelben auch im allgemeinen genügend bewufst war, nachläffig löfen. Oft aber mochte er überhaupt kaum daran denken, dafs Kleinigkeiten, wie wir fie beanftanden, dem Werthe feines Machwerks Abbruch thuen könnten; betont ja auch Stumpf Wirzb. Imm. 2,37 gewifs mit Recht, dafs die Fälfcher kaum geglaubt haben dürften, auch in ganz kleinlichen Punkten an eineVorlage gebunden zu feien. Dann konnte er auch ganz willkürlich diefe oder jene ihm zufagende oder geläufige Aenderung vornehmen. Ift St. 716 wirklich Fälfchung auf Grundlage von St. 715, fo wird man doch fchwerlich eine wohlberechnete Abficht annehmen müffen, wenn der Fälfcher den ihm vielleicht ganz unbekannten Ausftellungsort Ettershaufen durch Regensburg erfetzte.

Dafs nun folche Aenderungen im Protokolle, wie in andern anfcheinend den Hauptinhalt nicht treffenden Beftandtheilen in Einzelfällen auch abfichtliche feien können, habe ich felbft früher zugegeben. Der Fälfcher konnte ja glauben, dadurch feinem Hauptzwecke zu dienen. Ift etwa für St. 555 wirklich St. 553 die Vorlage, fo kann es doch nicht befremden, wenn der Fälfcher eine Urkunde, in welcher der König ein zu Trier gefchehenes Wunder bekundet, auch in Trier ausgeftellt feien läfst, ftatt in dem Sollingen feiner Vorlage. Es ift möglich, dafs in einem Einzelfalle der Zweck nicht unmittelbar zu erkennen ift. Aber fchwerlich könnte derfelbe doch fo liegen, dafs fich die Abweichung weder aus Nachläffigkeit oder Willkür, noch aus irgend einer andern, uns nicht näher bekannten Abficht erklären liefse, fondern gerade nur aus der Abficht, den Verdacht abzulenken.

13. Allerdings betont Stumpf bei feiner Annahme zunächft den von uns bisher nicht beftimmter berückfichtigten Fall einer Fälfchung nach mehreren echten Vorlagen. Scheint mir da die Sachlage kaum eine andere zu feien, als bei felbftftändigen Abweichungen, fo liefse fich immerhin geltend machen, dafs ein Fälfcher, der jene nicht wagte, vielleicht kein Bedenken trug, fein Werk aus mehreren echten Stücken zufammenzufetzen, fo dafs allerdings alles echten Königsurkunden entfprach, während andererfeits doch auch die angeblich verdächtige Uebereinftimmung mit einer einzigen vermieden war.

Die Thatfache felbft, dafs Fälfchungen Beftandtheile mehrerer echter Vorlagen verbunden haben, ift zweifellos zuzugeben; die Fälle find nicht gerade felten. Aber fchon Bresslau hat in den Gött. Gel. Anz. 1875 S. 1017 darauf hingewiefen, dafs es fich dabei überwiegend um Kompofition des Textes handle. Wollte man auch für diefen fich möglichft an echte Mufter halten, fo ift es erklärlich, wenn da eine einzige Vorlage nicht ausreichte, wenn man das Nöthige aus mehreren zufammenfuchte. Solche Fälle treffen unfere Annahme überhaupt nicht.

Ganz anders ftellt fich das freilich bei Protokoll und Zeugenaufführung. Paffen diefe zu jeder Urkunde deffelben Tages, was auch ihr Inhalt feien mag, fo follte man vorausfetzen, dafs ein umfichtiger Fälfcher fich nur an eine Vorlage hielt, da diefe jedenfalls genügte, während er doch fühlen mufste, dafs da eine Kompofition auf Widerfprüche führen werde. Trotzdem find einzelne Fälle anderen Vorgehens nicht zu läugnen. Bezüglich diefer wird nun vor allem zu berückfichtigen feien, dafs der Fälfcher vielleicht auch in diefer Richtung in feiner Vorlage nicht alles Nöthige oder ihm Wünfchenswerthe fand. Dahin gehört insbefondere, wie fchon Bresslau bemerkt, der Fall Stumpf Acta n. 261. Hauptvorlage bildete hier keineswegs n. 260 von demfelben Tage, fondern das fpätere n. 270, dem auch das Protokoll mit Ausnahme der Datirung fich genau anfchliefst; nur für diefe wurde dann n. 260 aus dem einfachen Grunde mafsgebend, weil im Originale von n. 270 alle Zeitangaben unausgefüllt blieben. Und ohne darauf näher eingehen zu wollen, fcheint mir auch bei St. 306 die Möglichkeit nicht ausgefchloffen, dafs als Vorlage eine echte Urkunde aus der Königszeit diente, welche nur noch die Signumzeile hatte, wie fich folche Fälle ja finden, und dann die Datirung nach Stumpf Acta n. 213 zugefügt wurde; während dann freilich die ganz roh gefälfchte Rekognition einer anderen Erklärung bedürfte.

Die auffallendften Beifpiele der Zufammenftellung aus mehreren Vorlagen treffen die Zeugenreihe. Da kann man nun allerdings nicht fagen, dafs dem Fälfcher, wenn feine Hauptvorlage überhaupt eine Zeugenreihe hatte, etwas Nöthiges fehlte. Aber es fehlte ihm etwas Wünfchenswerthes. Wir werden bei fpäteren Erörterungen felbft in entfchieden echten Urkunden auf Fälle ftoffen, wo fichtlich nur das Streben, befonders zahlreiche, angefehene oder dem Empfänger wichtige Zeugen zu nennen zu Widerfprüchen der Zeugenreihe mit andern Angaben der Urkunde geführt hat. Um fo erklärlicher ift es, wenn ein Fälfcher, dem aus einem jener Gefichtspunkte die ihm vorliegende Reihe nicht genügte, diefelbe aus andern Vorlagen oder auch willkürlich ergänzte, ohne viel darauf zu achten, ob fich daraus nun nicht Widerfprüche ergeben würden. Was Stumpf felbft Sitzungsber. 32,624 bezüglich der Entftehung der Zeugenreihe in dem falfchen Privileg für Worms von 1156, St. 3759, annimmt, würde dem durchaus entfprechen. Für die Hauptmaffe der Zeugen fcheint allerdings St. 4053 die Vorlage gebildet zu haben. Aber fie hat fehr wenig angefehene Zeugen, während diefe überdies, wie der Herzog von Böhmen, nicht gerade folche find, auf welche ein Fälfcher zu Worms befonderes Gewicht zu legen hatte. Wir finden daher zugefügt den Erzbifchof von Mainz, den Kanzler und den Rheinpfalzgrafen, dann den Bifchof von Speier, den Abt von Lorfch, den Protonotar. Mögen nun wenigftens die drei erften St. 4370 entnommen, oder aber alle mehr willkürlich zugefügt feien, jedenfalls ift das Streben nicht zu verkennen, einerfeits angefehenere Zeugen, andererfeits aber, wie auch Stumpf andeutet, gerade alle mächtigern Nachbarn von Worms zu nennen.

13] Und auch in Fällen, bei welchen die Zufammenfetzung aus mehreren Vorlagen zweifellos ift, wird diefelbe von jenen Gefichtspunkten aus nicht auffallen können. So verwies mich Stumpf als Beleg für feine Anficht auf Böhmer Reg. Henr. (VII) 37, Huillard Hist. dipl. 2,769. Wie die erfte Hälfte des Textes, fo ift auch die erfte Hälfte der Zeugenreihe einem uns erhaltenen, undatirten Diplome K. Heinrichs (VII) felbft, Huillard 2,771, entnommen. Dagegen die zweite Hälfte der Zeugenreihe zweifellos einem Diplome K. Heinrichs VI. Es ift nun aber auch die zweite Hälfte des Textes ficher nicht frei erfunden, da fie fich in wörtlicher Uebereinftimmung in einer unverdächtigen Beftätigungsurkunde K. Friedrichs II., Reg. 464, Huillard 2,230, findet, während doch diefe fchon defshalb, weil fich kein Einflufs auf die Zeugenreihe zeigt, nicht felbft die Vorlage gewefen zu feien fcheint. Nichts liegt dann doch näher als diefe in einer uns verlornen Urkunde K. Heinrichs VI. gleichen Inhaltes zu vermuthen. Hatte der Fälfcher diefe zur Vervollftändigung des Textes heranzuziehen, fo kann es gewifs nicht auffallen, wenn er diefelbe zugleich benutzte, um die Zeugenreihe beffer auszuftatten.

In einer angeblichen Urkunde des Bifchofs Wilhelm von Utrecht für Zütphen von 1064, Sloet Orkondenboek 1,173, find die letzten neun Zeugen niedern Ranges zweifellos aus einer ziemlich gleichzeitigen Urkunde des Bifchofs entnommen; fo finden fich 1059, a. a. O. 172, fechs von ihnen beim Bifchofe. Der Fälfcher hatte aber die Handlung feines Textes, um ihr mehr Gewicht zu verleihen, auf einen kaiferlichen Hoftag verlegt und hatte dem entfprechend angefehenere Zeugen nöthig Da unter diefen Bifchof Obert von Lüttich und Erzbifchof Hermann von Köln vorkommen, welche nur 1092 bis 1099 zufammenftimmen, fo mufs er die erfte Hälfte feiner Zeugenreihe einer Kaiferurkunde diefer Zeit entlehnt haben. Den fich daraus ergebenden Widerfpruch, wenn er ihn überhaupt erkannte, wird er nicht haben vermeiden können, da ihm ältere Königsurkunden, auch wenn fie zur Hand waren, noch keine Zeugenreihen boten.

Nicht minder deutlich tritt das Verhältnifs hervor bei St. 4126, M. Boica 22,181. Für den Text bildete überhaupt keine Königsurkunde die Vorlage, fondern der Traditionsakt M. Boica 22,60; was hier im Grafengerichte gefchehen, verlegt der Fälfcher an den Hof des Kaifers; auch die Zeugen niederen Ranges find zum grofsen Theile jenem Akte entnommen. Für das Protokoll bedurfte der Fälfcher einer andern Vorlage und fand diefe in St. 4349. Dafs er diefer nun auch eine Reihe von Zeugen entnahm, ift um fo erklärlicher, als die Zeugen eines Grafengerichts doch für eine Kaiferurkunde kaum ausreichend erfcheinen konnten. Freilich begnügte er fich nicht mit blofser Kompofition, fondern änderte die ihm vorliegende Jahresangabe 1182 in 1171, dadurch nun in Widerfpruch mit der Rekognition gerathend. Aber die Abweichung dürfte ihren ausreichenden Grund hier darin gehabt haben, dafs die Tradition felbft, die ja keineswegs erfunden ift, eben 1171 ftattgefunden haben wird.

Es mag nun zugegeben werden, dafs nicht gerade in jedem Einzelfalle die Veranlaffung der Kompofition fich unmittelbar ergibt. Sehen wir aber von einigen Fällen ab, welche wir ohnehin näher zu befprechen haben werden, fo erübrigen nur noch einzelne von denen, auf welche Stumpf feine Anficht zu ftützen fuchte. Von diefen hat Stumpf felbft St. 4480, auf welches er Sitzungsber. 32,624 hinwies, fpäter als echt anerkannt und den Widerfpruch erklärt. Ob weiter St. 651 für Fulda, früher unbeanftandet, erft Wirzb. Imm. 49 als Fälfchung bezeichnet, überhaupt hiehurzuziehen ift, fcheint mir fehr zweifelhaft. Ift es wirklich nicht blos durch Eberhard von Fulda korrumpirt, fondern Fälfchung, fo liegt allerdings die Annahme nahe, dafs als Vorlage für den Text St. 652 diente, für die Datirung aber St. 650 zugezogen wurde, was etwa dadurch veranlafst feien könnte, dafs der Fälfcher eine Datirung aus Fulda felbft vorzog. Aber es fcheint mir auch fehr wohl denkbar, dafs St. 651 nur korrumpirt und für den Text von St. 652 in der Kanzlei diefelbe Formel benutzt fei. Für eine beftimmtere Entfcheidung würde es jedenfalls nöthig feien zu wiffen, was etwa aufser der in diefer Zeit auffallenden Erwähnung von Minifterialen Stumpf zur Annahme der Fälfchung veranlafste.

Dann erübrigt nur noch die Fälfchung für Ichtershaufen, St. 3776, Stumpf Acta Magunt. 64, welche Stumpf Sitzungsber. 32,623 befonders betont, und welche allerdings in höchft auffallender Weife aus St. 3775 und 4288 zufammengefetzt ift. Für Eingangsprotokoll und den Haupttheil des Textes hat letzteres von 1179 die Vorlage gebildet, doch auch erfteres von 1157 zum Texte die Strafformel beigefteuert; die Zeugenreihe eröffnet der Erzbifchof von Mainz, der zweifellos in Abweichung von beiden Vorlagen defshalb zugefügt ift, weil der Fälfcher auf den Metropoliten befondern Werth legte; die übrigen Zeugen ftammen bald aus diefer, bald aus jener Vorlage, während doch auch wieder angefehene Zeugen beider unberückfichtigt blieben; das Schlufsprotokoll ift dann ungeändert der Vorlage von 1157 entnommen. Ich begreife es durchaus, wenn fich die Anficht von Stumpf anfcheinend zunächft unter dem Eindrucke diefer Fälfchung gebildet hat. Aber follte denn wirklich auch nur hier die Sache fo liegen, dafs die Veranlaffung in dem an und für fich fo unwahrfcheinlichen Streben, durch zu getreue Kopirung keinen Verdacht zu erregen, nothwendig gefunden werden müffe? War für den Inhalt die Urkunde von 1179 zu benutzen, fo müfsten wir doch den Zweck der Fälfchung fehr genau kennen, um behaupten zu können, es habe dem Fälfcher jede fachliche Veranlaffung gefehlt, derfelben nicht auch die Datirung zu entnehmen; wir wiffen doch nicht, ob nicht gerade für den befondern Zweck ein älteres Datum durchaus erforderlich war, für welches dann der Fälfcher, wenn er in der Form nicht fehlgreifen wollte, eine zweite Vorlage zuzuziehen hatte. Dafs er diefer nun auch die gröfsere Zahl der Zeugen entnahm, war nur angemeffen; zu erklären bliebe nur, dafs er trotzdem fich für drei Zeugen an die Haupt-

13] vorlage hielt. Hatte er aber überhaupt einmal beide Urkunden zu benutzeń, ſo konnte ſich ein ſolches Vermengen doch aus den verſchiedenſten Veranlaſſungen ergeben, ohne daſs es nöthig wäre, gerade ein Streben nach künſtlicher Ablenkung des Verdachtes anzunehmen.

Die Möglichkeit iſt natürlich nicht zu beſtreiten, daſs in einem Einzelfalle ein Fälſcher wirklich auf den ſonderbaren Einfall kam, er ſchütze ſein Werk auf einem Wege vor Verdacht, der bei einigem Nachdenken gerade zu vermeiden war, wenn man nicht Verdacht erregen wollte. Aber auch dann hätten wir doch nichts weiteres, als einen Einzelfall, der für andere gewiſs nicht maſsgebend ſeien kann. Es konnte für die Fälſcher die mannichfachſten Veranlaſſungen geben, von der Hauptvorlage abzuweichen; im allgemeinen war ihnen aber durch den Zweck, der ſie zur Zuziehung derſelben veranlaſste, möglichſtes Feſthalten an derſelben ſo beſtimmt vorgeſchrieben, daſs unter allen denkbaren Veranlaſſungen, welche ſie zum Abweichen beſtimmen konnten, das Streben, ihre Fälſchung derſelben nicht gar zu ähnlich zu machen, gewiſs nur an letzter Stelle in Rechnung gebracht werden darf.

14. Ich glaube nach dem Geſagten an der Annahme feſthalten zu dürfen, daſs bei Fälſchungen nach echten Vorlagen die Fälſcher nicht abſichtlich Aenderungen vornahmen, welche für den Zweck ohne Bedeutung waren. Schon das wird es bei vielen ihrer Widerſprüche wegen verdächtigen Urkunden ſchwer machen, die Entſtehung des Widerſpruchs durch Fälſchung zu erklären. Noch ſchwerer wird das nun aber ` in Fällen, wo die Annahme der Fälſchung uns nöthigen würde, auch die weitere Annahme künſtlicher Wiederannäherung der zwecklos aus verſchiedenen Vorlagen entnommenen Beſtandtheile als zuläſſig anzuerkennen. Der Fälſcher hätte ohne irgend erkennbare Veranlaſſung ſeine Vorlage, der er einfach hätte weiter folgen können, verlaſſen, um ſich an eine andere zu halten; wäre nun aber trotzdem auch dieſer nicht genau gefolgt, ſondern hätte Aenderungen vorgenommen, welche zwar zeigen würden, daſs er ſich des aus jenem Vorgehen ſich ergebenden Widerſpruches im allgemeinen bewuſst war, welche ihn aber trotzdem zu einer gründlichen Beſeitigung deſſelben nicht veranlaſst hätten.

Ich wies bereits § 11 auf St. 2259 hin, welchem bei Annahme der Fälſchung eine Kaiſerurkunde Heinrichs III. als Vorlage gedient haben müſste, während es dann lediglich die Datirung: *data 6 id. apr., anno 1044, ind. 12, anno domni Henrici tercii regis, imperatoris II., ordinationis 15, regni 5*, einer echten Königsurkunde des angegebenen Jahres entnommen hätte. Aber freilich nicht ganz ungeändert; das *imperatoris II.* kann die Königsurkunde natürlich nicht enthalten haben. Aber der Fälſcher kann es auch wieder nicht ohne Vorlage willkürlich hinzugefügt haben; denn es findet ſich genau in dieſer Faſſung und an derſelben Stelle in der Datirung der Kaiſerdiplome. Der Fälſcher hätte dafür alſo doch wieder auf die kaiſerliche Vorlage zurückgegriffen, ſo dafs fich damit die Annahme befeitigt, die fonderbare Geftaltung könne fich daraus ergeben haben, dafs jener die Datirung fehlte. Es bedarf alfo bei Annahme der Fälfchung einmal der Erklärung, wefshalb der Fälfcher ihr trotzdem nur bei der Datirung nicht folgte. Es bedarf aber doch nun weiter auch der Erklärung, wefshalb 'er trotzdem auf jene zurückgriff, und zwar fo, dafs er den allerdings feinem Texte entfprechenden, aber die königliche Datirung verdächtigenden Kaifertitel herübernahm, dagegen den gröberen Mifsgriff, auch die Kaiferjahre aufzunehmen, glücklich vermied. Wufste ich folche Erklärung nicht zu finden, fo war mir das ein Hinweis, es lieber zu verfuchen, ob bei Annahme der Echtheit die anfcheinenden Widerfprüche nicht leichter ihre Löfung fänden.

Scheinen mir gerade folche Fälle den beftimmteften Beleg zu geben, wie nöthig und wie fchwierig es feien kann, die Fälfchung nicht blos zu behaupten, fondern zu erklären, fo wird es fich empfehlen, noch einen weiteren zu befprechen. Die vier Urkunden K. Otto's I. für Magdeburg, St. 355—58, laffen fich zweifellos nach der Datirung nur zu 965 Apr. 12 einreihen. Sind unter ihnen, wie angenommen wird, Fälfchungen, fo haben wir ficher die anderen als Vorlage mindeftens für die Datirung zu betrachten. Nun nennen zwei von ihnen, deren Echtheit nicht bezweifelt wird, entfprechend dem Itinerar den Ausftellort Wiesbaden; dagegen St. 357 Nordhaufen, St. 358 Wiehe; der Fälfcher hätte alfo ohne fichtliche Veranlaffung den Tag der Vorlage beibehalten, den Ort aber geändert.

Mag das wenig ins Gewicht fallen, fo ergeben fich nun noch viel weitergehende Anftände bei St. 358, zuletzt gedruckt Jaffé Dipl. quadr. 11 aus dem angeblichen Originale zu Berlin. Ich weifs nicht, ob bei diefem auch äufsere Merkmale gegen die Echtheit fprechen. Jedenfalls ergeben fich fo viel innere Widerfprüche, dafs es begreiflich wäre, wenn Jaffé und Stumpf auch nur auf diefe hin die Urkunde als Fälfchung bezeichnet hätten. Vergegenwärtigen wir uns nun aber genauer, wie der Fälfcher vorgegangen feien müfste, fo ift das Ergebnifs ein fo auffallendes und unerkläriches, dafs mir umgekehrt wenigftens jene Widerfprüche gerade für die Echtheit zu fprechen fcheinen.

Haben wir eine Fälfchung vor uns, fo mufs der Text grofsentheils einer echten Königsurkunde Ottos I. entnommen feien. Denn ein Text, gegen deffen Faffung kein Anftand vorliegen dürfte, der eine Menge von Perfonen als gleichzeitig lebend erwähnt, ohne dabei fehlzugreifen, kann nicht frei erfunden feien; nur etwa der Gegenftand der Schenkung könnte in der Vorlage ein anderer gewefen feien. Dafs fich unter den anfcheinend fehr vollftändig erhaltenen Schenkungsurkunden für Magdeburg aus der Königsperiode, vgl. Grosfeld De archiep. Magdeb. orig. 60 ff., eine folche Vorlage nicht findet, kann auffallen; aber es wäre ja nicht beifpiellos, dafs die Vorlage, nachdem fie ihre Schuldigkeit gethan, vernichtet wäre. Es kann weiter auffallen, dafs K. Otto III. 992, St. 978

13] das in unſerer Urkunde Geſchenkte auf Grundlage des ihm vorgelegten Präzept ſeines Groſsvaters beſtätigte; aber gerade für dieſen Zweck
könnte die Fälſchung ja geſertigt ſeien.

Da der Text nicht blos den 957 geſtorbenen Königsſohn Ludolf,
ſondern auch den Erzbiſchof Friedrich von Mainz als lebend voraus-
ſetzt, ſo muſs die Vorlage aus der Zeit vor 954 Oct. 25 herrühren. Dieſer hat der Fälſcher dann auch das Eingangsprotokoll und die Signumzeile entnommen, da beide königlich ſind. Möglicherweiſe auch die
ſchon ſeit Aug. 953 paſſende Rekognition Ludolfs für Bruno, die aber
doch wahrſcheinlicher einer der Kaiſerurkunden von 965 entnommen
iſt, da ſie ſich hier in St. 355. 356 in ganz übereinſtimmender Faſſung
findet.

Ganz zweifellos diente dann eine dieſer als Vorlage für die Datirung: *data 2. id. apr., anno d. i. 965, ind. 4, anno vero regni d. Ottonis xx(x); actum Wiha, in dei nomine feliciter, amen.* Und zwar
muſste das zunächſt St. 355 ſeien. Denn hier ſtimmt nicht blos der Tag,
das Inkarnationsjahr und das noch zu beſprechende, zwar nicht richtige,
aber kanzleigemäſse Regni 30, ſondern auch die irrige Ind. 4, während
die beiden anderen richtig Ind. 8 haben. Das kann keine bei freier
Fälſchung ſich zufällig ergebende Uebereinſtimmung ſeien; St. 355 oder
doch, was hier keinen Unterſchied begründet, eine uns vielleicht unbekannte Kaiſerurkunde mit ganz entſprechender Datirung muſs dem Fälſcher zur Hand geweſen ſeien.

Es wäre alſo auch hier zunächſt wieder zu erklären, weſshalb der
Fälſcher ſeiner Königsurkunde nicht auch bezüglich der Datirung folgte.
Mir wenigſtens würde die einzig ausreichende Erklärung die ſcheinen,
daſs in derſelben die Datirung fehlte, wie das ja bei durchaus unverdächtigen Diplomen wohl vorkommt. In Ermanglung einer zutreffen-
deren wird es geſtattet ſeien, von dieſer Annahme auszugehen. Daſs
der Fälſcher nun zur Erſetzung des Mangels gerade zu einer Kaiſerurkunde griff, während ihm doch zu Magdeburg ſo viele Königsdiplome
zu Gebote ſtanden, war freilich recht unüberlegt; aber es kann kaum
befremden, da man ſich wenigſtens nach dem, was den armen Fälſchern
ſonſt wohl zur Laſt gelegt wird, einen ſolchen Prügelknaben der Diplomatik doch eigentlich gar nicht gedankenlos und ungeſchickt genug
vorſtellen kann.

Gehen wir nun aber weiter, ſo werden wir uns bald überzeugen,
daſs wenigſtens unſer Fälſcher einer beſſeren Sorte angehört haben
muſs. Er begnügt ſich keineswegs damit, die Datirung ſeiner Kaiſer-
vorlage einfach zu kopiren. Einmal ändert er den Ort. Weſshalb gerade dieſen und nicht etwa auch den Tag, weiſs ich freilich nicht zu er-
gründen. Aber die Schuld wird an mir liegen. Sind alle die Urkunden,
bei welchen mindeſtens echte Vorlagen anzunehmen ſind und bei welchen der Ort nicht zum Tage ſtimmt, wirklich Fälſchungen, ſo muſs ein
Rezept vorhanden geweſen ſeien, welches ſich durch Jahrhunderte in der

Fälfcherzunft vererbte. Wiffen wir den geheimen Plan, den man dabei verfolgte, auch nicht zu enthüllen, fo werden wir defshalb nicht bezweifeln müffen, dafs eine wohlberechnete Abficht zu Grunde lag. Wir mögen demnach immerhin die Ortsänderung als ein Zeichen betrachten, dafs unfer Fälfcher in die geheimen Kunftgriffe feines Faches wohl eingeweiht war.

Unfere Achtung wird fteigen, wenn wir beachten, wie forgfam er die ihm vorliegende Datirung mit feinem Texte in Einklang zu bringen fuchte. Er wufste recht wohl, dafs die ihm vorliegende Angabe: *anno imperii magni Ottonis augusti iiii., regni scilicet xxx.*, ungeändert zu einer Königsurkunde nicht paffe. Die Angabe der Kaiferjahre läfst er natürlich fort, wie er auch Otto nicht als Auguftus bezeichnet. Aber noch mehr. Bei den Königsjahren ift die dritte Ziffer durch Rafur getilgt und nach Jaffé erst mit anderer Dinte das *x* fpäter zugefügt. Haben aber drei andere Urkunden deffelben Tages und darunter die Vorlage *xxx*, fo ift doch keinen Augenblick zu bezweifeln, dafs die in unferer Urkunde getilgte Ziffer auch urfprünglich *x* war. Und fo hätten wir denn wieder ein befonders beachtenswerthes Zeichen für die Umficht unferes Fälfchers. Allerdings hatte ihn die Vorlage verführt, Regni 30 zu fchreiben; aber früh genug befinnt er fich, dafs das fchon in die Kaiferjahre fällt und weifs durch Tilgung einer Ziffer die Zahl auf die Königszeit zurückzuführen.

Es ift mir leid, diefen vortrefflichen Fachmann nun fchliefslich doch noch ftraucheln zu fehen. Es waltet ein eigenes Verhängnifs über den Fälfchungen; fchliefslich erweist fich doch keine als fein genug gefponnen. Der Mann, deffen feines Vorgehen wir bis dahin bewunderten, vergifst in unbegreiflicher Weife darauf, dafs Otto 965 fchon Kaifer war, dafs auch beim Inkarnationsjahre eine Nachhülfe nöthig war, um mit der angeblichen Königsurkunde nicht in Widerfpruch zu gerathen.

Ich will über Echtheit oder Unechtheit der Urkunde nicht aburtheilen, wie ich mir das überhaupt nicht zur Aufgabe gemacht habe. Ich bemerke vielmehr, dafs ich aus mehreren ähnlich liegenden Fällen gerade jenen auswählte, weil mir da auch bei Annahme der Echtheit eine genügende Erklärung keineswegs nahe zu liegen fcheint, und weil nicht die Analogie anderer, meiner Anficht nach leicht zu erklärender Fälle es war, was mich beftimmte, die Echtheit jener Urkunde dennoch für möglich zu halten, fondern lediglich die Schwierigkeit, gerade bei Annahme der Fälfchung eine befriedigende Erklärung zu finden. Das Vorgehen könnte fchwerlich viel anders gewefen feien, als ich es darftellte. Dann aber wird man mir einem folchen Falle gegenüber doch zugeben müffen, dafs oft wenig damit gewonnen ift, eine Urkunde wegen diefes oder jenes Widerfpruches für unecht zu erklären, wenn nicht zugleich nachgewiefen wird, wie fich denn bei Annahme der Fälfchung ein folcher Widerfpruch erklären läfst. Und follte man da meine früheren Erörterungen gegenüber nicht fchon ohnehin zugegeben haben,

14] dafs für diefe Erklärung abfichtliche Abweichung oder Kompofition zum Zwecke der Ablenkung des Verdachtes nicht in Rechnung zu bringen fei, fo wird es keines weitern Nachweifes bedürfen, wie daran bei den hier befprochenen und ähnlichen Fällen unbedingt nicht zu denken ift.

15. Es hat fich alfo gezeigt, dafs die Erklärung der Widerfprüche durch Fälfchung in manchen Fällen durch die Echtheit des angeblichen Original ausgefchloffen ift, in andern dadurch, dafs gerade die Annahme der Fälfchung den Widerfpruch unerklärt läfst, dafs entweder die Urkunde echt feien oder doch die echte Vorlage den Widerfpruch fchon enthalten haben mufs. Ift es nun im zweiten Falle für unfere nächften Zwecke gleichgültig, ob das eine, oder das andere zutrifft, fo werden wir noch einen Schritt weitergehen dürfen; es wird fich oft die H e r a n - z i e h u n g e r w i e f e n e r F ä l f c h u n g e n z u r E r k l ä r u n g d e r U n - r e g e l m ä f f i g k e i t e n rechtfertigen laffen. Ift für eine folche, was fich leicht herausftellt, eine echte Vorlage benutzt, fo ift nach allem Gefagten als Regel feftzuhalten, dafs die Beftandtheile der Urkunde, welche für unfere Zwecke zunächft in Betracht kommen, aus der echten Vorlage ungeändert in die Fälfchung übernommen feien werden. Dafs diefe Regel ihre Ausnahmen hat, haben wir nicht überfehen. Dafs erwiefene Fälfchungen mit Vorficht zu behandeln, dafs ihnen nicht etwa auch für die Weiterunterfuchung mafsgebende Schlüffe zu entnehmen find, ift felbftverftändlich. Aber es erfchien mir doch unrichtig, defshalb, weil es Ausnahmen gibt, die Regel auch dann nicht verwerthen zu wollen, wenn keinerlei Grund vorliegt, eine Ausnahme anzunehmen, und das Ineinandergreifen unverdächtiger und gefalfchter Stücke überdies auf das Vorliegen der Regel beftimmter hinzuweifen fcheint. Ich wenigftens habe durch die bezüglichen Unterfuchungen die Anficht gewonnen, dafs, wenn wir von allen felbftftändigen, an ihrer Rohheit leicht erkennbaren Fälfchungen abfehen, uns auf die fichtlich nach echten Vorlagen gemachten befchränken, die im Protokoll fich ergebenden Widerfprüche kaum feltener erwiefen echte, als erwiefen unechte Urkunden treffen, was, die Richtigkeit vorausgefetzt, doch ergeben würde, dafs jene Ausnahmen von der Regel nicht gerade zahlreich gewefen feien können.

16. Ging ich bei meiner Erörterung davon aus, dafs die von genügend fachkundiger Seite anerkannte Echtheit des Original die Annahme der Fälfchung unbedingt ausfchliefse, fo wird nun mit Rückficht auf fpäter zu befprechende Einzelfälle fchliefslich noch daran zu erinnern feien, dafs der umgekehrte Schlufs nicht eben fo unbedingt zutrifft, da es u n e c h t e O r i g i n a l e e c h t e r U r k u n d e n geben kann.

Liegt uns ein Schriftftück vor, deffen graphifche Ausftattung fich aufs engfte der in Originalen üblichen anfchliefst, welches überdies mit einem Siegel verfehen ift, alfo mit dem Beftandtheil, in dem man vorzugsweife die Beweiskraft der Urfchrift fuchte, fo wird damit zweifellos der Anfpruch erhoben, dafs es nicht blos wortgetreue Abfchrift eines

Original, fondern das Original felbft fei. Erweift fich diefes angebliche Original nun als unecht, kann es insbefondere nach graphifchen Merkmalen nicht der Zeit angehören, in welcher ein entfprechendes wirkliches Original entftanden fein müfste, fo wird allerdings das zweifellofe Streben, über die Bedeutung des Schriftftückes zu täufchen, den Verdacht nahe legen, dafs nicht blos das angebliche Original, fondern die Urkunde felbft unecht, dafs ein entfprechendes wirkliches Original überhaupt nie vorhanden gewefen fei. Denn wenn fich auch in folchen Fällen fehr häufig ergibt, dafs man das Stück nach einer echten Vorlage gefertigt haben mufs, fo fehlt uns doch jede äufsere Bürgfchaft, dafs diefe ungeändert wiederholt wurde; und zumal dann, wenn wir in diefer Vorlage ein im allgemeinen entfprechendes Original vermuthen dürfen, liegt · der Verdacht gewifs nahe, dafs man es umfchrieb, um auch den Inhalt irgendwie zu ändern. Und häufig bewährt fich diefer denn auch dadurch, dafs gerade folche Stücke fich auch inhaltlich als gefälfcht erweifen.

Nun fcheinen aber doch die Fälle gar nicht ſelten gewefen zu feien, dafs bei der Nachbildung in keiner Weife beabfichtigt wurde, durch diefelbe· etwas zu erreichen, wofür die echte Vorlage nicht genügt hätte, dafs der wörtliche Beftand ganz ungeändert belaſſen wurde, die Fälfchung fich durchaus darauf befchränkt, dafs einer blofsen Abfchrift die Bedeutung der Urfchrift beigelegt werden follte. Der Hauptgrund für ein folches, auf den erften Blick auffallendes Vorgehen ift wohl darin zu fuchen, dafs in älterer Zeit in Deutfchland beftimmte Formen unbekannt waren, welche es ermöglicht hätten, für Rechtszwecke einer blofsen Abfchrift den Werth des Originals zu geben; und zwar felbft dann, wenn man diefes Original noch hatte, aber ein zweites gleichwerthiges Beweismittel wünfchte, weil das eine befchädigt oder fchwer leferlich war oder weil man fich nicht dem Verlufte des einzigen ausfetzen wollte. Das Notariatsinftitut, welches das ermöglichte, war in Deutfchland unbekannt. Aber auch die Tranfumirung durch die als Nachfolger des urfprünglichen Ausftellers dazu berufene Perfon ift, worauf wir zurückkommen, erft fpät üblich geworden und erfolgte überdies überwiegend von anderem Gefichtspunkte aus, hatte in erfter Linie mehr die Beftätigung, als die Verdoppelung des früheren Beweismittels im Auge. Wir werden fpäter an Einzelfällen nachweifen, dafs es auch in der Reichskanzlei in älterer Zeit an einer beftimmten Form fehlte, um Abfchriften von Urkunden früherer Könige die Beweiskraft des Original zu geben. Daraus ift es doch zu erklären, wenn wir nicht felten zwei Ausfertigungen derfelben Urkunde finden, welche fo genau übereinftimmen, dafs gar nicht abzufehen ift, wie die eine für den Empfänger irgendwelchen Werth haben konnte, der nicht auch der andern zugekommen wäre. Man hat dann die Koften nicht gefcheut, um fich fogleich oder doch bald nacher das zweite Beweismittel zu fichern. War das aber anfangs verfäumt, fo konnte man von einem Nachfolger wohl auf Grund des

16] vorhandenen Original eine Beſtätigung des Inhalts erhalten, aber es fehlte an einer ausreichenden Form, das Zeugniſs des Vorgängers nochmals gleichwerthig herzuſtellen.

Weiter aber wird der Fall nicht ſelten geweſen ſeien, daſs ſich nach Verluſt des Original eine getreue Abſchrift erhalten hatte, die nun aber der Beweiskraft ermangelte. Das ſcheint nach dem, was ich Ital. Forſch. 2,335 bemerkte, bei den Privilegien der römiſchen Kirche der Fall geweſen zu ſeien. Von einer Königsurkunde von 868 haben wir noch die echte Abſchrift, nach welcher das ſpäter entſtandene angebliche Original gefertigt zu ſeien ſcheint; vgl. Wilmans Kaiſerurk. 1,159. In ſolchem Falle hat man in ſpäterer Zeit, um ein beweiskräftiges Transſumpt zu erwirken, wohl die Abſchrift vorgelegt und durch Zeugeneid feſtgeſtellt, daſs das Original verbrannt und gleichen Inhaltes mit der vorgelegten Abſchrift geweſen ſei; vgl. Reg. Fr. II.·841, Huillard 4,845. War aber früher die Form der Transſumirung durch die berufene Perſon überhaupt nicht üblich, ſo wird überdies ein ſolcher Beweis nicht gerade immer leicht zu führen geweſen ſeien.

In ſolchen und ähnlichen Fällen half man ſich, wie man eben konnte, indem man das gewünſchte Original ſelbſt herzuſtellen ſuchte. Nicht immer geſchah das ſtillſchweigend; dann wird das Verfahren wohl als Renovation bezeichnet. Darauf dürfte es ſich beziehen, wenn es in einer Lorſcher Traditionsurkunde, Mon. Germ. 21,409, heiſst: *haec autem cartula renovata est in Laureſham tempore Heinrici imperatoris tercii preſentia teſtium, quorum nomina ſubſcripta ſunt*, worauf die Namen folgen. Kann ſich die Angabe der Zeugen wohl nur auf die Renovation beziehen, ſo wäre hier auf eine Beglaubigung Bedacht genommen; das Original mag den Zeugen vorgezeigt und vorgeleſen ſeien, ſo daſs ſie erforderlichenfalls für das Transſumpt einſtehen konnten. Aber der eigene gute Glaube ſcheint oft bewirkt zu haben, daſs man überhaupt gar nicht erwog, ob das auf Grund des ältern gefertigte neue Beweismittel nun auch denſelben, oder überhaupt irgendwelchen Werth hatte. Der Abt von Ettenheim ließs 1457 von Urkunde des Biſchofs von Strassburg von 763 für ſein Kloſter beglaubigte notarielle Abſchrift nehmen, um das Original nicht dem Verluſte auszuſetzen; vgl. Schöpflin Als. dipl. 1,37. Aber das, was er für das Original hielt, ſchloſs mit den vom Notar getreulich kopirten Worten: *anno d. i. 1121 renovata est hec charta et scripta a iuniore Chunrado Ethinheimenſe monaſterio abbate, ind. 14.* Dieſer Abt, der die Urkunde 1121 renovirte und ehrlich genug war, das ſelbſt hinzuzufügen, hat doch ſchwerlich bedacht, daſs dieſer Renovation, mochte ſie noch ſo getreu ſeien, jede Beweiskraft mangelte. Man ſcheint darin nichts Anſtößiges gefunden zu haben. In einer Erneuerungsurkunde des Erzbiſchofs von Salzburg von 1188, Steiermärk. U. B. 1,675, wird ausdrücklich geſagt, das frühere, theilweiſe verbrannte Privileg ſei einer Nonne von Göss, *cui eiusdem privilegii tenor notiſſimus erat, reparandum* übergeben worden, dann aber nach ihrem Tode nicht mehr aufgefunden. Hätte die Nonne die Reparation, unter der wir doch wohl Anfertigung eines neuen angeblichen Original zu verftehen haben, wirklich durchgeführt, fo würde man anfcheinend eine weitere Beftätigung oder Beglaubigung gar nicht für nöthig gehalten haben. Eben das Bewufstfein, dafs man fich einer fachlichen Fälfchung nicht fchuldig mache, mag dann vielfach auch dazu geführt haben, dafs man es gar nicht für nöthig hielt, den älteren Schriftcharakter genauer nachzuahmen. Wilmans machte mich auf eine Reihe angeblicher Paderborner Originale im Archive zu Münfter aufmerkfam, zu welcher auch das von ihm eingefehene angebliche Original von St. 2026 zu Göttingen gehöre. Alle find von derfelben Hand des zwölften Jahrhunderts gefchrieben, obwohl angeblich zum Theil aus viel früherer Zeit ftammend. Darf ich ohne nähere Unterfuchung da allerdings die Echtheit nicht vertreten, fo fcheint mir gerade die Ungezwungenheit der zur angeblichen Entftehungszeit nicht paffenden Schrift eine günftige Vermuthung zu erwecken; und von den dazu gehörenden Königsurkunden wenigftens ift St. 1802 nie beanftandet, die Echtheit von St. 2026 aber von Bresslau Kanzlei Konr. 136 ausdrücklich vertheidigt und auch von Stumpf eine echte Vorlage anerkannt. Vgl. auch, was Stumpf Wirzb. Imm. 31 n. 55 über eine ähnliche Reihe angeblicher Originale für die Abtei Werden bemerkt. In andern Fällen hat fich dann freilich die Nachbildung auch auf die Schrift erftreckt.

Es ift denn auch allgemein anerkannt, dafs uns in erwiefen unechten Originalen echte Urkunden in völlig ungeändertem wörtlichen Beftande oder doch nur mit folchen Abweichungen, wie fie fich auch bei einfachen Abfchriften ergeben, überliefert feien können. Unmittelbar erweist fich das, wenn fich auffer der Nachbildung auch das wirkliche Original erhalten hat, wie folche Fälle von Sickel Acta 1,368, Stumpf Wirzb. Imm. 52 nachgewiefen find. Und wo das nicht der Fall ift, ergeben fich wohl äuffere Haltpunkte, welche folche Annahme wenigftens unterftützen. Wenn das angebliche Original K. Ottos III., St. 1286, Dümge Reg. Bad. 92, auch erft im zwölften Jahrhundert gefchrieben ift, fo ift doch fchwer denkbar, dafs es dabei auf fachliche Fälfchung abgefehen war. Denn es fehlen Rekognition und Datirung, wie das auch in einem echten Originale nicht gerade auffallen würde, während gerade ein in unredlicher Abficht vorgehender Fälfcher fchwerlich unterlaffen haben würde, diefen Mangel anderweitig zu erfetzen, wenn er fich auch in feiner Vorlage fand. In St. 3750, angebliches Original K. Friedrichs von 1156, ift nach Stumpf die Schrift dem Diplome K. Lothars St. 3247 nachgebildet. Aber es ergibt fich, dafs diefes keinen Einflufs auf den Wortbeftand der Urkunde geübt haben kann. Andererfeits läfst fich trotz der Widerfprüche in der Datirung nicht bezweifeln, dafs eine echte Urkunde K. Friedrichs zugezogen feien müfste. Ein folches Verhältnifs läfst wohl nur die Erklärung zu, dafs man die letztere nur in Abfchrift hatte, fie alfo für den graphifchen Beftand nicht benutzen

16] konnte. Und dann würde doch der Gedanke fehr nahe liegen, dafs die Abficht überhaupt nur darauf gerichtet war, für eine echte, aber nur in Abfchrift erhaltene Urkunde ein angebliches Original zu fertigen.

Häufiger wird die genauere Unterfuchung wenigftens zu dem Ergebniffe gelangen, dafs Text und Protokoll ihrem gefammten Wortbeftande nach durchaus unverdächtig find. Den Rechtsinhalt werden wir auch dann vielleicht noch mit mifstrauifchem Auge anfehen, da bei folcher Renovation doch die Verfuchung zu kleinen Aenderungen zu nahe lag, welche, uns vielleicht unbemerkbar, dennoch für die betreffende Partei von grofsem Gewichte feien konnten. Aber an andern Beftandtheilen wird man nicht leicht abfichtlich geändert haben. Vergleichen wir etwa St. 4133, M. Boica 29,405, angebliches Original von 1172 mit echtem Siegel, aber nach Stumpf erft Ende des folgenden Jahrhunderts gefchrieben, fo haben wir freilich keine Bürgfchaft, dafs der Text der Vorlage gleichlautend gewefen fei. Fehlt im Titel das *dei gratia*, fo mag das die Annahme ftützen, das das Stück nicht aus der Reichskanzlei hervorgegangen ift; aber abfichtliche Abweichung ift das ficher nicht. Vergleichen wir nun aber weiter Protokoll und Zeugen mit St. 4132 von demfelben Tage, das aber felbft nicht als Vorlage ausgereicht hätte, fo wird gar kein Zweifel bleiben, dafs jene einer echten Vorlage genau entnommen fein müffen. In dem unechten Original von St. 1675, Dümge Reg. Bad. 98, hat fich jedenfalls das Protokoll unverfalfchter erhalten, als in dem bisher nicht beanftandeten, aber freilich nur in Abfchrift bekannten St. 1674, Wirtemb. U. B. 1,252, von demfelben Tage für dasfelbe Klofter, in welchem *xxix. augusti, ind. viiii.*, fich fichtlich aus Korruption von *iiii. kal. sept., ind. xiiii.*, wie es fich in St. 1675 findet, ergeben hat. Ehe der Text beider genauer geprüft ift, wird man doch keinen Grund haben, gerade St. 1675 für bedenklicher zu halten, weil fich von der andern ein angebliches Original überhaupt nicht erhalten hat.

So verdächtigend auf den erften Blick die erwiefene Unechtheit des Original auch feien mag, fo haben wir für unfere Zwecke doch keinen Grund, diefelbe als einen befonders erfchwerenden Umftand zu betrachten. Für diefe wenigftens haben wir die Urkunde einer in einfacher Abfchrift erhaltenen gleich zu ftellen. Sie kann überhaupt echt feien. Ergibt fie fich dagegen aus anderen Gründen als gefälfcht, aber auf echter Vorlage beruhend, fo ift hier die Wahrfcheinlichkeit, dafs die für uns mafsgebenden Angaben der echten Vorlage entnommen find, ganz diefelbe, wie bei jeder andern entfprechenden Fälfchung, für welche ein angebliches Original überhaupt nicht vorgebracht ift. Die Mehrzahl der in diefer Beziehung befprochenen Fälle betraf angebliche Originale.

17. Als **Ergebnifs** der bisherigen Unterfuchungen dürfte feftzuhalten feien, dafs die Annahme der Fälfchung zur Erklärung der anfcheinenden Widerfprüche in der Datirung felbft oder zwifchen der

Datirung und anderen, nicht zunächft den Rechtsinhalt der Urkunde beftimmenden Angaben nicht ausreicht. Sie finden fich in erwiefenen Fälfchungen; aber fie finden fich eben fo wohl in erwiefen echten Urkunden oder unter Umftänden, welche keinen Zweifel laffen, dafs mindeftens gerade der Widerfpruch auf eine echte Urkunde zurückgehen müffe. Im allgemeinen können demnach folche Widerfprüche nicht als Kennzeichen der Fälfchung betrachtet werden. Was fich aber im allgemeinen als unverwendbar erwiefen hat, wird auch im Einzelfalle erft dann als Kennzeichen der Unechtheit verwandt werden dürfen, wenn fich die Anficht begründen läfst, dafs gerade hier der Widerfpruch bei Annahme der Fälfchung feine genügende Erklärung finde. Das trifft einmal zu bei allen felbftftändigen Fälfchungen, bei welchen die Widerfprüche im Mangel einer echten Vorlage ihre ausreichende Erklärung finden. Es kann aber auch da zutreffen, wo nur Echtheit oder aber Fälfchung nach echter Vorlage in Frage ftehen. Einmal dann, wenn die Vorlage für eine Fälfchung angeblich anderer Entftehungsverhältniffe benutzt erfcheint, was fich in der Regel dadurch kenntlich machen wird, dafs fich zugleich formelle Unzuläffigkeiten zeigen. Weiter aber auch dann, wenn bei Fefthalten an den Entftehungsverhältniffen gerade für den Widerfpruch abfichtslofe Nachläffigkeit oder Willkür oder aber dem Hauptzwecke dienende abfichtliche Abweichungen mafsgebend feien konnten. Solche Fälle find zweifellos nur als Ausnahmen in Rechnung zu bringen. Ob fie zutreffen, mag fich im Einzelfalle nicht immer mit Sicherheit entfcheiden laffen. In der Mehrzahl folcher Fälle aber würden wir bei Annahme der Fälfchung den Widerfpruch nur aus abfichtlicher und doch zwecklofer oder fogar zweckwidriger Abweichung von der Vorlage erklären können. Halte ich das für unzuläffig, fo ergibt fich damit auch die Erklärung durch Fälfchung für unzureichend.

ERKLÄRUNG DURCH SCHREIBFEHLER.

18. Wo die Nothwendigkeit anderweitiger Erklärung nicht zu läugnen war, hat man diefelbe vielfach in der Annahme von Schreibfehlern gefucht. Läfst fich dabei allerdings eine gewiffe Gränze nicht wohl überfchreiten, fo ift die Annahme für uns befonders beachtenswerth, weil es fcheinen kann, dafs gerade der fo wichtige Widerfpruch, der fich häufig zwifchen Ort und Zeit der Datirung ergibt, in vielen Fällen durch diefe Annahme feine einfachfte Löfung findet.

Soll die Zuläffigkeit diefer Annahme geprüft werden, fo wird es vor allem nöthig feien, den Begriff des Schreibfehlers feftzuftellen. Ein Schreibfehler fcheint mir nur dann vorzuliegen, wenn jemand aus Unachtfamkeit etwas niederfchreibt, was feiner eigenen Anficht nach das nicht bezeichnet, was er zu bezeichnen beabfichtigte, was er demnach bei genügender Aufmerkfamkeit auch nicht fo gefchrieben haben würde. Beabfichtigte der Schreiber überhaupt nicht, etwa den laufenden Tag

3*

18] oder das laufende Jahr zu bezeichnen, fondern aus diefem oder jenem
Grunde ein anderes, und ergibt fich daraus ein Widerfpruch zu anderen
Angaben, fo liegt zweifellos kein Schreibfehler vor. Eben fo wenig aber
doch auch, wenn er das laufende Jahr zu bezeichnen beabfichtigte, es
aber defshalb nicht richtig bezeichnete, weil in der Kanzlei zeitweife eine
unrichtige Jahreszählung in Gebrauch gekommen war; was er nieder-
fchrieb bezeichnete zwar nicht thatfächlich, wohl aber feiner Anficht
nach das, was er bezeichnen wollte, und auch bei gröfster Aufmerkfamkeit würde er das nicht anders gefchrieben haben; gerade die an
und für fich richtige Angabe würden wir da vielleicht als Schreibfehler
zu betrachten haben.

Man könnte da noch weiter gehen, und einen Schreibfehler im
ftrengften Sinne des Wortes erft da annehmen, wo der Schreiber nicht
blos anderes bezeichnen, fondern felbft im Augenblicke der Niederfchrift anderes fchreiben wollte, wie das ja vorkommt. Dann würde es
auch kein Schreibfehler feien, wenn der Schreiber aus mangelnder Aufmerkfamkeit die Ziffer des vorhergehenden ftatt des laufenden Tages
fchreibt, der Abfchreiber ftatt des ihm vorliegenden Ortsnamens einen
anderen, ihm bekannteren, da fie allerdings das fchrieben, was fie im
Augenblick der Niederfchrift fchreiben wollten. Aber eine folche engere
Abgränzung würde weder für unfere Zwecke irgend dienlich, noch auch
durch den gewöhnlichen Sprachgebrauch gefordert feien. Es wird genügen, den Begriff des Schreibfehlers auf folche Verfehen des Schreibers zu befchränken, bei welchen nicht blos die Abficht vorlag, etwas
anderes zu bezeichnen, fondern bei denen auch die Einficht nicht gefehlt hätte, wie das Gewollte entfprechend zu bezeichnen gewefen wäre,
diefe Einficht nur im Augenblicke der Niederfchrift nicht zu genügender Geltung gelangte. Die verfehlte Abficht bei genügend vorhandener Einficht trifft denn auch bei manchen verwandten Verfehen zu, die
nicht gerade darauf beruhen, dafs jemand etwas anderes fchrieb, als er
fchreiben follte. Wir werden darauf zurückkommen. Zunächft genügt
es, die eigentlichen Schreibfehler ins Auge zu faffen, da die anfcheinenden Widerfprüche im Itinerar eben durch folche erklärt werden follen.

19. Sind uns Urkunden nur in Abfchriften erhalten, fo wird uns
das Vorkommen von Schreibfehlern nicht befremden können; auch
wenn der Abfchreiber die Abficht hatte, von dem ihm Vorliegenden
nicht abzuweichen, und diefes ihn bei genügender Aufmerkfamkeit über
das zu Schreibende nicht in Zweifel gelaffen hätte, ging er felten fo be-
hutfam vor, dafs fich nicht Abweichungen eingefchlichen hätten. Aber
auch das Vorkommen von Schreibfehlern in Originalen
wird nicht in Abrede zu ftellen feien trotz der gröfseren Sorgfalt, welche
wir bei Fertigung diefer vorausfetzen dürfen. Denn zuweilen handelt es
fich nicht um blos unrichtige, fondern um überhaupt unzuläffige Angaben. Hat etwa eine Urkunde K. Heinrichs von 1227, Reg. 140, Huillard 3,322, im Originale *viii. non. aprilis*, fo kann nur ein Verfehen vor-

liegen, mag das nun die Ziffer treffen, mag, was hier wahrfcheinlicher, *non.* ftatt *idus* gefchrieben feien. Ebenfo, wenn das Original von St. 740 *13 id. iunii* hat. An ähnlichen Beifpielen würde es nicht fehlen. Und auch in Einzelfällen, wo es fich nicht um Unzuläffiges, fondern nur um Unrichtiges handeln würde, wird der Sachlage nach die Annahme eines Schreibfehlers zuweilen nicht abzuweifen fein. Dabei mag es fich felbft in Originalen wohl um mehr, als um einzelne Ziffern und Silben gehandelt haben. St. 3342 hat auch in dem nach Schum unverdächtigen Originale, vgl. N. Archiv der Gefellfch. 1,145: *ego Bruno ad v. canc. Brunonis Col. archiep.,* während wir ein *ego Bertoldus* zu erwarten hätten. Ift nun auch die Möglichkeit nicht ausgefchloffen, dafs hier ein uns fonft unbekannter Kanzleibeamter als Rekognoszent genannt wäre, fo ift es gewifs wahrfcheinlicher, dafs der Schreiber fehlgriff, verleitet durch das zweite Bruno, das er fchon im Kopfe hatte.

20. Wenn aber die Erklärung von Unregelmäffigkeiten auch in Originalen durch Schreibfehler an und für fich nicht unftatthaft ift, fo wird fie defshalb nicht zugleich überall in gleicher Weife zuläffig feien. Das wird doch vor allem abhängig zu machen feien von der W a h r - f c h e i n l i c h k e i t im Einzelfalle. Auch Verfehen erfolgen doch überwiegend nicht ganz regellos; fehlt beim Schreibfehler die Abficht, fo mufs doch auch für ihn eine Veranlaffung vorhanden fein. Um im Einzelfalle glaublich zu machen, dafs die Annahme eines Schreibfehlers anderen Erklärungen vorzuziehen fei, ift doch wahrfcheinlich zu machen, wie fich ftatt des vermutheten Richtigen das angeblich Verfchriebene habe ergeben können.

Da wird nun vor allem der Unterfchied zwifchen felbft-ftändiger Niederfchrift und Abfchrift zu beachten feien, infofern beide zu Verfehen verfchiedener Art zu führen pflegen; wie dann ja weiter auch wieder der Abdruck, den wir für unfere Zwecke wohl unberückfichtigt laffen dürfen, zu befondern Arten von Fehlgriffen führt, die bei bloffer Abfchrift ganz unerklärlich feien würden. Schreibfehler im Original werden wir doch in der Regel wenigftens bei der Datirung auf felbftftändige Niederfchrift zurückzuführen haben. Zumal für frühere Zeiten wird anzunehmen feien, dafs die Datirung oder doch die mafsgebenden Angaben derfelben überwiegend erft im Originale felbft zugefügt wurden, fich nicht fchon im Konzepte fanden. Später mag allerdings, worauf wir zurückkommen, die Datirung fchon dem Konzepte zugefchrieben gewefen feien. Aber auch felbft dann wird, wie ich denke, das etwaige Verfehen eher auf den Konzipienten, als auf den Reinfchreiber zurückzuführen feien. Auch abgefehen davon, dafs wir den Reinfchreibern der Reichskanzlei doch gröfsere Behutfamkeit werden zutrauen dürfen, als fpäteren Abfchreibern, fehlte für fie zu manchen Verfehen, welche bei diefen nahe lagen, die Veranlaffung, weil fie Datirungen zu kopiren hatten, welche ihnen ohnehin wenigftens annähernd bekannt waren, für welche fie höchftens bezüglich der ge-

20] naueſten Angaben die Vorlage zu beachten hatten. Mögen da aber immerhin Verſehen erſt auf den Reinſchreiber zurückgehen, ſo dürften dieſe in der Regel kaum anders zu beurtheilen ſeien, als die eines Konzipienten. Wenigſtens überwiegend dürften ſolche Verſehen doch dadurch entſtanden ſeien, daſs die Reinſchreiber ihre Vorlage nicht hinreichend berückſichtigten, Angaben hinſchrieben, welche ſie ohnehin ſchon genügend zu kennen glaubten, welche ſie vielleicht ſchon an demſelbem Tage mehrfach eingetragen hatten, und damit gleichfalls zu Fehlgriffen gelangten, wie ſie ſich in der Regel nicht bei Abſchrift, ſondern bei ſelbſtſtändiger Niederſchrift zu ergeben pflegen.

Die Fehlgriffe des Abſchreibers ſind darauf zurückzuführen, daſs ihm etwas vorliegt, was mit dem, was er irrig ſchreibt, für das Auge oder auch für das Ohr Aehnlichkeit hat, wenn auch ſonſt jede Veranlaſſung zur Verwechslung fehlt; und jene Aehnlichkeit kann insbeſondere dann auch eine recht entfernte ſeien, wenn das ihm Vorliegende, etwa der Ortsname, ihm unbekannt iſt, ihn dagegen an etwas ihm genauer Bekanntes erinnert. Bei ſelbſtſtändiger Niederſchrift fehlt zu ſolchen Schreibfehlern die Veranlaſſung. Man könnte ſagen, es handelt ſich in dieſem Falle nicht um ein Verſehen, ſondern um ein Verdenken. Der Konzipient ſchreibt anderes, als er ſoll, weil er nicht genügend nachgedacht hat. Die Aehnlichkeit für Auge und Ohr fällt dabei gar nicht ins Gewicht; wir können da Verwechslung des Unähnlichſten in Rechnung bringen, wenn ſich nur eine ausreichende Veranlaſſung ergibt, die ihn auf den Gedanken brachte, gerade in dieſer Weiſe zu verwechſeln. Iſt unſere Annahme richtig, daſs bei St. 3342 Bruno ſtatt Bertold verſchrieben wurde, ſo hat gewiſs Aehnlichkeit der Namen daran keinen Antheil; nur das gleich nachher zu ſchreibende Bruno kann den Schreiber auf den Gedanken gebracht haben, Bruno und Bertold zu verwechſeln.

21. Wenden wir nun das Geſagte zunächſt auf die Ortsangaben der Datirung an, ſo wird es gewiſs durchaus zuläſſig ſeien, etwa anzunehmen, daſs ein ſpäterer deutſcher Abſchreiber *ap. Lutream* ſtatt *ap. Luceriam* oder *ap. Leodium* ſtatt *ap. Laudam* ſchrieb. Aber weder einem Konzipienten der Reichskanzlei werden wir das zutrauen dürfen, noch auch einem Abſchreiber derſelben, der, als er das Original fertigte, vielleicht ſchon eine Reihe Datirungen zu Lucera oder Lodi geſchrieben hatte. Finden wir im Regiſtrum K. Karls IV., in welchem uns ſichtlich zunächſt Konzepte erhalten ſind, in einer Reihe von Fällen *Bunne* ſtatt des richtigen *Brunne*, ſo mag das genügen, um uns zu überzeugen, daſs wir nicht Originalkonzepte, ſondern eine Abſchrift vor uns haben. Selbſt die Annahme, daſs ein Abſchreiber bei Reg. Fr. II. 746 *Rome* ſtatt des ihm unbekannten *Fogie* ſchrieb, wird kaum zu gewagt ſeien.

Verwechslung des Orts ſchon im Original anzunehmen, würde ſich dagegen gewiſs nur in ſehr ſeltenen Fällen rechtfertigen laſſen; jedenfalls müſste dann aber die Art der Verwechslung eine ganz andere ſeien.

Am nächſten könnte, ſo weit ich ſehe, eine ſolche Annahme etwa liegen bei der Urkunde K. Friedrichs II. für Eberbach, Böhmer Acta 241, aus Worms 1219 Febr. 21 datirt. Daſs wir vier andere von demſelben Tage, dann aber auch von Febr. 19 und 23 Urkunden aus Speier haben, würde nach Maſsgabe ſpäterer Erörterungen nicht ins Gewicht fallen, auch wenn wir von der Forſch. zur D. Geſch. 16,89 geltend gemachten bedenklichen Erklärung abſehen, der König habe an demſelben Tage zu Worms und Speier urkunden können; es würde an und für ſich noch nicht erweiſen, das der Schreiber Worms ſchrieb, als er Speier nennen ſollte. Wohl aber wird das letztere hier dadurch ſehr wahrſcheinlich, daſs ſich auch unter den vier Stücken deſſelben Tages aus Speier noch ein anderes gerade für Eberbach findet. Allerdings iſt uns die Urkunde nur im Kopialbuche der Abtei erhalten. Liegt hier aber wirklich ein Vergreifen des Ortsnamens vor, ſo möchte ich dasſelbe lieber dem Originale, als dem Abſchreiber zu Laſt legen. Für dieſen ſcheint mir hier Veranlaſſung zur Verwechslung durchaus zu fehlen. Ging aber dem Aufenthalte zu Speier, was das Itinerar nicht ausſchlieſst, etwa ein ſolcher zu Worms unmittelbar vorher, ſo wäre es immerhin denkbar, daſs ein Beamter der Reichskanzlei, der kurz vorher oft den Namen Worms geſchrieben hatte, dieſen nun auch da nannte, wo er Speier hätte ſchreiben ſollen.

22. Wo es ſich um die Annahme von Schreibfehlern in Originalen handelt, treffen dieſelben überwiegend die Z e i t a n g a b e n. Aber auch da iſt der betonte Unterſchied nicht ohne Bedeutung.

Ein Abſchreiber konnte leicht *martii* und *madii* oder *iunii* und *iulii* verwechſeln. Wie weit wir da gehen dürfen, kann davon abhängen, ob ſich glaublich machen läſst, daſs ihm das bezügliche Wort in Abkürzung vorlag. Hatte er *ian.* oder *iun.*, *feb.* oder *sep.* oder gar *seb.* vor ſich, ſo war natürlich eine Verwechslung naheliegend, zu der jede Veranlaſſung fehlte, wenn die Namen ausgeſchrieben waren. Dagegen wird man doch nicht leicht annehmen dürfen, daſs ein Abſchreiber etwa *iulii* ſchrieb, wo er *augusti* vor ſich hatte.

Bei ſelbſtſtändiger Niederſchrift fehlte offenbar jede nähere Veranlaſſung, etwa ſtatt des Februar den September oder ſtatt des Januar den Juni zu nennen, wie es für die Originale von St. 477 und 741 vermuthet iſt. Wenn daher wirklich, wie Stumpf Wirzb. Imm. 2,25 angibt, das *mai* und *ianuarii* in den Originalen von St. 4952 nur aus *marcii* und *iunii* verbeſſert ſein kann, ſo würde ich allerdings kaum zweifeln, daſs wenigſtens in dieſen Fällen die Datirung nicht ſelbſtſtändig zugefügt, ſondern abgeſchrieben wurde, wie das ja bei St. 952 noch dadurch näher gelegt iſt, daſs es ſich um eine Doppelausfertigung handelt. Umgekehrt würde es mich nicht zu ſehr befremden, wenn ein Konzipiſt den Juli genannt hätte, wo er den Auguſt nennen ſollte, alſo in ein Verſehen verfiel, welches wir für den Abſchreiber als unzuläſſig bezeichneten. Hat jemand wieder und wieder einen Monatsnamen geſchrieben,

22] fo mag er ihn unachtfamerweife auch noch einmal fchreiben, nachdem der folgende Monat bereits begonnen hat. Bei der Zählung nach römifchem Kalender kam da aber noch eine befondere Veranlaffung hinzu. Während der ganzen Epoche der Kalenden war nicht der Name des laufenden, fondern der des folgenden Monats zu nennen. Wir werden den Umftand behufs mannichfacher Unregelmäffigkeiten, zu denen er Anlafs gab, noch mehrfach zu berühren haben. Gerade ein Konzipift, nicht ein Abfchreiber, konnte da leicht verleitet werden, irrig den laufenden Monat zu nennen. Ein ganz ficheres Beifpiel gibt Reg. Wilh. 3o; will man nicht annehmen, dafs der König der eben von ihm belagerten Stadt fchon einen Monat vor der Uebergabe einen Gnadenbrief ertheilte, fo mufs im Originale *15. kal. octobris* ftatt *novembris* verfchrieben feien. Wenn daher Stumpf etwa bei St. 780. 4154 durch Annahme eines entfprechenden Schreibfehlers das urkundliche Itinerar richtig zu ftellen fucht, fo wird dagegen kaum etwas einzuwenden feien; näher liegt das natürlich noch, wenn wie bei St. 4819 mit *18. kal. iunii* hinzukommt, dafs die für den Mai zu grofse Ziffer im Juni pafst.

Aber auch bezüglich der Ziffern der Datirung wird wohl zu berückfichtigen feien, ob wir ein Verfehen in blofser Abfchrift oder im Originale annehmen. Der Abfchreiber wird etwa *iii* und *vi* oder *vii* und *xii* leicht verwechfeln, wobei es ganz gleichgültig ift, ob die Ziffer den Tag oder eine der Jahresangaben trifft; aber für Verwechslung etwa von *iiii* und *v* wird ihm doch im allgemeinen jeder Anlafs fehlen.

Bei felbftftändiger Niederfchrift werden wir dagegen die gröfsere oder geringere Aehnlichkeit der Ziffern für Verwechslungen nicht in Betracht zu ziehen haben. Wohl aber würde hier die Verwechslung von *iiii* und *v* ganz erklärlich feien; der unaufmerkfame Schreiber irrt in der Tagesangabe; und das wird in der Regel doch nur zu Abweichungen um ein oder andere Einheit geführt haben. Die Möglichkeit ftärkerer Abweichungen auch in Originalen will ich freilich nicht läugnen. Bei St. 1533 für Niederburg mit Regensburg 1010 Apr. 28 nehmen Böhmer und Stumpf an, dafs es im Originale *xiii. kal. maii* ftatt *iiii. kal.* heifsen müffe. Diefe Annahme wird allerdings dadurch fehr wahrfcheinlich, dafs wir nicht allein eine anfcheinend widerfprechende Urkunde aus Bamberg Apr. 28 haben, worauf ich an und für fich wenig Gewicht legen würde, fondern dafs auch gerade drei andere Urkunden für daffelbe Klofter aus Regensburg Apr. 19 datirt find. Bei einer Abfchrift würde die Aehnlichkeit zur Erklärung genügen; bei einem Original fcheint mir diefelbe nicht ausreichend. Doch find auch hier Veranlaffungen denkbar. Es ift ja möglich, dafs von drei der Urkunden die Reinfchrift noch zu Regensburg, von der vierten erft zu Bamberg vollendet wurde, und der Schreiber nun ftatt des dem Orte Regensburg entfprechenden Apr. 19 die Ziffer des laufenden Tages Apr. 28 eintrug, welche er vielleicht an demfelben Tage fchon mehrfach gefchrieben hatte. Um das aber noch als blofsen Schreibfehler behandeln zu dürfen, müfste es aus blofser Unachtfamkeit gefchehen, es müfste alfo vorher feftgeftellt feien, dafs nach dem Brauche der Kanzlei auch zu Bamberg noch der zu Regensburg paffende Tag gefchrieben werden follte. Und vor näherer Unterfuchung wäre da ein anderer Brauch doch immerhin denkbar.

Handelt es fich um Jahresziffern, fo ift noch ein anderes zu beachten. In Abfchriften können fich auch bei diefen die verfchiedenartigften Abweichungen durch Schreibfehler erklären. In Originalen würde es bezüglich der Tagesziffer gleichfalls keinem Bedenken unterliegen, diefelbe in Folge von Schreibfehlern bald als etwas zu grofs, bald als etwas zu klein geworden anzunehmen, da der Schreiber ja nach der einen, wie nach der andern Seite fehlgreifen mochte, wenn auch im allgemeinen gewifs anzunehmen ift, dafs aus Unachtfamkeit häufiger ein fchon vergangener, als ein erft kommender Tag genannt wird. Ift etwa Böhmer Acta 772 n. 1074 von 1212 Samftag Aug. 24 datirt, während diefer auf den Freitag fiel, fo ift wohl zweifellos das Verfehen beim Monatstage anzunehmen, wo es ja an und für fich näher liegt, als beim Wochentage. Doch mögen fich immerhin auch umgekehrt liegende Fälle finden. Dagegen erfcheint mir die Erklärung einer zu grofsen Jahresziffer durch felbftftändigen Schreibfehler immer bedenklich. Wohl jedem dürfte es begegnet feien, dafs er insbefondere in den erften Tagen des Januar noch die Ziffer des vergangenen Jahres fchrieb. Bei Datirung der Diplome lag ein folches Verfehen um fo näher, als es fich um mehrere Jahresangaben mit verfchiedenen Epochentagen handelte; gar leicht mochte da der Schreiber die fo oft gefchriebene Ziffer noch einige Zeit fortfchreiben, bis er gewahrte, dafs fie zu ändern fei. Danach follte er auch nach diefer Richtung nicht um mehr als eine Einheit zurückbleiben, während bei den rafch wechfelnden Tagesangaben auch eine etwas ftärkere Abweichung nicht zu fehr befremden würde. Nach der andern Richtung aber würde das Vergreifen der Jahresziffern auch nur um eine Einheit fchwer erklärlich feien. Wir fühlen uns doch auch im Dezember nicht leicht verfucht, fchon die Ziffer des kommenden Jahres zu fchreiben, wenn wir nicht einen befondern Zweck damit verbinden und damit dann überhaupt ein Schreibfehler nicht mehr vorliegt. Und bei der Datirung der Diplome hätte das überdies oft Jahresbezeichnungen getroffen, bei denen es wegen der Ungewifsheit der Regierungsdauer des Herrfchers gar noch nicht einmal feftftand, ob es überhaupt zu einer folchen Jahresbezeichnung kommen werde. Handelt es fich nun auch in Originalen wohl ebenfo häufig um zu grofse, als zu kleine Jahresziffern, und zwar fo, dafs die zu erwartende Ziffer nicht immer nur um eine, fondern auch um mehrere Einheiten überfchritten ift, fo liegen allerdings Unregelmäffigkeiten, Widerfprüche, Unrichtigkeiten vor; aber die Annahme blofser Schreibfehler fcheint mir in keiner Weife geeignet, das zu erklären.

23. Mag nun zuzugeben feien, dafs zuweilen anfcheinende Wider-

23] fprüche im urkundlichen Itinerar fich durch Annahme von Schreibfehlern ausreichend erklären laffen, fo müfste doch oft, auch von anderem abgefehen, fchon die Häufigkeit der Fälle Bedenken erregen, welche fich ergeben würde, wenn wir darin die durchgreifende
Erklärung finden wollten. Auch von den Jahresangaben abgefehen
fah fich Stumpf genöthigt, in dem einen Jahre 973 fünfmal ein Verfehen
in der Tagesangabe anzunehmen, bei St. 575. 84. 86. 94. 614, wovon
drei Originale. Und felbft dann wird doch ein Ergebnifs, wonach der
Kaifer Nov. 23 zu Heiligenftadt und fchon Nov. 27 zu Duisburg gewefen wäre, fchwerlich dem thatfächlichen Itinerar entfprochen haben.

Dazu kommt dann noch ein anderer Umftand. Die Häufigkeit
bloffer Schreibfehler follte doch für verfchiedene Perioden durchfchnittlich diefelbe feien. Bei Abfchreibern könnte das nur dann einem Bedenken unterliegen, wenn etwa die Schrift einer beftimmten Periode
mehr Anlafs zu Abfchreibefehlern geboten hätte, was für die Jahrhunderte, welche wir zunächft im Auge haben, kaum zutrifft. Bei Konzipi-
ften wird der eine achtfamer feien, wie der andere; das würde es immerhin erklären können, wenn fich ein bedeutenderer Unterfchied bei kürzeren Zeiträumen herausftellte; es wäre möglich, dafs die befonders
häufigen Unrichtigkeiten gerade in den Originalen K. Ottos II. wenigftens theilweife damit zufammenhingen. Bei gröfseren Perioden müfste
fich aber auch das ausgleichen. Wie will man es alfo erklären, dafs die
angeblichen Schreibfehler in der Datirung im zwölften Jahrhunderte,
zumal der zweiten Hälfte deffelben ungleich feltener find, als in den
früheren Jahrhunderten, während dann im dreizehnten Jahrhunderte
ihre Zahl wieder in auffallender Weife zunimmt? Das mufs doch auf
den Gedanken führen, dafs da andere Umftände eingriffen, bei welchen
die Annahme, dafs fie fich bald mehr, bald weniger geltend machten,
keinem Bedenken unterliegt.

24. Entfprechendes ergibt fich, wenn wir einen verwandten Punkt
ins Auge faffen, nämlich die fich oft ergebende regelmäffige Geftaltung der Fälle, welche durch Schreibfehler erklärt werden follen,
während ihr Ergebnifs fich doch überwiegend als ein ganz regellofes
darftellen müfste. Schon das könnte auffallen, dafs, wie Stumpf Wirzb.
Imm. 2,24 betont, gerade nur die Namen der Monate fo häufig verfchrieben feien follen, während doch nicht abzufehen ift, wefshalb das
nicht auch diefe oder jene andere Angabe gleichmäffig getroffen haben
follte. Wichtiger ift ein anderes. Betonten wir, dafs auch für den
Schreibfehler beftimmte Veranlaffungen vorhanden find, fo folgt daraus
nicht, dafs diefe zu einer Abweichung in ein und derfelben Richtung
führen müffen. Und wenn das wenigftens bei felbftftändiger Niederfchrift hie und da zuzugeben ift, fo ergibt fich dann wohl wieder, dafs
der angebliche Schreibfehler gerade zu einer Abweichung in umgekehrter Richtung geführt haben müfste.

Es wurde fchon mehrfach darauf hingewiefen, dafs die im urkundlichen Itinerar fich ergebenden Widerfprüche durchweg fo liegen, dafs die Zeitangabe zu fpät für den Ort ift. Schreibfehler, wie fie Abfchreiber machen, können ein folches Ergebnifs nicht herbeiführen. Ift eine Ziffer, oder der Name eines Ortes oder Monats einem andern ähnlich, fo wird durchfchnittlich eben fo häufig diefer mit jenem als jener mit diefem verwechfelt feien; das kann überhaupt keine regelmäffige Geftaltung veranlaffen. Bei felbftftändigen Schreibfehlern werden wir allerdings annehmen dürfen, dafs fie überwiegend zur Angabe eines fchon verfloffenen Zeitabfchnittes ftatt des bereits begonnenen führen werden; insbefondere konnte die Kalendenzählung Anlafs werden, den verfloffenen Monat zu bezeichnen. Dann aber müfste das Ergebnifs gerade umgekehrt eine für den Ort zu frühe Zeitangabe feien. Die am häufigften vorkommende Verfchiebung des Itinerar läfst fich demnach auf Schreibfehler nicht zurückführen.

Aehnliches wurde bereits bezüglich der Jahresangabe bemerkt. Hier kommt aber noch ein anderes hinzu. Auffer dem Inkarnationsjahre und der Indiktion geben die Urkunden auch die verfchiedenen Regierungsjahre; wir finden alfo drei, vier, auch fünf Jahresangaben. Nun ergibt fich wohl, dafs wir wegen Nichtftimmens zum Orte oder aus anderen Gründen nicht blos bei einer, fondern bei allen oder den meiften ein Verfehen anzunehmen haben, während diefelben dennoch unter fich übereinftimmen. Das kann nicht lediglich das Refultat regellofer Abfchreiberverfehen feien. Diefe könnten immerhin nicht blos eine, fondern alle Angaben treffen; aber gewifs würden fie dann nicht zufällig zu einer Uebereinftimmung aller führen. Eben fo wenig aber ift das denkbar bei felbftftändiger Niederfchrift. Der Konzipift mag bei ein oder anderer Angabe fehlgreifen und wird dadurch die Uebereinftimmung ftören; nennt er aber ftatt der Jahre, die er nennen follte, eine andere, in fich richtige Reihe, fo werden wir das nicht mehr als blofsen Schreibfehler betrachten können; es wurde dann nicht mehr das Jahr, welches er angeben wollte, theilweife unrichtig bezeichnet, fondern er wollte aus diefem oder jenem Grunde überhaupt ein anderes Jahr angeben.

Nach allem Gefagten ergibt fich, dafs in Einzelfällen für die Annahme einer Erklärung der Unregelmäffigkeiten insbefondere der Datirung durch Schreibfehler genügende Veranlaffung vorliegt. Man mag auch zugeben, dafs vereinzelt ein wenigftens für uns ganz unerklärlicher Schreibfehler eingreifen mag. Für die Maffe der Fälle würden aber die anzunehmenden Schreibfehler nicht blos zu häufig, fondern insbefondere auch wegen der regelmäffigen Geftaltung, zu der fie geführt haben würden, zu unerklärlich feien, als dafs wir die Verfchiebungen des urkundlichen Itinerar im allgemeinen auf fie zurückführen könnten. Dann werden wir aber auch im Einzelfalle, zumal wenn es fich um ein Original handelt, doch nur dann einen Schreibfehler annehmen dürfen, wenn die befondere Sachlage beftimmter dafür fpricht oder fich wenigftens ge-

25] zeigt hat, dafs keine andere, durch verwandte Fälle nahe gelegte Annahme zur Erklärung ausreicht.

MÖGLICHKEIT ANDERWEITIGER ERKLÄRUNG.

25. Reicht die Annahme von Fälfchungen und Schreibfehlern zur Erklärung der anfcheinenden Widerfprüche nicht aus, fo ergibt fich damit das Bedürfnifs anderweitiger Erklärung. Dafs jene nicht überall genügen, geben ja auch folche zu, welche fie der Maffe der Fälle gegenüber allerdings für ausreichend halten. Dem als echt anerkannten Original gegenüber ift die Annahme der Fälfchung nicht ftatthaft; und will man felbft auf die Forderung, dafs auch der Schreibfehler einer Erklärung bedürfe, ganz verzichten, fo liegen doch wieder manche Fälle fo, dafs die Annahme weitgehendfter Schreibfehler zur Erklärung des Widerfpruches nicht ausreichen würde. Sollen wir uns da nun damit begnügen, ein Fragezeichen zu fetzen, und den Fall als unerklärliche Regellofigkeit hinnehmen? Das wird allerdings dem nicht zu verübeln feien, der im allgemeinen in Fälfchung und Schreibfehlern den paffenden Schlüffel gefunden zu haben glaubt; über einzelne Fragezeichen kommen wir in diefen Dingen wohl auf keinem Wege hinaus. Wer aber, wie ich, umgekehrt die Anficht zu begründen fuchte, dafs auf jenem Wege nur in Einzelfällen, nicht im allgemeinen eine genügende Löfung zu erreichen fei, von dem wird man billig verlangen, dafs er, wenn er den eingefchlagenen Weg als den unrichtigen bezeichnet, nun auch einen andern angibt, auf dem wenigftens feiner Anficht nach das Ziel erreichbar ift.

Als diefer Weg ift nun fchon mehrfach die Annahme der Beziehung widerfprechender Angaben auf verfchiedene Zeitpunkte bezeichnet worden. So von Wailly und Huillard-Bréholles, vgl. Huillard Intr. 56. Die Erklärung der Verfchiebungen in den Regeften K. Ludwig des Baiern glaubte ich in derfelben Richtung fuchen zu müffen, vgl. Add. III. Vorr. IX. Insbefondere hat dann auch Sickel Acta 1,236 auf diefen Weg hingewiefen. Es dürfte auch kein anderer mehr denkbar feien. Beziehen fich in einer uns vorliegenden echten Originalurkunde die Angaben thatfächlich auf [verfchiedene Zeitpunkte, ift nach Lage der Sache die Möglichkeit ausgefchloffen, dafs der Schreiber anderes fchrieb, als er zu fchreiben beabfichtigte, fo erübrigt nichts, als die Annahme, dafs er wirklich verfchiedene Zeitpunkte bezeichnen wollte. Dann aber wird vor allem die Frage fich aufwerfen, wie fich das überhaupt erklären könne. Und da fcheint fich mir eine doppelte Möglichkeit zu bieten.

26. Einmal kann die Schuld auf unferer Seite, die Erklärung in eigener Täufchung über die Abficht der Kanzlei zu fuchen feien. Wir find gewohnt, von der Annahme auszugehen, dafs fich in der Regel alle Angaben der Urkunde auf den in der Datirung bezeich·

neten Zeitpunkt beziehen follten. Aber dazu find wir doch vielfach durch das, was in der Urkunde gefagt ift, wenigftens von vornherein in keiner Weife berechtigt. Zeitweife würde felbft die Faffung der Datirungszeile gerade umgekehrt eher darauf hinweifen, dafs fich Zeitangabe und Ort auf verfchiedene Zeitpunkte beziehen follten; es wird der Tag unter Datum, der Ort unter Actum genannt, und wieder in einer fpäteren Zeit zunächft die Zeitangabe unter Actum, der Ort unter Datum. Ueberwiegend würden uns allerdings wenigftens die fpäter üb-lichen Formen der Datirung berechtigen, von vornherein mindeftens für Tag und Ort Beziehung auf denfelben Zeitpunkt anzunehmen. Aber diefer mufs denn doch nicht nothwendig auch für die fonftigen Angaben der Urkunde mafsgebend gewefen feien. Die Datirung fagt zunächft nur, wann die Urkunde gegeben ift. Damit ift doch nicht zugleich gefagt, dafs eine im Text als lebend erwähnte Perfon auch zu diefer Zeit noch leben mufste. Dafs die Zeugen gerade am genannten Tage und Orte beim Könige waren, ift in der Urkunde felbft nirgends ausgefprochen. Dafs der Kanzler fie rekognoszirte, ift ausdrücklich gefagt; aber doch nicht, dafs das gerade zur Zeit des Datum gefchah. Mag das in der Regel gefchehen feien, mag fich dann überwiegend kein Widerfpruch ergeben, fo berechtigt uns doch in Fällen, wo wir nun auf einen folchen ftoffen, von vornherein gar nichts, defshalb auf Unecht-heit oder Ungenauigkeit der Kanzlei zu fchliefsen; über den Zeitpunkt der Rekognition hat fich diefe ja gar nicht ausgefprochen; fie war zur Anwendung der bezüglichen Formel durchaus berechtigt, auch wenn etwa ausnahmsweife die Rekognition durch einen Kanzler erfolgte, der zur Zeit der Datirung nicht mehr oder noch nicht im Amte war.

27. Glaube ich nun auch, dafs der Grund vielfach in der angege-benen Richtung zu fuchen ift, fo will ich doch keineswegs behaupten, dafs die Schuld immer bei uns liegt. Zweifellos haben da fehr häufig auch Ungenauigkeiten der Kanzlei eingegriffen. Nach den An-gaben der Urkunde felbft oder der aus andern Haltpunkten fich erge-benden Regel wird oft nicht zu bezweifeln feien, dafs zwei Angaben der Urkunde fich auf denfelben Zeitpunkt beziehen follten. Aber Veran-laffungen der verfchiedenften Art konnten thatfächlich zu einer Ab-weichung von der Regel führen. Zu folchen Ungenauigkeiten haben wir nun allerdings auch die Schreibfehler zu rechnen; und wir gaben ja zu, dafs diefe in Einzelfällen auch in Originalen anzunehmen find. Aber die Schreibfehler find nur eine Art der hier zu beachtenden Ungenauig-keiten. Nehmen wir etwa an, dafs der bezügliche Kanzleibeamte, ftatt ein Konzept zu fertigen, dem Reinfchreiber eine ältere Urkunde als Vorlage gab, in der er im allgemeinen die nöthigen Aenderungen vor-genommen, auf eine oder andere aber vergeffen hatte, fo mufsten fich natürlich Widerfprüche im Original ergeben. Als Schreibfehler werden wir das nicht bezeichnen; aber es ift eine Ungenauigkeit, welche offen-bar ganz nach denfelben Gefichtspunkten zu behandeln ift. Der Konzi-

27] pift beabfichtigte auch hier die durchgreifende Aenderung und würde bei genügender Achtfamkeit recht wohl gewufst haben, wie er diefelbe hätte durchführen müffen. Bei Annahme folcher und ähnlicher Ungenauigkeiten ergibt fich daher ebenfo, wie bei Schreibfehlern, die Aufgabe, nachzuweifen, wie fie entftehen konnten. In Einzelfällen werden fie die nächftliegende Erklärung bieten. Aber es liegt auf der Hand, dafs fie eben fo wenig, wie Schreibfehler ausreichen können, wenn es gilt, Widerfprüche zu erklären, welche häufig und gleichmäffig wiederkehren.

28. Ganz anders ftellt fich das nun aber, wenn wir nicht blos vereinzelte Ungenauigkeiten, fondern ungenauen Kanzleigebrauch annehmen. Die Ungenauigkeit konnte eine vereinzelte bleiben. Die Veranlaffung zu ihr konnte aber auch eine fo naheliegende feien, dafs fie fich oft in derfelben Weife wiederholte. Man mag das anfänglich als unzuläffig betrachtet und, wo man es bemerkte, gebeffert haben. Handelte es fich dabei aber überwiegend um Dinge, welche für die Rechtskraft der Urkunde ohne Bedeutung waren, fo mochte man fchliefslich auf folche Ungenauigkeiten überhaupt kein Gewicht mehr legen, fie insbefondere in folchen Fällen als zuläffig behandeln, wo das Gefchäft der Beurkundung dadurch erleichtert wurde.

Es ift nicht ausgefchloffen, und wir werden Beifpiele dafür finden, dafs manches, was anfangs als blofser Schreibfehler zu betrachten ift, allmählig zum Kanzleigebrauche wurde. Es war, wie gefagt, ein naheliegender Schreibfehler, zu den Kalenden den Namen des laufenden ftatt des folgenden Monats zu nennen. Ift das vereinzelt geblieben, fo wäre es doch auch denkbar, dafs das zum Kanzleigebrauche geworden feien könnte. Für die päbftliche Kanzlei glaube ich wirklich ähnliches annehmen zu follen; es fcheint, worauf ich zurückkomme, bei den Schreibern derfelben vielfach Brauch geworden zu feien, nach den Iden überhaupt fchon den folgenden Monat als laufend zu betrachten, nicht blos die Kalenden deffelben zur Tagesbezeichnung zu verwenden; wie man in entfprechender Weife auch wohl nach den Iden des Dezember fchon das folgende Inkarnationsjahr nannte, nach deffen Januar der Tag zu bezeichnen war.

Unterfcheide ich die vereinzelte Ungenauigkeit von ungenauem Kanzleibrauche, fo foll damit nicht zugleich gefagt feien, dafs diefer defshalb die urfprüngliche Regel ganz verdrängen, felbft zur Regel werden mufste. Nehmen wir etwa an, es fei als die Regel betrachtet, dafs fowohl Ort als Tag fich auf den Zeitpunkt der Vollendung des Originals beziehen follten, es fei aber Brauch geworden, die Ortsangabe fchon im Konzepte, nicht, wie den Tag, erft bei der Reinfchrift zuzufügen, weil man vorausfetzte, dafs auch die Reinfchrift noch an demfelben Orte vollendet werden würde. Das war dann an und für fich noch kein ungenauer Brauch, infofern man daran fefthalten mochte, dafs in Fällen, wo jene Vorausfetzung nicht zutraf, bei der Reinfchrift die Orts-

angabe entfprechend zu ändern fei. Aber es liegt auf der Hand, dafs
es ein Brauch war, der zunächft leicht zu einzelnen Ungenauigkeiten
Veranlaffung geben konnte. Diefe konnten fich dann aber zu einem
ungenauen Brauche fteigern, wenn man mit der Zeit jenen Umftand
überhaupt nicht mehr beachtete, fich daran gewöhnte, die Ortsangabe
immer dem Konzepte zu entnehmen, auch dann, wenn fie zum Tage
nicht mehr pafste. Man kann nicht fagen, dafs damit nun die Regel
eine andere geworden wäre, Ort und Tag fich auf verfchiedene Zeitpunkte beziehen follten; aber es hatte fich ein ungenauer Brauch eingefchlichen, welcher thatfächlich in vielen Fällen die Regel nicht mehr
zur Geltung kommen liefs.

Sollten wir nun folche und ähnliche, zunächft nur als möglich hin-
geftellte Annahmen als wirklich zutreffend erweifen können, fo hätten
wir damit die Erklärung gerade für das gewonnen, was die Annahme
blofser Schreibfehler und vereinzelter Ungenauigkeiten unerklärt liefs.
Es würde fich erklären, wie Fälle, welche im grofsen Zufammenhange
als Unregelmäffigkeiten erfcheinen, doch wieder aus diefem gelöft und
für fich betrachtet einer beftimmten Regel zu folgen fcheinen. Und da
natürlich ein allmählig aufgekommener ungenauer Brauch auch wieder
verfchwinden oder, wofür es an Beifpielen nicht fehlen wird, durch Hin-
zutreten einer weiteren Aenderung wieder zu einem der Regel entfprechenden werden konnte, fo wäre damit zugleich erklärt, wie gewiffe
Unregelmäffigkeiten gerade nur in einzelnen Perioden häufiger vorkommen, während fie, auf blofsen Schreibfehlern beruhend, fich ziemlich
gleichmäffig auf die verfchiedenen Perioden vertheilen müfsten.

29. Es kann weiter noch eine befondere Art ungenauen Kanzlei-
brauches eingegriffen haben, nämlich das F e ft h a l t e n a n d e r S a c h e
n i c h t m e h r e n t f p r e c h e n d e r F o r m e l n. Was urfprünglich genau dem thatfächlichen Vorgehen entfprach, kann dadurch ungenau
werden, dafs man an der gewohnten Formel auch in Fällen fefthielt,
wo doch das thatfächliche Vorgehen ein anderes war, und wohl auch
dann noch, wenn das Vorgehen, auf das die Formel berechnet war,
überhaupt auffer Uebung gekommen war.

Wir dürfen davon ausgehen, dafs die urkundliche Formel in den
Zeiten, wo fie aufkommt, genau dem thatfächlichen Hergange entfpricht,
da ja diefer für ihre Faffung mafsgebend feien mufste. Finden wir in
longobardifchen Urkunden über den Verkauf von Immobilien Minder-
jähriger angegeben, dafs gemäfs den bezüglichen Beftimmungen des
Edikt die Erlaubnifs dazu erft ertheilt wurde, nachdem ein Königsbote
die Grundftücke befichtigt hatte, und nachdem diefelben von beeideten
Schätzmännern bewerthet waren, fo hat das zweifellos urfprünglich dem
thatfächlichen Hergange genau entfprochen. Nach den Erfahrungen,
wie fie uns noch jetzt das Rechtsleben bietet, dürften wir vielleicht von
vornherein annehmen, dafs man die läftigen Beftimmungen im Laufe
der Zeit nicht mehr genau eingehalten haben wird, dafs man anfangs

29] nur in Einzelfällen, wo ihre Zwecklofigkeit auf der Hand lag, von ihnen abgefehen haben mag, dafs das dann weiterhin überhaupt zur Regel werden mochte. Im gegebenen Falle haben wir dafür ein ausdrückliches Zeugnifs; wir wiffen aus dem Cartularium Langob. n. 6, dafs thatfächlich diefe Handlungen im eilften Jahrhunderte gar nicht mehr vorgenommen oder durch eine blofse Scheinhandlung erfetzt wurden. Aber den Urkunden diefer Zeit würden wir das nicht entnehmen können; fie fchildern nach wie vor den Hergang in der feit Jahrhunderten üblichen Faffung.

Wo es fich um Umftände handelt, welche weniger die Handlung, als die Beurkundung treffen, läfst fich folche Entwicklung wohl in den Urkunden felbft verfolgen. Die Kreuze oder fonftigen Handzeichen in Privaturkunden wurden urfprünglich fichtlich von den bezüglichen Perfonen felbft gemacht; eben fo deutlich fieht man, dafs fie fpäter häufig vom Notar oder auch gar nicht mehr zugefügt wurden. Aber an der begleitenden Formel hielt man trotzdem noch lange feft, leitete die Aufführung der einzelnen Zeugen mit *fignum manus* ein, obwohl ein folches gar nicht vorhanden ift. Vgl. auch Ital. Forfch. 1,16.

Derartige Ungenauigkeiten können nun auch zu Widerfprüchen führen, wie wir fie im Auge haben. Es mag vorläufig genügen, an einen Fall zu erinnern, bei dem die Sachlage fchon anerkannt ift. Auch in fpäterer Zeit ift die Rekognitionsformel fo gefafst, dafs fie perfönliche Rekognition durch den Kanzler anzeigt, uns alfo auch berechtigt, Anwefenheit des Kanzlers bei der Beurkundung vorauszufetzen, wie das urfprünglich auch zweifellos immer zutraf. Im Laufe der Zeit aber hat man erweislich die gewohnte Formel auch dann gefchrieben, wenn der Kanzler gar nicht am Orte war, fich alfo ein Widerfpruch zwifchen der Rekognitionsformel und der Ortsangabe ergeben mufste.

Solche Fälle find denn freilich nicht gerade lediglich aus abfichtslofem Fefthalten an dem einmal Gewohnten zu erklären. Es konnte fich ja um Formalitäten handeln, welche auch fpäter noch nach Gefetz oder Herkommen nothwendig oder wünfchenswerth waren, deren Nichterwähnen in der Urkunde den Werth derfelben formell beeinträchtigt hätte, wenn derfelbe fachlich auch derfelbe gewefen wäre; deren Anführung defshalb auch zu entfprechend höheren Taxen berechtigen mochte. Sachlich lag gewifs eine eben fo gewichtige Bürgfchaft darin, wenn etwa der Protonotar ftatt des Kanzlers die Urkunde überprüfte. Wenn das thatfächlich gefchah, fo wird das auch der Partei zweifellos genügt haben; aber freilich nur unter der Vorausfetzung, dafs das nicht zugleich die herkömmliche Faffung der Urkunde felbft beeinfluffe und damit diefelbe als nicht vollwerthig erfcheinen laffen könne.

AUFGABE UND AUSDEHNUNG DER UNTERSUCHUNG.

30. Mit dem Gefagten glaube ich wenigftens die Möglichkeit ausreichender Erklärung der anfcheinenden Widerfprüche erwiefen zu

haben. Aber freilich überwiegend nur auf Grundlage vorläufiger Annahmen, die felbft noch des Beweifes bedürfen. Damit ift die eigentliche Aufgabe der Unterfuchung gegeben. Es wird zu prüfen feien, ob das, was als möglich hingeftellt wurde, auch wirklich zutraf. Zu diefem Zwecke wird es vor allem nöthig feien, uns das gefammte Gefchäft der Beurkundung möglichft genau zu vergegenwärtigen. Nur dann werden wir eine Ueberficht über alle Zeitpunkte gewinnen, welche möglicherweife für diefe oder jene Angabe beftimmend feien konnten, mögen diefe Zeitpunkte nun, wie es bei der beurkundeten Handlung oder der benutzten Vorlage zutrifft, überhaupt vor den Beginn der Beurkundung fallen, mögen fie fich daraus ergeben, dafs die Beurkundung und felbft die Datirung nicht an demfelben Tage begonnen und vollendet werden mufste. Wir werden dann weiter die Regel zu fuchen, feftzuftellen haben, welchen Zeitpunkt die Kanzlei für die gefammte Urkunde oder einzelne Beftandtheile derfelben als mafsgebend betrachtete. Die Feftftellung der Regel kann uns aber nicht genügen; fie hat für uns zunächft nur Werth, infofern wir durch fie einen feften Ausgangspunkt für die Beurtheilung der Unregelmäffigkeiten gewinnen, deren Erklärung ja der Hauptzweck unferer Unterfuchung ift. Sind unfere Vermuthungen richtig, fo wird wieder nur dann, wenn wir uns das ganze Gefchäft der Beurkundung genau zu vergegenwärtigen fuchen, fich beurtheilen laffen, in wie weit das Vorgehen bei derfelben Veranlaffung bieten konnte, fei es zu vereinzelten Abweichungen von der Regel, fei es zu ungenauen Kanzleigebräuchen. Es wird fich bei Richtigkeit unferer Vorausfetzung beurtheilen laffen, wie die Widerfprüche anerkannt echter Urkunden zu erklären feien werden. Es dürfte fich dann aber insbefondere ergeben, dafs manche Widerfprüche, welche man bisher als Kennzeichen der Unechtheit zu behandeln pflegte, nicht nothwendig eine Urkunde verdächtigen müffen.

31. Werde ich von diefem Gefichtspunkte aus auch fehr viele einzelne Urkunden zu befprechen haben, fo würde man doch den Zweck meiner Unterfuchung durchaus verkennen, wenn man annähme, ich habe auch ein beftimmteres Urtheil über die Echtheit einzelner Urkunden für meine Aufgabe gehalten. Die Verwerthung meiner Ergebniffe in diefer Richtung kann ich Anderen überlaffen, die zu einer allfeitigeren Beurtheilung veranlafst und befähigt find. Ob die von mir vertheidigten Urkunden überhaupt echt find oder nicht, ift für meinen nächften Zweck ohne Bedeutung; denn ich vertheidige fie nicht gegen den Vorwurf der Unechtheit überhaupt, fondern nur dagegen, dafs diefer oder jener Umftand an und für fich ihre Unechtheit fchon erweifen müffe. Man wird vielleicht finden, dafs ich darin zu weit gehe, mich noch in überflüffiger Weife um Klienten annehme, die aus andern Gründen ihrer endgültigen Verurtheilung doch nicht entgehen können. Aber einmal habe ich bereits § 15 angedeutet, wefshalb mir auch die Heranziehung erwiefener Fälfchungen hier gerechtfertigt fcheint; wenn

31] ich in einem ohnehin unrettbaren Falle das vertheidige, was fich an und für fich vertheidigen läfst, fo wird das vielleicht einem anderen zu gute kommen, bei dem eben nur der eine Verdachtsgrund vorliegt. Andererfeits glaube ich, dafs eine gewiffe Einfeitigkeit des Vorgehens hier durchaus am Platze fein dürfte. Habe ich mir die Aufgabe gefetzt, einer meiner Anficht nach einfeitigen Behandlung diefer Verhältniffe entgegenzutreten, welche alles, was fich einer vielfach doch erft zu erweifenden Regel nicht fügt, zu ändern oder zu verwerfen pflegt, fo wird es fich rechtfertigen, einmal zu verfuchen, in wie weit fich felbft für die auffallendften Unregelmäffigkeiten bei Annahme der Echtheit und Unverfälfchtheit noch eine Erklärung finden laffe. Ich habe mich daher vereinzelt nicht abhalten laffen, das fogar bei Stücken zu thuen, welche ich nicht blos im allgemeinen für Fälfchung halte, fondern bei denen ich auch kaum bezweifle, dafs die bezüglichen Widerfprüche felbft der Fälfchung ihre Entftehung verdanken. Es mufs doch einmal verfucht feien, wie weit denn überhaupt auf diefem Wege vorgegangen werden könne; und wo ich felbft das Weitergehen für bedenklich halte, mag ja vielleicht ein Anderer Haltpunkte finden, welche dennoch ein Weitergehen verftatten. Lag es weiter oft nahe, nicht gerade immer jene Gränze meiner Aufgabe beftimmt zu betonen und einzuhalten, beiläufig auch meine Anficht über Echtheit oder Unechtheit überhaupt auszufprechen, fo wird man es begreiflich finden, wenn mich der Umftand, dafs bezüglich des zunächft zu befprechenden Verhältniffes meinem Klienten kein Vorwurf zu machen war, leicht zu einer zu günftigen allgemeinen Meinung über ihn führen konnte; ich hatte eben nur das eine Verhältnifs zu beachten und würde bei einer eingehenden Unterfuchung, zu der mir die Veranlaffung fehlte, vielleicht in manchen Fällen felbft zu anderer Anficht gelangt feien. Andererfeits glaube ich mich kaum in der Annahme zu täufchen, dafs doch auch die Fälle nicht felten feien werden, wo die eingehendere und allfeitigere Prüfung mein vorläufiges Urtheil beftätigen wird.

32. Was die zeitliche Ausdehnung der Unterfuchung betrifft, fo habe ich mich an keine fcharfe Gränze gehalten. Greife ich zuweilen bis auf die früheren Karolingerzeiten zurück, fo habe ich diefelben doch bei den eigenen Vorarbeiten kaum beachtet. Wo eine den Stoff fo gründlich verwerthende Arbeit vorliegt, wie die Urkundenlehre Sickels, da durfte ich vorausfetzen, dafs alles, was für meine Zwecke etwa zu beachten wäre, ohnehin bereits Beachtung gefunden habe. Auf Grund der von Sickel hervorgehobenen Thatfachen habe ich hie und da wohl eine andere Erklärung verfucht, wie fie mir verwandte Verhältniffe fpäterer Zeit nahe legen konnten; im allgemeinen bot mir feine Arbeit den feften Ausgangspunkt. Die fpätere Karolingerzeit würde wohl ftärker verwerthet feien, wenn nicht gerade hier die Hülfsmittel zu leichter Beherrfchung des Stoffes hinter dem, was für die anderen Perioden geboten ift, fo weit zurückftänden. Vorzugsweife hatte ich

die Zeit der ſächſiſchen, fränkiſchen und ſtaufiſchen Könige im Auge,
ſo daſs ich in der Regel mit den Vorarbeiten um die Mitte des dreizehnten Jahrhunderts abbrach, wenn nicht beſondere Umſtände auf ein
Weitergehen hinwieſen. Denn wenn die zu beſprechenden Verhältniſſe
ſich gerade in der ſtaufiſchen Zeit am mannichfaltigſten geſtalten, ſo
glaubte ich mich bald zu überzeugen, daſs in der folgenden Zeit wenigſtens die Diplome ſelbſt kaum noch etwas bieten, das über Umſtände
nähern Auffchluſs geben könnte, welche ihre Erklärung nicht ohnehin
ſchon durch Erörterung der entſprechenden Formen der ſtaufiſchen
Zeit gefunden hätten. Nur in ſo weit war mehrfach ſelbſt bis in das
vierzehnte Jahrhundert hineinzugreifen, weil erſt hier auſſer den Diplomen ſelbſt noch andere Schriftſtücke der Reichskanzlei erhalten ſind,
welche uns das Vorgehen bei Beurkundung und Datirung genauer erkennen laſſen, auf deren Verwerthung daher nicht verzichtet werden
durfte, wenn es auch noch ſo miſslich ſeien mag, Denkmale einer viel
ſpäteren Zeit zur Erklärung verwandter früherer Verhältniſſe benutzen
zu müſſen.

33. Gaben die Königsurkunden den nächſten Anlaſs zur Arbeit, habe ich ſie daher vorwiegend im Auge behalten, ſo habe ich doch
vielfach auch die nicht aus der Reichskanzlei hervorgegangenen Urkunden beachtet, welche ich für meine Zwecke jenen gegenüber ſchlechtweg als Privaturkunden werde zuſammenfaſſen dürfen, wenn für
andere Zwecke auch eine engere Abgränzung des Begriffes der Privaturkunde angemeſſener ſein würde. Denn einmal ſind ja auch dieſe wichtige Hülfsmittel der geſchichtlichen Forſchung, iſt es an und für ſich von
Werth, den bezüglichen Verhältniſſen auch in dieſer Richtung nachzugehen. Liegt uns weiter in der Urkunde nur das Endergebniſs der geſammten Beurkundung vor, ſo läſt ſie vom Gange dieſer bald mehr,
bald weniger erkennen; und da gewähren gerade die an weniger ſtrenge
Formen gebundenen Privaturkunden oft weitergehende Auffchlüſſe,
welche bei genügender Vorſicht doch manchen Rückſchluſs auch auf
das Vorgehen der Reichskanzlei geſtatten. Endlich aber ſcheint mir
die Beeinfluſſung der einen Art von Urkunden durch die andere ſtärker
· geweſen zu ſeien, als gewöhnlich angenommen zu werden pflegt. Und
dann iſt das Verhältniſs keineswegs immer ſo, daſs die Form der Königsurkunde auf die der Privaturkunde eingewirkt hat. Daſs das Umgekehrte bei einzelnen der Aenderungen, welche die Diplome der Karolinger von denen der Merovinger unterſcheiden, der Fall geweſen iſt,
hat ſchon Sickel meiner Anſicht nach richtig betont. In viel weiterem
Umfange ſcheint es mir dann anzunehmen zu ſein bei den durchgreifenden Umgeſtaltungen der bisher für die Königsurkunde üblichen Formen
im zwölften Jahrhunderte, für welche ſich vielfach Bräuche, die insbeſondere in einzelnen biſchöflichen Kanzleien längſt in Uebung waren,
aufs beſtimmteſte als maſsgebend erweiſen.

34. Wenn ich, was die örtliche Ausdehnung betrifft, in erſter

4*

34] Reihe nur deutfche Privaturkunden berückfichtigte, italienifches Material nur zuweilen heranzog, wo die Beachtung Auffchlüffe über verwandte deutfche Verhältniffe bieten konnte, fo lag der Grund nicht darin, dafs mir jene etwa von vornherein genauer bekannt gewefen wären; es wäre da eher das Umgekehrte der Fall gewefen. Aber das ganze Urkundenwefen Italiens hat in dem Inftitute des Notariats eine fo fefte Grundlage gehabt, dafs da von folchen Unregelmäffigkeiten, wie wir fie zu befprechen haben, nur felten die Rede ift; andererfeits ift aber die Bedeutung und Behandlung des Notarinftrumentes und der deutfchen Privaturkunde eine fo verfchiedene, dafs die gröfsere Genauigkeit des italienifchen Urkundenwefens doch nur felten zur Verwerthung für die Erklärung auffallender Erfcheinungen in deutfchen Urkunden Veranlaffung bietet. War ich damit zunächft für Privaturkunden vorzugsweife auf die Benutzung deutfcher Urkundenwerke hingewiefen, fo mufste fchon das auch bezüglich der Königsurkunden zu ftärkerer Berückfichtigung der für Deutfchland erlaffenen führen, während noch hinzukam, dafs diefe durchweg in zuverläffigeren Abdrücken vorlagen. Von Heranziehung der Urkunden anderer Länder glaubte ich von vornherein abfehen zu follen; ich zweifle nicht, dafs fich aus ihnen noch mancher wünfchenswerthe Auffchlufs wird entnehmen laffen; aber bei einer Arbeit, welche ohnehin keine abfchlieffende Bedeutung beanfpruchen konnte, würde eine noch weitere Ausdehnung des ohnehin fchon fo bedeutenden Gebietes zunächft gewifs nicht rathfam gewefen feien.

35. Denn um die von mir früher bezeichnete Aufgabe fo abfchlieffend zu löfen, als das vorhandene Material und der gegenwärtige Stand der Wiffenfchaft das überhaupt ermöglichen würden, wäre eine fo bedeutende Ausdehnung der Vorarbeiten und eine fo vollftändige Beherrfchung des Gebietes der Diplomatik nöthig, dafs ich von vornherein von jedem Verfuche der Löfung abgeftanden feien würde, wenn ich mich hätte überzeugen können, dafs ein folcher oder wenigftens feine Veröffentlichung nur dann berechtigt feien, wenn dabei den hohen Forderungen, welche in neuerer Zeit an Unterfuchungen gerade auf dem Gebiete der Urkundenlehre geftellt werden, ausreichend· genügt werden könne. Wie weit und in welcher Richtung ich hinter diefen Forderungen zurückbleiben mufste, glaube ich allerdings von vornherein andeuten zu müffen, um den Werth, den meine Arbeit trotzdem etwa beanfpruchen darf, von vornherein auf das richtige Mafs zurückzuführen.

Mit vollem Rechte wird jetzt an diplomatifche Unterfuchungen die Forderung geftellt, dafs fie fich möglichft auf Prüfung der Originale felbft ftützen follen. Und gerade auch bei Unterfuchungen, wie ich fie beabfichtige, würde diefelbe unerläfslich feien, wenn diefelben irgend abfchlieffende Bedeutung beanfpruchen würden.

Denn einmal bietet ja für diefe nach dem §4 Gefagten feften Aus-

gangspunkt die nur durch Prüfung von Originalen zu gewinnende Ueberzeugung, dafs die anfcheinenden Widerfprüche der Urkunden wenigftens in vielen Fällen nicht das Ergebnifs fpäterer Fälfchung oder Verderbnifs feien können. Wefshalb ich mich in diefer Richtung lediglich
auf das Urtheil Anderer ftützen mufste, mir das aber für einen vorläufigen Verfuch auch genügen durfte, habe ich dort und in den weiter folgenden Erörterungen bereits angedeutet.

Wichtiger fcheint mir in diefer Richtung ein anderer Umftand.
Bei einer Unterfuchung, welche vor allem die verfchiedenen Zeitpunkte
ins Auge zu faffen hat, auf welche fich die einzelnen Beftandtheile der
Urkunde beziehen können, die dabei insbefondere mit der Schwierigkeit zu kämpfen hat, dafs uns in der Urkunde nur das Endergebnifs der
gefammten Beurkundung vorliegt, während uns die vorbereitenden Aufzeichnungen verloren find, ift natürlich der Umftand von höchftem
Werthe, dafs nicht felten an den Originalen felbft noch äufferlich erkennbar ift, dafs die verfchiedenen Beftandtheile nicht ganz gleichzeitig
entftanden feien können. Möglichft umfaffende Prüfung der Originale
in diefer Richtung dürfte das feien, wodurch manche der von |mir zu
befprechenden Fragen am ficherften zur Löfung gebracht werden könnten. Ueber die hier vorzüglich mafsgebenden Momente, Verfchiedenheit der Schrift und Dinte, räumliche Anordnung und ähnliches wird
allerdings auch der Ungeübte in vielen Fällen fich ein Urtheil bilden
können. Konnte ich aber der ganzen Sachlage nach eine folche Prüfung doch nicht fo weit durchführen, dafs irgend abfchlieffende Ergebniffe zu erwarten gewefen wären, fo dachte ich mich auch in diefer
Richtung auf das zu befchränken, was ich von Anderen bereits bemerkt fand, obwohl nur in einigen der neueren Urkundenwerke diefen
Dingen genügende Aufmerkfamkeit zugewandt ift. Brachte mich dann
aber der gedruckte Beftand auf einige den fchriftlichen Beftand betreffende
Vermuthungen, auf welche meines Wiffens Andere nicht geachtet hatten,
fo mufste ich allerdings wünfchen, durch Prüfung wenigftens einer Anzahl
von Originalen mich zu vergewiffern, in wie weit der Zuftand derfelben
meine Annahme beftätige. War bei der Armuth des fonft fo reichen Inns-
brucker Statthaltereiarchives an älteren Originalen mein Freund Schön-
herr nicht in der Lage, mir ein dafür ausreichendes Material vorlegen
zu können, fo war es für meine Arbeit von befonderem Nutzen, dafs
die zuvorkommende Gefälligkeit von Wilmans es mir ermöglichte, die
Hauptmaffen der älteren Originale des Staatsarchivs zu Münfter in jener
Richtung unterfuchen zu können, während ich es der freundlichen Förderung von Arneth verdanke, dafs ich während kurzen Aufenthaltes zu
Wien auch die Reihe der Königsurkunden auf dem dortigen Staats-
archive durchfehen konnte. Dazu kam dann noch einiges, was ich auf
italienifchen, zunächft für andere Zwecke befuchten Archiven ohnehin
wahrnahm oder was mir von Fachmännern auf bezügliche Anfragen
mitgetheilt wurde. Für die engen Gränzen, in welchen ich meine Arbeit

35] von vornherein zu halten beabfichtigte, glaubte ich in diefer Richtung nicht weitergehen zu follen.

Wird weiter mit Recht von diplomatifchen Unterfuchungen in der
Regel zu verlangen fein, dafs wenigftens der bezügliche gedruckte Ur-
kundenvorrath für diefelben erfchöpfend benutzt werde, fo blieb ich
auch da weit hinter der Forderung zurück, wenn fich im Verlaufe der
Unterfuchung die Vorarbeiten in diefer Richtung auch weiter ausdehn-
ten, als ich anfangs beabfichtigte. Auch von den Königsurkunden habe
ich durchweg nur diejenigen benutzt, welche in gröfseren Maffen und
in chronologifcher Reihefolge veröffentlicht find. Wurde für diefe, wie
für die Privaturkunden eine Anzahl von Urkundenwerken, welche die
häufigern Anführungen leicht kenntlich machen, vollftändig durchge-
fehen, oft freilich, ohne dafs dabei Fragen fchon beachtet wären, die
mir erft fpäter näher traten, fo zog ich andere nur heran, wo Einzelfälle
auf die Einfichtnahme hinwiefen.

Es wird ferner die Forderung an und für fich gerechtfertigt erfcheinen müffen, dafs neben dem urkundlichen Materiale die bezüglichen
Nachrichten anderer Quellen genügend berückfichtigt werden. Nie
mehr, als gerade bei diefer Arbeit, habe ich mich überzeugt, welche
Förderung die unmittelbare Verbindung der Angaben der Gefchichtfchreiber mit der Urkundenreihe nicht blos der Benutzung diefer letzteren für eigentlich gefchichtliche Zwecke bietet, fondern wie fehr fie
gerade auch die Löfung zunächft diplomatifcher Aufgaben erleichtern
kann. Ich zweifle nicht, dafs ich manche Frage der Löfung bedeutend
näher hätte bringen können, dafs ich wohl auf manchen gewichtigen
Umftand noch aufmerkfam geworden wäre, hätte mir auch für die früheren Jahrhunderte in jener Richtung ein fo treffliches Hülfsmittel zu
Gebote geftanden, wie es für das dreizehnte die Regeften Böhmers bieten. Ift mir auch bekannt, dafs Stumpf bei feiner Anordnung der Reihe
der Königsurkunden die Nachrichten der Schriftfteller in umfaffendfter
Weife zu Rathe gezogen hat, fo ift damit für eine Arbeit nichts gewonnen, welche jene Anordnung nicht blos einfach zu benutzen, fondern vielfach doch auch zu prüfen hat. Läfst fich dem in Einzelfällen,
wo Bedenken gegen das Itinerar ohnehin fchon vorliegen, nachgehen,
fo würde die vorherige Ergänzung des Itinerar aus den Schriftftellern,
um fich zu vergewiffern, ob fich dadurch noch weitere Bedenken ergeben, eine Arbeit von folchem Umfange fein, dafs an ihre Durchführung zu dem Zwecke, nur für eine Einzelunterfuchung eine ausreichendere Grundlage zu fchaffen, nicht wohl gedacht werden konnte.

Zu dem allen kommt nun fchliefslich noch hinzu, dafs ich zwar
fehr viel nach Urkunden gearbeitet habe, mich aber mit der Urkundenlehre an und für fich, fo weit mich nicht andere Forfchungen auf einzelne Theile derfelben hinwiefen, bisher kaum befchäftigte, die aus-
gedehnte Literatur daher auch nicht mit der Sicherheit beherrfche,
wie der Fachmann, und demnach zweifellos auch manches für meine

Zwecke Dienliche überfehen haben werde, was von Anderen bereits
bemerkt wurde.

36. Den berührten Mängeln gegenüber wird fich nun allerdings
die Frage rechtfertigen, ob unter folchen Verhältniffen die Veröffentlichung meiner Ergebniffe denn noch von genügendem Nutzen fein
könne. Trotz alles Bemerkten glaube ich das unbedingt bejahen zu
dürfen, fcheint mir die B e r e c h t i g u n g e i n e r mit b e f c h r ä n k t e n
V o r a r b e i t e n u n t e r n o m m e n e n U n t e r f u c h u n g der ganzen
Sachlage nach nicht wohl geläugnet werden zu können. Ich billige
durchaus die ftrengen Forderungen, welche jetzt an diplomatifche Unterfuchungen geftellt werden. Aber ich würde es lebhaft bedauern,
wenn fie von Arbeiten abhalten follten, bei welchen auf ihre Erfüllung
von vornherein verzichtet werden mufs. Ihnen vollftändig gerecht zu
werden wird der Einzelne nur bei Befchränkung auf ein fehr enges Ge-
biet in der Lage fein. Und es hängt mit jenen Forderungen, insbefondere der der Prüfung der Originale, aufs engfte zufammen, wenn die
Befchränkung überwiegend in der Richtung erfolgt, dafs das Urkundenwefen nur einzelner Herrfcher nach allen Richtungen unterfucht wird.
Ift das zweifellos der richtige Weg, um mit der Zeit eine fefte Grundlage zu gewinnen für die Beherrfchung des Gefammtgebietes, fo würde
es mir doch als ein Nachtheil erfcheinen, wenn derfelbe zu einfeitig verfolgt und vorläufig von Arbeiten ganz abgefehen würde, welche nur
einzelne Seiten des Gebietes, diefe aber für längere Zeiträume ins Auge
faffen. Denn folche Arbeiten werden doch auch auf jene Einzelunterfuchungen fördernd einwirken, ihnen die Beachtung und Prüfung von
Gefichtspunkten nahe legen, welche fich nur aus einer Vergleichung der
Denkmale längerer Zeiträume ergeben. Ich felbft glaube da auch für
die Urkunden der am genaueften durchforfchten Abfchnitte noch auf
diefes und jenes Beachtenswerthe aufmerkfam machen zu können, was
bisher unbeachtet blieb, faft unbeachtet bleiben mufste, weil der Forfcher fich zunächft auf einen beftimmten Zeitraum befchränkte. Ich
bin überzeugt, dafs das reichere und insbefondere mannichfaltigere
Material fpäterer Jahrhunderte noch manchen wünfchenswerthen Auffchlufs über unklare Verhältniffe des älteren Urkundenwefens wird geben können. Aber freilich nicht bei unmittelbarer Vergleichung; dafs
da überhaupt nur ein Zufammenhang beftehen könne, wird vielleicht
gar nicht erkennbar feien, fo lange nicht die ganze zwifchenliegende
Entwicklung des Verhältniffes verfolgt wurde.

Solche Unterfuchungen werden aber für jetzt meiner Anficht nach
nur mehr oder weniger oberflächliche, hinter jenen Forderungen weit
zurückbleibende feien können, ich möchte fagen, feien dürfen, follen
anders die aufgewandte Mühe und der erreichbare Erfolg noch in rich-
tigem Verhältniffe ftehen. Allerdings hat Stumpf unter Einhaltung
jener Forderungen einen grofsen Theil des Gebietes durcharbeitet, das
auch ich zunächft im Auge habe. Ift nun aber nur felten jemand in der

86] Lage und geneigt, an folche Aufgaben den beften Theil der Lebenszeit zu setzen, fo würde es mir nicht im Intereffe der Sache zu liegen
fcheinen, wenn über folche Fragen, welche eine ausgedehntere Ueberficht erfordern, nur die Anficht deffen zu Worte käme, der durch die
Ausdehnung feiner Vorarbeiten dazu allerdings vorzugsweife þerufen
feien mag. Wenn einerfeits das, was von den Ergebniffen der Forfchungen Stumpfs veröffentlicht ift, es auch einem diefen Studien Fer-
nerftehenden aufferordentlich erleichtert, fich über manche Punkte ein
felbftftändiges Urtheil zu bilden, fo fcheint es mir andererfeits nur för-
derlich, wenn ein folcher fich von der Aeufferung feiner abweichenden
oder ergänzenden Anficht nicht durch das Bedenken abhalten läfst, dafs
er fich da auf viel befcheidenere Hülfsmittel befchränken mufs. Bei den
fich hier bietenden Aufgaben kommt es ja keineswegs nur auf möglichfte Vollftändigkeit und behutfamfte Sichtung des Materials an, welche
in manchen anderen Fällen an und für fich fchon das genügende Ergebnifs verbürgen können. Mir wenigftens fcheint, dafs in diefen Dingen die zweckmäffige Frageftellung ungleich fchwieriger ift, als die Beantwortung. Es wird fich vor allem darum handeln, auf Haltpunkte
aufmerkfam zu werden, welche überhaupt ein Urtheil über die zu unter-
fuchenden Momente ermöglichen können. Diefe Haltpunkte liegen hier
aber oft fo verfteckt, dafs fie felbft der Aufmerkfamkeit des genaueften
Kenners des Gebietes entgehen können, während fie vielleicht einem
andern faft ungefucht fich darbieten. Gerade defshalb fcheint es mir
wichtig, wenn möglichft viele fich über ihre Beobachtungen ausfprechen, auch wenn fie nicht in der Lage oder Willens find, diefelben in
mehr abfchliefsender Weife zu verfolgen und zu verwerthen.

Halte ich an und für fich diplomatifche Unterfuchungen, welche
fich mit einer mehr oberflächlichen und unvollftändigen Kenntnifsnahme
des Materials begnügen, dadurch aber auch die Berückfichtigung eines
ausgedehnteren Gebietes ermöglichen, nach wie vor für berechtigt
und nützlich, fo würde es mir insbefondere gerade ietzt kaum angemeffen erfcheinen, noch nur für Einzelzwecke umfaffendere Vorarbeiten
zu unternehmen, deren der Forfcher vorausfichtlich in nicht zu langer
Zeit durch Werke, deren Durchführung in Ausficht fteht, überhaupt
enthoben fein wird. Es handelt fich da einmal um die Neubearbeitung
auch der früheren Theile des Regeftenwerkes Böhmers, welche, wenn
auch die Vervollftändigung des Verzeichniffes der Urkunden für den
gröfsten Theil des betreffenden Zeitraumes durch Stumpf bereits erfolgt
ift, doch insbefondere wegen der früher betonten Vervollftändigung des
urkundlichen Itinerar durch Einfügung der fonftigen Nachrichten gerade folche Unterfuchungen, wie ich fie hier vorlege, ganz wefentlich
erleichtern wird. Mehr fällt dann noch ins Gewicht die nun beftimmter
ins Auge gefafste Veröffentlichung der Königsurkunden in den Monu-
menta Germaniae, welche diefelben in zufammenhängender und vollftändiger Reihe zugänglich machen und damit den Forfcher aller der

Schwierigkeiten überheben wird, welche jetzt der Benutzung derfelben für Einzelunterfuchungen im Wege ftehen; welche ihm diefelben aber weiter auch in fo zuverläffiger Wiedergabe bieten wird, dafs das Zurückgehen auf die Originale dann nur etwa noch für beftimmte Einzelzwecke erforderlich fein dürfte. Erft wenn diefe Arbeiten durchgeführt feien werden, wird meiner Anficht nach die Zeit für eine abfchliefsende Beantwortung folcher Fragen, wie ich fie hier aufwerfe, gekommen fein. Damit ift aber gewifs nicht gefagt, dafs defshalb von der Erörterung diefer Fragen jetzt überhaupt abzufehen fei. Ich denke umgekehrt, dafs, wenn einerfeits erft die Durchführung jener Arbeiten die endgültige Beantwortung ermöglichen wird, dafür andererfeits vorläufige Erörterungen auch wieder jenen Arbeiten zu gute kommen können; gerade der Umftand, dafs fo bedeutende Arbeiten in Vorbereitung find, fcheint mir für jeden Forfcher einen doppelten Antrieb zu bieten, feine Beobachtungen über folche Punkte zu veröffentlichen, von denen er glaubt, dafs ihre Beachtung die Durchführung jener Arbeiten in diefer oder jener Richtung erleichtern und fördern könne.

Dagegen wird man es bei folcher Sachlage auch doppelt gerechtfertigt finden, wenn er bei Unterfuchungen, über deren lediglich vorbereitende und vorübergehende Bedeutung er fich nicht täuschen kann, feine Vorarbeiten in möglichft engen Gränzen hält. Es fchien mir zu genügen, diefelben nur fo weit auszudehnen, als nöthig war, um die vereinzelten Beobachtungen, welche mich zu einem Eingehen auf den Stoff veranlafsten, in einen gewiffen Zufammenhang zu bringen und eine vorläufige Erklärung derfelben wenigftens verfuchen zu können, während ich die eingehendere Würdigung und das endgültige Urtheil durchaus den eigentlichen Fachmännern anheimftellte. So wenig ich bezweifle, dafs manche meiner Annahmen fich auch einer gründlichen Prüfung gegenüber bewähren werden, fo fuche ich felbft doch den Werth meiner Arbeit viel mehr darin, dafs ich auf manche Fragen, welche bisher überhaupt nicht oder doch nur ungenügend beachtet wurden, beftimmter hinwies, als in meinen Verfuchen, diefe Fragen zugleich zu beantworten. Manche diefer Fragen können zweifellos gerade bei der Durchführung jener in Ausficht ftehenden gröfseren Arbeiten unmittelbar gelöft oder doch auf ihre fpätere Löfung dabei genügend Bedacht genommen werden, während es doch möglich wäre, dafs fie auch dabei unbeachtet bleiben würden, wenn nicht fchon vorher auf die Bedeutung derfelben hingewiefen wäre.

37. Die Beantwortung der Frage, in welcher A n o r d n u n g die Ergebniffe meiner Unterfuchungen am geeignetften zu veröffentlichen feien, bot befondere Schwierigkeiten. Darüber freilich war ich nicht im Zweifel, dafs hier der richtige Weg nicht der fein könne, die Ergebniffe in den Vordergrund zu ftellen, das Hauptgewicht darauf zu legen, diefe in möglichft zufammenhängender und überfichtlicher Anordnung darzulegen und dann nur zur Begründung des Behaupteten aus den Vor-

37] unterfuchungen das mitzutheilen, was dazu geeignet fchien. Wäre es meine Abficht gewefen, irgend einen Theil der Urkundenlehre, etwa die den Mittelpunkt meiner Unterfuchungen bildende Lehre von der Datirung auf Grundlage fremder und eigener Forfchungen vollftändig darzulegen, fo dürfte jener Weg allerdings der richtige gewefen feien. Wo es fich aber um blofse Vorarbeiten handelt, deren Ergebniffe nach Mafsgabe des Ausgangspunktes bald diefen, bald jenen Theil des Gefammtgebietes treffen, den einen nur oberflächlich berühren, aber auch den am ftärkften berückfichtigten nicht allfeitig erörtern, da war jener Weg überhaupt nicht in Rechnung zu ziehen, wenn ich die Aufgabe nicht ganz anders ftellen, Verhältniffe in die Erörterung einbeziehen wollte, auf welche einzugehen mir jede nähere Veranlaffung fehlte; während dann wieder für andere Ergebniffe, welche mir nicht ohne Bedeutung fchienen, die geeignete Stelle zur Einordnung gefehlt haben würde.

Bei folchen Arbeiten nun, bei welchen das Augenmerk nur darauf gerichtet ift, einzelne ftreitige oder bisher nicht beachtete Fragen zu löfen, wird meines Erachtens das Hauptgewicht nicht auf möglichft überfichtliche Darlegung der Ergebniffe, fondern durchaus auf die möglichft überzeugende Begründung derfelben zu legen feien. Und diefe fcheint mir nur durch eine Anordnung erreichbar zu feien, welche auch für die Veröffentlichung die Form der Forfchung beibehält, darlegt, wie von diefem, oder jenem unbeftrittenen Ausgangspunkte aus durch behutfames Weiterfchreiten gerade diefes Ergebnifs gewonnen werden müffe. Nicht felten wird diefe Form beanftandet, wird fie aufgefafst als Rückfichtslofigkeit des Forfchers gegen den Lefer, dem jener, weil ihm die Umformung zu läftig gewefen feien würde, zumuthe, fich gleichfalls durch die Schwierigkeiten durchzuarbeiten, die er felbft zu überwinden hatte. Die Form kann ungefchickt angewandt feien oder da, wo fie nicht am Platze ift. Wer aber glaubt, dafs fie auch in rechter Weife gehandhabt dem Forfcher eine Erleichterung, eine Erfparung läftiger Arbeit gewähre, der dürfte fich doch felbft nie an ihr verfucht haben. Nicht der eigene Weg ift es ja oder follte es wenigftens nicht feien, auf dem der Forfcher den Lefer führt. Es ift ein Weg, den er erft nachträglich als den am ficherften zum Ziele führenden erkannte, das er felbft anfangs vielleicht von ganz anderen Ausgangspunkten aus zu erreichen hoffte, das er erft nach manchem mifslungenen Verfuche, nach manchem Abirren nach rechts und links, nach Wegräumung der verfchiedenften Hinderniffe wirklich erreichte. Erft wenn er felbft fich durch alles das durchgearbeitet, wird er nochmals wieder beginnen, um nun von dem vielleicht lange vergeblich gefuchten geeignetften Ausgangspunkte aus auf künftlich gebahnter Strafse auch den Lefer zum Ziele zu geleiten. Dabei mag er vielleicht auch jetzt nicht gerade den unbedingt geeignetften Weg eingefchlagen haben, es mögen insbefondere die früher von ihm verfolgten Irrwege auch jetzt noch ihre Rückwirkung üben. Dafs aber ein Vorgehen, welches ftatt deffen den Lefer unmittelbar auf den Endpunkt hinftellt, ihm nur von hieraus zu erklären fucht, auf welchem Wege derfelbe erreicht wurde, für den Forfcher gröfsere Mühe erfordere, wird fich doch kaum behaupten laffen. Den Lefern freilich wird es bequemer feien und manchen mag es genügen, weil fie dem Worte des Führers auch ohne ausreichende eigene Ueberzeugung trauen. Für den Lefer aber wird es nicht ausreichen, der felbft nicht blos belehrt, fondern überzeugt feien will; er wird dann den Weg nochmals felbft durchmachen müffen und es wird ihm dabei keine der Schwierigkeiten erfpart feien, welche fchon fein Vorgänger durchzumachen hatte. Werden aber Arbeiten, wie die vorliegende, zunächft nur auf Lefer der letztern Art zu rechnen haben, fo fcheint mir damit auch nicht zweifelhaft zu bleiben, dafs die befprochene Form hier die zweckmäffigere fei.

Wie fchwierig die Handhabung derfelben feien könne, habe ich bei diefer Arbeit genugfam erprobt. Auch nachdem ich den ganzen Stoff bereits einmal durchgearbeitet hatte, war ich fogar über die geeignete Hauptrichtung lange zweifelhaft; und als ich mich bezüglich diefer entfchieden hatte, zeigten fich wieder innerhalb derfelben fo viel mögliche Wege, dafs oft die umfaffendften nachträglichen Aenderungen nöthig wurden. Trotzdem wird es vielfach auf den erften Blick fcheinen können, als wäre eine anfcheinend näherliegende andere Anordnung die entfprechendere gewefen. Insbefondere glaubte ich felbft längere Zeit, es dürfte am geeignetften feien, mit der genaueren Erörterung der verfchiedenen Datirungsformen, die jetzt die Arbeit fchliefst, zu beginnen, da eine Rückfichtnahme auf diefelben ohnehin in keinem Theile der Unterfuchung zu vermeiden ift. Aber ich überzeugte mich fchliefslich, dafs die dadurch erreichte Erleichterung die anderweitigen Schwierigkeiten der Anordnung vervielfachen werde. Ich glaubte es vorziehen zu follen, von dem am offenften darliegenden und doch auch bisher bei einfchlagenden Erörterungen fchon am meiften berückfichtigten Unterfchiede von Handlung und Beurkundung auszugehen, um dann erft auf die geringfügigeren, bisher weniger beachteten Umftände überzugehen, welche bei der Beurkundung überhaupt und der Datirung im befonderen zu anfcheinenden Widerfprüchen führen konnten. Das Einhalten diefer Hauptrichtung, dann aber auch manche andere Einzelnheiten der Anordnung, deren Gründe vielfach erft nach Kenntnifsnahme der vorhergehenden mifslungenen Verfuche hervortreten würden, zu rechtfertigen, würde keinen genügenden Zweck haben; es mag die Verficherung genügen, dafs faft kein Theil der Arbeit feine jetzige Geftalt gewonnen hat, ohne dafs wiederholte Verfuche zweckentfprechenderer Anordnung vorausgingen.

HANDLUNG UND BEURKUNDUNG.

38. Den Ausdruck Urkunde pflegt der heutige Sprachgebrauch in bald weiterer, bald engerer Bedeutung zu verwenden. Wurde im früheren Mittelalter auch der lebende Zeuge als Urkunde bezeichnet, so geht der jetzige Brauch allerdings über das schriftliche Zeugnis nicht hinaus, faßt aber andererseits bei der ungenauesten Anwendung des Ausdruckes beides als sich deckend, jedes schriftliche Zeugnis als Urkunde bezeichnend. Eine erste Abgränzung ergibt sich dann wohl in der Richtung, daß wir urkundliche und geschichtliche Aufzeichnungen auseinanderhalten nach dem Zwecke, der die Aufzeichnung veranlaßte. Dieser konnte von vornherein der rein geschichtliche seien; aber auch irgendwelcher anderer, etwa ein rechtlicher oder kirchlicher; und dient uns ein solches Zeugnis gleichfalls als Quelle geschichtlicher Erkenntnis, so war das doch für seine Entstehung nicht maßgebend. Suchen wir nun weiter von der urkundlichen Aufzeichnung die Urkunde im engeren Sinne des Wortes zu scheiden, so sind wir auf die Form hingewiesen. Wir nennen Urkunde jedes schriftliche Zeugnis, welches unter Einhaltung bestimmter Formen abgegeben ist, die dazu geeignet find, dasselbe zu beglaubigen, ihm Beweiskraft zu verleihen. Aber auch da ist noch zu scheiden.

Es kann der Zweck der Anwendung urkundlicher Formen sich darauf beschränken, festzustellen, daß das Zeugnis wirklich von demjenigen herrühre, von dem es angeblich herrühren soll; es soll zunächst nur das Zeugnis selbst, nicht zugleich die bezeugte Thatsache beglaubigt werden. In diesem Sinne ist auch der einfache Privatbrief eine Urkunde, insofern die Form der eigenhändigen Unterschrift und etwa der Besiegelung für jenen Zweck ausreichen. Sie würden aber an und für sich nicht ausreichen, zugleich die Wahrheit der bezeugten Thatsache festzustellen. Auch den Inhalt eines Schreibens, welches wir auf Grundlage der angewandten Beglaubigungsformen als vom Könige herrührend anerkennen müssen, werden wir deshalb nicht schon als glaubwürdig bezeugt betrachten müssen; es fehlt nicht an Beispielen sehr unglaubwürdiger königlicher Schreiben. Allerdings kann die Sachlage eine folche feien, dafs wir für die bezügliche Thatfache das Zeugnifs gerade diefer Perfon als ein unbedingt glaubwürdiges zu betrachten haben, uns alfo Formen, welche nur feftftellen, dafs das Zeugnifs von diefer Perfon herrührt, durchaus genügen können. Theilt der König etwa einem Grafen mit, dafs er einen Hof in deffen Graffchaft an einen Abt ge-fchenkt habe, fo werden wir dadurch allerdings die Thatfache der Schenkung als erwiefen betrachten. Aber es war in keiner Weife der Zweck des Schriftftückes, für diefe Thatfache ein Beweismittel zu fchaf-fen; es kam ja überhaupt gar nicht in die Hände deffen, der eines fol-chen Beweismittels vorausfichtlich bedurfte.

In engfter Bedeutung werden wir als Urkunde nur das fchriftliche Zeugnifs bezeichnen, welches zu dem Zwecke gefertigt wurde, um als Beweismittel für die bezeugte Thatfache zu dienen, und demnach auch in einer Form, welche diefem Zwecke genügen follte. Die Formen, welche man dazu für ausreichend hielt, waren nach der Zeit und der Lage des Einzelfalles verfchieden. Sind die Forderungen in diefer Rich-tung in der Regel weitergehend, wo es fich um die Beglaubigung des Bezeugten, nicht blos des Zeugniffes handelt, fo mufs das nicht gerade feien. Je nach der Sachlage kann ja beides zufammenfallen. Bezeugt der Befchenkte felbft ein Schenkung, wie wir das häufig bei Schenkun-gen von Privaten an Kirchen finden, fo wird allerdings die weitrei-chendfte Beglaubigung des Zeugniffes noch nicht das Bezeugte beglau-bigen können. Wird die Schenkung vom Schenker felbft bezeugt, fo konnte jede Form, die das Zeugnifs genügend beglaubigt, auch zur Be-glaubigung des Bezeugten ausreichen.

Wird der Begriff der Urkunde wohl noch enger dahin abgegränzt, dafs es fich um Gegenftände rechtlicher Natur handeln müffe, vgl. Sickel Acta 1, 2, fo möchte ich dem an und für fich nicht beipflichten. Für den Begriff der Urkunde fcheint mir durchaus die Form, nicht der In-halt mafsgebend zu feien. Es ift doch nicht gerade ungewöhnlich, dafs man für Thatfachen von rein gefchichtlichem Intereffe, wie die Um-ftände der Weihe einer Kirche, der Grundfteinlegung zu einem Denk-male, ein unbedingt glaubwürdiges Beweismittel zu fchaffen fucht und fie beurkundet, ohne dabei irgend an eine Verwendung für Rechts-zwecke zu denken. Es ift denkbar, dafs fich fpäter an irgend einen der beurkundeten Umftände ein rechtliches Intereffe knüpfen und die Ur-kunde dann thatfächlich als rechtliches Beweismittel verwandt werden kann. Aber das ift dann zufällig, nicht von vornherein beabfichtigt. Das Zeugnifs über jeden Gegenftand läfst fich in die Form der Urkunde bringen, wenn irgendwelche Veranlaffung diefe Form wünfchenswerth macht. Aber freilich wird diefe Veranlaffung in der Regel nur bei Ge-genftänden rechtlicher Natur vorliegen; die Form der Urkunde wird durchweg nur defshalb angewandt, weil man fich gegen Rechtsnach-theile fichern will, welche die Nichterweisbarkeit der Thatfache mög-licherweife würde zur Folge haben können. Die Fälle, wo das nicht zu-

38] trifft, werden fo vereinzelt feien, dafs wir von ihnen ganz abfehen,
davon ausgehen dürfen, dafs es fich bei der Urkunde immer um ein Beweismittel für Thatfachen von rechtlichem Intereffe handelt. Haben
wir zunächft diefen engften Begriff im Auge, fo wird der Zufammenhang leicht ergeben, wo wir uns des Ausdruckes im weiteren Sinne zur
Bezeichnung aller durch irgendwelche urkundliche Form beglaubigten
Zeugniffe bedienen.

39. Soll die Urkunde ein rechtskräftiges Zeugnifs über eine Thatfache feien, fo mufs fich irgend etwas ereignen, was den Zeugen dazu
berechtigt, die Thatfache dem Empfänger als wirklich gefchehen zu bezeugen. Das zur Beurkundung berechtigende Ereignifs bezeichne ich
im Anfchluffe an den urkundlichen Sprachgebrauch, vgl. z. B. Remling
U. B. 1,13: *acta est huius tradicionis actio anno 946*, als die Handlung, wenn es auch nicht gerade immer in einer Handlung im engeren Sinne des Wortes, fondern etwa nur in einer mündlichen Willensäufferung befteht. Die Handlung kann mit der zunächft bezeugten Thatfache zufammenfallen. Es wird etwa die Vornahme der Tradition, durch
welche fich die Schenkung vollzieht, unmittelbar erzählt und bezeugt.
Oder die bezeugte Thatfache läfst die nicht ausdrücklich erwähnte Handlung vorausfetzen. Wird beurkundet, dafs etwas gefchenkt fei, fo haben
wir auch irgendwelche Handlung anzunehmen, durch welche die Schenkung vollzogen wurde, wäre das auch nur eine bezügliche Willensäufferung des Schenkers, falls eine folche nach geltendem Rechte zur
Vollziehung genügte. Doch wird fich die bezeugte Thatfache nicht gerade immer durch die für die Beurkundung mafsgebende Handlung erft
vollzogen haben. Auch wo es fich um eine Thatfache handelt, welche
nicht mehr in ihrer Begründung, fondern nur in ihrem Beftande erkannt
und bezeugt werden kann, bedarf es irgend eines Ereigniffes, welches
zur Abgabe des Zeugniffes berechtigt. Wird etwa bekundet, dafs eine
Gränze von jeher die und die gewefen fei, fo ift in der Vornahme des
Zeugenverhöres oder der fonftigen Beweisführung die Handlung zu
fehen, auf welche die Beurkundung fich ftützt.

Die Handlung mufs nicht immer der Beurkundung vorausgehen.
Zweck der Urkunde ift allerdings, den Beweis für eine bereits zu Rechte
beftehende Thatfache, alfo wenigftens mittelbar für eine bereits vergangene begründende Handlung zu ermöglichen. Aber das Zeugnifs
kann oder mufs vorausgefertigt werden, weil die Vornahme der Handlung beabfichtigt ift und in Uebergabe des Zeugniffes an die Partei beftehen foll, welche deren als Beweismittel bedarf. Soll eine Schenkung
lediglich durch die Schenkungsurkunde vollzogen werden, fo geht die
Beurkundung der Handlung vorher. Denn als mafsgebende Handlung
haben wir dann nicht die Fertigung der Urkunde zu betrachten. Die
in ihr bezeugte Thatfache ift noch gar nicht rechtskräftig geworden,
wird es überhaupt nicht, wenn der Schenker etwa vor der Uebergabe
feinen Willen ändert. Mafsgebende Handlung ift erft die Uebergabe

an den Empfänger; erſt damit wird die Thatſache rechtskräftig und zugleich die Urkunde zu einem Beweismittel.

40. Die Urkunden ſind in der Regel mit Angaben von Zeit und Ort verſehen, welche wir mit zwar ungenauem, aber kaum durch einen anderen genügend zu erſetzendem Ausdrucke als D a t i r u n g zuſammenzufaſſen pflegen. Bezeichnet der Ausdruck zunächſt das Eintragen jener Angaben in die Urkunde, ſo bezeichnen wir als Datirung weiter auch die jene Angaben enthaltende Formel oder Zeile , und zwar auch dann, wenn dieſe nicht gerade mit dem Ausdrucke Datum, der zur Bezeichnung den Anlaſs bot, eingeleitet iſt.

Die Ortsangabe beſchränkt ſich in der Regel auf Nennung der Stadt oder ſonſtigen Ortſchaft; wenigſtens in dem Urkundenkreiſe, den wir vorzugsweiſe beachten, iſt es Ausnahme, wenn die Oertlichkeit noch genauer bezeichnet wird. Ebenſo, wenn die Zeitangabe bis auf die Stunde oder doch Tageszeit herabgeht; ſo etwa 1155: *5. id. febr. inter campanam et horam sextam*, Cod. dipl. Weſtf. 2,79; 1182: *hora diei tercia*, Steierm. U. B. 1,587; 1212: *nono die iulii circa terciam*, Huillard 1,213. In der Regel geht die Angabe nicht unter den Tag hinab.

Sind Tag und Ort die genaueſten Angaben der Datirung, ſo mag dieſe immerhin in manchen Fällen ſowohl der Handlung, als der Beurkundung entſprechen. Daſs aber keineswegs immer, oder auch nur überwiegend Handlung und Beurkundung auf denſelben Tag zuſammengefallen ſeien werden, liegt auf der Hand. Haben nun die Urkunden in der Regel nur eine Datirung, ſo ergibt ſich die Frage, ob dieſe der Handlung oder aber der Beurkundung entſpricht.

Man hat die Entſcheidung wohl zunächſt davon abhängig zu machen geſucht, ob die Angaben mit dem Ausdrucke Actum, oder aber mit Datum eingeleitet ſeien, jenen auf die Handlung, dieſen auf die Beurkundung beziehend. Zweifellos ergeben uns dieſe Ausdrücke oft ſehr gewichtige, durch andere Umſtände unterſtützte Haltpunkte für die Entſcheidung der Frage in Einzelfällen. Aber eben ſo zweifellos wird die genauere Unterſuchung ergeben, daſs wir ſie im allgemeinen nicht als maſsgebend betrachten dürfen, daſs ſie keineswegs gerade nur in jener Bedeutung gebraucht, daſs ſie oft nicht genauer von einander geſchieden, nicht ſelten geradezu verwechſelt werden. Unter dieſen Umſtänden wird ſich ein Vorgehen empfehlen, welches zwar jene Ausdrücke fortwährend im Auge behält, ſich aber doch möglichſt unabhängig von ihnen das Verhältniſs von Handlung und Beurkundung zu den Angaben der Datirung zu vergegenwärtigen ſucht. Wir halten dabei Privaturkunden und Königsurkunden auseinander, da für beide weſentlich verſchiedene Geſichtspunkte maſsgebend geweſen zu ſeien ſcheinen.

PRIVATURKUNDEN.

41. Bei deutſchen Privaturkunden handelt es ſich durchweg um Beurkundung auf Grundlage einer ſchon geſchehenen Handlung; den

41] Fall einer Vollziehung der Thatsache durch die Urkunde selbst, also einer Beurkundung vor der Handlung werden wir im allgemeinen unberückfichtigt laffen dürfen. Allerdings finden fich insbefondere in früherer Zeit Beifpiele, dafs das wenigftens nach der Faffung der Urkunden der Fall war. So heifst es etwa in einer in Veranlaffung einer Prekarie ausgeftellten Schenkungsurkunde für Lorfch von 846, M. Germ. 21, 365: *dono per hoc testamentum — donatumque in perpetuum esse volo*, während eine fonftige Handlung gar nicht erwähnt wird und auch der Ausdruck *a die presente — dono, trado atque transfundo* auf Vollziehung der Thatfache nur durch die Beurkundung hinweift, wie es denn auch in der Gegenurkunde heifst: *per hanc prestariam tibi concedimus*. Oder in Freilaffungen von 882.907, Lacomblet U. B. 1,38. 46, erklären die Ausfteller, dafs fie den Empfänger der Knechtfchaft entbinden, *sicuti per hanc absolutionis cartam a die presenti sumus fecisse*. Es wird aber doch zu beachten feien, dafs es fich bei der Prekarie, bei der Freilaffung durch Urkunde nicht um urfprünglich deutfche Rechtsformen handelt, fondern um ein Eingehen auf fremden Brauch. Dafs dem deutfchen Rechte die Form der Begründung eines Rechtsverhältniffes durch blofse Verbriefung ohne irgendwelchen fonftigen Formalakt urfprünglich fremd war, bedarf keiner weiteren Erörterung. Nur darum könnte es fich handeln, ob diefe Form nun fpäter häufiger üblich geworden wäre. Das war wenigftens für die Zeit, welche wir zunächft im Auge haben, entfchieden nicht der Fall. Bei der grofsen Maffe der Privaturkunden ergibt fich unmittelbar, dafs eine durch eine vorhergehende Handlung bereits rechtskräftig gewordene Thatfache verbrieft wird. Und läfst die Faffung das nicht immer unmittelbar erkennen, fo fchliefst fie das wenigftens durchweg nicht aus. Scheint fie hie und da auch fpäter beftimmter auf Vollziehung nur durch die Beurkundung zu deuten, fo wird dafür der Einflufs fremder Formulare in Anfchlag zu bringen feien.

42. Fragen wir nun, ob man bei der Angabe von Zeit und Ort zunächft die Handlung oder aber die Beurkundung im Auge hatte, fo werden die einleitenden Ausdrücke der Datirung uns den geeignetften Anhaltspunkt bieten. Diefe laffen nun auch bei Privaturkunden die Beziehung auf die Beurkundung oft gar nicht zweifelhaft erfcheinen. So wenn es heifst *scripta est carta* oder fchlechtweg *scriptum*. Auf andere entfprechende Ausdrücke werden wir zurückkommen.

Aber das find doch die felteneren Fälle; es ergibt fich bei ihnen überdies häufig, dafs dann überhaupt die Form der in Pabfturkunden und Königsurkunden üblichen Datirung mafsgebend war. Wo folcher Einflufs fich nicht geltend machte, da treffen wir durchweg auf Ausdrücke, welche zunächft auf die Handlung zu deuten fcheinen. Heifst es oft *facta*, fo gibt das allerdings keinen Halt; find die genaueren Ausdrücke *facta est traditio* oder *facta sunt hec* zunächft auf die Handlung zu beziehen, fo ift bei dem häufigen *facta est carta* die Beziehung auf die Beurkundung zweifellos. Beſtimmter deutet das nicht ſo häufig vorkommende *gesta* auf die Handlung. Bei weitem am häufigſten finden wir aber *actum* oder *acta;* wir werden das als die regelmäſſige Form der deutſchen Privaturkunden bis in das dreizehnte Jahrhundert hinein betrachten dürfen.

43. Die Bedeutung des A u s d r u c k e s A c t u m in der Datirung ſcheint nun allerdings kaum zweifelhaft zu ſeien. Wo überhaupt zu genauerer Scheidung Veranlaſſung vorliegt, pflegt man es auf die Handlung zu beziehen. Es würde ſich denn auch leicht eine Reihe Fälle nachweiſen laſſen, wo eine andere Beziehung durchaus unzuläſſig wäre. Aber es wird ſich doch fragen, ob hier das, was häufig zutrifft, gerade immer zutreffen muſs. Es iſt einmal zu bedenken, dafs die Verwendung des Actum zur Einleitung der Datirung bis in die altrömiſche Zeit zurückreicht; und wir werden noch manchen Beleg dafür finden, dafs ſolche herkömmlich gewordene Ausdrücke im Laufe der Zeit wohl gedankenlos fortgebraucht wurden, auch wenn die ſpätere Verwendung der urſprünglichen Bedeutung nicht mehr entſprach. Weiter aber läfst der Ausdruck Agere ſchon an und für ſich eine Verwendung in ſo verſchiedener Bedeutung zu, dafs das doppelte Vorſicht nöthig macht.

Belege aus verſchiedenen Zeiten und Ländern laſſen nun wirklich keinen Zweifel, dafs ein Sprachgebrauch beſtand, wonach auch das F e r t i g e n d e r U r k u n d e a l s A g e r e b e z e i c h n e t wurde. Statt des gewöhnlicheren *facta est carta* heiſst es auch *acta est carta*, und zwar an einzelnen Orten, wie etwa zu Fulda, ſo häufig, dafs die Annahme vereinzelter Ungenauigkeit durchaus ausgeſchloſſen iſt; beſonders deutlich tritt der Gegenſatz hervor Dronke C. dipl. 290: *acta est kartula haec traditionis anno 889; traditio autem ista eodem anno acta est.* Oder 977 in franzöſiſcher Urkunde: *acta est igitur hec scriptura donationis,* Marini Pap. dipl. 164. Selbſt in der noch genauer zu beſprechenden, allerdings in ungewöhnlichen Formen geſertigten Königsurkunde St. 1225 iſt die Datirung mit *acta est haec carta* eingeleitet.

Insbeſondere iſt zu beachten, dafs es in der Datirung nicht ſelten heiſst *actum per manum* oder auch *per manus* einer Perſon, welche an der Handlung ganz unbetheiligt war, ſichtlich nur als Schreiber der Urkunde in Betracht kam. Ueberaus häufig findet ſich das in den Urkunden der Mathilde von Tuszien. So 1190 am Schluſſe des Textes *actum est hoc apud Florentiam p. m. Frogerii capellani*, während derſelbe Frogerius ſich dann in ſeiner Schlufsunterſchrift als *huius institutionis dictator et scriptor humillimus* bezeichnet, Fiorentini Matilda 164. Heiſst es in päbſtlicher Urkunde 968: *actum p. m. Stephani scriniarii*, Cod. Saxoniae regiae II 1,10, ſo fällt das um ſo mehr ins Gewicht, als ſich in der entſprechenden Formel der päbſtlichen Urkunden ſonſt regelmäſſig *scriptum* findet. Oder 1233, Huillard 4,441: *actum Gaiete p. m. predicti notarii.*

Aber auch deutſchen Urkunden ſind entſprechende Ausdrücke

43] nicht fremd. So wenn es in Urkunde des Erzbifchof von Trier 1097 zuerſt heifst *data* mit Tag, Ort und den Jahresangaben, dann *acta feliciter p. m. Petri Romani canonici s. Petri magistri et bibliothecarii,* oder weniger deutlich *acta sunt hec et confirmata ſigillo s. Petri anno 1135 Treviris in capitolio p. m. d. Godefridi,* Beyer Mittelrhein. U. B. 1, n. 391. 481. Oder 1184 in Urkunde des Grafen von Namur, Schoonbroodt Inv. 6: *actum p. m. R. notarii mei;* entfprechend 1192 in Urkunde des Grafen von Hennegau, Miracus Op. 1,294. Auch in öfterreichifchen Urkunden heifst es mehrfach *acta p. m. notarii;* fo Oberöfterr. U. B. 2,494. 650. Entfpricht weiter dem *actum* in deutfchen Urkunden oft ein *gefchehen,* fo werden wir bei Befprechung des Ausdruckes *datum et actum* Beifpiele finden, dafs diefer auch durch *gegeben und gefchriben* verdeutfcht wurde.

Haben wir in den angeführten Fällen zunächft an das Schreiben zu denken, fo bezieht fich nicht gerade beftimmt auf diefes, aber um fo zweifellofer auf die Beurkundung überhaupt das *acta sunt hec sub sigillo nostro anno 1213* in Urkunden des Königs und des Kanzlers, wobei wohl der Ortsgebrauch von Metz mafsgebend war, da auch die Stadt über denfelben Gegenſtand mit *acta sunt sub sigillo civitatis Metensis* urkundet, Huillard 1,349. 350. Und will man in dem *acta est haec confirmatio et sigilli nostri impressio anno 1143* einer Kölner Urkunde, Sloet O. B. 1,273, die Confirmatio auch auf die Handlung der Beftätigung beziehen, fo ift das *acta* wenigftens auf einen beftimmten Akt der Beurkundung mitzubeziehen. Wir gelangen auf einen Sprachgebrauch, wonach man, wie jedes andere Gefchehene, auch jeden Akt der Beurkundung, fei es das Schreiben, fei es das Siegeln, mit Actum bezeichnen konnte.

44. Bezieht fich demnach das Actum da, wo feine Bedeutung durch Zufätze beftimmter hervortritt, zweifellos häufig auf die Beurkundung, fo kann das natürlich auch da der Fall fein, wo es ohne Zufatz die Zeitangaben einleitet. Es finden fich denn auch wirklich in Privaturkunden Beifpiele für D a t i r u n g   n a c h   d e r   n a c h t r ä g l i c h e n   B e u r k u n d u n g   m i t   A c t u m. Dazu genügt allerdings noch nicht der Nachweis, dafs das Actum dem Tage der Beurkundung entfpricht. So haben die Werdener Traditionsurkunden, Lacomblet U. B. 1, n. 3 ff., überwiegend die Formel *acta est in loco-, anno-, die-,* während fich dann der Schreiber darauf mit den Worten zurückbezieht: *notavi diem, tempus, locum, quo hec scripta sunt.* Da ſteht aber der Annahme nichts im Wege, dafs Handlung und Beurkundung an demfelben Tage erfolgten, wie vereinzelt n. 28 mit *quo peracta est et scripta* beftimmt darauf hingewiefen ift. Wir werden auf diefes Zufammenfallen von Handlung und Beurkundung bei älteren Privaturkunden noch zurückkommen.

Später aber ergeben fich mehrfach Fälle, wo beftimmt nachweisbar ift, dafs die bekundete Handlung eine längftvergangene war. So befonders auffallend in einer Urkunde des Abtes Heribert von Werden,

Lacomblet U. B. 4,788. Im Texte heifst es: *acta sunt hec tempore abbatis nostri Adolfi — presentes erant — W. postea abbas, ego II. d. gr. nunc abbas, tunc prepositus, — B. adhuc superstes, — G. qui nunc est scolasticus;* am Schlusse folgt dann die Datirung *acta sunt hec anno 1194*. Ständen uns keine fonstige Nachrichten zu Gebote, fo müfsten wir fchliefsen, dafs die 1194 zur Zeit des Abtes Adolf gefchehene Handlung erheblich fpäter unter feinem zweiten Nachfolger beurkundet fei; die Bedeutung des Actum der Datirung follte hier doch um fo weniger zweifelhaft feien, als das erfte Actum fich natürlich nur auf die Handlung beziehen kann. Aber wir wiffen anderweitig, dafs Adolf 1174 ftarb und 1194 Heribert Abt war. Das Actum der Datirung bezieht fich demnach auf die mindeftens zwanzig Jahre nach der Handlung erfolgte Beurkundung. Es bedarf kaum des Hinweifes, wie verwirrend eine folche Datirung in eine Unterfuchung eingreifen könnte, wenn fie beim Mangel beftimmterer Haltpunkte auf die Handlung bezogen würde. Und es fehlt nicht an weiteren Belegen.

In Urkunde des Bifchofs Ortlieb von Bafel, Trouillat Mon. 1,322, werden mehrere Handlungen unter *acta sunt hec anno 1152* verbrieft. Aber bei einer werden als Zeugen aufgeführt *Albero tunc episcopus et ego tunc prepositus*, wonach diefelbe fpäteftens 1137 vorgenommen feien kann.

Bifchof Gebhard von Wirzburg hatte eine Schenkung an das Klofter Oberzell vollzogen, aber, *quia haec in expeditione, quae factum est Mediolanum, acta sunt*, nicht beurkundet. Sie wurde erft nachträglich von feinem Nachfolger Heinrich verbrieft, Uffermann Ep. Wirceb. 44, und zwar mit *acta sunt haec anno 1160*. Da die Heerfahrt gegen Mailand 1158 ftattfand und Gebhard bereits 1159 ftarb, fo kann die Beziehung auf die Beurkundung nicht zweifelhaft feien. Beurkundet Bifchof Konrad II. von Regensburg unter Actum 1179 eine Handlung aus der Zeit feines 1132 geftorbenen Vorgängers Konrad I., Ried Cod. Rat. 1,249, fo ift die Sachlage infofern eine andere, als es fich nicht blos um Verbriefung, fondern auch um feierliche Beftätigung handelte, diefe alfo als mafsgebende Handlung gefafst werden konnte.

Bifchof Konrad von Lübeck bekundet Orig. Guelf. 3,502 eine von feinem Vorgänger Gerold vollzogene, aber noch nicht verbriefte Handlung und aufserdem eine Schenkung des Herzogs, bei welcher Gerold als Zeuge aufgeführt ift. Da Gerold 1163 Aug. 13 ftarb, fo kann fich das *acta sunt haec anno 1164* nur auf die Beurkundung beziehen.

Herzog Welf beurkundet in Schwaben unter *actum est anno 1185* mit drei anderen übereinftimmenden Jahresangaben eine von ihm *per manum d. Friderici imperatoris* vollzogene Tradition, Wirtemb. U. B. 2,237. Aber der Kaifer war feit Sept. 1184 in Italien; dafs die Handlung dort vorgenommen, ift durchaus unwahrfcheinlich, fo dafs fich auch hier das Actum auf die fpätere Beurkundung beziehen mufs.

Eine Urkunde für Admont, Steierm. U. B. 1,674, ift datirt: *actum*

44] *apud Iuvavum, 7. id. iunii, anno 1188, ind.6, per manum H. notarii.*
Wie da fchon die Erwähnung des Notar Beziehung des Actum auf die
Beurkundung andeutet, fo beftätigt fich diefelbe durch den Inhalt. Es
werden zwei Handlungen verbrieft. Einmal eine Beftätigung des Erzbifchofs von Salzburg, welche nach dem Texte 1187 Dec. 15 zu Leibniz erfolgte. Dann eine Tradition *super altare s. Blasii*, alfo zu Admont felbft vorgenommen. Ort und Zeit der Datirung können nur der
Beurkundung entfprechen. Auch eine andere Urkunde des Erzbifchofs
von Salzburg für Admont, Wichner G. v. Admont 2,270, ift mit Actum
1204 datirt, obwohl im Texte ausdrücklich gefagt ift, dafs die bezügliche Schenkung in Gegenwart des Erzbifchofs Adalbert, alfo fpäteftens
1200, vollzogen fei und nun auf Bitten der Parteien nachträglich verbrieft werde.

Der Abt Hermann von Korvei bekundet, dafs er zur Zeit feiner
Erhebung am Thore der Kirche ein Lehen ertheilt habe, Wilmans U. B.
4,126. Die Datirung *acta sunt hec a. d. 1230, anno prelacionis nostre
octavo* ergibt unmittelbar, dafs fie fich nur auf die über fieben Jahre
nach der Handlung erfolgte Beurkundung beziehen kann.

45. Allerdings find das nur Ausnahmen. Können fie aber häufiger
vorgekommen feien, da fie uns nur bei günftiger Sachlage leicht erkennbar find, fo werden fie es rechtfertigen', wenn wir die Regel eingehender zu begründen fuchen, als das unter andern Verhältniffen nöthig erfcheinen könnte. Als Regel haben wir in Privaturkunden zweifellos die
Beziehung des Actum auf die Handlung zu betrachten.
Scheint fich das fchon fehr häufig aus der nähern Beftimmung *hec traditio, donatio, concessio acta* oder *facta est* zu ergeben, fo mag fich der
Einwand erheben laffen, dafs man wohl auch die Urkunde felbft nach
dem bekundeten Gefchäfte bezeichnete, von einer *donatio* fprach, wo
es genauer *donationis carta* hätte heiffen follen. Finden fich Fälle, wo
uns der Text den Tag der Handlung nennt, fo z. B. wenn 1019 der
Erzbifchof von Köln bekundet, dafs er am 3. Mai eine Kirche geweiht
und in angegebener Weife dotirt habe, und dann in der Datirung mit
acta sunt hec denfelben Tag anführt, Lacomblet U. B. 1,94, fo ift höchftens zu vermuthen, dafs die Beurkundung nicht gerade an demfelben
Tage erfolgte. Unbedingt beweifend ift jedenfalls, wenn der Erzbifchof
1080 fagt, dafs er am 18. Febr. und 4. März angegebene Schenkungen
gemacht habe und dann am Ende mit *acte sunt he traditiones Colonie*
beide Tage wiederholt, Lac. 1,149. Auch wo die Doppelbezeichnung
des Tages der Handlung fehlt, aber in ein und derfelben Urkunde mehrere Handlungen mit verfchiedenem Actum verbrieft werden, kann die
Bedeutung nicht zweifelhaft fein. So 855: *hec traditio facta est in pago
F. sub die septima id. nov., et in pago B. die quarto id. nov.*, Lac. 1,31.
Oder Steierm. U. B. 1,23: *anno 928 actum apud Karantanam 7. idus
et 6. idus maias.* In ein und derfelben Urkunde findet fich für die verfchiedenen Handlungen mit *acta sunt hec* zuerft 1244 Jan. 14, dann

1243, endlich 1242 Jan. 8 angegeben, Wilmans U. B, 3,220; vgl. 245. *Acta sunt hec apud Lacum et consummata apud Andernacum anno 1209*, Mittelrh. U. B. 2,287, oder *acta sunt hec anno 1227 primo apud Tremoniam* mit Angabe der Zeugen, *novissime apud Novum castrum* mit Angabe anderer Zeugen, Wilmans U. B. 3,133, oder *acta sunt hec 1228, primo in Basilea, secundo — Seconis, tertio confirmatum est in Brucco*, Gerbert H. N. Silvae 3,133, ergibt natürlich daffelbe; ebenfo, wenn ohne Nennung der Orte und Tage das *acta sunt hec anno 1242* für eine zweite Handlung wiederholt wird, aber unter Anführung ganz verfchiedener Zeugen, Wilmans U. B. 3,219.

Bei nur einfacher Datirung ift der beftimmtere Nachweis der Beziehung derfelben insbefondere defshalb felten zu führen, weil die Privaturkunden in der Regel nur Jahresangaben haben, wohl auch häufig den Ort, ungleich feltener aber den Tag nennen; wenigftens in fpäterer Zeit, während den älteren die Tagesangabe felten fehlt, die ja auch wohl in deutfchen Rechten, fo im baierifchen und alemannifchen Volksrechte, ausdrücklich vorgefchrieben war. Ich zweifle nicht, dafs diefes F e h l e n d e r T a g e s a n g a b e mit der überwiegenden Datirung nach der Handlung zufammenhängt. Lag über diefe keine vorläufige Aufzeichnung vor, fo genügte eine verhältnifsmäffig nicht bedeutende Verzögerung der Beurkundung, um bezüglich des Tages unficher zu werden. War die Angabe deffelben in der Regel für den Zweck der Beurkundung bedeutungslos, traf diefelbe in manchen Fällen auf Schwierigkeiten, fo wird man fich mehr und mehr daran gewöhnt haben, fie überhaupt fallen zu laffen; es ftimmt damit, dafs man fie wieder regelmäfsiger zufügte, als in den fpätern Zeiten des dreizehnten Jahrhundert auch in Privaturkunden die Datirung nach der Beurkundung vorherrfchend wurde. Auch fo ungenaue Tagesangaben, wie etwa Miraeus Op. 1,574: *actum anno 1219, mense maio, die quo ab amicis et hominibus meis licentiam accepi, ut pergerem ad partes Albigenfium*, werden doch daraus zu erklären feien, dafs man den Tag nicht mehr genauer zu bezeichnen wufste. Datirung nach der Handlung verräth fich auch fonft wohl durch die Ungenauigkeit ihrer Faffung. Stumpf Acta Magunt. 59 heifst es: *acta autem sunt hec anno 1152, die quadam dominica ante festum s. Jacobi, in villa S., boni viri cuiusdam, nescio quis ille vocetur, in horreo;* fo fchreibt man doch nur aus der Erinnerung.

46. Zweifellos ergibt fich weiter die vorwiegende Bedeutung des Actum aus den nicht gerade feltenen Privaturkunden, in welchen fich v e r f c h i e d e n e A n g a b e n f ü r H a n d l u n g u n d B e u r k u n d u n g finden. Sind diefe durch Doppeldatirung gegeben, fo finden wir durchweg, dafs die Datirung, welche wir auf die Handlung zu beziehen haben, mit Actum oder einem gleichbedeutenden Ausbrucke eingeleitnt ift. Ergibt fich das Verhältnifs dadurch, dafs wir aus dem Text Zeit oder Ort der Handlung kennen lernen, dem aber die Angaben der Datirung nicht entfprechen, fo find diefe durchweg unter Ausdrücken gegeben,

46] welche wir fchon diefes Umftandes wegen auf die Beurkundung zu beziehen berechtigt feien würden, während fich das dann dadurch beftätigt, dafs diefelben Ausdrücke fich da finden, wo der Gegenfatz beftimmter hervortritt.

Am deutlichften tritt das Verhältnifs hervor, wenn es fich um den Gegenfatz zwifchen Actum und Scriptum handelt. So heifst es fchon 600 oder kurz nachher in einer Paffauer Tradition, M. Boica 28b,40: *actum die 11. kal. septembris; scripsi autem ego P. die kal. sept.* Oder Ried Cod. Rat. 1,22: *hi sunt testes, in quorum praesentia ista facta sunt anno i. d. 820, die dominico, 4. non. dec.;* dann nach Aufführung der Zeugen: *actum publice in ecclesia b. Hemmerami ante ipsum altare; itaque E. diaconus scripsi traditionem ipsam anno d. 821 apud urbem Regenesburc 6. id. Febr.* Der Erzbifchof von Köln fagt, dafs er eine Tradition zu Reklinghaufen 1077 Jan. 25 erneuert und zum Zeugniffe die Fertigung diefer Urkunde befohlen habe, *scriptam ac datam per manum G. capellani Sosazie 16. kal. iunii,* Seibertz Weftf. U. B. 1,37. Bei Verbriefung einer Reihe von Schenkungen heifst es: *diversis autem diebus et annis collata sunt hec ecclesie huic, privilegium vero conscriptum est anno 1160,* Cod. Weftf. 2,94.

Nichtbeachtung diefes Unterfchiedes kann leicht zu Mifsgriffen führen, wenn die Doppeldatirung nicht vollftändig ift. Wie die ältern Wirzburger Gefchichtfchreiber, fo nahm noch Jaffé K. Lothar 55.252 die Wahl des Bifchof Embriko fchon 1125 an, weil eine Urkunde desfelben, Uffermann Ep. Wirc. 32, datirt ift: *acta sunt haec anno 1128, ind. 6; scripta quoque ac signata et confirmata sunt anno ordinationis nostrae tertio.* Aber Embriko ift erft Ende 1127 eingefetzt und keine Quelle weifs von einer früheren Wahl; vgl. Giefebrecht Kaiferz. 4,423. Der anfcheinende Widerfpruch ift zweifellos durch die Annahme zu löfen, dafs die 1128 vorgenommene Handlung erft zwei Jahre fpäter verbrieft wurde.

47. Einen entfprechenden Gegenfatz wird es bezeichnen, wenn, fo weit ich fehe, nur in einzelnen Graubündtner Urkunden Tractum und Scriptum unterfchieden werden. So heifst es 1105 *tracta et facta charta ad Lopine mense martio,* welchem in einer zweiten gleichzeitigen Urkunde *traiecit et fecit cartam ad Lopine* entfpricht, Mohr Cod. dipl. 1,148. 149. Zweifellos wird es fich dabei, wie bei dem häufig erwähnten *levare cartam,* um eine fymbolifche Handlung bei der Auflaffung handeln; es wird an ein Hinüberwerfen des zur Beurkundung beftimmten Pergaments zu denken feien, wie der Wurf von Symbolen ja auch fonft erwähnt wird. Weift das *traiecit* unmittelbar darauf hin, fo darf das *tracta* nicht daran irre machen; im churwälfchen Dialekte bezeichnet *tratg* fowohl geworfen, als gezogen, wie ja auch dem italienifchen *tratto* die Doppelbedeutung zukommt. Wird fo hier auf die Beurkundung fchon bei der Handlung unmittelbar Rückficht genommen, fo follte man doch vorausfetzen, dafs jene auch gleichzeitig oder doch

fehr bald nachher erfolgte. Nun haben aber drei gleichzeitige Urkunden, Mohr 1,161. 164. 165: *tracta charta in Curia sub rege Lothario, mense marcio, et scripta in eodem loco mense ianuario sub rege Chunrado, regni anno primo, 11. kal. febr., anno i. d.' 1139*. Danach kann die Handlung fpäteftens im März 1137 vorgenommen feien.

48. Weniger ficher wird der Gegenfatz zwifchen Actum und Confirmatum auf Handlung und Beurkundung zu beziehen feien. Ift das letztere in diefer Verwendung den Königsurkunden fremd, weifs ich da nur St. 3808 anzuführen, wo vereinzelt Ort und Zeit mit *actum et confirmatum* eingeleitet find, fo wird der Ausdruck in der Datirung von Privaturkunden nicht felten gebraucht. Aber er fcheint da nicht immer daffelbe zu bezeichnen.

Zumal in älterer Zeit beziet fich das Firmare, wofür fichtlich gleichbedeutend auch Confirmare gebraucht wird, keineswegs immer gerade auf die fchriftliche Sicherftellung der Handlung; es kann auch eine zweite bekräftigende Handlung bezeichnen. Selbft wo der Ausdruck im Gegenfatze zu Actum erfcheint, wie etwa 892: *acta et levata in villa D., firmata et perpetrata in loco P.*, Wirtemb. U. B. 1,196, wird demnach nicht gerade nothwendig an die Beurkundung zu denken feien. Es wird auch wohl fpäter in der Datirung auf eine zweite beftätigende oder ergänzende Handlung hingewiefen. So 1141: *actum Leodii 6. kal. martii; recognovit supradictam traditionem idem M. 6. id. martii in Bronensi ecclesia, glebas et ramos de singulis allodiis super altare s. Petri ponens*, Miraeus Op. 1,690; vgl. 262. So 1213 der Herzog von Oefterreich: *acta sunt hec in prato iuxta Naerden, peracta in Dornbach, data Wienne* mit den Zeitangaben, Oberöfterr. U. B. 2,566. Oder es wird in Urkunde, in welcher zuerft eine unter einem früheren Abte vorgenommenen Verkaufshandlung, dann ein fpäterer, diefelbe ergänzender Erbenverzicht verbrieft werden, die Beziehung der Datirung nur auf diefen betont: *acta sunt hec anno 1221, quando scilicet hec peracta sunt et stabilita sub d. W. abbate*, Wilmans U. B. 3,89. Dabei werden auch fpäter wohl noch die Ausdrücke *firmare* und *confirmare* verwandt; fo 1126, Cod. Westf. 2,4: *acta sunt autem hec primo in villa E., postea vero confirmata traditione legitima Corbeie super altare;* fchliefslich noch *hec eadem in placito comitis regali banno firmata sunt.* So mag fich denn auch in der Datirung der bifchöflichen Urkunde für Kappenberg: *actum vero est anno 1122, confirmatum vero anno 1125,* Cod. Weftf. 1,149, das *confirmatum* weniger auf die Beurkundung, als auf die erwähnte Erneuerung der Auflaffung und Bekräftigung derfelben durch den bifchöflichen Bann beziehen.

Aber im allgemeinen fcheint der Ausdruck wenigftens in der Datirung in folchen Fällen fpäter vermieden zu fein. Wie man fchon in älterer Zeit doch in erfter Linie das *firmare per cartam* im Auge hatte, fo bezieht fich fpäter *confirmare* vorzugsweife auf die Sicherftellung der gefchehenen Handlung durch Ausfertigung einer Urkunde. So fagt

48] der Bifchof vo Wirzburg 1160, Uffermann Ep. W. 45, dafs unter feinem Vorgänger *haec acta sunt*, der es aber *inconfirmata reliquit*, wefshalb er nun die Urkunde fertige. So fagt ein Abt, dafs ein unter feinem Vorgänger vollzogener Verkauf *ex negligentia non fuit scripto mandata*, dafs er daher *ad roborationem eorum, que gesta sunt*, diefe Urkunde habe ausfertigen, fiegeln und die Zeugen anführen laffen, *qui et in prima actione et in sequenti confirmatione interfuerunt;* dazu dann die Datirung *anno 1170 celebrata est hec actio, anno vero 1186 celebrate actionis confirmatio*, Mittelrh. U. B. 2,121. Und wie hier, fo tritt auch in entfprechenden Fällen die Beziehung des Actum auf die Handlung befonders deutlich hervor. So a. a. O. 2,160: *acta sunt hec in primis 1185, et postmodum plenarie confirmata anno 1191;* oder in Wirzburger Urkunden: *acta sunt hec anno 1182 nonas aprilis, recognita vero et confirmata sequenti anno mense februario*, und: *acta sunt hec anno 1179, confirmata vero sunt hec eadem anno 1189*, M. Boica 37, 121. 145. Oder auch mit anderem gleichbedeutenden Ausdrucke: *acta sunt hec anno 1219, renovata vero et stabilita in Marsberg scripto et sigillis anno 1240*, Wilmans U. B. 4,55, wo fich gleichfalls ergibt, dafs es fich um eine erfte Beurkundung handelt. Und mag es in folchen Fällen zuweilen zweifelhaft feien, ob die zweite Angabe gerade auf die Beurkundung zu beziehen ift, fo ift mindeftens die Beziehung des Actum auf eine vorhergehende Handlung ganz zweifellos.

49. Befonders häufig finden wir dann bei der Datirung **Actum** und **Datum** auseinandergehalten. So 978: *haec carta 4. kal. febr., luna 10. data est in Ingereshcim; actum est in villa q. d. Marbach*, Wirtemb. U. B. 1,223. Der Erzbifchof von Trier bekundet eine Tradition: *actum feliciter Prumie kal. nov. anno 1063; data autem est vero hec carta in 10. kal. nov. et recitata publice in tocius sancti sinodi conspectu anno 1065*, Mittelrh. U. B. 1,414. Bei Verbriefung einer fchon 1073 März 29 gefchehenen Handlung heifst es: *testamentum factum est anno 1095* und *datum 6. kal. nov.*, M. Germ. 21,429. Der Bifchof von Naumburg bekundet eine Schenkung, welche er nach dem Texte 1108 Sept. 24 vollzogen hatte, mit *data est Cice secunda nonas aprilis*, Lepfius Bisch. v. Naumburg 236. Oder Steierm. U. B. 195: *anno 1140, ind. 3, die 3. kal. iulii facta est hec traditio feliciter amen; — data 17 kal. aug.;* M. Boica 13,169: *anno 1140, ind. 3, 7. id. iulii actum in loco, qui dicitur ad sanctum Laurentium; data Ratispone 10. kal. nov.;* M. Boica 28b,107: *hec autem facta sunt anno 1143, ind. 4, 7. kal. nov.; data Mathse 4. kal. nov.;* Steierm. U. B. 1,435: *hoc factum est Friesach in nativitate domini nostri Jesu Christi anno 1162, ind. 10; data Salzburch 8. kal. sept., anno 1162, ind. 10;* Ried Cod. Rat. 1,306: *acta sunt hec anno 1213, non. marcii, datum Ratispone ind. 5,13 kal. maii;* Miraeus Op. 2,1323: *acta sunt praefata omnia in monasterio de T. anno 1245, mense decembri; data est autem publice et sigillata haec pagina apud V. anno 1246, 17. kal. ian.* Nach Urkunde des Herzogs von

Oefterreich, U. B. d. L. ob d. Enns 2,590, wurde der beurkundete Vertrag zuerft Febr. 3 zu Steier abgefchloffen, dann zu Neuftadt beftätigt; für jede Handlung find befondere Zeugen angeführt; dann aber *datum ap. Admunt idus maii, anno 1217.* Befonders deutlich in Urkunde des Grafen von Schwalenberg: *datum est autem instrumentum presens tempore Heinrici Coloniensis archiepiscopi a. gr. 1232; sed actio ipsa dudum ante celebrata est tempore d. Engelberti archiepiscopi Col. circa annum gratie 1219*, Wilmans U. B. 4,54. Weitere Fälle werden wir bei Befprechung der Actum und Datum regelmäffig auseinanderhaltenden feierlichen Datirung der ftaufifchen Zeit anzuführen haben Die genauere Bedeutung des Datum können wir vorläufig dahinge. ftellt laffen; dafs es fich auf die Beurkundung im Gegenfatze zur Handlung beziehen mufs, kann nach den angeführten Fällen keinem Zweifel unterliegen.

50. Wurden fo in der Datirung die Zeit der Handlung und der Beurkundung oft genauer bezeichnet, fo kann das die Annahme nahe legen, dafs da, wo das nicht der Fall ift, der Unterfchied überhaupt nicht ins Gewicht fiel; wo wir nur eine Zeitangabe finden, find wir durchweg geneigt anzunehmen, dafs diefelbe wenigftens annähernd zugleich der Handlung und der Beurkundung entfpreche. Das ift irrig. In vielen Fällen werden uns allerdings genügende Haltpunkte fehlen, um das Verhältnifs ficher zu ftellen. In manchen aber find uns folche dadurch geboten, dafs fich ein W i d e r f p r u c h z w i f c h e n d e r D a - t i r u n g u n d a n d e r e n a u f e i n e f p ä t e r e Z e i t b e z ü g l i c h e n A n g a b e n ergibt. Das erweift dann einmal, dafs fich die Datirung nur auf die Handlung beziehen kann. Es erweift aber weiter, dafs die Beurkundung oft erft erheblich fpäter erfolgte, ohne dafs das irgendwie in .der Datirung beftimmter gefagt wäre.

Dafs der Zeitabftand überhaupt ein beträchtlicher feien konnte, haben die angeführten Beifpiele bereits gezeigt; es ergaben fich Fälle, wo derfelbe mehr als zwanzig Jahre betrug. In einem folchen Zeitraume konnte fich manches, was in der Urkunde zu berühren war, wefentlich geändert haben; insbefondere nahmen die betheiligten Perfonen jetzt oft ganz andere Stellungen ein oder waren inzwifchen geftorben. Das ift in den Urkunden felbft wohl beftimmter kenntlich gemacht durch Zufügung von *tunc, nunc* und ähnlichen Ausdrücken; fo in der § 44 befprochenen Werdener Urkunde. Aber es ift das nicht gerade immer oder wenigftens nicht mit der genügenden Beftimmtheit gefchehen. Ift nun die Urkunde nach der Handlung datirt, während der Text in manchen Theilen nur der Zeit der fpätern Beurkundung entfpricht, fo ergeben fich daraus Widerfprüche, welche nicht felten dazu veranlafsten, die Urkunde für unecht zu erklären. Das würde doch nur dann gerechtfertigt fein, wenn wir annehmen dürften, dafs die Datirung der Zeit der Beurkundung immer genau oder wenigftens annähernd entfprechen follte. Aber es leidet keinen Zweifel, dafs man

50] auch bei nur einfacher Datirung oft die Zeit einer erheblich früheren Handlung im Auge hatte.

In einer Schenkungsurkunde für Utrecht, Sloet O. B. 1,113, wird im Texte der dortige Bifchof Ansfrid als *pia memoria recolendus* bezeichnet, dann datirt: *anno 997, ind. 10, anno Ottonis regnantis 13, imp. 1, 12. kal. oct. et in quinta feria actum est in Traiecto in presentia pie recordationis Anfridi presulis, suique presulatus anno secundo.* Die Handlung wird danach 996 vorgenommen´ feien, obwohl damals Sept. 20 auf einen Sonntag fiel. Sind aber die den Bifchof als verftorben bezeichnenden Ausdrücke nicht etwa Zufätze eines fpäteren Abfchreibers, fo kann die Beurkundung früheftens vierzehn Jahre fpäter erfolgt feien, da Ansfrid erft im Mai 1010 ftarb. Das könnte denn auch die Ungenauigkeit veranlafst haben, dafs das Inkarnationsjahr und eine der Tagesangaben nicht zu den anderen übereinftimmenden Jahresbezeichnungen paffen.

In der Urkunde Wenck Hess. L. G. 3,55 wird erzählt, dafs Erzbifchof Bardo von Mainz dem Abte von Hersfeld beim Kaifer eine Oberingelheim betreffende Vergünftigung erwirkte. Es heifst dann: *Bardo sancte memorie archiepiscopus hanc cartam precepit fieri suique sigilli impressione firmari; actum publice infra Moguntiam anno 1047, ind. 15, 2 kal. iulii;* dann folgen noch die Zeugen, *qui hoc viderunt et audierunt et pro toto sciunt.* Das Actum wird fich auf die Erwirkung beim Kaifer beziehen, der 1047 Juni 7 zu Speier nachweisbar ift, alfo Ende des Monats zu Mainz feien mochte. Ift aber die nur in Abfchrift erhaltene Urkunde echt und find die den 1051 Juni 11 geftorbenen Erzbifchof als verftorben bezeichnenden Worte nicht Zufatz, fo ift die Beurkundung mindeftens vier Jahre fpäter erfolgt. Dafs der verftorbene Erzbifchof diefelbe noch befohlen haben foll, ift auffallend, aber doch erklärlich, wenn diefelbe bald nach feinem Tode erfolgte. Und das ift nicht unwahrfcheinlich, da der Kaifer nach St. 2410 an Hersfeld 1051 Juli 31 eine Schenkung gleichfalls zu Oberingelheim machte; mit der Erwirkung diefer mag es zufammenhängen, dafs man eines Zeugniffes über die frühere Verfügung bedurfte. Zu dem ungewöhnlichen Sachverhalte würde übrigens ftimmen, dafs die Beurkundung, obwohl vom Erzbifchofe befohlen, doch nicht in feinem Namen gefafst ift, und dafs das Wiffen der Zeugen ganz befonders betont wird.

Der Abt Hartwig von Hersfeld bekundet Wenck Heff. L. G. 2,47, dafs er mit einem Edeln eine Prekarie einging, dafs diefer die verliehenen Güter bis zu feinem Tode durch anderthalb Jahre innehatte, *ex tunc* aber er felbft in unangefochtenem Befitze war; datirt: *anno 1073 acta sunt haec temporibus Henrici quarti regis.* Da Hartwig erft im Dez. 1072 Abt wurde, fo kann die Datirung fich nur auf die Handlung .beziehen, die Urkunde ift früheftens gegen Ende 1074, wahrfcheinlich erft fpäter gefertigt.

Eine Schenkung an Clugny von 1105, Schöpflin Alf. dipl. 1, 184.

186, ift datirt: *actum est hoc ap. Montem Biligardis 8 id. martii;* nach den Zeugen der Haupthandlung werden dann. aber noch Zeugen aufgeführt, welche bei der *pridie palmarum,* Apr. 1, erfolgten Uebergabe anwefend waren.

In Urkunde des Bifchofs Ulrich von Halberftadt, Or. Guelf. 3,535, findet fich lediglich die Datirung: *facta est autem hec donatio in presentia nostri antecessoris beate memorie Rudulfi episcopi anno 1146;* da Rudolf 1149 Oct. 6 ftarb, fo verzögerte fich die Beurkundung mindeftens drei Jahre.

Der Bifchof Rabodo von Speier bekundet Remling U. B. 1,115 eine Schenkung, welche er *apud Erbipolim in presencia Cuonradi regis* vorgenommen, mit *facta est anno 1150 coram hiis testibus,* unter andern *Friderico duce postea imperatore.* Deutet fchon das auf nachträgliche Beurkundung, fo müffen bis zu diefer über zwanzig Jahre vergangen feien, da Rabodo frühestens 1171 Bifchof wurde. Dagegen kann fich die Angabe am Schluffe: *data per manum B. notarii episcopi apud Spirensem civitatem 5. kal. iunii,* nur auf die Beurkundung beziehen.

Nicht minder unmittelbar ergibt fich das Verhältnifs in einer Urkunde des Bifchof von Wirzburg, M. Boica 37,68, mit *acta sunt hec anno 1152, quinta die post obitum d. Conradi regis, in ripa Mogi fluminis inter colloquium, quod dux Fridericus cum Wirzeburgensi et Babenbergensi episcopis celebravit, qui de hinc xiiii. die in regem elevatus ad celsa imperii fastigia potenter conscendit patruo succedens;* entfprechend heifst es auch im Texte, dafs die Auflaffung erfolgte *per manum Friderici, tunc strenui ducis, postea gloriosi Romanorum regis,* und in der Zeugenreihe *Fridericus dux, postmodum rex.*

Aber nicht immer ergibt fich die Sachlage fo unmittelbar. In Urkunden des Bifchofs von Münfter mit dem Actum 1154, Cod. Weftf. 2,74, ift Zeuge *Otto Capenbergensis prepositus secundus, qui et quondam comes.* Diefer war aber damals noch nicht Probft; noch 1155 ift er als *Otto fundator huius loci* Zeuge in Urkunde feines Vorgängers, a. a. O. 84. Da nun auch der Bifchof in der von 1154 datirten Urkunde mit *tunc temporis* eine fchon länger vergangene Handlung zu betonen fcheint, fo ift die Löfung zweifellos darin zu fuchen, dafs bei der erheblich fpäteren Beurkundung zwar das Jahr der Handlung beibehalten, dem Zeugen aber der ihm jetzt gebührende Titel gegeben wurde.

In Urkunde des Grafen von Ravensberg, Kindlinger Münft. Beitr. 2,205, heifst es: *acta sunt hec anno 1166, in diebus d. Reynoldi Coloniensis archiepiscopi, presente Philippo postmodum successore eius;* die Beurkundung kann frühestens Ende 1167 erfolgt feien.

Eine Urkunde des Grafen von Flandern, Miraeus Op. 2,1182, ift datirt: *actum est hoc anno 1177, pridie antequam comes Jerosolymam iturus peram peregrinationis suae suscepit.*

Bei Meichelbeck H. Fr. 1b,560 heifst es: *factum est idem concambium anno 1177, quo anno terminatum est schisma, quod fuit inter*

50] *imperium et Romanam ecclesiam*, was doch früheftens im Auguft fo gefchrieben werden konnte. Aber dennoch heifst es am Schluffe: *actum Frisingae 2. id. aprilis.*

In italienifcher Notariatsurkunde von 1187 Aug. 3, Böhmer Acta 600, wird K. Heinrich wiederholt Kaifer genannt, wie das erft vier Jahre fpäter der Fall fein follte. Wird nun aufferdem der Leiter der Handlung als *tunc dominus Luzaric et Warstalle* bezeichnet, findet fich diefes *tunc* überdies noch bei Angabe des Amtes dreier betheiligter Perfonen, fo ift zweifellos fpätere Beurkundung anzunehmen, wie diefelbe allerdings bei Notariatsinftrumenten felten nachzuweifen ift, da diefe, wenn auch nachträglich gefertigt, durchweg eine der Handlung gleichzeitig gefertigte Imbreviatur wörtlich wiederholen, womit die Veranlaffung zu anfcheinenden Widerfprüchen entfällt.

Zwei Marienfelder Urkunden diefer Art hat Scheffer-Boichorft Bernhard zur Lippe 114 ff. näher befprochen. In der einen, Kindlinger Münft. Beitr. 2,267, urkundet Bernhard als Abt in Livland mit dem Actum 1201, während er doch erft 1211 Abt wurde, auch der erwähnte Bifchof Otto von Münfter erft 1203 zutrifft. Auch Scheffer weifs das nicht anders zu erklären, als durch nachfolgende Beurkundung, woran nicht irre machen darf, dafs die Zeugen fchwerlich in Livland gewefen find, da in folchen Fällen, worauf wir zurückkommen, auch die Zeugen der Handlung entfprechen. Die zweite, Wilmans U. B. 3,24, mit dem Actum 1207, bezeichnet Otto als Kaifer und Gunzelin als Truchfefs des Kaifers, was nur zuläffig, wenn die Beurkundung früheftens Ende 1209 erfolgte. Gegen die Echtheit diefer Urkunde würden fich allerdings auch fonftige Bedenken erheben laffen; vgl. Affeburg. U. B. 1,34. Hat Scheffer beide für feine Darftellung nicht verwerthen mögen, fo betont er ausdrücklich die Scheu, Urkunden zu benutzen, welche längere Zeit nach dem Vorgange ausgeftellt feien müfsten, ohne dafs Actum und Datum genau unterfchieden wären; wo das nicht der Fall, gelte durchgehends Gleichzeitigkeit der Verhandlung und Beurkundung. Aber es fehlt auch im dreizehnten Jahrhunderte nicht an weiteren Belegen.

Bifchof Bernhard von Paderborn bekundet, Wilmans U. B. 4,7, einen *primo tempore pontificatus nostri* vermittelten Vertrag. Dem entfpricht Actum 1203 Ind. 6, da der Bifchof im Mai 1203 die Regierung antrat. Dann aber folgt noch die Angabe *pontificatus nostri anno tertio*, welche fchon der Herausgeber zweifellos richtig dahin erklärt, dafs die Beurkundung erft 1205 erfolgt fei, womit ja ftimmt, dafs bei gleichzeitiger Beurkundung der Bifchof fchwerlich betont hätte, dafs die Handlung in die erfte Regierungszeit falle.

Auch die Feftftellung eines weiteren Falles ift Verdienft von Wilmans im Weftf. U. B. 4,35. Eine Paderborner Urkunde mit dem Actum 1211, das fich auch anderweitig als der Handlung entfprechend nachweifen läfst, nennt unter den Ausftellern und Zeugen Volrad als Domprobft und Johann als Domdechant, welche doch damals diefe Würde noch nicht bekleideten; die Beurkundung kann danach früheftens im J. 1220 erfolgt fein.

Aehnliches möchte ich aber noch für eine dritte Paderborner Urkunde mit Actum 1223 behaupten, in welcher Wilmans U. B. 4,105 die fich ergebenden Schwierigkeiten durch Annahme einer unbegreiflichen Zerftreutheit des Schreibers der mit vollen Worten gefchriebenen Jahreszahl erklären möchte. Allerdings ift die Urkunde vom Bifchofe Wilbrand, und demnach nicht vor dem J. 1226 ausgeftellt. Aber der Bifchof bekundet einen von andern Perfonen gefchloffenen Vertrag, bei dem er felbft ganz unbetheiligt ift, fo dafs von diefer Seite der Annahme der Beurkundung einer vor feinem Regierungsantritte gefchehenen Handlung nichts im Wege fteht, welche überdies alles Auffallende durch den Umftand verliert, dafs es in Folge einer zwiefpältigen Wahl vom Frühjahr 1223 ab zu Paderborn durch zwei Jahre keinen anerkannten Bifchof gab. Es find weiter in dem Vertrage auf beiden Seiten jährliche Leiftungen bedungen; da liegt es auf der Hand, dafs für den Zweck der Urkunde die Angabe der Zeit des Vertragsabfchluffes von gröfster Bedeutung, die Zeit der Beurkundung aber gleichgültig war. Unfere Annahme findet dann noch eine gewichtige Unterftützung dadurch, dafs einer der Zeugen, deren Beziehung auf die Handlung ausdrücklich betont ift, als *Heinricus tunc comes* bezeichnet wird, wahrfcheinlich ein aus den Minifterialen amtsweife gefetzter Stadtgraf; womit ftimmt, dafs im J. 1226 ein Lippold als Graf genannt wird.

Ein ganz zweifellofer Fall liegt dann wieder vor Wilmans U. B. 4,142 mit: *acta sunt hec anno 1232 in die s. Thome apostoli; et sequenti anno 33 de predicto predio fratres sua ceperunt recolligere.*

Eine Urkunde des Herzog Heinrich von Limburg, Kindlinger Münft. Beitr. 2,46 und danach Ernft Hift. du Limb. 6,218, welche unter Acta vier auf das Ende 1237 zufammenftimmende Jahresbezeichnungen gibt, fügt noch zu: *pontificatus venerabilis Heinrici Coloniensis ecclesie archiepiscopi anno ultimo.* Wäre der Erzbifchof, wie Ernft annimmt, fchon 1237 geftorben, fo könnte die Handlung kurz nach feinem Tode gefchehen und verbrieft feien; da er erft im März 1238 ftarb, kann es fich nur um nachträgliche Beurkundung handeln.

Auch ohne dafs fich gerade Widerfprüche bei Beziehung der Datirung auf die Beurkundung ergeben, weifen einzelne Angaben wohl darauf hin, dafs man bei derfelben eine frühere Handlung im Auge hatte. Sagt der Herzog von Steier, Oberöfterr. U. B. 2,428: *acta sunt hec anno 1191 apud Anisum in interiori domo Riwini, qui tunc temporis monetam tenebat*, fo ift das deutlich genug. In Urkunde von 1218, Wilmans U. B. 3,64, erfcheint als Zeuge *Theodericus maior Coloniensis prepositus, mox futurus Monasteriensis episcopus;* allerdings erfolgte die Wahl noch in demfelben Jahre. In Paffauer Urkunde, M. Boica 28ᵇ,299, mit Actum 1222, wird im Texte ein *tunc temporis cellerarius*, unter den Zeugen ein *tunc temporis plebanus* erwähnt. In Ur-

50] kunde des Bifchofs von Olmütz, Dipl. Auftr. 31,238, ift Rede von *homines nunc et tunc residentes*, von Zeugen, *qui tunc presentes fuerunt*; dazu dann die entfprechende Datirung: *acta sunt hec a. d. 1263, 7. id. febr., quo anno et die ac mense domini nostri O. regis Boemie vices in partibus Stirie gerebamus.*

51. Mögen manche der befprochenen Fälle auch auffallend genug erfcheinen, fo liegt doch eigentlich keinerlei Unregelmäffigkeit bei ihnen vor. Ergibt fich, dafs die Datirung auf die frühere Handlung zu beziehen ift, fo ift ja durch die Einführung derfelben mit Actum nach Mafsgabe unferer bisherigen Unterfuchungen nichts Anderes behauptet. Anders wäre das freilich, wenn wir bei folcher Sachlage Ausdrücke fänden, welche fich fonft gerade auf die Beurkundung beziehen, wenn wir Datirung nach der vorhergehenden Handlung mit Datum fänden.

Allerdings können da Fehlfchlüffe nahe liegen. Wir haben eine Urkunde des Abtes von Korvei, Cod. Weftf. 2,4, mit *data* 1126 Mai 10 und dem ein Schreiberverfehen ausfchliefsenden *anno primo d. Lotharii regis*, in welcher der Abt fagt, dafs auch der Bifchof Bernhard von Paderborn auf feine Bitte die bezügliche Verfügung durch feinen Bann bekräftigt habe. Da Bifchof Bernhard erft 1128 zur Regierung kam, fo kann die Urkunde natürlich nicht früher gefchrieben fein. Trotzdem würden wir in diefem Falle fehlgreifen, wollten wir den Widerfpruch dadurch erklären, dafs fich die Zeit trotz des *data* nur auf die vergangene Handlung beziehe. Wir haben nämlich noch eine andere Ausfertigung jener Urkunde, welche wörtlich übereinftimmt, nur dafs ihr die den Bifchof nennende Stelle fehlt. Sichtlich liefs der Abt diefer Stelle zu Liebe eine zweite Ausfertigung fchreiben, bei der man keine Veranlaffung nahm, die frühere Datirung zu ändern. Mafsgebend war alfo hier nicht die Zeit der Handlung felbft, fondern die Datirung der Vorlage. Für den nächften Zweck mag die Anführung des einen Falles genügen; er ift nicht gerade vereinzelt und wir werden in anderem Zufammenhange darauf zurückkommen.

Sehen wir davon ab, fo kann es zunächft auffallen, dafs wir in Privaturkunden insbefondere der karolingifchen Periode fehr gewöhnlich zuerft unter Actum den Ort, dann unter Datum die Zeit angegeben finden, während doch anzunehmen feien wird, dafs auch diefe fich zunächft auf die Handlung beziehen follte. Wir werden bei Befprechung der ähnlichen Datirungsform der ältern Königsurkunden darauf zurück-kommen; wir können es unberückfichtigt laffen, da bei diefen älteren Urkunden wohl nur felten Veranlaffung zur Annahme eines bedeutenderen Zeitabftandes zwifchen Handlung und Beurkundung vorliegt.

Auch fpäter haben wir felten Veranlaffung, bei Datum zunächft an die Handlung zu denken. Auffallend ift die Urkunde Würdtwein N. S. 6,278, auch Remling U. B. 1,86, wodurch Vergünftigungen des Bifchofs Johann von Speier für die Abtei Schwarzach bekundet werden, mit *facta est hec delegatio anno 1104, ind. 12, anno vero episcopatus d. Johannis 15; data Lintburc nonis octobris, in memoriam eiusdem d. Johannis.* Die Schlufsworte find doch fchwer erklärlich, wenn wir nicht annehmen, der Bifchof fei zur Zeit der Beurkundung fchon geftorben gewefen. Und das fcheint fich durch die auffallende Faffung der Urkunde zu beftätigen. Allerdings wird darin nicht blos erzählt, dafs der Bifchof die Handlung vollzogen, fondern auch, dafs er Fertigung und Siegelung der Urkunde und Hinzufügung der Exkommunikationsformel befahl. Aber lediglich diefe Formel ift in direkter Rede gegeben, wodurch es um fo auffallender wird, dafs der gefammte übrige Text vom Bifchofe in dritter Perfon fpricht. Nur die Annahme, dafs der Text erft nach feinem Tode konzipirt wurde, fcheint mir das genügend zu erklären; der Fall würde demnach genau dem entfprechen, was § 50 bezüglich einer Urkunde des Erzbifchofs von Mainz mit 1047 angenommen wurde. An dem unter Datum genannten Okt. 7 aber lebte Bifchof Johann noch; er ftarb erft Okt. 26. Das Datum würde fich demnach nur auf die Handlung, oder fpäteftens auf den Befehl zur Beurkundung, nicht aber auf diefe felbft beziehen können. Die Urkunde von Okt. 13, St. 2973, durch welche der Kaifer die Verfügung des Bifchofs beftätigt, fteht auch bei Annahme gleichzeitiger Fertigung unferer Anficht nicht im Wege, da fie doch keineswegs vorausfetzt, dafs das verheifsene bifchöfliche Privileg fchon gefertigt war.

Eine Urkunde, durch welche Bifchof Gotebald von Utrecht eine vor dem Könige und den Fürften gefchehene Entfcheidung zu Gunften des Kapitels beurkundet, Sloet O. B. 1,238, ift in Nachahmung der Datirung der Königsurkunden, wie fich folche häufig findet, datirt: *data anno 1126, ind. 3, anno episcopatus 12, actum Traiecti.* Jaffé Loth. 231 bezeichnet die Urkunde als unecht, weil darin neben einander der 1227 Febr. 28 geftorbene Bifchof Dietrich von Münfter und *dux Saxoniae gener regis Heinricus* genannt werden, Heinrich aber erft 1127 Mai 29 Schwiegerfohn des Königs wurde. Bei Annahme nachträglicher Beurkundung verliert diefer Umftand fein Gewicht, da wir ja auch § 50 Beifpiele fanden, dafs dann Zeugen nach der Stellung bezeichnet wurden, welche fie inzwifchen erlangt hatten. Verdächtigend bleibt demnach lediglich, dafs es ftatt *Saxoniae* richtiger *Bavariae* heifsen follte, was aber doch kaum genügen wird, die Urkunde zu verwerfen, da fich diefelbe nur in Abfchrift erhalten hat. Ein Tag des Königs zu Utrecht in den letzten Monaten 1126 würde im Itinerar keinen Schwierigkeiten begegnen. Trotz des Data würde fich demnach die Jahresangabe nur auf die vorhergehende Handlung beziehen.

In der Urkunde Ried Cod. Rat. 1,196, in welcher der Markgraf von Vohburg die von ihm dem Klofter Reichenbach verliehenen Begünftigungen verbrieft, heifst es: *datum in Richenbach in presencia d. H. Ratisponensis episcopi anno 1135, ipso die dedicationis monasterii in Richenbach, que facta est 17. kal. iulii.* Scheint dabei allerdings das

51] Datum auf eine vergangene Zeit zurückzuweisen und damit den Gedanken an die Handlung nahe zu legen, so ist es doch immerhin möglich, dafs die Beurkundung vorbereitet und wirklich an dem wohl schon früher feststehenden Tage der Weihe vollzogen wurde.

Ein zweifelloser Fall scheint mir aber vorzuliegen bei einer Stumpf Acta Mag. 92 mitgetheilten Urkunde des Erzbischof Konrad von Mainz mit *data* 1180 Mai 1, womit Ind. 13 stimmt. Konrad gelangte erst Nov. 1183 wieder zum Erzstuhle von Mainz; die Urkunde könnte nicht früher ausgestellt seien und Stumpf erklärt sie daher für gefälscht. Da er aber das Aeussere des noch mit anhängendem Siegel versehenen Originals in keiner Weise zu beanstanden scheint, so wird doch zu erwägen sein, ob jene Datirung denn wirklich die Echtheit ausschliefst. Der Erzbischof bekundet und bestätigt zwei Verkäufe von Gütern durch Ministerialen der Mainzer Kirche an ein Kloster. Nicht das geringste deutet darauf hin, dafs er selbst an der Handlung irgendwie betheiligt war, dafs etwa die Uebertragung durch seine Hand oder mit seiner Zustimmung erfolgte. Dafs die Handlung zur Zeit der Beurkundung jedenfalls eine länger vergangene war, ergibt sich wohl schon sicher daraus, dafs die Zeugen derselben als solche bezeichnet werden, *qui tunc presentes aderant*. Nehmen wir an, die Handlung sei 1180 geschehen, so erklärt sich die spätere Beurkundung leicht, trotzdem, dafs es sich hier nicht um blofse Bekundung eines ohnehin rechtskräftigen Geschäftes handelt, sondern um die für Verkauf von Gütern der Ministerialen nothwendige Bestätigung des Erzbischofs. Erzbischof Christian war 1180 und weiter bis zu seinem Tode in Italien. Erscheint auch der Probst Burchard von S. Peter als sein Vertreter in allen Stiftsangelegenheiten, so ist es doch sehr erklärlich, wenn man die etwa von diesem schon ertheilte Zustimmung noch vom Erzbischofe selbst ertheilen liefs, als ein solcher wieder zur Stelle war, oder auch etwa überhaupt bis dahin mit Einholung der Bestätigung wartete. Und so zweifle ich nicht, dafs die Urkunde echt und die Datirung trotz des *data* auf die Handlung zu beziehen ist. Entspricht das zweifellos nicht der Regel, so werden wir doch der entsprechenden Ausnahmen auch weiterhin so viele finden, dafs die Annahme solcher Regellosigkeit keinem Bedenken unterliegen kann.

Diese Annahme findet dann noch eine weitere Unterstützung darin, dafs uns von Erzbischof Konrad auch zwei Urkunden für Eberbach, Rossel U. B. der Abtei Eberb. 1,59. 70, mit dem Actum 1174 und 1178 vorliegen. Stumpf a. a. O. hält sie gleichfalls für gefälscht, weil Konrad damals nicht Erzbischof war. Aber es ist zweifellos an spätere Beurkundung zu denken, wie dieselbe beim Gebrauche des Ausdruckes Actum nach dem § 50 Gesagten ja überhaupt nicht auffallen kann. In der Urkunde von 1178 tritt das noch bestimmter dadurch hervor, dafs es heifst, man habe sich über eine *extunc et deinceps* zu leistende jährliche Zahlung geeinigt, und dafs Bertold als *tunc temporis* Probst von S. Victor bezeichnet wird, der denn auch wirklich 1184, wo die Beurkundung erfolgt fein dürfte, nicht mehr Probft war; vgl. Joannis Scr. Mogunt. 2,615. Allerdings kann es auffallen, dafs in einer auf diefelbe Angelegenheit bezüglichen, undatirten Urkunde, Rossel a. a. O. 68, auch Bertold felbft fich als *tunc temporis* Probft von S. Victor bezeichnet; aber er mufs die Würde nicht gerade durch den Tod verloren haben, es wird fich auch hier um fpätere Beurkundung handeln, wie darauf auch die Angabe, dafs er *tunc temporis* die bezügliche Zahlung erhalten habe, hinweift.

52. Endlich ift mir wenigftens ein Fall vorgekommen, bei welchem die Ungenauigkeit noch weiter ging und Handlung und Beurkundung in der Datirung zufammengeworfen wurden, obwohl fie nicht gleichzeitig waren. Eine im Original erhaltene Urkunde des Erzbifchof Wichmann von Magdeburg, Cod. Anhalt. 1,347, hat *acta sunt hec anno 1162, ind. 10, pontif. 6, 6. id. aug. in Waledele et in Magdeburch coram omni capitulo.* Die Annahme, dafs eine Sache an ein und demfelben Tage zu Waldau bei Bernburg und zu Magdeburg verhandelt fei, ift wohl von vornherein unzuläffig; doch liefse fich diefes Bedenken etwa dadurch heben, dafs wir den Tag nur auf den erften Ort bezögen. Nun erfcheint aber weiter Markgraf Albert an der Handlung betheiligt und fteht mit dem Burggrafen Burchard von Magdeburg an der Spitze der weltlichen Zeugen, während beide doch nach zahlreichen Zeugenfchaften fchon feit dem Frühjahre 1162 beim Kaifer in Italien waren. Da an der Jahresangabe bei der Uebereinftimmung der Bezeichnungen nicht geändert werden kann, fo erübrigt nur die Annahme, dafs trotz des *acta* der Tag und die zweite Ortsangabe fich auf die Beurkundung beziehen, dagegen der erftgenannte Ort mit den Zeugen auf die in den Anfang des Jahres fallende Handlung.

53. Das Ergebnifs unferer bisherigen Unterfuchungen, wonach bei Privaturkunden oft lange Jahre vergingen, ehe die Handlung verbrieft wurde, und zwar auch ohne dafs das in der Urkunde unmittelbar erfichtlich gemacht wäre, hat zweifellos auf den erften Blick etwas Befremdendes. Aber es erklärt fich doch leicht, wenn wir uns die Unabhängigkeit der Rechtsbeftändigkeit der Thatfache von der Beurkundung vergegenwärtigen. Diefe würde nur dann für jene mafsgebend feien, wenn das bezügliche Rechtsverhältnifs überhaupt lediglich durch die Urkunde felbft als genügend verbürgte Willensäufferung des Ausftellers begründet worden wäre. Nun wurde aber fchon § 41 darauf hingewiefen, dafs das bei Privaturkunden durchweg nicht zutrifft. Zur Begründung der Rechtsgefchäfte verlangte man eine gerichtlich oder doch öffentlich vorgenommene Handlung, an welche fich die Rechtsbeftändigkeit knüpft. Die Urkunde kann nur dadurch wirken, dafs fie diefe Handlung unmittelbar oder mittelbar als gefchehen erweift. Die Rechtskräftigkeit einer Schenkung kann nicht erwiefen werden durch ein noch fo wohl beglaubigtes Zeugnifs des Schenkers, dafs das Gut von nun ab dem Empfänger gefchenkt feien folle, fondern

53] nur durch ein Zeugnifs, welches feftftellt, dafs die nöthige Tradition vorgenommen ift. Der Erzbifchof von Köln bekundet 1077, Seibertz U. B. 1,37, dafs eine Tradition von feinem Vorgänger *negligenter ac sine testibus facta est*. Er begnügt fich nun nicht etwa, durch die Erklärung, dafs trotzdem die Schenkung rechtsbeftändig feien folle, den Mangel zu erfetzen, fondern vollzieht am 25. Jan. auf Bitten des Empfängers eine neue Traditionshandlung in angegebener Weife und vor angegebenen Zeugen. Von da ab war die Schenkung unanfechtbar. Damit aber *hoc a nobis pariterque ab antecessore nostro factum esse certius credatur*, läfst er dann im Mai die Urkunde darüber fertigen. Und wie hier, fo wird ja auch fonft oft genug betont, dafs die Urkunde nicht die Sicherung überhaupt, fondern nur gröfsere Sicherung bieten follte. Nur *ob futurorum cautelam et ipsi monasterio propter nequitias hominum precaventes* bekundet der Kaifer 1196 einen Vertrag, *licet per se stabilis sit et firmus*, Wirtemb. U. B. 2,317.

54. Es würde nun freilich trotzdem auffallend bleiben, dafs man es fo häufig verfäumte, fich die gröfsere Sicherung der Urkunde zu verfchaffen, und oft lange Jahre bis dahin vergehen oder die Sache überhaupt nicht beurkunden liefs. Aber es wird das erklärlicher, wenn wir die Unzulänglickeit der Privaturkunde als Beweismittel beachten.

Allerdings finden wir fchon in der Zeit der Volksrechte fichtlich unter Einwirkung römifcher Einrichtungen den Urkundenbeweis vielfach berückfichtigt, Bei Schenkungen an Kirchen verlangt das alemannifche und baierifche Volksrecht fogar die Aufnahme einer Urkunde; wie andererfeits jemand Kirchengut nur auf Grund einer Urkunde befitzen foll. Gerade bei den älteften deutfchen Kirchen finden wir denn auch die Erwerbungen durch eigentliche Urkunden gefichert. Es wird über die Traditionshandlung ein Zeugnifs gefertigt und die Glaubwürdigkeit deffelben verbürgt durch Unterfchriften oder Unterzeichnungen des Schenker, der Zeugen und des Schreibers. So heifst es in einer vom kaiferlichen Notar Hirminmar gefertigten Schenkungsurkunde für Lorfch von 819, M. Germ. 21,360: *et ut hoc testamentum iuxta legis consuetudinem integram firmitatem accipiat, propriae manus subscriptione illud firmare decrevimus et idoneorum testium, qui ipsam donationem viderunt, signaculis roborari fecimus.*

Eine folche Urkunde gewährte nun allerdings bedeutende Sicherheit. Auffer andern prozeffualifchen Vortheilen befreite die Produktion der Urkunde insbefondere von jeder weitern Beweisführung, wenn der Gegner fie als glaubwürdig anerkennt. Wird fie aber angefochten, fo gewährt fie den Vortheil des Beweifes, wie das befonders deutlich in der alemannifchen Lex hervortritt, nach welcher beim Verlufte der Urkunde auch diefer Vortheil verloren ift, es dann dem Gegner zufteht, fein behauptetes Recht durch feinen Schwur zu erweifen. Die vorliegende Urkunde aber grundlos zu verdächtigen, war für den Gegner fehr bedenklich, da er bedeutende Bufsen zu zahlen hatte, wenn die Urkunde als glaubwürdig erwiesen wurde. So finden wir die Urkunde denn auch häufig als ausreichendes Beweismittel anerkannt. Insbesondere wird bei Beftätigungen von Privathandlungen durch den König oft erwähnt, dafs die Beftätigung ohne fonftigen Beweis auf Grundlage der ihm vorgelegten Privaturkunde erbeten und gewährt wurde. Bot die Urkunde keine unbedingte Sicherheit, war fie anfechtbar, fo gewährte fie doch fo bedeutende Vortheile, dafs es fich erklärt, wenn man jede wichtigere Handlung auch verbriefen liefs.

Man begegnet nun in allgemeineren Darftellungen wohl der Auffaffung, es fei die fchon in den Volksrechten fo ftark berückfichtigte Beurkundung weiterhin in Deutfchland immer üblicher geworden, wie denn ja auch der Schwabenfpiegel den Werth der Urkunde befonders betone. Das ift zweifellos nicht richtig. Es ift damit doch fchwer in Einklang zu bringen, dafs der Sachfenfpiegel die Urkunde als regelmäffiges Beweismittel gar nicht kennt, dafs er nur für beftimmte Einzelfälle ein Zeugnifs durch Brief und Siegel des Königs oder eines Fürften zuläfst. Das Richtige ift zweifellos, dafs da von der karolingifchen Zeit ab ein Rückfchritt erfolgte, der Beurkundung fpäter geringerer Werth beigelegt wurde. Und das ift fehr erklärlich.

Der Urkundenbeweis fand nur in Folge der Berührung mit dem römifchen Rechtskreife Eingang in die deutfchen Rechte. Wo die Berührung fortdauerte, wie in Italien, da mochte er fich erhalten und weiter ausbilden. Löfte fich für die deutfchen Stämme die Verbindung mit den romanifchen Theilen des Frankenreiches, fo hatte das zweifellos im allgemeinen die Folge, das das, was von fremden Rechtseinrichtungen Eingang gefunden hatte, allmählig wieder ausgefchieden wurde. Wo man nur in engften Kreifen des Lefens und Schreibens kundig war, da betrachtete man gewifs von jeher das fchriftliche Beweismittel mit Mifstrauen. Gewannen deutfche Rechtsinftitutionen im allgemeinen in Folge der fpätern deutfchen Herrfchaft in Italien keinen bedeutenderen Einflufs auf das dortige Recht, fo dürften die ottonifchen Kampfgefetze von 967 die beachtenswerthefte Ausnahme bilden; und in diefen fcheint fich doch deutfches Mifstrauen nicht blos gegen den die Urkunde bekräftigenden Eid, fondern gegen die Urkunde überhaupt auszufprechen.

Insbefondere ift nun aber beachtenswerth, dafs die Form der deutfchen Privaturkunden überaus geringe Bürgfchaft bot, wenn die Urkunde als felbftftändiges Beweismittel in Anwendung kommen follte. Wufsten in Italien nicht blos die Geiftlichen, fondern insbefondere auch die rechtskundigen Laien eigenhändig zu unterfchreiben, finden fich demnach etwa bei Schenkungen an Kirchen durchweg mehrere eigenhändige Unterfchriften, fei es des Schenkers felbft, fei es folcher Perfonen, welche nicht gerade das Intereffe des Empfängers theilen mufsten, fo war damit fchon viel gewonnen. Welche Bürgfchaft konnte es aber gewähren, wenn in Deutfchland durch den Schreiber der Urkunde

54] durchweg auch die Namen des Schenkers und der Zeugen unterfchrieben wurden? Wenigftens fo lange, als nur das fchriftliche Zeugnifs an und für fich beweifen follte, bürgte dann doch nichts, als die
Wahrhaftigkeit des Schreibers.

Das führt auf einen andern beachtenswerthen Umftand. Wenn
auch das falifche Recht auf den Schreiber kein Gewicht legt, fo haben
doch insbefondere das ripuarifche und longobardifche Recht Fertigung
der Urkunde durch einen Cancellarius oder Notarius im Auge, alfo durch
eine nicht blos unparteiifche, fondern zur Abgabe wahren Zeugniffes
eidlich verpflichtete und bei Pflichtverletzung mit fchweren Strafen be-
drohte Perfon. Erhielt fich das Inftitut des Notariats in Italien, fo ift es
erklärlich, wenn dort der Urkundenbeweis fich in feiner Bedeutung behauptete. In Deutfchland fehlte es an einer entfprechenden Einrichtung.
Nennt fich auch in den ältern Urkunden der Schreiber, fo ergibt fich
doch durchweg, dafs damit keinerlei Bürgfchaft geboten war. Die Schenkungsurkunden für die Kirchen werden in der Regel von einem Ange-
hörigen der Kirche felbft gefchrieben. Bei einem Taufche 873 wird
fowohl die für die Gegenpartei, als die für das Klofter felbft beftimmte
Urkunde durch denfelben Mönch gefchrieben, S. Gall. U. B. 2,188. 189.
Nicht felten ift fogar die Urkunde als Zeugnifs der Partei felbft gefafst,
für welche fie als Beweismittel dienen follte. *Nos fratres de monasterio
s. Galli* thuen 890 allen Lebenden und Zukünftigen kund, dafs ihrem
Klofter angegebene Rechte zuftehen und durch Zeugen erwiefen feien,
S. Gall. U. B. 2,281. Eine 1132 vom Erzbifchofe von Mainz zu Gunften
der Abtei S. Emmeran getroffene Verfügung ift nicht etwa vom Erzbifchofe verbrieft, fondern es heifst: *ego E. coenobii huius praelatus et
fratres mei iussimus kartulam hanc conscribi in testimonium huius rei,
ne unquam possit oblivione deleri.* Ein Zeugnifs für alle Zukunft war
damit allerdings gefchaffen; aber doch zweifellos kein Beweismittel.

Obwohl für die Königsurkunde, worauf wir zurückkommen, ganz
andere Gefichtspunkte mafsgebend waren, fcheint die Abgeneigtheit
gegen Beweisführung durch blos fchriftliches Zeugnifs doch wohl dazu
geführt zu haben, dafs man es felbft am Hofe vermied, fich lediglich auf
einen Beweis durch Präzepte früherer Könige zu ftützen. K. Otto reftituirte 952 dem Bifchofe von Chur auf deffen durch Vorlage der Schenkungsurkunde begründete Klage Güter im Elfafs, *certitudinem suae
proclamationis in ipsis praeceptis agnoscentes;* im folgenden Jahre verbrieft er ihm die Reftitution nochmals, fich nun aber nicht auf den Urkundenbeweis ftützend, fondern *in ipsa provincia habito colloquio veritatem eiusdem donationis fidelium nostrorum relatione testiumque idoneorum approbatione coram omnibus investigantes,* Mohr Cod. dipl.
1,72. 73; und doch fcheint nicht etwa irgend ein Einwand gegen die
Echtheit der früheren Präzepte erhoben zu fein, da fie auch in der zweiten, wie in der erften Urkunde ausdrücklich beftätigt werden. Ein Streit
zwifchen dem Abte von Prüm und einem feiner Vögte wird 1099 vor

Delegirten des Kaisers verhandelt, Mittelrh. U. B. 1,463; es werden alle für den Abt sprechenden Urkunden seit K. Pippin verlesen und erklärt; aber der Vogt weist das ab, *irridens testamenta, dicens, quod penna cuiuslibet quelibet nontare posset, non ideo suum ius amittere deberet;* er will sich nur auf Zeugenbeweis einlassen und dringt damit durch. Desshalb scheint man selbst in Fällen, wo man in einer Königsurkunde ein an und für sich unanfechtbares Beweismittel hatte, doch wohl Werth darauf gelegt zu haben, sich daneben auch den Zeugenbeweis zu sichern. So schliesst sich in den Fuldaer Traditionen, Dronke C. d. 315, an die Abschrift einer Königsurkunde von 935 die Notiz an, dass die Tradition auf Befehl des Königs vor Zeugen vollzogen wurde, deren Namen hier aufgeführt werden, *ut ea, quae in praesenti armario sigillo regis cum immunitate firmantur, etiam titulatione firma habeantur testium.* Es scheint das kein vereinzelter Fall gewesen zu seien; wir werden bei Besprechung der Zeugen der Königsurkunden darauf zurückkommen.

55. War die spätere Privaturkunde ungeeignet zu selbstständiger Beweisführung, so kann es sich fragen, wesshalb man dann überhaupt an dem Brauche fest hielt, Urkunden zu fertigen. Wir werden dafür vor allem den W e r t h d e r U r k u n d e a l s E r l e i c h t e r u n g d e s Z e u - g e n b e w e i s e s zu beachten haben.

Auch die ältere Urkunde genügte als Beweismittel doch nur, so lange sie unangefochten blieb. Wurde sie gescholten, so kam es zum Eide und zwar da, wo dem Zeugnis des Schreibers kein Gewicht beigelegt wird, zum Eide der Zeugen. Der Empfänger hatte sich also durch die Urkunde den Zeugenbeweis gesichert, der Zeuge ist verpflichtet, für die Urkunde einzustehen. Daher wird die Beurkundung auch öffentlich, in Beisein der Zeugen vorgenommen. Sie unterzeichnen wohl selbst; so 803: *isti sunt testes, qui propriis manibus signa fecerunt,* Dronke Cod. 111. Scheinen freilich häufig nicht blos die Namen, sondern auch die Signa vom Schreiber selbst zugefügt zu seien, so sind doch die Zeugen durch einen bestimmten Formalakt an der Beurkundung betheiligt, indem sie dieselbe durch Handauflegung bekräftigen, durch das oft erwähnte *manuum in cartam mittere, cartam tangere, cartam per impositionem manuum confirmare, manibus impositis solidare.* Heisst es oft *scripsi et testibus confirmavi* oder *scripta et coram testibus firmata,* so scheint auch wohl mit *scripsi et tradidi et testes firmavi,* so Meichelbeck II. Fr. 1b,37, bestimmter angedeutet, dass die geschriebene Urkunde erst nach der Uebergabe an die Zeugen zur Bekräftigungshandlung mit den Namen derselben versehen wurde.

Damit scheint es zusammenzuhängen, dass wir Urkunden finden, welche noch keine Unterzeichnungen oder nur die des Ausstellers haben, z. B. S. Gall. U. B. 2,177. 178. 280. 390 ff. Sie waren wohl vorausgefertigt, um dann öffentlich unter Betheiligung der Zeugen vollendet zu werden. In einer Urkunde von 884, S. Gall. U. B. 2,245, schloss die erste Niederschrift mit *actum in ipso monasterio publice, presentibus quorum hic*

55] *nomina continentur.* Von anderer Hand oder wenigftens mit anderer Feder gefchrieben folgt dann: *postea vero in publico placito sub frequentia populi levata atque iterum firmata est hec eadem carta, astipulantibus his, quorum hic signacula subnotantur,* und weiter die Signa, Unterfchrift des Schreibers und Zeitangabe. Da in andern Stücken auf die auch hier die erfte Niederfchrift fchliefsenden Worte fogleich die Signa der Zeugen folgen, fo fcheint die Urkunde vorbereitet gewefen zu feien, um bei der erften Handlung durch Ziehung von Zeugen vollendet zu werden; das gefchah dann aber erft bei der Firmation, fei es dafs die erfte in der Urkunde vorgefehene öffentliche Handlung gar nicht ftattfand und man doch die vorbereitete Urkunde nicht umfchreiben wollte, fei es dafs bei ihr keine genügende Zahl geeigneter Zeugen zur Hand war. In andern derartigen Fällen werden wohl befondere Zeugen für die Actio und Firmatio aufgeführt.

Zum Zeugen der Urkunde ift daher auch nicht jeder geeignet, fondern nur derjenige, der nach Lage der Sache auch für die beurkundete Handlung hätte Zeuge feien können. Es wird daher in den Urkunden betont, dafs es fich um *testes idonei, legales et boni testimonii viri,* um das *testimonium bonorum virorum, probabilium personarum, quorum credimus veritati,* handle. Auch find die Zeugen nicht zufällig Anwefende, fondern *specialiter vocati* oder *rogati.* Häufig werden von den blos Anwefenden diejenigen unterfchieden, *qui testes accesserunt* oder *testes facti sunt,* z. B. Steierm. U. B. 1,300. 331. 350. Oder wenn auch die Faffung alle Anwefenden als Testes bezeichnet, fo werden nur die eigentlichen Zeugen namentlich aufgeführt. So 1163: *sunt testes idonei* die Genannten *et alii quam plures utriusque conditionis et sexus, qui ad festivitatis cultum s. Petri convenerant,* Schöpflin Alf. dipl. 1,255; in fteierifchen Urkunden heifst es wiederholt: *testibus quam plurimis acclamando faventibus, ex quibus eos tantummodo, qui per aurem trahi potuerunt, in presenti placuit annotari,* Steierm. U. B. 1,452. 523. 570. Sich als Zeugen ziehen zu laffen, erfcheint wohl als Verpflichtung gegenüber dem Lehensherren oder Dienftherren. In Urkunde des Markgrafen von Steier von 1172, Steierm. U. B. 1,516, über eine zu Gunften des Abtes von S. Lambrecht getroffene Entfcheidung heifst es: *huic igitur actioni iussu nostro et rogatu abbatis W. isti testes sunt asciti,* worauf fteierifche Dienftmannen genannt werden; vgl. auch Miraeus Op. 1,107. 2,1154. Man war nicht berechtigt, jeden Anwefenden als Zeugen zu verwenden; fehr häufig werden gerade die Genoffen oder Uebergenoffen des Ausftellers als lediglich Anwefende von den eigentlichen Zeugen gefchieden. So haben wir über ein und denfelben Gegenftand zwei Urkunden von 1218, Wilmans U. B. 3,63. 64, die eine vom Erzbifchofe von Köln, die andere von Heinrich von Volmeftein; in jener find alle Anwefenden mit *testes hii sunt* aufgeführt; in diefer erfcheinen diefelben Perfonen nach dem Range in zwei Reihen gefchieden, die eine mit *aderant ibi,* die andere mit *testes quoque sunt* eingeleitet. Ein genaueres

Verfolgen diefes Verhältniffes für andere Zwecke fchien mir zu ergeben, dafs fehr gewöhnlich Zeugenfchaft für den Ausfteller auf irgendwelche Abhängigkeit von demfelben fchlieffen läfst. Ift etwa 1199, Reg. Boica 1,381, K. Philipp Zeuge für den Abt von Fulda, fo ift das gewifs nicht zufällig gerade in einer Sache der Fall, bei der der König als *principalis vasallus* der Kirche von Fulda betheiligt erfcheint.

Der enge Zufammenhang der Zeugen der Urkunden mit den fonftigen Zeugen und Helfern des deutfchen Rechts ergibt fich auffer der fo oft vorkommenden Siebenzahl oder Zwölfzahl auch daraus, dafs wir jene nicht als unparteiifche, fondern nur als Zeugen ihrer Partei zu betrachten haben. Tritt das in der Regel nicht beftimmter hervor, weil das Zeugnifs überhaupt nur für die eine Partei in Betracht kam, fo ergibt es fich oft deutlich aus doppelt ausgefertigten Taufchurkunden, in welchen die Zeugen nicht fchlechtweg als Zeugen der Handlung, fondern als Zeugen beider Parteien aufgeführt werden. So 866: *isti sunt testes ex utraque parte per aures tracti*, oder 879: *ut haec insolubilior esset traditio, placuit ex utraque parte testibus Norico more auribus tractis affirmari*, Ried Cod. Rat. 1,52.60; entfprechend 928: Steierm. U. B. 1,22, und oft in den Freifinger Urkunden. Sind dabei nicht zwei Zeugenreihen unterfchieden, wie es häufig bei Beurkundung verfchiedener Handlungen der Fall war, fo werden allerdings diefelben Perfonen von beiden Parteien gezogen feien. Doch werden bei einem Taufche von 1075, Meichelbeck H. Fr. 1b,517, die *testes de familia Frisingensi* und *ex altera parte* in zwei Reihen aufgeführt. Noch 1190, Joannis Scr. 2,756, heifst es bei einem Taufche: *adhibiti sunt testes utriusque partis*, wobei wenigftens die Geiftlichen in zwei entfprechende Reihen gefchieden find.

Wirkte die Urkunde, wenn fie angefochten wurde, auch früher nur durch die Zeugen, fo trat zweifellos der durch fie vermittelte und erleichterte Zeugenbeweis immer mehr in den Vordergrund, wenn, wie wir glaubten annehmen zu müffen, mit der Zeit der Urkunde überhaupt geringere Bedeutung für den Beweis beigelegt wurde. Man wird fie nun mehr und mehr als nur durch die Zeugen wirkfam aufgefafst haben. So heifst es 1078, Würdtwein N. S. 6,250, in Urkunde des Herzogs von Lothringen: *huius cartae trado munitionem ad deffendendam infra signatorum testimonio veritatis intentionem*, worauf die Zeugen folgen. Damit wird die Bedeutung des Eides der Urkundszeugen eine andere geworden feien. Diefer bekräftigte nach der alemannifchen Lex gleichzeitig die Handlung und die Beurkundung; ihr Eid, dafs fie *veri testes* feien, habe zu befagen, *quod ipsi ad praesens fuissent et oculis suis vidissent et auribus audissent, quod pater eius illas res ad ecclesiam dedisset et cartam fecisset et illos ad testes advocasset*. Wenigftens wenn die Urkunde feierlich gefcholten und damit behauptet wurde, dafs Schreiber und Zeugen gelogen hätten, war von diefen nicht blos für das Bezeugte, fondern auch für das Zeugnifs felbft einzuftehen, da es fich nicht

55] blos um den Verluft der Sache durch die Partei, fondern auch um die Strafe für falfches Zeugnifs handelte. Doch fcheinen die fränkifchen Volksrechte auch eine einfachere Form der Anfechtung zu kennen, bei welcher es fich nur um die Beftätigung des Inhaltes durch die Zeugen handelte. Vgl. Brunner Schwurgerichte 64, Gerichtszeugnifs (in den Feftgaben für Heffter) 144. Für das fpätere deutfche Verfahren wird gewifs nur das letztere als mafsgebend anzunehmen feien. Mochte man die Urkunde noch im Gerichte produziren, fo wird im Falle der Anfechtung das fchriftliche Zeugnifs gar nicht weiter berückfichtigt, einfach ein Zeugenbeweis geführt feien, wie er auch ohne Vorliegen einer Urkunde geführt worden wäre. Diefe hatte dann für die Partei nur den Werth, dafs fie aus derfelben erfah, wer geeignet und verpflichtet war, für fie zu zeugen.

Damit erklärt fich dann, dafs man fich in Deutfchland mit Formen begnügte, welche an und für fich kaum noch irgendwelche Bürgfchaft für die Glaubwürdigkeit des Inhaltes boten; vgl. § 54. Wurde die Urkunde als nur durch die Zeugen wirkfam betrachtet, und zwar nicht durch deren Aufführung, fondern durch das nöthigenfalls zu erbringende mündliche Zeugnifs derfelben, fo war die Form gleichgültig. Auch ein von der Partei felbft ausgefertigtes Zeugnifs, wenn es nur die Angabe der Zeugen enthielt, konnte jenem Zwecke durchaus genügen. Der Abt von Hersfeld läfst 1073, Wenck Heff. L. G. 2,48, eine Vergabung an fein Klofter beurkunden und befiegeln, *ut sciant praesentes et futuri, quomodo et sub quibus testibus haec traditio facta sit.* Der Abt von Rot bekundet felbft 1181, Or. Guelf. 1,626, dafs fein Klofter einen Taufch abfchlofs und eine Zahlung leiftete; *igitur ut huius concambii et pacti deinceps imposterum actio sit firma, scripto notavimus quam plurimas personas nobiliores et inferiores, que huic actioni interfuere;* er weifs recht wohl, dafs dadurch allein die Aufzeichnung Bedeutung gewinnt.

56. Solche Stücke werden wir denn freilich nach dem § 38 Gefagten kaum mehr als eigentliche Urkunden bezeichnen können; fie waren weder dazu geeignet, noch dazu beftimmt, felbft als Beweismittel zu dienen. Es find das aber nicht vereinzelte Erfcheinungen. Für die Annahme, dafs in Deutfchland der Urkundenbeweis durch den felbftftändigen Zeugenbeweis mehr und mehr verdrängt wurde, fcheint mir nichts beftimmter zu fprechen, als die häufige E r f e t z u n g d e r U r k u n d e n d u r c h u n b e g l a u b i g t e A k t e. Im Gegenfatze zur Urkunde bezeichne ich als Akt jede Aufzeichnung über die Handlung, welche zwar gefertigt wurde, um die Kenntnifs der mafsgebenden Umftände derfelben fpäteren Zeiten zu vermitteln, insbefondere auch für Zwecke der Rechtsverfolgung, welche aber an und für fich nicht dazu beftimmt und geeignet war, felbft als Beweismittel zu dienen.

Hatte die Urkunde nur noch Werth, weil aus ihr die Partei die Zeugen und was fonft über die Handlung für fie zu wiffen nöthig oder

nützlich war, erfehen konnte, fo entfiel der Grund, an den Formen feftzuhalten, welche beftimmt waren, die Glaubwürdigkeit des Zeugniffes
zu verbürgen. Dafs man die Signa des Schenkers und der Zeugen zu-
fetzte, die Urkunde unter ihrer Betheiligung fertigen liefs, dafs man die
Unterfchrift des Schreibers und die genaue Angabe von Ort und Tag
verlangte, das hatte keinen Zweck mehr; es genügte, wenn man wufste,
durch welche Zeugen diefe oder jene Handlung zu erweifen war. An
die Stelle der Traditionsurkunde tritt der bloffe Traditionsakt, der fich
begnügt, Gegenftand der Schenkung und Zeugen aufzuführen, von der
Form der Urkunde etwa nur den Eingang *notum sit omnibus* beibehält;
oft auch das nicht. Wo uns die Zeugniffe über die Erwerbungen einer
Kirche fo vollftändig vorliegen, wie etwa bei Fulda, läfst fich die ftei-
gende Vernachläffigung der Form deutlich verfolgen. Bei den uns bekannten Traditionen an S. Gallen ift allerdings durchaus die Form der
Urkunde beibehalten. Aber es mufs doch auffallen, dafs diefelben im
zehnten Jahrhunderte immer feltener werden, im eilften ganz aufhören.
Der Gegenfatz ift doch zu ftark, als dafs die allerdings auch fonft wahr-
nehmbare Abnahme des frommen Eifers ihn erklären könnte. Nehmen
wir etwa an, dafs da, wo keine Urkunde gefertigt wurde, der bloffe Traditionsakt in ein Buch eingetragen wurde, das uns verloren ift, fo würde
das Verhältnifs fich erklären. Allerdings wurden auch die Akte wohl
auf einzelne Blätter gefchrieben; fo liegen uns über die Erwerbungen
des Bifchof Meinwerk von Paderborn noch eine ganze Reihe folcher
Einzelaufzeichnungen vor, vgl. Cod. Weftf. 1,65 ff. Aber es fcheint
doch früh üblich geworden feien, fie in dazu beftimmte Traditionsbücher einzutragen.

Aufnahme eines Traditionsaktes fchliefst allerdings Beurkundung
derfelben Sache nicht aus. Oft wurde, worauf wir zurückkommen, auf
Grundlage des Aktes fpäter eine Urkunde gefertigt. Umgekehrt find
auch in die Traditionsbücher wohl Auszüge nach fchon vorhandenen
Urkunden eingetragen; vgl. z. B. Steierm. U. B. 1,626, wo im Akte das
bezügliche Privileg bereits erwähnt wird. Auch die Freifinger Traditionen dürften in der uns vorliegenden Geftalt groffentheils nach Urkunden gemacht feien, da fie die Zeugen oft gar nicht nennen, bezüglich diefer auf ein anderes Liber traditionum verweifen; in einer Aufzeichnung aus dem dreizehnten Jahrhundert, Meichelbeck H. Fr. 1ᵇ,572,
heifst es ausdrücklich: *nomina testium sunt scripta in privilegio super
hoc compacto.* Aber zweifellos find uns doch in den Traditionsbüchern
nicht etwa vorwiegend nur Auszüge verlorner Urkunden erhalten. Ueberwiegend war gewifs der in das Buch eingetragene Akt das einzige fchriftliche Zeugnifs. Im Stiftungsbuche von Zwetl, Dipl. Austr. 3,96, wird
das ausdrücklich betont: *Non enim antiquitus erat consuetudo de omnibus elemosinis monasteriis vel ecclesiis impensis privilegiale porrigere
instrumentum, sed simpliciter aut in altaribus elemosinas resignare aut
deo offerre vel etiam in manibus sacerdotum; unde et de uno mansu*

56] *nobis dato in R. sic invenimus a senioribus simpliciter exaratum:* worauf dann eine Traditionsnotiz in der gewöhnlichen Form mit Angabe der Zeugen folgt.

In den Einleitungen der Traditionsbücher wird wohl betont, daſs die Aufzeichnungen zunächſt geſchahen, um das Gedächtniſs der Wohlthäter zu ehren; ſo heiſst es auch um 1150, Steierm. U. B. 1,297, in Aufzeichnung über die Schenkung eines Burchard an Kloſter Seckau: *hec enim Burkardus conscribi optinuit, non causa iactantie, sed desiderio excitande vestre pro ipsis ad deum in superventuris temporibus memorie.* Es konnten ſolche Akte auch zunächſt zu dem Zwecke gefertigt werden, um die Nachfolger der ſchreibenden Partei von dem Hergange in Kenntniſs zu ſetzen; ſo heiſst es in einer Aufzeichnung über die Verpfändung eines Hofes der Brüder durch den Abt von Stablo, Martene Coll. 2,74: *haec ideo scripsimus, ne posteri nostri putent in beneficio datum fuisse, aut plus acceptum pecuniae, aut ipsam villam ad manum abbatis et non ad praebendam pertinere.* Aber es leidet doch keinen Zweifel, daſs man bei ſolchen Aufzeichnungen durchweg auch die Sicherung der Erwerbungen im Auge hatte.

Der Traditionsakt konnte natürlich nicht ſelbſtſtändiges Beweismittel ſeien. Wird 1207, Ried Cod. Rat. 1,292, geſagt, daſs ein Beweis geführt wurde *per testes idoneos et librum, qui salbuch vulgariter appellatur,* ſo würde das Buch ohne die Zeugen ſchwerlich ausgereicht haben. Daſs auf dieſe das ganze Gewicht fällt, daſs die gewiſſenhafteſte Aufzeichnung ohnedem keinen Werth für den Beweis hat, wiſſen die Schreiber recht wohl. In Aufzeichnung von 943, Mittelrh. U. B. 1,241, heiſst es nach der genauen Erzählung einer Tradition an S. Maximin: *iam vero si aliquis huic veridice obviare nititur kartule, perfacile est eum cum sua pravitate enervare subscriptorum testium iudiciali certamine.* Auch wo Urkunden gefertigt wurden, fällt ſichtlich das ganze Gewicht auf die Zeugen, und das Traditionsbuch ſucht in dieſer Richtung wohl noch eine über die Urkunde hinausreichende Sicherung zu gewähren. Im Stiftungsbuche von S. Georgen im Schwarzwalde, Zeitſchr. für G. des Oberrh. 9,216, iſt geſagt, daſs angegebene Schenkungen von 1094 beurkundet wurden, *testibus manus suas in chartam mittentibus,* deren ſieben genannt werden; aber es ſcheint, daſs die Urkunden nicht alle Zeugen verzeichneten; denn es heiſst weiter: *denique praeter supradictos testes hi quoque praesentes fuerunt, quorum nomina subscripta sunt, inter quos, si necessitas exigerit, inveniri possunt septem, qui in traditionibus Alkeri et Annonis manus adhibuerunt.*

Der Inhalt der meiſten Traditionsakte deutet denn auch darauf hin, daſs ſie lediglich auf Vermittelung des Zeugenbeweiſes berechnet waren. Findet ſich wohl das Gericht angegeben, in dem die Auflaſſung geſchah, ſo iſt das doch viel zu ſelten der Fall, als daſs darauf irgend Gewicht gelegt ſeien könnte. Darin liegt zweifellos eine ſehr gewichtige Unterſtützung der Anſicht, daſs das Gerichtszeugniſs nicht allen deut-

fchen Rechten bekannt war; vgl. Brunner Gerichtszeugnifs 141. Selbft
für ein Zeugnifs von Gerichtsperfonen als folchen wüfste ich aus Süd-
deutfchland, wo die Traditionsbücher vorzüglich üblich waren, nur etwa
anzuführen, dafs 983, Ried Cod. Rat. 1,109, eine zu Regensburg früher
gefchehene Tradition dem Könige erwiefen wird *publica testium affirma-
tione et iure iuranto, qui eidem traditioni praesentes interfuerunt;
similiter et primi iudices comitatuum banno constricti et iuramento idem
testificati sunt;* dabei mag aber mafsgebend gewefen feien, dafs der
Schenker Freigelaffener des Königs war und die Schöffen als Inqui-
fitionszeugen vernommen wurden. Wäre das Gerichtszeugnifs von Bedeutung gewefen, fo würde man zweifellos in Urkunden und Akten
darauf Bedacht genommen haben, daffelbe zu ermöglichen. Wird in
norddeutschen Urkunden fehr gewöhnlich das Gericht bezeichnet, fo befchränken fich im Süden die Traditionsakte auffer der Angabe der
Handlung felbft durchweg auf Nennung der Zeugen. Häufig hat der
ganze Akt von vornherein nur die Form eines Zeugenverzeichniffes; fo
oft in Fuldaer Traditionen: *isti sunt testes, qui viderunt et audierunt,
quod N. tradidit* u. f. w.; in den Traditionen für S. Ulrich zu Augsburg,
M. B. 22,12 ff.: *hi sunt testes predii N., quod N. tradidit,* oder fchlechtweg *testes predii N.* Mag es fich dabei zuweilen um Auszüge aus Urkunden oder ausführlicheren Aufzeichnungen handeln, fo tritt doch auch
dann nicht weniger hervor, dafs man lediglich auf die Zeugen derfelben
Gewicht legte.

Allerdings finden fich auch wohl Traditionsnotizen ohne Zeugen.
Aber Erleichterung des Zeugenbeweifes mufste ja nicht der ausfchliefs-
liche Zweck der Eintragung feien. Man wollte das Andenken der Schenker ehren, eine Ueberficht über den Befitzftand fchaffen. Oft gefchahen
die Einzeichnungen in das Buch erft lange nach der Tradition; Angabe
der längftverftorbenen Handlungszeugen hatte dann überhaupt keinen
Werth mehr, wie diefelben ja auch bei den Abfchriften eigentlicher Urkunden in fpäteren Kopialbüchern oft fortgelaffen find. Aber vereinzelt
konnte auch anderes eingreifen. Gefchahen die Schenkungen an eine
Kirche durchweg vor denfelben Perfonen, fo wufste man ohnehin, wo
man die nöthigen Zeugen zu finden habe. So heifst es im Schenkungs-
buche von S. Georgen, Zeitfch. für G. des Oberrh. 9,204, es fei überflüffig,
die Zeugen der einzelnen Traditionen zu nennen, da man diefelben unter
den Rittern des Vogtes ohnehin noch für lange Zeit genügend finden
werde; denn der Vogt habe des nöthigen Zeugniffes wegen immer forgfam darauf Bedacht genommen, feine Ritter und Freigelaffenen zuzuziehen.

57. Wenn der Urkunde fpäter wieder gröfseres Gewicht beigelegt
wird, fo wird darauf insbefondere das Aufkommen der B e g l a u b i g u n g
d u r c h S i e g e l u n g eingewirkt haben. Im zehnten Jahrhunderte fcheinen felbft die angefehenften deutfchen Kirchenfürften noch vielfach
keine Siegel gehabt, fich deffelben wenigftens in Urkunden nicht be-

57] dient zu haben. In Urkunden Erzbifchof Wichfrids von Köln von 948 wird nur die Bekräftigung durch den erzbifchöflichen Bann und die Unterzeichnung der Zeugen erwähnt; Bruno erwähnt 953, Martene Coll. 2,47, nur feine Unterfchrift, dann 962 und 964 fein Siegel; aber in einer feierlichen Urkunde Geros von 970 ift wieder von Siegelung keine Rede; vgl. Lacomblet U. B. 1,58 ff. Zu Trier fiegelt Erzbifchof Robert 955; aber in den folgenden erzbifchöflichen Urkunden wird die Siegelung bis 970 nicht erwähnt, und zwar mehrfach unter Umftänden, dafs die Erwähnung, falls ein Siegel vorhanden war, ficher zu erwarten gewefen wäre; vgl. Mittelrh. U. B. 1,259 ff. Erft im eilften Jahrhunderte finden wir durchweg Siegel in den Urkunden der geiftlichen Fürften, auch fchon mächtiger weltlicher Grofsen erwähnt, während dann im zwölften der Brauch weitere Ausdehnung gewinnt.

Im Siegel glaubte man nun eine fichere Bürgfchaft dafür zu finden, dafs das urkundliche Zeugnifs wirklich vom angeblichen Ausfteller herrühre. Selbft vor der eigenhändigen Unterfchrift, die durch daffelbe mehr und mehr verdrängt wurde, hatte es den Vortheil, dafs der des Schreibens Unkundige es anwenden, der des Lefens Unkundige fich leichter von feiner Echtheit überzeugen konnte. Wie in dem für beides üblichen Ausdrucke *signare*, zeigt fich der nähere Zufammenhang mit der eigenhändigen Unterzeichnung auch darin, dafs die Siegelung häufig vom Ausfteller felbft vorgenommen wurde. Mag da auf das oft vorkommende *sigillo meo signavi* oder *confirmavi* weniger Gewicht zu legen feien, fo laffen genauere Angaben keinen Zweifel. So 962 zu Köln, Lacomblet U. B. 1,61: *ego B. d. gr. archiepiscopus hanc cartam a M. cancellario scriptam manu propria sigillo impresso confirmavi;* 1022 zu Münfter, Cod. Weftf. 1,82: *scripturam istam iubente episcopo G. decanus dictavit, A. diaconus scripsit, ipse domnus episcopus nomine et effigie s. Pauli signavit;* 1055, Cod. Weftf. 1,115: *ego E. Mindensis episcopus haec propria manu scripsi et sigillavi;* 1074 vom Erzbifchofe von Köln, Lacomblet U. B. 1,146: *qui sigillum suum manu propria huic carte impressit;* 1134 derfelbe, Sloet O. B. 1,262: *sigilli nostri impressione manum consummationis apponimus;* ein Abt 1157, Stumpf Acta Mag. 67: *has litteras a nobis eis datas cum impressione imaginis domine nostre sigillavimus.* Ift häufiger nur von einem Befehle zur Siegelung die Rede, fo war jedenfalls Vorforge getroffen, einen Mifsbrauch zu verhüten. Die nichtgefiegelte Urkunde wurde nicht mehr als vollwerthig betrachtet. Dem Bifchofe von Wirzburg klagten 1140, M. Boica 37,54, Zinsleute der Kirche, dafs fie in ihrem Rechte verkürzt wurden, obwohl ihnen daffelbe von feinen Vorgängern *in cartulis suis quibusdam non sigillatis ex negligentia antique simplicitatis* verbrieft fei.

58. Bei dem Gewichte, das man auf das Siegel legte, kann es nicht befremden, wenn wohl die D a t i r u n g n a c h d e r S i e g e l u n g als dem wichtigften Akte der Beurkundung ausdrücklich betont wird. So Mittelrh. U. B. 1,366: *anno 1036, id. nov. facta est huius confirmationis sigillatio;* Uffermann Ep. Wirc. 32: *acta 1128; scripta ac signata anno ordinationis nostre tertio;* Sloet O. B. 1,273: *acta est haec confirmatio et sigilli nostri impressio anno 1143;* Schöpflin Als. dipl. 1,233 von 1147: *signata quoque sunt haec 2. id. iunii;* M. Boica 37,91: *facta est autem huius sigilli impressio anno 1169;* Cod. Anhalt. 1,511: *anno 1195 sigillatum hoc privilegium a L. archipresbitero in castro B. septimo id. febr.;* Miraeus Op. 2,1323: *data est autem publice et sigillata haec pagina apud V. anno 1246, 17. kal. ian.*

59. Der Gebrauch der Siegel scheint insbefondere bewirkt zu haben, dafs der **Werth der Urkunde als Zeugnifs des Aus-ftellers** mehr beachtet wurde. Allerdings waren auch die ältern Urkunden vielfach in die Form eines Zeugniffes der Perfon gefafst, die fie ausftellen liefs, und durch ihr Handzeichen beglaubigte. Aber man hat in diefer Richtung der Urkunde anfcheinend kein gröfferes Gewicht beigelegt, fie wohl zunächft als Zeugnifs des Schreibers behandelt, das nur durch die Zeugen Bedeutung gewinnt; gegen diefe tritt auch die Bedeutung des durch die Urkunde Verpflichteten mehr und mehr zurück, es ift von ihm in dritter Perfon die Rede, es fehlt fein Handzeichen oder jede andere Beglaubigung.

In der Siegelung liegt nun aber die beftimmte Erklärung, dafs der Siegelnde den Inhalt der Urkunde als fein eigenes Zeugnifs betrachtet wiffen will, die Urkunde fällt nun zunächft als folches ins Gewicht. Handelt es fich um ein **Zeugnifs in eigener Sache,** um Verbriefung einer eigenen Verpflichtung des Ausftellers, fo hat die Produktion der Urkunde, wenn die Echtheit nicht beftritten werden kann, zweifellos den Werth eines Geftändniffes deffelben, welches für den Ausfteller und deffen Rechtsnachfolger die Zulaffung zum Beweife der Verneinung der Forderung des Klägers ausfchlieffen mufste. Ift dabei in der Regel fchon der Text felbft in die Form eines Geftändniffes des Verpflichteten gefafst, fo ift das für die Beweiskraft keineswegs erforderlich; das Entfcheidende ift die Anerkennung des Inhaltes durch das Siegel. Verpflichtungen, zu denen fich der Vogt Ekbert 1221 gegenüber dem Kapitel von Regensburg verftehen mufste, find vom Kapitel felbft bekundet, Ried. Cod. Rat. 1,334; aber *in confirmationem et testimonium compositionis premisse et laudamenti a domino E. predicto prestiti, suum ille sigillum simul cum nostro pagine presenti apposuit.*

Sehr häufig handelte es fich nun aber um ein **Zeugnifs in fremder Sache,** um Beurkundung oder Befiegelung der Verpflichtungen Anderer. Dann hing alles davon ab, welchen Werth man dem Zeugniffe gerade diefes Zeugen beilegte. Fehlte das Notariat, welches es immer ermöglichte, ein genügend beglaubigtes fchriftliches Beweismittel zu erhalten, fo fcheint dem daraus fich ergebenden Bedürfniffe gegenüber die Anfchauung fich Bahn gebrochen zu haben, dafs das genügend beglaubigte Zeugnifs einer Perfon, deren Stellung ausreichende Bürg-

59] fchaft dafür zu bieten fchien, dafs fie nur ein wahrhaftes Zeugnifs abgeben werde, als felbftftändiges, nicht blos durch die Aufführung von Zeugen wirkendes Beweismittel genüge. Die Königsurkunde, bei welcher das von jeher zutraf, hat zweifellos den Ausgangspunkt gebildet. Schon im zehnten Jahrhunderte finden fich wohl Urkunden von Kirchenfürften, welche aller Zeugen entbehren, z. B. Lacomblet U. B. 1,75. Ihrem Zeugniffe hat man auch wohl defshalb fchon früh befondere Bedeutung beigelegt, weil fie ihre Urkunden durch den kirchlichen Bann zu bekräftigen pflegten. Mit dem Aufkommen der Siegel war nun nicht blos für die Wahrhaftigkeit, fondern auch für die Echtheit eines folchen Zeugniffes ausreichendere Bürgfchaft geboten. Handlungen Anderer wurden nun oft von den Bifchöfen beurkundet. Häufig bekräftigten fie aber auch von Anderen ausgeftellte Urkunden durch Unterfchrift, durch Ausfprechen des Bannes, z. B. Lacomblet U. B. 1,157, insbefondere aber durch Aufdrückung ihres Siegels; fo z. B. Lacomblet U. B. 1,103. 113. 146. 159. 167. 189; Mittelrh. U. B. 1,259; Cod. Weftf. 1,76. 110. 124; Joannis Scr. 2,579. 751. Das bot dann den doppelten Vortheil, dafs in Zeiten, wo Siegel noch wenig üblich waren, die Urkunde durch die Siegelung überhaupt ftärker beglaubigt fchien, dafs überdies nun auch der Siegelnde für die Wahrhaftigkeit des Zeugniffes einftand. Auf jenes legte man fichtlich fo grofses Gewicht, dafs man der Urkunde auch wohl das Siegel der empfangenden Partei felbft aufdrückte; fo z. B. 1083: Joannis Scr. Mog. 2,737, oder 1105: Gerbert II. N. Silvae 3,40. Im Laufe der Zeit fcheint dann der Beurkundung oder Befiegelung durch Perfonen, welche dazu nach ihrer Stellung geeignet fchienen, immer gröfferer Werth beigelegt zu feien. Im Schwabenfpiegel ift ausdrücklich gefagt, dafs durch Siegel des Pabftes, der Könige, der Fürften, Prälaten, Kapitel und Konvente Gefchäfte Anderer mit derfelben Kraft beglaubigt werden, wie eigene, während auch die Siegel der Herren, Städte und Gerichte wenigftens für engere Kreife Kraft haben.

60. Wenn man fich im Laufe der Zeit wieder weniger mit bloffer Sicherung des Zeugenbeweifes begnügte, fo trug dazu zweifellos der Werth der Urkunde als dauernden Beweismittels vieles bei. Der Umftand, dafs das mündliche Zeugnifs nur durch eine begränzte Zeit zu erbringen war, mochte allerdings weniger ins Gewicht fallen, weil mit der Zeit der unbeftritten fortgefetzte Befitz ohnehin genügend gefchützt erfcheinen, das Zeugnifs der Nachbarn für das der Handlungszeugen eintreten konnte. Aber in vielen Fällen war doch der Urkunde als einem von Leben und Tod unabhängigen Beweismittel befonderer Werth beizulegen. So fchliefst um 1230 eine Urkunde: *huius rei testes sumus vita comite et post hanc vitam presentem paginam loco nostri relinquimus super veritate predicte rei pro nobis locuturam*, Wilmans U. B. 4,127. Betont ja der Schwabenfpiegel, dafs Briefe beffer feien, als Zeugen; denn diefe fterben, während in der Handfefte auch der todte Zeuge den Werth eines lebenden habe. Und fo wird denn auch in Be-

urkundungen wohl erwähnt, dafs fie erfolgen, um eine über die Zeugen hinausgehende Sicherung zu gewähren. Nach Nennung der Zeugen fagt 1041 der Erzbifchof von Trier: *Sed absque horum testium firmitudinem, ut maiori stabiliretur auctoritate, iussi, quod hec scriberetur atque sigillo meo signaretur,* Mittelrh. U. B. 1,369. So fagt auch K. Heinrich III., St. 2515, Martene Coll. 2,64, in der Arenga einer Beftätigungsurkunde, die Verbriefung fei nöthig, *ut postquam eius rei auctores vel astipulatores contigerit obiisse, si quis succedentium id velit infringere vel demutare, ipsa litteralis commendationis auctoritas in medium prolata, et praecipue si sublimitate imperiali est confirmata, habeatur pro teste ad infirmanda molimina partis adversae.*

Wurde aber auch die Beurkundung üblicher, fo war doch noch nach den Rechtsbüchern des dreizehnten Jahrhunderts die Geltung der Rechtsgefchäfte in keiner Beziehung durch diefelbe bedingt. Nicht die Sicherung überhaupt, nur gröfsere Sicherung follte die Urkunde bieten. Es ift naheliegend, dafs oft erft im Laufe der Zeit, wo die Zahl der überlebenden Betheiligten fich minderte, das Bedürfnifs dauernderer Sicherung fich geltend machte, fich demnach fo häufig n a c h t r ä g - l i c h e B e u r k u n d u n g e n finden, wie wir deren fchon viele befprachen. Der Graf von Wirtemberg bekundet 1239 eine Schenkung, welche er *ante multos annos* gemacht hatte, über welche aber keine Urkunde gefertigt war, während man ihn jetzt um eine folche erfucht hatte, Wirtemb. U. B. 3,429. Ein befonders bezeichnendes Beifpiel gibt eine Urkunde K. Ottos von 1212, M. Boica 31,481, wonach die Mönche von Bildhaufen vor den Kaifer kamen und baten, *donationem villae R., quam triginta et uno annis quiete possederunt secundum attestationem salemannorum, quorum tamen quidam decesserunt, quidam praesentes erant, sub novis quibusdam personis renovari et a nobis confirmari;* worauf dann der Schenker in die Hand genannter fieben Perfonen und unter Zeugnifs der anwefenden Groffen die Erneuerung vornimmt und der Kaifer fowohl die urfprüngliche Schenkung, als die Erneuerung beftätigt und verbrieft. Die Schenkung war alfo durch ein und dreifsig Jahre unverbrieft geblieben, da man fich fonft zweifellos jetzt nicht blos auf das mündliche Zeugnifs der Ueberlebenden geftützt hätte. Diefes würde an und für fich wohl auch jetzt noch für die Beurkundung der urfprünglichen Handlung genügt haben, während die Wiederholung derfelben freilich die Sache vereinfachte und noch weitere Sicherung bot. Spätere Beftreitung konnte zunächft auf den Werth fchriftlichen Beweismittels aufmerkfam machen. Eine 1099 durch Zeugen erfolgte Feftftellung der Rechte eines Vogtes des Abtes von Prüm blieb fichtlich unbeurkundet, bis 1103 Uebergriffe feines Sohnes zur Fertigung einer Königsurkunde veranlafsten, Mittelrh. U. B. 1,463. Eine Entfcheidung des Bifchofs von Regensburg zu Gunften des Kapitels blieb unverbrieft; der Gegner klagte 1207 unter dem Nachfolger nochmals um diefelbe Sache, was nun erft Veranlaffung wurde, das Urtheil zu ver-

60] briefen, damit das Kapitel wegen derfelben Sache nicht *iterato vel forte sepius* beläftigt werden könne, Ried Cod. Rat. 1,293.

61. Legte man im Laufe der Zeit gröfferes Gewicht auf Brief und Siegel, fo beachtete man doch noch lange den fortdaucrnden Werth der Zeugen neben der Urkunde. Allerdings wird nun in den Beglaubigungsformeln mehr und mehr die befiegelte Urkunde als das eigentliche Beweismittel bezeichnet; es heifst etwa: *ut hec rata et inconvulsa permaneant, hanc nostrae donationis cartam sigillo nostro confirmavimus*, oder *in 'cuius rei testimonium et firmitatem presens scriptum sigilli nostri munimine duximus roborandum.* Auch fehlen die Zeugen zuweilen fchon früh in Urkunden von Bifchöfen und anderen angefehenen Perfonen; zunächft wohl in Nachahmung der Königsurkunde, von dem Geſichtspunkte ausgehend, dafs das Zeugnifs des Ausftellers als an und für fich unanfechtbar betrachtet werden müffe, wie das oft beftimmter dadurch hervortritt, dafs die Zeugen gerade wohl in folchen bifchöflichen Urkunden fehlen, welche auch in andern Beziehungen die Formen der Königsurkunde nachahmen. Aber überwiegend blieb die Aufführung der Zeugen doch nicht blos in den Urkunden der Privaten im engeren Sinne in Brauch, fondern auch in denen der Bifchöfe und fonftigen Groffen.

Und dabei handelte es fich fichtlich nicht lediglich um das Beibehalten eines bedeutungslos gewordenen Brauches. Oft genug wird doch noch betont, dafs man den Werth der Urkunde keineswegs nur in dem beglaubigten Zeugniffe des Ausftellers felbft fuchte, fondern noch immer Gewicht darauf legte, dafs fie zugleich eine Beweisführung durch die Zeugen ermöglichte, welche zu diefem Zweck in ihr aufgeführt waren. So fagt um 1040 Erzbifchof Poppo von Trier: *istius constitutionis quicunque incredulus fuerit, in subposito sigillo firmitatem invenerit et in subscriptis testibus adhuc magis erit credulus;* und bei Verbriefung einer eigenen Schenkung: *ne autem aliquis apud successores meos oriatur exinde aut hec traditio destruatur, placuit mihi hic testes inducere, ad quorum, si illis opus fuerit, testimonium valeant confugere; — iam testes accedant et quod viderunt, profiteri non timeant*, Mittelrh. U. B. 1,378. 379; wo alfo auch betont ift, dafs die Zeugen keineswegs nur durch ihre Aufführung in der Urkunde, fondern nöthigenfalls durch ihr mündlich abzugebendes Zeugnifs wirken follen. In Urkunde des Erzbifchofs von Mainz 1112, Baur Heff. Urk. 2, 7, heifst es: *hanc cartam — sigilli nostri impressione signari iussimus et eorum, qui huic actioni intererant, nomina quasi alterum veritatis testem subnotavimus.* So fagt auch der Kaifer 1186 bei Bekundung eines von ihm vermittelten Vertrags bezüglich des etwaigen Anfechters: *litterarum nostrarum sigillique presentatione conmonitus ac fidelium veraciumque turbae testium testificatione confutatus, ab hoc suo errore desistat*, Wirtemb. U. B. 2,244. Der Probft von Münfter führt 1204 die Zeugenreihe mit den Worten ein: *et quia multum persuasionis vox viva, adhibiti sunt testes;* und 1233 wird eine mit Zeugen verfehene Urkunde eingeleitet: *a voce litterarum ac testium trahunt negotia firmamentum,* Wilmans U. B. 3,17.171. Und werden die Zeugen gewöhnlich einfach mit *huius rei testes sunt* aufgeführt, fo dafs der Zweck der Aufführung nicht erfichtlich wird, fo heifst es doch auch wohl: *ad ampliorem firmitatem subnotata sunt nomina testium,* oder es wird in der Beglaubigungsformel felbft auffer auf Brief und Siegel auch auf die Zeugenaufführung als Bekräftigung hingewiefen. Wobei freilich zu beachten ift, dafs man nicht blos das mündliche Zeugnifs in Rechnung brachte, fondern auf Aufführung von Zeugen in der Urkunde auch über die Lebensdauer hinaus Werth legte. So macht K. Friedrich 1182, Remling U. B. 1,122, bei Beftätigung eines Privileg von 1111 für das Gewicht deffelben geltend, es fei *multorum principum, ut ibidem legitur, fultum testimoniis.* Aber für Privaturkunden wird das weniger ins Gewicht fallen, fo weit es fich nicht etwa um Zuftimmungszeugen, auf die wir zurückkommen, handelt.

Nach andern Haltpunkten genauer zu unterfuchen, in welchem Verhältniffe nun Urkundenbeweis und Zeugenbeweis zu einander ftanden, kann hier nicht unfere Aufgabe feien. Halten wir uns an die Formen der Urkunden, fo mufs auch neben der Urkunde der Zeugenbeweis noch befondere Bedeutung gehabt haben. Mindeftens boten die Zeugen immer den Vortheil, dafs auch bei Beftreitung der Echtheit der Urkunde ein von ihr unabhängiger Beweis zu führen war. Weiter wird es, falls unfere früheren Annahmen richtig find, längere Zeit gedauert haben, bis die Privaturkunde fich wieder als felbftftändiges Beweismittel genügend geltend zu machen wufste. Auch die Verfchiedenheit der Gerichte mag da eingegriffen haben. Wo das geiftliche Gericht, vielleicht auch das Reichsgericht die Urkunde als ausreichend betrachtete, mag das Landgericht vielleicht noch Zeugenbeweis gefordert haben. Im dreizehnten Jahrhunderte mufs dann wenigftens nach Ausweis der Urkunden mehr und mehr die Anficht Platz gegriffen haben, dafs neben der genügend beglaubigten Urkunde die Zeugen überflüffig feien. Denn zumal in der zweiten Hälfte desfelben mehrt fich die Zahl der Urkunden ohne Zeugen in auffallender Weife, wobei fich freilich, wie in allen diefen Verhältniffen, mancher Unterfchied der Länder geltend macht. Es entfpricht dem, dafs man dafür die Beglaubigung des Zeugniffes felbft um fo mehr zu ftärken fuchte; die bis in das zwölfte Jahrhundert zurückreichende, jetzt bei wichtigeren Fällen immer üblicher werdende mehrfache Befiegelung fcheint mit dem Zurücktreten der Zeugen Hand in Hand zu gehen.

62. Sind wir auf das Verhältnifs der Urkunde zum Zeugenbeweife ausführlicher eingegangen, fo war der nächfte Zweck, eine Grundlage für die Erörterung des Unterfchiedes zwifchen Handlungszeugen und Beurkundungszeugen zu gewinnen. Denn fo einfach da die Verhältniffe in Privaturkunden auch zu liegen fcheinen, fo fcheint es doch um fo nöthiger zu feien, auch für diefe jenen Unter

62] fchied noch genauer ins Auge zu faffen, als uns die Unterfuchung der Königsurkunden in diefer Richtung zu wefentlich abweichenden Ergebniffen führen wird.

Wir hatten bisher vorzugsweife Handlungszeugen im Auge; die Zeugen der Handlung werden in der Urkunde aufgeführt, um durch fie nöthigenfalls auch ganz unabhängig von dem fchriftlichen Zeugniffe die Handlung erweifen zu können. Aber die Zeugen können ja auch eine ganz andere Bedeutung haben, fie können bloffe Beurkundungszeugen feien, zugezogen, nicht um nöthigenfalls für die verbriefte Sache, fondern nur für die Verbriefung felbft einzuftehen, bezeugen zu können, dafs das produzirte fchriftliche Zeugnifs wirklich von dem angeblichen Ausfteller fo abgegeben fei. Soll das zunächft durch das Siegel verbürgt feien, fo konnte die etwa beftrittene Beweiskraft deffelben durch das mündliche Zeugnifs erfetzt oder ergänzt werden. Ob die Zeugen auch bei der Handlung anwefend waren, fällt für diefen Zweck an und für fich gar nicht ins Gewicht. Es ergibt fich da ein ähnliches Verhältnifs, wie bei dem Unterfchiede zwifchen Eideshelfern und Zeugen.

63. Zuweilen haben wir die aufgeführten Perfonen als **Z e u g e n z u g l e i c h d e r H a n d l u n g u n d d e r B e u r k u n d u n g** zu betrachten. Bei den älteren Urkunden ift das nach dem § 55 Gefagten fogar als die Regel anzunehmen. Es wird nicht blos die Handlung in Gegenwart der Zeugen vorgenommen, fondern fie find auch bei der Beurkundung felbft anwefend und betheiligt. Werden fie häufiger zunächft als Zeugen der Handlung bezeichnet, fo wird zuweilen zunächft die Beurkundung betont. So 744: *facta cartola donationis anno — sup presentia tistium*, während ein Zeuge unterfchreibt: *ego A. fui intir, ubi hunc cartola facta est;* oder 766: *actum N., ubi cartola ista scripta est coram multis testibus*, S. Gallen. U. B. 1,10. 50; oder 814: *ego cancellarius coram testibus scripsi et subscripsi*, Dronke Cod. 149. Dem entfpricht es, wenn in folchen Urkunden auch die Datirung zugleich der Handlung und der Beurkundung zu entfprechen fcheint, vgl. § 44; in derfelben Verfammlung, in der die Handlung vorgenommen wurde, wurde auch die Urkunde gefertigt, entfprechend der Forderung der Volksrechte, dafs fie *publice* gefchrieben werden folle. Stand der Inhalt fchon vorher feft, erübrigte nur noch die feierliche Vollzugshandlung, fo mag man auch die Urkunde vorbereitet und in öffentlicher Verfammlung nur durch die Signa der Zeugen vervollftändigt haben, vgl. § 55.

In fpäterer Zeit fielen Handlung und Beurkundung wohl nur felten in der Weife zufammen, dafs fie vor denfelben Zeugen gefchahen, wenn man diefelben nicht für diefen Zweck ausdrücklich zur Beurkundung wieder zuzog. Doch fcheint auf die Doppeleigenfchaft der Zeugen wohl noch Gewicht gelegt zu feien. So heifst es 1160: *testes huius actionis et privilegii,* Cod. Weftf. 1,95; 1171: *huius facti et scripti testes sunt,* Cod. Anhalt. 1,386. Bei Beurkundung einer Reihe von Schenkungen von 1164, Orig. Guelf. 3,534, heifst es: *donationi autem huic,* nämlich der letzterwähnten, *omniumque confirmationi aderant testes.* Besonders bezeichnend aber ist es, wenn es 1186 bei nachträglicher Beurkundung einer Handlung von 1170 heifst: *cum testium quoque annotatione, qui et in prima actione et in sequenti confirmatione interfuerunt, studuimus confirmare,* Mittelrh. U. B. 2,121.

64. Zuweilen werden ver fchie de n e Zeuge n für Handlung und Beurkundung ausdrücklich genannt. In älteren Urkunden war das kaum üblich; es fcheint ein ziemlich vereinzelter Fall, wenn Meichelbeck Hist. Fris. 1b,105 zuerst *negotii huius testes,* dann durchweg andere Perfonen als *huius cartulae vel traditionis meae testes* aufgeführt werden. Man legte wohl zu wenig Gewicht auf die Beurkundung überhaupt, als dafs man Zeugen genannt hätte, welche nur diefe, nicht aber zugleich die Handlung bezeugen konnten. Dagegen entfpricht es der fteigenden Werthfchätzung der Urkunden, wenn man im zwölften Jahrhunderte neben den Handlungszeugen auch wohl die davon verfchiedenen Beurkundungszeugen aufführte.

So in Urkunden des Erzbifchofs von Magdeburg von 1135, Cod. Anhalt. 1,170: *huius autem nostre sanctionis hi sunt idonei testes,* während es dann nach den zahlreichen Namen heifst: *data quartas nonas — presentibus A. Havelbergensi episcopo* und anderen; da hier mehrere Namen der erften Reihe wiederkehren, fo mufs diefe fich auf die Handlung beziehen, da fonft die Veranlaffung zur Wiederholung gefehlt hätte. In Urkunde des Bifchofs von Paffau, Oberöfterr. U. B. 2,230: *huius rei testes sunt* und nach den Namen *data* zu Wien 1147 Mai 16; dann noch *acta sunt hec* zu Paffau Mai 10 *cum consilio et consensu kathedralium et ministerialium ecclesie Pataviensis,* worauf dann wieder zahlreiche, nur theilweife mit jenen ftimmende Namen folgen. In Urkunde des Markgrafen von Steier, Steierm. U. B. 1,435: *hoc factum est Friesach in nativitate domini nostri, anno 1162,* mit Anführung zahlreicher Zeugen; dann: *eodem anno Salzburch 8. kal. sept. renovare curavimus privilegio nostro sigillo impresso presentibus his testibus,* worauf durchaus andere Perfonen genannt find. In Urkunde des Erzbifchofs von Köln, Seibertz U. B. 1,87, heifst es: *hec autem mancipatio acta est* zur Zeit K. Heinrichs und Erzbifchof Friedrichs I., alfo fpäteftens 1125, *presentibus eo tempore his testibus;* da das damals gegebene Privileg verbrannt fei, fo habe er diefe Urkunde fertigen laffen, *data Susatiae kal. iunii, anno 1172, testibus presentibus* u. f. w. In Urkunde des Bifchofs von Hildesheim, Asseburg. U. B. 16, find zwei verfchiedene Zeugenreihen eingeführt mit *huius autem actionis testes hii sunt* und *conscriptionis autem huius testes sunt;* der letzteren entfpricht denn auch das *datum est hoc scriptum anno 1175, 14. kal. maii.*

65. Ergibt fich demnach, dafs wenigftens fpäter die Zeugen der Handlung und Beurkundung ganz verfchiedene Perfonen feien konnten, man aber auf beide Werth legte, fo kann es fraglich feien, worauf wir die Zeugen zu beziehen haben, wenn, wie das überwiegend der Fall ift,

65] nur eine Reihe aufgeführt ift, ohne dafs die Beziehung näher gekennzeichnet wäre. Dann wird aber kaum zu bezweifeln feien, dafs in Privaturkunden die Vermuthung in der Regel für Handlungszeugen
fpricht.

Glaubten wir annehmen zu müffen, dafs die Urkunde in Deutfchland ihren felbftftändigen Werth mehr und mehr verlor, fie insbefondere
nur noch in Betracht kam, weil fie es durch Aufführung der Zeugen
ermöglichte, durch diese den Beweis für die Handlung ganz unabhängig
von dem fchriftlichen Zeugniffe zu führen, fo waren natürlich die Handlungszeugen zu nennen, fobald man davon abliefs, zugleich die Beurkundung in deren Gegenwart vorzunehmen; wirkte diefe zunächft
nur durch Aufführung der Handlungszeugen, fo war es ja überhaupt
überflüffig, zur Beurkundung Zeugen zuzuziehen. Legte man nun fpäter wieder gröfseren Werth auf die Urkunde, fo ift es doch gewifs
von vornherein ganz unwahrfcheinlich, dafs man defshalb auch die Zeugen in anderer, als der bisher gewohnten Bedeutung fafste. Wurde nach
§ 61 auch neben der Urkunde fortwährend Gewicht auf diefelben gelegt, fo ift doch gewifs anzunehmen, dafs das nach wie vor in der Regel
gefchah, um nöthigenfalls auch einen Zeugenbeweis für die Handlung
führen zu können.

In unzähligen Fällen aus früherer wie fpäterer Zeit ergibt fich denn
auch aufs beftimmtefte, dafs die Zeugen zunächft Handlungszeugen find.
Sie heifsen ausdrücklich *testes traditionis* oder *testes facti*, werden bezeichnet als folche, welche *viderunt et audierunt*, als *visores et au-
tores*. Häufig ergibt es fich daraus, dafs die Zeugenaufführung in das
Actum einbezogen ift, dafs es heifst *acta — presentibus* oder *coram
testibus subnotatis*, alfo die Bedeutung keinem Zweifel unterliegt, fo
weit wir das Actum überhaupt auf die Handlung zu beziehen haben.

Tritt dabei der Gegenfatz nicht beftimmter hervor, könnten die
Handlungszeugen zugleich Zeugen der Beurkundung feien, fo ift auch
das wohl durchweg ausgefchloffen in den gar nicht feltenen Fällen, wo
frühere und fpätere Handlungen in ein und derfelben Urkunde verbrieft
uud für beide befondere Zeugen angeführt werden. So 816, Lacomblet
U. B. 1,17: *hec sunt testimonia, qui hoc viderunt, quod E. et E. tradi-
derunt;* dann: *et isti sunt, qui viderunt, quod H. revestivit in vice
illorum.* Ueberaus häufig werden in älteren Traditionsurkunden die
testes traditionis und *vestiturae, traditionis* und *firmationis* gefondert
aufgeführt. Aber auch fpäter findet fich ähnliches nicht felten. So bei
einer Tradition 1107, Wenck Heff. L. G. 2,55: *huius rei geste 2. cal. maii
testes, qui presentes aderant, de ingenuis hominibus sunt isti;* dann
erfolgt eine erneuerte Traditionshandlung am 13. Mai, *cuius etiam rei
testes affuerunt,* die dann aufgezählt werden. Oder 1186 in Urkunde
des Bifchof von Hildesheim, Affeburg. U. B. 129: *prioris facti et colla-
tionis testes sunt;* dann: *secundi facti testes sunt;* ähnlich Miracus Op.
1,191.284.391. Weitere Belege geben die § 45 angeführten Fälle mit

verfchiedener Datirung für verfchiedcne Handlungen, für welche dann durchweg auch verfchiedene Zeugen angeführt find. Doch wurden auch wohl Zeugen verfchiedener Handlungen zufammengeworfen, wie das angedeutet ift, wenn der Bifchof von Hildesheim 1150, Orig. Guelf. 3,446, fagt: *testes autem, qni hec audierunt et viderunt, qui in tractato vel terminato negotio mecum aderant, infra notati sunt*, und dann eine einzige, nach dem Stande geordnete Reihe folgt.

Insbefondere ergibt fich 'auch in Fällen nachträglicher Beurkundung oft fehr beftimmt, dafs die Zeugen fich auf die frühere Handlung beziehen. So wenn in Urkunden der Bifchöfe von Halberftadt und Lübeck, Or. Guelf. 3,535. 502, der Vorgänger als Zeuge genannt wird. Gerade der Umftand, dafs die Zeugen in einer Weife aufgeführt werden, welche fie als Zeugen einer früher gefchehenen Handlung erfcheinen laffen, liefs uns § 50. 51. mehrfach auf die fpätere Beurkundung fchliefsen. Allerdings führte uns auf denfelben Schlufs dann auch wohl wieder der Umftand, dafs Zeugen in einer Stellung erfcheinen, welche fie zur Zeit der Handlung noch nicht einnahmen. Das fchliefst ja aber in keiner Weife aus, dafs fie in ihrer früheren Stellung Handlungszeugen waren. Wollte man Gewicht darauf legen, dafs in der Urkunde mit Actum 1211, Wilmans U. B. 4,35, einige der Zeugen nach ihrer fpätern, erft 1220 paffenden Stellung aufgeführt find, fo finden wir unmittelbar neben ihnen den *frater Bernhardus de Lippia*, eine Bezeichnung, welche nur noch im J. 1211 pafst, demnach doch auch hier die Zeugen als Handlungszeugen erfcheinen läfst.

66. Ift nun auch nicht zu bezweifeln, dafs die Zeugen der Privaturkunden in der Regel Handlungszeugen waren, fo fchliefst das doch nicht aus, dafs in Einzelfällen nur die Beurkundungszeugen genannt find. Dafs auf diefe wenigftens fpäter überhaupt Werth gelegt wurde, ergab fich bereits § 64. In der dort angeführten Paffauer Urkunde von 1147 wurden ausdrücklich als Testes gerade nur die Beurkundungszeugen bezeichnet; und diefe ihre Eigenfchaft würde uns gar nicht erkennbar feien, wenn nicht in ungewöhnlicher Weife auf die der Beurkundung entfprechende Datirung noch die Angabe über die Handlung folgten. In manchen Urkunden fcheint dann wohl mit *huius pagine* oder *huiuc conscriptionis testes* beftimmter auf Beurkundungszeugen hingewiefen. Aber fo allgemein gehaltene, vielleicht ungenaue Ausdrücke werden doch erft gröfseres Gewicht erhalten, wenn fich in Einzelfällen beftimmter nachweifen läfst, dafs nur Beurkundungszeugen gemeint feien können.

Heifst es in bifchöflicher Urkunde um 900, M. Germ. 21,382: *hanc traditoriam cartam huius complacitationis, episcopis et comitibus et innumerabilibus viris scientibus et videntibus, in perpetuum monimentum fieri iussi*, fo werden die fchliefslich als anwefend Verzeichneten doch zunächft als Beurkundungszeugen zu betrachten feien. Ebenfo, wenn es Miraeus Op. 1,162 heifst: *actum anno 1070; quod in praesentia*

66] *subscriptorum testium signavimus;* oder Sloet O. B. 1,189 nach Aufzählung der Zeugen: *cartam hanc testem futuram sub predictis presentibus testibus dedimus anno d. i. 1085.* Der Bifchof von Regensburg fagt um 1090, Ried Cod. Rat. 1,167, bei nachträglicher Verbriefung einer Schenkung feines Vorgängers: *et ut hec donationis auctoritas stabilis et inconvulsa permaneat, in manum advocati C. tuendam tradidimus et preposito H. commisimus coram testibus* u. f. w. Bei Beurkundung mehrerer Schenkungen durch den Bifchof von Strassburg, Schöpflin Als. dipl. 1,188, find nur für eine von 1109 Febr. 26 die Handlungszeugen angegeben; nach der Hauptdatirung mit Acta 1109 Sept. 21, welche fich hier auch zweifellos auf die Beurkundung bezieht, heifst es *privilegii huius tradicioni fuerunt testes assignati* u. f. w. Oder 1120 in Urkunde des Bifchofs von Halberftadt, Cod. Anhalt. 1,150: *data in H. per manus P. protonotarii nostri pleno concilio, 16. kal. maii, coram huis testibus.* In Urkunde des Erzbifchofs von Köln 1128, Martene Coll. 2,89: *testes, qui in donatione huius privilegii affuerunt.* In Urkunde des Erzbifchofs von Mainz von 1147, Joannis Scr. Mog. 2,587, läfst das *testes, qui interfuerunt, hi sunt,* die Beziehung nicht erkennen; aber es find doch wohl diefelben gemeint, wenn es fpäter heifst *data et confirmata in Maguntia coram idoneis testibus 8 id. apr.* Der Graf von Flandern fagt 1166, Miraeus Op. 1,705: *quod ut ratum sit — sigilli mei impressione confirmavi coram his testibus;* der Herzog von Zähringen, Gerbert H. N. Silvae 3,116: *actum publice Turegi anno 1200 praesentibus —, in quorum praesentia idem factum sigilli nostri est munimine confirmatum.* Treffen diese Stellen, bei welchen die Beziehung auf die Beurkundung nicht zu bezweifeln ift, in früherer Zeit nur bifchöfliche Urkunden, fo wird das kein Zufall feien. Gerade bei bifchöflichen Urkunden werden wir am früheften die Anfchauung als mafsgebend anzunehmen haben, dafs fie, wie die Königsurkunden, ihres Ausftellers wegen an und für fich als glaubwürdig zu betrachten find; wie ihnen vielfach die Zeugen überhaupt fehlen, fo lag es bei ihnen nahe, in erfter Linie auf möglichfte Beglaubigung des Zeugniffes des Ausftellers felbft Bedacht zu nehmen. In bifchöflichen Urkunden dürfte daher in Fällen, wo die Bedeutung der Zeugen nicht beftimmter hervortritt, eher an Beurkundungszeugen zu denken feien, als in anderen Privaturkunden.

67. In den angeführten Fällen bezogen fich fowohl die Zeugen, als die Datirung auf die Beurkundung, wie fich in anderen Beziehung beider auf die Handlung ergibt. Im allgemeinen wird man kaum fehlgehen, wenn man die für die eine Angabe feftzuftellende Beziehung auch für die andere als mafsgebend betrachtet. Aber ficher leitet auch das nicht; es ergibt fich auch wohl ver fc hiedene Beziehung für Zeugen und Datirung. In Einzelfällen, wo zweifellos nach der Handlung datirt ift, find dennoch Beurkundungszeugen aufgeführt. Befonders deutlich zeigt fich das in der kölnifchen Verbriefung des Bündniffes der

Kirchen von Köln und Magdeburg, Cod. Anhalt. 1,365. Sie ift datirt: *anno 1167 hec 4. id. iulii aput Magdeburch facta sunt.* Aber die mit *testes huius rei annotamus* eingeführten fehr zahlreichen Zeugen gehören ausfchliefslich den Kölner Stiftslanden an; eine Zeugenfchaft bei der Handlung zu Magdeburg würde das natürlich an und für fich ausfchlieffen, felbft wenn nicht ausdrücklich gefagt wäre, dafs nur vier genannte Boten der Kölner Kirche nach Magdeburg gingen. Ein zweiter Fall ergibt fich bei den § 51 befprochenen, nach unferer Annahme nicht vor 1184 ausgeftellten, aber nach der Handlung zurückdatirten Urkunden des Erzbifchofs von Mainz. Allerdings beziehen fich in der mit Datum 1180 verfehenen die Zeugen zweifellos gleichfalls auf die Handlung, wie fich fchon daraus ergibt, dafs für die beiden beurkundeten Handlungen verfchiedene Zeugen angegeben find. Aber in der mit Actum 1178 dürften eben fo zweifellos die Beurkundungszeugen genannt feien, da die aufgeführten angefehenften Mainzer Würdenträger gewifs nicht Zeugen eines bloffen Privatgefchäftes waren.

Häufiger wird es gewifs noch vorgekommen feien, dafs man die Handlungszeugen nannte, während nach der Beurkundung datirt wurde. So heifst es in weftfälifcher Urkunde, Wilmans U. B. 3,144, einfach *subnotatis testibus, quorum hec sunt nomina ; dann datum M. in die assumptionis b. Marie presente II. villico curtis nostre in A., anno d. i. 1229.* Bezieht fich hier das Datum zweifellos auf die Beurkundung und ift der vereinzelte Beurkundungszeuge fchon in der vorhergehenden Reihe genannt, fo kann fich diefe nur auf die Handlung beziehen. Zumal im dreizehnten Jahrhunderte haben wir ein folches Verhältnifs gewifs fehr häufig anzunehmen, da nun die Datirung nach der Beurkundung auch in Privaturkunden üblicher wurde, und kein Grund ift, anzunehmen, dafs damit zugleich die Zeugen ihre hergebrachte Bedeutung änderten.

68. Weiter aber fcheint vereinzelt auch wohl eine **Vermengung** der Handlungszeugen und Beurkundungszeugen vorgekommen zu feien. Eine Urkunde des Erzbifchofs von Köln, Binterim u. Mooren Erzd. Köln 3,121, in welcher mehre Schenkungen nachträglich verbrieft werden, fchliefst: *acta in monte W., confirmata vero anno d. i. 1144, coram multis idoneis (testibus), quorum nomina supter enotavimus, quique pars in donatione, pars autem in confirmacione hac nostra presentes.* Leider fehlt das angekündigte Zeugenverzeichnifs; aber es wird doch kaum beabfichtigt gewefen feien, in diefem felbft beide Klaffen noch beftimmter auseinanderzuhalten. Bei der Verbriefung mehrerer, früher *coram scabinis* vorgenommener Handlungen, Miraeus Op. 1,560, heifst es: *haec omnia diversis temporibus facta anno 1200 coram nobis et francis scabinis recognita sunt et confirmata ; scabini autem tam praesentes, quam praeteriti, qui hoc viderunt et audierunt, sunt isti,* worauf eine lange Reihe von Namen ohne weitere Unterfcheidung folgt.

In diefen Fällen ift das Verhältnifs wenigftens im allgemeinen an-

68] gedeutet. Ungleich bedenklicher iſt ein anderer Fall. Erzbiſchof Chriſtian von Mainz hat 1175 zu San Caſſiano im Febr. und zu Pavia im Juli drei Urkunden für ſein Erzſtift ausgeſtellt, Stumpf Acta Mag. 86, Joannis Scr. 2,522, Baur Hess. Urk. 2ª,23. Unter *huius rei testes sunt* finden wir zahlreiche geiſtliche und weltliche Zeugen aus dem Mainzer Sprengel genannt, insbeſondere auch den Probſt Burchard von S. Peter, den der Erzbiſchof für die Zeit ſeiner Abweſenheit zu ſeinem Vertreter beſtellt hatte, und der in demſelben Jahre mehrere Urkunden in Deutſchland ausſtellt, leider ohne Tagesangabe. Daſs jene nicht in ſo groſſer Zahl in Italien waren, würde doch an und für ſich kaum zweifelhaft ſeien können. Es beſtätigt ſich dadurch, daſs ſich in den in italieniſchen Angelegenheiten in Italien ausgeſtellten Urkunden, vgl. Varrentrapp Chriſtian 135 ff., ein ſo zahlreiches heimiſches Gefolge gar nicht bemerklich macht, Mainzer Prälaten in ihnen gar nicht genannt werden; insbeſondere auch nicht in der Urkunde für Imola von 1175 März 17, obwohl dieſe zwiſchen jene Urkunden fällt. Es wird doch zunächſt an Zeugen der Handlungen zu denken ſeien, welche in den Aufzeichnungen genannt ſeien werden, welche man nach Italien ſchickte, um die Beſtätigungsprivilegien zu erwirken. Das würde an und für ſich nicht gerade auffallen können. Dagegen waren nun aber wieder mehrere Perſonen, welche in jenen Zeugenreihen einfach ihrem Range nach eingeordnet ſind, erweislich beim Erzbiſchofe in Italien, nämlich der Notar Robert, die beiden Grafen von Beichlingen, Otto von Vesperde und Konrad der Schwabe. Man hätte alſo Zeugen der Handlung und Beurkundung willkürlich zuſammengeworfen. Oder, wenn man darauf Gewicht legen will, daſs in allen drei Urkunden vielfach dieſelben Perſonen genannt ſind, willkürlich heimiſche Zeugennamen zugefügt. Daſs es ſich nicht um einheitlich entſtandene Zeugenreihen handelt, dafür ſcheint auch zu ſprechen, daſs in einer der zu Pavia gegebenen Urkunden auf einander folgen *magister H. de Ascafenburg* , *F. eiusdem ecclesiae canonicus et custos*, während in der andern bei ſonſt ungeänderter Faſſung *magister R. notarius archiepiscopi*, alſo eine der erweislich in Italien befindlichen Perſonen, zwiſchen beide tritt und damit das *eiusdem ecclesiae* ſeine Beziehung verliert; und möglicherweiſe könnte auch in jener ſchon eine ähnliche Nachläſſigkeit eingegriffen haben, da in der Urkunde aus S. Cassiano Folknand als Custos von S. Stephan, nicht von Aſchaffenburg bezeichnet iſt.

69. Es wird endlich für manche Zwecke zu beachten ſein, daſs die Anführung der Anweſenden in den Urkunden auch defshalb von Werth war, weil derjenige, welcher der in ſeiner Gegenwart vorgenommenen Handlung oder verleſenen Beurkundung nicht widerſpricht, damit zugleich ſein Einverſtändniſs zu erkennen gibt; wo das beſonders beachtet erſcheint, werden wir von Zuſtimmungszeugen reden können. Bei den Unterſchriften der Zeugen tritt das oft in dem *consensi et subscripsi* hervor. Auch ſonſt wird das wohl betont; ſo 1089, Würdtwein

N.Subs.6,253: *firmavimus et sub advocati H. ceterorumque subscriptorum testium assensu signavimus:* oder 1132, Guden Cod. dipl. 1,106: *testes huius rei, qui interfuerunt approbantes, hi sunt;* oder 1150, Remling U. B. 1,98: *assencientibus et ut hec fierent congruum esse attestantibus potioribus de clero et ministerialibus ecclesie nostre,* dann nach Aufführung der Namen nochmals: *hi omnes assensum prebuerunt;* in Urkunde des Herzogs von Brabant von 1138, Miraeus Op. 1,178, werden zunächst die Söhne als *testes et assensum praebentes,* dann die *testes* fchlechtweg aufgeführt. Wie grofses Gewicht man in diefer Richtung auf Zeugen legte, ergibt fich daraus, dafs bei einem Streite mit dem Probfte von Reichersberg 1165 der Bifchof von Bamberg die Verbindlichkeit einer von ihm felbft ausgeftellten Urkunde dadurch zu entkräften fuchte, *ut diceret insufficientem, quia non haberet subscriptionem canonicorum;* und auf den Einwand, dafs die Urkunde auf der Heerfahrt in Abwefenheit der Domherren gegeben fei, erwiederte der Bifchof, *nec quidem ministerialium sufficientem vel aliquem saltem continere numerum,* Oberöfterr. U. B. 1,344, vgl. 312. So wird denn auch nicht zu bezweifeln fein, dafs die ungewöhnliche Zufügung über das Actum iu der § 64 befprochenen Paffauer Urkunde von 1147 dadurch veranlafst wurde, dafs man beachtete, wie hier die Beurkundungszeugen groffentheils als Zuftimmungszeugen kein Gewicht hatten, und defshalb aufferdem noch die Domherren und Minifterialen aufführte, welche der Handlung zugeftimmt hatten. Befonders bezeichnend heifst es dann 1212 in Urkunde des Erzbifchofs von Mainz, Joannis Scr. Mog. 2,528: *Cum autem G. prepositus s. Petri et F. decanus maioris ecclesie de prioratu contendant, volumus atque statuimus, ut nominum eorum suspensio auctoritatem huius scripti non imminuat et iuribus eius non deroget, nec eciam disputacionem inducat;* die Zeugenreihe beginnt dann mit der Aufführung der andern Domherren.

Scheint man demnach in bifchöflichen Urkunden befonderes Gewicht auf die Aufführung der angefehenften Prälaten als Zeugen gelegt zu haben, fo war dabei gewifs weniger der Gefichtspunkt der Beglaubigung der Urkunde, als der der Feftftellung der Zuftimmung mafsgebend; im Laufe des dreizehnten Jahrhunderts wurde es ja auch wohl üblich, vom Kapitel befondere Willebriefe ausftellen zu laffen, wie man fchon im zwölften bifchöflichen Urkunden zugleich das Siegel des Kapitel zufügte. Nun werden nicht gerade alle, deren Zuftimmung nöthig oder wünfchenswerth war, bei der Handlung, auf welche fich die Zeugenreihe zunächft bezieht, anwefend gewefen feien. Dann hat man ihre Zuftimmung wohl fpäter eingeholt. Der Bifchof von Münfter fagt in der Beurkundung eines Taufches, den er mit feinem Kapitel abgefchloffen hatte, Wilmans U. B. 3,37: *acta sunt hec Rokeslere sollempniter cum consensu priorum, canonicorum et ministerialium ecclesie, qui omnes ad vocationem nostram ibi convenerant, et cum consensu eorum, qui tunc ibi presentes non fuerant, postea requisito, anno 1212, presentibus viris*

69] *honestis tam laicis quam clericis, quorum nomina subscripta continentur*, worauf zunächſt drei und zwanzig Domherren,. darunter alle Würdenträger des Kapitels genannt werden. Bei der Beſtimmtheit der Faſſung mögen alle zu Roxel, wo auf dem Laerbroke die Lnndesverſammlungen gehalten wurden, anweſend geweſen ſrien. Sollte aber insbeſondere von den erſten Würdenträgern ein oder anderer geſehlt haben, ſo lag es doch nahe, ſeinen Namen trotzdem in der Reihe aufzuführen. Daſs auf Synoden entſtandene Schriftſtücke nicht blos von den anweſenden, ſondern auch nachträglich von abweſenden Biſchöfen unterſchrieben wurden, hat ſchon Mabillon De re dipl. l. 2 c. 20 § 4 bemerkt; er weiſt weiter § 20 auf ein Beiſpiel hin, wo ausdrücklich von den Unterſchriften der *testes praesentes et absentes* die Rede iſt. Der Biſchof von Doornick ſagt 1203, Miraeus Op. 1,839: *ad maiorem etiam cautelam nomina et signa eorum, qui praesentes interfuerunt et suum postmodum praebuerunt assensum, fecimus annotare*, worauf dann eine lediglich nach dem Range geordnete Namenreihe folgt. Daſs das, was hier ausdrücklich betont iſt, in andern Fällen, wo die Zeugen zunächſt als Zuſtimmende ins Gewicht fielen, ſtillſchweigend geſchehen iſt, möchte ich nicht bezweifeln.

Allerdings wird es gerade bei Privaturkunden einer beſonders günſtigen Sachlage und einer genauen Kenntniſs des betreffenden Kreiſes bedürfen, um das Zutreffen dieſer und ähnlicher Unregelmäſſigkeiten in Einzelfällen nachweiſen zu können. Daſs aber überhaupt zu anſcheinenden Widerſprüchen zwiſchen Zeugenaufführung und Datirung auch in echten Privaturkunden die mannichfachſte Veranlaſſung geboten war, wird nach Maſsgabe unſerer Erörterungen nicht zweifelhaft ſeien können.

KÖNIGSURKUNDEN.

70. Wenn die bisher erörterten Verhältniſſe ſich bezüglich der Königsurkunden vielfach ganz anders ſtellen, ſo kann das nicht auffallen, wenn wir beachten, daſs die Bedeutung derſelben von vornherein eine durchaus andere iſt, als die der Privaturkunden. Sind dieſe anfechtbar, ſo iſt die Königsurkunde ein u n a n f e c h t b a r e s B e w e i s m i t t e l. Es wäre mit dem Anſehen des Königthums nicht vereinbar geweſen, wenn man ein Zeugniſs, welches der König ſelbſt abgibt, nicht als unbedingt glaubwürdig betrachtet, wenn man ein Schelten deſſelben zugelaſſen hätte. Wer die Königsurkunde ſchilt, der hat nach den fränkiſchen Rechten ſein Leben verwirkt oder hat daſſelbe durch Zahlung ſeines Wehrgeldes zu löſen; vgl. Sohm R. u. G. Verfaſſung 1,62, und Zeitſchr. f. Rechtsg. 5,412; Brunner Gerichtszeugn. 155.

Dem entſpricht durchaus die Form der Königsurkunde. Für die Privaturkunde waren Zeugen nöthig, um im Falle der Anfechtung des ſchriftlichen Zeugniſſes die Thatſache durch das mündliche Zeugniſs erhärten zu können. Die unſcheltbare Königsurkunde bedarf der Zeugen nicht; fie fehlen ihr bis zum zwölften Jahrhunderte. Dagegen war hier gröfseres Gewicht darauf zu legen, dafs die Urkunde als ein wirklich vom Könige herrührendes Zeugnifs genügend beglaubigt war. Das Handmal des Königs, die Rekognition, vor allem das Siegel follten das verbürgen. Und finden wir fpäter Zeugen, fo könnten diefelben ja dem-felben Zwecke gedient haben, könnten fich diefelben als blofse Beur-kundungszeugen erweifen.

Allerdings fanden wir § 54 Spuren, dafs fpäter in Deutfchland das Mifstrauen gegen den Urkundenbeweis überhaupt fich auch wohl auf die Präzepte erftreckt haben dürfte; und § 61 führten wir eine Stelle von 1186 an, in welcher der Kaifer felbft neben feinem Brief und Sie-gel doch zugleich auf das Zeugnifs der Zeugen hinweift. Aber im all-gemeinen fcheint man auch in Deutfchland an der befondern Beweis-kraft der Königsurkunden immer feftgehalten zu haben. Es mag genügen, darauf hinzuweifen, wie auch aus Zeiten und Gegenden, aus denen fich nur vereinzelte Privaturkunden erhalten haben, doch lange Reihen von Königsurkunden vorliegen. Und hätte das feinen Grund auch nur darin, dafs man diefe forgfältiger aufbewahrte, fo würde das immerhin noch ein Zeugnifs für die gröfsere Werthfchätzung feien. Gewifs aber ift da-für auch in Anfchlag zu bringen, dafs, während man von der fonftigen Beurkundung wegen ihrer Unzulänglichkeit für den Beweis ganz abfah oder fie durch blofse Akte erfetzte, die Königsurkunde ihren Werth als Beweismittel behauptete. Und wir fuchten es § 59 damit in Zufammen-hang zu bringen, dafs man nun mehr und mehr auch den Urkunden anderer Perfonen, deren öffentliche Stellung genügende Bürgfchaft zu bieten fchien, entfprechende Bedeutung beilegte.

71. Damit fcheint nun ein anderer Umftand eng zufammenzuhän-gen, nämlich die Vollziehung der Thatfache durch die Ur-kunde, wie fie bei der Königsurkunde häufig zuzutreffen fcheint, nicht aber bei der Privaturkunde, vgl. § 41. Die letztere ift im allgemeinen nur ein Zeugnifs, welches die die Thatfache begründende Handlung feft-ftellt; es mufs eine bezügliche Handlung vorhergehen, welche, auch wenn das fchriftliche Zeugnifs angefochten wird, durch die Zeugen zu erweifen ift. Bei der vom Könige verbrieften Schenkung oder fonftigen Thatfache bedarf es einer folchen vorhergehenden, unabhängig von der Urkunde erweisbaren Handlung nicht; die Uebergabe des unanfecht-baren Beweismittels begründet auch die Thatfache felbft in ausreichen-der Weife.

Auf Vollziehung durch die Urkunde felbft weifen ja ganz gewöhn-lich die in derfelben gebrauchten Ausdrücke hin. Es heifst etwa *per hoc praeceptum concedimus, donamus, tradimus, in nostram defensio-nem suscipimus, licentiam damus*, oder *hanc paginam fieri iussimus, per quam transfundimus, donamus, firmamus*, wobei der Zeitpunkt der Uebergabe felbft oder, bei dem in diefer Verbindung felteneren *dona-vimus, firmavimus*, die Zeit der bereits gefchehenen Uebergabe ins

71] Auge gefafst ift. Die Gewährung der Urkunde wird oft ausdrücklich als Beginn der Rechtskraft bezeichnet, indem betont ift, dafs die für den Empfänger fich ergebenden Befugniffe ihm *ab hodierna die* zuftehen follen, oder fogar *a die praesente et hora*, St. 161; wie das noch beftimmter gefchieht, wenn der König 1078 ein Gut fchenkt *exceptis his, quae ante hanc conscriptam cartam cyrographis aliis alii fideles nostri a nobis acceperunt*, M. Boica 29,203. Auch weiterhin bleiben die Befugniffe an die Urkunde geknüpft; fie wird gefertigt, damit der Empfänger *deinceps per hanc nostram auctoritatem potissimam habeat licentiam ex eisdem rebus faciendi, quicquid voluerit*; es wird überaus häufig betont, dafs jemand etwas *per praeceptum regale* befitzt. Eine Weiterübertragung feiner Rechte kann nur durch Weitergabe der diefelben begründenden Urkunde gefchehen. Ein Graf foll 877 ihm Verliehenes weiter an Lorfch geben *cum hoc nostrae auctoritatis precepto*, M. Germ. 21,373; bei Schenkung eines Kloftcrs an einen Kaplan fagt der König 888, Wirtemb. U. B. 1,187: *per hoc praesens auctoritatis nostrae praeceptum — concessimus in proprium, ut ab hodierna die et deinceps ipse potestatem habeat, per istos auctoritatis nostrae apices ea omnia ad monasterium s. Galli — vel ad monasterium Augia, prout sibi placuerit, tradere.* Ift die Urkunde verloren, fo ift der auf Grundlage derfelben erworbene Befitz nicht mehr genügend gefichert; als um 780 die Mönche von Lorfch klagten, dafs die Urkunden über viele Befitzungen, *unde ad presens vestiti essent*, verloren feien, erfetzt der König das durch ein Präzept, wodurch fie folche Befitzungen *ex nostra auctoritate habeant et defensare faciant secundum legem, sicut per apertam cartam usque nunc auctoritas regum defensavit*, M. Germ. 21,350.

72. Damit ergibt fich nun für Königsurkunden die für unfere Zwecke fehr mafsgebende **Frage nach dem Vorhandenfeien einer von der Beurkundung zu fcheidenden Handlung.** Denn nicht blos, dafs, wie gefagt, überaus häufig die Rechtsbeftändigkeit der Thatfache ausdrücklich an die Beurkundung geknüpft erfcheint. Auch wo das nicht gerade betont ift, mufs es auffallen, dafs von einer die Thatfache begründenden Handlung in den ältern Königsurkunden im Gegenfatze zu Privaturkunden durchweg nicht die Rede ift. Es heifst etwa fchlechtweg *donamus* oder *concedimus;* auch die allerdings fehr häufig vorkommenden Ausdrücke *tradimus* oder *tradidimus* laffen fich doch ungezwungen auf Uebergabe nur durch die Beurkundung felbft beziehen, zumal wenn wir in andern entfprechenden Fällen ausdrücklich ein *per hoc praeceptum tradidimus* finden.

Allerdings liefsen fich dem gegenüber zahlreiche Fälle geltend machen, in welchen der König felbft die Urkunde nicht als Begründung, fondern nur als Zeugnifs über die fchon vollzogene Thatfache zu bezeichnen fcheint. Es heifst etwa: *in cuius rei testimonium* oder *cuius donationis* oder *traditionis testem cartam presentem scribi iussimus;*

befonders beftimmt St. 2851: *ut haec nostrae traditionis auctoritas omni tempore rata et inconvulsa permaneat, hanc chartam facti nostri significatricem ac testem super ea re conscribi iussimus.* Aber auch folche Ausdrücke werden uns doch von vornherein nicht mit Sicherheit fchon auf eine vorhergehende vollziehende Handlung fchliefsen laffen. Diefelbe Urkunde, durch welche fich die Thatfache vollzieht, ift fpäter auch wieder Zeugnifs für diefelbe und kann zunächft als folches gefafst feien, wie das ja auch bei dem Ausdrucke *per hoc praeceptum donavimus* zweifellos der Fall ift. Unter dem Factum, für welches die Urkunde Zeugnifs geben foll, ift doch vielleicht nichts anderes zu verftehen, als der auf Schenkung gerichtete Wille des Königs, ohne dafs diefer in irgendwelcher andern Handlung, als der Beurkundung felbft, zum Ausdrucke gelangt feien müfste.

Hätten wir nun anzunehmen, dafs bei allen Königsurkunden, in welchen eine von der Beurkundung gefchiedene Handlung nicht erwähnt wird, eine folche auch nicht vorherging, fo würden fich damit unfere Aufgaben fehr vereinfachen. Von einem Zeitunterfchiede zwifchen Handlung und Beurkundung wäre dann in der Mehrzahl der Fälle überhaupt abzufehen. Eine Datirung der Urkunde nach längftvergangener Handlung, wie wir fie in Privaturkunden fanden, würde dann hier nicht vorkommen. Bezüglich der Datirung hätten wir dann nur etwa die Zeitunterfchiede zu beachten, welche fich bei der Beurkundung felbft vom Beurkundungsbefehl bis zur Uebergabe der Urkunde ergeben konnten.

Auf die ein folches Verhältnifs andeutenden Formeln der Urkunden wird aber doch kaum bedeutendes Gewicht zu legen feien. Oft durch Jahrhunderte ohne wefentliche Aenderung wiederholt, werden fie zunächft von gröfserer Bedeutung nur für die Verhältniffe der Zeit feien, in welcher fie fich zuerft feftftellten; damals werden fie allerdings dem thatfächlichen Hergange genauer angepafst feien. Jene Formeln gehen auf die Karolingerzeiten zurück. Nun fehlt es allerdings auch da nicht an Fällen, bei welchen wir theils wenigftens wiffen, dafs die Schenkung felbft der Beurkundung vorausging, was doch auf eine jene beftimmter kennzeichnende Handlung fchliefsen läfst, theils die dem Präzept oft längere Zeit vorhergehende Tradition ausdrücklich erwähnt wird; vgl. Sickel Acta 1,398. 2,239. 240. Aber das mögen Ausnahmen feien. Im allgemeinen werden jene Formeln es doch fehr wahrfcheinlich machen müffen, dafs wenigftens in früherer Karolingerzeit Vergabungen des Königs in der Regel lediglich durch Ausfertigung des Präzept vollzogen wurden.

Mit der Löfung des Karolingerreiches wurde nun in Deutfchland zweifellos vieles von dem, was fich unter Einflufs der Berührung mit römifchen Wefen geftaltet und durch den gemeinfamen Reichsverband auch in Deutfchland Eingang gefunden hatte, wieder zurückgedrängt. Wir glaubten es § 54 damit in Zufammenhang bringen zu follen, dafs

72] bei Privatgefchäften die Bedeutung der Beurkundung wieder zurück-
trat, das Hauptgewicht auf den unabhängig von ihr durch Zeugen zu
erbringenden Erweis der Handlung fiel. Zumal bei der Uebertragung
von liegendem Gut legte das deutfche Herkommen fo grofses Gewicht
auf den Formalakt, dafs es fchwer denkbar ift, man habe felbft bei
königlichen Vergabungen auf einen folchen verzichtet und die blofse
Uebertragung durch Verbriefung als ausreichend betrachtet. Was fchon
früher mindeftens als Ausnahme vorkam, dürfte mehr und mehr zur
Regel geworden feien. Man mochte ja immerhin die Königsurkunde
noch als unanfechtbares Beweismittel für die vollzogene Thatfache behandeln, auch wenn man eine anderweitige Vollziehung für nöthig hielt.
Und dann ift es recht wohl denkbar, dafs eine der Beurkundung vorhergehende oder doch von ihr unabhängige formelle Handlung zur
Regel wurde, ohne dafs das zugleich zu einer Aenderung der hergebrachten Faffung der Urkunden felbft veranlaffen mufste.

73. Die genauere Unterfuchung fcheint denn auch zu ergeben,
dafs mindeftens ungleich häufiger, als der Wortlaut der Urkunden das
erwarten laffen follte, der Vollzug der Thatfache fich an eine beftimmte
Handlung knüpfte. Zunächft wird zu beachten feien, dafs auch da, wo
die Thatfache erft durch die Urkunde felbft begründet wird, wo alfo ein
Formalakt nicht vorherging, diefer darum nicht überhaupt fehlen mufste.
Wir werden da die feierliche Uebergabe der Urkunde als
Vollziehungshandlung zu betrachten haben. Scheint es allerdings ein Vorrecht des Königs gewefen zu feien, dafs er bei feinen Vergabungen nicht an die durch das Volksrecht geforderte Form der Auflaffung gebunden war, fo mufste diefe nicht überhaupt fehlen. Greift
fchon bei den Traditionshandlungen Privater wohl das *cartam levare*
oder *traiicere*, vgl. § 47, ein, fo mufs es doch nahe liegen, in der eigenhändigen Uebergabe des Präzept eine befondere, dem Könige geftattete
Form der Auflaffung zu fehen.

Das fcheint angedeutet, wenn K. Ludwig 823 fagt : *placuit nobis
quoddam monasterium — de iure nostro in ius et potestatem cuiusdam
monasterii — more solempni nostrae auctoritatis precepto tradere atque
confirmare*, Wirtemb. U. B. 1,100. Heifst es 855, Dronke Cod. Fuld. 255 :
hec omnia sollempni more tradimus et confirmamus, fo dafs das Gefchenkte *ab hodierno die et presenti tempore* dem Empfänger zuftehen
foll, fo kann die betonte feierliche Form fich doch wohl nur an die
Uebergabe der Urkunde knüpfen. Als dem Kapitel von Parma feine
Urkunden verbrannt waren, liefs K. Rudolf 922, Muratori Ant. It. 3,53,
ein Präzept fertigen, *per quod ipsos — de ipsis rebus et familiis nostra
regali auctoritate investimus, sicut a nostris praedecessoribus investiti
fuerunt*. Ob da gerade an eine mit der gefertigten Urkunde vollzogene
Inveftiturhandlung zu denken ift, mag zweifelhaft feien. Ganz beftimmt
erfcheint dann aber mit der gefertigten Urkunde die Inveftitur vollzogen, wenn nach Notariatsinftrument, Böhmer Acta 172, K. Heinrich

1193 Bevollmächtigte von Verona *investivit — cum privilegio facto et finito et sigillato sigillo suprascripti d. imperatoris — de arce Gardae cum omnibus pertinentiis, secundum quod in eo privilegio continebatur.* Das Feierliche der Form, welches die Uebergabe der Urkunde geeignet erscheinen laſſen konnte, die ſonſtigen Formen der Auflaſſung zu erfetzen, haben wir darin zu ſchen, daſs der König in öffentlicher Verſammlung die Urkunde eigenhändig vollzog, fiegeln liefs und dann übergab. In einer Aufzeichnung aus der Zeit K. Konrads II., Martene Coll. 2,65, heiſst es: *post haec in pascha domini apud Engeilhem coram imperatore Conrado recitata est haec commutatio, insuper imperiali coram totius regni optimatibus confirmata est cyrographo et ab utraque familia — iusto et aequo acclamatur esse facta concambio.* Cosmas von Prag ſah ſelbſt, wie K. Heinrich IV. ein Privileg für das Bisthum Prag durch Vollendung des Monogramms vollzog, M. Germ. Scr. 9,93. Darauf wird es auch zu beziehen ſeien, wenn 994, St. 1014, die Bitte darauf gerichtet war, *ut eius concessionis seu confirmationis chartam in praesentia principum — firmaremus.* Ergibt ſich daraus Oeffentlichkeit der Vollziehung, ſo laſſen andere Angaben keinen Zweifel, daſs dann auch die Uebergabe unmittelbar folgte. In den Casus S. Galli, M. Germ. Scr. 2,69, wird erzählt, wie K. Ludwig 854 einen Streit zwiſchen der Abtei und dem Biſchofe von Konſtanz ſchlichtete und die Ausfertigung der Urkunden befahl; *et cum perscriptae fuissent, propriae manus auctoritate eas confirmans, unam episcopo cum suis, aliamque abbati monachisque contradidit;* er läſst dann weiter noch ein Immunitätsprivileg für das Kloſter fertigen; *et sic etiam istam cartam sua manu confirmatam proprioque anulo consignatam monachis tradens, laetos eos in sua redire permisit.* Wird in den Urkunden ſelbſt in der Regel nur die Vollziehung, nicht auch die Uebergabe erwähnt, ſo finden ſich ausnahmsweiſe doch auch wohl hier Wendungen, welche beides in nähere Verbindung bringen. So 940, St. 88: *et hoc testamentum conscriptionis fieri iussimus nostrique impressione anuli roboratum tradidimus;* 1097, St. 3002: *hanc cartam scribi iussimus, quam nostra manu corroboratam sigilli nostri impressione insigniri fecimus et — predicte abbatie — optulimus;* 1178, Stumpf Acta 530, vgl. 532: *presentis privilegii paginam maiestatis nostre sigillo aureo roboratam dilectioni tue contradimus;* 1181, St. 4331: *literas nostras auctoritatis nostre sigillo communitas ei tradidimus.*

Solche Angaben find doch zweifellos durchweg auf feierliche öffentliche Uebergabe zu beziehen. Wird in Privaturkunden oft angegeben, daſs dieſelben vor der Uebergabe öffentlich verleſen wurden, ſo iſt das wenigſtens vereinzelt auch in Königsurkunden von 1005, St. 1406. 10, mit *recitatum publice* betont. Dann fehlte es natürlich auch nicht an Zeugen der Uebergabshandlung. Darauf bezügliche Angaben find in älteren Urkunden allerdings nicht gebräuchlich. Seit es dann üblich wurde, auch in Königsurkunden Zeugen aufzuführen, tritt die Oeffent-

73] lichkeit oft fehr beftimmt hervor. In wie weit die Zeugen überhaupt als Zeugen der Beurkundung, insbefondere der Uebergabe zu
betrachten find, werden wir fpäter erörtern. Für den nächften Zweck
mag es genügen, auf einige Fälle hinzudeuten, wo befonders beftimmt
hervortritt, dafs fie zunächft als Zeugen der Uebergabe zu betrachten
find. So 1125, St. 3205*): *praesentes autem fuerunt donationi huius
privilegii* vier genannte Fürften *aliique principes, qui interfuerunt, dum
aliud privilegium R. abbati suisque fratribus pro libertate et electione
advocati retinenda porreximus*, während in der hier angezogenen Urkunde St. 3204 eine fehr grofse Zahl von Perfonen aufgeführt wird,
welche *huius aecclesiae renovatae libertati et privilegio praesenti a
nobis confirmato — presentes interfuere*. In St. 3258, allerdings nach
Stumpf verdächtig, während Schum Vorftudien z. Dipl. K. Lothars 27
für die Echtheit eintritt, fagt der Pabft: *manuscriptum hoc datum a
— Lothario — rege in nostra et quam plurimorum fidelium presencia
confirmamus*. In Urkunde K. Friedrichs 1220, Huillard 1,810, heifst
es: *presens scriptum sigillo nostro communitum predicto preposito G.
et confratribus eius contulimus — ; testes quoque fideles nostros et imperii in presentia nostra eo tempore constitutos in huius rei testimonium
vocavimus.*

Diefe feierlichen Formen der Uebergabe waren freilich nicht gerade auf Urkunden befchränkt, denen eine bezügliche Handlung noch
nicht vorhergegangen war. Aber fie fallen bei diefen infofern befonders ins Gewicht, als fie ergeben, dafs doch auch in Fällen, wo die Thatfache lediglich durch die Beurkundung begründet erfcheint, eine feierliche Vollziehungshandlung nicht fehlen mufste. Für unfere nächften
Zwecke ift das allerdings nicht von gröfserem Gewichte, da ein beachtenswerther Zeitunterfchied zwifchen Beurkundung und Handlung fich
daraus kaum ergeben konnte, die Handlung als Schlufs der Beurkundung felbft zu betrachten ift.

74. Wichtiger wird es feien, zu unterfuchen, ob bei Königsurkunden häufiger eine der Beurkundung v o r h e r g e h e n d e Handlung
anzunehmen ift, demnach auch hier ebenfo bedeutende Zeitabftände
zwifchen Handlung und |Beurkundung fich ergeben konnten, wie bei
Privaturkunden. Das aber fcheint mir ungleich häufiger der Fall gewefen

---

*) Oder 3202 der urfprünglichen Anordnung. Stumpf hat, nachdem die zweite
Abtheilung feiner Regeften bereits längere Zeit in Umlauf und vielfach nach den Nummern
derfelben zitirt war, von den Schlufsbogen derfelben eine Umarbeitung mit nach Mafsga-
ben der neuen Anordnung und der hinzugekommenen Ergänzungen geänderten Nummern
ausgegeben, fo dafs von 2939 bis 3226(21) die Nummern beider Ausgaben nicht ftimmen.
Da mir zu dem Exemplar, mit dem ich zu arbeiten gewohnt war und in das ich viele auch
hier zu berückfichtigende Notizen eingetragen hatte, die umgedruckten Bogen nicht zugekommen waren, fo wurde ich auf den Umftand erft aufmerkfam, als diefe Arbeit bereits
zum grofsen Theil gefertigt war. Ich habe es nun allerdings an Mühe nicht fehlen laffen,
nachträglich die alten Nummern durch die neuen zu erfetzen, kann aber kaum dafür einftehen, dafs nicht einzelne alte Nummern zurückgeblieben find.

zu feien, als die Faffung der Urkunden erwarten laffen follte. Selbft in Fällen, wo die Urkunde die Handlung nicht allein nicht erwähnt, fondern die Faffung geradezu auf Vollziehung nur durch die Urkunde felbft zu deuten fcheint, läfst fich bei günftiger Sachlage wohl die vorhergehende Handlung nachweifen. In den Urkunden felbft finden wir fie vorzugsweife in Fällen erwähnt, wo die Faffung von den üblichen Formularen ftärker abweicht, felbftftändig konzipirt oder erweitert ift, was denn um fo beftimmter darauf hinweift, dafs das Nichterwähnen der Handlung in anderen zunächft nur feinen Grund in dem Fefthalten an den gewohnten Formularen haben dürfte.

Vor allem werden wir doch geneigt feien, bei Verleihungen von Gut eine von der Beurkundung unabhängige Traditionshandlung zu vermuthen. Es wurde bereits § 72 darauf hingewiefen, dafs fchon die frühere Karolingerzeit dafür Belege bietet. Und an folchen fehlt es denn auch fpäter nicht.

K. Arnulf fagt 890, Reg. Kar. 1083, Martene Coll. 2,34, dafs jemand *more legis Salice per manus fideiussorum E. atque G.* an Stablo Gut aufgelaffen habe; *et in recompensatione huius beneficii tradimus iam fatis fideiussoribus eius E. et G. secundum legem Salicam* angegebenes Gut. Trotz des *tradimus* wird hier an Auflaffung nur durch die Urkunde felbft nicht zu denken fein.

Der Urkunde St. 40, Dronke C. d. 314, durch welche der König 932 taufchweife mit einfachem *dedimus* Gut an Fulda gibt, findet fich im Traditionsbuche die bezeichnende Notiz zugefügt: *hanc traditionem ex imperio d. Heinrichi serenissimi regis K. comes manu sua in W. stipulatione subnixa peregit prefentibus his testibus, quorum nomina subtus continentur, ut ea que in prefenti armario sigillo regis cum immunitate firmantur, etiam titulatione firma habeantur testium,* worauf die Zeugennamen folgen.

In St. 1035, Dümge Reg. Bad. 94, fagt der König 995 einfach, dafs er ein Gut an die Kirche von Speier gegeben habe. Es hat fich dann aber noch ein ganz kurzes Schreiben des Königs erhalten, in welchem er, wahrfcheinlich den bezüglichen Beamten, anzeigt, dafs er das Gut *manu propria tradidiffe.*

Heifst es 1029, St. 1990, M. Boica 29,27, bei Schenkung eines Hofes an Obermünfter: *curtem — per hanc nostram imperialem kartam praefato monasterio tradendo confirmavimus ac corroboravimus et de nostro iure atque dominio in illius ius ac dominium omnino transfudimus,* fo follte man doch annehmen, dafs die Schenkung erft durch Uebergabe der Urkunde rechtskräftig vollzogen wurde. Nun findet fich aber in ungewöhnlicher Weife dem mit der Beglaubigungsformel fchließenden Texte der Urkunde noch die Notiz zugefügt: *baculo quoque nostro eiusdem imperialis concessionis investituram eidem monasterio contulimus, baculum quoque ipsum in testimonium perpetuum ibidem reliquimus.*

St. 1854, Remling U. B. 1,26, fagt der König: *una cum manu — G*

74] *regine — quod lam nostri iuris predium — sicut ante regni nostri primicias — promisimus, ita post acceptum — regnum — ad Spirensis episcopii altare tradidimus atque — iterum ex novo transfundimus et per huius regalis precepti litteras — denuo stabilimus et confirmamus.* Wollte man das *denuo* auch auf das frühere Verfprechen, ftatt auf nachträgliche Verbriefung der Tradition beziehen, fo läfst doch die Erwähnung der Königin eine vorhergehende Traditionshandlung nicht bezweifeln.

In einer ganz ungewöhnlich gefafsten Urkunde St. 2046, M. Boica 29,39, fagt der Kaifer 1033, dafs er mit Zuftimmung feines Sohnes und *cum manu* des Vogtes deffelben ein Gut *in manum* des Bifchofs von Wirzburg *traditione firmissima* gefchenkt habe, und fügt hinzu: *hi etiam, quorum hic nomina in testimonium subscripta sunt, traditionem presentes et viderunt et audierunt;* in den aufgeführten Perfonen haben wir danach doch nur Handlungszeugen zu fehen, wie fich das auch fonft beftimmter begründen liefse.

Nach St. 2934, Schaten Op. 2,444, erwirkte der Erzbifchof von Bremen 1096 beim Kaifer: *ut in purificatione inter ipsa missarum solemnia eundem comitatum deo salvatori et s. Mariae offerentes recognosceremus ac in perpetuum redderemus.* Das aber gefchah nach den weiteren Angaben zu Verona, während die Urkunde erft fpäter zu Padua gefertigt wurde.

Zuweilen finden folche Andeutungen auch in Urkundentexte Eingang, die übrigens von den üblichen Formen nicht ftärker abweichen. Heifst es häufiger: *tradidimus et per hoc praeceptum confirmavimus,* fo fcheint das allerdings auf vorhergehende Tradition zu deuten; doch dürfte fo allgemein gehaltenen Angaben nicht zuviel Gewicht beizulegen feien. Aber oft find die Ausdrücke fo beftimmt, dafs fie eine andere Auslegung nicht wohl zulaffen. So fagt der Kaifer 980, St. 773, bei einem Taufche, dafs, wie die andere Partei durch die Hand ihres Vogtes, fo er *per manum advocati nostri L.* gegeben habe; 995, St. 1042: *hobas sub praesentia fidelium nostrorum in manus episcopi tradidimus;* 1025, St. 1879: *ante altare s. Petri — manu ad manum donavimus ac perpetuo possidendum in proprium tradidimus;* 1085, St. 2870: *eandem abbatiam — Hammaburgensi ecclesiae imperatoria manu concessimus ac in proprium tradidimus;* 1105, St. 2975, dafs er Güter einer Reichsminifterialin *per propriam manum nostram et per manum illius* an ein Klofter tradirte; 1139, St. 3399: *idem molendinum monachis — propria manu tradidimus et delegavimus.* Genauer 1147, St. 1543. 44, bei Schenkung zweier Klöfter an Korvei: *de nostro atque regni iure per manum H. palatini comitis de Rheno, quem ad hoc rite peragendum assumpseramus advocatum, transegimus et firmavimus super reliquias corporis s. Viti martiris per aureum donationis nostre anulum in potestatem et ius atque dominationem Corbeiensis monasterii, in manum predicti abbatis W. et A. marchionis de B., qui vice comitis H. de W.,*

Corbeiensis monasterii advocati, eandem donationem nostram seu trans-actionem suscipiebat.

Erft fpäter werden die das Rechtsverhältnifs begründenden Hand-lungen häufiger in den Urkunden betont. Wüfsten wir nicht ander-weitig, dafs das Lehensverhältnifs immer durch Inveftitur begründet wurde, fo würden wir das den ältern bezüglichen Verbriefungen nicht entnehmen können. Heifst es 1107 bei Verleihung der Graffchaft Fries-land, St. 3020, einfach *in beneficium dedi*, 1156 bei Verleihung des Herzogthum Oefterreich, St. 3753, *in beneficium concessimus*, fo könnte das an und für fich auch der ,bloffen Verleihung durch Urkunde ent-fprechen. Aber wie wir im letztern Falle aus dem Berichte Ottos von Freifing wiffen, dafs Oefterreich mit zwei Fahnen geliehen wurde, ift dann in der Belehnungsurkunde über das Herzogthum Weftfalen 1180, St. 4301, auf die Handlung ausdrücklich hingewiefen: *archiepiscopum vexillo imperiali solemniter investivimus*, während die Urkunde felbft *hanc legitimam maiestatis nostrae donationem et investituram* ledig-lich bekundet und beftätigt.

· Und fo möchte ich kaum bezweifeln, dafs trotz des überwiegenden Schweigens der Urkunden bei Veräufferungen des Königs eben fo wenig, als bei denen von Privaten, die blofse Verbriefung genügte; ein Unter-fchied fcheint fich nur darin zu ergeben, dafs hier die bezügliche Hand-lung nicht gerade immer vorausging, fondern auch durch feierliche Uebergabe der Urkunde felbft rechtsgültig vollzogen werden konnte. Aber fchwerlich werden wir doch auch nur anzunehmen haben, dafs diefes die Regel, die vorhergehende Handlung die Ausnahme war.· Wird diefe in den Beurkundungen überwiegend nicht erwähnt, fo wird doch zu beachten feien, dafs nach erfolgter Beurkundung die Handlung hier überhaupt jede Bedeutung für den Beweis verlor. Denn nicht allein, dafs die Königsurkunde überhaupt ein unanfechtbares Zeugnifs war. Sie war ja in folchen Fällen nicht blos Zeugnifs, fondern zugleich Willens-erklärung des Königs, welche an und für fich zur Begründung der That-fache ausreichte; auch wenn die Handlung gar nicht vorhergegangen oder etwa eine ungenügende gewefen wäre, würde die Thatfache fich trotzdem durch Uebergabe der Urkunde durchaus rechtskräftig voll-zogen haben. Wird in den Privaturkunden die Handlung betont, in den Königsurkunden nicht, fo wird der Grund wohl weniger darin zu fuchen feien, dafs bei diefen die vorhergehende Handlung fehlte, als vielmehr darin, dafs fie nach erfolgter Beurkundung ihre Bedeutung verlor.

75. Eine vorhergehende Handlung haben wir aber zweifellos auch oft anzunehmen bei Verleihung von Rechten der verfchieden-ften Art durch den König, bei denen es fich nicht um die vorzugsweife an beftimmte Formen gebundener Uebertragung von liegendem Gute handelt, bei denen demnach Begründung des Rechts durch blofse Ver-briefung von vornherein weniger auffallen würde. Fanden wir doch

75] § 41 in der Freilaſſung ein Beiſpiel, daſs da ſelbſt bei Privaten die bloſse Verbriefung genügen konnte.

Dagegen gibt uns nun gerade die Freilaſſung auch wieder ein Beiſpiel, wie bei Verleihung perſönlicher Rechte durch den König der Urkunde eine Handlung vorherging. Der König ſagt durchweg, er habe freigelaſſen *denarium de manu eius manu nostra excutientes* oder ähnlich; ſo Mittelrh. U. B. 1,87; Neugart Cod. Al. 1,542; M. Boica 28,163; Böhmer Acta 15; vgl. Rozière Formules 1,79 ff. Der Grund der ausnahmsweiſen Betonung der Handlung ergibt ſich hier leicht darin, daſs gerade an dieſe Form beſtimmte Rechtswirkungen geknüpft ſind, wie denn auch in den Urkunden bemerkt zu werden pflegt, daſs dem Freigelaſſenen die Befugniſſe zuſtehen ſollen, welche denen zukommen, die *eodem modo* oder *per huiusmodi titulum absolutionis* vom Könige gefreit ſind.

Im allgemeinen erſcheinen allerdings die verliehenen Rechte nach der Faſſung der Urkunden nur durch dieſe begründet. Aber eine davon unabhängige Handlung muſs deſshalb nicht gefehlt haben. In den Verbriefungen der Verleihung von Marktrechten wird eine Handlung durchweg nicht erwähnt. Aber 1130 gewährt K. Lothar ein Marktrecht *reddentes et donantes predictum mercatum per manum comitis R. ad altare s. Georgii;* und von eben dieſem Marktrechte heiſt es 1165: *quod eis — Lotharius imperator tradiderat more solito per guantonem publica donatione et privilegii sui confirmatione,* M. Boica 29,255.375. Trotz des Schweigens der übrigen Urkunden haben wir danach die Verleihung durch Handſchuh nicht blos als ausnahmsweiſe angewandte, ſondern als übliche Form zu betrachten. Das beſtätigt ſich denn noch beſtimmter, wenn 1218, M. Germ. L. 2,229, der Reichsrechtsſpruch erfolgt: *quod, si forte alicui per cirothecam nostram contulerimus forum annuale vel septimanale in quocumque loco,* dann während der Marktzeit die Gewalt des Landrichters zu ruhen habe. Es iſt doch überaus beachtenswerth, daſs hier als maſsgebend nicht auf die Verbriefung des Rechtes, ſondern ausdrücklich nur auf den Formalakt hingewieſen iſt.

76. Häufiger, als in Deutſchland, finden wir in Italien beſtimmtere Angaben über bezügliche Handlungen des Königs. Denn hier werden ſolche Verleihungen nicht blos durch Urkunden des Königs ſelbſt, ſondern nicht ſelten auch durch bloſse Notariatsinſtrumente bezeugt. Die Bedeutung eines ſolchen iſt natürlich eine durchaus andere, als die der Königsurkunde. Das Notariatsinſtrument wirkt nur als glaubhaftes Zeugniſs über das, was der Notar geſehen oder gehört hat; würde das an und für ſich zur Begründung des Rechtes nicht ausgereicht haben, ſo würde auch die Beurkundung ſelbſt keinerlei Werth für den Beweis haben. Wäre es nun überhaupt üblich geweſen, daſs der König Rechte formlos lediglich durch bezügliche Willensäuſſerung verlieh, die des Beweiſes wegen ſchriftlich zu fixiren war, ſo wäre doch auch in ſolchen Fällen kein Grund zu weſentlich anderem Vorgehen geweſen. Es hätte

genügt, wenn der Notar bezeugte, der König habe vor ihm erklärt, dafs er diefes oder jenes Recht verleihe. Das ift aber durchweg nicht der Fall. Der Notar bezeugt, dafs der König in feiner Gegenwart diefe oder jene das Recht begründende Handlung vollzogen und ihm dann befohlen habe, ein Inftrument darüber zu fertigen. Es ift doch nicht abzufehen, wefshalb der Hergang ein anderer gewefen feien follte, wenn ein Diplom gefertigt wurde, obwohl diefes eine entfprechende Handlung nicht erwähnt. Und zuweilen ift auch wohl in den Diplomen felbft die entfprechende Handlung angedeutet.

Heifst es bei den Verbriefungen K. Friedrichs II. über Verleihung der Befugniffe des Notariats, vgl. Archivio stor. App. 2,464, einfach *tabellionem constituimus*, fo erfehen wir aus bezüglichen Inftrumenten, fo Savioli Ann. Bologn. 2,146, Ital. Forfch. 4,179. 321, dafs dabei eine Inveftitur durch den König oder deffen Bevollmächtigten vorgenommen wurde, nach fpäteren Zeugniffen *cum calamario et penna*; in einer Ernennungsurkunde K. Ottos IV., Böhmer Acta 222, wird denn auch die Inveftitur betont. Auch bei einer Legitimation, Ital. Forfch. 4,502, erfahren wir, dafs der Legitimirte durch Ring und Kufs mit den Befugniffen der Legitimirten inveftirt wurde.

In den über die Verleihung von Rechten an Städte gefertigten Privilegien wird in der Regel eine Handlung gar nicht erwähnt. Dagegen erfehen wir aus Notariatsinftrumenten, dafs K. Friedrich 1185 *cum ligno, quod in sua tenebat manu*, die Bewohner von Crema mit angegebenen Rechten und Befugniffen inveftirte, Böhmer Acta 144. Vom Legaten Wolfger heifst es 1209, Ital. Forfch. 4,269, dafs er die Konfuln von Poggibonzi *de omnibus bonis consuetudinibus*, welche fie zur Zeit der Kaifer Friedrich und Heinrich hatten, *publice reinvestivit*. K. Friedrich inveftirt 1220, Böhmer Acta 248, einen Bevollmächtigten der Gemeinde Cafale *de omnibus bonis consuetudinibus*, welche fie zur Zeit feiner Vorgänger hatten, und insbefondere mit der Befugnifs Konfuln zu haben. Vereinzelt finden wir bezügliche Andeutungen auch wohl in den Privilegien felbft. Sagt. K. Friedrich 1164 bei Verleihung vieler Hoheitsrechte, Böhmer Acta 114: *hec omnia concedimus civibus Papiensibus per manus consulum*, fo liefse fich das etwa noch auf die blofse Beurkundung beziehen. Das ift aber doch nicht ftatthaft, wenn K. Otto 1210, Ital. Forfch. 4,287, der Stadt Imola lediglich ihre hergebrachten Gewohnheiten beftätigt und fie in feinen Schutz nimmt, hinzufügend: *hac itaque donatione sive protectione nostra sepe dictam civitatem per — ipsius potestatem investivimus.*

77. Insbefondere wird nun aber die Frage nach der Handlung bei Beftätigungen von Gewicht feien. Denn bei einer überaus grofsen Zahl der Königsurkunden handelt es fich nicht um Neuverleihung, fondern um blofse Beftätigung von Gütern und Rechten. Hätten wir bei folchen, wie das doch nahe liegt, von vornherein von jeder von der Beurkundung unabhängigen Handlung abzufehen, fo würde für fehr

77] viele Fälle die Löfung der uns befchäftigenden Fragen fich fehr vereinfachen. Wird eine folche Handlung in der Regel bei Beftätigungen nicht erwähnt, fo haben wir andererfeits nach der Faffung auch nicht gerade anzunehmen, dafs die Thatfache der Beftätigung fich erft durch die Beurkundung vollzieht. Es genügt dazu doch zweifellos die Erklärung des Königs, dafs er für Einhaltung eines ohnehin bereits zu Rechte be-ftehenden Zuftandes einftehen wolle; diefe Erklärung liegt fchon vor, wenn er die Bitte um Beftätigung gewährt; die in Folge deffen gefer-tigte Urkunde ift doch zunächft nur als Zeugnifs der bereits vorher ge-währten Beftätigung zu faffen. War nun aber die Bitte nicht auf die blos mündliche Zuficherung, fondern auf die Verbriefung derfelben ge-richtet, fo ift die nächftliegende Annahme, dafs die Gewährung dadurch erfolgte, dafs der König eine entfprechende Beftätigungsurkunde zu fertigen befahl. Damit fehen wir uns hingewiefen auf Zufammen-fallen der Handlung mit dem Beurkundungsbefehle. Das findet denn auch in der Faffung der Urkunde fehr häufig darin feinen Ausdruck, dafs Gewährung und Befehl in unmittelbarften Zufammen-hang gebracht werden; es heifst etwa: *cuius petitioni assensum prae-bentes hoc praeceptum inde conscribi iussimus.* Oder es wird wenigftens beider in unmittelbarer Folge gedacht: *cuius petitioni assensum prae-buimus et presens praeceptum* oder *hoc quoque praeceptum inde con-scribi iussimus.*

Wie früher bei der Vollziehung durch Uebergabe der Urkunde auf den Schlufs, fo fehen wir uns hier auf den Beginn der gefammten Be-urkundung hingewiefen. Und wie dort, fo mufs denn auch hier die feierliche Form nicht gefehlt haben. So fagt K. Ludwig 852, M. Boica 28b,70: *nos vero solemni more peticioni eius aurem serenitatis nostrae accomodavimus ac per hoc hanc auctoritatem nostram — fieri decre-vimus.* Nun ift es allerdings nicht gerade nöthig, dabei an anderes zu denken, als dafs Gewährung und Befehl in öffentlicher Verfammlung erfolgten, wie das zuweilen wohl betont ift. So heifst es 1082, Cod. Weftf. 1,124, bei blofser Bitte um eine Beftätigungsurkunde: *cuius ratio-nabili et iuste petitioni coram episcopis ceterisque principibus nostris assencientes,* und dann in ungewöhnlicher Weife in der Datirung: *actum coram multis principibus;* oder 1130, Orig. Guelf. 2,500: *hanc cartam praesentibus principibus,* welche genannt werden, *inde iussimus scribi.* Es wird weiter nicht felten gefagt, dafs die vorgelegten Privilegien vor Ertheilung des Befehles zur Erneuerung öffentlich verlefen wurden.

Falls nun Gewährung und Beurkundungsbefehl immer zufammen-fielen, fo würde hier für unfere Zwecke lediglich der Zeitunterfchied in Betracht kommen, der fich etwa zwifchen dem Befehl und der Ausfüh-rung ergeben konnte. Ueberwiegend war jenes gewifs der Fall. Aber nothwendig war es doch gerade nicht. Heifst es etwa Cod. Weftf. 1,49.56: *cuius petitioni assensum praebentes, interventu matris nostrae*

— *omnes concessiones* — *renovavimus*, fo kann es auffallen, dafs die Intervenienz nicht auf die Gewährung, fondern zunächft nur auf die Beurkundung bezogen ift; es könnte das doch den Gedanken nahe legen, es habe auch nach einer vorläufigen Gewährung wohl noch einer weitern Fürbitte bedurft, um den Befehl zur Beurkundung zu erwirken. Auf folche, doch wahrfcheinlich ziemlich willkürliche Verfchiedenheiten der Faffung würde freilich kaum Gewicht zu legen feien. Und eine etwaige vorhergehende mündliche Zufage würde doch ohne die nachfolgende Beurkundung an und für fich ohne alle Bedeutung gewefen feien. Anders wäre das freilich, wenn fich nachweifen liefse, dafs die Gewährung in beftimmten Formen erfolgte, durch welche die Thatfache der Beftätigung als rechtskräftig vollzogen auch unabhängig von der Beurkundung erwiefen werden konnte. Dann mochte immerhin zunächft von der Beurkundung gar nicht die Rede feien. Und ich glaube allerdings, dafs auch bei blofsen Beftätigungen die Vollziehungshandlung fich keineswegs auf die Form des öffentlich ertheilten Beurkundungsbefehles befchränken mufste.

78. Zunächft dürfte in diefer Richtung zu beachten feien, dafs oft die Beftätigung nach vorhergegangenem Rechtsfpruche erfolgte. Und zwar nicht blos bei beftimmt beftrittenen Rechtsverhältniffen. Einzelne Urkunden laffen erkennen, dafs das Vorgehen fich keineswegs immer auf Bitte, Genehmigung und Beurkundungsbefehl befchränkte, dafs ein umftändlicheres Verfahren eingehalten, ein Urtheil auch in Fällen gefragt wurde, wo das Recht nicht beftritten war. Der Erzbifchof von Trier bat 947, ein vorgelegtes Privileg Kaifer Ludwigs zu erneuern; nachdem daffelbe öffentlich verlefen, *dum resideremus in palatio Frankenfurd iusticie causa, iudicatumque effet a circumsedentibus iuridicis, hoc ratum ac insolubile permanere*, kamen *postea* die anwefenden Grofsen mit dem Erzbifchofe zum Könige, *postulantes eadem regia nostra auctoritate roborari*, worauf der König die Fertigung der Urkunde befiehlt. Der Abt von Prüm bittet 948 unter Vorlage der bezüglichen Präzepte früherer Könige um Beftätigung der Schenkung einer Abtei; *quapropter* — *habito generali placito apud Niumagam in conventu tocius populi* — *generali iudicio decretum et determinatum est, prefatam abbatiam maius iuste et legaliter iuri monasterii Prumiensis* — *competere, quam ulli alii hominum; quorum iudicio nos gratantissime assensum prebentes, hanc nostre auctoritatis noticiam fieri iussimus.* Wieder erneuert 949 der König dem Erzbifchof von Trier ein Präzept K. Karls *ante nos recitatum et a nostris fidelibus approbatum.* Vgl. Mittelrh. U. B. 1,247. 250. 253.

Allerdings wird hier eine vom Befehle gefchiedene Handlung des Königs nicht ausdrücklich erwähnt; das Urtheil erfcheint zunächft nur als Motiv für den Befehl. Aber diefes Urtheil wird doch fogleich vom Könige genehmigt und damit die Beftätigung an und für fich rechtskräftig geworden feien. Dem konnte fich nun allerdings der Beurkun-

78] dungsbefehl unmittelbar anfchliefsen. Dafs das aber nicht zutreffen mufste, fcheint doch der erfterwähnte Fall ausdrücklich anzudeuten. Beftimmter ergibt fich das noch in einem andern Falle, wo es fich allerdings um ein beftrittenes Rechtsverhältnifs handelt. Nach Urkunde K. Heinrichs, St. 3204, Neugart Cod. Alem. 2,56, wird dem Abt von S. Blafien zu Weihnachten 1124 die Freiheit feiner Abtei und die freie Wahl des Vogtes durch Urtheil der Fürften zuerkannt, woraufhin der Abt einen andern Vogt beftellte, *cui bannum praedictae advocatiae iure imperiali dedimus salva aecclesiae libertate et condicionis auctoritate.* Das fetzt doch voraus, dafs der Kaifer das Urtheil bereits beftätigt hat, das Recht demnach auch ohne die Urkunde fchon gefichert ift. Aber mit der Beftätigung war nicht zugleich der Befehl zur Beurkundung gegeben; denn der Kaifer betont, wie ihn dann erft die inftändigen Bitten der Kaiferin und des Abtes bewogen, den Befehl zur Fertigung diefer Urkunde zu geben, welche denn auch erft vierzehn Tage fpäter datirt ift. Wenn in diefem, wie andern Fällen, wohl ausdrücklich erwähnt wird, dafs es zur Erwirkung der Beurkundung ohnehin fchon anerkannter Rechte noch befonderer Fürbitte bedurfte, fo fcheint da die Anfchauung einzugreifen, dafs es zwar Pflicht des Königs ift, das ihm erwiefene Recht anzuerkennen und nicht dagegen zu handeln, aber blofse Sache der Gnade, ob er demfelben durch Präzept befondere Sicherung gewähren will.

Wo es fich um Beftätigung beftrittener Rechtsverhältniffe nach vorausgegangenem Rechtsfpruche handelte, ergibt fich denn auch wohl beftimmter, dafs die Beftätigung fich keineswegs auf die Beurkundung befchränkte. So fagt K. Heinrich 1110, St. 3037, Martene Coll. 2,83, dafs er nach Urtheil der Fürften die Brüder von Stablo durch feinen Boten habe in Befitz fetzen laffen und ihnen nun zur Sicherung gegen weitere Befitzftörung diefe Urkunde ausftelle. So ftellt K. Konrad III., M. Boica 22,170, vgl. St. 3445, eine *confirmationis pagina* aus, in der er aber bemerkt, dafs er nach erfolgtem Rechtsfpruche einen Boten zur Befitzeinweifung gegeben und den Vogt mit dem Schutze beauftragt habe; Umftände, auf welche wir zurückkommen, fcheinen hier darauf hinzudeuten, dafs die Handlung der Beurkundung um mehrere Jahre vorherging.

79. Beftimmter ergibt fich die vorhergehende Handlung, wenn die Urkunden eine Beftätigung durch Inveftitur erwähnen. So bekundet der Kaifer in Beftätigungsurkunde von 998, Cod. dipl. Langobardiae 1651: *qualiter interventu ducis nostri Ottonis monachos cenobii s. Ambrosii per baculum de omnibus rebus ad partem ipsius cenobii pertinentibus investivimus.* Sagt K. Heinrich 1195, Stumpf Acta 273, dafs er den Pfalzgrafen Ildebrandin *per tria vexilla* mit allem inveftirte, was in den deffen Vorgängern ertheilten Privilegien enthalten fei, fo liefse fich das allerdings auch im Sinne eigentlicher Belehnung faffen. Ganz deutlich tritt das Verhältnifs aber in einem andern Falle hervor.

Nach Notariatsinſtrument, Böhmer Acta 247, beſtätigte K. Friedrich 1220 Oct. 2, einem Montage, der Kirche von Cafale ihre Befitzungen und Rechte, insbefondere alles, was fein Grofsvater in einem vorgelegten Privileg verliehen und beſtätigt hatte; *praeterea magistrum A.* — *nomine eiusdem ecclesiae per praedictum privilegium avi sui, quod in suis manibus tenebat, investivit de praedictis omnibus donis et concessionibus et confirmationibus.* Weiter aber wird dann nach Aufführung der Zeugen noch ausdrücklich hinzugefügt: *praeterea etiam hanc chartam seguenti die martii — dominus rex praecepit fieri et litteras suo sigillo sigillari,* fo dafs alfo beſtimmt betont wird, dafs die Vollziehung der Beſtätigung durch Inveſtitur ganz unabhängig von dem erſt fpäter erfolgenden Beurkundungsbefehle iſt.

Es iſt möglich, dafs diefe naheliegende Form der Inveſtitur mit der zu beſtätigenden Urkunde, welche der Inveſtitur mit der vollzogenen Urkunde bei Neuverleihungen entfprach, häufiger üblich war. Doch habe ich einen weitern Beleg nicht gefunden; wie fonſt, fo mögen auch hier die Formen der Inveſtitur die verfchiedenſten gewefen feien. Aus Deutfchland aber find mir überhaupt keine Fälle bekannt geworden, dafs bei bloffer Beſtätigung unbeſtrittener Rechtsverhältniffe, ohne dafs eine Entwerung vorherging, die Form der Inveſtitur angewandt wäre.

80. Als die am häufigſten angewandte Form dürfte vielleicht die Beſtätigung durch den Bann zu betrachten feien. In Urkunden der Bifchöfe, auch wohl der Aebte, wird diefelbe überaus häufig erwähnt; der Verletzer des beſtätigten Rechtes foll von der kirchlichen Gemeinfchaft ausgefchloffen und, wenn er nicht genugthuet, der ewigen Verdammnifs überantwortet feien. Dabei handelt es fich allerdings nach der Faffung häufig nur um eine Androhung durch die Urkunde felbſt; fo etwa 1120, Miraeus Op. 2,816: *si quis hoc institutum violaverit, perpetuae excommunicationi, nisi satisfecerit, subiaceat.* Aber in fehr vielen Fällen wird die vorhergehende feierliche Handlung beſtimmt betont. So fagt etwa der Erzbifchof von Köln, Lacomblet U. B. 1,91: *anno 1015, 16. kal. aug. facta sunt hec Colonie coram altari b. Petri apostoli — in missarum celebratione, ubi allatis illic sacrosanctis reliquiis predicti monasterii in presentia testium subscriptorum — inconvulsa permanere auctoritate dei et b. Petri apostoli decrevimus.* Befonders bezeichnend iſt eine Urkunde des Bifchofs von Utrecht von 1105, Sloet O. B. 1,206, worin er fagt, dafs er bei der Weihe einer wiedererbauten Kirche, deren Privilegien zum Theil verbrannt waren, *pacem et bannum omnibus bonis predicte ecclesie fecimus et confirmavimus in hec verba,* worauf dann die fehr ausführliche, alle Güter der Kirche aufzählende Bannformel in wörtlicher Faffung folgt. Einen ähnlichen Fall vgl. Martene Coll. 2,80. Auffer dem Ausfprechen der Formel mögen dabei noch andere Formen eingehalten feien; fo heifst es 1122, Joannis Scr. Mog. 2,744: *hanc igitur traditionem — confirmavit abbas V. stola atque banno, convocatis ante sanctum altare cunctis ecclesie fratribus.* Dem

80] geiftlichen trat dabei wohl noch der weltliche Bann zur Seite; der Bifchof von Verden fagt 1123, Hodenberg Gefchichtsq. 2,37: *hec omnia
tam ego spirituali, quam advocatus seculari banno confirmavimus.*
Durch folchen Bann war die Thatfache ganz unabhängig von der Beurkundung vollzogen, die denn auch nicht gerade immer gleichzeitig
erfolgte. Der Bifchof von Lübeck gibt 1164, Or. Guelf. 3,502, nachträglich eine Urkunde, *quod antecessor noster morte praeventus, licet
banno, minime tamen privilegio hanc donationem confirmavit.*

Entfprechendes werden wir nun auch bei Königsurkunden anzunehmen haben. Der König fichert feine Verfügungen durch den Bann,
deffen Verletzung hohe Geldftrafen oder, nach der anfcheinend in
Deutfchland geläufigeren Anfchauung, die Reichsacht zur Folge haben
foll; vgl. Ital. Forfch. 1,62 ff., 73 ff., Waitz V. G. 6,452 ff. Die Faffung der
Königsurkunden felbft würde es nun allerdings durchweg zulaffen, dabei nur an eine durch die Urkunde felbft angedrohte Strafe zu denken;
insbefondere ift vom Ausfprechen einer Bannformel oder einer fonftigen bezüglichen Handlung nicht die Rede.

Aber wenigftens für Italien geben uns da die Notarinftrumente ge-
nügenden Auffchlufs. Wo diefe die Verhängung des Bannes durch den
König erwähnen, da wird auch die entfprechende Handlung erzählt;
der König verhängt den Bann *per fustem, quem in sua manu tenebat.*
Und zwar auch da, wo es fich um bloffe Beftätigung unbeftrittener
Rechte handelt; die Urkunde wird vorgelegt oder das Recht behauptet
und, wenn kein Einfpruch erfolgt, durch den Bann gefichert; vgl. Ital.
Forfch. 1,37 ff.

Mag nun in Deutfchland die Form diefelbe oder eine andere gewefen feien, fo ift doch kaum zu bezweifeln, dafs wir bei dem in den
Urkunden erwähnten Banne an eine beftimmte, auch unabhängig von
der Beurkundung wirkfame Handlung zu denken haben, durch welche
demnach das Recht auch ohne Beurkundung gefichert gewefen wäre.
K. Heinrich fagt um 1047, Martene Coll. 2,64, dafs er auf einem Hoftage zu Maftricht der Abtei Stablo ertaufchte Grundftücke beftätigt
habe *bannique nostri impositione, ne deinceps quisquam aut tollere aut
usurpare sibi audeat vel iniustitiam aut violentiam facere, publice vigo-
ravimus;* als Zeugnifs laffe er die Urkunde fertigen; da diefe nach allen
Umftänden, vgl. St. 2515, erft mehrere Jahre fpäter ausgeftellt wurde,
fo ergibt fich der Sachverhalt um fo beftimmter. Auch in andern Fällen
deuten die Ausdrücke auf eine der Urkunde vorausgehende Bannhand-
lung. So wenn es 1087, Sloet O. B. 1,192, heifst: *hoc igitur iudicium
— banno imperiali confirmavimus et hanc cartam inde fecimus conscribi.* Die Bürger von Duisburg baten 1129 den König um Beftätigung
ihrer Rechte im Königsforfte: *quod et fecimus, tradicione nostra et confirmatione atque auctoritate regii banni nostri eis eorumque in perpetuum posteris stabilientes hoc;* dann aber: *preterea, ut hec traditio et
confirmatio nostra firma permaneat — manuscriptum hoc eis inde*

iussimus fieri, Lacomblet U. B. 1,201; vgl. auch die Urkunden K. Lothars St. 3246. 56. K. Konrad fagt 1147, Lacomblet U. B. 1,245, dafs er *iudicio principum regni posito banno* Freihaltung der Ruhrfchifffahrt befohlen habe, oder 1151, Cod. Weftf. 2,60, dafs er einem Klofter *in prediis suis — securitatem et pacem perpetuam dedimus et nostra auctoritate sub banno regali per presentes et futuras generationes sanximus*, während dann zur dauernden Sicherung die Urkunden gefertigt wurden. K. Friedrich fagt 1153, Lacomblet U. B. 1,260, *vera certaque relatione cognovimus*, dem Probfte von Köln fei eine vom Erzbifchofe erworbene Vogtei vom Könige Konrad *confirmatam et banno regio corroboratam;* wird dann weiterhin auch eine Beurkundung erwähnt, fo erfcheint doch in erfter Reihe das mündliche Zeugnifs über die von jener unabhängige Handlung mafsgebend. Auch wenn es 1172, M. Boica 29,412, heifst: *haec ita rationabiliter peracta confirmamus indicta hinc inde nostrae auctoritatis pace, assensum dantibus principibus et universis astantibus*, wird doch an eine vorhergehende Handlung zu denken fein. Beftimmter ergibt fich das, wenn der Kaifer um 1179, St. 4287, Lacomblet 1,328, fagt, dafs der Erzbifchof von Köln ihn, *dum essemus in Ytalia*, um Beftätigung der Verpfändung von Kirchengut erfuchte, dafs er in Bewilligung deffen den Befitz dem Gläubiger beftätigte *et banni nostri auctoritate pacem ei in eisdem curtibus et quietam possessionem stabilivimus*. Fällt das nach Ausweis der Zeugen 1176, während die undatirte Urkunde erft einige Jahre fpäter nach der Rückkehr nach Deutfchland ausgeftellt fein kann, fo tritt das Vorhergehen einer das Recht auch ohne die Urkunde fichernden Handlung ganz beftimmt hervor.

81. Vergegenwärtigen wir uns nun das E r g e b n i f s b e z ü g l i c h d e r H a n d l u n g, fo zeigt fich doch in fo vielen Fällen, wo fowohl der Wortlaut der Urkunden, als die Art des verbrieften Gegenftandes Vollziehung nur durch die Verbriefung felbft annehmen laffen follten, eine von diefer unabhängige Vollziehungshandlung, es entfpricht die Begründung von Rechtsverhältniffe durch Formalakte, welche auch dem des Lefens Unkundigen verftändlich waren, fo fehr den gefammten deutfchen Rechtseinrichtungen, dafs ich annehmen möchte, es fei jede Gewährung des Königs durch eine von der Verbriefung unabhängige, wenn auch oft mit diefer zufammenhängende Handlung feftgeftellt worden. Ob das richtig ift, ob insbefondere, was die vorhergehende Handlung betrifft, für diefe nicht auch ein formlofer Beurkundungsbefehl genügte, fällt für unfere Zwecke nicht ins Gewicht. Denn überwiegend wird fich doch auch der fonftigen Vollzugshandlung der Beurkundungsbefehl unmittelbar angefchloffen, fich demnach wenigftens zwifchen dem Beginn der Beurkundung und der Handlung ein Zeitunterfchied nicht ergeben haben. Dagegen ift es wichtig, dafs wir feftftellen konnten, dafs wenigftens in fehr vielen Fällen eine von der Beurkundung ganz unabhängige Vollziehung ftattfand, demnach von diefer Seite nichts im

81] Wege ftand, dafs auch bei Königsurkunden die vollzogene Thatfache erft lange nach der Handlung beurkundet werden konnte.

82. Schon das Gefagte weift darauf hin, dafs U n a b h ä n g i g k e i t
d e r R e c h t s b e ft ä n d i g k e i t v o n d e r B e u r k u n d u n g bei Gewährungen des Königs ebenfo anzunehmen feien wird, als bei denen der
Privaten, dafs auch da für den Beweis die Feftftellung durch Zeugen
der Handlung genügt haben mufs. Das beftätigt fich nun weiter dadurch, dafs fichtlich für fehr viele Handlungen des Königs von rechtlichem Intereffe die Beurkundung überhaupt nicht üblich war. Es mag
genügen, an die Belehnung zu erinnern. Selbft noch im zwölften Jahrhunderte haben wir da aus Deutfchland nur Verbriefungen über Einzelfälle, bei welchen es fich weniger darum handelte, ein Beweismittel für
die gefchehene Belehnung felbft, als für die befonderen Umftände und
Bedingungen, unter denen fie erfolgte, zu fchaffen. Dem ausgebildeten
Lehenrechte ift der Urkundenbeweis fo durchaus fremd, es fällt da fo
beftimmt das ganze Gewicht auf den Beweis der Handlung durch das
Zeugnifs der Genoffen, dafs wir billig bezweifeln dürfen, ob im Lehens-
verfahren eine Beweisführung durch Verbriefung des Königs überhaupt
als zuläffig erkannt worden wäre. Daher die Forderung der Belehnung
vor Genoffen; nach der Erzählung Gifelberts, M. Germ. 21,575, mufste
K. Heinrich 1191 die Belehnung der Erwählten von Kammerich und
Lüttich bis auf feine Rückkehr nach Deutfchland verfchieben, *quia hoc
nisi sub testimonio principum Theutoniae fieri non poterat*, und von
diefen damals nur einer beim Kaifer war.

Der Kreis der Gegenftände, über den fich Königsurkunden erhalten haben, ift ja überhaupt in früherer Zeit ein ziemlich befchränkter.
Während in Italien über jede Entfcheidung des Hofgerichtes auf Befehl
des Königs ein Inftrument gefertigt wird, wurden in Deutfchland vor
dem zwölften Jahrhunderte die Rechtsfprüche als folche nicht verbrieft;
fie werden nur etwa beiläufig erwähnt, wenn fie Veranlaffung zur Ausftellung einer Beftätigungsurkunde boten. Und ift es möglich, worauf
wir zurückkommen, dafs fchon früh Akten des Hofgerichts geführt wurden, fo ergibt fich doch nirgends, dafs diefe etwa als Beweismittel be-
nutzbar waren. Auch für den Rechtsfpruch war der Beweis erforderlichenfalls zweifellos durch Zeugen zu erbringen, wie das bei nachträglichen Beurkundungen wohl betont wird. K. Friedrich bekundet 1158,
St. 3796, Steierm. U. B. 1,375, einen 1151 von feinem Vorgänger beftätigten, aber nicht verbrieften Rechtsfpruch, *in conspectu nostre maiestatis his omnibus principum, qui interfuerant, viventi adhuc testimonio
comprobatis*. Nach Urkunde K. Friedrichs von 1160, St. 3888, M. Boica
29,352, wurde auf einem Hoftage zu Bamberg, alfo fpäteftens 1158, ein
Streit des Bifchofs von Wirzburg mit dem von Bamberg zu Gunften des
letztern durch Kaifer und Fürften entfchieden. Später auf der Heerfahrt in Italien bat dann der Bifchof den Kaifer, *ut scripto mandari
praeciperemus sententiam, ne forte processu temporis memoriae exci-*

deret aut minus auctoritatis haberet; das gewährt dann der Kaiser *tam per nos quam per nobilissimos proceres ac principes nostros facti non immemores* und *concordantibus in eiusdem sententiae assertione simul et attestatione, qui praesentes in ipsa felicissimi nominis nostri expeditione aderant et actioni interfuerant, Regenoldo excancellario, iam archicancellario in Italia et adhuc Coloniensis aecclesiae electo* und anderen Genannten.

Und überaus häufig ist ja in den Königsurkunden selbst darauf hingedeutet, dafs fie nur zur gröfseren Sicherheit, *ad maiorem cautelam,* oder *ut haec eo magis firma permaneant,* gefertigt feien.

83. Dem gegenüber läfst fich nun freilich geltend machen, dafs fich auch wieder Zeugniffe für die Nothwendigkeit der Beurkundung bei gewiffen Gewährungen des Königs finden. Und find es überwiegend nur beftimmte Gegenftände, welche in früherer Zeit vom Könige verbrieft zu werden pflegten, fo legt doch fchon das die Annahme nahe, dafs es da der Beurkundung bedurfte, dafs ohne diefe die Thatfache überhaupt nicht rechtskräftig wurde, ein Zeitunterfchied zwifchen Handlung und Beurkundung alfo nicht in Rechnung zu bringen feien wird.

So laffen fich die Kirchen die Immunität und andere Freiheiten fo regelmäffig verbriefen, es ift bei allen bezüglichen Verhandlungen fo ausfchliefslich vom Beweife durch Präzepte die Rede, dafs wohl zweifellos das Recht als durch diefe bedingt zu betrachten ift. Insbefondere aber wird in fränkifcher Zeit mehrfach betont, dafs Königsgut nur auf Grundlage eines Präzept rechtmäffig befeffen werden könne; vgl. Sickel Acta 1,6. 2,239. So erneuert K. Ludwig 836, Mohr Cod. 1,37, dem Bifchofe von Chur ein Präzept, *quia sine imperiali auctoritate memoratas res — sub firmitate iuris sue ecclesie nullatenus poterat detinere;* K. Karl der Kahle reftituirt 877, Bouquet Scr. 8,662, ein Gut durch Präzept, *quia praefato coenobio non aliter legitime, postquam in fiscum nostrum deciderat, reddi poterat, nisi per praeceptum nostrae auctoritatis.* Das wird auch nicht ausgefchloffen, wenn wir, wie § 74 bemerkt, aufferdem eine Traditionshandlung erwähnt finden. Denn wie ja felbft bei privaten Veräufferungen die Tradition nicht immer genügt, auch abgefehen von der Inveftitur wohl noch ein fpäteres Bekräftigen der Tradition nöthig erfcheint, vgl. Zeitfchr. für Rechtsg. 2,101 ff., fo mochte auch die Tradition des Königs nicht genügen, wenn nicht die Konfirmation durch Präzept hinzukam. So wiederholt 880 K. Ludwig die Schenkung eines Gutes an Fulda, *quod et ipsum avus noster Hludowicus ad iam dictum monasterium tradidit, sed, quod non rationabiliter confirmatum ab ipso est, quorundam interpellatione interceptum est,* Dronke Cod. 281.

Nun wird es aber für unfere Zwecke nicht darauf ankommen, ob die Beurkundung überhaupt nöthig war, fondern ob diefelbe gleichzeitig zu erfolgen hatte. Das war aber zweifellos nicht der Fall. Der

83] Tradition werden wir mindeftens eine vorläufig oder etwa für die Lebenszeit des Herrfchers felbft fichernde Wirkung beilegen müffen; es fcheint doch, dafs nicht für ihre Wirkfamkeit überhaupt, fondern nur für ihre dauernde Wirkfamkeit die Handlung der Beurkundung bedurfte. Schon in Karolingerzeit finden fich Beifpiele, dafs über das tradirte Gut erft vom Nachfolger ein Präzept ausgefertigt wurde, vgl. Sickel Acta 2,239. Später finden wir dann nicht felten Fälle, dafs königliche Vergabungen erft lange Zeit nachher beurkundet wurden. So fagt K. Otto II. 977, St. 691, vgl. Stumpf Wirzb. Imm. 2,27, dafs fein Vater dem Klofter S. Bavo angegebene Güter *benigne reddiderat*, dafs er aber durch den Tod überrafcht *nullum super hoc imperialis auctoritatis scriptum ediderat*. Ein befonders auffallendes Beifpiel gibt eine Urkunde K. Heinrichs von 1012, St. 1565, Höfer Zeitfchr. 1,161, wonach der Bifchof von Merfeburg klagte, dafs alle Schenkungen K. Ottos des Grofsen und feiner Nachfolger an fein Bisthum *antecessorum suorum incuriositate nulla sint regali auctoritate commendata*, und um Beurkundung bat, *ne per futura tempora aliquam pateretur iniuriam vel inquietudinem;* dem willfahrt der König nicht allein, fondern verbrieft nun auch zugleich ein Gut, welches er felbft *iam olim* durch die Hand feines Vogtes an die Kirche hatte tradiren laffen. Zu dem Zwecke war denn wohl die gefchehene Verleihung vorher durch Zeugen zu erweifen. K. Heinrich V. hatte der Abtei Echternach das Recht freier Schiffahrt verliehen, aber fichtlich nicht verbrieft; erft K. Lothar beftätigt und beurkundet das 1131, Mittelrh. U. B. 1,530, *quia experti sumus rei veritatem a maioribus natu Treverice sedis testimonium perhibentibus.*

Mag auch immer auf die Beurkundung durch den König als unanfechtbares und daher befonders werthvolles Beweismittel grofses Gewicht gelegt feien, fo dürfte fich doch überhaupt die Auffaffung, dafs nur diefe Sicherung gewähre, mehr und mehr verloren haben. So wird denn auch in folchen Fällen in den Königsurkunden felbft wohl nur die gröfsere Sicherung betont. Der Kaifer beftätigt 979 dem Bifchofe von Brixen einen Hof, den er ihm früher verliehen hatte, auf Fürbitte durch nachträgliche Urkunde, *ut securius praedictam curtem teneret*, M. Boica 28,229. Nach Ausweis der § 50 befprochenen Urkunde von 1047, Wenck Heff. L. G. 3,55, fcheint man fich doch dabei beruhigt zu haben, dafs eine Handlung des Kaifers nur durch Urkunde des Erzbifchofs von Mainz und durch die darin aufgeführten Zeugen zu erweifen war. Wie Traditionen von Privaten, fo fcheinen auch Traditionen des Königs fpäter wohl einfach unter Angabe der Zeugen in die Traditionsbücher ohne weitere Beurkundung eingetragen zu feien; fo 1158 eine Tradition an Klofter Windberg, St. 3794, M. Boica 14,25. Eine Tradition K. Friedrichs an S. Gallen von 1167, St. 4093, S. Gall. U. B. 3,46, fcheint nur im Klofter felbft verbrieft und mit dem Konventsfiegel beglaubigt zu feien, fo dafs die Wirkfamkeit nur in den Zeugen liegen konnte; vgl. das ähnliche Stück St. 4507, Cod. Anhalt. 1,486.

Nach allem werden wir davon ausgehen dürfen, dafs bei jeder Königsurkunde der Verbriefung eine die Thatfache vollziehende Handlung
längere Zeit vorausgehen konnte, dafs das felbft bei folchen Gegenftänden nicht ausgefchloffen ift, welche zur dauernden Sicherheit Beurkundung erfordern mochten, infofern auch bei diefen die Beurkundung wenigftens nicht gleichzeitig zu erfolgen hatte. Wir werden das
durch zahlreiche Fälle beftätigt finden, bei welchen die Urkunde erweislich erft lange nach der Handlung ausgeftellt wurde und dann oft auch
beftimmter erkennen läfst, dafs die Thatfache bereits mit der Handlung
rechtskräftig geworden war.

84. Damit ergeben fich nun bezüglich der B e d e u t u n g d e r D a-
t i r u n g für Königsurkunden ganz diefelben Zweifel, wie für Privaturkunden. Sie würde fich auch hier ebenfowohl auf die frühere Handlung,
als auf die fpätere Beurkundung beziehen können. Von vornherein ift
das eine hier fo wenig ausgefchloffen, als das andere, da fich vereinzelt
auch in Königsurkunden wohl Fälle einer D o p p e l d a t i r u n g finden,
welche erweifen, dafs man beide Zeitpunkte bei der Datirung beachtete.
So heifst es etwa St. 2934: *factum est in Italia Veronae*, weiter *anno
1096 data est Patavii*; St. 3192: *actum apud Traiectum*, dann *datum
Aquisgrani* 1123 Nov. 16. Auf ähnliche Fälle aus fpäterer Zeit werden wir in anderer Verbindung zurückkommen; es mag genügen, auf
St. 4654 hinzuweifen, wo die Doppeldatirung eine durchaus vollftändige
ift: *acta sunt hec apud Mersburc anno 1189, 17 kal. nov.; datum Fulde
anno 1190, 5 id. iulii.* Dafs fich hier die eine Angabe auf die Handlung,
die andere auf die Beurkundung bezieht, würde fich, wenn es nöthig
wäre, aus dem Inhalte der Urkunden leicht noch beftimmter nachweifen
laffen. Finden wir nun in der Regel nur eine einfache Datirung, fo
müffen wir es doch zunächft ganz dahingeftellt feien laffen, ob fich diefe
auf das eine, oder das andere bezieht.

Nun fcheinen allerdings eben jene Doppeldatirungen auch einen
genügenden Halt für die Entfcheidung im Einzelfalle zu bieten. Ift bei
ihnen die fich auf die Handlung beziehende Angabe mit Actum, die
Datirung nach der Beurkundung aber mit Datum eingeleitet, fo liegt es
doch nahe, das überhaupt als mafsgebend zu betrachten. Und damit
wäre wenigftens für fpätere Zeiten die Frage genügend gelöft. Denn
in der ftaufifchen Periode und fpäter finden fich wenigftens die genaueften Angaben der Datirung, Tag und Ort, unter einem jener Ausdrücke
zufammengefafst, gewöhnlich unter Datum, aber doch auch nicht felten
unter Actum. Wir wiefen nun aber § 43 bereits nach, dafs Actum fich
felbft dem Wortfinne nach auch auf die Beurkundung beziehen kann
und wenigftens in Privaturkunden auch wohl wirklich darauf bezogen
wurde. Wir fanden weiter § 51 auch wieder Datum mit Actum verwechfelt. Dem gegenüber werden doch jene einzelnen Fälle uns fchwerlich berechtigen, die in ihnen hervortretende Bedeutung der Ausdrücke
als die in allen Fällen mafsgebende betrachten, es wird fich doch em-

84] pfehlen, auch für diefe fpätern Zeiten fogleich auf Haltpunkte zu
achten, welche ganz unabhängig von der Form der Datirung ergeben,
ob fich diefelbe auf die Handlung, oder auf die Beurkundung bezieht.
Unmittelbarer noch ergibt fich diefe Nothwendigkeit für frühere Zeiten. Zuerft in den Urkunden der Karolinger finden wir eine Form der
Datirung, welche zunächft unter Data den Tag und die fonftigen Zeitangaben, dann unter Actum den Ort nennt. Diefe Form ift noch im
eilften Jahrhunderte die Regel, ift auch im zwölften noch vielfach im
Gebrauch. Nach den bisher gefundenen Anhaltspunkten würde fich
demnach in ein und derfelben Datirung die Zeitangabe auf die Beurkundung, der Ort aber auf die Handlung beziehen. Das aber wäre doch
ein fo auffallendes Verhältnifs, dafs uns wohl nur die unwiderleglichften
Beweife daffelbe als wirklich zutreffend betrachten laffen dürften. Beftätigt aber die Unterfuchung daffelbe nicht, ergibt fie für Zeit und Ort
diefelbe Beziehung, fo wird fich dann weiter fragen, was da für die Ge-
fammtdatirung als ausfchlaggebend zu betrachten ift, das Datum der
Zeit oder das Actum des Orts, die Beurkundung oder die Handlung.
Nur diefen Gegenfatz faffen wir zunächft ins Auge, es fpäterer Unterfuchung vorbehaltend, in wie weit etwa, wo die Beziehung auf die Beurkundung im allgemeinen feftfteht, die verfchiedenen Beftandtheile der
Datirung verfchiedenen Stufen der Beurkundung entfprechen können.

DATIRUNG NACH DER BEURKUNDUNG.

85. Bei der Datirung der Königsurkunden fcheint mir als R e g e l
Beziehung fowohl der Zeitangaben, als der Ortsangaben auf die Beurkundung keinem Zweifel zu unterliegen. Gelangten wir da bezüglich
der Privaturkunden zu entgegengefetztem Ergebniffe, fo wird das kaum
auffallen können. Die Privaturkunde wirkt dadurch, dafs fie die für die
Thatfache mafsgebende Handlung feftftellt, den Beweis derfelben ermöglicht; es ift erklärlich, wenn bei ihr das ganze Gewicht auf die
Handlung fällt. Das Präzept des Königs dagegen ftellt die Thatfache
unmittelbar feft, dient als ganz felbftftändiges, unanfechtbares Beweismittel für diefelbe, neben dem die vorhergehende oder nachfolgende
Handlung nicht ins Gewicht fällt; es wird von vornherein nicht befremden können, wenn da in erfter Reihe der Zeitpunkt ins Auge gefafst
wird, an welchem der König diefes mafsgebende Zeugnifs abgab. Wie
wir denn auch Datirung nach der Beurkundung vorzugsweife in folchen
Privaturkunden finden, welche den königlichen nachgeahmt find oder
ihnen doch in fo weit entfprechen, als ihrer Form nach der Werth zunächft darin zu fuchen ift, dafs fie die Thatfache durch beglaubigtes
Zeugnifs der gewährenden Perfon felbft feftftellen.

Suchen wir nun den behaupteten Satz zu erweifen, fo bieten einen
erften Haltpunkt m e h r f a c h e B e u r k u n d u n g e n d e r f e l b e n
H a n d l u n g m i t v e r f c h i e d e n e r D a t i r u n g. Mehrfache Beurkun-

dungen derselben Thatsache, welche doch Vollziehung durch ein und
diefelbe Handlung vorausfetzt, finden fich nicht felten, weil man von
vornherein mehrfache Verbriefung zu befitzen wünfchte, oder weil die
eine Ausfertigung nicht genügte, eine zweite in diefer oder jener Beziehung entfprechendere gemacht wurde, oder auch weil ein und diefelbe Thatfache für mehrere Empfänger zu verbriefen war. Stimmen
diefe zuweilen in ihrer Datirung überein, fo kann das allerdings, worauf
wir zurückkommen, beim Hinzukommen anderer Umftände für Datirung
nach der Handlung fprechen, mufs es aber nicht, da die mehreren Beurkundungen ja gleichzeitig entftanden fein können. Aber oft ift die
Datirung durchaus verfchieden nach Zeit und Ort. Man vergleiche
etwa Reg. Kar. 1962 und 1964 von 919 Juni 13 zu Heriftall und Juli 9
zu Diedenhofen, St. 595 und 613 von 973 Juni 30 zu Trebur und
Nov. 23 zu Heiligenftadt; St. 656 und 659 von 975 Juni 11 zu Erfurt
und Juni 21 zu Allftädt; St. 1737 und 1750 von 1019 Dez. 15 zu Mühlhaufen und 1020 Mai 22 zu Kaufungen; St. 1815 und 1817 von 1023
Nov. 30 zu Mainz und Dez. 10 zu Trebur; St. 2494 und 2495 von 1056
Febr. 27 zu Koblenz und März 7 zu Kaiferswerth; St. 2808, vgl. Wilmans Kaiferurk. 1,384, von 1077 Dez. 30 und 1079 März 30; St. 3901
und 3905 von 1161 Jan. 29 zu Como und Juni 3 vor Mailand. Für fpätere Zeit mag es 'genügen, auf das Edikt K. Friedrichs II. gegen die
Städte, Reg. Fr. 699, hinzuweifen, deffen verfchiedene Ausfertigungen
aus Ravenna 1231 Dez. und 1232 Jan., aus Aglei im April, aus Portenau
im Mai datirt find; vgl. auch die Rundfchreiben Dönniges Acta Henr.
2,210.212; dann Reg. Lud. Add. III. S. XI. In allen folchen Fällen
können wenigftens die fpäteren Datirungen der Handlung nicht entfprechen, es fei denn, wir nähmen an, es fei für diefelbe Thatfache auch
eine wiederholte Vollziehungshandlung vorgenommen. In Einzelfällen
mag zu einer folchen Veranlaffung gewefen fein. Dafs das in den angeführten Beifpielen durchweg nicht anzunehmen ift, würde fich durch
Eingehen auf den Inhalt leicht erweifen laffen. Wir werden davon abfehen dürfen, da es an anderen ausreichenden Beweifen für unfere Behauptung nicht gebricht.

86. Solche Beweife ermöglichen insbefondere die Angaben des
Textes über die Zeit der Handlung, welche, wenn auch nicht fo
unmittelbar, wie die doppelte Datirung, doch mit voller Beftimmtheit
erkennen laffen, dafs die Zeit der Datirung jener nicht entfpreche, demnach auf die Beurkundung zu beziehen feien werde. Dabei 'ergibt fich
überdies oft zugleich Unterfchied des Ortes.

So fagt St. 1879, Schaten Opera 2,322, der König, dafs er auf
Bitte des Bifchofs und Fürbitte Genannter ein Gut *Mindensi ecclesiae
— per id temporis inibi commorantes ante altare s. Petri — manu
ad manum donavimus ac perpetuo possidendum in proprium tradidimus*. Die Datirung 1025 Mai 3 Regensburg kann fich natürlich nur
auf die Beurkundung beziehen, welche hier, da der König 1024 Weih-

86] nachten zu Minden war, über vier Monate nach der Handlung erfolgte.

St. 2953, Stumpf Acta 81, wird 1101 Juni 1 zu Aachen bekundet, dafs *me celebrante pascha Leodii*, alſo Apr. 21, eine Klage des Abtes von S. Jacob zu Lüttich in angegebener Weiſe entſchieden ſei. Aehnlich wird St. 3204, Neugart Cod. Al. 2,57, gefagt, dafs eine Streitſache *in nativitate domini Argentine*, entſchieden ſei, während die Urkunds zwar aus Strassburg, aber von 1125 Jan. 8 datirt iſt; ebenſo St. 3425, Neugart 2,71, die Entſcheidung *in diebus pasche*, März 30, mit der Datirung 1141 Apr. 10. Die Erhebung Oeſterreichs zum Herzogthume erfolgte nach dem Texte des Privileg, St. 3753, *in curia generali Ratispone in nativitate s. Marie celebrata*, alſo Sept. 8, während die Urkunde von 1156 Sept. 17 datirt iſt. K. Friedrich reſtituirt St. 3773, M. Boica 29,345, nach Spruch der Fürſten dem Biſchofe von Paſſau ein Gut *in sollempni curia Babembergensi in kal. iulii celebrata* und bekundet das unter 1157 Juli 4.

Handelt es ſich in den letzterwähnten Fällen, bei denen ſich ein Ortsunterſchied überhaupt nicht ergibt, um geringe Zeitunterſchiede, mag da die Handlung wenigſtens mit dem Befehle zur Fertigung der Urkunde zuſammengefallen ſeien, ſo iſt der Zeitunterſchied zuweilen ein ſehr bedeutender. Nach Urkunde von 1157 Febr. 5 zu Ulm, St. 3762, M. Boica 29,336, war zu Regensburg und zwar, wie ſich aus den Zeugen ergibt, ſchon 1154 ein Urtheil für den Abt von S. Emmeran geſunden und, wie ausdrücklich gefagt, vom Kaiſer beſtätigt; aber erſt auf dem Hoftage zu Ulm, alſo im dritten Jahre, *abbas ad illius sententiae confirmationem privilegium a nostra celsitudine impetravit*; und die Beziehung insbeſondere des Ortes auf die Beurkundung tritt noch beſtimmter hervor, indem die Zeugen in ſolche geſchieden werden, *qui Radispone in prolatione sententie presentes fuerunt*, und ſolche, *qui Ulmae ubi factum est hoc privilegium presentes erant*.

Nach St. 4140, M. Boica 29,411, beurkundet der Kaiſer 1172 Dec. 6 zu Wirzburg einen Tauſch zwiſchen dem Bisthum Naumburg und dem Kloſter Oberzell bei Wirzburg, welcher in ſeiner Gegenwart auf einem Hoftage zu Bamberg, und zwar, wie ſich aus einer Beſtätigung deſſelben Tauſches durch den Biſchof von Wirzburg, Lepsius B. v. Naumburg 255, ergibt, ſchon 1164 vollzogen und vom Kaiſer *indicta hinc inde nostrae auctoritatis pace* beſtätigt war; *omnia haec*, ſagt der Kaiſer, *que coram nobis in Babenberg ordinata sunt*, habe er dann *cum postmodum essemus in Wirzeburg* beurkundet. Freilich bezeichnet Stumpf diefe noch mehrfach zu erwähnende Urkunde als unecht. Sollte aber auch wirklich das angebliche Original nach äuſſern Merkmalen unhaltbar ſein, ſo möchte ich mindeſtens eine echte Vorlage weſentlich gleichen Inhaltes annehmen, die dann vielleicht wegen irgendwelcher Einſchiebung umgeſchrieben wurde. Denn innere Anzeichen der Unechtheit ſcheinen durchaus zu fehlen. Dafs die Zeugen wohl zu 1164, nicht aber zu 1172 paſſen, erklärt ſich daraus, daſs es Handlungszeugen ſind. Die grofsentheils wörtliche Uebereinſtimmung mit der biſchöflichen Urkunde von 1164 hat nichts Befremdendes, wenn wir annehmen, daſs dieſelbe 1172 der Kanzlei vorgelegt wurde. Wollten wir dagegen annehmen, ein Fälſcher habe die kaiſerliche Beſtätigung nach Muſter der biſchöflichen geſertigt, ſo iſt doch nicht wohl abzuſehen, was ihn irgend hätte veranlaſſen ſollen, ſein Machwerk in die ungewöhnliche Form einer erſt acht Jahre ſpäter ſolgenden Beurkundung einzukleiden. In dieſem Falle ſcheint mir das Ungewöhnliche, aber keineswegs Unzuläſſige, gerade für die Echtheit zu ſprechen.

Um eine mehr als ſechs Jahre ſpätere Beurkundung handelt es ſich auch St. 4308, Bünau Friedr. I. 431, von 1180 Oct. 9 zu Altenburg. Der Kaiſer ſagt, daſs er, *cum essemus in provintia Thuringia Tullede, profecturi cum expeditione adversus Alexandriam*, einen Wald tradirt habe und nun *traditionem a nobis iam pridem factam* konfirmire; er fügt dann noch hinzu, daſs er *circa idem tempus* zu Merſeburg der Kirche auch eine Wieſe geſchenkt habe. Vergleichen wir dieſe Angaben mit dem Itinerar, ſo ergibt ſich, daſs die Handlung zum Febr. 1174 gehört. Auch in ſpäterer Zeit fehlt es nicht an entſprechenden Fällen; wir werden in anderer Verbindung darauf zurückkommen.

87. Lieſs ſich in den beſprochenen Fällen der Unterſchied der Zeit genauer feſtſtellen, ſo ergibt ſich bei andern zunächſt nur V e r ſ c h i e d e n h e i t d e s O r t e s d e r H a n d l u n g u n d d e r D a t i r u n g. Sind die Orte weiter von einander entfernt, ſo iſt damit auch ein gröſserer Zeitunterſchied gegeben. Zuweilen liegen ſie ſo nahe, däſs ein Aufenthalt des Königs an demſelben oder doch an nächſtſolgenden Tagen möglich iſt. Gerade ſolche Fälle zeigen dann nur um ſo deutlicher, daſs für den Ort der Datirung, auch wo er mit Actum gegeben iſt, lediglich die Beurkundung maſsgebend war, da in ſolchen Fällen, wo die Beurkundung erſt lange nachher erſolgte, immerhin der Gedanke näher liegen könnte, man habe nur bei ſolchen ausnahmsweiſe den Ort der Beurkundung vorgezogen.

Auf ältere Beiſpiele hat ſchon Sickel Acta 1,236 aufmerkſam gemacht. Auch ſpäter ſind ſie nicht ſelten. So bekundet K. Lothar 842 mit dem Actum Martiaco, wohl Merzig im Luxemburgiſchen, eine zu Trier verhandelte Reſtitution; 854 eine zu Prüm gemachte Schenkung aus dem unweit nordöſtlich gelegenen Manderſeld; Mittelrh. U. B. 1,79.92. Der König ſchenkt 922, St. 5, Dronke C. d. 311, *Fulta causa orationis venientes*; aber Actum Walhauſen. Als K. Otto 979 ſeine Tochter in das Kloſter Gandersheim gab, ſchenkte er *in die oblationis eius*, alſo doch wohl im Kloſter ſelbſt, ein Gut; aber verbrieft iſt das zu Botfeld, St. 747, Harenberg 623. St. 767 fällt die Handlung nach Ingelheim, wahrſcheinlich April 980, während die Datirung Achen Juni 1 nennt. Eine 1040 zu Fritzlar vorgenommene Tradition iſt beurkundet aus dem benachbarten Eſchwege, St. 2195, Stumpf Acta 55. Die zu Mainz ver

9*

87] handelte Vereinigung des Bisthums Olmütz mit dem von Prag wird
1086 zu Regensburg verbrieft; St. 2882, Stumpf Acta 80. In St. 2956,
M. B. 31,377, von 1102 aus Speier heifst es ausdrücklich: *quaerimoniam,
quam Moguntiae audivimus, per hanc cartam Spirae conscriptam finivimus,* während fich aus dem Texte beftimmt ergibt, dafs die Sache zu
Mainz nicht blos begonnen, fondern bis auf die Beurkundung vollendet
war. St. 3405, Martene Coll. 2,110, aus Worms 1140 Febr. 9, erwähnt
der Text Lüttich als Ort der Handlung, die danach fchon 1139 Juni
fallen dürfte. St. 4469, Würdtwein Subs. 10,353, fagt der Kaifer 1186,
dafs er ein ihm zu Mühlhaufen zu diefem Zwecke aufgelaffenes Gut
Uhterstal accedentes super altare b. Marie contradidimus; beurkundet
ift das zu Hafsloch nicht weit von Eufferthal in der Richtung des Itinerar gelegen. Nach St. 4732, Wirtemb. U. B. 2,274 übernimmt der Kaifer 1191 eine Vogtei zu Memmingen und bekundet das aus Ulm. St. 4798,
Wirtemb. U. B. 2,289, fagt der Kaifer 1193, dafs er ein ihm zum Zwecke
der Uebertragung an Salem aufgelaffenes Gut zu Lampertheim, füdöftlich von Worms, nachdem ein das geftattender Rechtsfpruch gefunden, *super reliquiis gloriose genitricis dei prefato monasterio donavimus;* die Urkunde ift ausgeftellt zu Mosbach, zweifellos kurz nach der
Handlung, da fie nach Ausweis der Zeugen in den März zu fetzen und
demnach das benachbarte Mosbach weftlich von Heidelberg als Ausftellort anzunehmen ift. Entfprechende Fälle aus fpäterer Zeit werden
wir ohnehin zu befprechen haben.

88. Gegen die Beweiskraft folcher Fälle liefse fich nun zuweilen
wohl die Unficherheit der für die Beurkundung mafsgebenden Handlung geltend machen. Es liefse fich behaupten, dafs
nicht zunächft die an anderm Orte gefchehene begründende Handlung,
fondern die Beftätigung derfelben durch den König durch die Urkunde
feftgeftellt werden foll, dafs diefe alfo auch als die für die Urkunde mafsgebende Handlung, die erzählte vorhergegangene Handlung aber nur
als Motiv derfelben zu betrachten fei, dafs demnach folche Fälle der
Annahme nicht im Wege ftänden, man habe doch im allgemeinen bei
dem unter Actum gegebenen Orte der Datirung die Handlung im Auge
gehabt.

Nach der Sachlage einzelner Fälle wird man das immerhin zugeben können. K. Heinrich verbrieft 1077 Dec. 30 zu Regensburg dem
Bifchofe von Osnabrück die ihm beftrittenen Zehnten, während gefagt
ift, dafs die Anerkennung feines Rechtes durch die Bifchöfe und Grofsen
auf einem Tage zu Worms, wohl im Oktober, erfolgte; Cod. Weftf. 1,123,
vgl. St. 2808, Wilmans Kaiferurk. 1,339. 384. Aber es ift noch von
Verfprechungen des Bifchofs an den König die Rede, welche diefen erft
nachträglich beftimmt haben mögen, den Spruch der Fürften zu beftätigen, fo dafs hier immerhin der Befehl des Königs zur Fertigung der
Urkunde als mafsgebende Handlung betrachtet werden könnte.

Auf einem Wirzburger Tage, der nach den Zeugen auf 1155 Oct.

fällt, vgl. St. 3729, läfst der Kaifer nach Urtheil der Fürften alle, welche auf dem Maine Zölle erheben, auf Weihnachten vorladen, um ihr Recht zu erweifen. Da fie fich nicht ftellen, werden mit Urtheil der Fürften die Zölle auf dem Main für verwerflich erklärt. Aber erft zu Worms 1157 Apr. 6 erläfst der Kaifer eine Urkunde, in welchen die Erhebung verboten wird, St. 2767, M. Boica 29,340. Es laffen fich leicht Gründe denken, welche hier verzögernd einwirkten; als mafsgebend wird man auch hier die fpätere Ausführung des Urtheils durch den Kaifer betrachten dürfen.

K. Philipp bekundet 1207 aus Quedlinburg, Reg. Ph. 103, M. Germ. L. 2,213, die Befchlüffe des Tages zu Nordhaufen über die Beifteuer für das heilige Land. Aber auch da läfst fich fagen, dafs das, was die Urkunde feftftellen foll, eigentlich weniger jene Befchlüffe felbft find, als der Befehl des Königs, dem Ueberbringer diefes Schreibens jenen Befchlüffen gemäfs die Steuer zu zahlen.

Aber nur in fehr wenigen der früher aufgezählten Fälle würde eine ähnliche Auffaffung zuläffig fein. Bei der grofsen Mehrzahl handelt es fich um die Feftftellung rechtlicher Thatfachen, welche durch eine vom Könige felbft an anderm Orte vollzogene Handlung durchaus rechtskräftig geworden waren, auch ohne die Beurkundung zu Rechte beftanden, wo demnach die mafsgebende Handlung gar nicht zweifelhaft fein kann.

Anders ift das freilich, wo der König lediglich die Handlungen Anderer beftätigt; da foll die Urkunde nicht zunächft die durch jene begründete Thatfache, fondern die königliche Beftätigung derfelben bezeugen. Sind folche Handlungen aber in Gegenwart des Königs vorgenommen, fo werden wir auch da gewifs anzunehmen haben, dafs die Beftätigungshandlung fogleich erfolgte, wenn auch die Urkunde erft an anderm Orte gefertigt wurde. Bei dem § 86 befprochenen Falle St. 4140 ift das ausdrücklich gefagt. Und auch fonft wird das die Sachlage nicht zweifelhaft erfcheinen laffen können. In St. 4851, M. Boica 29,478, von 1194 März 18 zu Nürnberg, erzählt der Kaifer, wie jemand durch feine Hände auf dem Hoftage zu Saalfeld ein Gut an die Bamberger Kirche aufliefs; *nos itaque omnia hec, que premisimus, ecclesie Babenbergensi auctoritatis nostrae munimine confirmamus.* Auch da liefse fich geltend machen, dafs die Urkunde zunächft nur die Beftätigung verbriefen foll und diefe vielleicht erft zu Nürnberg erfolgte. Aber wenn der Kaifer fogar perfönlich in die Handlung eingriff, fo kann doch nicht angenommen werden, dafs er die Beftätigung derfelben noch verfchob; nur die Beurkundung kann nach Nürnberg fallen; hatte man bei der Datirung die Handlung im Auge, fo war zweifellos Saalfeld zu nennen.

89. So zweifellos fich nun auch bei den bisher befprochenen Fällen Beziehung der Datirung auf die Beurkundung ergibt, fo werden wir damit die Regel noch nicht als erwiefen betrachten dürfen; es würde fich, wie wir fehen werden, eine nicht geringere Zahl zweifellofer Datirungen

89] nach der Handlung entgegenftellen laffen. Und gerade in Fällen, wo bereits im Text beftimmter auf Zeit oder Ort der Handlung hingewiefen ift, könnte man ja eben defshalb bei der Datirung ausnahmsweife die Beurkundung bevorzugt haben. Es würde doch wichtig feien, gerade auch für folche Urkunden den Sachverhalt beftimmter feftftellen zu können, in welchen auf verfchiedene Zeit oder verfchiedenen Ort der Handlung nicht ausdrücklich hingewiefen ift.

Um in diefer Richtung einen Halt zu gewinnen, könnte man verfucht fein, gröfseres Gewicht auf die Faffung der Handlung in gegenwärtiger oder vergangener Zeit zu legen. Ift überwiegend von der Handlung als einer vergangenen die Rede, heifst es *tradidimus, confirmavimus*, fo fcheint in vielen Fällen durch den Ausdruck *tradimus* oder beftimmter *per hoc praeceptum tradimus* und ähnliche auf Vollziehung der Handlung erft durch die Beurkundung hingedeutet zu fein. In den Urkundentexten ift diefer Unterfchied auch oft genau beachtet, fo dafs das Präfens lediglich für das angewandt wird, was erft durch die Urkunde gefchieht. So wenn es fo häufig heifst: *petitioni annuimus, donavimus, hoc quoque preceptum inde fieri iussimus*, dann aber: *per quod decernimus atque iubemus*, dafs das Gefchenkte dem Empfänger fortan verbleiben folle, während es in der Beglaubigungsformel wieder heifst *corroboravimus* und *insigniri iussimus*. Dürften wir gleiche Genauigkeit überall vorausfetzen, fo würde das bezügliche Unterfuchungen allerdings wefentlich fördern können.

Aber der Unterfchied zeigt fich zu wenig fcharf beachtet, als dafs fich in zweifelhaften Einzelfällen beftimmtere Schlüffe daraus ziehen liefsen. Die Vergleichung einer gröfsern Zahl dazu geeigneter Urkunden ergab allerdings, dafs in Fällen, wo von der Handlung im Präfens die Rede ift, auch die fonftigen Umftände durchweg fo lagen, dafs die Annahme der Vollziehung der Handlung erft durch die Urkunde felbft oder doch wenigftens unmittelbaren Anfchluffes der Beurkundung an die Handlung keiner Schwierigkeit begegnete, oft beftimmter unterftützt wurde. Dann aber ergaben fich auch wieder nicht wenige Fälle, wo trotz des Gebrauches des Präfens alles darauf deutet, dafs die Handlung eine längftvergangene war. So ift St. 1662 mit *concedimus* bloffe Wiederholung der drei Jahre früher gefchehenen Schenkung St. 1582; weitere Belege werden ohnehin zur Sprache zu bringen fein. Oder die Willkür des Gebrauches ergibt fich unmittelbar. So heifst es in der Mehrzahl der 1007 Nov. 1 zu Frankfurt ausgeftellten Schenkungsurkunden für Bamberg, bei denen doch ein Unterfchied der Zeit der Handlung gewifs nicht anzunehmen ift, *donamus atque proprietamus;* aber St. 1458. 59. 61: *donavimus ac perpetuavimus*, 1464: *donavimus*, 1465: *contulimus*. Und in fpätern entfprechenden Verbriefungen für Bamberg ergibt fich die Willkür noch unmittelbarer aus *donavimus atque proprietamus*, wie wir auch fonft nicht gerade felten *donamus et tradidimus* oder *confirmamus et corroboravimus* lefen. Auffer der Willkür der

Konzipienten würde da insbefondere auch noch den Einflufs der Formulare und Vorlagen in Anfchlag zu bringen fein, fo dafs der Gebrauch des Präfens in Einzelfällen als unterftützend beachtenswerth feien mag, aber fchwerlich allein als ausfchlaggebend betrachtet werden darf. Noch weniger wird uns an und für fich der Gebrauch des Perfekt berechtigen, eine vorhergehende Handlung anzunehmen. Denn er rechtfertigt fich überall, infofern nie etwas im Wege fteht, bei der Faffung den Standpunkt der bereits übergebenen Urkunden einzunehmen. Heifst es gar nicht felten *per hoc preceptum tradidimus* oder *confirmavimus*, fo überhebt uns das jedes weitern Nachweifes.

90. Anders ift das aber doch, wenn die Handlung nicht blos fchlechtweg als vergangen erwähnt wird, fondern fich befondere Betonung der Vergangenheit der Handlung zeigt, indem die gebrauchte Verbalform an und für fich oder doch in diefem Zufammenhange eine folche ergibt, oder diefelbe fich durch Einflechtung eines *tunc, eo tempore* und ähnlicher Ausdrücke beftimmter kennzeichnet. Denn dazu fehlte die Veranlaffung, wenn Handlung und Beurkundung zufammenfielen oder ziemlich gleichzeitig erfolgten. Und wird in folchen Fällen die Annahme erft nachträglich erfolgter Beurkundung durchweg noch durch anderweitige Umftände unterftützt, fo ergibt fich zugleich aufs beftimmtefte die Beziehung der Datirung auf die Beurkundung.

So wird St. 86, M. Boica 28,171, zu Salz 940 Mai 29 eine Schenkung für die Abtei S. Emmeran bekundet, *cui Isangrim episcopus tunc preesse videbatur.* Diefer war 940 Febr. 5 geftorben; feit der Handlung war alfo mehr als ein Vierteljahr vergangen.

St. 135, M. Boica 28, 180, zu Siptenfeld 946 Juli 21 fagt der König *cuidam comiti — proprietatem*, welche von Boten des Herzogs vom Eigen des Königs ausgefchieden und dem Grafen übergeben wurde, *concessimus cum parschalcis aliisque mancipiis eorumque filiis e a die in predicta proprietate manentibus, quando a praedicti ducis auctoritate illius potestati dinoscitur esse praesentata.* Die beftimmter auf die Vergangenheit deutende Faffung verdanken wir wohl nur dem Umftande, dafs hervorgehoben werden follte, wie für die Rechtswirkungen nicht die Zeit der Beurkundung, fondern der Handlung mafsgebend feien folle.

Daffelbe trifft zu St. 752, M. Boica 28,229, aus Saalfeld 979 Oct. 15. Der Kaifer fagt, dafs der Bifchof von Brixen *per interventum* Herzog Ottos und Bifchofs Wolfgang von Regensburg ihn gebeten habe, *ut quandam curtem —, quam in beneficio ei donatum habuimus, per precepti nostri donationem diebus vitae nostrae confirmaremus ;* diefer Bitte *per interventum prenominati ducis et episcopi* willfahrend, *ut securius praedictam curtem — teneret, — per omnia sicut illa die tenuit et sicut tunc ad suam manum servivit, quando pro precepto per predictos viros nos interpellavit, ita concessimus et confirmavimus illi per huius*

90] *precepti donationem et confirmationem diebus vitae nostrae.* Es wird
hier alfo nicht blos die Handlung, fondern auch die Bitte um Verbriefung derfelben als längervergangen bezeichnet. Wurden baierifche
Gefchäfte durchweg zu Regensburg erledigt, war der Kaifer anfcheinend zuletzt 977 Oct. zu Regensburg, war dort Herzog Otto nach St. 716
erweislich bei ihm, ift das für den Ortsbifchof zweifellos anzunehmen,
fo dürfte fich die Beurkundung zwei Jahre verzögert haben. Da nach
St. 750 der Kaifer 979 Oct. 14 und zwar, worauf wir zurückkommen,
zweifellos gleichfalls zu Saalfeld für den Bifchof von Regensburg urkundet, fo dürfte diefer bei ihm gewefen und an die unterlaffene Beurkundung gemahnt haben, während man nun in der Faffung Vorforge traf,
dafs die Verzögerung dem Empfänger nicht zum Nachtheile gereichte.
   Nach St. 1967, Sinnacher Beitr. 2,368, aus Aachen 1028 Apr. 19,
erzählt der Kaifer, dafs Aribo von Mainz und Bruno von Augsburg ihn
baten, die Klaufe unter Seben dem dortigen Marienklofter *per nostrum
imperiale preceptum* zu übergeben; *quorum petitioni pium, sicut iustum
erat, assensum praebentes,* habe er nun *per interventum* feiner Gemahlin, feines Sohnes und des Herzogs von Kärnthen durch diefes Präzept dem Klofter die Klaufe tradirt, fo dafs der Bifchof *eiusdem ecclesiae,*
nämlich der von Brixen, darüber volle Verfügung zu Nutzen des Klofters haben folle. Unter andern Verhältniffen möchte es gewagt fcheinen, aus dem *erat* ftatt *est* fchon auf fpätere Beurkundung zu fchlieffen.
Aber ich zweifle nicht, dafs die Gewährung fchon Anfang Juni 1027
erfolgte, als der Kaifer durch Tirol aus Italien zurückkehrte. Damals
waren Aribo und Bruno bei ihm, während eine Anwefenheit bei der
zehn Monate fpäter zu Achen erfolgten Beurkundung weder zu erweifen, noch aber auch wahrfcheinlich ift, da hier ganz andere Intervenienten genannt werden. Dann aber erfolgte die Schenkung der Klaufe an
den Bifchof überhaupt ficher fchon in Tirol, da fie demfelben bereits
1027 Juni 7 nebenbei verbrieft wurde, St. 1956, M. Boica 29,20. Es
handelte fich nur noch um eine befondere Verbriefung oder eine folche,
welche die Widmung zunächft für die ältere bifchöfliche Hauptkirche
von Seben beftimmt hervorhob.
   St. 2041, Cod. Weftf. 1,96, aus Merseburg 1033 Juli 2, bekundet
der Kaifer, dafs er auf Fürbitte von Gemahlin und Sohn, dann der Erzbifchöfe Aribo von Mainz und Piligrim von Köln und mit Zuftimmung
der andern Getreuen, *qui tunc temporis ibi affuerunt,* dem Bifchofe
von Minden die Erlaubnifs zur Gründung des Martinsklofters gegeben
habe. Aribo aber war fchon 1031 Apr. 6 geftorben. Wir haben weiter
eine frühere Urkunde des Kaifers, St. 1989, Falke Tr. Corb. 850, wonach er fchon unter Regensburg 1029 Apr. 13 auf Fürbitte eben jener
Perfonen diefelbe Erlaubnifs ertheilte. Es handelt fich alfo 1033 nur
um eine Wiederholung, bei welcher dann zugleich dem Klofter verfchiedene Schenkungen nur auf Bitten von Gemahlin und Sohn beftätigt
werden. Wäre uns hier der Sachverhalt nicht ohnehin genau bekannt,

fo müfste fchon das Zufammenfaffen einer Mehrzahl von Thatfachen in einer Urkunde darauf hinweifen, dafs die Datirung nicht wohl durch die Handlung beftimmt feien kann, wie fich das auch in manchen andern Fällen geltend machen liefse. St. 2238, Cod. Weftf. 1,110, fagt der König 1043 Jan. 23 zu Goslar, dafs er eine Bitte des Bifchofs von Minden bewilligte, *quia iusta ac religiosa fuerat*, und wegen der Bitten der Erzbifchöfe von Köln und Magdeburg, *simul etiam cum consensu ceterorum nostrorum fidelium, qui tunc temporis presentes affuerunt*. Auch da fcheint doch fo beftimmt auf die Vergangenheit hingewiefen, dafs fchwerlich an gleichzeitige Beurkundung zu denken feien wird. St. 2573, Cod. Weftf. 1,116, von 1059 Apr. 7 zu Utrecht, bekundet der König, wie er *post patris nostri semper lamentandum obitum pro animae illius aeterna requie* einen Forft an Paderborn zurückgeftellt habe: *reddidimus, in proprium dedimus atque tradidimus*. Der Vater ftarb 1056 Oct. 5; auf eine im dritten Jahre nachher erfolgende Schenkung paffen jene Ausdrücke kaum mehr; fie mag etwa 1057 Mai, als der junge König in Weftfalen und nach der Richtung des Itinerar wohl zweifellos zu Paderborn war, gefchehen und erft zwei Jahre fpäter beurkundet fein.

St. 2769, M. B. 29, 186, aus Wirzburg 1073 Oct. 27, bekundet der König eine Vergünftigung für die perfönlich vor ihm erfchienene Aebtiffin von Niedermünfter zu Regensburg. Schon die Erwägung, dafs die Aebtiffin fchwerlich an einem andern Orte, als zu Regensburg felbft, den Hof des Königs gefucht haben wird, mufs hier die Annahme fpäterer Beurkundung nahe legen. Das findet darin eine Beftätigung, dafs es heifst, die Vergünftigung fei gewährt auf Einfchreiten genannter Bifchöfe und des Grafen Eberhard, *cuius consilium eo in tempore multum in nostra viguit curia*.

Nachträgliche Beurkundung fcheint auch angedeutet, wenn K. Friedrich II., Reg. Fr. 73, Wirtemb. U. B. 3,6, zu Speier 1213 Dec. 30 fagt, er habe *eo die*, wo er den Leichnam K. Philipps in der Hauptkirche zu Speier beifetzen liefs, diefer die Kirche zu Esslingen gefchenkt. Doch handelt es fich da wohl nur um einen geringen Zeitunterfchied, da die Beifetzung um Weihnachten erfolgte.

Handelte es fich hier durchweg um Fälle, wo auch andere Umftände die Annahme fpäterer Beurkundung unterftützten, fo wird allerdings Vorficht nöthig fein, wo das nicht zutrifft. Strenggenommen liegt ja in dem Gebrauche eines die Vergangenheit der Handlung betonenden Ausdruckes nicht einmal eine Ungenauigkeit, fobald die gefammte Urkunde, wenn auch gleichzeitig gefertigt, als Zeugnifs über vergangene Dinge gefafst ift; nur dafs dann die Veranlaffung zu folchen Ausdrücken fehlt. Heifst es St. 4654, M. Germ. L. 2,186, ein Rechtsfpruch für Verden fei zu Merfeburg gefunden unter Zuftimmung der Fürften, *qui tunc aderant*, fo beftätigt fich die daraus zu folgernde Annahme fpäterer

90] Beurkundung durch die ausdrückliche Doppeldatirung mit Actum Merfeburg 1189 Oct. 16 und Datum Fulda 1190 Juli 11, wie denn auch die als Urtheiler genannten Fürften theilweife nicht zu Fulda waren. Nun ift aber auch St. 4655, M. Germ. L. 2,187, mit dem einfachen Datum Fulda 1190 Juli 14 von einer Zuftimmung der Grofsen, *qui tunc aderant;* zu einem andern Rechtsfpruche für Verden die Rede; trotzdem ift der Spruch zweifellos nach Fulda zu fetzen, da die fünf namentlich aufgeführten Urtheiler fämmtlich in St. 4656 von demfelben Tage Zeugen find. Da die bezügliche Stelle in beiden Urkunden wörtlich ftimmt, fo mag die Faffung der erften auf die zweite eingewirkt haben, falls wir nicht etwa Fertigung nach einer Formel annehmen wollen, die dann freilich auf den Schlufs führen würde, dafs Rechtsfprüche in der Regel nicht gleichzeitig bekundet wurden.

Auch ein anderer Fall mahnt zur Vorficht. Unter *acta sunt hec anno d. i. 1209 in civitate Augusta in ecclesia s. Johannis baptiste* bekundet K. Otto, Reg. 49, M. Boica 29,553, dafs er zum Seelenheile feines zu Augsburg geftorbenen und begrabenen Bruder Liuther dem dortigen Kapitel eine Vogtei überlaffen habe, *accedente consensu ac peticione Sifridi tunc temporis eiusdem ecclesie episcopi, qui tunc episcopali auctoritate hoc ipsum eis ius recognovit et privilegio suo confirmavit.* Da wir wiffen, dafs Liuther fchon 1190 ftarb, follte das in Verbindung mit diefer Faffung auf eine längftvergangene Handlung unter einem verftorbenen Bifchofe fchliefsen laffen. Aber Sifrid war Bifchof von 1208 bis 1227. Allerdings möchte ich nicht bezweifeln, dafs jene Ausdrücke auch hier durch nachträgliche Beurkundung veranlafst waren, wie denn auch das *acta* und das in folchen Fällen häufige Fehlen der Tagesangabe bei genauerer Bezeichnung des Ortes anzudeuten fcheint, dafs man hier auch bei der Datirung zunächft die Handlung im Auge hatte. Wird diefe aber in den Januar 1209 zu fetzen feien, fo mufs doch auch die Beurkundung, da Otto noch König heifst, jedenfalls noch in daffelbe Jahr fallen; fie dürfte etwa durch den abermaligen Aufenthalt zu Augsburg im Juli veranlafst feien.

91. Deutet in der Faffung felbft nichts beftimmter auf die Vergangenheit, fo wird es wenigftens in einzelnen Fällen möglich feien, aus der **unabhängig von der Urkunde feftzuftellenden Zeit der Handlung** die Datirung nach der Beurkundung zu erweifen. Schon in manchen der befprochenen Fälle würde diefe auch ohne die Unterftützung der Faffung anderer Umftände wegen nicht zu bezweifeln feien.

St. 749, Harenberg H. Gand. 623, von 979 Sept. 27, fagt K. Otto: *more antecessorum nostrorum regum videlicet ac coimperatorum legitimo sortientes connubio nostrae dilectae coniugi Theophanu quendam iuris nostri locum Pateleke nominatum in pago (Ambraga) in comitatu (Wichmanni) comitis situm — in perpetuam proprietatem (et ea mortua cenobio Ganderesemensi) donavimus firmiterque legavimus.* Einer andern Ausfertigung, deren Datirung radirt ift, St. 748, Stumpf Acta 322, fehlen nur die eingeklammerten Worte. Ob auch diefe zweite gerade gleichzeitig ausgeftellt ift, mag dahingeftellt bleiben; jedenfalls ift fie wegen des Kanzler Hildebald nicht vor Ende 977 ausgeftellt. Die ausdrückliche Beziehung auf die Heirath kann aber doch keinen Zweifel laffen, dafs die Schenkung felbft fchon 972 gefchah. Ift der Ort in der grofsen Dotirungsurkunde St. 568 nicht genannt, fo ift es möglich, dafs er zu einem der darin gefchenkten grofsen Königshöfe gehörte und dafs die befondere Verbriefung nur defshalb fpäter gefertigt wurde, weil die Kaiferin den Hof auf den Todesfall an Gandersheim zu geben wünfchte, wie das in der Einfchiebung der zweiten Ausfertigung ausdrücklich erwähnt ift.

St. 2515, Martene Coll. 2,64, hat überhaupt keine Datirung, kann aber, da K. Heinrich III. darin den Kaifertitel führt, nicht vor Ende 1046 ausgeftellt feien. Ift nun im Texte als Ort der Handlung Maftricht genannt, fo wird Stumpf zuzugeben feien, dafs fich das wohl nur auf den Aufenthalt zu Maftricht im Febr. 1041 beziehen kann; jedenfalls deuten auch die fonftigen Angaben auf die Königszeit. Aber das wird doch kein genügender Grund feien, mit Stumpf die Echtheit der Urkunde zu beanftanden; behandelt er Maftricht als Ausftellort, fo berechtigt dazu die Faffung in keiner Weife und die Annahme nachträglicher Beurkundung in der Kaiferzeit befeitigt jedes Bedenken.

St. 2907, M. Boica 29,214, aus Baffano 1091 Mai 5, bekundet der Kaifer, *qualiter nos · — prefentibus regni principibus*, nämlich des Patriarchen von Aglei und der Bifchöfe von Padua, Vicenza und Trevifo, der Kirche von Eichftädt ein entfremdetes Gut *non semel, sed bis reddidimus; — cuius traditionis testem cartam hanc scribi iussimus.* Da die Anwefenheit jener Fürften am Hofe durchaus dem in der Trevifaner Mark belegenen Orte entfpricht, fo follte man nach der Faffung. nicht bezweifeln, dafs auch die Rückgabe felbft zu Baffano unmittelbar vor der Beurkundung erfolgte. Mufs aber fchon die doppelte Rückgabe in Anwefenheit derfelben Fürften auffallen und eine Ungenauigkeit der Faffung vermuthen laffen, fo ergibt die genauere Prüfung der Urkunde und der fonftigen Umftände, dafs die Zurückgabe früher erfolgte, wahrfcheinlich zuerft 1086 April, dann wieder 1089 Februar, beidemal zu Regensburg nach der zweimaligen Aechtung Ekberts von Meiffen, des früheren ungerechten Befitzers des Gutes.

92. Hätten wir nur die Abficht nachzuweifen, dafs insbefondere auch die Ortsangabe der Datirung in der Regel nicht der Handlung, fondern der Beurkundung entfpricht, fo würden wir die Unterfuchung vielleicht abbrechen dürfen; die erörterten Umftände möchten da für die Beweisführung genügen. Aber ein anderer Geficthspunkt fcheint es doch nicht überflüffig zu machen, diefe Verhältniffe noch weiter zu verfolgen. Geben wir auch Ausnahmen zu, fo find wir doch im allgemeinen geneigt, den Ort der Beurkundung zugleich auf die Handlung

92] zu beziehen, etwa anzunehmen, dafs Bittfteller und Fürbitter zur Zeit und am Orte der Datirung beim Könige waren, dafs diefer die bekundete Handlung dort vollzog, dafs, wenn etwa der Urkunde die Ortsangabe fehlt, diefe nach dem muthmafslichen Orte der Handlung zu ergänzen fei. Da wird es doch im Intereffe der richtigen Benutzung des Inhaltes der Urkunden von grofsem Gewicht fein, die Frage zu erörtern, in wie weit wir denn, von Ausnahmen abgefehen, zu folchen Schlüffen berechtigt find; und ich glaube mich nicht darin zu täufchen, dafs das ungleich feltener der Fall ift, als man im allgemeinen anzunehmen pflegt.

Wiefen wir eine Reihe Fälle nach, bei denen erweislich Handlung und Beurkundung weit auseinanderlagen, fo kann das freilich noch nicht die Häufigkeit nachträglicher Beurkundung erweifen; der Maffe der verglichenen Urkunden gegenüber handelt es fich um eine verhältnifsmäffig unbedeutende Minderzahl. Aber wir dürfen da die Zahl der nachweisbaren Fälle nicht mit der Zahl der wirklich zutreffenden verwechseln. Vielfach waren es doch fehr zufällige Umftände, welche uns auf das Verhältnifs aufmerkfam machten und den Beweis ermöglichten, wie die beiläufige Nennung des Ortes der Handlung, einzelne auf die Vergangenheit deutende Ausdrücke, welche eben fo wohl auch fehlen könnten, ohne den Werth der Urkunde irgend zu beeinträchtigen. Von diefer Seite fteht nichts im Wege, nicht fo fehr die nachträgliche Beurkundung felbft, als ihre Beweisbarkeit als Ausnahme zu betrachten, falls andere Gründe für die Häufigkeit jener fprechen follten.

Bei einem fehr bedeutenden Theile der Königsurkunden fcheint nun freilich jede Veranlaffung zu fehlen, an einen Zeitunterfchied zwifchen Handlung und Beurkundung zu denken. Bei allen nämlich, bei welchen die Gewährung des Königs durch die Urkunde felbft zu erfolgen fcheint. Allerdings verfuchten wir § 72 ff. nachzuweifen, dafs auch da eine von der Beurkundung zu fcheidende Handlung in manchen Fällen zweifellos ftattfand, felbft wo es fich um bloffe Beftätigungen handelte, dafs das möglicherweife fogar regelmäffig der Fall feien mochte. Aber auch abgefehen davon, dafs das doch beftimmterer Beweife bedürfte, werden wir in folchen Fällen, zumal die Bitte fehr häufig überhaupt nur auf Ausftellung einer Urkunde gerichtet war, doch annehmen müffen, dafs der Gewährung auch unmittelbar die Beurkundung folgte, der gewährenden Handlung des Königs der Befehl zur Fertigung fich unmittelbar anfchlofs, falls beide überhaupt zu fcheiden find. Das wird zweifellos in der Mehrzahl diefer Fälle auch zutreffen; aber das Zufammenfallen der Handlung mit dem Befehle zur Beurkundung fcheint nicht auszufchlieffen, dafs diefe felbft fehr häufig erft an anderem Orte erfolgte.

93. Bei folchen Fragen wird doch insbefondere die Zeitdauer bis zur Ausführung des Beurkundungsbefehles zu berückfichtigen feien. Man könnte nun allerdings diefen Befehl fchon als zur

Beurkundung gehörend betrachten. Für unseren Zweck würde das aber nur dann ins Gewicht fallen, wenn wir anzunehmen hätten, dafs man bei der Datirung gerade dieses erste Stadium der Beurkundung im Auge hatte. Das ist wenigstens für den Ort wirklich geltend gemacht, vgl. Sickel Acta 1,236; und für Einzelfälle möchte ich es nicht in Abrede stellen. Die Entscheidung aber, ob das allgemein oder doch häufiger der Fall war, wird gerade vom Ergebnisse unserer nächsten Untersuchung vorzugsweise abhängig zu machen sein. Ergibt sich auch für solche Fälle, wo wir eine vom Befehle verschiedene Handlung gar nicht anzunehmen oder doch Handlung und Befehl als zusammenfallend zu betrachten haben, dafs die Datirung mit Einschlufs des Ortes einem spätern Zeitpunkte entspricht, so kann sich dieselbe nicht auf den Befehl, sondern nur auf die eigentliche Beurkundung beziehen.

Nun ist gewifs von vornherein anzunehmen, dafs in Zeiten, wo die Kanzlei mit Geschäften überladen war, zuweilen manche Woche vergehen mochte, bis der Beurkundungsbefehl ausgeführt wurde, zumal dann, wenn der besondere Gegenstand keine Veranlassung zur Beschleunigung bot. Bei manchen der früher nachgewiesenen Fälle würde es sich doch, zumal wo es sich nicht um lange Zeiträume handelt, wahrscheinlich machen lassen, dafs der Grund der nachträglichen Beurkundung nicht gerade darin zu suchen ist, dafs eine solche überhaupt erst später befohlen wurde, sondern nur darin, dafs die Ausführung sich ungewöhnlich verzögerte. Das wird zuweilen auch die Angabe des Ortes der Bittstellung nahe legen müssen. Allerdings werden Eingehen auf die Bitte und Ausführung nicht immer zusammenfallen. St. 590, Mittelrh. U. B. 1,298, sagt K. Otto II. 973 ausdrücklich, dafs der Abt von S. Maximin seinen Vater zu Ravenna um eine Restitution ersuchte: *cuius postulationem benigne suscipiens in presenti quidem distulit, hanc tamen si foelici successu in patriam reverteretur, se completurum promisit; sed voti eius effectum mors interveniens impedivit.* Aber in vielen Fällen wird doch die sofort auf die Bitte folgende Gewährung und der dieser entsprechende Befehl kaum zu bezweifeln sein. Wenn K. Karl 876 Apr. 16 zu Bodman, Dümge Reg. 76. 77, sagt, dafs ihm zu Reichenau selbst die Privilegien seiner Vorgänger für das Kloster mit der Bitte um Bestätigung vorgelegt seien und er daher diese Bestätigungsurkunde habe fertigen lassen, so würden uns doch nur ganz besondere Gründe zu der Annahme veranlassen können, Gewährung und Befehl seien erst nachträglich zu Bodman erfolgt.

Bei der geringen Entfernung beider Orte fällt hier der Zeitunterschied kaum ins Gewicht. Aber es finden sich auch Fälle, wo das allerdings der Fall ist. K. Arnulf, Reg. Kar. 1120, sagt ausdrücklich, dafs die zweifellos unmittelbar gewährte Bitte bei seinem Aufenthalte zu Piacenza, also im Dec. 895, gestellt war; die Verbriefung ist in Rom und zwar, auch wenn wir sie mit Dümmler Ostfr. Reich 2,677 auf Febr. 24 setzen, über zwei Monate später ausgefertigt. In der Bestätigungsur-

93] kunde für S. Ambrogio zu Mailand, St. 1402, datirt Utrecht 1005 Mai 2, heifst es, dafs der Abt Johann den König zu Dornburg um die Beftätigung gebeten habe. Das wäre nach dem Itinerare etwa vier Monate früher gewefen, und der Grund der Zögerung kann doch fchwerlich der gewefen fein, dafs der König erft zu Utrecht die Bitte gewährte.

Aber auch wo eine ungewöhnliche Zögerung ganz unwahrfcheinlich, die Beurkundung fogleich in Angriff genommen wurde, war der Zeitraum bis zu ihrer Vollendung doch zweifellos oft bedeutend genug, um auch einen Unterfchied des Ortes herbeizuführen. So heifst es Forfch. zur D. Gefch. 10,279 im Eingange der Urkunde: *Berengarius rex — nonas madii in Olona curte regia hoc pactum sugerente ac supplicante Petro Veneticorum duce inter Veneticos et vicinos eorum constituit ac renovandum describi et competenter ordinari iussit*; dann am Ende: *data 5. id. magias, anno 888, ind. 6; actum Sala curte regia.* Sind hier ganz ausnahmsweife Zeit und Ort des Beurkundungsbefehles angegeben, fo fehen wir, dafs die Ausführung vier Tage in Anfpruch nahm und inzwifchen auch der Ort gewechfelt war. In Beftätigungsurkunde K. Rudolfs von 922 für das Kapitel zu Parma, Reg. Kar. 1492, Affò Parma 1,328, heifst es ausdrücklich, dafs die Bitte zu Parma geftellt wurde; aber die Datirung nennt Pavia. Nach St. 4127, Böhmer Acta 122, wurde die Bitte um ein Beftätigungspriveg auf einem Hoftage zu Utrecht, der anfcheinend in den September fiel, geftellt und gewährt; aber datirt ift es aus Achen 1171 Oct. 12. Aus dem genauen Bericht des Gifelbert, M. Germ. 21,572, wiffen wir, dafs der König 1190 zu Schwäbifch-Hall dem Kanzler und Protonotar die Fertigung eines Privilegs für den Grafen von Hennegau befahl, dafs der Bote des Grafen daffelbe aber erft neun Tage fpäter zu Augsburg vom Könige erhielt, wo freilich der Zeitraum dadurch verlängert feien könnte, dafs verfucht wurde, den Befehl rückgängig zu machen. Zu Como 1195 Juni 6 erlaubte K. Heinrich den Mailändern den Abfchlufs eines Bündniffes mit Lodi; Boten der Mailänder mufsten ihm dann noch über den See folgen, um das ausgefertigte Privileg zu erhalten; da der Kaifer Juni 8 noch zu Como, wahrfcheinlich Juni 11 zu Chiavenna war, fo werden vier bis fünf Tage erforderlich gewefen fein; vgl. St. 4950. 51, Stumpf Acta 594. 595. K. Friedrich beftätigte 1212 Aug. 22 zu Mantua denen von Cremona die Verleihungen feiner Vorgänger und befahl die bezügliche Urkunde mit feinem Siegel zu verfehen; fie ift datirt zu Verona am zweiten oder, wenn wir den Wochentag für richtiger halten, am dritten Tage nachher; Böhmer Acta 772.

In Einzelfällen erfolgte die Beurkundung allerdings fo rafch, dafs Beurkundung von dem der Handlung folgenden Tage mit Sicherheit zu erweifen ift. Eine Urkunde K. Ottos von 1210, Böhmer Acta 225, gibt ausdrücklich das Actum Alba Juni 13 und das Datum ebenda Juni 14. Durch Urkunde von 1298 Nov. 17 zu Nürnberg, Dobner Mon.

3,255, verbrieft K. Albrecht dem Könige von Böhmen, er wolle kein Recht daraus ableiten, dafs derselbe am vorhergehenden Tage gekrönt sein Schenkenamt verrichtet habe. Auf die Frage, ob wir da noch weitergehen, sogar Beurkundung vom Tage der Handlung selbst annehmen dürfen, werden wir zurückkommen.

94. Wir sehen also, dafs die Beurkundung selbst da, wo sie allem Anscheine nach unmittelbar nach der Handlung befohlen wurde, sich noch um Wochen und Monate verzögern konnte. Und bei dem raschen Ortswechsel der Könige genügte zweifellos sehr häufig schon ein Zeitraum von wenigen Tagen, um eine Verschiedenheit des Orts für Handlung und Beurkundung herbeizuführen. Abgesehen davon, dafs die Feststellung dieses Verhältnisses in Einzelfällen für andere Zwecke von Gewicht sein kann, würde es doch auch von Werth sein, bestimmter nachweisen zu können, dafs auch in solchen Fällen unser bisheriges Ergebnifs, Beziehung des Orts auf die Beurkundung, sich erprobt. Denn es wäre doch denkbar, dafs man zwar da von dem Orte der Handlung absah, wo dieselbe ausnahmsweise erst viel später verbrieft wurde, sich aber an ihn hielt, wo es sich nur um die geringen Unterschiede handelte, welche die gewöhnliche Dauer der Beurkundung mit sich brachte. Die Fälle, wo besondere Umstände uns einen bestimmten Beweis ermöglichten, find zu vereinzelt, als dafs sie uns schon mafsgebend seien dürften. Es ist erklärlich, wenn gerade da, wo es sich nur um geringe Zeitunterschiede handelt, die Urkunde selbst keinen Haltpunkt bietet, welcher ein Urtheil ermöglicht. Das einzige Mittel, das uns da zu Gebote steht, aber auch ausreicht, ist die U n t e r s u c h u n g d e s m u t h m a s s l i c h e n O r t e s d e r H a n d l u n g. Läfst sich dieser in einer genügend grofsen Zahl von Fällen mit ausreichender Sicherheit auch da bestimmen, wo er in der Urkunde nicht genannt ist, so unterliegt die Beantwortung unserer Frage keiner Schwierigkeit.

Einen nächsten Haltpunkt könnte etwa geben, dafs der König gewisse Handlungen nur in einem bestimmten Lande vornehmen durfte, so über Grundeigenthum nur richten durfte in dem Lande, in welchem es liegt, jemanden nur ächten durfte in seinem Heimathlande. In Einzelfällen mag sich darauf ein Schlufs gründen lassen. Aber einmal handelt es sich für uns in den meisten Fällen weniger um den Unterschied der Länder, als der Orte ein und desselben Landes. Dann aber find solche Gegenstände nur selten verbrieft. Der Haltpunkt würde nur dann von Werth sein, wenn wir annehmen dürften, dafs auch Schenkungen und andere häufiger beurkundete Handlungen des Königs nur in einem bestimmten Lande vorgenommen werden konnten. Und das dürfte doch selbst bei der Auflassung von liegendem Gut durch den König, wo zunächst daran zu denken wäre, kaum zu erweisen seien, wenn ich auch nicht bezweifle, dafs diese ganz überwiegend im bezüglichen Lande selbst erfolgt seien wird.

95. Mehr Gewicht möchte ich legen auf Beachtung des gewöhn-

lichen Aufenthaltsortes des Empfängers. Dafs diefer im allgemeinen nicht mafsgebend feien kann, liegt auf der Hand. Verleihungen und Beftätigungen für Kirchen konnten natürlich überall nachgefucht werden. War ein füddeutfcher Bifchof ohnehin beim Könige in
Sachfen oder zu Rom, fo mochte er das benutzen, um das für feine
Kirche Gewünfchte zu erreichen. Sind etwa St. 641. 982, nach welchen
ein Erzbifchof von Mainz, ein Bifchof von Paffau alle Verbriefungen
ihrer Kirche dem Könige vorlegten, um fie beftätigt zu erhalten, zu
Dortmund ausgeftellt, fo mag es auffallen, dafs man fich nicht fcheute,
die Diplome ohne befondere Veranlaffung den Wechfelfällen einer fo
weiten Reife auszufetzen; aber es ift doch kein beftimmterer Grund,
das in Abrede zu ftellen. Auffallender ift es noch, dafs fich etwa nach
St. 986. 1425. 1759 der Abt von Diffentis nach Duisburg, der von S. Emmeran nach Köln, die Aebtiffin von Niedermünfter in den Elfafs be-
geben haben follten, um fich dort Beftätigungen und Verleihungen zu
erwirken; möglich wäre das freilich und wohl auch noch genauer zu
erwägen, ob wir nach der Faffung gerade perfönliche Anwefenheit annehmen müffen.

     Entfprechende Verhältniffe ergeben fich aber doch auch in Fällen,
wo die perfönliche Bittftellung ausdrücklich betont ift. Nach St. 1395.
1872, Cod. Weftf. 1,60. 88, ausgeftellt 1004 Nov. 2 zu Magdeburg und
1025 Febr. 8 zu Merfeburg, erwirkten zwei Schweftern, welche auf
ihrem Erbgute an der Wefer das Klofter Kemnade gegründet hatten,
für diefes Schutzprivilegien beim Könige unter Fürbitte des jedesmaligen Bifchofs von Minden. Sollten die Damen beidemal in Begleitung
des Bifchofs die weite Reife unternommen haben? Und doch hätten fie
es wenigftens in dem zweiten Falle nachweislich viel bequemer haben
können, da der König fich im Monate vorher ganz in ihrer Nähe zu
Korvei länger aufgehalten hatte. Und abermals hätte dann nach
St. 2142, Schaten Op. 2,359, die Aebtiffin 1039 den günftigften Zeitpunkt verfäumt, als der König vom Rheine kommend durch die Wefer-
gegend zog; erft zu Goslar hätte fie den König erreicht, von wo die
neue, auf ihre und des Bifchofs von Minden perfönliche Bitten ausgeftellte Schutzurkunde datirt ift.

     So lange es fich da nur um Einzelfälle handelt, mögen fich die-
felben auf diefem oder jenem Wege als Ausnahmen behandeln laffen.
Das ift aber nicht mehr ftatthaft, wenn fich nachweifen läfst, dafs hier
ganze Reihen verwandter Fälle in Frage kommen. Es ift gewifs von
vornherein anzunehmen, dafs die Anwefenheit des Königs am Orte
vorzugsweife von den Vorftehern der betreffenden Kirchen benutzt
wurde, um Verleihungen und Erneuerungen zu erwirken. Das beftätigt
fich ja auch dadurch, dafs fo viele derartige Diplome vom Orte felbft
datirt find. Gibt das keinen weitern Beleg für unfere Anficht von der
Bedeutung der Datirung, fo widerfpricht es ihr auch nicht, da ja fehr
häufig der Aufenthalt fo lange gedauert haben kann, dafs auch die

Beurkundung noch am Orte der Handlung vollendet wurde. Eben fo wenig kann es auffallen, wenn die Urkunden zuweilen aus weit entfernten Orten datirt find. Beweifend aber erfcheinen mir die zahlreichen Fälle, wo Urkunden für einen Ort, an dem fich der König gerade vorher aufgehalten, an einem benachbarten, in der Richtung des Itinerar liegenden Orte ausgestellt find, und zwar oft an einem sehr unbedeutenden Orte, bei dem es von vornherein unwahrfcheinlich ift, dafs dort irgendwelche Regierungsgeschäfte vorgenommen wurden. Anzunehmen, man fei erft hieher dem Könige nachgereift, um eine Bitte zu ftellen, welche man am Orte felbft unterliefs, würde doch ganz ungereimt feien, wo es fich nicht um einen vereinzelten Ausnahmsfall handelt; der Ort der Datirung kann da zweifellos nur der Vollendung der Beurkundung entfprechen, für welchen am Orte der Handlung die Zeit nicht ausreichte.

So beftätigt der König 935 Mai 9 dem Kapitel von Paderborn feine Privilegien zu Erwitte, wohin er nach der Richtung des Itinerar von Paderborn gekommen feien mufs. Am 16. Jan. 1032 urkundet der Kaifer zu Paderborn für ein dortiges Klofter; aber für das Bisthum zwei Tage fpäter zu Hilwartshaufen und Fritzlar. K. Otto urkundet 995 Aug. 16 zu Magdeburg für Freifing; dagegen für Magdeburg felbft zwei Tage fpäter zu Leitzkau; und wenn er ebenda 997 Aug. 20, dann 992 Oct. 5 zu Samswegen für Magdeburg urkundet, fo werden kurz vorhergehende Aufenthalte zu Magdeburg nicht zu bezweifeln feien. Nach längerm Aufenthalte urkundet der König noch 995 Oct. 20 zu Quedlinburg; dann vier Tage fpäter zu Schöningen für Quedlinburg. Von Brumpt kommend urkundet der Kaifer 1023 Sept. 23 für Murbach, das er auf dem Wege berührt haben mag, zu Basel; von da wird er Rheinau besucht haben, für das er Oct. 29 zu Erstein urkundet; für Erstein felbft urkundet er dann Nov. 4 zu Strafsburg, Stumpf Acta 384. Eine Urkunde für Korvei wird 1025 Jan. 22 zu Goslar ausgeftellt, nachdem der König gerade vorher zu Korvei war. Am 23. Aug. 1046 urkundet der Kaifer für Utrecht zu Speier; aber acht Schenkungsurkunden für Speier felbft find aus Augsburg Sept. 7 und 9 datirt. Im Nov. 1048 ift der Kaifer zu Speier; Dez. 1 urkundet er zu Worms für Speier, dagegen Dez. 3 füt Worms zu Winterbach. Die Diplome für Hersfeld find gewifs nicht zufällig mehrfach zu Fulda ausgeftellt, fo St. 3114. 3300. 3515; umgekehrt beftätigt der Kaifer vom Süden kommend 1111 Nov. 9 die Privilegien von Fulda zu Hersfeld, während die Beftätigung für diefes erft zwei Monate fpäter zu Merfeburg erfolgt. Auf Zügen nach Italien finden wir Urkunden für Brixen und Botzen zu Trient ausgeftellt, St. 1376. 4078; umgekehrt dann wieder auf dem Rückzuge 1027 Mai 31 für Trient zu Brixen, für Brixen aber acht Tage fpäter zu Stegen, das in Baiern auf dem Wege nach Regensburg zu fuchen fein wird. Auch aus fpäteren Jahrhunderten würde fich leicht eine Menge folcher Fälle nachweifen laffen. So urkundet K. Albrecht von Köln kommend 1298 Sept. 3 zu

95] Mainz für Boppard, Sept. 13 zu Holzkirchen bei Wirzburg für Mainz und Eberbach, ift Oct. 1 zu Nürnberg und urkundet für Nürnberg Oct. 3 zu Heilbronn.

Und mehrfach findet unfere Annahme dann auch wohl noch ausdrückliche Beftätigung. Von den § 87 aufgeführten Fällen, bei welchen uns der Ort der Handlung ausdrücklich genannt ift, find die meiften eben folche, bei welchen die Datirung einen unweit in der Richtung des Itinerar gelegenen Ort angibt.

96. Einen nicht minder fichern Haltpunkt gewährt uns die Beachtung des Umftandes, dafs wir fehr häufig auf V o r n a h m e d e r H a n d l u n g auf H o f t a g e n fchlieſſen dürfen. Die öffentlichen Gefchäfte, zumal folche, welche ihrer Natur nach nicht gerade fchleunige Erledigung erforderten, wurden doch zweifellos vom Könige in der Regel nicht in kleinen Orten, wie fie die Urkunden oft nennen, erledigt; zumal das Itinerar oft beftimmt ergibt, dafs er dort nicht einmal Rafttag gemacht, höchftens Nachtlager genommen haben kann. Die Erledigung der Gefchäfte gefchah vorzugsweife auf den dazu beftimmten Hoftagen, zu welchen der König die Fürften und Groſſen in eine gröſſere Stadt, eine Bifchofsftadt oder königliche Pfalzftadt, entbot. Hatte der Fürft den König um eine Verleihung oder Beftätigung zu erfuchen, fo konnte er dazu die Anwefenheit des Königs an feinem eigenen Aufenthaltsorte benutzen. Wurde diefer aber vom Könige nicht befucht, während der Fürft wuſste, dafs er in nicht zu langer Frift doch vom Könige zu einem Hoftage entboten werden würde, fo wird er, wenn nicht befondere Veranlaſſung zur Befchleunigung vorlag, in der Regel das Einbringen feines Gefuches bis auf den nächften Hoftag verfchoben haben.

Die zweifellos zutreffende Annahme, dafs bei einer fehr grofsen Zahl von Urkunden die Handlung auf einen Hoftag fiel, würde nun aber an und für fich kein gröſſeres Gewicht haben, wenn nicht andere Umftände hinzu kämen. Zu manchen Hoftagen, insbefondere den in Franken gehaltenen, wurden allerdings Fürften aus allen Theilen des Reiches entboten. Häufiger aber wurden die Hoftage nur für einzelne Länder beftimmt und zunächft nur die Fürften des Landes, diefe dafür aber auch um fo vollzähliger, entboten. Wurden diefe Hoftage nun weiter herkömmlich an gewiſſen Orten, fo in älterer Zeit für Baiern faft ausfchliefslich zu Regensburg gehalten, fo wird bei Urkunden für baierifche Groſſe auch zu vermuthen feien, dafs die Handlung nach Regensburg fiel. Zumal da, wo es fich um kleinere Reichsftände, etwa Aebte und Aebtiffinnen handelt, welche nicht leicht zu Hoftagen in entfernteren Gegenden entboten feien werden und gewifs auch nur bei befonders dringenden Sachen den König freiwillig dort auffuchten. So wiefen wir fchon § 90 bezüglich St. 2769 darauf hin, dafs fchwerlich Anwefenheit der Aebtiffin von Niedermünfter zu Wirzburg anzunehmen feien wird, wenn dort auch die Verbriefung einer von ihr perfönlich geftellten Bitte erfolgte.

Anders liegt die Sache bei angefehenern Groffen. Gerade wenn an weit entfernten Orten etwa für den Herzog oder einen baierifchen Bifchof geurkundet wird, fo wird uns das ohne Hinzukommen anderer Gründe nicht berechtigen, nachträgliche Beurkunduug einer zu Regensburg vorgenommenen Handlung anzunehmen. Dagegen wird umgekehrt auf Grundlage des Gefagten eine folche Annahme gerade dann berechtigt feien, wenn die Datirung einen benachbarten Ort nennt.

97. Folgte den auf einem Hoftage vorgebrachten Gefuchen in der Regel fogleich die Gewährung und der Befehl zur Beurkundung, fo wird diefer Befehl bei längerm Aufenthalte überwiegend auch noch am Orte felbft zur Ausführung gekommen feien. Es genügt, auf die grofse Maffe der für baierifche Grofse gerade zu Regensburg ausgeftellten Urkunden zu verweifen. Ergibt fich da keine Verfchiedenheit des Ortes, fo kann fich doch ein Beleg für die Beziehung der Datirung auf die Beurkundung ergeben, wenn wir häufig Datirung von der fpätern Zeit des Hoftages finden. Die Gefuche wurden gewifs überwiegend bei oder unmittelbar nach der feierlichen Eröffnung des Hoftages eingebracht und erledigt. Den feierlichen Eröffnungstag haben zweifellos die Schriftfteller zunächft im Auge, wenn fie einen beftimmten Tag als den des Hoftages bezeichnen. Nahm nun die Beurkundung durchweg einige Tage in Anfpruch, fo follte fich bei der Richtigkeit unferer Annahme über die Bedeutung der Datirung ergeben, dafs die Beurkundungen über die am Orte verhandelten Gefchäfte erft einen etwas fpäteren Tag nennen.

Ich zweifle nicht, dafs fich da auch für frühere Zeiten vielfache Belege finden würden, wenn uns ein die Angaben der Schriftfteller mit denen der Urkunden vereinigendes Itinerar zu Gebote ftände. Zu einer beim Fehlen diefes Hülfsmittels überaus zeitraubenden Prüfung fand ich um fo weniger Veranlaffung, als aus fpäterer Zeit die Belege nicht fehlen. So hält K. Heinrich Hoftag 1190 Aug. 10 zu Wirzburg, die einzige Urkunde ift von Aug. 18; 1193 Jan. 6 zu Regensburg, die Urkunden von Jan. 10 bis 27; 1196 März 31 zu Wirzburg, die Urkunden von Apr. 9. 10; vgl. Toeche K. Heinrich IV, Regeften. Nach Böhmers Regeften: Hoftag K. Ottos zu Frankfurt 1212 März 4, die Urkunden beginnen März 16; Hoftag K. Friedrichs 1213 Febr. 2 zu Regensburg, Beurkundungen feit Febr. 14; Hoftag zu Wirzburg 1216 Mai 1, die Beurkundungen über das Aufgeben des Spolienrechtes erft feit Mai 11, während die Willensäufserung des Königs doch gewifs in die erften Tage fiel. In fizilifchen Angelegenheiten urkundet der König fchon Anfang Dez. 1216 zu Nürnberg; der dort gehaltene Hoftag wird auf Weihnachten oder eins der nächftfolgenden Fefte angefetzt gewefen feien; aber erft 1217 Jan. 21 finden fich bezügliche Urkunden. K. Heinrich war fchon 1230 Dez. zu Worms; die Beurkundungen über die auf dem Hoftage verhandelten Sachen find erft aus der zweiten Hälfte des Januar 1231. K. Rudolf hält 1274 Nov. 11 Hoftag zu Nürnberg; die zahlreichen Beurkundungen

10*

97] erft feit Nov. 19. Er kommt 1289 Dez. 14 nach Erfurt; die erften Urkunden von Dez. 20 und Jan. 20. Hoftag K. Albrechts zu Frankfurt 1299 Febr. 2; fehr zahlreiche Urkunden feit Febr. 12.

Diefer Umftand, wird beachtenswerth werden können, wo es fich um die Unterfuchung bezüglicher Zeitverhältniffe handelt. Böhmer fetzt die Krönung K. Adolfs allerdings nach den Schriftftellern auf 1292 Juni 24, aber zweifelnd, weil eine Urkunde von Juli 1 *in sollempnitate coronationis nostre* gegeben fei und erft von diefem Tage an die Ausfertigungen fich mehrten. Die *sollempnitas* mufs nicht gerade der *dies* feien, fondern kann recht wohl den gefammten Krönungshoftag bezeichnen. Eben das aber, was Böhmer als Unterftützung anführt, fpricht für einen früheren Tag der Krönung. Wurden die gewöhnlich zahlreichen Verbriefungen des neuen Königs erft nach der Krönung felbft in Angriff genommen, fo follen fie nicht fchon vom Krönungstage felbft datirt feien. Die Krönung K. Richards fällt 1257 Mai 17; aber ein Diplom ift erft vom 20. Mai bekannt, dann mehrere vom 22. K. Heinrich wird 1309 Jan. 6 zu Aachen gekrönt; aber die Urkunden beginnen erft Jan. 11 zu Köln. Für vereinzelte Urkunden vom Krönungstage K. Rudolfs und K. Albrechts felbft war, worauf ich zurückkomme, die Handlung mafsgebend. Allerdings finden fich bei beiden auch fchon Urkunden vom folgenden Tage, bei welchen das nicht anzunehmen ift. Für einzelne Stücke wird das keinem Anftande unterliegen, auch wenn wir davon abfehen, dafs fie früher vorbereitet fein konnten. Aber das Verhältnifs im ganzen und grofsen tritt doch wieder fehr beftimmt hervor, wenn K. Albrecht 1298 Aug. 24 gekrönt wird, fich vom folgenden Tage aus Aachen drei, vom 27. Aug. aus Köln eine, vom 28. aber neunzehn Urkunden erhalten haben. Da ein Reifetag dazwifchen liegt, fo können wir danach etwa annehmen, dafs die Kanzlei in der Lage war, in drei bis vier Tagen auch eine fehr bedeutende Zahl von Diplomen fertig zu ftellen. Noch etwas rafcher folgen die Urkunden auf die Kaiferkrönung K. Friedrichs II. 1220 Nov. 22. Die Datirung zweier Urkunden fchon vom 23. Nov. ift unficher; dagegen find mir zwölf von Nov. 24 und eilf von Nov. 25 bekannt.

98. Bei länger dauerndem Aufenthalte mag die Kanzlei die Verbriefung aller Gefchäfte am Orte felbft bewältigt haben. Aber befonders zahlreiche Gefchäfte, kürzerer Aufenthalt, verfpätete Einbringung der Gefuche wird das häufig nicht ermöglicht haben. Dann konnte die Beurkundung erft an folchen Orten vollendet werden, welche der König auf feiner Weiterreife berührte. Soll daher unfere Annahme von der Beziehung der Datirung, insbefondere des Orts, auf die Beurkundung richtig feien, fo müffen wir Fälle einer Datirung aus der Nachbarfchaft des Hoftagsortes erwarten über folche Gegenftände, deren Handlung auf dem Hoftage felbft vorgenommen fein wird.

Das erprobt fich nun wirklich oft in der auffallendften Weife. Wir haben ganze Reihen Urkunden, datirt aus unbedeutenden Orten, aber in der Richtung liegend, welche der König den Hoftagsort verlaffend einfchlug; auf den verfchiedenften Strafsen laffen fich die Nachzügler nachweifen. So wenig, wie bei der entfprechenden Erfcheinung bezüglich des Wohnortes des Empfängers, kann hier irgend daran gedacht werden, ein Grofser fei, nachdem er auf dem Hoftage wochenlang die geeignete Gelegenheit dazu hatte, erft nach Beendigung deffelben dem Könige nachgereift, um auf der Reife eine Angelegenheit zu ordnen.

Regensburg bietet uns da den ficherften Richtpunkt, weil an keinem andern Orte fo ausfchliefslich die Hoftage für ein beftimmtes Land gehalten wurden. Nach einer Urkunde für Minden war der König 1025 Mai 3 zu Regensburg, wo er fich damals nicht lange aufgehalten zu haben fcheint; es folgen nun Urkunden von Mai 5 zu Beratzhaufen nordweftlich von Regensburg für Obermünfter, Mai 6 zu Schwarzenbruck füdöftlich von Nürnberg für Freifing, an demfelben Tage zu Mögeldorf öftlich von Nürnberg für Tegernfee; dann folgen noch Mai 10. 11 zu Bamberg mehrere Urkunden für Niedermünfter und baierifche Grafen.

Am 15 Apr. 1007 urkundet der König zu Regensburg, Apr. 17 nördlich von da zu See für Paffau, wo zugleich der Ausdruck *nuper dicta predia ecclesiae Pataviensi in concambium proprietantes confirmavimus* beftimmter betont, dafs die Taufchhandlung felbft nicht erft in See vollzogen wurde; weiter werden dann noch Mai 10 und 13 zu Bamberg Urkunden für Freifing und einen baierifchen Grafen ausgeftellt. Auch 1034 urkundet der Kaifer Mai 7 zu Regensburg, Mai 8 zu Beratzhaufen in baierifcher Sache. K. Otto urkundet 977 Okt. 5 zu Regensburg für Como, aber noch an demfelben Tage zu Ettershaufen unweit Regensburg für Paffau. Sind Urkunden für Salzburg von 953 Nov. 29 und Dez. 10 zu Aufhaufen und Schierling füdlich von Regensburg ausgeftellt, fo werden wir zweifellos auf einen vorhergehenden Aufenthalt zu Regensburg fchliefsen dürfen, wobei denn freilich, da beide Orte ganz nahe beieinander liegen, der Unterfchied der Tagesangaben fehr auffallend ift.

Aehnliches ergibt fich für Verona, wo die Könige bei ihrem Eintritte in Italien und bei ihrem Austritte Hof zu halten pflegten. So urkundet der Kaifer nach Deutfchland heimkehrend 1014 Mai 21 zu Verona, dann an einem der folgenden Tage zu Dolce Etfchaufwärts für den Bifchof von Vicenza, Mai 24 zu Lizzana bei Roveredo für ein Klofter zu Verona. Von Mantua kommend urkundet der Kaifer 1047 Mai 8 für Treviso, S. Zeno und das Kapitel von Verona zu Volargne an der Etfch etwas aufwärts von Verona, und noch drei Tage fpäter zu Trient für Padua. K. Heinrich urkundet noch 1111 Mai 22 zu Verona, dann Mai 24 zu Garda für ein Klofter zu Verona, Mai 26 zu Marciaga nördlich von Garda für Parma. Von Verona füdwärts ziehend urkundet K. Lothar 1136 Sept. 25 zu Pozzolo am Mincio für das Kapitel zu Verona; K. Friedrich beftätigt demfelben 1154, wo er freilich Verona felbft nicht

98] berührt zu haben fcheint, am 26. Oct. feine Privilegien zu Pove-
gliano bei Villafranca. Urkundet der König 1002 Oct. 31 zu Augsburg, dann am folgenden Tage im benachbarten Hafelbach für Oefterreich, fo wird die Handlung nach Augsburg fallen, wo nicht felten baierifche Sachen erledigt
wurden. Beftimmter ergibt fich das, wenn der Kaifer 1021 Nov. 12
und 13 zu Augsburg für Baiern, dann aber auf dem Zuge durch das
Lechfeld nach Süden Nov. 14 zu Mehringen und Nov. 16 zu Inningen
für baierifche Klöfter urkundet.

Sind Urkunden für Utrecht und S. Maximin wiederholt zu Elft und
Rhenen, kleinen Orten bei Nimwegen ausgeftellt, St. 27. 115. 1320.
1321, fo ift nicht zu bezweifeln, dafs es fich um Gefchäfte handelt, welche zu Nimwegen felbft erledigt waren, wo wir die lothringifchen Grofsen
häufig beim Kaifer finden.

Wenn der König 1004 Juni 25 zu Strafsburg urkundet, dann aber
Juli 1 zu Mainz für Bafel und Andlau, fo gehören die Handlungen ficher
fpäteftens nach Strafburg, wo die oberländifchen Stände den Hof des
Königs zu fuchen pflegten.

Es würde leicht feien, diefe Beifpiele zu mehren; aber die aufgeführten dürften durchaus zur Begründung genügen, dafs es fich da nicht
um vereinzelte, auf Zufall zurückzuführende Fälle handelt, fondern um
eine Erfcheinung, welche durch den Zeitabftand zwifchen Handlung
und Beurkundung oft herbeigeführt werden mufste.

99. Die zuletzt befprochenen Haltpunkte führen uns nur da ficher,
wo es fich um eine geringe Verzögerung, demnach auch um einen geringen Abftand zwifchen dem Ort der Handlung und dem der Beurkundung handelt. Wir fanden nun aber da, wo befondere Umftände
den Beweis ermöglichten, dafs die Beurkundung fich nicht felten durch
Monate, felbft Jahre verzögerte. Dafs das ungleich häufiger der Fall
war, als die nachweisbaren Fälle das nahe zu legen fcheinen, möchte
ich gar nicht bezweifeln. Die Fälle, wo der Empfänger und der Gegenftand auf ein anderes Land deuten, als die Datirung, find viel zu häufig,
als dafs fie fich dadurch erklären liefsen, dafs ausnahmsweife ein Grofser
fich überall im Reiche am königlichen Hofe einftellen konnte. Aber
über den Einzelfall läfst fich da freilich nicht urtheilen, wenn nicht
befondere Umftände das begünftigen.

Aufser früher befprochenen ergeben fich folche noch zuweilen in der
Nichtübereinftimmung der Fürbitter mit dem Ausftellungsorte. Bei den Intervenienten ift wenigftens in der Regel, wie
mich eingehendere Beachtung des Verhältniffes nicht bezweifeln läfst
und oft genug in den Urkunden betont ift, perfönliche Anwefenheit am
Hofe anzunehmen. Diefe Anwefenheit ift natürlich in der Regel als mit
der Handlung zufammenfallend zu betrachten, geht jedenfalls auch dann
der Beurkundung voran, wenn die Fürbitte, wie in dem § 90 befprochenen St. 752 und in manchen andern Fällen, zunächft nur auf Fertigung

der Urkunde über eine frühere Handlung gerichtet ift. Läfst fich nun nachweifen, dafs die Intervenienten zur Zeit und am Orte der Datirung nicht beim Könige waren, fo ergibt fich natürlich nachträgliche Beurkundung und auf diefe bezügliche Datirung. Ein auffallendes Beifpiel gibt St. 1716, Cod. Weftf. 1,77, aus Goslar 1019 März 16. Es heifst, in Bewilligung der Bitten des Bifchofs von Münfter und auf Fürbitte der Kaiferin *aliorumque fidelium nostrorum, qui inibi presentes fuerunt*, nämlich der Bifchöfe von Bamberg, Paderborn und Utrecht und des Herzog Gottfrid *per hanc nostri precepti paginam* dem Bisthume Münfter die Abtei Liesborn *confirmamus et corroboramus*. Der Gebrauch des Präfens fcheint auf eine erft jetzt vorgenommene Handlung zu deuten. Auch kann das Erfcheinen der Bifchöfe von Münfter und Paderborn zu Goslar nicht befremden, während Eberhard von Bamberg in den verfchiedenften Reichstheilen beim Kaifer ift. Auffallend wäre aber die Anwefenheit des Bifchofs von Utrecht und des Herzogs von Lothringen zu Goslar, während doch auch das ungewöhnliche *inibi fuerunt* an eine vergangene Zeit denken läfst. Doch würde ich weder dem einen, noch dem andern ausfchlaggebendes Gewicht beilegen, wenn uns nicht zufällig gerade die auf dem Tage zu Goslar im März 1019 anwefenden Grofsen aus den zahlreichen Intervenienten einer Urkunde und der Angabe der an einer Synodalverhandlung theilnehmenden Bifchöfe, St. 1717. 1718, genauer bekannt wären; es find ausfchliefslich fächfifche Fürften und es wird daher nicht zu bezweifeln feien, dafs die Fürbitte für Münfter früher auf einem der lothringifchen Tage ftattfand, welche auch von den weftfälifchen Bifchöfen häufig befucht wurden. Finden wir nun unter den Intervenienten einer 1018 Apr. 13 zu Nimwegen für den Bifchof von Paderborn ausgeftellten Urkunde, St. 1702, gerade auch die Bifchöfe von Bamberg und Utrecht und den Herzog Gotfrid, fo liegt der Gedanke nahe, dafs auch die Gewährung für Münfter in jene Zeit fallen dürfte, was auf eine Verzögerung der Beurkundung von faft einem Jahre führt.

St. 87, M. Boica 28,173, bekundet der König 940 Mai 29 zu Salz, wie der Bifchof von Freifing zu ihm gekommen und um eine Beftätigung gebeten habe: *cuius petitioni per interventum dilecti ducis nostri Perchtoldi aliorumque fidelium nostrorum Bawariensis regionis principum, episcoporum et comitum, libenter assensum praebentes, has easdem traditiones — per nostrae largitionis scriptum iterum renovamus.* Die Faffung follte doch darauf fchliefsen laffen, dafs Bitte, Fürbitte und Gewährung zu Salz erfolgten. Dafs aber hier ein von der Maffe der baierifchen Grofsen befuchter Tag ftattfand, ift an und für fich ganz unwahrfcheinlich. Es kommt hinzu, dafs man an demfelben Tage zu Salz auch eine auf Fürbitte des Erzbifchofs von Salzburg und des Herzogs Berthold an S. Emmeran gemachte Schenkung verbrieft wurde, St. 86, welche felbft wegen Erwähnung des 940 Febr. 5 geftorbenen Bifchofs von Regensburg über ein Vierteljahr früher fallen mufs; vgl.

99] § 90. So ist gewiſs nicht zu bezweifeln, daſs es ſich hier um nachträgliche Beurkundungen auf einem baieriſchen Hoftage erledigter Geſchäfte handelt; wohin denn auch noch weiter St. 90 von 940 Juli 13 aus Siptenfeld am Harz gehören mag, worin der Baiernherzog und zwei baieriſche Grafen als Fürbitter für eine Schenkung im Uffgau unterhalb Paſſau an den Gaugrafen genannt werden.

Sind ſolche Fälle einmal beſtimmter nachgewieſen, ſo wird man geneigt ſeien, Aehnliches in vielen verwandten anzunehmen; ſo etwa St. 895, wo der König zu Pöhlde auf Fürbitte des Herzogs von Baiern für einen baieriſchen Grafen urkundet. Aber ebenſowohl lieſe ſich doch auch geltend machen, daſs baieriſche Grofse eine Reiſe des Herzogs an den Hof benutzen konnten, um durch ihn dort ihre Anliegen vorbringen zu laſſen. Der einzelne Intervenient wird da nicht maſsgebend ſeien dürfen; und überwiegend werden auſſer der Königin und andern immer am Hofe Anweſenden nur vereinzelte Fürbitter genannt. Bei einer Mehrzahl tritt aber das Verhältniſs doch mehrfach beſtimmter hervor.

K. Otto urkundet 952 Jan. 21 zu Pavia für die Abtei S. Vanne zu Verdun auf Bitte des Biſchofs von Verdun und nach Rath Herzog Konrads von Lothringen, des Erzbiſchofs von Trier und der Biſchöfe von Metz und Toul, St. 202, Bouquet 9,384. Der Herzog war allerdings in Italien, da er St. 203 auch in italieniſcher Sache Fürbitter iſt. Neuere nennen auf Grund dieſer Urkunde auch die Biſchöfe als Theilnehmer am Zuge. Daſs ſämmtliche oberlothringiſche Biſchöfe, ohne daſs ſich ſonſt eine Spur zeigte, in Italien waren, iſt mir ſo unwahrſcheinlich, daſs ich nicht zweifle, daſs es ſich lediglich um nachträgliche Beurkundung einer auf einem oberlothringiſchen Tage verhandelten Sache handelt. Ueberdies iſt der Erzbiſchof nach genau datirter Urkunde, Mittelrh. U. B. 1,254, ſchon fünf Wochen ſpäter, 952 Febr. 29, zu Trier, was mindeſtens ausſchlieſst, daſs er erſt mit dem Könige aus Italien heimkehrte.

Zu Rom 981 Apr. 2, St. 792, M. Boica 28,233, ſagt der Kaiſer, daſs er an S. Emmeran etwas verliehen habe auf Fürbitte Herzogs Otto, des Biſchofs von Regensburg und des Abtes Ramoald. Der Herzog war in Italien; Biſchof und Abt konnten immerhin zu Rom ſeien, obwohl das wenig wahrſcheinlich. Wurde aber ſchon 980 Oct. 11 zu Trebur eine andere Verleihung an S. Emmeran bekundet, St. 776, und werden da genau dieſelben Intervenienten genannt, ſo wird doch faſt zweifellos zu Rom nur früher Gewährtes nachträglich beurkundet ſeien.

Nach Urkunde aus Pavia 1014 Jan. 17, St. 1590, Würdtwein N. S. 6,169, ſchenkt der König auf Bitten der Königin, des Erzbiſchofs von Köln und der Biſchöfe von Wirzburg und Augsburg eine Abtei an das Bisthum Straſsburg. Schon Pabſt in Hirſch Heinr. II. 2,415 macht darauf aufmerkſam, daſs der Erzbiſchof 1014 Febr. 3 zu Soeſt in Weſtfalen urkundet; aber in raſcher Rückkehr möchte ich doch mit Pabſt die Erklärung nicht ſuchen.

Die Schenkung der Grafſchaft Drenthe an Utrecht wird 1024 Jan. 5

zu Bamberg verbrieft, St. 1819, Heda (ed. 1592) 283. Wie die Sache felbft, fcheinen doch auch die als Bittfteller genannten Bifchöfe von Utrecht und Verdun mit dem Grafen Bertolf, wohl dem bisherigen Gaugrafen, für die Handlung auf Lothringen zu deuten. Dasfelbe wird anzunehmen feien bei einer 1034 Mai 3 zu Regensburg für S. Ghislain im Hennegau ausgeftellten Urkunde, St. 2059, Miraeus 1,510, in welcher auffer der Kaiferin und dem jungen Könige nur Lothringer, der Erzbifchof von Köln, der Bifchof von Kammerich, der Abt von Stablo und Herzog Gozelo Fürbitter find.

K. Heinrich bekundet 1191 Apr. 10 in· der Nähe von Rom, St. 4691, Dümge 149, dafs er mit feinen Brüdern Otto, Konrad und Philipp dem Bifchofe von Konftanz eine Schenkung gemacht habe. Aber nach den zahlreichen Zeugenreihen waren weder Otto und Philipp, noch der Bifchof in Italien. Haben wir für die Handlung Anwefenheit der Schenker und des Empfängers vorauszufetzen, fo mufs diefelbe über ein Vierteljahr vor der Beurkundung erfolgt feien.

Freilich wird bei folchen Schlüffen immer zu beachten feien, ob nicht befondere Umftände das an und für fich Auffällige erklären können. K. Heinrich verbrieft 1017 Juli 11 zu Leitzkau öftlich von Magdeburg dem Bisthum Paderborn die auf Fürbitte der Kaiferin, von vier Erzbifchöfen, neun Bifchöfen, Herzog Bernhards und zweier Grafen gefchehene Schenkung der Abtei Helmershaufen, St. 1688, Cod. Weftf. 1,74. Die Anwefenheit fo vieler, insbefondere auch nichtfächfifcher Fürften an dem unbedeutenden Orte könnte den Gedanken nahe legen, dafs es fich um nachträgliche Beurkundung einer auf einem allgemeinen Hoftage vorgenommenen Schenkung handle. Aber wir wiffen durch Thietmar, M. Germ. Scr. 3,855, dafs der Kaifer damals auf dem Feldzuge gegen Polen zwei Tage bei Leitzkau im Lager ftand, erft von dort die Kaiferin und manche Fürften zurückkehrten, fo dafs die Handlung immerhin dorthin fallen könnte, wenn auch wahrfcheinlicher ift, dafs fie fchon vorher zu Magdeburg vollzogen wurde.

Aus allem Gefagten ergibt fich demnach, dafs, fo weit wir das bisher prüften, fowohl Zeit, als Ort der Datirung fich auf die Beurkundung beziehen. Weiter aber, dafs felbft da, wo wir anzunehmen haben, dafs der Befehl zur Beurkundung fich unmittelbar an die Handlung anfchlofs, doch bis zu dem Stadium der Beurkundung, welchem die Datirung entfpricht, fehr häufig fo viel Zeit verftrich, dafs nicht einmal der Ort noch der Handlung entfprach. Das wird alfo immer zu beachten feien, wenn es fich darum handelt, die auf die Handlung bezüglichen Angaben der Urkunden für gefchichtliche Zwecke zu verwerthen. Es wird nur eine nach der Lage des Einzelfalles mehr oder weniger begründete Vermuthung dafür fprechen, dafs Bittfteller und Fürbitter an dem in der Datirung genannten Orte in den letztvergangenen Tagen am Hofe waren; wir·dürfen nicht vergeffen, dafs es fich da auch um einen Zeitunterfchied nicht blos von Wochen, fondern von Monaten und felbft von Jahren

99] handeln kann, und dann die Datirung natürlich auch für den Ort der Handlung nicht den geringſten Anhaltspunkt mehr bietet.

DATIRUNG NACH DER HANDLUNG.

100. Habe ich mich bemüht, die Beziehung der Datirung der Königsurkunden auf die Beurkundung möglichſt eingehend zu begründen, habe ich mich nicht begnügt, einzelne beſonders ſchlagende Beiſpiele aufzuführen, ſuchte ich vielmehr zu zeigen, daſs uns das Ausgehen von den verſchiedenſten Haltpunkten immer auf daſſelbe Ergebniſs zurückführt, die Regel demnach gar nicht zu bezweifeln ſeien wird, ſo ſchien mir das geboten gegenüber dem Umſtande, daſs zahlreiche Ausnahmen nicht zu läugnen ſind. Haben wir die Datirung nach der Handlung zweifellos nur als Ausnahme von der Regel zu betrachten, ſo läſst ſich ihr Zutreffen doch in ſo vielen Fällen aufs zweifelloſeſte nachweiſen, daſs eine möglichſt eingehende Begründung der Regel nöthig ſchien, ſollte ſich ihre Behandlung als Regel dem gegenüber überhaupt noch rechtfertigen laſſen.

Datirung nach der Handlung wieſen wir § 84 bereits inſofern nach, als ſich in vereinzelten Fällen eine doppelte Datirung findet. Ergab ſich bei dieſen die auf die Handlung bezügliche mit Actum, die auf die Beurkundung bezügliche mit Datum eingeleitet, fanden wir weiter § 45, daſs auch in Privaturkunden das Actum ſich wenigſtens in der Regel auf die Handlung bezieht, ſo liegt der Gedanke nahe, auch ſonſt in Königsurkunden den Gebrauch des Ausdruckes Actum als Zeichen einer Datirung nach der Handlung zu betrachten.

Für die ältere Datirungsformel, welche die Zeit unter Data, den Ort unter Actum gibt, müſſen wir zweifellos von dem Unterſchiede beider Ausdrücke wenigſtens ſo lange ganz abſehen, als die Formel regelmäſsig gebraucht iſt. Mag es Ausnahmen geben, ſo zeigten doch unſere bisherigen Unterſuchungen, daſs trotz der herkömmlichen Einleitung mit Actum auch die Ortsangabe ſich regelmäſsig auf die Beurkundung bezieht.

Dagegen wird nun gerade die Regelmäſsigkeit, mit der dieſe ältere Formel durchweg gebraucht wird, Abweichungen um ſo beachtenswerther erſcheinen laſſen können. Dahin gehören insbeſondere die vereinzelten Fälle, bei welchen die geſammte Datirung oder auſſer der Ortsangabe auch die Zeitangabe mit Actum eingeleitet iſt. Daſs das wenigſtens nicht immer bedeutungslos iſt, daſs man den Ausdruck abſichtlich anwandte, um die Datirung nach der Handlung kenntlich zu machen, dafür werden uns insbeſondere St. 548 ff. einen auffallenden Beleg geben. In andern derartigen Fällen, ſo St. 3065. 66, beide für Paſſau und zu Paſſau ausgeſtellt, fiel die Handlung zweifellos an den bezeichneten Ort; aber es iſt wenigſtens nicht zu erweiſen, daſs nicht auch die Beurkundung noch an demſelben Orte erfolgte. Bedenklicher ſind St. 1406.

7. 11, Lacomblet U. B. 1, 88. 89, ohne Datum, mit Actum Dortmund 1005 Juli 6 und 7, und Nienburg Aug. 13. Da der König in denselben das von ihm gegründete Adalbertstift zu Aachen dotirt und deſſen Verhältniſs zum Marienstifte beſtimmt, ſo wird man geneigt ſeien, die Handlung zu Aachen anzunehmen, zumal der König dort im April nachweisbar iſt. Allerdings wiſſen wir, daſs damals zu Dortmund eine überaus zahlreich beſuchte Synode gehalten wurde, vgl. Hirſch Heinr. II. 1,361, und ſo mag immerhin die Handlung zunächſt dorthin gefallen ſeien. Unter Nienburg wird dann freilich die ſchon früher geſchehene Dotirung wiederholt, wozu das Actum doch nicht zu paſſen ſcheint; aber es werden neue Schenkungen hinzugefügt, ſo daſs es auch hier wenigſtens möglich bleibt, daſs die ungewöhnliche Art der Datirung mit nächſter Rückſicht auf die Handlung erfolgte. Doch werden wir, wo nicht eine weitere Unterſtützung hinzukommt, ſolchen Abweichungen nicht zu viel Gewicht beilegen dürfen. Es wird vereinzelt auch wohl die geſammte Datirung unter Datum gegeben, und dabei der Ort den Zeitangaben vorgeſtellt oder am Ende belaſſen. Finden ſich weiter Fälle, bei welchen unter Datum nur die Jahresangaben, der Tag aber mit dem Orte unter Actum gegeben iſt, ſo glaube ich ſpäter nachweiſen zu können, daſs dem keine Bedeutung beizulegen, der Umſtand vielmehr auf Nachläſſigkeiten der Schreiber zurückzuführen iſt. Wurden in der regelmäſsigen Formel Datum und Actum gleichbedeutend gebraucht, ſo kann es kaum auffallen, wenn man auch bei ausnahmsweiſen Abweichen von derſelben den Unterſchied auſſer Acht ließ.

Deutlicher tritt das in den frühern Zeiten des zwölften Jahrhunderts hervor, wo es ſich nicht mehr blos um vereinzelte Ausnahmen handelt, ſondern die ganze Datirungsformel ins Schwanken geräth, Actum und Datum in willkürlichſter Weiſe mit einander vertauſcht und auf die verſchiedenſten Beſtandtheile der Datirung bezogen werden. Wir kommen darauf zurück. Es mag genügen, ein auffallendes Beiſpiel anzuführen. Die beiden Urkunden von 1147, St. 3543. 44, Cod. Weſtf. 2,46, ſtimmen durchweg wörtlich überein, lediglich darin abweichend, daſs die eine Ausfertigung ſich auf die Schenkung nur des Kloſters Kemnade an Korvei bezieht, die andere daneben auch das Kloſter Fiſchbeck nennt. Von beiden im Originale vorliegenden Urkunden hat die eine Data mit den Zeitangaben, Actum Frankfurt; die andere dagegen Actum mit den Zeitangaben, Datum Frankfurt; von dieſer Verwechslung abgeſehen ſtimmen beide Datirungszeilen bis auf den Buchſtaben überein. Leicht würde es denn auch ſeien, aus dieſer Zeit noch Fälle nachzuweiſen, bei welchen, wie früher, das Actum ſich nur auf die Beurkundung beziehen kann; ſo heiſst es beſonders auffallend St. 2955, vgl. § 87, *actum Spirae*, obwohl nach den ausdrücklichen Angaben der Urkunde die Handlung nach Mainz, lediglich die Beurkundung nach Speier fiel.

Dagegen gewinnt nun ſeit der Mitte des zwölften Jahrhunderts die Datirung wieder feſtere Formen. Es werden ſämmtliche Angaben ent-

100] weder unter Datum, oder aber unter Actum gegeben; oder auch fo, dafs zunächft unter Actum nur·das Jahr, welches in den meiften Fällen der Handlung, wie der Beurkundung entfprochen haben wird, genannt ift, während dann unter Datum die genaueren Angaben des Ortes und des Tages folgen. Gerade für diefe Zeit finden wir zunächft wenigftens bei den vereinzelten Doppeldatirungen den Unterfchied wirklich in der Weife beachtet, dafs die unter Actum gegebene Datirung fich auf die Handlung bezieht. Es ift wichtig, zu unterfuchen, ob wir das überhaupt als mafsgebend betrachten dürfen.

101. Wiefen wir § 43 nach, dafs der Ausdruck Actum fich dem fonftigen Gebrauche nach immerhin auf die Beurkundung beziehen könne, ergaben fich § 44 in Privaturkunden wenigftens vereinzelte Fälle, wo das auch bei der Datirung zweifellos der Fall war, fo ergeben fich für die Datirung nach nachträglicher Beurkundung mit Actum auch aus Königsurkunden mehrere ganz zweifellofe Belege.

St. 4092, Böhmer Acta 120, hat *acta sunt hec anno 1167;* das Jahr ift durch Indiktion und Rekognition ganz ficher geftellt. Aber während der Kaifer das ganze Jahr 1167 in Italien war, ift im Texte ausdrücklich gefagt, dafs die Handlung auf einen Wirzburger Reichstag, wohl 1165, fiel; auch von den angeführten Zeugen war keiner mit dem Kaifer in Italien. Ebenfo heifst es in der § 86 befprochenen Urkunde St. 4140: *acta sunt haec anno 1172,* obwohl fich beftimmt ergibt, dafs die Handlung fchon in das Jahr 1164 fiel.

Einige zweifellofe Fälle ergeben dann die Urkunden K. Heinrichs (VII.). Reg. Henr. 140, Huillard 3,322 hat Actum Oppenheim 1227 Apr. 6. Aber es ift lediglich eine wörtliche Wiederholung von Reg. 131 mit Actum Aachen März 27, während überdies auch die Zeugen fchwerlich alle zu Oppenheim waren, worauf wir zurückkommen.

Böhmer Acta 282 n. 324 hat *acta sunt hec* 1228 Apr. 2 ohne Ort. Damals war der König zu Hagenau oder in nächfter Nähe; dagegen ift im Texte ausdrücklich gefagt, dafs die Handlung zu Ulm vorgenommen wurde, wo auch die genannten Zeugen, und zwar im Februar wirklich beim Könige nachweisbar find; das Actum bezeichnet alfo die Zeit der erft nach zwei Monaten erfolgten Beurkundung. Genau entfpricht der Fall Reg. Henr. 331, Wirtemb. U. B. 3,345; der König bekundet eine vor ihm zu Hall verhandelte Sache unter Actum 1234 Mai 26 ohne Ort; an diefem Tage aber war er zu Wimpfen.

Reg. Henr. 304, Wirtemb. U. B. 3,331, Böhmer Acta 286, hat lediglich Actum 1233. Der Gegenftand bezieht fich auf die Gegend von Rotenburg an der Tauber; damit ftimmt die Zeugenfchaft oftfränkifcher Edlen; find aber weiter eine Reihe von Bürgern von Hall als Zeugen angegeben, fo wird zweifellos entweder die Handlung, oder die Beurkundung nach Hall zu fetzen feien. Dort war der König März 26, wo in feiner Gegenwart der gleichfalls als Zeuge genannte Markgraf von Baden zu Hall urkundet, Wirtemb. U.·B. 3,325. Von jener Urkunde gibt es nun aber noch eine zweite Ausfertigung, Wirtemb. U. B. 3,332, mit wefentlich derfelben oftfränkifchen Zeugenfchaft, aber *acta sunt hec Spire anno 1233*. Dafs der Ort fich nur auf die Beurkundung beziehen kann, wird keiner weitern Begründung bedürfen. Den angeführten würde fich dann noch eine nicht geringe Zahl, in andern Zufammenhange zu befprechender Fälle aus der Zeit K. Friedrichs II. anreihen, bei welchen der unter Actum genannte Monat zweifellos nicht der Handlung entfprechen kann.

Es wird fich nun allerdings ergeben, dafs der Ausdruck Actum doch vorwiegend da gebraucht wurde, wo die Zeit der Handlung betont werden follte. Aber er leitet uns nach dem Gefagten jedenfalls nicht ficher, fo lange nicht unterftützende Umftände hinzukommen.

102. Umgekehrt ergaben fich aus Privaturkunden § 51 wenigftens vereinzelte Belege für D a t i r u n g n a c h v o r h e r g e h e n d e r H a n d l u n g m i t D a t u m. Aehnliches ergibt fich nun auch für Königsurkunden. Es mag genügen, auf zwei Fälle aus fpäterer Zeit hinzuweifen, welche unmittelbar ergeben, dafs der Ausdruck Datum uns da nicht ficher leitet.

In der Beurkundung der Aechtung der Grafen von Cafaloldi 1220 durch K. Friedrich, Reg. 379, M. Germ. L. 2,240 heifst es: *datum in castris apud S. Leonem 8. kal. octobris et publicatum apud Spinlambertum pridie kal. mensis eiusdem*. Wie die Urkunde vorliegt, kann fie natürlich erft nach der Publikation entftanden feien. Aber es wäre denkbar, dafs die Angabe über die Publikation der fertigen Urkunden fpäter zugefügt wäre; Beziehung des Datum auf die Beurkundung fcheint fich fogar beftimmter daraus zu ergeben, dafs Friedrich, 1221 Januar als Kaifer die Urkunden beftätigend, fagt: *quod nobis existentibus in preterito mense (novembris) in castris apud S. Leonem — fieri fecimus quoddam scriptum bulla aurea roboratum*. Trotzdem ergibt fich beftimmt, dafs auch der Text der Urkunde erft nach der Publikation, alfo nicht mehr zu S. Leone entftanden ift und das Datum Sept. 24 fich lediglich auf die Zeit der Verhängung des Bannes bezieht. Denn der König fagt, er habe zunächft den Bann fo verhängt, dafs er fällig werden folle, wenn die Grafen *usque ad diem dominicum proximo venturum*, alfo Sept. 27, nicht gehorcht haben würden. Wäre damit Beurkundung am 24. Sept. noch vereinbar, fo ift diefelbe ausgefchloffen, wenn es weiter heifst: da fie aber *infra terminum sibi datum* nicht gehorcht hätten, *nostram promulgatam sententiam — publicari fecimus et aurea bulla iussimus communiri*. Dafs man hier den Tag der Handlung fefthielt, erklärt fich genugfam daraus, dafs fich an denfelben beftimmte Rechtswirkungen knüpften. Wir können es dabei dahingeftellt feien laffen, ob der Ausdruck Datum hier in der gewöhnlichen, fpäter genauer zu erörternden Bedeutung angewandt ift. Es ergibt fich jedenfalls, dafs er fich hier nicht auf die Beurkundung bezieht, während das fonft allerdings fo überwiegend der Fall war, dafs die Reichskanzlei felbft bei der

102] Erneuerung fich anfcheinend nur durch den Ausdruck Datum verleiten liefs, die erfte Beurkundung nach S. Leone zu verlegen.

Aus fpäterer Zeit liegt uns dann ein Beifpiel vor, wo der entfprechende deutfche Ausdruck ganz in der fonft üblichen Weife, aber in Beziehung auf eine vergangene Zeit gebraucht ift. In einer Oberbayer. Archiv 23,152 aus dem Originale gedruckten Urkunde K. Ludwigs von 1322 über eine Schenkung an Klofter Fürftenfeld findet fich die Datirung: *der geben ift ze velde bi Oetingen vor unferm ftreit — des nehften pfinztags vor Michahelis*, alfo Sept. 23, während die Urkunde doch fichtlich erft nach dem Mühldorfer Streite, Sept. 28, ausgefertigt ift. Ift das Datum nicht etwa, was ich dahingeftellt feien laffe, auf eine frühere Stufe der Beurkundung zu beziehen, fo kann es nur durch die Handlung beftimmt feien.

Die Ausdrücke Actum und Datum werden uns wohl einen fehr beachtenswerthen Halt geben, aber doch keineswegs in allen Einzelfällen ficher leiten können. Zur näheren Prüfung werden wir nach Haltpunkten fuchen müffen, welche von der Faffung der Datirung ganz unabhängig find.

103. Für Privaturkunden fanden wir § 50 einen Halt für die Unterfuchung des entfprechenden Verhältniffes insbefondere darin, dafs fich in ihnen nicht felten ein **Widerfpruch zwifchen der Datirung und anderen auf eine fpätere Zeit bezüglichen Angaben** der Urkunde ergibt. Und wie das fchon in den letztbefprochenen Fällen uns auch für Königsurkunden den Halt bot, fo trifft das auch fonft in diefen nicht felten zu. Es ift das mehrfach Veranlaffung geworden, an der Echtheit oder Unverfälfchtheit folcher Urkunden zu zweifeln, während doch jedes Bedenken entfällt, wenn die Beziehung der Datirung auf die Handlung fich rechtfertigen läfst.

St. 548. 49. 50 find von K. Otto II. aus Wallhaufen 961 ohne Tag, alle mit Ind. 3 ftatt 4; dann mit *iussu imperatoris progenitoris nostri* im Texte von n. 548, *annuente genitore imperatore* in n. 549. 50. Das ift natürlich unzuläffig, wenn wir die Datirung auf die Beurkundung beziehen, da der Vater 961 noch nicht Kaifer war. Die Echtheit der Diplome ift daher mehrfach in Abrede geftellt; auch Stumpf bezeichnet fie als verdächtig oder korrumpirt. Aber es fcheint mir kein Grund vorzuliegen, die Urkunden für unecht oder auch nur für interpolirt zu halten. Von dem Originale von n. 549 erklärt der letzte Herausgeber Heinemann, Cod. Anhalt. 1,25, ganz ausdrücklich, dafs er an der Echtheit deffelben nicht den geringften Zweifel habe, obwohl er auf eine Erklärung des anfcheinenden Widerfpruches verzichtet. Auch n. 548 ift jetzt Forfch. zur D. Gefch. 15,371 aus dem Originale von Winter veröffentlicht, der dabei auf diefelben Gründe geftützt, welche auch ich geltend zu machen habe, für die Echtheit aller drei Urkunden eintritt. Dafs mir diefe, auch wenn fich von keiner ein Original erhalten hätte, gerade wegen der Uebereinftimmung in dem anfcheinenden Widerspruche nicht zweifelhaft feien würde, habe ich bereits § 7 bemerkt. Bei folcher Sachlage ift doch die Aufgabe einfach auf Erklärung des fcheinbaren Widerfpruchs zu ftellen. Auch wenn kein weiterer unter-ftützender Grund hinzukäme, würde ich nicht anftehen, diefelbe darin zu fuchen, dafs zwar die Handlungen 961 fallen, die Beurkundungen aber früheftens 962 nach gefchehener Kaiferkrönung, und dafs man nach der Handlung datirte. Den letzten Zweifel wird da aber Beach-tung der Form der Datirung befeitigen; in allen drei ift in ganz unge-wöhnlicher Weife nicht blos der Ort, fondern auch die Zeit mit Actum eingeführt. Bei einer der gewöhnlichften Bedeutung des Wortes fol-genden Ueberfetzung ift alfo ein Widerfpruch überhaupt nicht vor-handen. Auch das ungewöhnliche Fehlen der Tagesangaben erklärt fich leicht bei Beurkundung einer länger vergangenen Handlung. Die Urkunde K. Otto I. St. 401, Böhmer Acta 9, ift datirt: *anno regni d. Ottonis 31, imp. 5, actum Noviomago.* Die Jahresangaben würden auf die Zeit von 966 Aug. 7 bis 967 Febr. 2 zufammenftimmen, während ein näherliegender Aufenthalt des Kaifers zu Nimwegen nur 966 Febr. bezeugt ift, auf den fich die Datirung um fo ficherer beziehen wird, als auch in anderen Urkunden diefer Zeit die Königsjahre um eine Einheit zu hoch gegriffen werden. Ift nun im Texte die Rede von der Fürbitte *equivoci nostri et coimperatoris augusti,* fo kann das erft nach 967 Dec. 25, dem Tage der Kaiferkrönung Ottos II. gefchrieben feien. Die Annahme einer Datirung nach der Handlung, auf die uns das hinweift, fcheint denn auch durch die ungewöhnliche Form und die Ungenauigkeit der Datirung unterftützt zu werden. Der Ausdruck Datum ift vermieden, ein Tag wird auch hier nicht genannt; vermuth-lich doch defshalb, weil er zur Zeit der Beurkundung nicht mehr genau bekannt war.

Aehnliche Ungenauigkeit finden wir nun in St. 1095, Mittelrh. U. B. 1,320. Das Diplom ift aus der Kaiferzeit K. Ottos III. und man wird Stumpf Wirzb. Imm. 2,29 darin beiftimmen müffen, dafs es wegen der Formel des Signum nicht vor 999 gefchrieben feien kann. Datirt ift es aber: *actum in Ingelneim curia, anno regni domni Ottonis tercii 9,* was uns auf 992 führt. Da wir nicht das Original, fondern nur eine wenig zuverläffige Kopie haben, fo liefse fich allerdings denken, die urfprüng-lich zur Kaiferzeit ftimmende Datirung liege uns korrumpirt vor. Diefe Korruption müfste dann aber eine fehr weitgreifende gewefen feien; es müfsten nicht allein die Königsjahre falfch angegeben, fondern die Kaiferjahre ganz befeitigt feien. Beziehen wir dagegen die Datirung überhaupt nicht auf die Beurkundung, fondern auf eine Handlung von 992, wie das die ungewöhnliche Einleitung mit Actum nahe legt, fo waren natürlich überhaupt keine Kaiferjahre zu nennen ; das Fehlen des Tages, die ungewöhnliche Faffung ftimmen zu entfprechenden Fällen; ein Aufenthalt zu Ingelheim 992 ift auch anderweitig bekannt; Datirung nach der Handlung konnte hier nahe liegen, da der Empfänger Gewicht

103] darauf legen mochte, daſs kenntlich werde, es ſei das bezügliche
Marktrecht und Münzrecht nicht erſt jetzt, ſonſern ſchon vor Jahren
verliehen worden. Dagegen ergibt ſich allerdings die Schwierigkeit, daſs
von Verleihung an den Abt Oſtrad von S. Maximin die Rede iſt, während deſſen Vorgänger Folkmar nach den von Stumpf Wirzb. Imm. 2,32
gegebenen Belegen früheſtens 996 Aug. 15 ſtarb. Daſs man nun bei
nachträglicher Beurkundung nicht den Abt genannt hätte, an den die
Verleihung urſprünglich erfolgte, ſondern den, dem ſie jetzt verbrieft
wurde, würde eine Ungenauigkeit ſeien, die mir gegenüber viel weiter-
gehendere Ungenauigkeiten, wie wir ſie in zweifellos echten Originalen
finden, kaum ſehr auffallen würde. Doch iſt zuzugeben, daſs die Un-
ſicherheit der Ueberlieferung eine ſichere Beurtheilung des Falles ſehr
erſchwert.

Dagegen liegt uns ein Original vor bei St. 3266, Lacomblet U. B.
1,207, mit Actum Köln 1132 März 18, aber mit dem Kaiſertitel und
kaiſerlichem Siegel, während Lothar erst 1133 Juni 4 Kaiſer wurde.
Insbeſondere dieſes anſcheinenden Widerſpruches wegen erklären Stumpf
und zuletzt Schum Vorſtudien 8 ſich gegen die Echtheit, obwohl dieſer
die Schrift als kanzleigemäſs anerkennt. Aber ſchon Lacomblet, der
die Echtheit nicht bezweifelt, hat betont, daſs die Zeitangabe mit Actum
ſtatt mit Datum gegeben iſt, alſo von dieſer Seite nichts hindert, ſpätere
Beurkundung anzunehmen. Einem Aufenthalte des Königs zu Köln
1132 März 18 ſteht nicht allein nichts im Wege, ſondern derſelbe wird
bei Anſelm von Gembloux, M. G. Scr. 6,384, ausdrücklich gemeldet.
Daſs die Uebereinſtimmung der Zeugen mit St. 3240 von 1129 keineswegs ſo grofs iſt, um auf Entlehnung ſchlieſſen zu müſſen, hat bereits
Schum gegen Stumpf bemerkt; die Abweichungen deuten ſogar beſtimmter auf eine ſpätere Zeit; ſo der Probſt Bern von S. Kunibert, auch
in andern Urkunden 1132 zuerſt vorkommend, während St. 3240 noch
Chriſtian genannt iſt. Bedenken erregt allerdings, daſs nicht allein im
Texte, worauf weniger Gewicht zu legen, von der *regia dignitas* die
Rede iſt, ſondern auch in der Datirung das Jahr *regni Lotharii regis*
gezählt wird, wo doch auch bei ſpäterer Beurkundung *imperatoris* zu
erwarten ſein ſollte. Nun iſt aber gewiſs anzunehmen, daſs bei ſpäteren
Beurkundungen früherer Handlungen oft gleichzeitige Aufzeichnungen
über dieſe vorlagen; wir werden ſpäter darauf zurückkommen. Lag eine
Aufzeichnung aus dem Jahre 1132 vor, der die Datirung durchaus entſprechen würde, ſo könnte das Actum einfach aus dieſer kopirt ſeien.
Mir ſcheint auch hier der anſcheinende Widerſpruch eher für, als gegen
die Echtheit zu ſprechen; es wäre doch auffallend, daſs gerade ein Fälſcher, der ein Kaiſerſiegel zur Verfügung hat und demgemäſs im Eingange den Kaiſer nennt, nun weiterhin ſo ganz aus der Rolle gefallen
ſeien ſollte.

Unbeſtritten echt iſt St. 4470, Wirtemb. U. B. 2,244, lediglich mit
acta sunt hec anno 1186 ohne Angabe von Tag und Ort. Daſs es ſich

um nachträgliche Beurkundung handelt, ist in der Urkunde selbst gesagt, der Kaiser erzählt eine von ihm vermittelte Veräusserung an das Kloster Herrenalb und fügt hinzu, dass die Brüder sich später der grössern Sicherheit wegen nochmals an ihn um eine Verbriefung gewandt hätten. Dass aber das Jahr der Datirung sich auf die Handlung bezieht, ergibt sich hier ganz bestimmt daraus, dass der bei der Handlung betheiligte Bischof Ulrich von Speier als *tunc temporis pontifex* bezeichnet wird; man kannte also bei der Beurkundung bereits seinen 1187 Juni 28 erfolgten Tod.

St. 4746, Ludewig Rel. 11,587, hat eine Datirung, welche sich trotz des Inkarnationsjahres 1193 bei der Uebereinstimmung der drei anderen Jahresangaben und des Itinerar nur auf 1192 Juni 1 Gelnhausen beziehen kann. Der Kaiser bekundet darin Schenkungen, welche er wegen der treuen Dienste und der Bitte des Erzbischofs Wichmann der Kirche von Magdeburg gemacht habe, nennt aber dabei den Erzbischof *felicis memorie*, obwohl derselbe erst 1192 Aug. 25 starb. Ist der Umstand, dass die Urkunde nicht zur Zeit der Datirung ausgestellt sein kann, obwohl Tag und Ort unter Datum gegeben sind, auch für spätere Untersuchungen von Bedeutung, so ist es sehr erwünscht, dass wir dafür noch einen weitern Haltpunkt finden. Es muss auffallen, dass die angesehenern Zeugen durchaus dem östlichen Sachsen und Böhmen angehören, was zum Ausstellorte wenig zu passen scheint. Es hat nun aber weiter St. 4745 aus Gelnhausen 1192 Mai 30 auch nicht einen einzigen übereinstimmenden Zeugen, wenn wir von denen absehen, welche wie Rupert von Dürn, Kuno von Minzenberg ünd Markwald von Anweiler zur täglichen Umgebung des Kaisers gehören. Dagegen finden wir von den eilf Zeugen unserer Urkunde nach St. 4786 nicht weniger als acht zu Altenburg 1192 Dez. 1 beim Kaiser; der einzige hier nicht genannte angesehene Zeuge Herzog Ottokar von Böhmen fehlt überhaupt in allen andern Diplomen dieser Zeit. Danach wird doch keinen Augenblick zu bezweifeln seien, dass die Zeugen sich auf die Beurkundung beziehen und dass diese ein halbes Jahr nach der Handlung zu Altenburg erfolgte Und wegen der Zeugenschaft des Böhmenherzogs ist das ein auch für. die geschichtlichen Verhältnisse, vgl. Toeche Heinr. VI. 241, beachtenswerthes Ergebnis.

Auf einen zweifellosen Fall aus späterer Zeit, Reg. Henr. (VII.) 64, hat bereits Wilmans U. B. 3,108 aufmerksam gemacht. K. Heinrich bekundet, dass er zu Herford auf dem Marsche zur Elbe *interveniente felicis recordationis Enkelberto Coloniensi archiepiscopo* der Gräfin von Ravensburg genannte Lehen geliehen habe; dann *acta sunt hec* 1224 Sept. 20. Da die Urkunde im Original erhalten, das *felicis recordationis* also nicht interpolirt, Engelbert aber 1225 Nov. 7 erschlagen wurde, so ist die Urkunde mehr als ein Jahr nach der in der Datirung angegebenen Zeit gefertigt. Dass die Zeugen, an ihrer Spitze Engelbert, mit *interfuerunt autem* eingeführt werden, wird sich kaum als weitere Unter-

103] ſtützung geltend machen laſſen, da die vergangene Form ſich auch bei gleichzeitiger Beurkundung rechtfertigt.

104. Kenntnifs ſpäterer Thatſachen kann ſich auch ausfprechen in der Rekognition durch einen ſpäteren Kanzler. Ein ſicheres Beiſpiel gibt St. 3980, M. Boica 6,180, mit *acta sunt hec* 1163, womit Ind. 11, Imp. 8 ſtimmen, während Regni 10 wenigſtens im Anfange des Jahres auch ſonſt ſtatt 11 geſetzt wird; dann *data Auguste* ohne Tag. Aber die Urkunde iſt rekognoszirt vom Kanzler Heinrich für den Erzkanzler Chriſtian und kann demnach ſo, wie ſie vorliegt, nur 1168 bis 1179 entſtanden ſein. Stumpf nimmt an, die Urkunde ſei 1163 gefertigt und nur ſpäter mit der fehlenden Rekognition verſehen. Sagt er aber ſelbſt, dafs die Schrift einer andern Kaiſerurkunde von 1169 ganz ähnlich ſei, ſo wird doch der Gedanke nachträglicher Beurkundung näher liegen, bei der man die für die Rechtswirkungen nicht gleichgültige Zeit der Handlung beibehielt. Wahrſcheinlich dann auch den Ort, trotzdem derſelbe nach der in dieſer Zeit üblichen Form unter Datum aufgeführt iſt. Wenigſtens wiſſen wir aus dem Traditionskodex der Abtei Tegernſee, M. Boica 6,137, dafs die Handlung ſelbſt zu Augsburg geſchah.

Und für dieſe Annahme möchte ich auch das Fehlen der Tagesangabe geltend machen. Bei gleichzeitiger Beurkundung fehlte dazu die Veranlaſſung; insbeſondere auch 1163 wurde dieſelbe regelmäſſig zugefügt; denn St. 3983 iſt überhaupt das ganze Datum mit Ort und Tag wohl nur aus Nachläſſigkeit fortgefallen. Hatte man bei nachträglicher Beurkundung keine Aufzeichnung über die Zeit, ſo iſt es erklärlich, wenn man wohl noch Jahr und Ort, nicht aber mehr den Tag anzugeben wuſste. Fehlen deſſelben fanden wir ſchon in mehreren Fällen, wo erweislich nach der Handlung datirt wurde. Und auch ſonſt findet ſich häufig, dafs er gerade da fehlt, wo die Datirung mit Actum eingeleitet wird. Wenigſtens in ſolchen Zeiten, wo der Tag regelmäſſig zugefügt zu werden pflegt, dürfte demnach Fehlen des Tages in Verbindung mit Actum Datirung nach einer vergangenen Handlung wahrſcheinlich machen, auch wenn ſonſtige Haltpunkte dafür fehlen.

Rekognition durch einen ſpäteru Kanzler wird alſo eine Urkunde wenigſtens dann nicht verdächtigen, wenn der Annahme ſpäterer Beurkundung nichts im Wege ſteht. So ſcheint St. 4055 von 1165 Nov. 25 das ich allerdings nicht prüfen konnte, lediglich beanſtandet wegen des Kanzler Philipp; bei Annahme der Beurkundung gegen Ende 1166 würde das der Echtheit nicht im Wege ſtehen. Auf andere Fälle werden wir zurückkommen.

105. Auſſer der Rekognition durch einen ſpätern Kanzler wird uns da oft auch die Anführung erſt ſpäter paſſender Zeugen einen Halt geben können. Allerdings ſcheint man gerade bei ſtark verzögerter Beurkundung beſonders häufig die Zeugen der Handlung aufgeführt zu haben. Sind aber doch, worauf wir zurückkommen, die Zeugen wohl

überwiegend als Zeugen der Beurkundung zu faſſen, ſo kann ſich bei Datirung nach einer vergangenen Handlung auch der Fall ergeben, daſs derſelben die Zeugen eben ſo wenig entſprechen, als der Kanzler. Wäre es zunächſt von Intereſſe, die vorhin beſprochene Urkunde St. 3980 auch in dieſer Richtung zu prüfen, ſo hat dieſelbe zwar Zeugen, aber es iſt mir nicht geglückt, auch nur für einen derſelben einen beſtimmten Halt zu gewinnen, wonach er èntweder nur 1163, oder nur 1168 bis 1171 paſſen würde. Doch iſt mir die Beziehung auf die Handlung 1163 wahrſcheinlicher, weil Herzog Welf gerade in jenen ſpäteren Jahren nie als Zeuge beim Kaiſer nachzuweiſen iſt. Dagegen fanden wir einen ganz ſicheren Fall bereits in der § 103 beſprochenen St. 4746, wo die Zeugen zweifellos nicht zu der nach der Handlung beſtimmten Datirung paſsten.

Zweifelhaft iſt mir, ob bei St. 3326, Or. Guelf. 2,533, das Nicht-paſſen der Zeugen als Zeichen nachträglicher Beurkundung oder aber der Unechtheit zu betrachten iſt. Unter Wirzburg 1136 Aug. 17 wird auf Bitte des Abtes von Stablo die Vereinigung der Klöſter Wauſſore und Haſtière beſtätigt. Von den neun Zeugen laſſen ſich nach St. 3324. 25 nur drei als damals zu Wirzburg anweſend erweiſen. Mag das nicht ausſchlaggebend ſeien, ſo paſſen die Zeugen doch aus andern Gründen zweifellos erſt in das folgende Jahr. Denn Heinrich von Baiern heiſst ſchon Markgraf von Tuszien. Weiter aber finden wir in der Urkunde für Stablo aus Aquino 1137 Sept. 22, St. 3353, alle neun Zeugen mit derſelben Bezeichnung und in derſelben Reihenfolge, was natürlich nicht Zufall ſeien kann. An und für ſich würde eine ſolche nachträgliche Beurkundung unter Beibehaltung der Daten der Handlung, aber Zufügung von Beurkundungszeugen nicht gerade befremden können. Aber Bedenken erregt, daſs die Zeugen als ſolche angeführt werden, *qui actioni et iudicio interfuerunt*, was doch wohl nur für einen Theil zutreffen würde, obwohl insbeſondere die italieniſchen Zeugen aus St. 3353 fehlen; bedenklich iſt auch die genaue Uebereinſtimmung der Reihenfolge; weiter, daſs die Datirungsform mit Datum keinerlei Beziehung auf die Handlung verräth, dagegen aus St. 3327 entnommen ſeien könnte. Liegt eine Fälſchung vor, ſo hätten wir hier ein weiteres Beiſpiel für die § 13 beſprochene Kompoſition des Protokolls nach mehreren echten Vorlagen; es iſt erklärlich, daſs der Fälſcher für die Datirung die in Deutſchland gefertigte St. 3327 vorzog, dann aber, da er hier keine Zeugen fand, dieſe aus St. 3353 nahm.

Aber ähnliches ergibt ſich auch in unverdächtigen Stücken. St. 4127, Mittelrh. U. B. 2,39, bekundet der Kaiſer eine Handlung, an welcher der Erzbiſchof von Trier, der Herzog von Zähringen und der Biſchof von Lüttich betheiligt ſind, mit *acta sunt hec apud Noviomagum anno 1171, ind. 4.* Nun läſst ſowohl die in dieſer Zeit ſeltene Einführung mit Acta, wie das Fehlen des Tages auf Datirung nach der Handlung ſchlieſſen. Die Groſsen, welche zu Nimwegen waren, erſehen wir aus den Zeugen

105] von St. 4129, welche fich zweifellos auf die zu Nimwegen vorgenommene Handlung beziehen, darunter denn auch Trier und Lüttich. Aber keiner ftimmt mit den Zeugen von St. 4127. Nennt diefe lediglich Thüringen, Dietz, Lechsgemünd, Nürnberg, Ufenberg, Boland, fo liegt es doch auf der Hand, dafs das keine zu Nimwegen paffende Zeugenreihe ift. Kann ich auch den fpätern Zeitpunkt, an dem fie zutrifft, nicht beftimmter nachweifen, fo beftätigt fie doch zweifellos die durch die Form der Datirung nahe gelegte Annahme, dafs es fich um nachträgliche Beurkundung an anderem Orte handelt.

Es mufs das nicht gerade die Gefammtheit der Zeugen treffen. St. 3758, M. Boica 29,324, in ganz unverdächtigem Originale erhalten, hat *acta sunt haec anno 1155, ind. 4, regni 4, imp. 2; datum in civitate Wirzeburgenfi.* Ind. 4 und Regni 4 ftimmen mit dem Inkarnationsjahre 1155 in deffen letzten Monaten genau zufammen; nur imp. 2 entfpricht erft von 1156 Juni an. Deutet das Acta der Zeitangaben, bei denen auch hier wieder der Tag fehlt, beftimmter auf die Handlung, fo können wir davon abfehen, dafs der Ort mit Datum gegeben ift; denn dass die Handlung nach Wirzburg gehört, ergibt fich ohnehin aus dem Texte: *dux Fredericus de Stoupha hanc donationem et concessionem in plena curia Wirziburgh et in presentia principum nobis fecit.* Wir kennen denn auch wirklich einen Hoftag zu Wirzburg im Okt. 1155; dafs die Handlung zu diefem gehört, kann nach der Mehrzahl der Zeugen nicht zweifelhaft feien; wir werden für andere Zwecke darauf zurückkommen. Aber die Beurkundung kann nach Mafsgabe einzelner Zeugen früheftens in den letzten Monaten 1156 erfolgt feien. Dafs Heinrich Herzog von Baiern und Sachfen heifst, würde 1155 nur auffallen, aber immerhin zu erklären feien. Dagegen wurde Friedrich erft 1156 Juli Erzbifchof von Köln. Insbefondere aber kann des Kaifers Bruder Konrad früheftens Ende September 1156 Rheinpfalzgraf geworden feien, da fein Vorgänger Hermann noch Sept. 17 Zeuge und wahrfcheinlich Sept. 20 geftorben ift. Denn die Annahme, dafs Konrad fchon neben Hermann den Pfalzgrafentitel geführt habe, vgl. Buffon in den Annalen für den Niederrh. 19, 24, ftützt fich, wenn wir von unferer früher zu Juni 1156 gefetzten Urkunde abfehen, lediglich auf St. 3732, welches uns in fehr unzuverläffigem Texte vorliegt. Weiter pafst auch die Rekognition durch den Kanzler Reinald erft zu 1156, da Ende 1155 bie Kanzlei erledigt war. Die Datirung bezieht fich alfo auf eine der Beurkundung lange vorhergehende Handlung.

Entfprechendes trifft nun auch zu bei einigen für unecht gehaltenen Urkunden, bei welchen anerkannt ift, dafs die Zeugen und die damit ftimmende Rekognition einer echten Vorlage entnommen feien müffen, während fie felbft insbefondere auch dadurch verdächtig werden, dafs die eine viel frühere Zeit angebende Datirung damit nicht ftimmt. Allerdings würde hier mit Befeitigung des einen Verdachtsgrundes nicht der Verdacht überhaupt befeitigt fein. Aber felbft wenn die Unechtheit

nicht zu bezweifeln, wird es fich in Fällen, wo eine echte Vorlage nothwendig vorhanden gewefen feien mufs, doch immerhin lohnen, dem
Verhältniffe näher nachzugehen und zu prüfen, ob nicht der für verdächtig gehaltene Widerfpruch fchon auf die Vorlage zurückgehen
könne.

St. 4065, Cod. Anhalt. 1,362, für die Abtei Nienburg hat *acta sunt
hec 1166* und *datum Nurenberg;* Rekognition und Zeugen dagegen
weifen beftimmt auf Ende 1173. Aber auch abgefehen davon erklären
Pertz und Heinemann das angebliche Original nach äuffern Merkmalen
für unecht.. Auch der Inhalt, an und für fich zwar nichts Auffallendes
bietend, würde die Annahme einer im Klofter entftandenen Fälfchung
begünftigen. Mag nun auch das angebliche Original nicht haltbar
feien, fo fcheint mir doch vieles dafür zu fprechen, dafs der anfcheinende
Widerfpruch im Protokoll der Urkunde nicht dem Ungefchick eines
Fälfchers zur Laft fällt, fondern dafs wirklich 1173 ein Privileg wefentlich entfprechenden Inhaltes der Abtei gegeben wurde, welches der
Fälfcher etwa nur beftimmter Einzelnheiten wegen umfchrieb. Auffallen mufs zunächft wieder das Fehlen einer Tagesangabe, wie wir es
gerade auch in den zweifellofen Fällen fpäterer Datirung nach der Handlung fanden. Dafs die hier bekundete Schenkung von Nienburg an
Magdeburg wirklich 1166 ftattfand, wiffen wir aus den ganz unverdächtigen Schenkungsurkunden St. 4066 und 4075, wie aus Schriftftellern.
Aber noch mehr; von der der Abtei günftigen Beftimmung in n. 4065:
*hanc conditionem interponimus, quatenus nec ecclesia Nienburgensis
nec abbas in beneficiis et familiis suis aliqua parte iusticie et honoris
sui detrimentum vel diminutionem patiatur,* läfst fich erweifen, dafs fie
fchon 1166 fo getroffen wurde. Denn wenn fich in der erften der für
den Erzbifchof 1166 gefertigten Schenkungsurkunden keine bezügliche
Andeutung findet, fo ift es um fo beachtenswerther, wenn es n. 4075
heifst: *hoc interposito, ut abbas Nuenburgensis ecclesie in eo honore
cum beneficiatis et ministerialibus remaneat integraliter cum omni sua
iusticia et plenitudine, sicut eum habuimus et divisimus.* Es fagt weiter
das Chronicon Montis Sereni zu 1171 ausdrücklich, dafs der Kaifer bei
der Schenkung der Abtei ihre Güter vorbehielt, der Erzbifchof ihr
trotzdem einen Theil ihres Güterbefitzes entzog. Es ergaben fich daraus Streitigkeiten, von denen wir auch fonft wiffen. So konnte es doch
fehr nahe liegen, jenen Vorbehalt zu Gunften des Kloftersdiefem noch
nachträglich zu verbriefen, wobei dann aus nächftliegenden Gründen
gerade die Datirung nach der Handlung von Werth war. Das könnte
dann recht wohl zu Nürnberg gefchehen feien, welches wenigftens der
Handlung nicht entfpricht, da diefe 1166 zu Ulm und Boyneburg ftattfand; dagegen ift gerade im Dez. 1173 ein Aufenthalt des Kaifers zu
Nürnberg nicht unwahrfcheinlich, da er Nov. 29 zu Worms urkundete
und nach den Kölner Annalen Weihnachten zu Altenburg feierte. Eine
echte Urkunde diefer Zeit mufste der Fälfcher jedenfalls haben, da das

105] Zufammenftimmen der Zeugen nicht zu errathen, insbefondere Chriftian von Mainz kurz vorher und kurz nachher in Italien war. Eine folche ftand doch dem Fälfcher höchft wahrfcheinlich nur dann zu Gebote, wenn fie für die Abtei felbft gegeben war; und diefer konnte der Kaifer damals kaum etwas anderes verbriefen, als das, was er bei der Schenkung zu ihren Gunften vorbehalten hatte. Neu ift in n. 4065 lediglich die Beftimmung, dafs die Abtei, wenn der Erzbifchof feinen Verpflichtungen nicht nachkommt, wieder unter dem unmittelbaren Schutze des Kaifers ftehen foll. An und für fich nicht auffällig, könnte doch eben diefe Beftimmung Anlafs zur Fälfchung gegeben haben. Aber dann ift mir nach allem Gefagten ungleich wahrfcheinlicher, dafs der Fälfcher fich etwa auf Einfchiebung diefes Satzes in eine echte Vorlage befchränkte, als dafs er einer folchen nur Zeugen, Rekognition und wahrfcheinlich den Ort unter Auslaffung des Tages entnahm.

Ein ähnlicher Fall liegt vor bei St. 3679, Wirtemb. U. B. 2,83, für Weingarten, mit *acta sunt hec anno 1153, regni 3, imp. 1; datum Uberlingen 11. kal. oct.* Die Angaben des Actum find in fich unrichtig, da die Regierungsjahre 1155 erfordern würden. Dagegen weifen nun Rekognition und Zeugen nicht blos im allgemeinen auf 1187, fondern es würden in diefem Jahre auch Ort und Tag des Datum genau entfprechen. Diefe Beftandtheile könnten freilich irgend welcher echten Urkunde entnommen fein. Es kommt nun aber der überaus auffallende Umftand hinzu, dafs auch St. 3678 für S. Emmeran ganz genau diefelbe Datirung und Rekognition hat. Wollen wir nicht einen Zufammenhang zweier Fälfchungen für ganz verfchiedene Klöfter annehmen, fo kann felbft das irrige Actum nicht blos zufällig entftanden fein. Gegen die Echtheit von n. 3678 fprechen freilich nach M. Boica 30,397 fo viele andere Gründe, während bei Weingarten auch fonft fo viele Fälfchungen vorliegen, dafs an Echtheit nicht wohl zu denken ift. Aber jener Umftand kann doch die Vermuthung nahe legen, dafs das Actum denfelben echten Vorlagen entnommen fein dürfte, auf welche das Datum zweifellos zurückgeht. Es liefse fich annehmen, es feien 1187 Handlungen von 1155 nachträglich verbrieft und die Kanzlei, der etwa nur eine Notiz mit Regierungsjahren vorlag, habe das Inkarnationsjahr vergriffen. Wobei dann freilich wieder bedenklich wäre, dafs bei Annahme der Unabhängigkeit der Fälfchungen ein folches, immerhin auffallendes Verfahren, in zwei gleichzeitigen Fällen eingehalten feien müfste.

106. Sehen wir nun auch von den zuletzt erörterten zweifelhaften Fällen ganz ab, fo fanden fich genugfame Belege, dafs die Datirung fich zuweilen auf die vergangene Handlung bezieht. Freilich wurde das durchweg dadurch unterftützt, dafs die Zeitangabe mit Actum eingeleitet wurde, wie das in fpäteren Zeiten auch in Königsurkunden nicht gerade felten ift. Aber auch bei den § 103 befprochenen Fällen früherer Zeit fanden wir, dafs die Datirung nach der Handlung zu Abweichungen von der allgemein üblichen Datirungsformel führte, welche die

Zeitangaben regelmäffig mit Datum einleitet. Das könnte die Vermuthung nahe legen, dafs wir die ältere Formel in ihrer regelmäffigen Geftalt ausnahmslos auf die Beurkundung zu beziehen haben. Aber auch das fcheint mir nicht immer zuzutreffen und fich zuweilen B e z i e h u n g des D a t u m d e r ä l t e r n D a t i r u n g s f o r m e l a u f d i e H a n d l u n g beftimmt zu ergeben. Es wird fich empfehlen, zur Begründung von unbezweifelt echten Urkunden auszugehen, bei welchen die Kenntnifs fpäterer Thatfachen ergibt, dafs fie erft nach der mit Datum angegebenen Zeit entftanden feien können.

Wir haben fieben und zwanzig Schenkungsurkunden für Bamberg, St. 1457—83, fämmtlich mit dem Datum 1007 Nov. 1 aus Frankfurt, zumeift von Eberhard als Kanzler rekognoszirt. Auffallen kann fchon, dafs nur in n. 1463 der an jenem 1. Nov. geweihte Eberhard fich auch in der Rekognition Bifchof nennt, wie das anderweitig vor Mai 1008 nicht nachweisbar ift, während zugleich der Text von den andern fich insbefondere dadurch unterfcheidet, dafs in ihm zweimal abweichend von den andern der Königin Kunigunde gedacht wird. Weiter aber ift n. 1464 von Gunzelinus, n. 1465 von Guntherus rekognoszirt; bei beiden handelt es fich um den Kanzler Günther, der anderweitig vor Juli 1008 nie als Kanzler genannt wird. Stumpf bemerkt allerdings zu beiden, dafs die Kanzleiunterfertigung von anderer Hand nachträglich gefchrieben fei. Trifft das auch die Datirung, fo ändert das für unfern Zweck die Sachlage überhaupt nicht. Trifft es die Datirung nicht, fo könnte man allerdings auf den Gedanken kommen, die Rekognition fei anfangs vergeffen und dann fpäter ergänzt. Aber die andere Hand mufs ja überhaupt nicht zugleich die nachträgliche Zufügung in dem Sinne erweifen, dafs ein irgend erheblicher Zwifchenraum zwifchen der Fertigung beider Schriften liegen müffe. Gerade hier aber wird an der fpätern Entftehung des Textes beider Urkunden felbft gar nicht zu zweifeln fein. Beide weichen in ihrer Faffung ganz wefentlich von den andern Urkunden von 1007 ab, haben Eigenthümlichkeiten, welche theils ganz vereinzelt find, theils gerade erweislich fpäteren Schenkungsurkunden für Bamberg entfprechen; bei n. 1464 ergibt fich näherer Anfchlufs an n. 1500 ff. von 1008 Juli 6, bei n. 1465 an n. 1535. 36 von 1010 Juni 1, und zwar in beiden Fällen fo, dafs diefe erweislich fpätern Stücke in ihrer Textgeftaltung übrigens der Maffe der Urkunden von 1007 näher ftehen. Schliefst das Entftehung fchon 1007 an und für fich nicht aus, fo macht es fie durchaus unwahrfcheinlich. Und gewifs wird die Annahme unzuläffig fcheinen, es fei zufällig 1007 gerade nur bei den in ihrer Faffung bedeutender abweichenden Stücken auf die Unterzeichnung vergeffen. Es bleibt doch nur die Annahme, dafs fie fpäter gefertigt, aber auf den Tag der Schenkung zurückdatirt find.

Fanden wir fchon früher, dafs bei Datirungen mit Actum die dazu noch nicht paffende Rekognition zuweilen nachträgliche Beurkundung erweift, fo wird nach dem Gefagten auch eine der Zeit des Datum noch

106] nicht entfprechende Rekognition nicht fchlechtweg als unzuläffig betrachtet werden können. Stumpf bezeichnet St. 2403 von 1051 März 31 als unecht oder verdächtig, da fie fchon den Erzkanzler Luitpold nennt, während Bardo erft im Juni geftorben ift. Aber Heinemann, Cod. Anhalt. 1,104, erklärt, dafs weder das Acuffere, noch der Inhalt dazu berechtige. Stumpf bezweifelt bei n. 2234 von 1042 Oct. 15 unter Zuftimmung von Steindorff Heinr. III. 1,347 die Richtigkeit des Datum, weil der Kanzler Adalger damals noch nicht im Amte war; aber wenigftens entfcheidend wird das nicht feien müffen.

In der Beftätigungsurkunde von 1049 für Murbach, St. 2370, Schöpflin Als. dipl. 1,162, fagt der Kaifer, dafs er das Erfuchen um Beftätigung gewährte auf Fürbitte des Pabftes Leo, *qui tunc temporis, ubi istud factum est, nobiscum fuerat Coloniae.* Diefe Worte laffen doch gar keinen Zweifel, dafs zur Zeit der Beurkundung Kaifer und Pabft nicht mehr zufammen zu Köln waren. Nun wiffen wir auch anderweitig, dafs beide 1049 Juni 29 zufammen zu Köln waren, vgl. Jaffé Reg. 368, dann von da nach Achen gingen, wo der Kaifer Juli 11 urkundet. Ift nun die Urkunde aus Köln 1049 Juli 5 datirt, fo können fich Ort wie Tag doch zweifellos nur auf die vergangene Handlung beziehen.

St. 2943, Lacomblet U. B. 1,164, aus Achen gibt zum Datum Febr. 10 vier auf 1098 zufammenftimmende Jahresbezeichnungen. Ift· nun überdies auch St. 2939 aus Achen im Febr. 1098 datirt, fo wird doch jede Annahme eines bloffen Verfehens in der Datirung ausgefchloffen feien. Allerdings heifst es nun im Texte *ob interventum filii nostri Heinrici regis,* während der Königstitel Heinrich erft feit 1099 Jan. 6 gebührt. Stumpf bezeichnete daher anfangs die Urkunde unter Einreihung zu 1098 als Fälfchung, hat fie dann aber in der fpätern Ausgabe des Bogens zu 1099 eingereiht. Da auch der Inhalte auf Handlung zu Achen fchlieffen läfst und die Angaben über diefelbe durchweg in vergangener Zeit gefafst find, fo zweifele ich nicht, dafs der anfcheinende Widerfpruch aus nachträglicher Beurkundung mit Datirung nach der Handlung zu erklären feien wird.

Gröfsere Schwierigkeiten bieten die Urkunden K. Heinrichs V. St: 2950 von 1101 Apr. 10, St. 2957. 58 von 1102 Febr. 15, St. 2963 von 1103 März 4, St. 2973 von 1104 Oct. 13, St. 2974 von 1105 Febr. 15, alle aus Speier, auch fämmtlich für Speier mit Ausnahme von St. 2963 für eine vom Lorfch abhängige Kirche. Die Datirung diefer Urkunden fchliefst *acta Spire in Christi nomine ad salutiferam memoriam Heinrici tertii Rom. imp. aug. feliciter amen.* Das läfst doch auf Beurkundung erft nach dem Tode des Kaifers 1106 Aug. 7 fchliefsen. Wollte man auch annehmen, die Formel könne fchon bei Lebzeiten des Kaifers gebraucht feien, fo wäre doch zu erklären, wefshalb fie gerade nur in diefen, in verfchiedene Zeit fallenden, aber doch wieder nicht ganz zufammenhanglofen Urkunden, nicht aber in andern aus den letzten Jahren des Kaifers vorkommt. Es ift weiter die Annahme, es handle

fich um willkürliche Zufügung durch den Schreiber des Speierer Kopial-
buches dadurch ausgefchloffen, dafs St. 2958 in Originale erhalten ift,
St. 2963 aus ganz anderer Quelle ftammt. Jenen fchliefst fich dann
noch an St. 2946 von 1100 Jan. 6 aus Speier und für Speier, wo es aber
abweichend heifst *ad salutiferam memoriam Johannis venerabilis
eiusdem loci episcopi;* auch diefer ftarb erft 1104 Oct. 28 und wir befprachen bereits § 51 eine anfcheinend nach feinem Tode mit ähnlicher
Bemerkung gefertigte Urkunde. Am nächftliegenden ift doch die Annahme, dafs alle diefe Urkunden nachträglich und gleichzeitig unter
Datirung nach der Handlung gefertigt wurden. Und das findet wenigftens bei zweien eine Unterftützung in abweichender Faffung der Datirung. Während die übrigen in normaler Weife die Zeit mit Datum
geben, ift diefelbe St. 2963. 74 mit Actum eingeleitet, während dann
der Ort, der in allen Fällen der Handlung und Beurkundung entfprechen
mag, in jener gleichfalls unter Actum, in diefer unter Datum folgt. Andererfeits ergeben fich freilich gegen unfere Annahme die gröfsten Bedenken. In allen Urkunden ift der Kaifer als lebend vorausgefetzt, ift
von feiner eigenhändigen Unterzeichnung die Rede. Bedenklicher fcheint
mir noch ein anderer Umftand. Wir fanden bisher, dafs auch bei Datirung nach der Handlung die Rekognition der Beurkundung entfpricht.
Hier entfpricht diefelbe durchaus der Datirung; die frühern Urkunden
nennen als Kanzler Humbert, die von 1102 Walcher, die fpäteren Er-
lung. Bei Richtigkeit unferer Annahme würde fich alfo der auffallende
Umftand ergeben, dafs bei nachträglicher Beurkundung auch'der Kanzler als Rekognofzent genannt wäre, der zur Zeit der Handlung im
Amte war.

107. Mag der letzte Fall bedenklich fcheinen, fo laffen doch die
früheren keinen Zweifel, dafs auch bei dem Datum der älteren Formel
zuweilen nach der Handlung zurückdatirt wurde. Ift das zugegeben, fo
erhält damit denn auch die auf den erften Blick fo befremdende Erfcheinung von Kaiferdiplomen mit Datirung aus der Königszeit ihre Erklärung, wie wir einen entfprechenden Fall, St. 3266, bei
dem aber die Datirung mit Actum eingeleitet war, bereits § 103 befprachen.

Den auffallendften Beleg gibt das bereits § 11. 14 befprochene
Diplom St. 2259, an deffen Echtheit ich nicht zweifle. Das Original ift
nicht mehr vorhanden, aber die Drucke gehen auf daffelbe zurück. Wie
Steindorff, welcher Heinr. III. 1,398 die Urkunde genauer befprochen
hat, ausdrücklich erklärt, bietet diefelbe abgefehen von der Datirungszeile gar nichts Anftöffiges. Nach der durchgehenden Kaifertitulatur
und der Rekognition kann diefelbe allerdings nur in den Jahren 1048
bis 1051 entftanden feien. Dagegen ift nun auch wieder die 1044 Apr. 8
nennende Datirungszeile in fich fo richtig, entfpricht in ihrer Faffung
fo durchaus echten Diplomen, dafs ein Fälfcher fie nur einer echten
Königsurkunde hätte entnehmen können. Auf welche Ungereimtheiten

107] das führen würde, wurde bereits § 14 bemerkt. Die Annahme der Zurückdatirung nach der Handlung befeitigt alle Schwierigkeiten. Wir haben dann eine früheftens 1048 gefertigte Kaiferurkunde mit einer Datirung, die gerade in diefer Zeit nach Mafsgabe anderer Diplome genau fo von der Kanzlei zu machen war, wenn man ,die in die Königsepoche zurückreichende Zeit der Handlung bezeichnen wollte; man konnte den Herrfcher anftandslos, wie in andern Diplomen der Zeit der Beurkundung, als Kaifer bezeichnen, aber freilich kein Kaiferjahr nennen.

Daffelbe Verhältnifs ergibt fich nun auch für St. 271. 286, zuletzt gedruckt Mohr Cod. Raet. 1,79. 82, Wirtemb. U. B. 1,213. 215, beide für das Bisthum Chur. Sehen wir von der Datirung ab, fo entfpricht alles Kaiferdiplomen K. Ottos I.; da auch im Signum von n. 271 nach Mohr *imperatoris* zu lefen feien wird. Die Urkunden können danach nicht vor 962 Febr. 2 entftanden fein. Dagegen find die Datirungen königlich. St. 271 hat die übereinftimmenden Daten *960 ind. 3, anno regni regis Ottonis 25*, wo alfo bei Annahme der Ausftellung 962 der inzwifchen erlangte Kaifertitel überhaupt unberückficht geblieben wäre; Tag und Ort find unleferlich. Die zweite aus Worms Mai 17 hat *961 ind. 4, regnante Ottone imperatore anno 26*, was ganz genau der Datirung einer Königsurkunde diefer Zeit entfprechen würde, nur dafs, ganz wie in dem früheren Falle, auf den inzwifchen erlangten Kaifertitel Rückficht genommen ift. Es fragt fich nun, ob fich auch hier unfere Annahme rechtfertigt, dafs der anfcheinende Widerfpruch fich lediglich durch fpätere Beurkundung unter Datirung nach der Handlung ergeben hat.

Beide Urkunden find in Originalen zu Chur vorhanden, gegen deren Echtheit von den neueften Herausgebern keinerlei Bedenken erhoben wird. Bezeichnet Stumpf fie als unecht, fo fcheint er dazu lediglich durch den der Datirung nicht entfprechenden Kaifertitel veranlafst.

St. 271 wird unter wörtlicher Wiederholung des gefammten Inhaltes 976 beftätigt durch St. 672, gleichfalls im Original vorhanden, gegen deffen Echtheit nirgends ein Zweifel erhoben ift. Es müfste alfo gelungen fein, fchon die Kanzlei des Sohnes durch eine auf den Vater lautende Fälfchung zu täufchen. Nahm diefelbe dabei an dem anfcheinenden Widerfpruche keinen Anftand, fo dürfte das für uns ein Fingerzeig fein, dafs man in der Kanzlei eben keinen Widerfpruch darin erkannte. Wird dadurch die Fälfchung ganz unwahrfcheinlich, fo fcheint überdies in der Urkunde felbft auf fpätere Beurkundung hingewiefen zu fein. Es wird dem Bifchofe in derfelben auch das Thal Bergell gefchenkt mit allem Zubehör, insbefondere auch das *teloneum in ipsa valle ab iterantibus emptoribus persolvi consuetum, modo vero in eodem loco Curia datum;* es legt das doch die Vermuthung nahe, dafs der Zoll zur Zeit der Schenkung noch im Thale felbft gezahlt wurde, bis zur Zeit der Beurkundung aber nach Chur verlegt wurde.

Auch bei St. 286, Beſtätigung eines Taufches des Bisthum mit dem Kloſter Schwarzach, wird die Richtigkeit des Inhaltes im allgemeinen durchaus ſichergeſtellt durch das ganz unverdächtige, im Originale vorhandene St. 287, Beſtätigung deſſelben Taufches für das Kloſter; der Unterſchied liegt nur darin, dafs diefe nur die an das Kloſter gekommenen Taufchſtücke näher angibt, während n. 286 auch die dem Bisthume überlaſſenen einzeln aufzählt. Beide Urkunden ſtimmen aber nicht blos ſachlich, ſondern auch formell genau überein. Beide ſind von Worms 961 Mai 17 datirt, beide ſtimmen in einem grofsen Theile des Textes, dann aber auch im Protokoll Wort für Wort, nur mit dem Unterſchiede, dafs n. 287 der Datirung entſprechend ein durchweg königliches Protokoll hat. Es fragt ſich, ob dieſer Umſtand unſere Annahme begünſtigt.

Zunächſt iſt dadurch mindeſtens eine echte Vorlage für n. 286 ſichergeſtellt. Die Ausfertigung für das Kloſter wird das ſchwerlich geweſen ſein. Eher liefse ſich denken an eine gleichzeitige königliche Verbriefung für das Bisthum, welche, etwa um ein oder anderes Gut mehr zu nennen, umgeſchrieben wurde. Dann gelangen wir aber zu dem Ergebniſſe, dafs man ohne erſichtlichen Grund das Königsdiplom folgerichtig zu einem Kaiſerdiplom umgeſtaltete, das aber bei der Datirung lediglich für den Titel durchführte, weder die Jahresangaben zu ändern, noch auch Kaiſerjahre hinzuzufügen wagte, und ſo, gerade wie bei St. 2259, zu einer Datirung gelangte, welche genau entſprach, wenn man 962 nach einer der Königsepoche angehörenden Handlung zurückdatiren wollte. Ich zweifle daher nicht, dafs n. 286 echt und aus der kaiſerlichen Kanzlei iſt; die Uebereinſtimmung mit n. 287 iſt dann daraus zu erklären, dafs man von der Ausfertigung für das Kloſter in der Kanzlei eine Abſchrift zurückbehalten hatte, oder dafs der Biſchof eine ihm gleichzeitig ertheilte Verbriefung vorlegte, welche er aus irgendwelchem Grunde neu ausgefertigt wünſchte. Auch könnte in ſolchen Fällen, worauf ſpäter genauer einzugehen ſeien wird, das Konzept ſchon früher entworfen ſeien, die Ausfertigung der Urkunde ſelbſt ſich aber verzögert haben.

Scheint mir bei jeder der beiden Urkunden n. 271. 286 die Annahme der Fälſchung auf gröfsere Schwierigkeiten zu führen, als die der Echtheit, ſo kommt hinzu, dafs dann wieder das Zuſammentreffen beider für die letztere ſpricht. Wird auch nur eine von beiden als echt anerkannt, ſo entfällt damit zugleich der Verdachtsgrund für die andere. Und auch das wird zu beachten ſeien, dafs Biſchof Hartbert von Chur nach St. 299. 301 bei der Kaiſerkrönung zu Rom war; kurz nach dieſer werden ihm beide Diplome unter Beibehaltung der Zeit der Handlung ausgefertigt ſeien.*)

---

*) Ich habe die Beſprechung dieſer Urkunden in ihrer urſprünglichen Faſſung belaſſen, obwohl mir noch vor dem Abdrucke eine Angabe zukommt, welche es geſtatten

107] Solche Fälle würden ja überhaupt nach Massgabe unferer Ergebniffe bezüglich der Privaturkunden und mancher fpäterer Königsurkunden nichts Befremdendes haben, wäre bei ihnen nicht die Zeitangabe
mit Datum eingeleitet. Haben wir aber gefehen, dafs man durch Jahrhunderte das Actum der Ortsangabe beliefs, obwohl fich diefelbe überaus häufig nur auf die Beurkundung bezog, fo kann das Belaffen des
Datum bei Angabe nach der Zeit der Handlung kaum mehr befremden.
Man war an eine beftimmte Form der Datirung gewöhnt, in welche man
die Zeitangaben eintrug, ohne genauer zu unterfcheiden, ob man mit
denfelben die Zeit der Handlung oder die der Beurkundung bezeichnen
wollte. Uebrigens wird fich ergeben, dafs das Auffallende diefer Urkunden fich nicht gerade nur aus nachträglicher Beurkundung erklären
läfst, dafs auch der fpäter zu befprechende Fall einer Neuausfertigung
die ausreichende Erklärung bieten würde.

108. War Datirung nach der Beurkundung jedenfalls die Regel, fo
können doch die Fälle ausnahmsweifer Datirung nach der Handlung
ungleich häufiger feien, als die wenigen nachgewiefenen das vermuthen
laffen. Es konnte oft eine Beurkundung jahrelang nach der feftgehal-
tenen Datirung erfolgen, ohne dafs fich das durch eine Aenderung im
Titel des Herrfchers oder in der Kanzlei bemerklich machen müfste.
Dafs die Datirung fich auf die Beurkundung beziehe, konnten wir auch
bei kürzeren Zwifchenräumen mehrfach dadurch erweifen, dafs der bekannte oder zu vermuthende Ort, zuweilen auch die Zeit der Handlung
den Angaben der Datirung nicht entfpricht. Sind aber ausnahmsweife
Zeit und Ort übereinftimmend auf die Handlung geftellt, fo wird fich
das in der Regel nicht in gleicher Weife kenntlich machen; entfprechen
Zeit und Ort der Handlung, fo wird fich nicht leicht erweifen laffen,
dafs diefelben nicht ebenfo wohl auch der Beurkundung entfprechen
könnten. Für folche Beweisführung würden wir nur dann einen Halt
gewinnen, wenn wir annehmen dürften, dafs die nachfolgende Beurkundung fo viel Zeit in Anfpruch nahm, dafs fich daraus ein merkbarer
Zeitabftand zwifchen Handlung und Beurkundung ergeben mufste. Ift
uns dann die Zeit der Handlung genauer bekannt, fo wird fich der
Schlufs rechtfertigen können, dafs nicht nach der Beurkundung datirt
feien kann, weil fich der nöthige Zeitabftand nicht ergibt. Das führt
uns denn insbefondere auf die Frage nach der Zuläffigkeit der
Annahme eines Zufammenfallens von Handlung und Beurkundung auf denfelben Tag.

---

dürfte, nicht blos Unverdächtigkeit, fondern erwiefene Echtheit nach graphifchen Haltpunkten anzunehmen. Nach Angabe von Sickel Programm 44 find St. 254. 271. 286.
403, fämmtlich für Chur, dann aber auch St. 287, eben jene Urkunde für Schwarzach,
von ein und derfelben Hand gefchrieben. Wollte man nun auch die fämmtlichen Urkunden für Chur, obwohl bei St. 254 und 403 jeder Verdachtsgrund zu fehlen fcheint,
als Werk ein und deffelben Fälfchers betrachten, fo würde diefer doch nicht zugleich
eine Fälfchung für Schwarzach gefchrieben haben; nach dem fchon § 4 Bemerkten wird
diefe Uebereinftimmung Echtheit aller Urkunden erweifen müffen.

Zuweilen erfolgte die Beurkundung rafch; wir wiefen § 93 Fälle nach, wo fie am Tage nach der Handlung vorlag. Wenn daher der Kaifer 975 Mai 27 zu Fulda für Fulda urkundet, während er Mai 24 zu Frankfurt, Juni 3 zu Weimar ift, oder 993 Febr. 5 zu Effen für Effen, aber Jan. 27 zu Dortmund, Febr. 6 zu Duisburg urkundet, fo kann, da auch die Handlungen zweifellos nach Fulda und Effen fallen, die Kürze des fich daraus ergebenden Zeitraumes auffallen; aber es läfst fich doch nicht behaupten, dafs nicht auch an denfelben Orten noch genügende Zeit zur Beurkundung blieb. Anders liegt aber doch die Sache bei St. 2467 von 1055 März 13 zu Ebersberg, eine Schenkung an Ebersberg betreffend, nachdem der Kaifer März 12 noch zu Oetting urkundete. Erfolgte die Schenkung, wie doch wahrfcheinlich, erft am Orte felbft, fo müfste bei Datirung nach der Beurkundung diefe noch an demfelben Tage vollendet feien.

Bei Briefen und fonftigen kurzen, ohne feierliche Formen gefertigten Stücken wird eine folche Annahme keinem Bedenken unterliegen. Wenn K. Otto am Tage feiner Kaiferkrönung 1209 Nov. 4 noch mit dem Königstitel, alfo vor dem Krönungsakte, dem Pabfte feine Genehmigung der von den Fürften geleifteten Sicherheitseide verbrieft, M. Germ. L. 2,218, fo fteht nichts der Annahme im Wege, dafs der hier der Handlung entfprechende Befehl zur Fertigung und die Vollendung des kurzen Stückes vielleicht keine Stunde in Anfpruch nahmen; während übrigens der Befehl auch fchon am Tage vorher gegeben feien konnte. Bei Diplomen aber hat die Annahme, dafs Handlung, Befehl und die verfchiedenen Stufen der Beurkundung bis zur gänzlichen Vollendung auf einen Tag zufammenfielen, etwas fo befremdendes, dafs es fich fragen mufs, ob fich denn dafür ein ficheres Beifpiel nachweifen läfst.

Man könnte verfucht feien, dafür geltend zu machen, dafs vereinzelt bei der ältern Datirung der Tag, wie gewöhnlich, zunächft unter Datum genannt ift, und fich dann nochmals eine entfprechende Tagesangabe unter Actum findet. So K. Zwentibold, Reg. Kar. 1169, Lacomblet U. B. 1,44: *data 2. non. iunii, anno 898; actum ipso in monasterio sacrosancto die pentecoste Astnide nuncopato;* oder St. 3095: *data 8. id. apr., anno 1013; actum Wormatie in ipso die pasche.* In beiden Fällen ergibt fich derfelbe Tag für Datum und Actum. Aber wir find ja in diefer Formel gar nicht berechtigt, das Actum auf die Handlung zu beziehen; es entfpricht in der Regel gleichfalls der Beurkundung. Nur der hohe Fefttag mochte veranlaffen, diefen nochmals unter Actum bemerklich zu machen; ich möchte in diefen Fällen zunächft nur einen weitern Beleg dafür fehen, dafs das Datum und Actum der ältern Datirung denfelben Zeitpunkt bezeichnen follten.

Findet fich weiter im dreizehnten Jahrhunderte der Tag häufig mit *actum et datum* eingeleitet, worauf wir zurückkommen, fo wäre, wollten wir folche Fälle hier verwerthen, doch vorher feftzuftellen, dafs man

108] da bei Actum gerade die Handlung im Auge hatte, was zweifellos nicht der Fall war.

Im allgemeinen ergeben doch die § 93 und 97 befprochenen Fälle, dafs auch dann, wenn ungewöhnliche Verzögerung in keiner Weife anzunehmen ift, die Beurkundung durchweg einige Tage in Anfpruch nahm. Es würde fich nur darum handeln können, ob wenigftens bei ungewöhnlicher Befchleunigung die Urkunde noch an demfelben Tage fertig geftellt werden konnte. Und da kenne ich nur einen einzigen Fall, wo fich nachträgliche Beurkundung vom Tage der Handlung felbft zweifellos ergibt. K. Friedrich bekundet einen Vertrag mit dem Bifchofe von Bamberg, St. 4167, M. Boica 29,419, und fagt darin, er habe dem Bifchofe eine Summe gezahlt *anno 1174 in die s. Margarete apud Werdam, ubi et quando tam hec ordinatio, quam huius ordinationis pagina facta est.* Aber gerade diefer Fall fcheint mir ganz geeignet, um als fichtliche Ausnahme auf die Regel fchlieffen zu laffen. In ihrer Fertigung fteht die Urkunde ganz vereinzelt. Wäre fie nicht befiegelt, fo würde man fie zweifellos nur für einen Entwurf, für eine vorläufige Aufzeichnung halten. Es fehlen nicht allein die Beglaubigungsmittel feierlicher Diplome, fondern auch die Formen einfacher Diplome find in keiner Weife eingehalten. Eine Datirung findet fich nur in angegebener Weife mitten im Texte, an ungewöhnlicher Stelle und in ungewöhnlicher Faffung. Die als Zeugen bezeichneten Perfonen kommen weniger als folche, denn als Bürgen in Betracht. Es fehlen Strafformel und Beglaubigungsformel, überhaupt alles Formelhafte. Man fieht deutlich, wie es lediglich darauf abgefehen war, möglichft rafch ein Beweismittel für die Vertragsbeftimmungen zu fchaffen, über welche Kaifer und Bifchof fich geeinigt hatten. Mufste man dabei von allen fonft eingehaltenen Formen abfehen, fo fcheint das doch fehr beftimmt dafür zu fprechen, dafs man nicht in der Lage war, ein Diplom in den üblichen Formen fo rafch zu fertigen, dafs es noch am Tage der Verhandlung felbft vollzogen übergeben werden konnte.

109. Nach dem Gefagten wird zweifellos der Schlufs gerechtfertigt feien, dafs da, wo fich Zufammenfallen des Tages der Handlung mit dem der Datirung ergibt, diefe letztere auch zunächft durch jene beftimmt feien wird. Nur freilich wird das nicht zugleich fchon fchlieffen laffen, dafs die Beurkundung nachträglich erfolgte. Wir werden vielmehr zu beachten haben, dafs bei Vollziehung der Handlung durch die Urkunde, wie wir fie § 71 befprachen, die letztere vorausgefertigt feien mufste. In folchen Fällen wird nach dem § 73 Bemerkten wohl als Regel anzunehmen feien, dafs wenigftens die Vollziehung der vorausgefertigten Urkunde und die als Handlung zu betrachtende Uebergabe an demfelben Tage erfolgten, dem dann gewifs auch die Datirung entfprochen haben wird; darauf mufs fchon hindeuten, dafs fo oft das Beginnen der Rechtskraft *ab hodierna die* betont und damit doch auf den Tag des Vollzuges durch die Uebergabe

hingewiefen wird. Allerdings ift es denkbar, dafs die vollzogene Urkunde zuweilen einige Zeit liegen blieb, ehe fie übergeben wurde. Und
da wir weiter nicht wiffen, in wie weit man auf Genauigkeit in diefen
Dingen gröfsern Werth legte, fo wäre es ja immerhin möglich, dafs in
der früher vorbereiteten Urkunde vom Schreiber der Tag, an welchem
er fchrieb, angegeben wurde, ohne Rückficht darauf, dafs die Vollziehung erft an einem fpätern Tage in Ausficht genommen war. Ift es
danach denkbar, dafs auch in folchen Fällen die Datirung nur der Beurkundung, nicht aber der Handlung entfprach, fo ift mir kein erweis-
barer Fall bekannt geworden. Die feltenen Fälle, wo uns Tag der Vollziehung und Uebergabe unabhängig von der Datirung bekannt find,
fprechen vielmehr durchaus dafür, dafs diefe jenem entfprach.

K. Heinrich fagt 1010, St. 1529, dafs er dem Klofter Obermünfter
*ipsa die, quo illud — in presentia nostri xv. kalendas may consecrari
fecimus, quandam nostri iuris curtem — per hanc nostram regalem
paginam — concessimus atque tradidimus.* Die Urkunde ift von demfelben Tage aus Regensburg datirt. Hätten wir dabei an nachträgliche,
doch fchwerlich noch an demfelben Tage vollendete Beurkundung zu
denken, fo würde diefelbe als Beweis verwendbar fein, dafs die Datirung
nicht der Beurkundung, fondern der Handlung entfprach. Aber fchon
die Ausdrücke weifen uns auf die Annahme hin, dafs durch die vorbereitete Urkunde felbft am Tage der Weihe die Schenkung vollzogen
wurde.

In St. 3205, Dümge Reg. 127, beftätigt der Kaifer 1125 eine fremde
Schenkung, wo demnach eine vorhergehende Handlung des Kaifers
kaum anzunehmen fein wird, und fagt: *kartam presentem iussimus
componi et — propria manu insignitam proprium sigillum apponi fecimus ea die scilicet, qua liberam electionem eligendi advocatum R. abbati — recognovimus et privilegium, qualiter ad hoc pervenerit, dedimus,* während dann weiter auch bezüglich der Zeugen auf die Zeit ver-
wiefen wird, *dum aliud privilegium R. abbati — porreximus.* Die
Urkunde ift datirt aus Strafsburg vom 8. Januar und das ift zweifellos
derfelbe Tag, auf welchen bezüglich der Vollziehung ausdrücklich hingewiefen ift. Denn die angezogene Urkunde St. 3204 ift von demfelben
Tage datirt, und dafs fich das hier auf die betonte Uebergabe bezieht,
wird um fo weniger zu bezweifeln fein, als es fich bei ihr um Verbriefung einer früheren, und zwar nach der ausdrücklichen Angabe des
Textes fchon zu Weihnachten erfolgten Entfcheidung handelt.

Es wurde § 73 erwähnt, dafs der Kaifer nach Notariatsprotokoll
1193 Aug. 15 Boten von Verona *cum privilegio facto et finito et sigillato* inveftirte. Das hier benutzte Privileg felbft ift uns erhalten, St. 4828,
Böhmer Acta 171, und hat diefelbe Datirung, die demnach wohl erft
am Tage der Vollziehung und Uebergabe zugefügt wurde oder, wenn
auch vorher gefchrieben, wenigftens auf diefen berechnet war.

110. In manchen Fällen wird uns aber auch bei nachfolgen-

110] der Beurkundung das allerdings nur bei günstiger Sachlage nach-
zuweisende Zusammenfallen der Handlung mit dem Tage der Datirung
auf Beziehung dieser auf jene schliessen lassen. Zuweilen kann es zweifelhaft seien, ob wir vorhergehende oder nachfolgende Datirung anzunehmen haben. Dürfte bei der § 108 erwähnten Urkunde für Ebersberg St. 2467 Datirung vom Tage der Handlung nicht zu bezweifeln
seien, so ist auch da Vorausfertigung nicht ausgeschlossen. Zuweilen
weisen aber doch der Umstand, dass der Inhalt der Urkunde vor der
Handlung überhaupt noch nicht feststand, und andere Haltpunkte bestimmt auf nachfolgende Beurkundung hin, die für uns insofern wichtiger ist, als sich bei den § 109 besprochenen Fällen eine Abweichung
von der Regel nicht ergibt, da dort die Datirung nach der Handlung
ja zugleich der Beurkundung oder doch ihrer Vollendung entspricht.

Einen zweifellosen Beleg gibt die Urkunde K. Konrads von 912,
Reg. Kar. 1237, Dronke Cod. 304, in welcher der König ausdrücklich
sagt, dass er *in primo anno regni nostri sub die pridie iduum aprilium*
nach Fulda gekommen, dort gut aufgenommen sei und daher dem Kloster Angegebenes geschenkt habe. Das Datum nennt denselben Tag,
der sich natürlich nur auf die Handlung beziehen kann, wenn wir nicht
annehmen wollen, Ankunft, Schenkung und Vollendung der Verbriefung derselben seien auf denselben Tag zusammengefallen.

Das Diplom K. Ottos I. von 972, St. 516, Mohr Cod. 1,91, ist nach
Mittheilung Sickels im Originale vom Aug. 18 aus Konstanz datirt; nach
dem Texte erfolgte aber zu Konstanz auch die verbriefte gerichtliche
Entscheidung. Nun war der Kaiser Aug. 14 mit dem Sohne noch zu
S. Gallen, von Italien heimkehrend; urkundet der Sohn Aug. 17 zu
Reichenau, so ist es wenigstens wahrscheinlich, dass der Vater auch dort
bei ihm war. Ist die Möglichkeit nicht ausgeschlossen, dass die Hand-
lung zwei oder drei Tage früher fiel, so ist doch gewiss Beziehung der
Datirung auf dieselbe bei solchem Sachverhalte ungleich wahrscheinlicher.

Wir wissen aus dem darüber gefertigten Akte St. 847, M. Germ.
L. 2,35, dass die Gesandten von Venedig 983 Juni 7 zu Verona in öffentlicher Versammlung den Kaiser um Erneuerung der Friedensverträge
baten. Dieselbe Datirung hat das umfassende Pactum selbst, St. 845,
Leibniz Ann. 3,448. Hier findet die Beziehung auf die Handlung noch
eine ausdrückliche Bestätigung darin, dass die Datirung nur mit Actum
in ungewöhnlicher Weise am Eingange der Urkunde gegeben ist.

Eine Bestätigungsurkunde K. Konrads II., St. 1852, Schöpflin Als.
dipl. 1,155, ist schon vom 9. Sept. 1024, also vom Tage nach der Wahl
und Krönung datirt. An und für sich würde darin etwa nur ein Beleg
besonders rascher Beurkundung zu sehen seien. Aber es muss doch auffallen, dass die Urkunde schon das königliche Siegel hat. Bresslau Kanzlei 84 fasst das als Beweis dafür, wie schnell damals die Anfertigung eines
Siegelstempels vor sich ging. Ich möchte doch eher annehmen, dass

die Datirung nur der Handlung entfprach. Diefelbe Annahme wird für St. 1855, vom dritten Tage nach der Wahl datirt, dadurch nahe gelegt, dafs der Text auf nachträgliche Beurkundung einer fchon nach die Wahl fallenden Handlung zu deuten fcheint; vgl. § 74. Bedenken gegen die Datirung nach der Beurkundung erregt auch St. 3615 vom Krönungstage K. Friedrichs I. datirt; doch wäre hier Vorausfertigung möglich, wenn auch kaum wahrfcheinlich. .

Nach St. 4420, Stumpf Acta 227, inveftirte der Kaifer 1185 Juni 30 die Konfuln von Alba und befahl dann vor andern Zeugen, alfo wohl erft nachträglich, vielleicht nicht einmal an demfelben Tage, darüber ein Inftrument zu fertigen. Nach diefem Inftrumente ift dann fichtlich erft das Diplom St. 4421 gefertigt. Trotzdem nennt diefes unter Datum gleichfalls Juni 30.

Das Diplom K. Friedrichs I. für die Schlofskapelle zu Boineburg, St. 4492, Schultes Direct. 1,331, hat *acta sunt hec anno 1188*, *ind. 6, id. iunii, ipso die dedicationis eiusdem capelle.* Zufammenfallen der Datirung mit dem Tage der Handlung ift nicht zu bezweifeln, zumal auch die ungewöhnlichere Einführung mit Actum darauf hinweift.

Nach den Kölner Annalen kam der Herzog von Brabant 1204 *post festum s. Martini*, alfo Nov. 12 oder wenigftens nicht früher, zu K. Philipp nach Koblenz, um demfelben zu huldigen. Wenigftens die genauere Beftimmung deffen, was der König ihm für feine Unterwerfung zu gewähren hatte, wird doch erft auf dem Tage felbft erfolgt fein. Dennoch hat das bezügliche Privileg, Reg. Ph. 51, Orig. Guelf. 3,775, *datum* Nov. 12 zu Koblenz; und trotz des Ausdruckes Datum dürfte es doch nur den Tag der Handlung bezeichnen.

Die Bedingungen der vom K. Friedrich 1218 erzwungenen Sühne zwifchen dem Herzoge von Lothringen und der Gräfin von Troyes find vom Könige felbft, Reg. Fr. 225, dann in entfprechend geänderter Faffung auch vom Reichskanzler, vom Herzog von Lothringen und vom Herzog von Burgund verbrieft, Huillard 1,545 ff. In allen Urkunden heifst es *actum apud Esmanciam, kal. iunii*; auch eine weitere bezügliche Verbriefung des Herzogs von Lothringen hat denfelben Ort und Tag, nur mit *datum*. Der Tag ift zweifellos der, an welchem der Herzog fich und die Burg in die Gewalt des Königs übergab. Schwerlich wurden an diefem auch die Verbriefungen gefertigt; man wird bei der Uebergabe die Bedingungen vorläufig aufgezeichnet und danach fpäter jene gefertigt haben. Damit ftimmt denn auch der Ausdruck Actum.

Nach langer Belagerung wurde 1248 Oct. 18 Aachen an K. Wilhelm übergeben, wobei diefer Beftätigung der Freiheiten verfprach. Die im Original erhaltene Beftätigungsurkunde, Reg. Wilh. 30, Quix Cod. Aq. 117, Lacomblet 2,175 hat *datum Aquis 15. kal. octobris.* Das ift unbedingt unrichtig. Nehmen wir mit Böhmer an, es fei im Originale *octobris* ftatt *novembris* verfchrieben, fo führt uns das genau auf den Tag der Uebergabe der Stadt. Dafs an diefem das feierliche Pri-

110] vileg fchon vollendet wurde, ift natürlich trotz des Ausdruckes Datum
nicht anzunehmen. Man mufs bei der fpäteren Beurkundung zurückdatirt haben, eine Annahme, welche auch das Verfehen in der Datirung
leichter erklärt.

Der Tag der Krönung Rudolfs läfst fich auf 1273 Oct. 24 zweifellos feftftellen. Denfelben Tag nennt nun eine Verbriefung des Königs
für den Erzbifchof von Mainz bezüglich eines erft bei der Krönungs-
mahlzeit felbft entftandenen Rangftreites, Reg. Rud. 3; ob unter Actum
oder Datum ift nicht ficher zu erfehen, da der lateinifche Text unge-
druckt ift. Dafs fonft Verbriefungen vom Krönungstage felbft zu fehlen pflegen, machten wir § 97 dafür geltend, dafs im allgemeinen nach
der Beurkundung datirt wurde. Hier mufs ausnahmsweife auf die Zeit
der Handlung zurückgegriffen fein. Und das erhält dadurch eine Beftätigung, dafs es in einer Verbriefung des Rheinpfalzgrafen ganz gleichen Inhaltes, Guden Cod. d. 1,753, die doch gleichzeitig mit der des
Königs gefertigt feien wird, ausdrücklich heifst *acta sunt hec* Oct. 24,
während doch in diefer Zeit auch in Privaturkunden die Datirung
mit Datum fo regelmäffig angewandt wird, dafs wir das Actum, wo es
noch in diefer Weife gebraucht wird, um fo ficherer auf eine vergangene
Handlung zu beziehen haben werden.

K. Albrecht hatte 1299 Dec. 8 eine Zufammenkunft mit dem
Könige von Frankreich auf einer an der Reichsgränze zwifchen Toul
und Vaucouleurs belegenen Wiefe. Das Ergebnifs der Zufammenkunft
liegt uns vor in fieben Verbriefungen K. Albrechts für Frankreich, Reg.
Alb. 240 ff., fämmtlich von demfelben Tage: *actum et datum nobis et
prefato rege Francorum presentibus apud Quatuorvalles, die martis,
octava mensis decembris.* Da fcheint nun gerade der Ausdruck *actum
et datum* für Ausfertigung oder wenigftens Vollziehung vorbereiteter
Urkunden an demfelben Tage zu fprechen. Allerdings waren die Urkunden zum Theil nur wörtliche Wiederholungen von Vorverträgen,
welche vorbereitet feien konnten; zum Theil aber ift ihr Inhalt fichtlich
erft Ergebnifs der damaligen Zufammenkunft. Wir werden auf das
actum et datum zurückkommen; fchon diefer Fall dürfte zeigen, wie
wenig wahrfcheinlich es ift, dafs wir dabei wirklich an ein Zufammenfallen von Handlung und Beurkundung auf denfelben Tag zu denken
haben.

Auf Aehnliches habe ich Reg. Lud. Addit. III S. XI für die Regierungszeit K. Ludwig des Baiern hingewiefen. Weitläufige Verträge,
deren Inhalt fich erft bei Zufammenkünften der Herrfcher beftimmte,
bei welchen demnach von vorbereiteten Urkunden nicht die Rede
feien konnte, find oft von dem Tage datirt, welcher uns anderweitig als
der erfte oder auch einzige Tag der Zufammenkunft bekannt ift; dafs
da nach dem Abfchlufs der Verhandlungen noch die umfangreichen
und forgfältig ausgeführten Reinfchriften gefchrieben und vollzogen
feien follten, ift geradezu undenkbar.

Die Handlung für die bei Gelegenheit der Krönung ertheilten Beftätigungen und Verleihungen haben wir gewifs auf den Krönungstag felbft zu fetzen. In Reg. Kar. IV. 2030 heifst es bei einer Erneuerungsurkunde: *supradicti avi privilegium — in praefata s. Petri basilica inter ipsa statim imperialis nostrae coronationis solemnia, dum adhuc missarum agerentur mysteria, ratificavimus, confirmavimus* u. f. w. Noch unter K. Ludwig dem Baiern wurden diefe Urkunden entfprechend dem frühern Brauche, vgl. § 97, fichtlich nach der Beurkundung datirt. Dagegen find unter K. Karl IV. zahlreiche Urkunden fowohl vom Tage der Königskrönung, 1346 Nov. 26, als von dem der Kaiferkrönung, 1355 Apr. 5, datirt, vielfach in der Datirung ausdrücklich auf die Krönungsfeier hindeutend, fo befonders beftimmt Reg. 2050: *datum anno 1355, ind. 8, non. apr. in missa dominicae resurreccionis, qua imperialem coronam recepimus.* Schon Spiefs Nebenarb. 1,109 weift darauf hin, dafs, wenn man das auf die Zeit der Einhändigung beziehen wolle, die Urkunden vorausgefertigt feien müfsten. Das mag bei manchen der Fall gewefen feien. War das aber unter den früheren Regierungen fichtlich nicht üblich, fo wird doch auch hier trotz des *datum* oder *actum et datum* eher an Zurückdatirung nach der Handlung zu denken feien.

111. Die in folchen Fällen ohnehin vorliegenden Bedenken können fich dann noch dadurch fteigern, dafs es fich wohl um m e h r f a c h e A u s f e r t i g u n g e n m i t g l e i c h l a u t e n d e r D a t i r u n g handelt, damit alfo die Vollendung am Tage felbft noch unwahrfcheinlicher wird. So hat fich das ausführliche Rundfchreiben K. Heinrichs über feine am Fefte der h. Petrus und Paulus 1312 vollzogene Kaiferkrönung in mehreren Ausfertigungen erhalten, vgl. Reg. Henr. VII. 490; fie haben gleichmäffig *datum Rome 3. kal. iulii*, was dem Krönungstage felbft entfpricht.

Solches wird uns denn auch zuweilen einen Anhalt bieten können, wo fich der Tag der Handlung nicht genauer feftftellen läfst. Wir fanden § 85 die Annahme der Datirung nach der Beurkundung als Regel dadurch beftätigt, dafs mehrere Ausfertigungen derfelben Urkunde oft verfchieden datirt find. Dafs oft mehrfache Ausfertigungen diefelbe Datirung haben, kann natürlich nicht dagegen beweifen. Von dem Verzichte K. Friedrichs II. auf das Spolienrecht kennen wir drei Ausfertigungen von 1216 Mai 11 aus Wirzburg; da der Hoftag fchon Mai 1 begann, die Handlung doch zu Anfang zu vermuthen ift, fo fteht nichts der Annahme im Wege, dafs jene eben zufällig an demfelben Tage vollendet find; und das beftätigt fich dadurch, dafs andere Ausfertigungen von Mai 12 und 13 datirt find, vgl. Reg. Fr. 172, Böhmer Acta 239. Aber diefes Beifpiel zeigt uns doch auch, dafs es bei einer gröfsern Zahl gleichdatirter Ausfertigungen mifslich ift, anzunehmen, dafs alle zufällig an demfelben Tage vollendet feien follten.

Vom Privileg K. Friedrichs für die geiftlichen Fürften von 1220, Reg. Fr. 341, fcheint für jedes deutfche Bisthum eine Originalausfer-

111] tigung gegeben zu fein, von denen fich eine Reihe erhalten hat, vgl.
M.Germ. L. 2,236, Grandidier Oeuvres 3,338. Obwohl fich einige andere
Abweichungen zeigen, ftimmen doch alle in Datum Apr. 26 überein;
nur der aus Abfchrift gegebene Text bei Trouillat Mon. 1,480 hat einfach *mense aprilis*, was zweifellos nicht zu beachten ift, da der Abfchreiber die ganze Datirung willkürlich gekürzt hat. Die Annahme, dafs fich
der Tag auf die gemeinfame Verleihung, nicht aber auf die einzelnen
Verbriefungen beziehe, wird hier noch dadurch geftützt, dafs die Verleihung nur in die nächftvorhergehenden Tage fallen könnte.

Daffelbe wrid anzunehmen feien bei dem 1231 zu Worms von K.
Heinrich für alle Fürften gegebenen Privileg, Reg. Henr. 235; die bekannten fechs Ausfertigungen ftimmen im Datum Mai 1 überein, vgl. M.
Germ. L. 2,280. Dafs das der Tag der Handlung ift wird hier noch
dadurch näher gelegt, dafs auch die mit jenem Privileg in Verbindung
ftehenden Rechtsfprüche daffelbe Datum haben, bei Rechtsfprüchen
aber, worauf wir zurückkommen, der Tag der Datirung durchweg zugleich den der Handlung bezeichnet.

112. Fälle, wie die § 110 befprochenen, würden fich zweifellos in
grofser Zahl ergeben, wenn wir häufiger in der Lage wären, den Tag
der Handlung genau beftimmen zu können. In einigen Fällen finden
wir denfelben wohl im Texte ausdrücklich genannt und dann weiter eine
bloffe Zurückverweifung der Datirung auf den Tag der
Handlung.

So fagt K. Adolf, Böhmer Acta n. 489: *quod nos anno d. 1292,*
nonis iulii, vidimus et coram maiestate nostra perlegi fecimus vier Ver-
leihungsurkunden K. Rudolfs für Johann vou Chalon, welche dann wörtlich eingerückt find, und dafs er diefelben durch diefe Urkunde beftätige
und erneuere; dann *datum Bunne, anno et die predictis, ind. 5, regni 1.*
Die zwei erhaltenen Originalausfertigungen find doch fchwerlich trotz
des *datum* an demfelben Tage gefchrieben und vollzogen. Daffelbe
müfste dann auch noch der Fall gewefen feien bei Beftätigung einer eingerückten Urkunde für die Abtei Vilich, Reg. Ad. 16, Böhmer Acta
n. 488, die in entfprechender Faffung im Texte gleichfalls Juli 7 nennt,
dann *datum et actum Bunne, anno, die et indictione predictis.*

K. Albrecht, Reg. 5, Warnkönig Flandr. R. G. 1,99, bekundet,
quod nos anno d. 1298, ind. 11, in die b. Bartholomei apostoli, qua
quidem die ad apicem coronationis nostre divina favente dispensatione
devenimus, Aquisgrani, in domo Aquensis prepositi, den Grafen Guido
von Flandern belehnt habe; *datum Aquisgrani, anno, die, indictione*
et loco predictis. Schon die Unwahrfcheinlichkeit einer Beurkundung
am Tage der Krönung felbft wird keinen Zweifel laffen, dafs man bei
der Datirung nicht die Zeit der Beurkundung im Auge hatte.

113. Dafs der Tag der Handlung ausdrücklich im Texte genannt
wird, findet fich im allgemeinen nur felten. Aber in einer Klaffe von
Königsurkunden ift es fpäter regelmäffig der Fall, nämlich in den Be-

urkundungen der Rechtsfprüche. Oft fchon im zwölften Jahrhunderte, faft regelmäffig aber im dreizehnten wird in diefen fchon im Texte der Ort genannt, wo das Urtheil gefunden wurde. Seit K. Rudolf wird dann der Ortangabe auch fogleich die Tagesangabe zugefügt. So zuerft, fo weit ich fehe, im Rechtsfpruche über die baierifche Kurftimme 1275, Reg. Rud. 173: *presidentibus nobis curie apud Augustam idibus maii sollempniter celebrate.* Weiterhin gefchieht das faft regelmäffig nicht nach römifchem Kalender, fondern nach der kirchlichen Feftrechnung; fo 1276, M. Germ. L. 2,407: *existentibus nobis apud Bopardiam dominica qua cantatur: Domine ne longe.* Zuweilen werden dann fpäter auch fogleich die Jahresbezeichnungen mit aufgenommen; fo L. 2,455: *anno d. 1290, 16. cal. sept., ind. tertia nobis sedentibus pro tribunali apud Erphordiam.*

Auch nach der Aufnahme der Tagesangabe in den Text wird diefelbe vielfach nochmals ausdrücklich in der Datirung gegeben. Aber durchweg nicht nach der Feftrechnung, fondern nach römifcher Zählung; es heifst etwa im Texte *Ratispone sabbato infra octavam apostolorum Petri et Pauli,* und am Schluffe *datum Ratispone 3. non. iulii 1281.* Damit ift uns nun ein Mittel geboten, das Verhältnifs der Datirung zur Handlung genauer zu prüfen.

Allerdings ergeben fich einige beftimmte Belege, dafs man zuweilen nach der nachträglichen Ausfertigung datirte. ¡Ein *nobis presidentibus iudicio in terra Austrie,* alfo fpäteftens 1281, gefundener Rechtsfpruch wird 1288 zu Bafel verbrieft, M. Germ. L. 2,453. Es ift weiter ein 1282 Dec. 4 zu Ehenheim gefundenes Urtheil 1283 Jan. 18 zu Heilbronn bekundet, L. 2,443; ein 1284 Aug. 23 zu Sinsheim gefundenes Aug. 25 zu Heilbronn, Böhmer Acta 344. Dann finde ich noch drei Fälle, wo bei Gleichheit des Ortes die Datirung drei und zwei Tage fpäter fällt, als die Handlung, L. 2,439.440.443. In früherer Zeit werden in den aus Portenau 1232 Mai datirten Rechtsfprüchen Reg. Frid. 735. 737 als Gerichtsorte Ravenna und Cividale genannt.

In allen anderen Fällen ftimmen, fo weit ich fehe, die Angaben des Textes und die der Datirung immer genau mit einander überein. Trifft das in früherer Zeit nur den Ort, fo trifft das fpäter, feit der Tag im Texte genannt wird, auch diefen. Häufig tritt das unmittelbar in der Form der Datirung hervor. Denn keineswegs immer nennt diefe ausdrücklich einen Tag. Gebräuchlicher ift es, dafs diefelbe fich auf die Angaben des Textes zurückbezieht; es heifst etwa *datum die et loco predictis* oder unter Wiederholung des Ortes *anno, die, indictione premissis;* für die vereinzelten Fälle, welche wir § 112 aus andern Urkunden anführten, wird diefe den Rechtsfprüchen eigenthümliche Form mafsgebend gewefen feien.

Danach werden wir fagen dürfen, dafs von vereinzelten Ausnahmen abgefehen die Verbriefungen der Rechtsfprüche vom Tage der Handlung datirt find. Die Annahme, dafs diefer zugleich der der Beur-

113] kundung fei, worauf auch der allgemein übliche Ausdruck *datum*, vereinzelt *actum et datum* deutet, begegnet hier allerdings an und für fich keinen Schwierigkeiten. Die Verbriefungen find kurz, die äuffere Ausstattung oft eine geradezu ärmliche; es wäre fehr wohl denkbar, dafs es üblich war, unmittelbar nach der Handlung auch der Partei den Brief zu fertigen und zu fiegeln.

Es ergeben fich aber doch Bedenken. Die Rechtsfprüche find oft fo allgemein, ohne Beziehung auf einen Einzelfall gefafst, dafs fie fich lediglich durch die Form von einem allgemeinen Gefetze unterfcheiden. Von folchen wurden gewifs oft zahlreiche Ausfertigungen gemacht, bei denen es dann doch auffallen müfste, dafs fie noch am Tage des Spruches felbft gefertigt feien follten. So hat fich der Rechtsfpruch gegen die Städtebündniffe, Reg. Henr. (VII.) 225, in Originalausfertigungen in den Archiven von Mainz, Wirzburg und Worms erhalten, alle mit 1231 Jan. 23, die erfte und dritte in einer auf den Empfänger berechneten Faffung, während das Wirzburger Original nach der auf Mainz berechneten Faffung gefertigt ift, vgl. M. Boica 30,167. Schon das deutet darauf hin, dafs man weniger den befondern Empfänger, als das Zeugnifs über den Spruch felbft im Auge hatte. Auch wenn diefer durch einen Einzelfall veranlafst zunächft für den Kläger von Werth war, fo konnte er doch auch für Andere Bedeutung haben und diefe veranlaffen, fich Ausfertigungen geben zu laffen. Und das gefchah doch fchwerlich immer an demfelben Tage.

Die naheliegende Annahme, dafs man bei folchen Ausfertigungen Ort und Tag einfach dem Texte entnahm oder auf denfelben zurückverwies, ohne fich um die Zeit der Beurkundung zu kümmern, läfst fich in Einzelfällen beftimmter begründen. In einem aus dem Originale veröffentlichten Rechtsfpruche von 1279, M. Germ. L. 2,422, heifst es *datum Wienne, die et loco predictis*. Das *loco* pafst nur in einer Datirung, welche den Ort nicht wiederholt; die Zurückbeziehung auf den Tag aber ift hier ganz unftatthaft, da im Texte ausnahmsweife nur Ort und Jahr, nicht aber der Tag genannt ift. Das fcheint doch dafür zu fprechen, dafs diefe Datirungen fehr oberflächlich gemacht wurden, dafs man fich mit der gewohnten Wendung auf die Angabe des Textes zurückbezog, ohne zu beachten, ob das zugleich der Tag der Ausfertigung war. Liegt bei dem Rechtsfpruche Reg. Rud. 785, Böhmer Acta n. 441, mit Datum Juni 6 nicht ein Schreibfehler vor, fo ergibt fich ein Widerfpruch mit der Juni 7 entfprechenden Angabe des Textes *feria quarta post octavam pentecostes*, der doch eher einer fpätern ungenauen Umrechnung, als einem Mifsgriffe bei vom Texte unabhängiger Datirung zur Laft zu legen feien dürfte.

Beachtenswerther ift, dafs ehe es üblich wurde, auch den Tag im Texte zu nennen, der Ort mehrfach mit einem auf die Vergangenheit deutenden Ausdrucke, insbefondere mit *nuper* eingeleitet wird; fo 1219: *nuper apud Augustam*, M. Germ. L. 2,234. Das follte doch erwarten

laſſen, daſs die Urkunde ſchon an einem andern Orte geſertigt ſei, wie
ſich das bei anderartigen Verbrieſungen auch wohl ergibt; ſo wenn K.
Richard 1259 zu Arras etwas bekundet, was er *nuper apud Cameracum*
gethan, Böhmer Acta 310. Da muſs es denn auffallen, daſs in Rechts-
ſprüchen auch in ſolchen Fällen doch derſelbe Ort in der Datirung genannt iſt; vgl. M. Germ. L. 2,234. 362. 373. 403.

Auffallender iſt es noch, wenn es in dem Rechtsſpruche Reg.
Henr. (VII.) 71, Huillard 2,819 ſogar heiſst *coram nobis iam pridem
apud Bernum in iudicio residentibus*, und dennoch *datum apud Bernum, 5 kal. ian., ind. 13, anno 1224, regni 5*. Dem damaligen Auſent-
halte zu Bern entſpricht ein ſolcher Ausdruck doch in keiner Weiſe, zumal der König noch acht Tage ſrüher zu Baſel war. Die Annahme der
Beziehung auf einen ſrüheren Auſenthalt würde auf den ſonderbaren
Zuſall führen, daſs Handlung und ſpätere Verbrieſung auf denſelben
Ort trafen; überdies war der König unſeres Wiſſens nie früher in dieſer
Gegend. Das weiſt doch beſtimmt auf die Annahme ſpäterer Datirung
nach der Handlung. Dieſe wird noch durch einen eigenthümlichen Umſtand unterſtützt. Während auch die Indiktion dem Inkarnationsjahr
1224, zu welchem auch nach anderen Urkunden der Auſenthalt zu Bern
gehört, entſpricht, paſst das fünfte Regierungsjahr erſt ſeit Mai 1226,
wenn es, wie in den andern Urkunden des Königs aus dieſer Zeit, von
der Krönung ab gezählt iſt, vgl. Huillard Intr. 53; auf 1224 bezogen
würde es der einzige Fall einer Zählung von der Wahl ab ſein. Lieſs
ſich bisher noch an einen Fehler der Abdrücke denken, ſo findet ſich
nach Mittheilung Sickels dieſelbe Ziffer im Originale zu Biſanz. Andere
damals zu Bern ausgeſtellte Urkunden nennen kein Regierungsjahr.
Danach dürfte der Sachverhalt doch der ſeien, daſs die Verbrieſung
erſt 1226 ausgefertigt wurde, der Schreiber die Datirung einer Aufzeichnung über die Handlung entnahm, dann aber gedankenlos das
laufende Regierungsjahr zufügte.

Nach allem Geſagten möchte ich nicht bezweifeln, daſs Rechts-
ſprüche wenigſtens überwiegend trotz der Einführung mit Datum nach
der Handlung datirt wurden.

114. Dieſelbe Annahme muſs dann von vornherein nahe liegen
bei den **Beurkundungen von Geſetzen**. Für den Rechtsſpruch,
in ſo weit bei dieſem weniger neues Recht geſchaffen, als ohnehin gel-
tendes beſtimmter anerkannt wird, iſt wenigſtens in dieſer Richtung die
Zeitangabe ohne ſachliche Bedeutung; dagegen kann ſie allerdings ſehr
ins Gewicht fallen für den entſchiedenen Einzelfall, ſo daſs es ſich erklärt, wenn dabei auf Kennzeichnung der Zeit der Handlung beſonders
geachtet wurde. Für das Geſetz werden wir als maſsgebende Handlung
zunächſt die Publikation zu betrachten haben; und die Zeit dieſer iſt
für die Geltung ſo wichtig, daſs wir wohl von vornherein annehmen
dürfen, daſs ſie bei der Datirung vorzugsweiſe beachtet wurde, nicht
aber die Zeit, wo die Einzelausfertigungen geſchrieben wurden, die doch

114] auch nicht als einfache Abfchriften zu betrachten find. Die Beurkundungen der Gefetze find in weniger gleichmäffigen Formen abgefafst, als die der Rechtsfprüche. Im allgemeinen aber fcheint die Art
der Datirung unfere Annahme zu beftätigen, ihr wenigftens nicht zu
widerfprechen.

In den Kapitularien finden fich die Angaben über Zeit und Ort
wohl im Eingange des Textes und dann·in einer Faffung, dafs die Beziehung auf die Handlung unmittelbar hervortritt. Heifst es dagegen
etwa M. Germ. L. 1,67: *anno 789 — actum est huius legationis edictum
in Aquis palatio publico; data est haec carta die 10 kal. apr.*, fo fcheint
fich das allerdings auf die Einzelausfertigung zu beziehen. Doch war
hier die formelle Geftaltung fchon urfprünglich fo verfchieden, find dann
noch fo manche Aenderungen der Ueberlieferung zu beachten, vgl.
Sickel Acta 1,415, dafs eine nur oberflächliche Unterfuchung der Da-
tirungsverhältniffe diefer Denkmale von keinem Nutzen feien kann.

Die älteren Gefetze deutfcher Herrfcher, zumeift für Italien erlaffen,
find uns überwiegend ohne Zeitangaben überliefert, fei es, weil fie folcher
von vornherein entbehrten, fei es, weil die Abfchreiber fie fort-
liefsen; der Ort wird zuweilen in Weife der Rechtsfprüche im Texte
genannt; fo M. Germ. L. 2,38. 42. Zu den Kampfgefetzen von 967 hat
fich in zwei Handfchriften eine dem Itinerar entfprechende Datirung
erhalten, welche auf eine Originalausfertigung zurückgehen könnte;
ebenfo zu der Conftitutio Ticinensis von 998, L. 2,33. 37; in beiden
Fällen werden, abweichend von der Form der Diplome, Zeit und Ort
unter Actum gegeben.

Wohl die einzige bekannte, anfcheinend von der Kanzlei felbft abgegebene Ausfertigung eines älteren Gefetzes, nämlich des Lehensge-
fetzes von 1037, St. 2092, L. 2,40, findet fich zu Cremona, jetzt im Befitze von Robolotti und eingeheftet in den Codex Sicardianus. Das
Stück ift auf einem verhältnifsmäfsig kleinen Blatte auffallend gedrängt
gefchrieben, entfpricht aber davon abgefehen im allgemeinen der Ausftattung der Präzepte. Invokation und Titel, welche aber die erfte Zeile
nicht füllen, dann die Signumzeile, nicht aber die Rekognition zeigen
verlängerte Schrift. Bezüglich der Schrift erklärt Schum im N. Archiv
der Gefellfch. 1,147, dafs fie als kanzleimäffig gelten könne. Das Stück
ift weder befiegelt, noch kann eine Befiegelung beabfichtigt gewefen
feien, da der Raum fehlen würde. Es fehlt denn auch dem mit einer
Strafformel fchlieffenden Texte jede Beglaubigungsformel, obwohl das
Monogramm eingezeichnet ift. Und zwar auffallenderweife ohne Vollziehungsftrich, was darauf fchlieffen laffen könnte, es fei eigenhändige
Vollziehung des Stückes durch den Kaifer beabfichtigt gewefen. Zunächft haben wir doch wohl an eine offizielle Abfchrift zu denken, deren
Originalausfertigung etwa im Reichsarchive hinterlegt war. Hier ift nun
allerdings die Datirung ganz in der gewöhnlichen Form der Präzepte,
die Zeit unter Datum, der Ort unter Actum gegeben. Das mag nur aus

der Originalausfertigung wiederholt feien. Doch wurde auch davon abgefehen § 106 genügend nachgewiefen, dafs das Datum der ältern Datirung Beziehung auf die Handlung nicht ausfchliefst. Im zwölften Jahrhunderte finden fich dann wohl allgemeine Gefetze, fo L. 2,80. 84. 114. 162, bei welchen Datum mit Zeit und Ort zunächft auf die Beurkundung deuten würde. Beftimmter fcheint das insbefondere der Fall zu fein bei dem aus dem Kapitelsarchive zu Bergamo ftammenden Lehnsgefetz, L. 2,96, mit *data Roncaliae per manum Everardi Bavenbergensis episcopi 5. die decembris 1154, ind. 3.* Auf die Formel *data per manum* werden wir fpäter genauer eingehen; fie hat zweifellos die Bedeutung einer Beglaubigung des Schriftftückes. Ift diefe in Diplomen Sache des Kanzler, dann in diefer Form wenigftens fpäter des Protonotar, fo ftimmt mit der hier vorliegenden Ausnahme, dafs Eberhard fich als zunächft mit dem Reichsgerichtswefen betraut nachweifen läfst; vgl. Ital. Forfch. 1,328. Auch das möchte ich doch dahin auffaffen, dafs eine Originalausfertigung mit jener Datirung verfehen war und diefe dann auch in die fpätern Abfchriften überging. Wäre an eine Mehrzahl von Originalausfertigungen für die verfchiedenen Bisthümer und Grofsen zu denken, jede mit einer der Beurkundung entfprechenden Datirung, fo müfste es auffallen, dafs folche fchon zu Roncalia felbft gefertigt wurden, wo fich der König damals allerdings fünf Tage aufhielt. Und Ausfertigungen eines und deffelben Gefetzes von verfchiedenen, aber fich naheliegenden Tagen, welche das erweifen könnten, find meines Wiffens durchaus unbekannt. Der für das Gefetz mafsgebende Zeitpunkt ift der der Publikation, welche auf Grundlage einer vollendeten Originalausfertigung erfolgt fein wird. In diefer entfprach dann die Datirung allerdings zugleich der Beurkundung, wird dann aber aus diefer auch in etwaige fpätere offizielle Ausfertigungen übernommen fein.

Allerdings kann da zwifchen Erlafs und Publikation des Gefetzes zu unterfcheiden feien. K. Friedrich fagt 1220, L. 2,243: *in die, qua — recepimus imperii diadema, curavimus — edere quasdam leges, quas presenti pagina iussimus annotari, per totum nostrum imperium publicandas;* die Gefetze find aber nicht vom Krönungstage, Nov. 22, fondern übereinftimmend vom Dezember datirt, fo weit fich überhaupt eine Datirung in den Abfchriften findet. Pertz nimmt ein Verfehen an; auch Böhmer reiht fie zum Krönungstage ein. Aber es fteht doch nichts der Annahme im Wege, dafs fie die zur Publikation geeignete Form erft fpäter erhielten und fich auf diefe die Datirung bezieht.

Der die Ketzer betreffende Theil diefer Gefetze wurde dann mit einem Zufatze und dem Datum Ravenna 1232 Febr. 22 wiederholt, dann ebenda mit dem Datum März neue Gefetze gegeben. Von diefen Gefetzen finden fich weiter noch Texte mit dem Datum Cremona 1238 Mai 14 und unter demfelben Datum ein anderes, welches zuerft für Sizilien erlaffen fich fchon in den fizilifchen Konftitutionen von 1231

114] findet; bei allen geben dann andere Texte das Datum Verona
1238 Juni 26 und Padua 1239 Febr. 22; vgl. L. 2,287. 288. 326. Das
könnte allerdings an eine Datirung nach den einzelnen Ausfertigungen
denken laffen. Aber es wird kaum zu bezweifeln feien, dafs die Datirung
fich nur auf erneuerte Publikationen an verfchiedenen Orten bezieht.
Denn obwohl fich mehrfach von einander unabhängige Ausfertigungen
deffelben Ortes erhalten haben, fo ftimmen diefe immer auch in dem
Tage überein, der fich demnach fchwerlich auf die einzelnen Ausfertigungen beziehen kann. Der Ausdruck Datum würde allerdings nach
feiner fpäter zu erörternden eigentlichen Bedeutung weder der Publikation, noch einer in der Kanzlei zurückzubehaltenden Hauptausferti-
gung beftimmter entfprechen; aber er wird fo vielfach ohne alle Rückficht auf die urfprüngliche Bedeutung zur Einleitung von Zeitangaben
verwandt, dafs wir darin kein Hindernifs fehen werden, ihn in Gefetzen
auf die Publikation zu beziehen.

Vielfach wird aber auch zweifellos nicht zufällig gerade bei Gefetzen der Ausdruck Datum vermieden. Das fränkifche Landfriedens-
gefetz von 1179, St. 4274, Böhmer Acta 130, fchliefst fich in der Form
den Rechtsfprüchen näher an, zuerft Tag und Ort im Texte, dann Acta
mit Ort und Jahr. Das Gefetz gegen die Brandftifter, St. 4473, L. 2,185,
hat *actum Nuremberc in praesentia principum, consilio et consensu
eorum, anno 1187, ind. 6, 3 kal. ian.* Die einfache Angabe von Jahr,
Tag und Ort im Eingange der Konftitution K. Heinrichs von 1234,
L. 2,301, wird kaum in ihrer urfprünglichen formellen Faffung erhalten
feien, bezieht fich aber gewifs nicht zunächft auf die Beurkundung. Im
Mainzer Landfrieden von 1235, L. 2,318, ift mit *edite et promulgate
sunt hec constitutiones* beftimmter auf die Publikation hingewiefen. Im
Landfrieden für Oefterreich, L. 2,410, heifst es ausdrücklich: *forma
presentis pacis a die publicationis incipiet;* diefer mufs demnach doch
bekannt gegeben worden und wird durch das Actum Wien 1276 Dec. 3
bezeichnet feien.

Anders freilich im Landfrieden von 1287, Reg. Rud. 910, L. 2,452.
In der Ausfertigung für Lübeck heifst es: *diser lantfride wart gema-
chet und der brief wart gegeben zu dem offen hove in dem concilio zu
Wirceburg an unser vrowen abent,* März 24; ebenfo in der für Köln,
nur dafs es heifst *gegeben und gefchriben,* wo alfo ausfchliefslich die
Beurkundung betont ift, während diefelbe dort mit der Handlung auf
einen Tag zufammenfallen würde. Wurde zu Wirzburg zunächft ein
Konzil gehalten, fo wiffen wir aus einem Rechtsfpruche, L. 2,452, dafs
gerade am 24. März der König feierlich mit den Fürften zu Gerichte
fafs; die Handlung ift zweifellos auf diefen Tag zu fetzen, an dem dann
aber gewifs nicht fchon mehrere Ausfertigungen des umfangreichen
Stückes gemacht werden konnten.

Hat fich für Gefetze eine regelmäffige formelle Einkleidung nicht
entwickelt, fo werden wir bei ihnen, mag nun diefe oder jene Form

der Datirung gewählt feien, doch durchweg anzunehmen haben, dafs
diefelbe fich nicht auf die einzelne Beurkundung bezieht.

115. Wie die Gefetze, fo finden wir befonders auch die Beurkundungen von Verträgen häufig in Formen gefafst, welche von
der gewöhnlichen der Diplome durchaus abweichen. Wir erwähnten
bereits § 108 den Fall St. 4167, wo die Aufferachtlaffung aller Formen
fich daraus erklärt, dafs man möglichft rafch ein Beweismittel für beide
Parteien fchaffen wollte, da fich auch ein Gegenbrief des Bifchofs erhalten hat. Ift hier noch die Form eines Zeugniffes des Kaifers eingehalten, fo finden wir häufiger die Form eines bloffen Berichtes des
Schreibenden; es heifst etwa 1174, St. 4166, M. Boica 29,417: *inter
d. imperatorem et episcopum Babenbergensem talis facta est conventio,*
worauf dann die Vertragsbeftimmungen folgen; das Einverftändnifs des
Kaifers ergibt fich lediglich aus dem anhängenden Siegel, das nicht einmal angekündigt ift, wie das auch in andern entfprechenden Beurkundungen nur vereinzelt der Fall ift, während die Zeugen in der Regel
angegeben find.

Es handelt fich aber in folchen Fällen keineswegs immer um ein
regellofes Aufferachtlaffen der Form, wie es das Bedürfnifs rafcher Ausfertigung herbeiführen konnte. Es hat fich vielmehr für folche Schriftftücke eine ganz beftimmte Form ausgebildet, für welche der Ausdruck
forma üblich war; heifst es zuweilen nur *hec est conventio*, fo finden
wir gewöhnlich *hec est forma conventionis, concordiae, reconciliationis.*
Es dürfte darauf das Bedürfnifs geführt haben, beiden Parteien durchaus gleichlautende Ausfertigungen zu geben, wie das nur ftatthaft war,
wenn diefelben nicht in der Form eines Zeugniffes der einen oder der
andern gefertigt wurden. Denn die Doppelausfertigung wird nicht zu
bezweifeln fein. Haben wir überwiegend folche Verträge nur in der
vom Könige abgegebenen Ausfertigung, fo haben fich die Verträge K.
Ottos von 1212 mit den Fürften von Meiffen, Baiern und Brandenburg,
M. Germ. L. 2,218 ff., im welfifchen Archive erhalten, fo dafs wir darin
die für den Kaifer beftimmten Ausfertigungen zu fehen haben. Die an
die Fürften gegebenen werden in keinem Worte anders gelautet haben.
In dem Vertrage mit Brandenburg findet fich ausnahmsweife eine Beglaubigungsformel: *ut autem haec forma rata teneatur et inconvulsa,
placuit utrique, imperatori scilicet et marchioni, presentem paginam,
que pacti certum mancat indicium, inde conscribi et appensione sigilli
communiri;* fcheint das auf nur eine Urkunde zu deuten, während fonft
in folchen Fällen wohl angegeben wird, dafs zwei gleichlautende gefertigt wurden, fo ift doch zu bedenken, dafs auch das bei der Befiegelung
durch beide Parteien in beiden Ausfertigungen wörtlich übereinftimmen
konnte. Scheint in der Regel nur eine Partei je eine Ausfertigung befiegelt zu haben, fo mag das der Grund fein, dafs durchweg die Ankündigung fehlt, weil diefelbe dann nicht gleichlautend gegeben werden
konnte. So weit ich fehe, hat nur der Vertrag mit dem Grafen von

115] Hennegau 1184, St. 4375, Toeche Heinr. VI. 600, eine' nur auf
das Siegel des Kaifers bezügliche Ankündigung, obwohl nach der daneben angekündigten Chirographirung, wie der fonftigen Faffung an
Doppelausfertigung nicht zu zweifeln feien wird.

Sehr häufig entbehren diefe Vertragsurkunden jeder Datirung. Wo
fich aber eine folche findet, werden wir Beziehung auf die Handlung als
Regel annehmen dürfen; wenigftens deutet darauf, dafs durchweg die
Zeit mit Actum angegeben ift; fo M. Germ. L. 2,166. 181. 182. 219. 220.
221, Toeche Heinr. VI. 600, Huillard 2,758.

Ift nicht zu zweifeln, dafs wir in diefen Formae häufig die endgültige Verbriefung des Gefchäfts zu fehen haben, fo handelte es fich oft
auch nur um vorläufige Punktationen, bei welcher dann noch fpätere
feierliche Verbriefung in Ausficht genommen war; fo bei dem Vertrage mit Hennegau von 1184, fo wohl auch nach dem Schlufsfatze
bei dem Vertrage mit K. Richard von 1193, M. Germ. L. 2,196.
Diefe konnte dann in verfchiedener Form erfolgen. So rückt K. Friedrich 1152 die Forma concordiae mit dem Pabfte wörtlich in feine
Beftätigungsurkunde ein. Den Frieden mit der Kirche zu Venedig 1177
verbrieft der Kaifer fo, dafs er fich einfach auf die mit den Siegeln
der Fürften verfehene und für ihn befchworene Vertragsaufzeichnung
bezieht, ohne die Beftimmungen felbft anzugeben. Beim Konftanzer
Frieden 1183 dagegen find die vorher feftgeftellten Beftimmungen vollftändig in die Form eines kaiferlichen Privileg umgearbeitet; vgl. M.
Germ. L. 2,93. 160. 171. 176. In folchen Fällen entfpricht dann die Datirung der Beurkundung, nicht dem Abfchluffe des Vertrages felbft.

Bei Verträgen war überhaupt oft befonderes Gewicht auf die Zeit
des Abfchluffes zu legen, da diefelbe für manche Rechtswirkungen beftimmend feien konnte. So wird denn auch in bezüglichen Anleitungen
wohl hervorgehoben, dafs man das Actum vorzüglich *in litteris con-
tractuum* fchreibe, *ubi videlicet contrahens et is, cum quo contrahitur,
mutuas habent actiones*; das Datum dagegen *in litteris gratiarum et
donationum*; vgl. Baumgartenb. Formelb., Dipl. Auftr. 25,77. Ueber-
läfst K. Friedrich, Huillard 6,138, gegen Zahlung einer Summe Silber-
gruben *a die scilicet mercurii presentis mensis novembris usque ad
duos annos completos*, und heifst es dann *datum in castris ante Viter-
bium, anno 1243, die mercurii, 4. novembris*, fo war für die Faffung
der Datirung, worauf auch die ungewöhnliche Nennung des Wochentages deutet, zweifellos der Tag, von dem ab der Vertrag wirkfam feien
follte, mafsgebend, mag die Urkunde nun an demfelben Tage ausgeftellt
feien oder nicht. Darauf dürfte doch auch fonft zu achten feien, wo eben
der befondere Inhalt es nahe legen konnte, auf den Tag der Handlung
befonderes Gewicht zu legen.

116. Vorzugsweife Berückfichtigung der Handlung werden wir
endlich überhaupt wohl vorausfetzen dürfen bei allen **Beurkundungen in ungewöhnlicher Form,** welche der in der königlichen

Kanzlei üblichen nicht entfpricht. Die Datirung nach der Beurkundung ift doch zunächft eine Eigenthümlichkeit päbftlicher und königlicher Urkunden, die dann auch wohl von andern Perfonen nachgeahmt wurde, während man im allgemeinen die Zeit der Handlung als das betrachtete, was in der Urkunde feftzuhalten war, nicht die Zeit des Zeugniffes über die Handlung, wie das bei dem eigenthümlichen Gewicht des königlichen Zeugniffes in den Diplomen gefchah. Sah man von der Form des Diplom überhaupt ab, fo lag es dann auch gewifs näher, fich der fonft üblichen Auffaffung anzufchlieffen. Noch beftimmter wird das zu erwarten fein, wenn folche Verbriefungen überhaupt nicht vom Perfonal der Reichskanzlei gefertigt wurden.

Dafür gibt einen Beleg die Verbriefung der Verfprechungen K. Ottos an den Pabft 1201, M. Germ. L. 2,205, mit *actum Nuxiae in Coloniensi diocesi anno 1201, 6 id. iunii in praesentia Philippi notarii, Aegidii acolythi et Riccardi scriptoris praefati domini pape.* Wie die Datirung ungewöhnlich, fo weicht auch der Text durchaus von den in der Kanzlei üblichen Formen ab. Das anfcheinend heimlich gegebene Verfprechen wird von einer der anwefenden päbftlichen Kanzleiperfonen fogleich niedergefchrieben und vom Könige durch Anhängung des Siegels bekräftigt feien.

Das Verfprechen K. Friedrichs an Genua 1212, nach feiner Kaiferkrönung auf Verlangen binnen vierzehn Tagen angegebene Privilegien auszuftellen, Reg. Fr. 40, Huillard 1,213, ift zuerft in Form einer königlichen Willensäufferung gefafst, geht dann aber über in die Form eines Berichts über den in die Seele des Königs geleifteten Schwur und fchliefst *actum Janue* mit genauerer Angabe des Orts und der Zeugen *1212 ind. 14, nono die iulii circa terciam.* Ift das Stück, wie von vornherein zu vermuthen und fich noch beftimmter aus dem Gebrauche der genuefifchen Indiktionenrechnung ergibt, von einem genuefifchen Notar gefchrieben, fo nannte diefer, wie er das gewohnt war, die Zeit der Handlung, wenn auch Reinfchrift und Befiegelung vielleicht nicht gleichzeitig erfolgten.

Liegt die königliche Gewährung nicht in der Form eines Zeugniffes des Königes felbft, fondern des Notar vor, der über die Handlung oder Willensäufferung des Königs berichtet, wie das in Italien nicht felten der Fall, fo ift immer die Zeit der Handlung angegeben, wie das bei Notariatsinftrumenten überhaupt üblich ift. Für die Datirung diefer ift die in der Imbreviatur des Notar angegebene Zeit der Handlung mafsgebend; wann der Notar das Inftrument danach fertigte, ift in der Regel gar nicht erwähnt, auch wenn fich aus andern Anhaltspunkten ergibt, dafs das erft lange nachher gefchah. Daffelbe wird aber ebenfalls anzunehmen fein, wenn in Notariatsinftrumenten zuweilen die Form einer eigenen Willensäufferung des Königs angewandt ift. So in der vom damaligen Hofgerichtsnotar gefertigten Beurkundung des Friedens für Venedig 1177, St. 4226, M. Germ. L. 2,161, welche in Weife an-

116] derer Inftrumente mit der Zeitangabe beginnt, dann den Kaifer redend einführt, endlich mit *actum Venetiae*, Erwähnung des Fertigungsbefehles des Kaifers und Unterfchrift des Notar fchliefst. Diefelbe Form findet fich St. 3140 von 1116, welches zweifellos von einem Notar gefchrieben ift, wenn fich auch deffen Unterfchrift nicht erhalten hat, woraus fich leicht die Eigenthümlichkeiten erklären, welche Muratori, Ant. It. 1,604, an der Echtheit zweifeln liefsen. In einer in ganz ungewöhnlicher Form 1159 von einem Hofrichter auf Befehl des Kaifers gefchriebenen Verbriefung für den Bifchof von Cremona, St. 3872, Böhmer Acta 100, ift zwar der Ort unter Datum gegeben, aber der Tag mit den übrigen Zeitangaben unter Actum. Dem fchliefst fich mehrfach St. 3890 für denfelben Bifchof näher an; der Schreiber ift nicht genannt, aber insbefondere die Ort und Zeit unter Actum zufammenfaffende Datirung mit Angabe des Wochentages verräth Abfaffung durch einen Notar.

Aber auch in Deutfchland hat der Brauch, in den Privaturkunden die Zeit der Handlung unter Actum anzugeben, insbefondere feit der Thronbefteigung K. Lothars III. vielfach auf die Art der Datirung der Königsurkunden eingewirkt, fichtlich defshalb, weil in der Reichskanzlei Perfonen zur Verwendung kamen, welche an die Formen der Privaturkunden gewöhnt waren. Wir werden darauf bei der genaueren Befprechung der einzelnen Datirungsformen zurückkommen.

NICHTEINHEITLICHE DATIRUNG.

117. Wurde nachgewiefen, dafs die Datirung fich zwar in der Regel auf die Beurkundung, aber doch nicht felten auch auf die Handlung beziehe, fo kann das in letzterm Falle, wie wir fahen, zu anfcheinenden Widerfprüchen führen, weil im Texte eine Kenntnifs von Thatfachen hervortritt, welche man zu der in der Datirung angegebenen Zeit noch nicht wiffen konnte. Dagegen ift diefer Umftand ohne Gewicht für die Richtigkeit des dem Forfcher fo wichtigen urkundlichen Itinerar; beziehen fich Tag und Ort auf ein und denfelben Zeitpunkt, fo ift es für diefen Zweck wenigftens gleichgültig, ob das der der Beurkundung oder der Handlung ift. Und dafs das ganz überwiegend der Fall fein mufs, ergibt doch der Umftand, dafs das urkundliche Itinerar im ganzen und grofsen keine Widerfprüche zeigt und dafs das, was wir über das thatfächliche Itinerar des Königs aus anderen Quellen wiffen, fich demfelben überwiegend ohne Anftand einfügen läfst. Aber die Richtigkeit im allgemeinen erweift noch nicht die Richtigkeit im Einzelfalle. Es ergeben fich zweifellos Fälle, wo wir Datirung zum Theil nach der Handlung und zum Theil nach der Beurkundung anzunehmen haben, obwohl eine einheitliche Datirung vorzuliegen fcheint, nicht Doppeldatirungen, wie fie § 84 befprochen wurden.

In einer nicht geringen Zahl unferer Urkundentexte ftimmen Ort und Zeit infofern nicht zufammen, als fich nachweifen läfst, dafs der König zur angegebenen Zeit nicht an diefem Orte feien konnte. Das kann fich ergeben aus inneren Widerfprüchen, infofern Urkunden, welche von demfelben oder doch naheliegenden Tagen datirt find, Orte nennen, welche zu weit von einander entfernt find, als dafs der König an beiden zur angegebenen Zeit gewefen feien könnte, oder infofern, wenn auch diefe Möglichkeit nicht gerade ausgefchloffen ift, das urkundliche Itinerar wenigftens ein ganz regellofes, in fich unwahrfcheinliches Hin- und Herziehen des Hofes vorausfetzen würde. Oder es kann fich ergeben aus anderen glaubwürdigen Nachrichten, welche für die Zeit der Datirung den Aufenthalt am angegebenen Orte ausfchlieffen.

Ueberwiegend wird auch dem gegenüber an der Annahme unbedingter Richtigkeit des Itinerar feftgehalten. Man fucht dann den Widerfpruch zu erklären durch Annahme von Fälfchungen, Verderbniffen, urfprünglichen Schreibfehlern. Mag das in manchen Fällen ausreichen, fo habe ich § 4 ff. nachzuweifen gefucht, dafs fehr häufig folche Erklärungsverfuche fich doch als durchaus unzureichend erweifen. Dafs es eine Anzahl Fälle gibt, bei welchen keine jener Annahmen genügt, um Ort und Zeit in Uebereinftimmung zu bringen, müffen auch diejenigen zugeben, welche im Fefthalten an der unbedingten Richtigkeit des urkundlichen Itinerar am weiteften gehen. Es handelt fich alfo nur um die Häufigkeit folcher Fälle und um die Frage, ob wir fie als unerklärliche Regellofigkeit hinzunehmen haben, oder ob es möglich ift, auch für fie mafsgebende Gefichtspunkte aufzufinden.

Da liegt es nun doch nahe, an den Zeitabftand zwifchen Handlung und Beurkundung zu denken. Fanden wir die Regel der Datirung nach der Beurkundung keineswegs immer eingehalten, oft nach der Handlung datirt, fo ift es doch auch denkbar, dafs man zuweilen einen Mittelweg einfchlug, aus diefem oder jenem Grunde einzelne Theile der Datirung auf diefe, andere auf jene bezog. Es wird fich doch lohnen, zu verfuchen, ob nicht auf diefem Wege der anfcheinende Widerfpruch feine Erklärung finden kann. Mag die Annahme auf den erften Blick als eine gewagte erfcheinen, fo fcheint fie fich doch durch eine Reihe von Fällen zu beftätigen. Gröfseres Gewicht wird dabei freilich nur auf unverdächtige Originale zu legen feien. Fehlt es aber an folchen nicht, fo nehme ich keinen Anftand, auch verdächtige Originale oder nur in Abfchrift erhaltene Diplome von diefem Gefichtspunkte aus zu prüfen. Es kann doch von Werth feien, zu zeigen, dafs auch folche anderen, unbedenklichen Fällen entfprechen, dafs wenigftens von diefer Seite der Annahme ihrer Echtheit oder Unverfälfchtheit nichts im Wege fteht, während zugleich nach dem § 8 ff. Bemerkten felbft im Falle erwiefener Fälfchung gerade für den anfcheinenden Widerfpruch oft Wiederholung aus einer echten Vorlage anzunehmen feien dürfte. Und es gilt ja nicht blos, das Vorkommen überhaupt mit Sicherheit zu erweifen, wozu allerdings die Befprechung einzelner, in unverdächtigen Originalen erhaltener

117] Urkunden ausreichen würde. Es wird doch auch von Wichtigkeit feien, nachzuweifen, dafs es fich hier nicht blos um ganz vereinzelte Ausnahmen handelt, dafs die Fälle zumal in gewiffen Zeiten nicht gerade felten gewefen feien dürften.

118. Ift unfere Annahme überhaupt begründet, fo ergibt fich leicht, dafs wir dann in den meiften Fällen Datirung nach dem Orte der Handlung und der Zeit der Beurkundung anzunehmen haben würden. Denn wo die Sachlage ein beftimmteres Urtheil in diefer Richtung ermöglicht, da ftellt fich das Verhältnifs überwiegend fo, dafs der Ort auf einen früheren Zeitpunkt deutet, der König zur Zeit der Datirung nicht mehr dort gewefen feien kann. Allerdings wird der Nachweis eines folchen Verhältniffes nicht gerade immer erweifen müffen, dafs der Ort der vorangehenden Handlung entfpricht. Wir haben uns ja bisher darauf befchränkt, fchlechtweg Handlung und Beurkundung zu fcheiden, nachzuweifen, dafs in der Regel Ort und Zeit der letztern entfprechen. Damit ift aber noch nicht erwiefen, dafs fie immer gerade derfelben Stufe der oft längere Zeit in Anfpruch nehmenden Beurkundung entfprechen müffen. Und ich glaube wirklich fpäter nachweifen zu können, dafs insbefondere die kleineren Verfchiebungen des Itinerar vorzugsweife darauf zurückzuführen find; auch bei manchen der zunächft zu befprechenden Fälle werden wir es dahingeftellt feien laffen müffen, ob der Widerfpruch gerade in diefer oder jener Weife die geeignetere Erklärung findet. Dagegen werden wir bei Nichtübereinftimmen von Ort und Zeit insbefondere dann die Handlung als mafsgebend für jenen betrachten dürfen, wenn er als Ort der Handlung ausdrücklich genannt oder doch wahrfcheinlich ift, oder wenn der Zeitabftand fo bedeutend, dafs eine fo lange Dauer der Beurkundung nicht wohl anzunehmen ift.

In diefer Richtung wird nun von vornherein zu beachten fein, dafs bei der älteren Datirungsform zur Beziehung nur des Ortes auf die Handlung eine ganz beftimmte Veranlaffung dadurch geboten war, dafs fie die Zeit unter Datum, den Ort aber unter Actum nannte. Dafs trotzdem der letztere fich in der Regel auf die Beurkundung bezieht, dürfte früher genügend nachgewiefen fein. Bedenken wir aber, dafs Actum dem üblichften Sprachgebrauche nach gerade die Handlung bezeichnet, dafs es in den Privaturkunden allgemein in diefer Bedeutung verwandt wurde, dafs wir felbft aus ältern Königsurkunden § 103 Fälle anführen konnten, wo die ausnahmsweife Beziehung der Zeit auf die Handlung zweifellos abfichtlich gerade durch Actum gekennzeichnet wurde, fo wird es kaum auffallen können, wenn das zuweilen die Veranlaffung wurde, beim Actum der Datirung den Ort der Handlung zu nennen. Es würde mich nicht gerade befremden, wenn genauere Unterfuchungen in diefer Richtung ergeben würden, dafs das unter diefem oder jenem Kanzler vielleicht überhaupt Brauch geworden fei. Jedenfalls fehlt es nicht an Einzelfällen, welche unfere Annahme beftätigen.

Ich beginne mit einigen Urkunden K. Arnulfs, auf welche mich Mühlbacher, dem fie bei der Neubearbeitung der Regeften des Königs auffielen, aufmerkfam machte. Böhmer Reg. Kar. 1053 für Klofter Metten, im Original erhalten, läfst fich nur 889 Mai 23 einreihen; der Ort Regensburg entfpricht dem baierifchen Empfänger; aber in der Tradition bei Dronke C. d. 288 ift beftimmt bezeugt, dafs der König Mai 20 zu Frankfurt war. War er dagegen in den früheren Zeiten des Jahres in Baiern, fo zweifle ich nicht, dafs der Ort der Handlung beibehalten ift.

Auf den Widerfpruch in der Datirung Reg. Kar. 1062 aus Frankfurt 889 Aug. 4 wies bereits Böhmer hin. Schon das müfste befremden, dafs der König Juli 9 zu Frankfurt, Juli 21 zu Fulda, Aug. 4 wieder zu Frankfurt, dann Aug. 16 zu Korvei geurkundet haben follte. Es kommt aber noch hinzu, dafs nach andern Nachrichten der König Anfang Auguft auf dem Feldzuge gegen die Obotriten war, vgl. Dümmler Oftfr. R. 2,335. Dann liegt es doch am nächften, die Ortsangabe ohne Rückficht auf den Tag auf den Frankfurter Aufenthalt im Juli zu beziehen.

Dümge Reg. Bad. 85 veröffentlichte aus dem Originale eine Urkunde, wonach K. Arnulf auf Bitten Bifchof Wichings feinem Kanzler Ernft Güter fchenkt, datirt vom 17. Febr. 895, womit Ind. 13 und Regni 8 ftimmt, dann mit *actum Placentiae*. Da der König um diefe Zeit in Baiern war, erklärte Dümmler De Arnulfo 189 das Diplom für zweifellofe Fälfchung. Aber das Aeuffere des Originals fcheint ganz unverdächtig, da Dümge jener Widerfpruch nicht entging und er trotzdem fichtlich von der Echtheit überzeugt war. Auch Dümmler war fpäter, vgl. Oftfr. R. 2,378.481.482, geneigt, die Urkunde nicht zu verwerfen, aber in das Jahr 894 zu fetzen, was dadurch unterftützt fcheint, dafs Arnulf 894 März 11 zu Piacenza urkundet, Reg. Kar. 1106. Aber wie fich fchon Dümge gegen diefen Ausweg erklärte, fcheint er auch mir bei der Uebereinftimmung der Jahresdaten nicht zuläffig. Ergeben fich keine weitere Bedenken gegen die Echtheit, fo bleibt wohl nur der Ausweg, anzunehmen, die Schenkung fei 894 zu Piacenza erfolgt, aber erft im folgenden Jahre verbrieft. Wiching war wirklich 894 mit dem Könige in Italien. Dafs der Tag der Beurkundung in diefelbe Zeit fallen würde, in der wir das Jahr vorher die Handlung anzunehmen hätten, kann Zufall fein; doch fcheint fich allerdings auch bei fpäter zu befprechenden Fällen zu ergeben, dafs zuweilen auffer dem Orte auch der Tag der Handlung beibehalten feien dürfte.

Ueber die Reftitution der Abtei S. Servaes zu Maftricht durch K. Zwentibold 898 an Trier haben wir zwei Urkunden, Mittelrh. U. B. 1,209 n. 144. 145. In n. 145 fagt der König, dafs er auf dem *placitum generale nostrum Aquisgrani palatio* nach Urtheil der Grofsen die Abtei zurückgegeben und nach Inveftitur des Erzbifchofs Verleihung derfelben durch Prekarie verboten habe. In n. 144 fagt er ohne Erwähnung Aachens, dafs er die Abtei zurückgegeben *et venientes ad ipsum monasterium*

118] *manu propria eum revestivimus*, weiter dann noch jenes Verbot wiederholend. In beiden heifst es übereinftimmend *data 3. idus maii ipsa die festivitatis s. Servatii*, dann nach den Jahresangaben *actum Aquisgrani palatio, investitura vero in ipso Traiecto;* in n. 144 die letztere Angabe genauer: *vestitura vero in ipso monasterio a rege coram multitudine populi facta*. Das Actum ift hier alfo jedenfalls nach den Angaben der Urkunden felbft durch eine vorhergehende Handlung beftimmt. Es könnte fich nur fragen, ob fich auf diefe auch der Tag bezieht, in welchem Falle durchgreifende Datirung nach der Handlung vorliegen würde. Allerdings urkundet der König Mai 11 zu Aachen. Aber das fchliefst nicht aus, dafs der König Mai 13 zu Maftricht feien konnte; und dafs er wirklich gerade an diefem Tage dort war, wird doch gar nicht zu bezweifeln feien wegen des Zufammenfallens mit dem Fefte des Kirchenpatron; war in diefer Zeit ein Aufenthalt zu Maftricht überhaupt beabfichtigt, fo hat man gewifs die Gelegenheit nicht verfäumt, das Feft am Orte felbft zu feiern. Beziehen wir nun aber den Tag auf die Beurkundung, fo ergibt fich die weitere Schwierigkeit, dafs die Beurkundung noch am Tage der Inveftitur felbft gefchehen feien müfste. Der Text von n. 145 konnte allerdings vorbereitet fein, zumal die darin erwähnte Inveftitur nicht nothwendig die körperliche Inveftitur zu Maftricht feien mufs, auch die wohl fchon zu Aachen durch finnbildliche Inveftitur vollzogene Tradition bezeichnen kann; es genügt da die Annahme, dafs die Datirungszeile zu Maftricht hinzugefügt oder ergänzt wurde. Bei n. 144 kann aber doch auch der Text nicht wohl vor der Inveftitur zu Maftricht gefchrieben fein. Die damit nahe gelegte Annahme, dafs diefe Urkunde erft nach dem 13. Mai entftanden fei, fcheint fich nun dadurch zu beftätigen, dafs in n. 145 ebenfo, wie in der Urkunde vom 11. Mai das dritte Regierungsjahr, in dem im Original erhaltenen n. 144 aber fchon das vierte genannt ift. Der Epochentag Zwentibolds ift uns nicht genau bekannt; Böhmer fetzte ihn, eben von n. 144 ausgehend, vor Mai 13; dagegen hat fchon Dümmler Oftfr. R. 2,407 nachgewiefen, dafs er nach Mai 14 fallen mufs. Damit gelangen wir für n. 144 auf das Ergebnifs, dafs der im Actum in erfter Linie genannte Ort einer erften Handlung, der Tag des Datum einer zweiten Handlung, die Jahresangaben aber der Beurkundung entfprechen.

Die Datirung der Urkunden K. Ludwigs Reg. Kar. 1209. 1210, aus Trebur 906 Mai 30 und Rottweil Mai 31 ift unvereinbar, wie fchon Dümmler Oftfr. R. 2,537 bemerkt, welcher einen Irrthum im Monatstage annehmen möchte. Allerdings ift n. 1210 nur in Abfchrift erhalten. Aber n. 1209, Dronke Cod. 300, fcheint felbft auf eine vergangene Handlung zu deuten; es wird dem Abte von Fulda das Präzept gefertigt auf Rath der Grofsen, *qui ibi affuere;* die Schwierigkeit löft fich alfo, wenn wir Trebur als Ort der Handlung faffen, die Zeitangaben aber auf die nachträgliche Beurkundung beziehen.

St. 26 von 930 Juni 30 aus Nabepurg, M. Boica 28,166, ift unzweifelhaft echt; vgl. auch Brefslau Dipl. c. 162. Sie ift unvereinbar mit St. 27 von demfelben Tage, wahrfcheinlich aus Elft bei Nimwegen; wäre diefes wegen feiner Korruptionen von geringerem Gewicht, fo fchliefst auch St. 28 aus Aachen Juli 7 einen Aufenthalt des Königs zu Nabburg in der Oberpfalz genügend aus. Waitz Heinr. I. 141 denkt an einen anderen Ort; aber weder am Niederrhein, noch fonft ift einer entfprechenden Namens bekannt. Stumpf fchlägt eventuell vor, *2. kal. iulii*, wie die Urkunde ganz deutlich hat, in *iunii* zu emendiren. Aber da wir nicht wiffen, wo der König Ende Mai war, haben wir nicht einmal Bürgfchaft, dafs da der Ort beffer entfprechen würde.

St. 553. 554. 555, Mittelrh. U. B. 1,273 ff., fämmtlich vom K. Otto II. für S. Maximin und von demfelben Tage 963 Juli 21 nennen unter Actum Sollingen, Ingelheim und Trier. Sollingen entfpricht zweifellos der Beurkundung, da wir auch von Juli 20 eine Urkunde aus Sollingen haben. Stumpf bezeichnet n. 554 und 555 als unecht, wohl zunächft wegen des Konflikts der Orte. Keine der Urkunden ift im Original erhalten. N. 554 bietet nichts Anftöffiges; insbefondere aber ift das Protokoll fo richtig, dafs wir mindeftens eine echte Vorlage anzunehmen haben. Das war dann doch zweifellos n. 553. Aber welchen Grund kann nun ein Fälfcher gehabt haben, gerade den ihm vorliegenden Ortsnamen zu ändern? Bei Annahme der Echtheit fcheint mir die Verfchiedenheit der Ortsangabe leichter erklärlich. N. 553 ift eine ganz allgemeine Privilegienbeftätigung, für welche der Ort der Handlung, auch wenn er ein verfchiedener war, nicht ins Gewicht fiel; bei n. 554 dagegen handelt es fich um ein vor dem Könige befchworenes Weisthum über die Rechte des Vogtes eines Hofes der Abtei; und da konnte es nahe liegen, Gewicht darauf zu legen, dafs das zu Ingelheim gefchehen war. Bedenklicher fteht es bei n. 555. Sein Text kann nicht aus der königlichen Kanzlei hervorgegangen fein. Die Echtheit liefse fich nur etwa durch die Annahme retten, der Text fei, wie das ja vorkam, vom Abte vorgelegt und in der Kanzlei nur mit dem Schlufsprotokoll verfehen, das jedenfalls wieder auf echte Vorlage zurückgeht. Dann würde fich das Actum Trier leicht daraus erklären, dafs im Texte felbft mit *cum Treveris essem* auf vergangene und dort gefchehene Handlung hingewiefen ift. Sehen wir auch von der gewagten Annahme der Echtheit diefer Urkunde ab, fo fcheint fich hier jedenfalls ein weiteres Bedenken gegen die Annahme der Unechtheit von n. 554 zu ergeben. Wären beide von demfelben Fälfcher auf Grundlage von n. 553 gefälfcht, fo könnte es nicht gerade mehr befremden, dafs er den Ortsnamen einmal in Ingelheim, das anderemal in Trier änderte, als dafs er da überhaupt änderte. Aber die Hand ein und deffelben Fälfchers ift hier ficher nicht thätig gewefen. Derfelbe, der n. 554 auf Grundlage von n. 553 ganz unanftöfsig herzuftellen wufste, hätte nicht in n. 555 eine andere und ungewöhnliche Invokation angewandt, nicht den König bald in der Mehrzahl, bald in der Einzahl fprechen laffen, fich überhaupt hier nicht,

13*

118] abgefehen vom Schlufsprotokoll, ganz von der Vorlage entfernt. Scheint es mir nun fchon auffallend, dafs ein Fälfcher gerade nur den Ort unter Belaffung der Zeitangaben geändert haben follte, wie das in dem zweiten Falle allerdings durch den Inhalt näher gelegt feien konnte, fo wäre es doch ein höchft fonderbares Zufammentreffen, wenn zwei Fälfcher unabhängig von einander bei Benutzung derfelben Vorlage für die Datirung gerade nur auf diefe Aenderung verfallen fein follten. Und fo fcheint mir wenigftens bei n. 554 die Annahme der Unechtheit auf gröfsere Schwierigkeiten zu führen, als die der Echtheit.

Vom 12. Apr. 965 haben wir vier Urkunden K. Ottos I. für Magdeburg. St. 355. 56 haben das mit dem Itinerar ftimmende Actum Wiesbaden; dagegen nennt St. 357 Nordhaufen, St. 358 Wiehe. Dafs das letztere noch andere Unregelmäffigkeiten zeigt, andererfeits aber auch die Annahme der Fälfchung auf die gröfsten Unwahrfcheinlichkeiten führt, wurde bereits § 13 bemerkt. Bei St. 357 aber fcheint, abgefehen von der Störung des Itinerar, jeder Verdachtsgrund zu fehlen; Hoefer und Jaffé haben die Urkunde aus dem Originale veröffentlicht, ohne die Echtheit irgendwie zu beanftanden. Eine echte Vorlage ift gar nicht zu bezweifeln, welche wir aber in keiner der drei andern Urkunden zu fuchen hätten; denn die Jahresangaben find hier richtiger, als in einer der andern, und nur hier wird der Erzkanzler Wilhelm, in den andern aber Bruno genannt. Wir gelangten alfo auch hier wieder auf Aenderung des Ortes der Vorlage ohne irgend abfehbaren Zweck; und da St. 357 für S. Johann und St. 358 für S. Moritz in keinem Zufammenhange zu ftehen fcheinen, fo wären wieder zwei Fälfcher bei Benutzung von Vorlagen deffelben Tages zufällig auf diefelbe, an und für fich fo unwahrfcheinliche Aenderung verfallen.

St. 458, Ludewig Rel. 12,380, Beftätigung der Gründung des Klofters Borghorft und Unterwerfung deffelben unter das Erzbifthum Magdeburg, ift datirt aus Magdeburg 968 Okt. 23, während der Kaifer damals in Italien war. Auch davon abgefehen bietet der Text eine Reihe von Unzuläffigkeiten, vgl. Erhard Reg. Weftf. n. 610, und mufs mindeftens ftark überarbeitet feien. Andererfeits war nach St. 631 und 922 jedenfalls von K. Otto I. eine Urkunde entfprechenden Inhaltes ausgeftellt, welche auch in ihrem Wortlaute zum grofsen Theil mit der uns vorliegenden übereingeftimmt haben mufs, falls wir nicht annehmen wollen, dafs für diefe lediglich St. 631 als Vorlage diente, aus dem dann auch der Ausftellort entnommen feien könnte. Das wird aber doch fehr unwahrfcheinlich durch das Zufammenftimmen der Zeitangaben von denen nur die Kaiferjahre um eine Einheit zu hoch gegriffen find. Dürfen wir aber eine echte Vorlage der angegebenen Zeit vermuthen, fo würde es gerade bei dem befonderen Inhalte der Urkunde kaum fehr auffallen können, wenn man dabei den Ort der etwa fchon 966 gefchehenen Handlung beibehalten hätte. Allerdings gab es damals noch keinen Erzbifchof von Magdeburg; aber ein folcher wird doch auch in andern Urkunden diefer Zeit beftimmt in Ausficht genommen, Schenkungen für ihn beftimmt, fo dafs auch von diefer Seite unfere Annahme keine Schwierigkeit böte. Mit dem Vater von Italien kommend urkundet K. Otto II. 972 Aug. 14 zu S. Gallen und Aug. 17 zu Reichenau für das Klofter Einfiedeln, welches er auf der Reife berührt haben wird. Das entfpricht zahlreichen anderen Fällen, wonach die Beurkundungen für den einen Ort aus in der Richtung des Itinerars liegenden anderen Orten einige Tage fpäter datirt find, vgl. § 95. Dafs die Kaifer am 14. Aug., am Tage vor Marien Himmelfahrt, nach S. Gallen kamen, ergibt fich auch aus dem fonft vielfach ungenauen Berichte der Cafus S. Galli, M. Germ. Scr. 2,146. Dann folgt aber St. 572, Stumpf Acta 314, S. Gall. U. B. 3,28, eine im Originale erhaltene Privilegienbeftätigung für S. Gallen vom 18. Aug., ein Tag, der wieder durchaus den erwähnten Fällen entfpricht. Aber ftatt aus Reichenau oder Konftanz, wo der Vater an diefem Tage urkundet, datirt zu feien, wie man das erwarten follte, finden wir das Actum S. Gallen. Stumpf will durch Annahme eines Fehlers in der Tagesziffer nachhelfen, worin ihm Wartmann und Dümmler Otto I. 489 zuftimmen. Dafs aber hier alle Umftände auf Beibehaltung des Ortes der Handlung deuten, wird keiner nähern Ausführung bedürfen.

Das unverdächtige Original von St. 741, von 979 aus Brumpt, hat ganz deutlich, wie Stumpf bemerkt, *4 id. iunii*, während doch der Kaifer im Juni nicht im Elfafs gewefen feien kann. Haben wir nun zwei Urkunden, St. 732.33, vom 15. Jan. aus Erftein im Elfafs, wird auch in diefen, ebenfo wie in St. 741, Herzog Otto von Schwaben als Intervenient genannt, fo wird jedenfalls nicht zu zweifeln feien, dafs die Handlung und die Ortsangabe zum Januar gehören. Dafs der Widerfpruch, wie vermuthet ift, fich hier aus dem Schreibfehler *iunii* ftatt *ianuarii* ergeben habe, ift möglich, wenn auch bei Annahme felbftftändiger Eintragung der Datirung kaum fehr wahrfcheinlich.

In demfelben Jahre 979 haben wir Urkunden aus Botfeld Sept. 27, Rieda füdlich von Allftedt Oct. 9, Saalfeld Oct. 15. Wie ift damit nun St. 750, M. Boica 28,227, aus Regensburg Oct. 14 zu vereinen? Man hat fie, obwohl im Originale vorhanden, früher für verdächtig gehalten. Stumpf erkennt fie als echt an und fucht, einen Fehler in der Tagesangabe annehmend, dadurch nachzuhelfen, dafs er fie zwifchen Sept. 27 und Oct. 9 einreiht. Aber das zeigt doch nur, wie wenig oft mit folchen Annahmen gewonnen ift; ein Itinerar, wonach der Kaifer binnen zwölf Tagen von Sachfen nach Regensburg und wieder zurück gereift wäre, wird doch auffer Rechnung bleiben müffen. Das Richtige ift zweifellos fchon in den M. Boica angedeutet, dafs nämlich Actum und Datum zwei Jahre auseinanderliegen. Empfänger ift der Bifchof von Regensburg; die Handlung pafst alfo nach Regensburg. Wir wiefen nun aber weiter bereits § 90 nach, dafs es fich auch bei der Urkunde aus Saalfeld Oct. 15, St. 752, für Brixen auf Verwendung des Bifchofs

118] von Regensburg, um eine längervergangene, wahrfcheinlich nach Regensburg 977 Oct. gehörende Verleihung handelte. Danach wird gar nicht zu zweifeln fein, dafs auch n. 750 am 14. Oct. zu Saalfeld oder in nächfter Nähe ausgefertigt ift. Dazu kommt nun noch ein anderer Umftand. War fchon früher bemerkt, dafs die Königsjahre durch Radiren gemindert, die Kaiferjahre auf Rafur gefchrieben, fo bemerkt Böhmer in einer mir vorliegenden Notiz, dafs auch im Ausftellungsort radirt und mit fchwärzerer Dinte überzogen fei. Vermuthete ich danach, dafs urfprünglich *Salaveldon* geftanden, fo beftätigte mir das Stumpf nach abermaliger Einficht des Originals; in dem *Radaspone* find nur die beiden *a* mit der urfprünglichen blaffen Dinte gefchrieben, das Uebrige auf Rafur mit Benutzung einzelner Züge des früheren Namens. Man hat alfo hier befondern Werth auf Nennung des Ortes der Handlung gelegt. Möglich, dafs auch die andern Korrekturen auf einen begonnenen, aber nicht durchgeführten Verfuch zu deuten find, die ganze Datirung der Handlung anzupaffen.

K. Otto II. urkundet nach Originalen 980 Juni 1 und 4 zu Aachen. Dazwifchen fällt nun St. 765, Stumpf Acta 323, für S. Vanne zu Verdun mit *actum 3. nonas iunii in regno Lotharii in loco, qui dicitur Margoil super fluvium Cher.* Die Urkunde ift, wie fie vorliegt, zweifellos ftark gefälfcht, und würde keine Beachtung verdienen, wenn wir nicht wüfsten, dafs der Kaifer eben an jenem Orte unweit Verdun im Mai eine Zufammenkunft mit dem Könige von Frankreich hatte. Nach Mafsgabe des Empfängers und des Bifchof von Verdun als Fürbitter ift die Handlung zweifellos dorthin zu fetzen. Stumpfs Vorfchlag, *nonas* in *kal.* zu ändern, reicht für die Entfernung nicht aus. Finden wir gerade unter Otto II. fo vielfach den Ort der Handlung beibehalten, fo mag das auch hier der Fall feien. Ift in ganz ungewöhnlicher Weife auch der Tag unter Actum genannt, fo mag das auf Aenderung des urfprünglichen Textes beruhen.

St. 798. 799. 800, alle von 981 Juli 21 aus Wallhaufen für Memleben mit durchaus übereinftimmenden Jahresangaben, wurden früher für unecht gehalten, weil der Kaifer damals in Italien war. Stumpf erklärt aber nun das erhaltene Original von 798 für unbedingt echt, vgl. Wirzb. Immun. 12 n. 3, womit natürlich auch der Annahme der Echtheit der beiden andern nichts mehr im Wege fteht. Setzt er fie nun zu 979, zweifellos defshalb, weil da das Itinerar am 21. Juli einen Aufenthalt zu Wallhaufen geftattet, fo würde das nur zutreffend feien, wenn wir in folchen Fällen annehmen dürften, der Widerfpruch habe fich daraus ergeben, dafs man 979 aus Verfehen fämmtliche Bezeichnungen des zweitfolgenden Jahres gefchrieben habe. Mir wenigftens erfcheint eine folche Annahme unzuläffig. Ziehe ich es vor, den Widerfpruch aus Beziehung nur des Actum auf die Handlung zu erklären, fo verliert auch der Tag jede Bedeutung für den Ort; die Urkunden werden 981 Juli 21 in Italien vollzogen fein. Die Handlung aber gehört faft zweifellos in den Herbft 980, da der Kaifer Sept. 22 ebenfalls zu Wallhaufen und ebenfalls für Memleben urkundet.

Sind folche Fälle nach unangreifbaren Originalen feftgeftellt, fo wird das doch auch bei der Beurtheilung von Stücken zu beachten feien, welche fich nur in Abfchrift erhalten haben. So etwa bei St. 835, allgemein für unecht gehalten, aus Frankfurt 983 Febr. 27, wo der Kaifer in Italien war. Meint Schultes Direct. 1,113, nur etwa durch die Annahme laffe fich die Echtheit vertheidigen, der Kaifer habe dem in Deutfchland zurückgebliebenen Erzbifchof Willigis den Auftrag ertheilt, die Urkunde in feinem Namen auszuftellen, fo fcheint mir folche Annahme doch ungleich gewagter, als die der Beziehung des Actum auf die Handlung, wenn ich auch nicht beftreite, dafs wenigftens fpäter Fälle jener Art vorgekommen find.

St. 1215, M. Boica 28,281, von 1000 aus Quedlinburg, hat in dem als unzweifelhaft echt anerkannten Originale *kal. ianuarii.* Aber im Januar war der Kaifer noch auf dem Marfche von Verona nach Regensburg. Dagegen war er allerdings Anfang April erweislich zu Quedlinburg. Stumpf nimmt daher einen Schreibfehler für *kal. aprilis* an. Die Annahme der Verwechslung zweier Monatsnamen, die keinerlei Aehnlichkeit haben, noch nächftbenachbarte find, erfcheint mir bedenklich. Faffen wir Quedlinburg als Ort der Handlung, fo würde diefe allerdings fpäteftens 997 fallen können. Fehlte es nun überhaupt nicht an Beifpielen, dafs die Beurkundung oft erft mehrere Jahre nachher erfolgte, fo gewinnt unfere Vermuthung dadurch eine gewichtige Stütze, dafs die Handlung auch nach den Angaben des Textes wirklich zu Quedlinburg vorgenommen wurde, weiter aber auch die ganze, fich durchaus in der vergangenen Zeit bewegende Faffung der Urkunde den Gedanken an nachträgliche Beurkundung nahe zu legen fcheint.

St. 1514. 1515, M. Boica 15,158. 28,408, für die baierifchen Klöfter Pruel und Tegernfee find aus Regensburg 1009 Mai 20 und 22 datirt, die letztere in unverdächtigem Original erhalten. Nun folgen aber Originalurkunden aus Allftädt Mai 25, wozu Merfeburg Juni 1 ftimmt. Hirfch Heinr. II. 2,275 nimmt an dem fich daraus ergebenden Eilmarfch keinen Anftand; Stumpf fcheint er wenigftens aufgefallen zu fein, da er die unzweifelhafte Echtheit der Urkunde betont. Mir fcheint er unzuläffig. Aber wir wiffen aus Thietmar l. 6 c. 27, dafs der Kaifer fchon Ende April von Neuburg nach Regensburg ging; Beziehung nur des Ortes auf die Handlung behebt jede Schwierigkeit.

St. 1533, M. Boica 28,421, für Klofter Niederburg bei Paffau, mit 1010 Apr. 28 Regensburg, ift unvereinbar mit St. 1534 von demfelben Tage aus Bamberg. Stumpf vermuthet, dafs im Originale *iiii* ftatt *xiii kal.* verfchrieben fei. Dagegen wurde fchon in den M. Boica angenommen, dafs nur der Ort fich auf die Handlung beziehen werde, welche nach dem § 96 Bemerkten zweifellos nach Regensburg zu fetzen feien wird, wo überdies Apr. 19 drei Urkunden für daffelbe Klofter aus-

118] geftellt find. Aber das fchliefst nicht aus, dafs eine vierte erft zu Bamberg vollendet wurde.

St. 1654, M. Boica 28,457, als unzweifelhaft echt bezeichnet und mit vier auf 1015 Juli 5 genau zufammentreffenden Jahresangaben, hat das Actum Regensburg. Damals war der Kaifer auf dem polnifchen Feldzuge. Stumpf macht mit Recht ein Fragezeichen, ohne eine Löfung zu verfuchen. Von der Annahme des unbedingten Zufammenftimmens von Ort und Tag aus dürfte fich eine folche auch kaum ermitteln laffen.

Die als verdächtig oder unecht bezeichneten Urkunden St. 2155. 2168, beide eine Zehntfchenkung an die Pfarre Ranshofen betreffend und beide aus Regensburg 1040 Jan. 9 und 18, find neuerdings von Steindorff Heinr. III. 1,283 eingehend erörtert. Nur in Abfchriften erhalten, mag der Text in mannichfacher Weife gefälfcht fein; aber jedenfalls waren echte Vorlagen da, wofür Steindorff insbefondere das tadellofe Protokoll von n. 2155 geltend macht. Ebenfo tadellos würde das Protokoll von n. 2168 feien, wenn nicht der Ort Anftofs böte; denn Jan. 18 war der König nicht mehr zu Regensburg, fondern fchon mehrere Tage zu Augsburg. Was hätte nun den Fälfcher veranlaffen können, wenn er daffelbe Protokoll, wie bei n. 2155 benutzte, hier die Tagesbezeichnung zu ändern? oder aber umgekehrt Regensburg ftatt Augsburg zu fchreiben, wenn er ein echtes Protokoll von Jan. 18 vor fich hatte? Man wird bei einer zweiten Verbriefung hier um fo eher den Ort der Handlung beibehalten haben, als fich derfelbe ohnehin in der erften Verbriefung fand. Gedankenlofe Wiederholung aus der erften, wie folche zuweilen zweifellos eingegriffen hat, mufs das darum nicht gerade feien.

Bei St. 2925, M. Boica 31,372, von 1094 Sept. 2, ftimmt das Actum Wirzburg nicht zur Zeit, da der Kaifer damals in Italien war. Schon in den M. Boica ift darauf hingewiefen, dafs der Ort der frühern Handlung entfprechen dürfte. Und das würde dann hier wohl eher der Ort der beftätigten Privathandlung, als einer Handlung des Kaifers felbft feien.

Ein Diplom K. Heinrichs V. für S. Maximin, Mittelrh. U. B. 1,508, hatte Stumpf anfangs als n. 3152 zu 1118 geftellt und als Fälfchung bezeichnet; nach Einficht des unzweifelhaft echten Original zu Paris ftellte er fie endgültig als n. 3123 zu 1116 Jan. 2 Speier. Auf diefe Einreihung weift denn auch wirklich alles hin, wenn wir von den Jahresangaben abfehen. Ort und Tag entfprechen fich, da wir auch von 1115 Dec. 13 und 20 Urkunden aus Speier haben. Der Kaifer fagt weiter 1125 Mai 7, St. 3212, und zwar zweifellos im Hinblick auf jenes Diplom, dafs er *ante viiii. annos privilegii nostri auctoritate* das Recht des Abts anerkannt habe; auch das weift alfo auf 1116. Nun hat aber die Urkunde *anno 1118, ind. 11, regni 18, imp. 7.* Die Königsjahre find jedenfalls ungenau angegeben; aber die andern drei Jahresangaben ftimmen auf die erften Monate 1118 genau zufammen, fo dafs von regellofen Schreibfehlern nicht die Rede feien kann. An abfichtliche Vorausdatierung wird

eben fo wenig zu denken fein. Die Annahme, dafs man 1116 aus Verfehen fchon die Ziffern des zweitfolgenden Jahres eintrug, ift mir fo
durchaus unwahrfcheinlich, dafs ich ihr jede andere Erklärung vorziehe.
Und diefe fuche ich denn auch hier wieder darin, dafs die Urkunde
1118 in Italien ausgefertigt ift, aber unter Actum der Ort der Handlung
genannt wurde. Dafür ergibt fich darin eine Unterftützung, dafs wir
aus der allerdings fchon 1116 Juli in Italien für S. Maximin ausgefertigten Urkunde St. 3147 wiffen, dafs der Abt den Kaifer über die Alpen
begleitete. Die Angabe von 1125 aber fteht dem in fo weit nicht entgegen, als diefe jedenfalls nicht aus dem von 1118 datirten Diplom entnommen werden konnte, auf irgendwelche andere Quelle zurückgehen
mufs, aus der man zunächft nur die Zeit der Handlung entnehmen
mochte. Der Tag kann der Handlung entfprechen, mufs es aber nicht,
da er auch zu den Jahresangaben ftimmt.

Ein ähnliches Verhältnifs fcheint fich für St. 3120 zu ergeben, von
Stumpf zu 1115 Nov. 1 eingereiht, wo allerdings der Ort dem Itinerare
entfpricht. Aber es ift doch auffallend, dafs, obwohl uns ein unverdächtiges Original vorliegt, alle Jahresangaben auf das folgende oder
zweitfolgende Jahr deuten.

St. 3348, Hamburg. U. B. 1, 138, hat 1137 März 17, womit Regni 12
genau ftimmt, aber auch Imp. 5, wenn wir berückfichtigen, dafs auch
in andern Urkunden diefes Jahres die Kaiferjahre um eine Einheit zu
grofs angegeben werden. Aber unter Actum ift Bardewik genannt,
während K. Lothar 1137 in Italien war. Stumpf und Schum Vorftudien 15
erklären die Urkunde für Fälfchung; aber was abgefehen von jenem
Widerfpruch dafür vorgebracht ift, fcheint mir ohne Gewicht. Andere,
fo Lappenberg und Heinemann, wollen auf 1136 ändern. Aber einmal
wird fich an den Jahresangaben bei ihrer Uebereinftimmung nicht rüt-
teln laffen. Dann aber wäre mit der Aenderung wenig geholfen, da
der Kaifer 1136 März 22 und fchon an einem vorhergehenden Tage,
vgl. Jaffé Loth. 171, zu Aachen urkundet, alfo ficher nicht März 17 zu
Bardewik war. Dagegen erhält die Annahme, dafs das Actum fich nur
auf die Handlung beziehe, hier die beftimmtefte Unterftützung. In voller
Uebereinftimmung mit den Angaben der Urkunde erzählt Helmold
l. 1 c. 33, M. Germ. 21, 52, die Gründung von Burg und Kirche Sege-
berg und Uebergabe an Vicelin, wie denn der Inhalt der Urkunde aufferdem durch St. 3384 fichergeftellt ift. Helmold gibt nun ganz ausdrücklich an, dafs das bei Anwefenheit des Kaifers zu Bardewik gefchehen
fei. Bezüglich der Zeit läfst fich aus ihm nur entnehmen, dafs es nicht
lange vor dem Beginne des Zuges nach Italien gefchah. Damit ftimmt,
dafs der Kaifer Mai bis Anfang Auguft in Norddeutfchland war.*)

---

*) Ich belaffe den Text in urfprünglicher Faffung, obwohl mir noch unmittelbar
vor dem Abdrucke die Erörterung in Schirren Beiträge zur Kritik holftein. Gefchichtq.
217 zu Geficht gekommen ift. Die Einwendungen gegen den Text laffe ich um fo

119. Bei der ältern Datirungsform war die Beibehaltung des Orts der Handlung dadurch nahe gelegt, dafs eben nur diefer mit Actum genannt wurde. Bei den Datirungsformen der ftaufifchen Zeit fehlte diefe Veranlaffung. Denn fie ftimmen darin überein, dafs fie Ort und Tag unmittelbar mit einander verbinden, beide mit den Jahresangaben entweder unter Datum, oder unter Actum bringen; oder aber auch unter Actum nur die Jahre, unter Datum Ort und Tag nennen. Um fo näher mufs es denn freilich liegen, Beziehung nur des Ortes auf die Handlung anzunehmen, wenn vereinzelt von diefen üblichen, Ort und Tag verbindenden Formen abgegangen wird und wir ausnahmsweife Angabe des Ortes unter Actum finden, während der Tag unter Datum gegeben ift. Und in einzelnen Fällen läfst fich das beftimmter nachweifen.

In der unausgefertigt gebliebenen und auch fonft einiges Auffallende zeigenden St. 4999, M. Boica 31,459, erzählt K. Heinrich, dafs eine Wittwe, nachdem fie fchon früher im Rechtsftreite unterlegen, *postmodum coram nobis in sollempni curia nostra Magunciae celebrata* ihren Anfprüchen entfagte, was er beftätige. Dann findet fich die ungewöhnliche Datirung: *actum Moguntiae in sollempni curia, anno 1197, ind. 15, datum 2 kal. iunii,* welche doch darauf deutet, dafs nur die Handlung nach Mainz fiel, was 1196 im Mai gewefen feien würde. Zu 1197 ftimmt die Indiktion; und der Annahme, dafs die Beurkundung erft nach Jahresfrift erfolgte, würde kaum im Wege ftehen, dafs auch die Jahresangaben eher zu Actum, als zu Datum zu ziehen fcheinen, da man an diefe Stellung gewöhnt war. Aendern wir aber auch auf 1196, fo dürfte die Urkunde doch kaum noch zu Mainz am 31. Mai gegeben feien, da der Kaifer fchon am folgenden Tage zu Boppard urkundet.

K. Philipp, Böhmer Acta 199, fagt, dafs der Patriarch von Aglei *in civitatem Nurenberc ad nos accedens* feine Regalien empfing; die Urkunde hat unter Actum Nürnberg mit 1206, Regni 8; dann nach der Rekognition Datum Juni 11, Ind. 9. Nun hat aber ein Privileg für Klofter Herbrechtingen, Reg. Ph. 85, aus dem Originale gedruckt Wirtemb. U. B. 3,356, das Datum Gingen Juni 11, Ind. 9. Böhmer bezeichnete in

---

mehr bei Seite, als Schirren auch die eingreifenden Urkunden St. 3293 und 3384 für Fälfchungen erklärt; für unfere Zwecke genügt es, wenn das Protokoll einer echten Urkunde jener Zeit entnommen feien mufs. Und dafür fcheint mir hier ein Umftand fehr beftimmt zu fprechen, nämlich die Anordnung der Datirungszeile, welche nach Datum den Tag zwifchen die Jahresangaben einfchiebt, dann unter Actum den Ort nennt. Genau fo findet fich das nur in den vier letzten Regierungsjahren K. Lothars und zwar verhältnifsmäffig häufig; von St. 3286 bis 3353 notirte ich vierzehn Fälle. Findet fich auch fpäter wohl noch vereinzelt die Einfchiebung des Tages zwifchen die Jahresangaben, fo habe ich das doch nur in Verbindung mit fonftigen Abweichungen bemerkt. Ein echtes Protokoll aus den letzten Jahren K. Lothars hat demnach wohl zweifellos vorgelegen. Nähme man aber an, in diefem habe der Fälfcher den Namen einer italienifchen Stadt in Bardewik geändert, fo müfste er noch eine zweite echte Vorlage für die Zeugen gehabt haben, da diefe wohl nach Bardewik, aber nicht nach Italien paffen.

feinem Handexemplar nach Auffindung jener mit drei übereinſtimmen-
den Jahresdaten verſehenen Urkunde, deren Zeitbeſtimmung auch dadurch geſtützt wird, daſs der Patriarch nach Reg. 83 ſchon Juni 1 beim
Könige zu Nünberg war, die Einreihung der zweiten Urkunde als zweifelhaft. Aber beim Vorliegen des Original ſollten wir doch nur im Noth-
falle ein Verſehen in der Indiktion annehmen; überdies würde die Urkunde weder im Jahre vorher, noch nachher paſſen. Die Schwierigkeit
beſeitigt ſich, wenn wir beachten, daſs hier der Ort unter Datum, dort
in ungewöhnlicher Weiſe unter Actum gegeben iſt, während wir ihn
zugleich beſtimmt als Ort der Handlung kennen.

120. Aber nicht immer finden wir ſolche Genauigkeit. Es fehlt
nicht an Beiſpielen für **Datirung nach dem Orte der Handlung
und der Zeit der Beurkundung ohne Rückſicht auf Actum
und Datum**, ſo daſs trotz jenes Verhältniſſes Ort und Tag bald unter
dem einen, bald unter dem andern Ausdrucke zuſammengeworfen erſcheinen.

In der frühern ſtaufiſchen Zeit ſcheint man allerdings in dieſer Richtung genauer vorgegangen zu ſeien. Als Ausnahme wäre zunächſt hin-
zuweiſen auf die unſicher überlieferte Datirung von St. 4046, M. Germ.
L. 2,137, das allgemeine Rundſchreiben über die Beſchlüſſe des Wirzburger Reichstages mit *actum eſt hoc anno 1165 apud Wirzeburg 6.
nonas (iulii)*. Leſen wir hier Juli, was auſſer St. 4045 mit *data Wirzeburg kalendis iulii* doch auch der Umſtand unterſtützt, daſs es im Juni
nur einen vierten Tag vor den Nonen gibt, ſo ſind Ort und Zeit trotz
der einheitlichen Datirung überhaupt nicht zuſammenzubringen, da der
Kaiſer bereits Juni 29 zu Paſſau war. Nehmen wir aber mit Stumpf
Juni an, ſo bezieht ſich auch dann der Tag jedenfalls nicht auf die Handlung. Denn auch abgeſehen davon, daſs dieſelben Ereigniſſe nach
St. 4045 ſchon am Tage vorher mit Datum erzählt werden, wiſſen wir
anderweitig, daſs die letzten der angeführten Thatſachen auf den 29. Mai
fielen. Die Datirung könnte dann allerdings einheitlich ſeien, ſich aber
trotz des Actum auf die Beurkundung beziehen und damit den § 101
beſprochenen Fällen anreihen.

Beſtimmter wird jenes Verhältniſs ſchon anzunehmen ſeien bei
St. 5000, M. B. 31,462, mit *acta Moguntie, anno 1196, 2. nonas iunii*.
Der Kaiſer urkundet bis Mai 30 oder, wenn wir das vorhin beſprochene
St. 4999 zuziehen, bis Mai 31 zu Mainz, dann Juni 1 und 3 zu Boppard,
würde alſo ſchon Juni 4 wieder zu Mainz geweſen ſein. Es kommt
hinzu, daſs die in der Urkunde genannten Parteien und Zeugen, der
Biſchof von Paſſau und baieriſche Grafen und Edle, auch nach anderen
Urkunden im Mai zu Mainz waren, während zu Boppard ganz andere
Zeugen auftreten. Toeche Heinr. VI. 681 nimmt an dieſen Verhältniſſen keinen Anſtoſs. Stumpf ändert an der nur in Abſchrift vorliegenden Urkunde die Nonen in Kalenden, was auf Mai 31 führt und
demnach höchſtens dann etwas weniger unwahrſcheinlich iſt, wenn man

120] in Anſchlag bringen will, daſs ſich den Rhein abwärts ſchneller reiſen liefs, als aufwärts. Ich denke, man wählte Actum, weil es ſich um nachträgliche Beurkundung einer zu Mainz verhandelten Sache handelte, vergafs dann aber, auch den Tag entſprechend zurückzudatiren, oder ihn, wie bei n. 4999, durch Datum vom Orte zu ſcheiden.

Ein ganz ſicheres Beiſpiel gibt Reg. Ott. 53, Böhmer Acta 209. Der König bekundet einen Rechtsſpruch, ergangen, *cum apud Nueremberg curiam sollempnem celebraremus*, welchen *universi principes in nostra tunc constituti presentia* billigten; dann nach dem Original Actum 1209 und Datum Nürnberg Febr. 20. Läſt ſchon der Text auf nachträgliche Beurkundung an anderm Orte ſchlieſſen, ſo beſtätigt ſich das dadurch, daſs der König nach Reg. 55 am 20. Febr. zu Bamberg urkundet.

Reg. Fr. II. 160, Huillard 1,437, hat im Original Actum 1216 und Datum Gelnhauſen Jan. 31. Aber der König urkundet Jan. 23 und 30 zu Hagenau. Böhmer nahm in letzterm Datum einen Irrthum an; aber einmal handelt es ſich auch hier um ein Original, dann iſt ſeitdem noch eine im Februar ohne Tag zu Hagenau ausgeſtellte Urkunde, Huillard 1,441, bekannt geworden. Huillard ſchlägt vor, *15 kal.* ſtatt *2 kal.* zu leſen. Am 18. Jan. mochte der König zur Noth noch zu Gelnhauſen ſeien können. Aber der Inhalt, Schenkung eines Hofes bei Frankfurt an Kloſter Aulisburg, macht Handlung zu Gelnhauſen ganz wahrſcheinlich.

K. Heinrich bekundet 1230, Huillard 3,432, einen *coram nobis apud Hagenaw* erklärten Verzicht. Das Datum Hagenau Dec. 9 iſt unvereinbar mit Urkunden von demſelben Tage aus Speier, wo der König auch ſchon Dez. 5 urkundet, Nov. 26 aber zu Spiegelberg bei Germersheim. Steht hier Hagenau als Ort der Handlung feſt, iſt der König nicht lange vorher am 24. Nov. wirklich dort nachzuweiſen, ſo ſcheint es mir nicht nöthig, mit Huillard anzunehmen, es ſei November ſtatt Dezember zu leſen. Aehnliche Ortsverſchiebungen ergeben ſich mehrfach in den Urkunden K. Heinrichs; doch mag es zweifelhaft ſein, ob da gerade immer Beibehaltung des Ortes der Handlung das Maſsgebende war; wir werden darauf zurückkommen.

Reg. Wilh. 171, aus dem Original Or. Guelf. 4,237, für das Nonnenkloſter zu Oſterrode, hat das Datum Oſterrode, Nov. 18,1252. Das kann nicht zum Tage paſſen, da der König Nov. 2 zu Köln, Nov. 21 zu Mainz urkundet. Böhmer denkt an einen Schreibfehler im Monatsnamen. Ein Aufenthalt zu Oſterode iſt 1252 April und Mai durchaus zuläſſig und mag die Schenkung damals erfolgt und ſpäter verbrieft ſein. Soll es noch eine zweite Originalausfertigung ohne Tagesangabe geben, ſo mag da das Fehlen derſelben eben mit dieſem Umſtande zuſammenhängen.

Reg. Wilh. 127 für die Kaufleute von Goslar iſt datirt aus Goslar 1252 Apr. 6. Aber April 7 urkundet der König zu Halle. Iſt beides unvereinbar, ſo wird die Verſchiebung in der erſten Urkunde, wo der

Ort der Handlung entfpricht, zu fuchen feien, wie fich das auch dadurch beftätigt, dafs der König nach der Erfurter Chronik in der Apr. 7 beginnenden Woche nach Merfeburg kam. Reg. Albr. 5o1, Falckenftein Cod. Nordg. 128, mit Datum Schweinfurt 13o5 Apr. 28 ift unvereinbar mit den Apr. 26 und Mai 3 im Elfafs ausgeftellten Urkunden. Böhmer meint, es werde ftatt *4 kal. maii* heiffen müffen *4 kal.* oder *4 idus martii.* Aber mit dem erften Vorfchlage ift nichts geholfen; nach dem ergänzten Itinerar war der König Jan. 17 zu Wien, im Febr. zu Wels, März 7. 9 zu Nürnberg, März 3o zu Frankfurt; der Aufenthalt zu Schweinfurt kann danach doch nur nach März 9 vermuthet werden. Nun führt allerdings der zweite Vorfchlag auf März 12; aber er fetzt einen doppelten Schreibfehler voraus. Dem möchte ich eine Beziehung nur des Orts auf die Handlung doch vorziehen.

121. Manche der befprochenen Fälle würden uns nicht erkennbar feien, wenn nur der Monat, nicht auch der Tag angegeben wäre. Unter Friedrich II. finden wir nun fehr häufig eine auf die fizilifche Kanzlei zurückgehende Datirungsform nur nach dem Monate, ohne Angabe des Tages. Entweder fo, dafs die gefammte Datirung unter Datum oder auch Actum gegeben wird. Sehr häufig aber fo, dafs unter Actum Jahr und Monat angegeben werden, dann unter Datum der Ort nur mit Rückbeziehung auf die Zeit: *anno et mense predictis.* Treffen wir hier auf Fälle, wo Ort und Monat nicht ftimmen, fo follte man danach erwarten, dafs diefer zunächft der Handlung, der Ort aber der Beurkundung entfpreche. Statt deffen ergeben fich nun zweifellofe Fälle für das Umgekehrte; und wenigftens bei mehreren ift nicht zu bezweifeln, dafs der Ort der Handlung dafür das Mafsgebende war, während bei einigen auch andere, fpäter zu erörternde Umftände eingegriffen haben können.

Reg. Fr. II. 513, Huillard 2,339, ift in zwei Originalausfertigungen erhalten, beide mit Datum Ferentino 1223 im April. Aber zu Ferentino war der Kaifer in der erften Hälfte des März, im April dagegen mit der Belagerung von Celano befchäftigt, von wo er gegen Ende des Monats nach Pescara ging.

Ein Privileg für Sarzana hat Actum 1226 im Auguft und Datum Sarzane. Das geht zweifellos auf das Original zurück, da es fich in drei von einander unabhängigen Abfchriften fo findet; vgl. Targioni-Tozetti Relazione d'alcuni viaggi 12,65; Huillard 2,667; Ficker It. Forfch. 4,352. Zu Sarzana war aber der Kaifer zweifellos im Juli; am 18. Juli urkundet er zu Borgo S. Donino; vom Juli ohne Tag haben wir Urkunden aus Parma, Pontremoli und zwei aus San Miniato; vor diefe letztern mufs alfo der Aufenthalt zu Sarzana fallen; alle Urkunden des Auguft zeigen uns den Kaifer fchon im füdlichen Tuszien und Aug. 29 zu Ascoli.

Die im Originale erhaltene Urkunde für Salzburg Reg. Fr. 670, Huillard 3,2o5, hat *acta sunt hec apud S. Germanum, anno 1230, mense*

121] *augusti*. Nun wiffen wir nach den fehr genauen Nachrichten des Richard von S. Germano einmal, dafs der unter den Zeugen genannte Herzog von Oefterreich am 28. Juli ftarb, dafs weiter der Kaifer am 31. Juli S. Germano verliefs. Ort und Monat find unbedingt nicht zu-fammenzubringen und Böhmer und Huillard nehmen daher an, dafs im Original Auguft ftatt Juli verfchrieben fei. Dazu fehlte aber jede be-ftimmtere Veranlaffung, falls die Urkunde wirklich noch im Juli gefer-tigt wurde. Viel näher liegt es doch anzunehmen, dafs die Urkunde im Auguft gefertigt, aber wenigftens der Ort nach der Handlung beftimmt wurde, wofür fich auch geltend machen lieffe, dafs hier die Datirung mit Acta, in den aus S. Germano vom Juli datirten Urkunden aber mit Da-tum eingeleitet ift. Dabei mag denn immerhin in fo weit ein Verfehen vorliegen, als auch der Monat der Handlung eingetragen werden follte, ftatt deffen aber der zur Zeit der Beurkundung laufende genannt wurde. Denn es foll nicht behauptet werden, dafs in allen diefen Fällen beab-fichtigt war, theils nach der Handlung, theils nach der Beurkundung zu datiren, fondern nur, dafs es thatfächlich nicht felten gefchah. In wie weit dazu in der Art der Datirung eine nähere Veranlaffung geboten war, werden wir fpäter zu erörtern haben.

Der Kaifer urkundet 1236 Juni zu Donauwerth, Juni 27 zu Augs-burg, wo er damals fein Heer fammelte und einen Hoftag wegen der öfterreichifchen Angelegenheiten hielt. Auch aus dem Juli haben wir eine Reihe Urkunden aus Augsburg, darunter mit Tagesangaben von Juli 13. und 23.; am 24. erfolgte der Abmarfch nach Italien. Nun haben zwei im Originale erhaltene Urkunden, Reg. 855, dann Huillard 4,888, vgl. Meiller Salzb. Reg. 266, das Datum Donauwerth im Juli. Die Ta-gesangaben der angeführten Urkunden würden allerdings die Annahme, dafs der Kaifer nochmals nach Donauwerth zurückkehrte, an und für fich nicht ausfchlieffen. Aber nun verengert fich der Raum zu Beginn des Juli noch wefentlich durch ein Schreiben, Huillard 4,889, worin der Kaifer anzeigt, dafs er *die veneris 11. mensis presentis iulii* von Augs-burg nach Italien abrücken werde. Diefe Angabe wird bei Ueberein-ftimmung von Wochentag und Monatstag richtig fein. Ift dagegen der Brief gleichfalls vom 11. Juli aus Augsburg datirt, fo kann das, wie fchon Winkelmann Friedr. II. 2,31 bemerkt, nicht richtig fein; er mufs früher, aber nach dem Texte doch jedenfalls im Juli gefchrieben fein. Mag dennoch genügender Raum bleiben, fo bedarf es wohl keiner Bemer-kung, wie durchaus unwahrfcheinlich der ganzen Sachlage nach ein nochmaliger Befuch von Donauwerth feien mufs. Auch Böhmer dachte daher wieder an einen Schreibfehler im Monatstage, wovon aber doch jetzt, nachdem uns zwei Originalurkunden vorliegen, zweifellos abzu-fehen ift. Die Annahme, dafs Donauwerth nur Ort der Handlung, ge-winnt dadurch eine Unterftützung, dafs es in der zweiten Urkunde, einem Rechtsfpruche, als folcher durch die Worte *cum nos resideremus in castro nostro Werde* ausdrücklich bezeichnet ift.

Die nur auszugsweife gedruckte Urkunde für das Kapitel von Salzburg, Reg. 909, Huillard 5,110, hat nach dem Originale zu Wien: *acta
sunt hec aput Augustam in castris, anno 1237, mense septembris.* Wir
haben nun zwei Urkunden aus Augsburg mit Auguft; es fammelte fich
dort das Heer zum Zuge nach Italien. Drei weitere Urkunden aus dem
Auguft fallen zweifellos nach den Aufenthalt zu Augsburg; werden fie
geordnet Reg. 908 aus Pritriching füdlich von Augsburg, 906 aus Win-
dach öftlich von Landsberg, 907 aus Weilheim, fo ergibt fich, dafs der
Kaifer von Augsburg den Alpen in der Richtung auf den Scharnitzpafs
zuzog. Dafs er nun bis Weilheim gekommen im September nochmals
nach Augsburg zurückging, ift natürlich an und für fich unwahrfcheinlich. Unmöglich wird es dann aber durch die Böhmer noch unbekannte
Urkunde Huillard 5,112 vom 4. Sept. aus Klaufen, alfo fchon weit jen-
feits des Brenners, womit die fonftigen Nachrichten ftimmen, welche
den Kaifer acht Tage fpäter fchon in Oberitalien zeigen. Auch hier
dürfte die Einleitung mit Acta beachtenswerth feien. Und dabei mag
denn darauf hingewiefen werden, wie ungeeignet doch das Vorgehen
Huillards war, welcher hier Datum gibt, weil er überall, wo ihm die
Datirung wohl inhaltlich, aber nicht ihrer originalen Faffung noch vorlag, diefe nach feinem Ermeffen wieder herzuftellen fuchte, was bei allen
Unterfuchungen, bei welchen auf die Einzelnheiten der Form Gewicht
zu legen ift, leicht irre leiten kann.

122. Der bisher befprochene Fall nichteinheitlicher Datirung, bei
dem der Ort der Handlung, fämmtliche Zeitangaben aber der Beurkundung entfprechen, ift der am häufigften vorkommende; es war auch
gerade für ihn wenigftens bei der älteren Datirungsformel in der Aufführung nur des Ortes unter Actum eine ganz beftimmte Veranlaffung
geboten. Haben wir das aber zumal fpäter, wo jene formelle Scheidung
entfällt, gewifs häufig als bloffe Ungenauigkeit zu betrachten, welche
nicht beabfichtigt war, fo haben wir doch keine Bürgfchaft, dafs die
für die Ungenauigkeit mafsgebenden Gründe immer gerade nur zu einem
Gegenfatz zwifchen dem Ort und der Gefammtheit der Zeitangaben geführt haben. Es fcheinen fich denn auch wirklich Fälle einer Datirung nach dem Orte der Handlung mit theils diefer, theils
der Beurkundung entfprechenden Zeitangaben nicht gerade felten zu ergeben.

Da könnte es fich zunächft handeln um den Tag der Handlung und das Jahr der Beurkundung. Allerdings bot uns bisher die nachweisbare Nichtübereinftimmung von Ort und Tag den
Hauptanhaltspunkt für die Annahme, nur der Ort werde nach der immerhin noch in daffelbe Jahr fallenden Handlung beftimmt feien. Handelt
es fich aber um einen weiteren Zeitabftand, kann auch das Jahr dem
Orte nicht entfprechen, fo wird oft ein ficheres Urtheil darüber, ob nun
der Tag dem Orte, oder aber dem Jahre entfpricht, überhaupt nicht zu
fällen feien. Nur dann, wenn auch in keinem der vorhergehenden Jahre -

122] in welche die Handlung möglicherweise fallen kann, der König an jenem Tage am Orte gewesen seien kann, ist Uebereinstimmung mit dem Orte ausgeschlossen. Umgekehrt wird diese nicht schon erwiesen seien müssen, wenn dieser Uebereinstimmung in einem der vorhergehenden Jahre nichts im Wege steht. Denn derselbe Tag kehrte ja auch in dem späteren Jahre wieder; fehlt uns für dieses die Kontrolle des Ortes, so wird sich auch in den meisten Fällen nicht erweisen lassen, die Beurkundung könne nicht an dem in der Datirung genannten Tage geschehen seien; lediglich der Umstand, dafs die verschiedenen Jahresangaben nur in einem Theile des Jahres zusammenstimmen, sie also bei Annahme ihrer Genauigkeit an und für sich den genannten Tag ausschliessen, wird da zuweilen einen bestimmteren Schlufs gestatten. Fehlt es an sicheren Haltpunkten, so dürfte nach der Mehrzahl der besprochenen Fälle allerdings Beziehung auch des Tages auf die Beurkundung das Wahrscheinlichere seien. Für die ältere Datirung ist das ja auch dadurch näher gelegt, dafs gerade die Tagesangabe sich unmittelbar an den Ausdruck Datum anschliefst, während in späterer Zeit die Fälle, wo Handlung und Beurkundung nicht in dasselbe Jahr fallen, überhaupt selten werden und damit die hier aufgeworfene Frage entfällt.

Andererseits ist nicht zu läugnen, dafs zuweilen die Tagesangabe im muthmafslichen Jahre der Handlung so genau zum Orte pafst, dafs wir doch trotz des Datum geneigt seien werden, sie gleichfalls auf die Handlung zu beziehen. Denn wenn auch möglich, ist es doch wenig wahrscheinlich, dafs die Beurkundung in einem folgenden Jahre gerade an einem der Tage geschehen seien sollte, auf welche die Handlung gefallen sein mufs. Das dürfte sich von den § 118 erörterten Fällen für die Urkunde von 895 Febr. 17, dann für St. 3120. 3123 geltend machen lassen. Bestimmter noch scheint es sich für einige andere Fälle zu ergeben.

St. 1676, Würdtwein N. S. 6, 179, hat zu Frankfurt Sept. 29 vier auf 1017 zusammenstimmende Jahresangaben. Aber 1017 war der Kaiser Ende September in der Nähe von Merseburg. Stumpf versetzt daher die Urkunde nach 1016, wo Ort und Tag entsprechen, aber von den Jahresangaben höchstens Ind. 15 zulässig wäre. Die bedenkliche Annahme, dafs man bei allen andern in das folgende Jahr vorgegriffen habe, fände hier wenigstens eine schwache Unterstützung darin, dafs auch die folgenden drei Urkunden vom Oktober schon 1017 nennen, während aber wenigstens die Regierungsjahre schon 1016 zulässig sind. Aber auch hier könnte Aehnliches eingreifen, da zu Anfang 1017 alle Jahresangaben zusammenstimmen.

Zweifellos ergibt sich das Verhältnifs bei St. 1793. 94, datirt aus Augsburg 1022 Nov. 11. Da beide Originale und alle Jahresangaben übereinstimmen, so mufste Stumpf vom Gesichtspunkte der vollen Zuverläfsigkeit des urkundlichen Itinerar aus allerdings einen Aufenthalt zu Augsburg im Nov. 1022 annehmen und demnach auch St. 1791 aus

Grone Nov. 3 verwerfen. Es hat nun bereits Brefslau in Hirfch Heinr. II. 3,346 ausführlich die Unzuläffigkeit der Annahme begründet, der Kaifer könne Nov. 1022 zu Augsburg gewefen feien; feine Beweisführung wird dann noch vervollftändigt durch die Angabe von Bayer, Gött. Gel. Anz. 1875 S. 1183, dafs die Echtheit des Original von St. 1791 auffer Frage ftehe. Sind wir damit auf die Annahme hingewiefen, der Ort werde der Handlung entfprechen, fo findet das eine Unterftützung darin, dafs die Urkunden Schenkungen an Bamberg betreffen, wie fie auch 1021 gerade zu Augsburg verbrieft wurden. Haben nun diefe letztern, St. 1772—74, Nov. 13, haben wir auch von 1021 Nov. 12 eine Urkunde aus Augsburg, fo ift es doch höchft wahrfcheinlich, dafs die Beziehung auf die Handlung nicht blos, wie auch Brefslau annimmt, das Actum trifft, fondern auch vom Datum die Tagesangabe Nov. 11. Es wäre doch ein fonderbarer Zufall, dafs die nachträgliche Beurkundung genau über Jahresfrift erfolgt feien follte.

Ganz ähnlich liegen die Verhältniffe bei St. 2473 mit Florenz und Mai 27, deffen Jahresdaten 1056, Ind. 9, Ord. 28, Regni 18, Imp. 11 nun von Schum im N. Archiv der Gefellfch. 1,137 aus dem Originale mitgetheilt find. Keine pafst zu dem Jahre 1055, wohin der Aufenthalt zu Florenz doch fallen mufs; alle dagegen zu 1056, wenn wir beachten, dafs die Kanzlei damals überhaupt das Ordinationsjahr um eine Einheit zu gering angab. Die Kaiferjahre würden fogar erft in den letzten Tagen 1056 paffen; doch mufs bei ihnen ein Verfehen eingreifen, da der 1056 Okt. 5 geftorbene Kaifer das eilfte Jahr gar nicht erreichte. Unter diefen Verhältniffen kann die Beurkundung doch nur in das Jahr 1056 gefetzt werden, während der Ort fich auf die Handlung beziehen mufs. Nun pafst auch hier der Tag fehr gut zum Orte, da der Kaifer 1055 Juni 4 zu Florenz auf einer Synode war und dort Juni 6 und 9 urkundete. Und dafs der Tag fich nicht auf die Beurkundung 1056 beziehen kann, läfst fich hier noch beftimmter dadurch begründen, dafs jene Jahresdaten zwar 1056 zufammenftimmen, aber nicht in den früheren Monaten deffelben, 1056 Mai 27 noch Regni 17 gezählt wurde, jenen Jahresangaben demnach, wenn fie genau find, überhaupt kein 27. Mai entfpricht.

Volle Sicherheit würden wir gewinnen, wenn auffer dem Monatstage auch der Wochentag angegeben wäre. Von den vereinzelten Königsurkunden, in denen das gefchicht, ift hier St. 412, Jaffé Dipl. q. 13, zu erwähnen mit der ganz ungewöhnlichen Datirung: *actum in Magedaburg palatio anno d. i. 966, ind. 9, feria 4; data 3 nonas octobris.* Stumpf fetzte das Diplom früher als unecht zu 966, wo Ort und Tag fich jedenfalls nicht entfprechen, erklärte dann aber Wirzb. Imm. 1,20 nach Einficht des Original, dafs die Urkunde zweifellos echt fei und aller Wahrfcheinlichkeit nach zu 942 gehöre. Dafür fpricht denn auch alles, wenn wir von den Jahresangaben abfehen; alle Formeln der Urkunde und das Siegel find königlich; die Erwähnung der Königin

122] Edith in Verbindung mit der Rekognition stimmt nur zu den Jahren 940 bis 945; in diesen aber fiel nur 942 der 5. Okt. auf einen Mittwoch, während er 966 auf den Freitag fiel. Sollen wir nun aber auch annehmen, die Datirungszeile sei schon 942 so geschrieben? Stumpf spricht Wirzb. Imm. 2,21 von Rasuren in der Datirung, ohne die Art derselben näher anzugeben; ich muss daher dahingestellt seien lassen, in wie weit diese den räthselhaften Sachverhalt erklären können. Keinenfalls könnte ich mich mit der Ansicht befreunden, die nichtstimmenden Jahresangaben hätten sich 942 durch blossen Schreibfehler so ergeben. Ein solcher würde schon auffallend genug seien, wenn es sich nur um 966 statt 942 handelte; wer nun aber überdies der Ziffer 966 auch die diesem Jahre entsprechende Indiktion zufügte, während 942 die Ind. 15 zu schreiben gewesen wäre, der wollte doch gewiss das Jahr 966 bezeichnen. Es kommt hinzu, dass die Datirung ganz ungewöhnliche Formen zeigt, dass insbesondere das auffallende Nichtnennen der Regierungsjahre nahe liegen konnte, wenn eine Königsurkunde in der Kaiserzeit zu datiren war. Ob hier gerade der Unterschied zwischen Handlung und Beurkundung zunächst in Rechnung zu bringen ist, lasse ich dahingestellt; nehmen wir aber Beurkundung oder doch Datirung im J. 966 an, so entspricht die Tagesangabe hier sicher nicht diesem, sondern dem früheren Zeitpunkte, auf den sich die sonstigen Angaben der Urkunde beziehen.

Ein entsprechender Fall würde vorliegen bei St. 232, mit *data 3 kal. ian., feria 5, anno 954, ind. 5; actum Franconofurt, regni 17,* wenn wir auch hier bei Beachtung des Jahresanfanges mit Weihnachten Beurkundung erst im J. 953 anzunehmen hätten. Stumpf erklärt nach Einsicht des Original die Urkunde für echt und setzt sie zu 952; vgl. Wirzb. Imm. 1,12. 2,21. Im J. 952 stimmen denn auch Dez. 30 und Donnerstag; es entsprechen dem weiter aber auch Rekognition, Ort und Regierungsjahr. Aber auf die abweichende Jahresangabe wird hier kein Gewicht zu legen seien, da weder die 953 Dez. 30 wirklich laufende Ind. 12, noch die in der Kanzlei irrig gebrauchte Ind. 7 entspricht, und vereinzeltes Fehlgreifen in den Jahresangaben sich in dieser Zeit überaus häufig findet.

123. Für den umgekehrten Fall, dass dem Orte der Handlung der Tag der Beurkundung und das Jahr der Handlung zugefügt wäre, würde sich etwa St. 1560, Wenck Hess. L. G. 1,280, geltend machen lassen mit *data 3 kal. Februarii, regni 11, ind. 10, actum ap. Magunciam.* Sind die Jahresangaben genau, so entspricht ihnen überhaupt kein Ianuar; sie stimmen nur 1012 Juni bis September zusammen; auch kann der König weder 1012, noch 1013 Jan. 30 zu Mainz gewesen seien. Da er aber 1012 Aug. 18 zu Nierstein, Sept. 10 zu Frankfurt war, so entspricht ein Aufenthalt zu Mainz durchaus jene Jahresangaben; Stumpf setzt denn auch die Urkunde zu Aug. 30, annehmend, es sei *3 kal. feb.* statt *3 kal. seb.* verschrieben. Ein solches Versehen würde doch selbst

bei Abfchrift nur dann wahrfcheinlich feien, wenn in der Vorlage wirklich der Monatsname in jener nur vereinzelt vorkommenden Weife gefchrieben gewefen wäre, während das gewöhnliche *sept.* kaum einen
Anlafs zur Verwechslung geboten hätte. Ebenfo naheliegend fcheint
mir doch die Annahme, die Urkunde fei erft 1013 Jan. 30 ausgefertigt
oder datirt. Ort und Jahre könnten dann der Handlung entfprechen.
Doch könnte dann auch der fpäter zu erörternde Umftand eingegriffen
haben, dafs oft nur die Tagesangabe der fertigen Urkunde nachträglich
zugefügt wurde.

124. Es ergeben fich nun aber weiter Fälle, dafs die J a h r e s a n-
g a b e n t h e i l s n a c h d e r H a n d l u n g u n d t h e i l s n a c h d e r B e-
u r k u n d u n g beftimmt find. Widerfprüche in den verfchiedenen Jahresangaben finden fich allerdings in gewiffen Zeiten fo häufig, Verfehen
der verfchiedenften Art lagen da fo nahe, dafs von vornherein Verfuche, fie zu erklären und auf beftimmte Gefichtspunkte zurückzuführen,
kaum einen genügenden Erfolg erwarten laffen. Ich habe die Widerfprüche der Jahresangaben unter fich denn auch nur da beachtet, wo
die Befprechung anderweitiger Unregelmäffigkeiten zur Berückfichtigung
auch diefes Verhältniffes nöthigte. Und da fchien fich doch zu ergeben, dafs auch für die Widerfprüche in den Jahresangaben in manchen
Fällen eine ausreichende Erklärung nahe liegt. Die hier zu befprechende
Annahme nun, dafs fie zuweilen durch Beziehung der einen auf die
Handlung, der anderen auf die Beurkundung zu erklären feien, mag auf
den erften Blick überaus gewagt erfcheinen. Aber es ift doch denkbar,
dafs bei der Beurkundung zuweilen Aufzeichnungen über die Handlung
mit nur ein oder anderer Jahresangabe vorlagen, die dann auch in die
Urkunde überging, während dann andere nach der Zeit der Beurkun-
dung ergänzt wurden. Und mögen einzelne der anzuführenden Belege
Zweifel laffen, fo fcheinen andere mit gröfster Beftimmtheit auf folche
Sachlage hinzuweifen.

St. 657 war von Böhmer zu 974 eingereiht, während Stumpf es
zu 975 fetzt. In fo weit mit Recht, als die an und für fich nicht ausfchlaggebende Angabe des Inkarnationsjahres 975 dadurch unterftützt
wird, dafs die Rekognition Folkmar für Willigis erft 975 zuläffig ift.
Die Urkunde kann jedenfalls, wie fie vorliegt, noch nicht 974 entftanden fein; aber eben fo gewifs kann die übrige Datirung fich nicht auf
975 beziehen. Die Daten Dornburg Iuni 8 find 975 unmöglich, da
andere Urkunden das ineinandergreifende Itinerar Juni 6 Erfurt, 11 Memleben, 21 Allftedt ergeben. Stumpf denkt an einen Fehler im Original,
während doch fchon Giefebrecht Jahrb. Otto II. 113 auf nachträgliche
Vollziehung hinwies. Daran kann nun hier wohl kaum gezweifelt werden, da Ind. 2 und Regni 14 auf 974 zufammenftimmen, Imp. 6 fogar
auf 973 weifen würde. Auch der Inhalt, Beftätigung der Schenkungen
K. Ottos I. an die Kaiferin Adelheid, dürfte auf frühere Zeit deuten, da
jene mit der Bittftellung doch kaum mehr als zwei Jahre gewartet haben

14*

124] wird. Der Tag scheint übrigens auch 974 nicht wohl zum Orte zu
paffen, infofern der Uebergang Juni 8 zu Dornburg an der Elbe und
Juni 11 zu Grone zu rafch fcheint; da aber die Richtung des Itinerar im
allgemeinen entfpricht, fo können da andere fpäter zu befprechende
Umftände eingegriffen haben. Es ergäbe fich demnach, dafs der Beurkundung nur Rekognition, Inkarnationsjahr und vielleicht der Tag entfprechen, der Ort aber und die fonftigen Jahresangaben einem früheren
Zeitpunkte, alfo wahrfcheinlich dem der Handlung; vielleicht aber auch,
wie Giefebrecht denkt und worauf wir fpäter zurückkommen, der Abfaffung der fpäter erft vollzogenen Urkunde.

Beftimmter noch fcheint fich das Verhältnifs herauszuftellen bei
St. 736, im Original erhalten, von 979 März 19, womit Imp. 11 in fo
weit genau ftimmt, als auch in andern Diplomen des Jahres 11 ftatt 12
gezählt wird. Auch das *actum Trebuni*, Treben zwifchen Merfeburg
und Weiffenfels, fügt fich 979 durchaus dem Itinerar. Dagegen ift es
nun fchon Giefebrecht aufgefallen, dafs Ind. 10 und Regni 21 zu 979
nicht paffen, dagegen in den letzten Monaten 981 und den erften 982
genau zufammenftimmen; er denkt daher an fpätere Vollziehung. Und
fo häufig vereinzelte Mifsgriffe in den Jahresangaben, fo bedenklich
wird gewifs immer die Annahme feien, dafs fich durch bloffe Verfehen
übereinftimmende Angaben ergeben haben follten. Doch möchte diefelbe gerade hier bei Uebereinftimmung auch aller andern Angaben
zur Noth zuläffig erfcheinen können, wenn nicht noch ein anderer ausfchlaggebender Umftand hinzukäme. Der Kaifer fagt nämlich im Texte,
dafs der Bifchof Gifelher von Merfeburg *ad locum quendam Trebuni
nominatum, in quo tunc temporis moravimus*, zu ihm gekommen
und in angegebener Weife befchenkt fei. Das deutet beftimmt auf eine
länger vergangene Handlung, fchliefst gleichzeitige Beurkundung aus.
Nicht leicht wird jemand annehmen wollen, dafs zuerft die Handlung
und dann wieder die fpätere Beurkundung zufällig gerade an demfelben,
fonft kaum in Königsurkunden genannten Orte erfolgten. Der Ort des
Actum bezieht fich zweifellos auf die vergangene Handlung; ftimmt nun
ein Theil der Zeitangaben auf 979, ein anderer auf 981 oder 982, fo ift
doch ficher anzunehmen, dafs auch jene der Handlung entfprechen. Dann
aber ift die Urkunde nicht blos, wie Giefebrecht annimmt, fpäter vollzogen, fondern nach jener Stelle des Textes überhaupt erft fpäter gefchrieben. Damit ftimmt, dafs gewifs nicht zufällig Gifelher lediglich
als Bifchof ohne Nennung feines Sitzes bezeichnet wird; 979 war er
Bifchof von Merfeburg, 981 Erzbifchof von Magdeburg nach Unter-
drückung des Bisthum Merfeburg. Kommt nun noch hinzu, dafs Gifelher nach St. 815. 817 im Jan. 982 beim Kaifer in Unteritalien war, kann
es demnach gar nicht befremden, dafs ihm hier die Schenkung nachträglich verbrieft wurde, fo fcheint der ganze Sachverhalt doch fo deutlich hervorzutreten, als das in folchen Fällen nur irgend erwartet werden kann.

St. 737, Böhmer Acta 17, vgl. Guden C. d. 1,366, ohne Tag, hat 980, was mit dem Actum Dortmund vereinbar ift; ein beftimmterer Grund, mit Stumpf 979 vorzuziehen, fcheint mir nicht vorzuliegen. Dagegen ftimmen nun Ind. 10 und Imp. 15 auf 982 zufammen und auch die unficher überlieferten Königsjahre, wenn wir ftatt *x.rv.*, das K. Otto II. überhaupt nicht erreicht hat, *x.rii.* lefen. Der Ort aber ift damit unvereinbar, da der Kaifer 982 in Italien war.

St. 1752, Gattula Access. 1,104, hat 1020 Juli 13 Regensburg, was mit Juli 24 Aachen nicht vereinbar ift, während auch die übrigen Jahresdaten nicht ftimmen. Stumpf bezeichnete daher die Urkunde als verdächtig, jedenfalls die Datirung als korrumpirt. Nun hat aber nach Schum, N. Archiv der Gefellfch. 1,142, auch das unverdächtige Original die widerfprechenden Daten. Unter folchen Verhältniffen dürfte doch zu beachten feien, dafs die Angaben Ind. 2, Regni 17, Imp. 5 genau zufammenftimmen, aber freilich, da wir römifche Indiktion anzunehmen haben, nur für die Zeit von 1018 Dez. 25 bis 1019 Febr. 14. Ein Aufenthalt zu Regensburg in diefer Zeit wird allerdings durch das Itinerar nicht näher gelegt, aber auch nicht ausgefchloffen, während der Tag alfo auch hier jedenfalls nicht zum Orte pafste und, falls unfere Annahme hier zutreffen follte, mit dem Inkarnationsjahre auf die Beurkundung zu beziehen wäre. Eine gewiffe Unterftützung fcheint fich darin zu bieten, dafs St. 1735, bei dem allerdings auch die Rekognition Anftand bietet, in den Daten Regensburg 1019 Regni 17 Imp. 5 genau zu jener Annahme ftimmen würde, während hier Ind. 4 auf 1021 weift und ein Tag nicht genannt ift. Es ift möglich, dafs die Erklärung in anderer Richtung zu fuchen ift; jedenfalls wird das Uebereinftimmen der Daten unter fich und wieder beider Urkunden nicht auf zufällige Verfehen zurückgehen können.

Auch St. 2083 für Ascoli mag hier zur Sprache gebracht werden, obwohl die widerfprechenden Daten jede fichere Erklärung auszufchlieffen fcheinen. Stumpf fetzte die Urkunde als unecht oder ganz korrumpirt zu 1037; Brefslau Kanzlei 144 zu 1035, die Urkunde für falfch haltend, aber eine echte Vorlage annehmend. Nun aber fteht Schum, N. Archiv der Gefellfch. 1,137, nicht allein für die Echtheit des Originals ein, fondern beftätigt auch das Zutreffen der widerfprechenden Angaben. Der fefte Haltpunkt wird mit Brefslau darin zu fuchen feien, dafs der Ausftellort Ende März 1035, wo ein Aufenthalt des Kaifers zu Paderborn bezeugt ift, mit Regni 11 und Imp. 9 ftimmt; entweder Handlung oder Beurkundung werden dahin zu fetzen fein. Nehmen wir das letztere an, fo müfsten aus Verfehen das Inkarnationsjahr 1037 und Ind. 4,1036 entfprechend, zu grofs gegriffen feien, eine mir bedenklich erfcheinende Annahme, während andererfeits dann doch wieder der Kanzler Bruno nur vor 1034 Apr. 30 paffen würde. Allerdings werden wir zweifellos echte Urkunden finden, in welchen die Rekognition einem früheren Zeitpunkte entfpricht, als die Datirung. Aber

124] nach der ganzen Sachlage möchte ich doch eher an fpätere Beurkundung Ende 1036 oder Anfang 1037 denken und in Bruno den früheren italienifchen Kanzler, feit 1034 Bifchof von Wirzburg fehen, der aushülfsweife eintrat, wie fchon Schum vermuthete. Dafs die zu Bifchöfen erhobenen italienifchen Kanzler auch fpäter bei italienifchen Angelegenheiten vorzugsweife verwandt wurden, würde fich insbefondere aus den Intervenienzen leicht begründen laffen. Liefs der Bifchof fich ausnahmsweife herbei, als Kanzler zu fungiren, fo mag das es erklären, wenn er im Texte Erzkanzler heifst. Ein folches Eintreten des früheren Kanzler läge am nächften einige Zeit nach dem Tode des Erzkanzler Piligrim von Köln 1036 Aug. 25, nachdem der bisherige Kanzler Hermann deffen Nachfolger geworden, ein neuer Kanzler aber vielleicht noch nicht ernannt war; erft 1037 März 31 wird Kadeloh als folcher genannt. Diefer Annahme fcheint nun freilich wieder im Wege zu ftehen, dafs noch Piligrim als Erzkanzler genannt ift. Wird aber überhaupt einmal zugegeben, dafs ein Theil der Angaben fich auf die Handlung beziehe, war überdies bei diefer Piligrim Intervenient, fo kann es kaum befremden, wenn auch für die Angabe des Erzkanzlers in der Rekognition die Handlung ins Auge gefafst feien follte. Die von Schum gleichfalls angedeutete Annahme, Bruno könne ein uns fonft unbekannter italienifcher Kanzler feien, würde die Erklärung kaum erleichtern; bis zur Erhebung Hermanns wäre das unzuläffig, da diefer feit 1034 im Amte war; ein nur kurze Zeit fungirender Nachfolger aber würde gewifs fchwerlich ftatt Piligrims rekognofzirt haben, mit dem er überhaupt nicht zufammen im Amte gewefen feien würde. So mifslich es feien mag, für fo gehäufte Unregelmäffigkeiten eine Erklärung verfuchen zu wollen, fo fcheint es mir doch eben fo mifslich, zumal da auch die Rekognition eingreift, fich bei der Annahme von Schreibfehlern oder ähnlichen Verfehen zu beruhigen.

St. 2246, nach neuerer Abfchrift gedruckt Stumpf Acta 59, mit 1043 Sept. 14 und *actum Palmae*, wurde von Stumpf zuerft für gefälfcht erklärt, insbefondere wohl defshalb, weil Baume in Burgund nicht zu einer Zeit pafst, wo der König in Oefterreich war. Später hat Stumpf die Urkunde für echt erklärt und vorgefchlagen, *Pechlare* ftatt *Palmae* zu lefen; Steindorff Heinr. III. 1,414 pflichtet ihm darin bei, neben Pöchlarn auch auf Paffau als möglichen Ausftellungsort hinweifend. In einer für Bifanz gegebenen Urkunde den Namen des benachbarten Baume mit dem nicht einmal fehr ähnlichen eines fo weit entfernten Ortes zu vertaufchen, wird doch immer etwas bedenkliches haben; doch liefse fich geltend machen, dafs der Abfchreiber ftatt des ihm unbekannten einen ihm bekannten Namen gefetzt haben mag. Nun aber wird zu beachten feien, dafs alle übrigen Zeitangaben Ind. 10, Ord. 14, Imp. (Regni) 3 nicht zu 1043 paffen, dagegen für Sept. 1041 bis April 1042 genau zufammentreffen; weiter aber der König im Jan. 1042 wirklich in Burgund war. Dafs dahin mindeftens die Handlung gehören mufs, ift doch kaum zu bezweifeln. Da die Jahreszahl 1043 leicht verfchrieben feien kann, fo könnte man geneigt feien, nun die ganze Datirung auf Jan. 1042 zu beziehen; dann aber müfste aufferdem auch *octobris* in *februarii* geändert werden, was doch felbft bei einer Abfchrift bedenklich erfcheint. Bei folcher Sachlage fcheint jener Uebereinftimmung gegenüber nichts zu erübrigen, als die Annahme nachträglicher Beurkundung oder doch Vollziehung mit Beibehaltung auch eines Theiles der Zeitangaben nach der Handlung.

Ein ganz ficheres Beifpiel gibt uns das bereits § 105 befprochene St. 3758. Alle Angaben der Datirung ftimmen auf die letzten Monate 1155 zufammen; nur Imp. 2 pafst erft von 1156 Juni an. Unter anderen Verhältniffen würde fich das als ganz zufälliges Verfehen hinnehmen laffen. Nun wurde aber bereits nachgewiefen, dafs nach Mafsgabe der Rekognition und der Zeugen die Beurkundung erft in den letzten Monaten 1156 erfolgt feien kann; dann aber wird doch auch jene Angabe zweifellos dadurch veranlafst feien, dafs der im allgemeinen der Handlung entfprechenden Datirung das zur Zeit der Beurkundung laufende Kaiferjahr zugefchrieben wurde. Man mag das immerhin nicht blos als Unregelmäffigkeit, fondern als Verfehen, felbft als Schreibfehler bezeichnen können; aber es ift doch kein zufälliger Mifsgriff, er findet in den von uns erörterten Verhältniffen feine ganz beftimmte Erklärung.

Ein ganz entfprechendes Beifpiel aus fpäterer Zeit, Reg. Henr. (VII) 71, erörterten wir bereits § 113; es ergab fich, dafs alle Angaben auf die Handlung 1224 zufammenftimmten, lediglich das Regierungsjahr auf 1226 als Zeit der jedenfalls nachträglichen Beurkundung hinwies. Sind mir fonft entfprechende Fälle aus ftaufifcher Zeit nicht vorgekommen, fo legten die geänderten Datirungsformen diefelben weniger nahe.

Vielleicht dürfte in diefer Richtung auch die Erklärung zu fuchen fein für die verwirrte Datirung einer allerdings nur in Abfchrift erhaltenen Urkunde K. Rudolfs, Böhmer Acta 336, mit 1281 Jan. 18 aus Strafsburg. Die Handlung würde dann 1281 Nov. nach Strafsburg fallen, die Beurkundung aber in den Januar 1282 oder 1283.

125. Sprachen wir die Vermuthung aus, dafs die bei der älteren Datirungsform nicht gerade feltene Beibehaltung nur des Ortes der Handlung damit zufammenhing, dafs fie die Zeit unter Datum, aber gerade den Ort unter Actum gab, fo entfpricht dem, dafs fich da Beifpiele für das Umgekehrte, für D a t i r u n g n a c h d e r Z e i t d e r H a n d l u n g und nach dem Orte der Beurkundung nicht in gleicher Weife finden. Es ift das doch ein wichtiger Beleg dafür, dafs wir die Widerfprüche der Datirung nicht auf rein zufällige Schreibfehler zurückführen dürfen, dafs, wenn es fich um Ausnahmen von der Regel handelt, doch auch diefe Ausnahmen wieder einer befonderen Regel folgen müffen.

- Aus der Zeit der ältern Datirungsform ift mir da nur aufgefallen St. 1771, in zwei in der Datirung ganz gleichlautenden Originalen erhalten, von 1021 Nov. 12 aus Augsburg. Dem entfprechen Rekog-

125] nition und Itinerar, da wir auch von Nov. 13 Urkunden aus Augsburg haben. Dagegen ſtimmen nun ſonderbarerweiſe Ind. 2, Regni 17, Imp. 6 genau auf 1019 Febr. bis Juni zuſammen. Zufällige Schreibfehler können das nicht ſeien. Ich möchte doch annehmen, daſs die Schenkung ſchon 1019 ſtattfand und etwa aus einer frühern Aufzeichnung die dahin paſſenden Jahresbezeichnungen bei der ſpätern Verbriefung beibehalten wurden. Iſt der Fall überhaupt vereinzelt, ſo würde es ſich auch bei ihm nur um theilweiſe Beibehaltung der Zeitangaben handeln, und zwar von Jahresangaben, welche überhaupt für die Richtigſtellung des Itinerar weniger ins Gewicht fallen.

Dafür ſind von ungleich gröſſerer Bedeutung alle Fälle, bei welchen ſich Ort und Tag auf verſchiedene Zeitpunkte beziehen. Fanden wir da aber manche, bei welcher Beziehung des Ortes auf die Handlung, des Tages auf die Beurkundung anzunehmen iſt, ſo iſt mir aus der Zeit der älteren Datirung kein Fall bekannt geworden, welcher uns nöthigen würde, das Umgekehrte anzunehmen. Lieſse ſich etwa St. 780 geltend machen, mit *9 kal. oct.*, während der Ort Konſtanz erſt in den entſprechenden Tagen des folgenden Monats paſſen würde, ſo wurde ſchon § 22 bemerkt, daſs das auf den naheliegenden Miſsgriff zurückzuführen ſeien wird, zu den Kalenden den laufenden ſtatt des folgenden Monats zu nennen.

126. Bei den ſpäteren Datirungsformen ergeben ſich nun wohl etwas häufiger Fälle, wo die Angaben von Jahr oder Tag zu früh für den Ort ſind, und wenigſtens bei einzelnen könnte die Erklärung darin zu ſuchen ſein, daſs nur die Zeit auf die vergangene Handlung zu beziehen iſt, während bei andern eher ganz zufällige und vereinzelte Verſehen eingegriffen zu haben ſcheinen.

Bei der Form, welche unter Actum das Jahr, unter Datum Ort und Tag nennt, liegt überhaupt dem Wortlaute nach ein Widerſpruch in der Datirung gar nicht vor, wenn eben nur das Jahr ſich auf eine frühere Handlung bezieht. Dahin würden die § 105 beſprochenen St. 3679 und 4065 gehören, falls ſie echt oder wenigſtens ihre Datirung einer echten Vorlage entnommen ſind. Auf die Frage, ob man bei dieſer Form dem Wortlaute entſprechend bei nachträglichen Beurkundungen die Jahresangaben überhaupt auf die frühere Handlung ſtellte, werden wir zurückkommen.

Aber es ergeben ſich auch Fälle, wo es ſich nicht um die Jahre handelt, ſondern ſich eine Verſchiebung des Itinerars in der Weiſe ergibt, daſs der Ort einem ſpätern Zeitpunkte entſpricht, als der Tag, obwohl beide Angaben jetzt in der Datirung durchweg in unmittelbarer Verbindung genannt werden. So bei St. 3663 von 1153 Jan. 18 aus Baume, wo der König ſicher erſt im Februar war; doch liegt uns da das Original nicht vor.

Im Original erhalten iſt aber St. 4154, gegen deſſen Echtheit nichts vorzuliegen ſcheint, als die Datirung 1174 Febr. 24 aus Aachen, während der Kaifer damals noch in Sachfen war, dagegen März 24 bis 31 zu Aachen Hoftag hielt. Dafs aber der Ort in n. 4154 fich nicht etwa auf einen früheren Aufenthalt zu Aachen bezieht, ergibt fich hier be- ftimmt daraus, dafs es fich um Beftätigung eines Vertrages des Grafen Heinrich Raspe mit dem Grafen von Berg handelt, Heinrich Raspe aber mit feinem Bruder dem Landgrafen März 24 zu Aachen Zeuge ift, was gewifs fo felten der Fall war, dafs gar nicht zu bezweifeln ift, wohin die Handlung gehört. Es wäre denkbar, dafs der Tag etwa dem urfprüng- lichen Vertrage, den der Kaifer nur beftätigte, entfprach. Wahrfchein- licher ift mir aber auch hier, dafs ein Verfchreiben von *6 kal. martii* ftatt *aprilis* vorliegt, irrig der Name des laufenden, ftatt des folgenden Monats genannt wurde.

Befonders verwickelt geftalten fich diefe Verhältniffe bei der Ur- kunde Böhmer Acta 236, in welcher K. Friedrich II. der Stadt Afti auf Dauer feines Beliebens die Reichsburg Annone überläfst, mit *datum apud Gielenhusen, 1214, ind. 2, 5 non. marcii.* Ift der Ort Gelnhaufen, fo pafst die Urkunde weder im März, noch aber auch nach dem ver- vollftändigten Itinerar im Mai, wenn man, wie ich früher vorfchlug, einen Schreibfehler ftatt *madii* annimmt. Aber es kommt noch ein anderer Umftand 'hinzu. Die Zeugen entfprechen weder der Zeit, noch dem Ort; fie gehören ganz zweifellos in die Zeit der Heerfahrt an den Nie- derrhein, wo alle mit einziger Ausnahme des Grafen von Blandrate 1214 Sept. 5 bei Jülich, Reg. Fr. 92, zufammen Zeugen find, während insbe- fondere wegen des Herzogs von Kärnthen ein Zufammenfein derfelben längere Zeit vorher oder nachher ganz unwahrfcheinlich ift. Die Be- urkundung kann alfo jedenfalls nicht früher, aber felbft dann, wenn wir an Handlungszeugen denken wollten, auch nicht viel fpäter fallen. Denn 1214 Nov. 22 verpfändet der König die Burg an Afti um taufend Mark, Böhmer Acta 238; nur bis dahin konnte jene allgemeinere Verbriefung von Werth fein. Etwa *septembris* ftatt *marcii* zu lefen, wird doch bei einer fichtlich nicht ftärker korrumpirten Abfchrift kaum zuläffig er- fcheinen. Es fcheint mir alles auf die Annahme zu deuten, dafs die Urkunde im Herbft gefertigt, aber auf die Zeit der wirklichen oder auch fingirten Handlung zurückdatirt wurde, da es ja nicht gleichgültig war, von wo ab die Stadt im rechtlichen Befitze war. Einen ähnlich lauten- den Ort fuche ich freilich am Niederrhein vergebens. Ende September oder Anfang Oktober könnte der König zu Gelnhaufen gewefen fein, aber fchwerlich doch noch alle Zeugen mit ihm. Eben das könnte die Vermuthung nahe legen, dafs fie Zeugen des wirklichen Abkommens gewefen feien, die Urkunde aber willkürlich zurückdatirt und fpäter zu Gelnhaufen gefertigt fei.

Beftimmter fcheinen andere entfprechende Fälle eher auf Verfehen, als auf Zurückdatirung nach der Handlung zu deuten. Ein Privileg K. Friedrichs II. für Azzo von Efte, Reg. 370, Huillard 1,835, foll im Ori- ginale haben *datum apud S. Leonem in castris prope Mantuam, 1220,*

126] *15 kal. octobris.* Nun war der König Oct. 17 noch am Gardasee, dagegen Oct. 24 allerdings bei S. Leo. Aber da auch Azzo gerade erst am 24. Oct. beim Könige nachweisbar ist, so dürfte irgendwelches Versehen anzunehmen seien.

Ein Diplom K. Heinrichs für Weingarten von 1228 hat im Originale *datum apud Ulmam, 14 kal. augusti, ind. 1*; vgl. Huillard 3,379, Wirtemb. U. B. 3,233. Aber der König war Juli 20 und sonst in diesem Monate zu Nürnberg, wesshalb Böhmer die Urkunde zu den uneinreihbaren Stücken verwies. Da er aber Aug. 18 zu Ulm urkundet, Böhmer Acta 283, so ist wieder zweifellos jenes am nächsten liegende Versehen der Nennung des laufenden Monats zu den Kalenden anzunehmen. Insbesondere ist die Annahme einer Zurückdatirung nach der Handlung hier bestimmt ausgeschlossen, da nicht allein Nürnberg an und für sich der Handlung nicht entsprechen würde, sondern insbesondere auch die Personen, welche ausdrücklich als bei der Handlung gegenwärtig aufgeführt werden, fast sämmtlich am 18. Aug. zu Ulm Zeugen sind.

Sehr wahrscheinlich ist mir dagegen die Annahme eines Zurückgreifens auf die Handlung für die Zeitangaben bei Reg. Wilh. 58, Eventualverleihung Kärnthens an die Söhne des Herzogs, mit *actum et datum apud Nussyam, 1249, ind. 7, 12 kal. apr.* In einer Bemerkung zu dem Drucke Böhmer Acta 297 habe ich bereits nachgewiesen, dafs die Zeugen genau der angegebenen Zeit entsprechen; das einzige mir dort gebliebene Bedenken erledigt sich dadurch, dafs es sich bei einem der Zeugen nicht, wie ich annahm, um den Grafen Gerhard von Dietz, sondern um den Edelherren Arnold von Diest handelt', der auch sonst, so Böhmer Acta 306, Zeuge bei K. Wilhelm ist. Dagegen entspricht nun der Ort unbedingt nicht der Zeit, da der König im März 1249 Ingelheim belagerte, wesshalb Chmel und Böhmer die Urkunde als unecht erklärten. Aber die Ortsangabe ist auch sicher keine willkürliche, da der König gerade zu Neufs 1251 Juni 17 für den Bischof von Seckau urkundet, den wir auch 1249 als den Vermittler der Handlung zu betrachten hätten. Da ich keinen Grund sehe, die Urkunde für unecht zu halten, so bleibt wohl nur die Annahme, dafs die Urkunde 1251 zu Neufs gefertigt ist, aber die Zeitangaben und Zeugen der Handlung beibehalten wurden, welche hier ja von Gewicht waren.

Reg. Henr. VII. 499, Böhmer C. M. Francof. 401, hat im Originale *datum Tybure 17 kal. aug., 1312.* Wir wissen bestimmt, dafs der Kaiser erst Juli 20 nach Tivoli kam. Andererseits ist hier Nennung des laufenden Monats zu den Kalenden dadurch ausgeschlossen, dafs der Kaiser Anfang August Tivoli wieder verliefs. Auf ähnliche Beispiele aus der Zeit K. Ludwig des Baiern habe ich Reg. Lud. Add. III. S. XII hingewiesen. Aber solche geringe Verschiebungen können doch, auch von Schreibfehlern abgesehen, durch die verschiedenen Stufen der Beurkundung bedingt seien, es nöthigt nicht an den Unterschied zwischen Handlung und Beurkundung zu denken.

Faffen wir das Gefagte zufammen, fo ergibt fich, dafs zwar nicht felten für die gefammte Datirung die Handlung mafsgebend war, dafs weiter auch in einer Reihe beftimmter nachweisbarer Fälle nur der Ort der Handlung beibehalten wurde, dafs aber doch kaum ein oder anderer mit genügender Sicherheit feftzuftellen ift, bei welchem man trotz der Beibehaltung der Zeit und insbefondere des Tages der Handlung dennoch den Ort der Beurkundung nannte.

WILLKÜRLICHE DATIRUNG.

127. Bei allen bisher befprochenen Fällen fanden wir die Angaben der Datirung entweder durch die Handlung oder durch die Beurkundung beftimmt. Wenigftens vereinzelt fcheinen nun auch Fälle vorgekommen zu feien, wo für die Datirung oder doch einzelne Angaben derfelben weder die eine, noch die andere mafsgebend war, fondern aus diefem oder jenem Grunde eine willkürliche Angabe eingetragen wurde.

Es findet fich einmal **Vorausdatirung nach der Zeit der bevorftehenden Handlung mit willkürlicher Ortsangabe.** Wie wir § 73 erörterten, wurde die Handlung oft erft durch die bereits gefertigte Urkunde vollzogen. Es ift wenigftens denkbar, dafs man dann bei der Fertigung auch fchon Ort und Tag zufchrieb, welche für die Handlung beftimmt waren. Selbft wenn beides fpäter nicht genau eingehalten wurde, konnten fich daraus Störungen des Itinerar nur etwa ergeben, wenn der König überhaupt inzwifchen feinen Reifeplan änderte, oder wenn etwa nur der Ort, nicht aber auch fchon der Tag eingetragen war. Wir werden darauf im Zufammenhange mit anderen durch die Art der Beurkundung und Datirung veranlafsten Verfchiebungen zurückkommen.

Es konnte nun aber auch die Zeit, wann der König fpäter etwas zu verbriefen haben werde, feftftehen, nicht aber der Ort, an dem er fich dann befinden würde. Wurde da die Verbriefung vorher gefertigt und dabei ein Ort genannt, fo mufste eine Störung des Itinerars nothwendig die Folge feien, wenn man nicht zufällig den Ort errieth. Aus älterer Zeit ift mir da kein Beifpiel bekannt. Aus fpäterer liegt uns ein ganz ficheres vor, vgl. Reg. Lud. ·2704, Henneberg. U. B. 1,109, auf welches ich bereits Reg. Lud. Add. III. S. XIII aufmerkfam machte.

Die Stadt Lübeck hatte auf Mariä Geburt, Sept. 8, die jährliche Reichsfteuer und zwar nach königlicher Weifung an den Grafen von Henneberg zu zahlen. Im hennebergifchen Archive findet fich nun eine Quittung K. Ludwigs von 1327 Juli 26; weiter aber noch fechs gleichlautende Quittungen für die Jahre 1329 bis 1334, welche offenbar fchon 1327 zum voraus angefertigt waren, da Ludwig in ihnen noch den Königstitel führt, welcher bereits 1328 nicht mehr pafste. Bei der Datirung hatte man für die Zeitangabe einen Halt daran, dafs die Zah-

127] lung am 8. Sept. fällig war, und datirte danach alle vom 15. September, Für den Ort fehlte ein folcher Halt; man datirte zweifellos ganz willkürlich die drei erften aus Nürnberg, die drei andern aus Frankfurt, offenbar nur Orte wählend, an welchen Ludwig häufiger verweilte. Zufällige Uebereinftimmung mit dem Itinerare ergab fich dabei nur für 1331; in den andern Jahren ergibt fich der beftimmtefte Widerfpruch.

Auf einen weitern Fall, den ich ebenfo erklären möchte, machte mich Huber aufmerkfam. K. Karl IV., Reg. 4165, quittirt 1365 Mai 4 aus Nürnberg den genannten fchwäbifchen Städten über zwölftaufend Gulden, welche fie ihm am vergangenen 1. Mai verehrt haben. Aber Mai 3 war der Kaifer zu Bern, Mai 6 zu Laufanne. Es ift möglich, dafs die Urkunde, wie Huber annimmt, auf Grund einer Vollmacht des Kaifers ausgeftellt wurde. Eben fo wahrfcheinlich ift mir, dafs man fich über Betrag und Zahlungstermin vorher geeinigt, und demgemäfs die Quittung vorausdatirt hatte. Es ift möglich, dafs diefe gerade zu Nürnberg gefchrieben ift, wo der Kaifer zuletzt am 14. April urkundete; die Angabe bleibt dennoch eine willkürliche, infofern man bei folchem Vorgehen eben fo wohl jeden andern Ort hätte nennen können.

128. Es kann fich weiter um **willkürliche Zurückdatirung** handeln. Ift Datirung nach der Beurkundung in Königsurkunden die Regel, fo werden wir jede Datirung nach der Handlung bei nachträglicher Beurkundung als Zurückdatirung bezeichnen können. Mögen dabei vielfach andere Umftände mafsgebend gewefen feien, fo konnte insbefondere die Datirung nach der Zeit der Handlung für den Empfänger von rechtlichem Interefse feien, da es ja auch fpäter oft nicht gleichgültig war, von welchem Zeitpunkte ab das verbriefte Recht ihm zugeftanden hatte. Der Nachweis der früheren Verleihung konnte in einem Rechtsftreite entfcheidend feien.

Dabei handelte es fich denn freilich nicht um Willkür oder Fälfchung. Es konnte nun aber auch im Interefse des Empfängers liegen, für die Behauptung einen Beweis zu gewinnen, die Handlung fei früher gefchehen, als wirklich der Fall war. Zuweilen mag der Umftand Veranlaffung geworden feien, in einer echten Urkunde fälfchend die Zeitangaben zu verringern, wie etwa bei dem § 9 angeführten St. 844, oder nach echten Vorlagen Urkunden angeblich älterer Entftehung zu fälfchen. Solche Fälfchungen konnten bis in die Reichskanzlei zurückreichen. Rieger hat in den Wiener Sitzungsber. 76,493 auf einen überaus beachtenswerthen Fall aus fpäterer Zeit hingewiefen. Herzog Erich von Sachfen produzirte 1426 einen Lehenbrief, von dem feftgeftellt wurde, dafs er ohne Wiffen des Königs in der Kanzlei um acht Jahre zurückdatirt worden war.

Das konnte nun aber auch mit Wiffen des Ausftellers gefchehen. Eine Unwahrheit lag darin immer gegenüber der regelmäffigen Bedeutung der Datirung. Es konnte zugleich eine unredliche Abficht eingreifen, indem die Zurückdatirung im Einverftändnifs von Ausfteller

und Empfänger gefchehen konnte um Anfprüchen dritter Perfonen entgegenzutreten, welche ohne die Zurückdatirung begründet gewefen
feien würden. Es konnte aber auch ohne alle böfe Abficht die Form
der Zurückdatirung als die einfachfte gewählt werden, um zu kennzeichnen, dafs Verpflichtungen, zu denen fich der Ausfteller bekannte,
bis zu einem früheren Zeitpunkte rückwirkende Kraft haben follten.
Mag folche willkürliche, nicht durch die Handlung beftimmte
Zurückdatirung zuweilen vorgekommen feien, fo wird es im allgemeinen
fchwer feien, das Zutreffen mit Beftimmtheit zu erweifen. Begnügte
man fich nicht mit Zurückfchiebung der Zeitangabe, gab man auch den
entfprechenden früheren Aufenthaltsort an, wofür es in der Kanzlei an
Hülfsmitteln nicht fehlen konnte, fo wird fich eine Verfchiebung des
Itinerar überhaupt nicht ergeben. Legte man nur auf die Zeitangabe
Gewicht, fügte man diefer den Ort der Beurkundung zu, fo mufste fich
allerdings eine Verfchiebung in der Richtung ergeben, dafs der Ort
einem fpätern Zeitpunkte entfpricht. Derartige Verfchiebungen find
überhaupt felten, vgl. § 126. Und bei dem dort befprochenen Falle
Böhmer Acta 236 für Afti von 1214 fchien allerdings der Umftand, dafs
Zeit, Zeugen und Ort auf drei verfchiedene Zeitpunkte zu deuten fcheinen, die Vermuthung nahe zu legen, dafs die Zeitangabe eine willkürlich zurückgefchobene fei.

Ein folches Verhältnifs kann fich nun weiter auch ergeben aus
Angaben des Textes, welche auf eine fpätere Zeit deuten, als die in der
Datirung genannte. Das erklärt fich vielfach daraus, dafs jene Angaben
fich auf die Beurkundung beziehen, die Datirung aber auf die vergangene
Handlung; vgl. § 103 ff. Solche Erklärung ift aber nicht mehr zuläffig,
wenn jene Angaben gerade auch die Handlung treffen; dann kann, wenn
zufällige Verfehen ausgefchloffen find, nur an Zurückdatirung gedacht
werden. Das Zutreffen diefes Falles habe ich Wiener Sitzungsber.
69,288 ff., eingehender zu erweifen gefucht für zwei angeblich von K.
Friedrich 1241 April und Oktober ausgeftellte Urkunden. Abgefehen
von anderen Gründen, welche da auch für die Handlung auf eine fpätere
Zeit deuten, ergibt fich das insbefondere dadurch, dafs die Handlung
beider den Uebertritt des Grafen von Jülich zur kaiferlichen Partei beftimmt vorausfetzt, diefer aber erweislich erft in den Dezember fällt,
während die Urkunden felbft wahrfcheinlich erft im März 1242 entftanden find. Bei beiden ergibt fich denn auch, dafs die Zurückdatirung im
Intereffe der Empfänger liegen konnte; vgl. a. a. O. 304.

129. Bei dem letzterwähnten Falle würde die willkürliche Zurückdatirung nicht die einzige Unregelmäffigkeit feien. Er führt uns auf die
Datirung nicht vom angeblichen Ausfteller herrühren-
der Beurkundungen, eine verwirrend in das Itinerar eingreifende
Unregelmäffigkeit, welche am geeignetften hier zur Sprache gebracht
werden dürfte, wenn die Datirung dabei auch infofern nicht gerade eine
willkürliche feien mufs, als fie wenigftens der Handlung oder Beurkun-

129] dung, durch den wirklichen Ausſteller entſprechen kann. Eine
Reihe zweifelloſer Fälle ergibt, daſs bei beſonderen Veranlaſſungen Herrſcher wohl andere Perſonen bevollmächtigten, in ihrem Namen zu urkunden und ihnen zu dieſem Zwecke ihr Siegel anvertrauten. Ich habe
den Umſtand bereits früher eingehender beſprochen in der Abhandlung
über die Datirung einiger Urkunden K. Friedrichs II., Wiener Sitzungs-
berichte 69,275 ff. Kann ich mich für die ſchon dort unterſuchten Königsurkunden mit einer Wiederholung des Ergebniſſes begnügen, ſo ſind
auſſerdem noch einige Fälle zu erörtern, auf welche ich erſt ſpäter aufmerkſam geworden bin.

Vielleicht iſt dahin ſchon zu rechnen die ſonderbare Urkunde St.1225,
Seibertz Weſtf. U. B. 1,21, angeblich von Otto III. 1000 Mai 21 zu Elspe
in Weſtfalen ausgeſtellt. Sie hat weder Beglaubigungsformel, noch irgend eines der in der Reichskanzlei üblichen Beglaubigungsmittel; dagegen iſt ſie chirographirt. Stumpf bezeichnet ſie als Fälſchung. Seibertz und Erhard Reg. Weſtf. n. 697 haben kein Bedenken geäuſſert;
insbeſondere aber erklärt ſich Wilmans, der das Original im Stadtarchive
zu Werl einſah, ausdrücklich für die Echtheit; vgl. Rheiniſch-weſtfäl.
Monatsſchrift 2,78. Allerdings lieſe ſich, wenn die Schrift auch durchaus der Zeit entſpricht, noch an gleichzeitige Fälſchung denken. Aber
gerade die ganz ungewöhnliche Form macht mir eine ſolche ſehr unwahrſcheinlich; ein Fälſcher, dem auch nur irgend ein echtes Diplom
bekannt war, würde doch ſchwerlich auf ſolche verfallen ſeien. In der
Urkunde nimmt der Kaiſer das von Gerberg neugegründete Kloſter
Oedingen in ſeinen Schutz, die Sorge dafür dem Biſchofe von Köln
überweiſend, und regelt die Beſtellung der Aebtiſſin unter vorzugsweiſer
Berückſichtigung der Rechte der Familie der Gründerin. Nun heiſst
nach Erhard die am untern Rande ſtehende durchſchnittene Schrift:
*Signu Heriberti epi et Gerberge comitissae et filii eius Herimanni iussu
Ottonis imperatoris augusti.* Bei dieſem Hinweis auf einen Befehl des
Kaiſers iſt es doch nicht gerade unwahrſcheinlich, daſs der als Erzbiſchof von Köln näher an der Sache betheiligte Kanzler Heribert vom
Kaiſer beauftragt war, die Angelegenheit mit der Gründerin an Ort
und Stelle, da Elspe unmittelbar beim Kloſter liegt, zu ordnen und ſogleich im Namen des Kaiſers zu verbriefen, wobei dann, da man auf
Unterzeichnung und Siegel des Kaiſers verzichten muſste, die ungewöhnliche Beglaubigung angewandt wurde. Seibertz vermuthete wegen
der Chirographirung doppelte Ausfertigung der Urkunde für das Kloſter
und für die Familie der Stifterin. Aber bei den beſonderen Umſtänden
wäre auch denkbar, daſs der abgeſchnittene Theil in der Kanzlei hinterlegt wurde, um etwa für den Fall, daſs eine Erneuerung der Urkunde
nachgeſucht wurde, beim Mangel anderer Beglaubigung die Echtheit
feſtſtellen zu können. Gegen unſere Vermuthung lieſe ſich etwa noch
geltend machen, daſs Heribert Mai 15 zu Aachen und Mai 29 zu Trebur
rekognoszirt. Aber abgeſehen davon, daſs das eine zwiſchenliegende

Reife nach Weftfalen nicht unbedingt ausfchliefst, wird es doch auch für diefe Zeit fraglich feien, ob wir aus der Rekognition auf Anwefenheit des Kanzlers am Orte fchlieffen dürfen. Es mufs jedenfalls auffallen, dafs wir bei diefem Aufenthalte des Kaifers in Deutfchland Heribert immer als Rekognoszenten finden, während die Annahme nahe liegt, er habe die Gelegenheit zu längerm Aufenthalte in feinem Erzftifte benutzt. ˙

Auch aus den beiden folgenden Jahrhunderten find mir Fälle vorgekommen, bei welchen die Beurkundung erft nach dem Tode oder in Abwefenheit des angeblichen Ausftellers erfolgt zu feien fcheint; aber von den hier zu befprechenden unterfcheiden fie fich dadurch, dafs bei ihnen wenigftens die Handlung vom angeblichen Ausfteller felbft vorgenommen war; wir werden in anderer Verbindung auf fie zurückkommen.

Der Gedanke an Vollmacht fowohl zur Handlung, als zur Beurkundung im Namen des Kaifers müfste allerdings nahe liegen, wenn zwei Fälle, auf welche fich Stumpf Reichsk. 2, Heft 2, Vorrede, beruft, uns wirklich zu der Annahme nöthigten, es fei während der Abwefenheit des Kaifers 1095 und 1096 einem Reichsverwefer das kaiferliche Siegel anvertraut gewefen. Aber mit Sicherheit fcheint das keiner der Fälle zu ergeben. Nach einer ihrer ganzen Faffung nach in der Abtei Echternach felbft gefchriebenen Urkunde, Mittelrh. U. B. 2,22, reftituirte derfelben Graf Heinrich von Luxemburg angemafste Rechte *prefidente d. Henrico palatino comite, cui a — imperatore augusto H. in Italia exercitum ductante imperii commisse sunt habene*; ganz am Schluffe heifst es dann: *et ut rata et inconvulsa sit hec confirmationis pagina ad maiorem successorum fidem eam imperiali sigillo et auctoritate confirmari postulavimus et divina amminiculante clementia impetravimus.* Aber die Datirung *hec acta sunt anno 1095* deutet doch zunächft lediglich auf die Handlung; es fteht nichts im Wege, dafs die Beurkundung felbft erft nach des Kaifers Rückkehr 1097 gefchrieben und vom Kaifer felbft durch Anhängung feines Siegels beglaubigt wurde. In der zweiten Urkunde, Mittelrh. U. B. 1,447, fagt ein Privater, dafs er eine Geldfumme, welche der Abt von Echternach ihm verfprochen, *per manus advocati sui comitis Wilhelmi, qui ex gloriosissimi imperatoris Henrici licentia tunc exercitum ductantis in Italia usus est advocatia,* erhalten habe; weiter: *et ut hec traditio — rata et in convulsa permaneat, institui hanc cartam conscribi et imperiali auctoritate et sigillo confirmari, anno 1196, ind. 4, regni 41, imp. 14.* Das fcheint allerdings beftimmter auf die Zeit der Beurkundung zu deuten, während der Kaifer 1196 in Italien war. Aber hier ift von einem Reichsverwefer überhaupt nicht die Rede. Graf Wilhelm von Luxemburg erfcheint lediglich als Vogt der Abtei. Stimmt die Indiktion zum J. 1196, fo ftimmen beide Regierungsjahre auf 1197 März bis Oktober; da aber war der Kaifer felbft in Deutfchland. Ueberdies ift es fehr zweifelhaft, bo-

129] das angekündigte kaiferliche Siegel wirklich erlangt wurde; dem erhaltenen Original, vgl. Mittelrh. U. B. 2,666, war nur ein, jetzt abgefallenes Siegel aufgedrückt, das das des Erzbifchofs von Trier gewefen feien dürfte, der in einem Schlufszufatze zur Urkunde ausdrücklich fagt, dafs er diefelbe durch Bann und Siegel bekräftiget habe. Zwei andere Einfchnitte.zur Eindrückung von Siegeln find unbenutzt geblieben. So dürfte fich hier nur die Abficht, eine Siegelung durch den Kaifer zu erwirken, ergeben, während nicht einmal ausgefchloffen ift, dafs diefer damals felbft in Deutfchland war.

Ebenfo unterliegt es Bedenken, wenn Huillard Intr. 62 anzunehmen geneigt ift, dafs K. Friedrich II. fchon vor 1220, dann wieder 1221 den Reichskanzler zum Gebrauche feines Siegels in feiner Abwefenheit bevollmächtigt hatte. Denn im erften der angeführten Fälle kann der König, obwohl er in der Urkunde nicht genannt ift, doch derfelben felbft fein Siegel angehängt haben. Beim zweiten aber ift nicht mit Sicherheit zu erkennen, ob es fich um das Siegel des Kaifers, oder aber um das König Heinrichs handelt, der dann wieder anwefend gewefen feien könnte. Und weiter könnte die Anhängung der Siegel ja auch nachträglich zur gröfferen Beglaubigung gefchehen feien.

Dagegen haben wir nun aus der Zeit K. Friedrichs II. mehrere zweifellofe Fälle, dafs in feinem Namen von Anderen geurkundet wurde. Dahin gehören zunächft drei zweifellos echte, angeblich vom Kaifer ausgeftellte Urkunden, datirt Melfi 1223 Aug. und 1224 Febr., dann Brindifi 1224 März, Huillard 2,395. 404. 943. Der Kaifer war während diefer Zeit auf der Infel. Die Annahme der Beibehaltung des Ortes nach einer frühern Handlung ift ganz unwahrfcheinlich. Ich habe Sitzungsber. 69,299 die Annahme näher begründet, dafs die Urkunden vom Grofshofjuftitiar als Statthalter Apuliens im Namen des Kaifers ausgefertigt feien werden.

In folchen Fällen wurde wohl gar kein Ort genannt; da fich dann kein Widerfpruch im Itinerar ergibt, find uns folche ohne das Hinzukommen anderer Umftände nicht erkennbar. So ergibt fich für Urkunden, welche ohne Ortsangabe 1299 unter Namen und Siegel K. Albrechts für Frankreich und in Frankreich vom Reichskanzler ausgeftellt wurden, der Sachverhalt daraus, dafs wir anderweitig wiffen, dafs dem Kanzler zu diefem Behufe das grofse königliche Siegel mitgegeben war und der König felbft während deffen unter dem Sekretfiegel urkundete; vgl. Böhmer Reg. Albr. n. 204. Ift in jenen drei Urkunden ein Ort genannt, fo fteht wenigftens nichts der Annahme im Wege, dafs Ort und Zeit der wirklichen Ausfertigung entfprechen. Das möchte ich dann auch noch für zwei Fälle annehmen, auf welche ich erft fpäter aufmerkfam wurde.

Einmal für die allgemein als unecht bezeichnete Beftätigung der fteierifchen Handfefte durch K. Friedrich 1249 Apr. 20, nach der gewöhnlichen Annahme aus Cremona. Der Kaifer felbft war damals zu

Fucecchio in Tuszien. Böhmer nahm die Urkunde nicht auf; Huillard
6,945 bezeichnet sie als unverkennbare Fälschung; Lufchin, die steieri-
fchen Landhandfeften 64, hat fie zuletzt abgedruckt und befprochen
und weift für die Unechtheit auffer der Unzuläffigkeit des Ortes auch
darauf hin, dafs die Urkunde den Formen der kaiferlichen Kanzlei nicht
entfpricht. Zeugen der Urkunde find Graf Meinhard von Görz, dann
Herren aus Steiermark und Friaul. Die Göttweiger Handfchrift hat
nicht *in castro Cremone*, fondern *Gremons*, und davon wird auszugehen
feien, da der Ausdruck Caftrum zu Cremona nicht pafst, ein Abfchreiber
aber leicht auf den bekannteren Namen Cremona verfallen konnte. Ift
nun der Name, wie kaum zu bezweifeln, auf Cormons im Gebiete von
Görz zu beziehen, erinnern wir uns, dafs Graf Meinhard kaiferlicher
Hauptmann der Steiermark war, fo liegt doch, nachdem ähnliche Fälle
einmal feftgeftellt find, der Gedanke fehr nahe, Meinhard habe die Urkunde im Namen des Kaifers ausgeftellt. Ob das den fonft bekannten
Verhältniffen entfpricht, möchte immerhin eine nähere Unterfuchung
verdienen, welche mich hier zu weit führen würde.

Weiter möchte ich das annehmen bei einer Urkunde, deren Datirung bisher nie beanftandet wurde. K. Konrad IV., Reg. 86, Huillard
6,881, verfchreibt 1246 Dec. 12 zu Aachen dem Grafen von Jülich für
die Hülfe, welche derfelbe nach dem Ausfpruche des Eberhard von
Eberftein und anderer Genannten dem Kaifer und dem Könige leiften
foll, dreitaufend Mark und verpfändet ihm Düren. Ein Widerfpruch im
Itinerar kann fich nicht ergeben, da der König 1246 Sept. 26 zu Speier,
dann 1247 März 9 zu Efslingen urkundet, in der Zwifchenzeit aber jede
Nachricht über feinen Aufenthalt zu fehlen fcheint. Doch ift es nach
der ganzen Sachlage kaum wahrfcheinlich, dafs der König in diefer
Zeit den Süden verliefs und die niederen Lande befuchte, ein Befuch, der
fich dann doch gewifs auch noch anderweitig, als durch diefe einzige
Urkunde bemerklich machen würde. Ich würde darauf weniger Gewicht
legen, wenn nicht eine ganz ungewöhnliche Datirung hinzukäme: *datum
Aquis per familiarem et dilectum nostrum Eberhardum de Eberstein,
1246, in vigilia b. Lucie virginis*. Schon der Gebrauch der Feftrechnung ift auffallend, würde aber doch auch für die Reichskanzlei nicht
gerade als unzuläffig bezeichnet werden können. Eine durchaus vereinzelte Erfcheinung ift aber das Geben der Urkunde durch Eberhard,
in dem wir doch einen Kriegsmann zu fehen haben, ftatt durch eine
Kanzleiperfon. Auf die fonftige Bedeutung der Aushändigungsformel
werden wir fpäter genauer eingehen; wir werden diefelbe zunächft darin
zu fehen haben, dafs die Kanzleiperfon, durch deren Hand gegeben
wird, für die Urkunde in fachlicher und formeller Hinficht einfteht, ähnlich wie bei der Rekognition. Hier glaube ich darin eine Andeutung
fehen zu müffen, dafs Eberhard, der mit dem Schutze Aachens und den
Verhandlungen mit Jülich betraut gewefen feien wird, die Urkunde im
Namen des Königs fertigen liefs; hatte er zunächft für diefelbe einzu-

129] ſtehen, ſo mochte man das im Anſchluſſe an die ſonſtige Bedeutung füglich ſo ausdrücken.

Für einen ſolchen ausnahmsweiſen Gebrauch der Aushändigungsformel dürfte auch noch ein anderer Fall ſprechen. In einer Urkunde, durch welche der Biſchof von Münſter 1224 das zwiſchen ihm und dem Probſte von Werum geſchloſſene Abkommen bekundet, M. Germ. 23,506, heiſst es am Schluſſe: *data per manus magistri A. notarii episcopi Monasteriensis*. An und für ſich würde das nicht gerade auffallen, da die Aushändigung durch den Notar auch ſonſt wohl in Urkunden des Biſchofs erwähnt wird, freilich in Verbindung mit Tag oder Ort und in anderer Faſſung. Aber wenn auch das Actum 1224 Sept. 19 zu Lopperſum in Friesland ſich an und für ſich nur auf den durch Bevollmächtigte abgeſchloſſenen Vertrag beziehen könnte, ſo ergeben doch, wie ſchon Weiland in der Hiſtor. Zeitſchr. 28,425 bemerkt hat, die Angaben der Chronik, in der uns die Urkunde erhalten iſt, daſs dieſe ſelbſt damals in Friesland in Abweſenheit des Biſchofs durch deſſen Bevollmächtigte ausgeſtellt wurde. Werden dieſe in der Geſchichtserzählung nur als A. und B. bezeichnet, ſo wird kaum zu bezweifeln ſein, daſs wir in A. den damaligen biſchöflichen Notar Albero zu ſehen haben und daſs auch hier durch die in ungewöhnlicher Weiſe angewandte Aushändigungsformel betont werden ſollte, daſs zunächſt dieſer für die Urkunde einſtand.

In den bisher beſprochenen Königsurkunden entſprach die Datirung anſcheinend wenigſtens dem Orte und der Zeit der wirklichen Beurkundung. Aber die Willkür iſt da wohl noch weiter gegangen. Ich beſprach in dem angeführten Auffatze eingehend drei Urkunden, angeblich ausgeſtellt vom Kaiſer 1241 im April zu Lüttich, im Oktober zu Cremona, im November zu Wien. Das, wie ich denke, ausreichend geſicherte Ergebnifs war, daſs die Urkunden nicht vom Kaiſer, ſondern aus der Kanzlei K. Konrads herrühren, daſs ſie nicht an den angegebenen Orten, ſondern wahrſcheinlich zu Köln oder Aachen, daſs ſie aber endlich auch nicht zur angegebenen Zeit, ſondern wahrſcheinlich im März 1242 gefertigt wurden. Ging man einmal ſo weit, Urkunden auf den Namen eines Anderen auszuſtellen, ohne das irgendwie erſichtlich zu machen, ſo können auch die willkürlichſten Angaben der Datirung nicht mehr befremden.

HANDLUNGSZEUGEN UND BEURKUNDUNGSZEUGEN.

130. Die bisherigen Unterſuchungen wieſen uns überall darauf hin, daſs Handlung und Beurkundung oft durch längere Zeiträume getrennt waren. Liegt im Einzelfalle ein ſolches Verhältnifs vor, ſo wird ſich durchweg leicht beurtheilen laſſen, was wir vom Inhalte der Urkunde auf die eine, was auf die andere zu beziehen haben. Daſs dann Bittſteller und Fürbitter der Handlung entſprechen, wird in der Regel eben ſo wenig zweifelhaft ſein können, als daſs ſich etwa die Rekognition auf die Beurkundung bezieht. Nur bezüglich eines Beſtandtheiles der Urkunde kann das ſehr zweifelhaft ſein, nämlich bezüglich der Z e u g e n. Sind ſie zuweilen beſtimmter als Zeugen der Handlung, oder aber der Beurkundung bezeichnet, ſo geben in der Regel die gebrauchten Ausdrücke keinen beſtimmteren Halt. Eben ſo ungewiſs läſst das die Stellung, welche ſie am häufigſten einnehmen, zwiſchen dem zunächſt auf die Handlung bezüglichen Text und andererſeits dem auf die Beurkundung zu beziehenden Schluſsprotokoll.

Allerdings finden wir in den Königsurkunden Zeugen häufiger erſt im zwölften Jahrhunderte, während ſie in den Privaturkunden von jeher ſichtlich einen der wichtigſten Beſtandtheile bilden. Das F e h l e n d e r Z e u g e n i n ä l t e r e n K ö n i g s u r k u n d e n iſt zweifellos aus dem beſonderen Gewichte zu erklären, welches man dem perſönlichen Zeugniſſe des Königs beilegte. Wenn der König ſelbſt durch Diplom die geſchehene Handlung bezeugte, ſo hätte es als Miſsachtung gedeutet werden können, wenn man noch ſonſtige Handlungszeugen hätte aufführen wollen; denn das konnte doch nur einen Zweck haben unter der Vorausſetzung, daſs das Zeugniſs des Königs auch etwa als nicht genügend betrachtet werden könnte. Aber auch der Beurkundungszeugen bedurfte es bei den übrigen ausreichenden Beglaubigungsmitteln nicht; Handzeichen und Siegel des Königs nebſt der Rekognition des Kanzlers gaben genügende Bürgſchaft dafür, daſs hier wirklich ein Zeugniſs des Königs vorliege. Wir wieſen weiter ſchon § 69 darauf hin, daſs die Aufführung der Zeugen ſichtlich oft zugleich den Zweck hatte, ihre Zuſtimmung kenntlich zu machen. Aber es iſt erklärlich, wenn man auch von dieſem Geſichtspunkte aus es in der Regel vermied, in den Königsurkunden Zeugen aufzuführen; es hätte ſich daraus eine Abhängigkeit des Königs vom Willen Anderer ergeben, welche, mochte ſie auch thatſächlich vorliegen, wenigſtens formell nicht zum Ausdrucke gelangen ſollte. Eine Reihe von Fälſchungen machen ſich denn auch dadurch kenntlich, daſs ſie vom Brauche der ſpäteren Zeit ausgehend Zeugen nennen.

131. Aber man wird in dieſer Richtung auch nicht zu weit gehen dürfen; wenigſtens ein a u s n a h m s w e i ſ e s V o r k o m m e n von Zeugen wird ſich auch für ältere Königsurkunden nicht beſtreiten laſſen. Die Form iſt da eine verſchiedene. Es finden ſich einmal U n t e r z e i c h n u n g e n von Anweſenden. Dieſe ſind dann zweifellos zunächſt als Beurkundungszeugen zu faſſen, wenn ſich damit auch die Bedeutung von Handlungs- und Zuſtimmungszeugen verbinden mag. Daſs ihre Aufführung zunächſt zur Beglaubigung der Urkunde dienen ſoll, ergibt ſich wohl ſchon aus der Art der Ankündigung in der Beglaubigungsformel. So bezeichnet K. Pippin 753, Sickel Reg. 7, Dronke C. d. 4, ein ſolches Diplom als *manu nostra roboratum et tam anuli nostri impressione, quam fidelium nostrorum adstipulatione subnixum.* Oder im Privileg für die römiſche Kirche 817, M. Germ. L. 2b, 10: *proprie manus*

15*

131] *signaculo et venerabilium episcoporum atque abbatum vel eciam optimatum nostrorum sub iureiurando promissionibus et subscriptionibus pactum istud nostre confirmacionis roboravimus.*

Dafs folche Mitunterfertigungen ausnahmsweife in unverdächtigen Diplomen vorkamen, hat Sickel Acta 1,203 für frühere Zeiten anerkannt. Später find fie insbefondere in Urkunden burgundifcher Könige nicht felten. Ich felbft habe Ital. Forfch. 2,339 verfucht nachzuweifen, dafs die Unterzeichnungen in den Privilegien für die römifche Kirche von 817, 962 und 1020 nicht zu beanftanden feien dürften. Allerdings handelt es fich dabei um einen Fall, den wir kaum als Mafsftab für andere Diplome verwenden dürfen. War aber die Unterzeichnung in den verfchiedenften Arten von Privaturkunden üblich, findet fie fich in Privilegien der Päbfte, aber auch in deh Verbriefungen der Placita und anderer königlicher Gefchäfte, die nicht von der Kanzlei, fondern von Notaren gefertigt wurden, ergeben fich auch fonft fo manche Abweichungen von der gewöhnlichen Form, fo kann es doch kaum befremden, wenn vereinzelt auch die Kanzlei das ungewöhnliche Beglaubigungsmittel zuliefs. Ein auffallender Umftand wird freilich immer darin zu fehen fein, und mehrfach trifft er mit andern Zeichen der Unechtheit zufammen; fo St. 2143, vgl. Steindorff Heinr. III. 1,378.

Andererfeits aber hat fich wieder bei Diplomen, bei welchen, wenn auch in Verbindung mit andern Umftänden, die Unterzeichnungen als Verdachtsgrund betrachtet wurden, nachträglich die Echtheit herausgeftellt. So bei St. 141 für Effen, welches zahlreiche Signa zwifchen Rekognition und Datirung zeigt; trotz des Umftandes, dafs es von 947 datirt fchon ein kaiferliches Siegel hat, erkennt Stumpf Wirzb. Imm. 2,19. 57 es ausdrücklich als echt an, wie das fchon Lacomblet nicht bezweifelt hatte. Kommt bei St. 1572 hinzu, dafs die Unterfchriften zur Datirung nicht ftimmen, fo hat auch da Bayer in den Forfch. zur D. Gefch. 16,178 die Echtheit nachgewiefen. Auch in fpäterer Zeit, als es allgemein üblich war, die Zeugen in der Urkunde aufzuführen, finden fich vereinzelt wohl noch Unterzeichnungen; fo St. 3314. 3423 von 1136 und 1141. Sind beide Urkunden für Lothringen ausgeftellt, wo überhaupt in fpäterer Zeit die Unterzeichnungen fich noch häufiger finden, als in anderen Reichstheilen, fo mag die Reichskanzlei fich dem Landesbrauche angefchloffen haben.

Auch da, wo es fich in folchen Fällen nicht blos um die Signa handelt, fondern mit *ego — subscripsi* zunächft auf eigenhändige Unterfchriften hingewiefen ift, wird es die Echtheit nicht verdächtigen können, wenn alle fich als von der Hand des Textes und damit als nicht autograph erweifen. In ganz unverdächtigen Privaturkunden ift das nicht felten der Fall; es mag genügen, auf das Synodaldekret von 887, Cod. Weftf. 1,27 hinzuweifen. In den Gerichtsurkunden K. Heinrichs IV. St. 2905 und 2929 ift die Unterfchrift des Kaifers von der Hand des Textes; vgl. N. Archiv der Gefellfch. 1,129. Dafs in St. 1572 alle Unter·

fchriften von der Hand des Textes find, würde fich allerdings ohnehin daraus erklären, dafs es fich zweifellos um eine erneuerte Ausfertigung handelt, vgl. Bayer a. a. O. 184; dafs aber auch die angeblichen Unter-fchriften der früheren Urkunde, falls diefe in wörtlicher Faffung wieder-holt find, wenigftens nicht fämmtlich autograph gewefen feien werden, ergibt fich doch daraus, dafs es auch bei der Aufführung der zahlreichen Herzoge und Grafen *subscripsi* heifst, während z. B. im Pactum von 1020, St. 1746, bei den Laien ausnahmslos nur das Signum angegeben ift. Zuweilen liefse fich in folchen Fällen daran denken, die eigenhän-digen Unterfchriften feien etwa dem Konzepte zugefügt. Dafs aber trotz der Formel eine eigenhändige Unterfchrift überhaupt ganz ent-fallen konnte, erfehen wir mit Beftimmtheit aus der Beurkundung eines Abkommens des Kapitels von Eichftedt mit dem Bifchofe von 1208, Falckenftein Cod. Nordg. 41: *ut autem hoc factum evidentius liqueret tam presentibus quam posteris, quilibet canonicus a notario dicti epi-scopi suo nomine in hunc modum se subscribi rogavit*: Ego S. praepo-situs subscribo u. f. w.

132. Näher kommt es der fpätern Form, wenn es fich nicht um Unterzeichnungen handelt, fondern um A u f f ü h r u n g v o n Z e u g e n i n d e r U r k u n d e. Auch das find vereinzelte, fehr verfchieden ge-ftaltete Fälle; aber fie haben das mit einander gemein, dafs es fich durchweg um Handlungszeugen handelt. Und dabei beziehen diefelben fich überwiegend nicht auf eine Handlung des Königs felbft, fondern auf eine vor ihm vorgenommene oder von ihm beftätigte Handlung; war die Narratio eine befonders ausführliche oder lag über das be-ftätigte Gefchäft fchon eine Aufzeichnung vor, fo kann die vereinzelte Aufführung von Handlungszeugen nicht auffallen.

So heifst es 874 bei Verbriefung des Königs über die vor ihm er-folgte Entfcheidung eines Streites zwifchen Mainz und Fulda, Dronke C. d. 274, dafs dabei viele geiftliche und weltliche Grofse verfammelt waren, *idonei fautores, testes ac iudices huiusmodi causae determi-nandae, quos hic nominatim assignare precepimus*, worauf die Namen folgen. Es könnte kaum auffallen, wenn der König bei folcher Veran-laffung ausdrücklich die Aufführung der anwefenden Groffen befahl. Ueberdies kann es aber fraglich feien, ob uns die Urkunde in ihrer ur-fprünglichen Geftalt überliefert ift. Denn wenn gerade in älteren Kö-nigsurkunden für Fulda, welche nur in Abfchrift erhalten, mehrfach Zeugen genannt find, fo fcheint mir faft zweifellos, dafs diefelben erft fpäter hineingearbeitet find, wie fich denn auch fonft gerade bei Fuldaer Urkunden die verfchiedenartigften Aenderungen zeigen. Die Zufügung mufs dann nicht gerade eine willkürliche fein; es fcheint vielmehr, dafs man anderweitige Aufzeichnungen über die Traditionszeugen hatte und diefe mit den bezüglichen Königsurkunden zufammenarbeitete. In Ein-zelfällen ift die Verbindung eine ganz äufferliche geblieben. Auf eine Königsurkunde von 932, Dronke C. d. 315, folgt die Notiz, dafs die

132] Tradition auf Befehl des Königs von einem Grafen vollzogen wurde vor Zeugen, deren Namen hier aufgeführt werden, *ut ea, que in presenti armario sigillo regis cum immunitate firmantur, etiam titulatione firma habeantur testium.* Der Schenkung eines Bannforstes 1012, Dr. 345, ift eine genaue Gränzbefchreibung in einer Form angehängt, als ob auch diefe Angabe noch von Könige herrühre. Auf das Vorhandenfeien noch anderweitiger Aufzeichnung ift ausdrücklich hingewiefen 979, Dr. 335, wenn der Kaifer fagt, er habe zur Entfcheidung eines Streites Genannte delegirt *aliosque complures, quos ipse abbas Vuldensis — in breve suo ad presens ac futurum testimonium notatos secum tenet.* Werden daher in königlichen Beftätigungen 900 und 904, Dr. 296. 299, die Zeugen des bezüglichen Taufches angeführt, fo zweifle ich nicht, dafs diefe mit der ganzen Datirung, der fie zugefügt find, einer andern Aufzeichnung entnommen find; die ganze Faffung ift der Kanzlei fremd, ftimmt aber durchaus zu andern Fuldaer Aufzeichnungen. Das wird denn auch anzunehmen feien bei St. 2377, Dr. 362, von 1049. Hier heifst es: *hec vero nostra regia auctoritas, ut pleniores in dei nomine obtineat dignitatis firmitates, auctores consilii et testes prefati negotii hic iussimus subscribi et manu propria subtus eam firmavimus sigilloque precepimus insigniri,* dann *isti sunt testes huius compositionis atque regie preceptionis.* Das würde für unfere Zwecke um fo wichtiger feien, als die Zeugen hier ausdrücklich zur gröfseren Beglaubigung des Diplom aufgeführt wären. Aber fchon der Umftand, dafs nun der Kaifer felbft an der Spitze der Zeugen genannt ift, läfst wohl keinen Zweifel, dafs diefelben aus einer befondern Aufzeichnung eingefchoben und die Beglaubigungsformel dem entfprechend umgearbeitet ift. Nennt weiter eine angebliche Urkunde Kaifer Heinrichs, Stumpf Acta 439, deren Datirung fich auf die Notiz: *facta sunt haec sub Egberto abbate Fuldensi* befchränkt, Traditionszeugen, fo dürfte da kaum auch nur ein Diplom überarbeitet, fondern einfach eine Traditionsnotiz in die Form einer kaiferlichen Beftätigung gebracht feien.

Auch für andere Fälle, wo an der Unverfälfchtheit der Diplome nicht zu zweifeln ift, wird zu beachten feien, dafs für Handlungen, welche der König bekundete, noch befondere Aufzeichnungen vorhanden feien konnten. Einer Originalurkunde K. Arnulfs von 890, M. Boica 28,100, ift ein Pergamentblatt angeheftet mit: *isti sunt testes, qui circumduxerunt illam marcam,* und zahlreichen Namen; das lag bei Fertigung des Diploms vor, denn hier heifst es: *isti sunt, qui eandem marcham circumduxerunt,* dann die dort zuerft genannten Namen *et alii quam plures, quorum nomina alteri membranae inscripta presenti auctoritatis nostrae precepto iacent involuta.* Aus dem Paderborner Archive hat fich ein Pergamentftreif erhalten, Cod. Weftf. 1,75, auf welchem es lediglich heifst: *hi sunt testes,* dann die Namen, darauf: *de abbatia Helmwardesh.* Es dürfte das ein Verzeichnifs der Traditionszeugen für die Schenkung der Abtei Helmershaufen durch K. Heinrich 1017 feien.

Das wird nun zu beachten feien für St. 1975 aus Magdeburg 1028 Juli 1, wo zuerft Zeugen in der fpäter üblichen Weife in einer ganz unverdächtigen Königsurkunde genannt find. In dem Originale zu Münfter find die Zeugen von derfelben Hand mit dem Texte der Urkunde gefchrieben, während das Schlufsprotokoll von anderer Hand zugefügt ift. Die eigenthümliche Anordnung ift aus dem Drucke Cod. Weftf. 1,90 nicht zu erfehen. In derfelben Zeile, in welcher der Text mit *iussimus insigniri* fchliefst, heifst es nach einem Zwifchenraum: *Testes Hunfridus archiepiscopus, Meinwercus episcopus;* dann ift abgebrochen, obwohl die Zeile noch für mehrere Namen Raum geboten hätte. Unter jenen beiden erften Namen folgen dann der dritte und vierte und fo weiter, fo dafs die fämmtlichen Namen in eine Kolumne von zehn Zeilen geordnet find, an deren Kopfe das Wort *testes* vorfpringt. In der Höhe der Mitte der Kolumne ift links die Zeile des kaiferlichen Signum mit dem Monogramm fo zugefchrieben, dafs es genau Platz findet; rechts von der Kolumne ift das Siegel aufgedrückt; tiefer als das Ende derfelben folgen Rekognition und Datirungszeile. Ich möchte annehmen, dafs dem, der die Reinfchrift des Textes fertigte, auffer dem Konzepte für diefen auch das Zeugenverzeichnifs vorlag und er daffelbe etwa nur aus Verfehen auch in die Reinfchrift eintrug. Ob wir darin Handlungszeugen oder Beurkundungszeugen zu fehen haben, ergibt fich nicht unmittelbar. Es handelt fich in der Urkunde um ein durch den Kaifer vermitteltes Abkommen eines Streites zwifchen dem Abte von Korvei und einer Wittwe. Die Handlung gehört fchwerlich nach Magdeburg, fondern höchft wahrfcheinlich nach Weftfalen, von wo der Kaifer kam. Steht nun der Erzbifchof von Magdeburg an der Spitze der Zeugen, fo fcheint das auf Beurkundungszeugen fchliefsen zu laffen. Aber die Zeugen niederen Ranges fcheinen Weftfalen anzugehören. Läfst fich das beftimmter nur für den Grafen Amelung erweifen, in dem wir, da neben ihm fein Bruder Ekbert genannt ift, ficher den Grafen von Paderborn zu fehen haben, fo finden wir auch die ohne nähere Bezeichnung genannten Namen in den Paderborner Aufzeichnungen diefer Zeit wieder. Und dann wird eher anzunehmen fein, dafs der Erzbifchof zu Paderborn oder Korvei, als dafs Weftfalen niedern Ranges beim Kaifer zu Magdeburg waren. Das fcheint mir für Handlungszeugen zu fprechen.

Zweifellos ergibt fich diefes Verhältnifs bei St. 2046, M. Boica 29,40, von 1033 Aug. 9, Schenkung eines Gutes der Kaiferin an Wirzburg betreffend, wo es im Texte der Urkunde heifst: *hi etiam, quorum hic nomina in testimonium subscripta sunt, traditionem eandem presentes et viderunt et audierunt,* worauf die Namen folgen. Das wird aus einem Traditionsakt in das fpäter gefertigte Diplom übernommen feien. St. 2195, Stumpf Acta 54, von 1040, erfcheinen die im Texte Genannten als gegenwärtig bei einer vor dem Könige zu Fritzlar vorgenommenen Tradition, während die Urkunde zu Efchwege ausgeftellt

132] ist. Und so werden auch sonst wohl, so St. 2499, in der Narratio
die Gegenwärtigen aufgezählt, ohne dafs sie gerade bestimmter als Zeugen bezeichnet würden.

Das würde der Fall seien bei St. 2459, Ernst H. du Limb. 6,104,
von 1054, wo insbesondere auch die Erwähnung in der Beglaubigungsformel: — *iussimus signari et nobilium imperii nostri, qui plures aderant, testimonio confirmari,* auffallen kann, da das erst viel später üblich
wird. Dafs dann die Signa angegeben werden, wird, zumal in Lothringen, kaum auffallen können. Wenn Stumpf die Urkunde verwirft, so
darf dafür wenigstens nicht mafsgebend seien, dafs die im Texte genannten Bischöfe von Worms und Lüttich längst verstorben waren;
denn es ist ausdrücklich darauf hingewiesen, dafs die Handlung, bei der
sie betheiligt erscheinen, mindestens zwanzig Jahre früher fällt.

St. 2643 beziehen sich die Zeugen zweifellos nur auf die erst nachträglich bestätigte private Tradition; auch St. 2867 sind Handlungszeugen genannt; in beiden Fällen zeigt zudem der Text Eigenthümlichkeiten, welche darauf deuten könnten, dafs derselbe der Kanzlei nur zur
Beglaubigung vorgelegt sei. Auch die St. 2925 aufgeführten Zeugen
sind Zeugen der bestätigten Privathandlung.

133. Die bisher besprochenen vereinzelten Fälle stehen in keinem
bestimmteren Zusammenhange mit der spätern Gestaltung. Diese hat
sich nicht etwa daraus ergeben, dafs solche Zeugenaufführungen sich
mit der Zeit mehrten, schliefslich zur Regel wurden. Es ist da vielmehr
anzuknüpfen an einen andern Bestandtheil der ältern Königsurkunden,
insofern sich ein Zu sammen hang der spätern Zeugen mit den
frühern Fürbittern ergibt.

Im Laufe des neunten Jahrhunderts wurde es mehr und mehr der
Brauch, in den Diplomen die Personen zu erwähnen, auf deren Fürbitte
die Gewährung des Königs erfolgte. Es sind das Personen der aller-
verschiedensten Stellung. Doch lassen sich leicht zwei Hauptklassen von
Intervenienten scheiden. Entweder sind es Personen, welche in näherer
Beziehung zum Empfänger des Diplom stehen; so etwa, wenn der Herr
für seinen Vasallen, der Bischof für einen ihm unterstehenden Abt Fürbitte einlegt. Oder aber die Intervenienten stehen von vornherein in
keiner nähern Beziehung zum Empfänger; der Grund dafür, dafs gerade
sie als Fürbitter erscheinen, ist in ihren nähern Beziehungen zum Könige
zu suchen, welche ihrer Verwendung besondern Erfolg zu sichern schien.
Es handelt sich um nächste Verwandte des Königs oder um solche Personen, von denen uns auch anderweitig bekannt ist, dafs sie bedeuten-
dern Einflufs auf die Regierungsgeschäfte übten.

Vielfach hat die Nennung solcher Intervenienten keine weitere
sachliche Bedeutung; werden jahrelang fast nur Gemahlin und Sohn
des Königs als solche genannt, so handelt es sich offenbar nur um eine
ehrende Erwähnung. Aber sehr häufig war sichtlich auch der Gesichtspunkt mafsgebend, das Gewicht der Verfügung des Königs durch

Nennung angefehener Intervenienten zu ftärken. Wer beim Könige
eine Bitte befürwortet, gibt damit zugleich zu erkennen, dafs er der
Gewährung derfelben zuftimmt. In der Aufführung angefehener Intervenienten liegt demnach zugleich eine Bürgfchaft, dafs der König nicht
lediglich nach perfönlichem Belieben, fondern auf Rath und unter Zuftimmung dazu berufener Perfonen verfügt hatte. Auch in den Ausdrücken macht fich das kenntlich. Ift es üblicher, zu fagen, dafs der
König *interventu* Genannter gehandelt habe, fo heifst es dafür auch
wohl *consensu* oder *consilio*, ohne dafs fich ein fachlicher Unterfchied
ergäbe.

Von diefem Gefichtspunkte aus mufste natürlich die Bedeutung
der Intervenienz fich fteigern und mindern, jenachdem die Perfönlich-
keit des Herrfchers oder die befondere Sachlage eine folche weitere
Bürgfchaft nöthig zu machen fchien oder nicht. Für unfere nächften
Zwecke kann es genügen, in diefer Richtung auf einen Umftand hinzuweifen. Am nothwendigften mufste eine folche Bürgfchaft fcheinen in
den Zeiten vormundfchaftlicher Regierungen. Formell handelte es fich
auch dann lediglich um Verfügungen des jungen Königs; materiell um
Verfügungen anderer Perfonen, welche in feinem Namen und unter
feinem Siegel urkunden liefsen. Dafs diefes Verhältnifs nicht ohne
Gewicht für das Anfehen der Verfügungen blieb, tritt wohl beftimmter
hervor. K. Otto fagt 999, St. 1180, Wirtemb. U. B. 1,234, dafs er einft
in annis puerilibus ob interventum fidelium nostrorum dem Bifchofe
von Wirzburg genannte Abteien reftituirte, dafs er aber nun, *ne pro
etatis causa superius notata aliqua successoribus suis in posterum oboriri
inde queat controversia, ad etatem perfectam iam iamque promoti*,
jene frühere Verfügung beftätige. Jedenfalls war es in folchen Fällen
doch von befonderer Bedeutung, wenn in dem Diplom erfichtlich wurde,
von welchen Perfonen die Verfügung zunächft ausging; und das konnte,
ohne an den üblichen Formen etwas zu ändern, eben dadurch gefchehen, dafs man fie als Intervenienten aufführte. Zu keiner andern Zeit
werden denn auch die Intervenienten diefer Art fo regelmäffig und in
fo grofser Zahl aufgeführt, als während der Regierung K. Ludwigs des
Kindes und in den frühern Zeiten K. Ottos III.

Das wirkte dann zuweilen noch nach, nachdem die nächfte Veranlaffung wieder fortgefallen war. Aber kräftigere Herrfcher fcheinen
in ihren Urkunden wohl abfichtlich eine Nennung von Intervenienten,
der man jene Nebenbedeutung hätte unterlegen können, vermieden zu
haben. So insbefondere auch K. Heinrich III. Sehen wir davon ab,
dafs in Fortfetzung eines früheren Brauches in Diplomen für Italien
mehrfach der italienifche Kanzler als Intervenient genannt ift, fo finden
wir faft nie Fürbitter erwähnt, bei welchen wir befondere Einflufsnahme
auf die Reichsregierung anzunehmen hätten; in den fehr vereinzelten
Fällen, vgl. Waitz Verf. G. 6,315, in welchen beftimmter der Fürbitte
und des Rathes der Fürften gedacht wird, handelt es fich um die Ge-

183] fammtheit der Anwefenden, von denen eben nur die angefehenften namhaft gemacht find. So fcheint mir auch bei St. 2514, M. Boica 7,90, falls es echt ift, das *tum consilio principum nostrorum Bertoldi, Friderici, Oudalrici*; *tum rogatu Welfonis ducis* auf Ausftellung durch K. Heinrich IV. feit 1070 zu deuten, wie ja auch nach dem Inhalte zunächft an Herzog Welf von Baiern zu denken ift; womit denn freilich der Name des Abtes unvereinbar feien würde, der bei Zutreffen unferer Annahme etwa aus einer Vorurkunde beibehalten feien könnte. Intervenienten werden auch unter K. Heinrich III. nicht gerade feltener erwähnt, als früher; aber durchweg werden nur die Kaiferin Gifela, dann der unmündige junge König genannt. Es handelt fich da fichtlich um eine fachlich ganz bedeutungslofe Füllung der hergebrachten Formel.

Während der früheren Zeiten der vormundfchaftlichen Regierung K. Heinrichs IV. finden wir da formell keinen Unterfchied; ganz überwiegend wird nur der Fürbitte der Kaiferin Agnes gedacht, was jetzt freilich fachlich ganz andere Bedeutung hatte, da die Kaiferin thatfächlich die Regierung führte; nur in vereinzelten Fällen fühlte diefe das Bedürfnifs, ihren im Namen des Sohnes erlaffenen Verfügungen durch Anführung fürbittender oder rathender Grofsen gröfseres Gewicht zu geben.

Als nun 1062 die vormundfchaftliche Regierung an die Fürften kam, mufste es natürlich doppelt ins Gewicht fallen, erfichtlich zu machen, wer für die Verfügung des Königs einftand. Man hielt fich dafür an die alte Form. Ift fogleich die erfte Urkunde St. 2607 auf Verwendung und Fürbitte der Erzbifchöfe Anno und Adalbert ausgeftellt, fo fehlen auch weiterhin nur ganz vereinzelt ähnliche Erwähnungen. Bald find einzelne Fürften genannt, eben diejenigen, welche gerade die Gefchäfte leiteten, wie das auch wohl ausdrücklich angegeben; fo wenn St. 2728 der König auf Rath des Bifchofs von Bamberg urkundet, *eo tempore communi principum nostrorum consilio negotia omnia adminiftrante*. Oder es wird eine Mehrzahl von Grofsen genannt. Oder wenn einzelne Intervenienten nicht namhaft gemacht werden, ift wenigftens im allgemeinen bemerkt, dafs der König auf Bitten oder Rath feiner Getreuen oder auch der Bifchöfe, Aebte, Herzoge und Grafen handelte.

Daran ift nun aber auch feftgehalten, als der König felbftftändig regierte. Zeitweife findet fich da wohl wieder das Vermeiden der Erwähnung irgendwelchen Einfchreitens oder die fachlich bedeutungslofe Erwähnung der Gemahlin. Im allgemeinen hat aber der König fichtlich auch fpäter das Bedürfnifs gefühlt, bemerklich zu machen, dafs er nicht lediglich nach eigenem Belieben handle. Und feitdem ift der Brauch beibehalten, wenigftens in wichtigern Diplomen eine Anzahl von Grofsen namhaft zu machen. Aendert fich dabei die Form, werden ftatt der Fürbitter mehr und mehr Zeugen genannt, fo ift zweifellos beides ineinander übergegangen, wie denn auch durch lange Zeit bald die eine, bald die andere Form gebraucht wird.

134. Was nun diefen Uebergang von den Fürbittern zu den Zeugen betrifft, fo find die Anfänge unter K. Heinrich IV. zu fetzen; unter K. Heinrich V. überwiegen, zumal in früherer Zeit, noch die Fürbitter, unter K. Lothar fchon durchaus die Zeugen; weiterhin werden dann nur noch vereinzelt Fürbitter genannt.

Zunächft macht fich fchon unter K. Heinrich IV. ein Unterfchied bezüglich der Perfonen geltend. In früherer Zeit finden wir nur ganz vereinzelt eine fo grofse Zahl von Fürbittern genannt, dafs wir annehmen dürfen, man habe einfach alle anwefenden Grofsen als folche aufgeführt. Sind nicht die befondern Beziehungen zum Empfänger mafsgebend, fo handelt es fich um einige wenige Perfonen, welche fich gerade des befondern Vertrauens des Königs erfreuten, welche von diefem vorzugsweife zur Erledigung der Reichsgefchäfte verwandt wurden. So finden wir auch unter K. Heinrich IV. wohl noch Perfonen häufiger genannt, von denen wir wiffen, dafs fie in feiner befondern Gunft ftanden; fie werden auch wohl ausdrücklich als feine Familiares bezeichnet. Aber man fieht doch, dafs das nicht mehr das vorzugsweife ausfchlaggebende Moment ift. Immer häufiger wird betont, dafs die, auf deren Fürbitte und Rath der König handelt, Fürften des Reiches find, alfo nicht folche, welche dem befondern Vertrauen und der freien Wahl des Königs, fondern ihrer davon unabhängigen Stellung in der Ordnung des Reiches ihren Einflufs auf die Reichsangelegenheiten verdanken. Es hat da zweifellos nachgewirkt, dafs während der Minderjährigkeit des Königs die Regierung zeitweife ganz in der Hand der Fürften war. Wenigftens formell, und zweifellos auch thatfächlich, macht fich auch fpäter ihr Einflufs auf die Handlungen des Königs ungleich mehr geltend, als unter den früheren Regierungen. Es wird in den Urkunden fichtlich immer mehr Gewicht darauf gelegt, kenntlich zu machen, dafs es fich um eine von den Fürften gebilligte Verfügung des Königs handle. Man gewöhnt fich mehr und mehr daran, alle oder doch die angefehenften Fürften, welche anwefend waren, auch in den Urkunden namhaft zu machen; es ift nun häufig von Fürbitte oder Rath der *principes, qui aderant,* die Rede.

Dabei ergibt fich zunächft in den Formen keine Aenderung. Die nun durchweg gröfsere Zahl von Perfonen wird an derfelben Stelle des Textes genannt, wo auch früher die Fürbitte erwähnt wurde. Auch die Ausdrücke find diefelben; es heifst auch jetzt am häufigften *interventu, petitione principum,* dann aber doch häufiger, wie früher, *confilio,* oder auch wohl *confenfu, adftipulatione principum.* Sachlich bedingt die Wahl diefes oder jenes Ausdruckes offenbar keinen Unterfchied; der Zweck ift fichtlich überall nur der, kenntlich zu machen, dafs der König nicht ohne Kenntnifsnahme und demnach auch mit Billigung der am Hofe anwefenden Fürften verfügte.

Hatte man nichts anderes im Auge, fo konnte man auch ganz von der herkömmlichen Form abfehen, wonach die Fürften als bittend oder

134] rathend bezeichnet wurden, und fie einfach als anwefend aufführen.
So finden wir denn fchon unter K. Heinrich IV. nicht felten *in principum presentia* oder *presentibus regni principibus*; fo St. 2770. 72. 82.
90 u. f. w. Dem fchlieffen fich dann fpäter noch ähnliche Ausdrücke,
wie *astantibus principibus, in conspectu principum* oder *interfuerunt
principes*, an.

Ift nun auch der zufällig Anwefende an und für fich nicht gerade
Zeuge im ftrengen Sinne des Wortes, fo befteht da doch kaum mehr
ein Unterfchied, wenn es fich um die ausdrückliche Aufführung der
Anwefenden in Urkunden handelt; wie denn ja auch fpäter, wo die Anführung zunächft als Zeugen in den Königsurkunden allgemein üblich
ift, noch häufig Ausdrücke gebraucht werden, welche zunächft nur die
Anwefenheit bezeichnen. So kann es nicht befremden, wenn fchon K.
Heinrich IV. St. 2838 *sub testimonio*, St. 2854 *peticione et testimonio*
Genannter handelt, ftatt des häufigern *in presentia*. Werden St. 2867.
2886 die Anwefenden als *testes* bezeichnet, fo find die Urkunden nicht
unverdächtig. Vom Beginne des zwölften Jahrhunderts ab mehren fich
dann aber die Fälle, wo die aufgeführten Grofsen ausdrücklich als Zeugen bezeichnet werden; fo St. 2960. 63. 3019. 20. 28 u. f. w.

Allerdings finden fich nun auch einzelne Fälle, in welchen in derfelben Urkunde Intervenienten und Zeugen genannt werden; und es
liefse fich das gegen unfere Annahme eines näheren Zufammenhanges
zwifchen Intervenienten und Zeugen geltend machen. Aber bei genauerer Beachtung ergibt fich leicht, dafs in folchen Fällen nur die eine
der Anführungen dem jetzt üblich gewordenen Brauche, die anwefenden Grofsen bald als Intervenienten, bald als Zeugen zu nennen, entfpricht.

So wird St. 3083, M. Boica 29,231, zu Münfter in Weftfalen 1112
die Schenkung einer Burg im Nordgau an das Bisthum Bamberg bekundet. Im Texte heifst es, dafs die Schenkung erfolgt fei *ob interventum principum nostrorum*, worauf eine ftattliche, mit den Erzbifchöfen
von Mainz, Trier und Köln beginnende Reihe von Grofsen aufgeführt
wird. Diefe find zweifellos die zu Münfter Anwefenden, wie fich aus der
Uebereinftimmung mit den Intervenienten in St. 3082, das zwei Tage
vorher zu Münfter ausgeftellt wurde, ergibt. Es heifst dann weiter, dafs
die Tradition durch die Hand des kaiferlichen Vogtes von Lindach in
die Hand des freien Herren von Laudenbach erfolgte. Schliefslich heifst
es dann nach der Beglaubigungsformel: *hi sunt testes, qui per aurem
Bawarico more tracti viderunt et audierunt*, worauf der Burggraf von
Regensburg und andere weniger angefehene Zeugen genannt werden.
Alle Namen deuten auf das nördliche Baiern oder öftliche Franken;
dafs die Traditionshandlung dorthin, und nicht nach Weftfalen zu fetzen
ift, kann keinem Zweifel unterliegen; es handelt fich um nachträgliche
Beurkundung, bei welcher, wie wir dafür § 131 fchon in früherer Zeit
Beifpiele fanden, ausnahmsweife die Traditionszeugen in das Diplom

aufgenommen wurden; mit der jetzt üblichen Aufführung der anwefenden Grofsen befteht da keinerlei Verbindung. Werden diefe dagegen als Intervenienten und zwar für die Schenkung felbft, nicht etwa für deren Beurkundung aufgeführt, fo zeigt das nur, wie gedankenlos man jetzt diefe Ausdrücke gebrauchte; eine fchon vorher rechtskräftig vollzogene Schenkung wird natürlich nicht gerade durch Fürbitte der zahlreichen, fpäter bei der Beurkundung anwefenden Grofsen veranlafst fein.

Etwas häufiger finden fich unter K. Heinrich V. Fälle, wo nur eine, oder einige wenige Perfonen als Fürbitter, dagegen die anwefenden Grofsen in gröfserer Zahl als Zeugen aufgeführt find. So St. 3028. 3158. 3196. 3203. Dann ergibt fich aber leicht, dafs es fich nicht um eine blofs formelle, fondern thatfächliche Fürbitte durch an der Sache näher betheiligte Perfonen handelt, wie folche felbft in fpätern Jahrhunderten wohl noch neben den Zeugen erwähnt wird.

Sehen wir von diefen vereinzelten Fällen ab, fo werden in den Urkunden entweder nur Intervenienten oder nur Zeugen genannt; und zwar find das in dem einen, wie in dem anderen Falle die gerade beim Könige anwefenden Fürften. Ein fachlicher Unterfchied ergibt fich da nicht mehr; in dem einen, wie in dem andern Falle macht fich fichtlich lediglich das Beftreben geltend, durch Nennung der anwefenden Fürften und Grofsen der Verfügung des Königs gröfseres Anfehen zu geben, wofür es zunächft nicht ins Gewicht fiel, ob diefelben als fürbittend, rathend, zuftimmend oder bezeugend aufgeführt wurden.

135. Zweifle ich nun nicht, dafs fachlich in der Anführung der Zeugen fich zunächft nur die Anführung der Anwefenden als Intervenienten, wie fie in der Zeit K. Heinrichs IV. gebräuchlich geworden war, fortfetzt, fo gilt das nicht zugleich für die Form; ich glaube vielmehr, dafs ein **Einflufs der Privaturkunden auf die Form der Zeugenaufführung** ftattfand.

In den Privaturkunden war man von jeher gewohnt, die Anwefenden als Zeugen aufzuführen. Wenn nun auch die Anführung der Anwefenden in Königsurkunden zunächft mehr den Zweck hatte, ihre Zuftimmung kenntlich zu machen, als die Möglichkeit zu bieten, den Rechtsinhalt der Urkunde nöthigenfalls auch noch durch ihr Zeugnifs feftftellen zu können, fo kann es doch kaum befremden, wenn Beamte der Reichskanzlei, welche an die Formen der Privaturkunden gewöhnt waren, jenem Zwecke durch die Form einer Anführung als Zeugen zu genügen fuchten. Dabei wird man dann kaum darauf geachtet haben, dafs es eigentlich unfchicklich fei, da, wo der König felbft fein Zeugnifs abgibt, daffelbe noch durch Anführung weiterer Zeugen zu ftärken. Die Wendungen, mit denen man die Zeugen aufführte, waren dabei fehr verfchieden; aber fie laffen fich durchweg fchon früher in Privaturkunden nachweifen. So vor allem die fpäter üblichfte Formel *huius rei testes sunt*. Insbefondere finden fich dann anfangs auch Ausdrücke, welche

135] beſtimmter auf Zeugen im engern Sinne des Wortes deuten; es iſt mehrfach Rede von den *testes, qui viderunt et audierunt,* ſo St. 3028. 29. 80. 3116. 19; das etwaige künftige Zeugnifs iſt ſogar ausdrücklich in Ausſicht genommen, wenn es St. 3084 heiſst: *huius autem rei testes sunt —, qui ea, que viderunt et audierunt, vere testificari poterunt.* Es iſt ſchwer anzunehmen, dafs man auf ſolche Faſſungen verfallen wäre, wenn die Formeln für Aufführung der Zeugen in der Reichskanzlei neu gebildet, nicht aus den Privaturkunden entnommen wurden.

Dazu kommt ein anderer Umſtand. Glaube ich annehmen zu müſſen, dafs es ſachlich keinerlei Unterſchied begründet, ob die Anweſenden als Intervenienten oder als Zeugen bezeichnet werden, ſo iſt das in auf-fallender Weiſe immer mit einem Unterſchiede der Stellung in der Ur-kunde verbunden. Wo die Grofsen als Fürbittende, oder auch als Rathende oder Zuſtimmende bezeichnet ſind, da finden ſie ihren Platz im Eingange der Narratio, wie das von jeher für die Intervenienten üb-lich war. Werden ſie dagegen als Zeugen aufgeführt, ſo iſt ihre Stelle erſt am Ende des Textes, ſeltener vor, in der Regel nach der den Text ſchlieſſenden Beglaubigungsformel. Ein Schwanken zeigt ſich da nur, wenn die Grofsen lediglich als Gegenwärtige, als *presentes* oder *astantes* aufgeführt werden; das geſchieht häufig in der Narratio, ſo St. 2954. 55. 3105. 61. 83; 84, aber auch am Ende, ſo St. 2952. 3121. 68. 87. 3201. Es ſtimmt das mit unſerer Annahme, dafs die Bezeichnung der Für-bitter als Gegenwärtige den Uebergang zur Bezeichnung als Zeugen vermittelte.

Für dieſen auffallenden Wechſel der Stellung fehlt es in den Königs-urkunden ſelbſt an einer Veranlaſſung und an einem Uebergange; es iſt ein vereinzelter Fall, wenn St. 3084 die Zeugen zwiſchen Narratio und Dispositio eingeſchoben ſind. Finden aber in den Privaturkunden die Zeugen von jeher ihre Stellung am Ende, ſo iſt wohl nicht zu be-zweifeln, dafs auf den Einflufs derſelben, wie die Bezeichnung der An-weſenden als Zeugen überhaupt, ſo auch die Stellung derſelben zurück-zuführen iſt.

Ich möchte weiter die Vermuthung ausſprechen, dafs es zunächſt die Mainzer Kanzlei war, deren Einflufs ſich in dieſer Richtung geltend machte. In den Urkunden der Erzbiſchöfe von Mainz nehmen die Zeu-gen ganz überwiegend, wie in den Königsurkunden, die Stelle zwiſchen der Beglaubigungsformel und der Datirung ein; die ſpäter in den Königs-urkunden üblichſte Wendung: *huius rei testes sunt,* findet ſich ſchon ſeit dem eilften Jahrhunderte, ſo Guden C. d. 1,383. 395, häufig in Main-zer Urkunden; auch finden wir in ihnen, wie in Urkunden K. Hein-richs V., die *testes, qui viderunt et audierunt,* ſo Guden C. d. 1,371. 380. Es iſt möglich, dafs eine genauere Vergleichung, wie ſie mir allerdings fern lag, anderweitig einen noch näheren Anſchlufs ergeben würde. Aber wie eine ſolche Einflufsnahme gerade bei der Mainzer Kanz-lei am wenigſten befremden kann, ſo werden wir auf die Annahme einer folchen auch noch bei einem fpäter zu befprechenden Umftande zurückgeführt werden.

136. Wenden wir uns nun zu der für unfere Zwecke wichtigften Frage nach der Beziehung der Zeugen auf Handlung oder Beurkundung, fo läfst fich darüber aus unferen bisherigen Ausführungen wenig entnehmen. Wäre nicht blos formell, fondern auch fachlich ein gröfserer Einflufs der Privaturkunden anzunehmen, fo würde das allerdings zunächft auf Handlungszeugen fchliefsen laffen. Aber fachlich glaubten wir die Zeugen mit der Anführung der Intervenienten in Verbindung bringen zu follen. Nun würde allerdings auch das infofern zunächft an Handlungszeugen denken laffen, als auch die Intervenienz in ihrer früheren Bedeutung fich auf die Handlung bezieht, wenn nicht etwa die Beziehung nur auf die Beurkundung ausdrücklich betont ift. Aber wir glaubten den fpätern Intervenienten nicht mehr diefelbe Bedeutung beilegen zu follen; nicht gerade die Fürbitter, fondern die Anwefenden wollte man kenntlich machen; und dann kann es nicht befremden, wenn wir § 134 bei Befprechung von St. 3083 bereits einen Fall nachwiefen, wo die als Intervenienten bezeichneten Grofsen nur bei der Beurkundung zugegen waren. Zu beachten dürften in diefer Richtung auch die beiden Ausfertigungen von St. 3172 feien; von den Intervenienten der einen, M. Boica 29,242, fehlt in der zweiten, M. Boica 31,387, der Bifchof von Brandenburg, während vier Erzbifchöfe und zwei Herzoge hinzukommen, fo dafs die Annahme nahe liegt, nur diefer ftattlichern Reihe wegen fei die zweite Ausfertigung erfolgt; aber wenigftens in diefer können dann die als Intervenienten Aufgeführten wohl nur die bei der Beurkundung Anwefenden feien. Aehnlich bei St. 3014. 15, Mittelrh. U. B. 1,471, Hontheim Hift. Trev. 1,485, beide von demfelben Tage datirt und gleichen Inhaltes, nur darin abweichend, dafs von den 3014 aufgezählten Reftitutionen eine in 3015 befonders verbrieft wird; obwohl beide diefelbe Handlung treffen, fehlen in 3015 von den in 3014 genannten Intervenienten drei Erzbifchöfe und fämmtliche Laien, während dafür drei Bifchöfe mehr genannt find.

Den Zweck, die anwefenden Grofsen aufzuführen, mögen fie nun ausdrücklich als Zuftimmende, oder als Fürbitter oder Gegenwärtige bezeichnet fein, glaubten wir darin zu finden, dafs man durch diefe Anführung zugleich ihre Zuftimmung kenntlich machen wollte. Glaubten wir damit die fpäter übliche Aufführung von Zeugen in unmittelbare Verbindung bringen zu follen, fo würde es fich zunächft um Zuftimmungszeugen handeln.

Es ift denn auch nicht zu bezweifeln, dafs fpäter auf die Zeugen in diefer Richtung Gewicht gelegt wurde, wie das bei der früher.üblichen Aufführung der Fürften im Texte oft durch ausdrückliche Betonung des Konfenfes beftimmter hervortritt. Vereinzelt macht fich das noch in der Art der Anführung geltend, wenn von den gewöhnlichen, nur auf das Zeugnifs deutenden Ausdrücken abgegangen wird. So etwa

136] St. 3169: *hec autem sunt nomina principum, quorum consilio et iudicio hec sunt discussa et terminata,* wie denn überhaupt da, wo der König auf Urtheil der Fürften handelt, die anwefenden Grofsen oft nicht zunächft als Zeugen, fondern als Urtheiler bezeichnet find; oder St. 3692: *acta autem sunt haec annuentibus regni principibus his.* K. Konrad erlaubt 1142 jedem zum deutfchen Königreich oder zum baierifchen Herzogthum gehörenden Minifterialen Güter an das Klofter Reichersberg zu vergeben und fagt nach Aufführung der Zeugen: *ducem Bawaricum ideo non nominamus, quia tunc temporis in manu regis erat ducatus,* U. B. d. L. ob d. Enns 2,202; die Nichtaufführung des Herzogs unter den Zeugen zu entfchuldigen hatte doch nur einen Sinn, wenn die Zeugen zugleich als Zuftimmende betrachtet wurden. K. Lothar übertrug 1133 unter Zeugnifs vieler Fürften dem Bifchofe von Bamberg eine Abtei, mit welcher bisher der Herzog von Baiern und weiter von diefem der Markgraf von Vohburg beliehen war; im folgenden Jahre erfolgt eine zweite Ausfertigung faft mit denfelben Worten, deren Zweck wohl nur darin zu fuchen ift, dafs nicht in jener, wohl aber in diefer und ebenfo in einer Beftätigung K. Konrads von 1141 Herzog und Markgraf unter den Zeugen erfcheinen, vgl. M. Boica 29, 259. 262. 274; das hat doch wieder nur Bedeutung, wenn die Zeugenfchaft als zugleich die Zuftimmung erweifend betrachtet wurde.

Und fo liefse fich noch manches dafür geltend machen, dafs man auch fpäter auf die Aufführung von Zeugen Gewicht legte, weil man fie zugleich als Zuftimmende auffafste. Für unfere nächften Zwecke würde das aber nur dann von Gewicht feien, wenn fich, wie wir das § 69 für Privaturkunden annahmen, auch für Königsurkunden ergeben follte, dafs man willkürlich auch Nichtanwefende aufführte, um damit ihre Zuftimmung zu kennzeichnen. Daraus wird es zu erklären feien, wenn in dem Schreiben, durch welches die Wähler K. Ottos 1198 dem Pabfte die Wahl anzeigen, M. Germ. L. 2,204, auch der Herzog von Brabant als Wähler unterfchreibt, obwohl er damals auf dem Kreuzzuge war. Wenn aber in einer gleichzeitigen Urkunde des Königs für Köln, Reg. Ott. 4, bei der auf die Erwähnung Brabants zweifellos Gewicht gelegt wurde, in ungewöhnlicher Weife die Herzogin Mechtild unter den Zeugen erfcheint, fo wird das doch eher darauf deuten, dafs man in Königsurkunden folche Ungenauigkeit vermied. Ich wüfste denn auch keinen Fall nachzuweifen. Bei den oft fchwach befuchten Hoftagen im dreizehnten Jahrhunderte mochte fich allerdings das Bedürfnifs fühlbarer machen, auch die Zuftimmung abwefender Fürften zu kennzeichnen; das gefchah dann aber wenigftens in einzelnen Fällen dadurch, dafs man von abwefenden Fürften befondere Willebriefe ausftellen liefs.

Wurden aber auch da, wo gerade auf die Zuftimmung Gewicht gelegt wurde, nur Anwefende als Zeugen aufgeführt, fo kann uns der Umftand allerdings in der Richtung nicht irre leiten, aber auch keinen

Halt für die Entfcheidung der Frage geben, ob fich die Zeugen auf die Handlung oder auf die Beurkundung beziehen. Denn für die Kenntlichmachung der Zuftimmung war es ziemlich gleichbedeutend, ob man die bei der Handlung felbft oder die bei der Beurkundung derfelben Anwefenden als Zeugen aufführte; wer bei der einen anwefend gegen diefelbe keinen Widerfpruch erhob, ftimmte damit auch der andern zu. Von diefem Gefichtspunkte aus war der Zweck offenbar am vollftändigften erreicht, wenn man fowohl die Zeugen der Handlung, als die der Beurkundung aufführte, falls das überhaupt verfchiedene Perfonen waren.

137. Das findet fich denn auch zuweilen beachtet; in Fällen nachträglicher Beurkundung ergibt fich wohl Anführung der Handlungszeugen und der Beurkundungszeugen, und zwar so, dafs beide Klaffen beftimmt auseinander gehalten find, wie wir dafür § 64 auch in Privaturkunden Beifpiele fanden.

Ein Beifpiel gibt fchon St. 2934, Hamburg. U. B. 1,115, von 1096. Der König erzählt die während der Messe am Lichtmefstage vorgenommene Handlung, Reftitution einer Graffchaft an Bremen, und fügt hinzu: *factum est in Italia Veronae in monasterio s. Zenonis, videntibus et cognoscentibus E. Monasteriensi episcopo atque aliis episcopis et principibus compluribus.* Nach Beglaubigungsformel, Rekognition und Jahresangaben heifst es dann noch: *data est Patavii praesente et laudante ac confirmante d. papa Clemente; recognoscebant ex principibus episcopus Monasteriensis* und andere genannte geiftliche und weltliche Fürften. Durch die fonft nicht übliche Anwendung des Ausdruckes *recognoscere* fcheint angedeutet, dafs die Fürften, ähnlich wie der Kanzler, für die Beurkundung einftehen.

In St. 2956, M. Boica 31,377, von 1102 heifst es im Eingange der Narratio, dafs ein Abt zu Mainz beim Kaifer klagte *in conspectu omnium, qui tunc ibi aderant principum*, welche dann genannt find; dann am Ende der Narratio: *querimoniam, quam Moguntiae audivimus, per hanc chartam Spirae conscriptam finivimus, multis ex his, qui Moguntiae convenerant principibus, et Spirae praesentibus*, nämlich Genannte, *supervenientibus Spirae etiam, qui non aderant Moguntiae*, worauf wieder Namen folgen.

Beide Fälle gehören freilich in eine Zeit, wo die Anführung der Zeugen noch keine feftere Formen angenommen hatte. Aber auch fpäter finden fich einige Fälle. St. 3306, Cod. Anhalt. 1,172, von 1135 werden zuerft drei *testes huius restitucionis et donationis* genannt, dann eine längere Reihe angefehener Perfonen mit *interfuerunt quoque eidem curie nostre* eingeleitet; kommen die letztern überhaupt als Zeugen in Betracht, fo haben wir fie doch bei der Scheidung von den Handlungszeugen als Beurkundungszeugen zu faffen.

St. 3762, M. Boica 29,336, bekundet der Kaifer 1157 einen drei Jahre früher ergangenen Rechtsfpruch. Die zahlreichen Zeugen werden dann beftimmt gefchieden; zuerft *testes, qui Radispone in prola-*

137] *tione sententie presentes fuerunt sunt hii*; dann *qui vero Ulmae, ubi factum est hoc privilegium, presentes erant, sunt isti.* Aehnlich heifst es 1157 Apr. 6 in der Beurkundung der auf Ur- theil der Fürften erfolgten Abftellung der Mainzölle, St. 3767, M. Boica 29,340: *adhibitis idoneis testibus, quorum alii ab initio rei sententiam principum approbant, alii confirmationis huius fidem amministrant; testes vero sententiae sunt hii —; testes vero confirmationis sunt hii —.* Auffallen mufs es dann allerdings, dafs unter letzteren auch der fchon 1156 verftorbene Rheinpfalzgraf Hermann genannt wird. Aber da die Beziehung der zweiten Zeugenklaffe auf die Beurkundung fich auch durch die Uebereinftimmung mit den Zeugen der zwei Tage vorher ausgeftellten St. 3766 beftätigt, wo aber der Rheinpfalzgraf richtig als Konrad bezeichnet ift, fo mufs ein Verfehen vorliegen, das dann aber fchon auf die Vorlage der Reinfchrift zurückgehen dürfte, da wir zwei übereinftimmende Originalausfertigungen haben. Da im Texte felbft Hermann als Urtheilsfinder beim früheren Spruche erwähnt wird, fo mag das zunächft veranlafst haben, Hermann ftatt Konrad zu fchrei- ben; oder es könnte Hermann auch durch einen Mifsgriff aus der erften in die zweite Zeugenklaffe gerathen fein.

138. Diefe Fälle find aber fehr vereinzelte. In der grofsen Mehr- zahl auch der Diplome, bei welchen erweislich Handlung und Beurkun- dung fo weit auseinanderfallen, dafs fchwerlich diefelben Perfonen Zeu- gen für die eine und für die andere feien konnten, finden wir nur eine Zeugenreihe. Sind diefe zuweilen beftimmter als Zeugen der Handlung oder der Beurkundung bezeichnet, fo geben in den meiften Fällen die Ausdrücke felbft keinen Anhalt; es heifst am häufigften einfach: *huius rei testes sunt* oder *testes sunt hii* oder ähnlich; man möchte faft an- nehmen, es feien abfichtlich fo unbeftimmte Ausdrücke gewählt, weil die Beziehung der Zeugen keine feftftehende war.

Das erprobt fich denn auch in fo weit, als zweifellos die Zeugen fich zuweilen auf die Handlung, zuweilen auf die Beurkundung beziehen. Doch fcheint mir, dafs als Regel B e z i e h u n g d e r Z e u g e n a u f d i e B e u r k u n d u n g anzunehmen fein wird, wie wir daffelbe auch bezüg- lich der Datirung zu erweifen fuchten.

In diefer Richtung wird zu beachten feien, dafs der befonderen Be- deutung der Königsurkunde im allgemeinen die Anführung von Beur- kundungszeugen mehr entfpricht, als die von Handlungszeugen. Für das, was der König felbft bezeugt, alfo für die Handlung, follte es doch eines weitern Zeugniffes nicht mehr bedürfen. Dagegen bleibt das aus- fchlaggebende Anfehen des königlichen Zeugniffes ganz unberührt, wenn Perfonen aufgeführt werden zu dem Zwecke, um fpäter nöthigen- falls bezeugen zu können, dafs das Zeugnifs wirklich vom Könige her- rührt, dafs das in ihrer Gegenwart ertheilte Diplom echt fei. So lange die Anwefenden als Intervenienten aufgeführt wurden, blieb diefer Ge- fichtspunkt überhaupt auffer Frage. Als es dann üblich wurde, fie als

Zeugen zu bezeichnen, mag man anfangs, den bezüglichen Formen der
Privaturkunden folgend, die Bedeutung fich nicht beftimmter vergegen-
wärtigt haben. Seit dann aber die Zeugenaufführung in den Königsurkunden feftere und felbftftändigere Formen gewann, fcheint man doch
ganz vorwiegend an Beurkundungszeugen gedacht zu haben.

139. Dafür fcheint mir insbefondere zu fprechen die E r w ä h n u n g
d e r Z e u g e n i n d e r B e g l a u b i g u n g s f o r m e l, wie fie feltener in
den früheren Zeiten des Jahrhunderts, häufiger unter K. Friedrich I.
hervortritt. So heifst es etwa St. 3501. 3736: *hanc inde cartam scribi
et sigilli nostri impressione insigniri iussimus, manuque propria corroborantes, idoneos testes subnotari fecimus.* Verliert fich weiterhin die
Erwähnung der Beglaubigung durch eigenhändige Unterzeichnung mehr
und mehr aus der Formel, fo werden nun die Zeugen immer häufiger in
Verbindung mit der Beglaubigung durch Siegelung erwähnt. So heifst
es häufig *sigilli nostri impressione iussimus insigniri, adhibitis testibus, quorum nomina haec sunt.* Und zuweilen ift noch ausdrücklicher
darauf hingewiefen, dafs die Anführung der Zeugen, ebenfo wie die
Siegelung, zur Beglaubigung der Urkunde dienen foll. So 1146: *ut hec
omnia perhenniter rata persistant, hanc cartulam sigilli nostri impressione insigniri precipimus et idoneos testes subter notari fecimus,*
Böhmer Acta 84, oder 1182: *quam sigilli nostri impressione insignitam
idoneorum testium subscriptione confirmamus,* M. Boica 29,444; *sigillo
nostre maiestatis et subnotatione testium fecimus roborari* oder *cum
sigilli nostri patrocinio et subscriptis testibus communiri,* Wirtemb.
U. B. 3,34, Huillard 2,672. 909, Böhmer Acta 330.

Der König ift es alfo, der die Anführung der Zeugen befiehlt, und
zwar zum Zwecke der Beglaubigung nicht der Sache, fondern des Zeugniffes über die Sache. Es tritt das deutlicher hervor, wenn wir beachten, dafs das Diplom durchweg zwei königliche Befehle enthält, einen
erften, die Urkunde, das Zeugnifs über die Sache, zu fertigen, einen
zweiten, diefes Zeugnifs zu beglaubigen. Hätten die Zeugen den Zweck
gehabt, neben der königlichen Urkunde die Sache zu beglaubigen, fo
wäre der Befehl, fie aufzuführen, mit dem Befehle zur Beurkundung zu
verbinden gewefen, nicht, wie immer der Fall, mit dem Befehle zur Beglaubigung. Beglaubigung der Beurkundung war aber natürlich nicht
gerade zunächft Sache der Zeugen der Handlung. Und wird man im
Einzelfalle auf folche Formeln nicht zu viel zu geben haben, ift es recht
wohl möglich, dafs man, nachdem eine folche Formel fich einmal feftgeftellt hatte, fie auch da anwandte, wo Handlungszeugen genannt
wurden, fo fcheint mir doch der Umftand, dafs der Befehl zur Zeugenaufführung ausnahmslos mit der Beglaubigungsformel verbunden erfcheint, fehr beftimmt dafür zu fprechen, dafs wenigftens in der Zeit,
als die neuen Formeln fich feftftellten, die Zeugen zunächft als Beurkundungszeugen gefafst wurden.

140. Nicht felten finden wir denn auch a u s d r ü c k l i c h e B e -

16*

140] zeichnung als Beurkundungszeugen. So befonders deutlich in zwei Privilegien für S. Blafien von 1125. In dem erften St. 3204,
Neugart C. Alem. 2,56, heifst es: *huius ecclesiae renovatae libertati et
privilegio praesenti a nobis confirmato idoneae personae praesentes
interfuere;* dann mit Beziehung darauf St. 3205, Dümge Reg. 128: *presentes autem fuerunt donationi huius privilegii* Genannte *aliique principes, qui interfuerunt, dum aliud privilegium R. abbati — porreximus.*
So heifst es weiter 1111 *testes reformationis huius precepti,* Stumpf
Acta 95, *precepti huius,* Cod. Anhalt. 1,219, *confirmationis privilegii,*
Cod. Weftf. 2,60, oft *confirmationis,* wobei doch zunächft an die Beurkundung zu denken ift; oder beftimmter 1147 *testes huius confirmationis, sub quorum presentia hec firmata sunt,* Lacomblet U. B. 1,244.
Auch wenn K. Lothar 1134, Böhmer Acta 74, mit *hanc itaque confirmationem imperiali auctoritate canonizantes et — legalem principum
nostrorum attestatione facientes* auf Nothwendigkeit der Zeugen für die
Rechtskraft hinzudeuten fcheint, ift das doch auf die Beurkundung zu
beziehen. Die Zeugen werden weiter bezeichnet als *presentes donationi
privilegii,* Wirtemb. U. B. 1,371, M. Boica 29,427, *in privilegii con-
cessione, huius pagine privilegio,* Stumpf Acta 128. 503. Befonders
deutlich heifst es 1152: *presentem paginam sigilli nostri impressione
signare precepimus presentibus testibus,* Stumpf Acta 479. 505, und
1153: *quosdam iussimus subscribi, sub quorum presentia et testimonio
presens pagina efficacem in perpetuum recepit auctoritatem,* Lacomblet U. B. 1,260. Ift in St. 3781, Guichenon Bibl. Seb. 150, das ungewöhnliche *recognitum per R. cancellarium — testibus* u. f. w. richtig
überliefert, fo wäre hier das Zeugnifs zunächft auf die Rekognition bezogen.

141. Wo die Beurkundung fich der Handlung unmittelbar anfchlofs,
da werden oft diefelben Perfonen für beides Zeugen gewefen feien.
Darauf deuten auch wohl die Ausdrücke hin, fo St. 3371 *testes sub
quorum presentia hec acta et firmata sunt* oder St. 3648 *testes donationis et conscriptionis.* Für unferen Zweck werden daher insbefondere
die erweislichen Fälle nachträglicher Beurkundung länger vergangener Handlungen von Interefse feien. Und da ergibt fich wenigftens bei manchen beftimmt, dafs die Zeugen fich nur auf die Beurkundung beziehen können.

Bei dem § 103 befprochenen St. 4746, dann bei den § 105 erörterten Fällen war es eben der Umftand, dafs die Zeugen auf eine fpätere
Zeit deuten, als die in der Datirung genannte, welcher uns auf Datirung
nach vorhergehender Handlung fchliefsen liefs. Dann können die Zeugen fich nur auf die Beurkundung beziehen und es ergibt fich alfo auch
hier, wie wir das § 67 für Privaturkunden nachwiefen, dafs die Beziehung
der Datirung nicht zugleich für die Zeugen mafsgebend feien mufs.

Weniger noch kann es auffallen, wenn bei Datirung nach nachträglicher Beurkundung auch die Zeugen diefer entfprechen. Bei St. 2907

find die genannten Fürsten, obwohl die Ausdrücke auf Anwesenheit bei der Handlung deuten, nach dem § 91 Bemerkten zweifellos nur bei der Beurkundung gegenwärtig gewesen.

Im Texte von St. 3405, Martene Coll. 2,110, ist ausdrücklich gesagt, dafs die Handlung auf einen Hoftag zu Lüttich, alfo wahrfcheinlich 1139 Juni fiel; datirt ift die Urkunde aus Worms 1140 Febr. 9. Die vierzehn erftgenannten angefehenen Zeugen laffen fich bis auf einen fämmtlich auch in den beiden damals zu Worms ausgefertigten St. 3406. 7. nachweifen; auch von den dann noch folgenden, dem Markgrafen von Vohburg, den Grafen von Sulzbach und Namur wird fich wenigftens behaupten laffen, dafs fie mindeftens eben fo wohl nach Worms, als nach Lüttich paffen. Beziehung auf die Beurkundung wird da gar nicht zu bezweifeln feien.

Die Handlung von St. 4161, Lacomblet U. B. 1,317, datirt aus Lautern 1174 Mai 23, fällt gewifs nach Aachen. Denn es handelt fich um die durch den Kaifer vermittelte Schlichtung eines Streites zwifchen dem Probfte und den Stiftsherren der Marienkirche zu Aachen wegen der Einfetzung der Schultheifen auf den Stiftshöfen. Dafs das an Ort und Stelle gefchah, ift wohl von vornherein anzunehmen und hier um fo weniger zn bezweifeln, als der Kaifer wirklich zwei Monate vorher zu Aachen war. Die dort mit ihm Anwefenden kennen wir genau aus der Zeugenfchaft von St. 4156. 57. Davon finden wir nur den Erzbifchof von Trier, dann den Grafen von Dietz und Werner von Boland, welche zur ftändigen Umgebung des Kaifers gehören, in St. 4161 wieder; die übrigen Zeugen weichen ab und gehören überwiegend den obern Landen an, würden fchon defshalb auf den Ort der Beurkundung deuten.

Bei St. 4308 von 1180 Okt. 9 fällt die Handlung erweislich fchon 1174, vgl. § 86. Aber die Zeugen laffen fich aufs beftimmtefte als zur Beurkundung gehörend nachweifen. Denn mehrere der Zeugen nahmen die Stellung, in der fie hier erfcheinen, vor 1180 noch nicht ein fo Erzbifchof Sigfrid von Bremen, der Erwählte Baldram von Brandenburg, Herzog Bernhard von Sachfen. Entfprechende Fälle in Privaturkunden, vgl. § 65, würden da freilich die Annahme geftatten, diefe Perfonen könnten in ihrer früheren Stellung Zeugen der Handlung gewefen feien. Wir werden es uns erfparen dürfen, nachzuweifen, wefshalb das hier nicht wohl zutreffen kann. Denn der Umftand, dafs in dem an demfelben Tage ausgeftellten St. 4307 die ganze Reihe der Zeugen übereinftimmt, kann an der Beziehung auf die Beurkundung keinen Zweifel laffen.

St. 4691 bekundet K. Heinrich 1191 Apr. 10 in der Nähe von Rom eine Handlung, welche mindeftens ein Vierteljahr früher in Deutfchland vorgenommen wurde, vgl. § 99. Aber die als Zeugen genannten Perfonen find durchaus folche, welche uns auch anderweitig als Theilnehmer am Römerzuge bekannt find.

141] Auch bei Reg. Phil. 104, vollftändig Wiener Sitzungsber. 27,53, aus Quedlinburg 1207 Sept. 22, dann Reg. Phil. 105.6 nur mit Acta 1207, aber nach den Zeugen in diefelbe Zeit fallend, dürfte kaum anzunehmen feien, dafs die Handlung, Ueberlaffung der kärnthnifchen Befitzungen des Grafen von Lechsgemünd an das Erzftift Salzburg in Gegenwart des Königs in Sachfen vorgenommen feien follte; es dürfte doch zu vermuthen feien, dafs fie in Baiern, etwa bei dem Aufenthalte des Königs zu Regensburg im März 1207 erfolgte. Ift das richtig, fo genügt ein Blick auf die vorzugsweife fächfifche Grofse nennenden Zeugenreihen, um fich zu überzeugen, dafs diefe nur der Beurkundung entfprechen können. Solché Fälle, bei denen die Handlung fchwerlich an dem in der Datirung genannten Orte vorgenommen feien wird, die Zeugen aber durchaus zu demfelben ftimmen, würden fich leicht in gröfserer Zahl nachweifen laffen.

142. Es wird weiter zu beachten feien, dafs wir **mehrfache Ausfertigungen derfelben Urkunde mit verfchiedenen Zeugenangaben** finden. Wenn in folchen die Zeugen übereinftimmen, während doch erweislich oder wahrfcheinlich die Ausfertigungen nicht an demfelben Tage entftanden find, fo wird das noch keineswegs auf Handlungszeugen fchlieffen laffen; denn die Annahme läge doch fehr nahe, dafs man die der erften Beurkundung entfprechenden Zeugen in fpäteren Ausfertigungen einfach wiederholt hätte. Ergeben fich aber in einzelnen Fällen Abweichungen in Angabe der Zeugen, fo würden diefe kaum zu erklären feien, wenn es fich zunächft um Handlungszeugen handelte; wir haben dann doch anzunehmen, dafs man darauf Bedacht nahm, die Zeugen der einzelnen Ausfertigung genauer anzupaffen, wie das nach dem § 136 zu St. 3014. 3172 Bemerkten zuweilen auch fchon da zugetroffen zu feien fcheint, wo für die Anführung der Anwefenden noch die Form der Intervenienz beibehalten wurde.

In den beiden Urkunden St. 3286 und 3299, M. Boica 29,259. 262, deffelben Inhaltes und auch überwiegend gleichen Wortlautes, in welchen K. Lothar 1133 Oct. 23 zu Mainz und 1134 Juni 6 zu Merseburg dem Bisthum Bamberg die Abtei Mönchmünfter fchenkt, finden fich ganz verfchiedene Zeugenreihen. Nur vier der zahlreich genannten Zeugen ftimmen in beiden Urkunden; und bei den übrigen ergibt das Vorwiegen fränkifcher Grofsen dort, fächfifcher hier, dafs es fich um die am jedesmaligen Ausftellungsorte Anwefenden handelt.

Die Schenkung der Abtei Niedernburg an Paffau ift vom Kaifer 1161 Jan. 29 zu Como und nochmals Juni 3 vor Mailand verbrieft, St. 3901. 5, M. Boica 29,356. 359. Aber obwohl in der zweiten Ausfertigung mit *huius nostrae donationis testes* beftimmter auf die Handlung hingedeutet zu feien fcheint, finden fich hier von den vierzehn Zeugen der erften nur fünf wieder, zu denen vierzehn dort nicht genannte hinzukommen.

In den verfchiedenen Ausfertigungen des Verzichtes K. Friedrichs auf das Spolienrecht vom 11., 12. und 13. Mai 1216, Reg. Fr. 168 ff., ftimmen allerdings im ganzen und grofsen die Zeugen überein, wie das bei Ausfertigungen, welche an nächftfolgenden Tagen an demfelben Orte entftanden find, natürlich nicht anders zu erwarten ift. Aber es ergeben fich doch auch manche Abweichungen nicht blos in der Stellung und den Titeln, fondern auch in den Perfonen der Zeugen. Der Erzbifchof von Magdeburg wird erft in den Ausfertigungen vom 12. und 13. Mai genannt. Bedeutender ift die Abweichung in einer Ausfertigung vom 12. Mai, Böhmer Acta 240; es fehlen hier der Abt von Hersfeld und der Reichsfchenk; dagegen kommen hinzu der Graf von Dietz, die Grafen von Wirtemberg, die Edeln von Neiffen und der Reichskämmerer.

Die zahlreichen Ausfertigungen des Privilegs für die geiftlichen Fürften, Mon. Germ. L. 2,236, find fämmtlich vom 26. Apr. 1220 datirt, wahrfcheinlich dem Tage der Handlung, vgl. § 111. Aber in den Zeugenangaben zeigen fich Abweichungen. In den für die Kölner Provinz beftimmten Ausfertigungen ift nicht allein die Reihenfolge geändert, fondern es fehlen hier der Reichskanzler und der Bifchof von Havelberg; dagegen fehlt in der Ausfertigung für Strafsburg, Grandidier Oeuvres 3,338, der Erzbifchof von Magdeburg. Aehnliche Abweichungen in den Zeugenangaben zeigen dann auch die verfchiedenen Ausfertigungen des Ediktes gegen die Städte und des Privilegs für die Fürften von 1232, vgl. Mon. Germ. L. 2,287. 292.

Die erörterten Haltpunkte und Beifpiele dürften es an und für fich kaum rechtfertigen, Beziehung der Zeugen auf die Beurkundung als Regel anzunehmen. Mehr Gewicht möchte ich da auf einen andern Umftand legen. Man ift bisher allgemein von der Annahme ausgegangen, dafs die Zeugen der Datirung entfprechen, dafs fie zu der in diefer angegebenen Zeit am angegebenen Orte waren. Ergab fich nun, dafs die Datirung in der Regel der Beurkundung entfprach, ergab fich weiter, dafs ungleich häufiger, als man bisher anzunehmen geneigt war, die Beurkundung erft längere Zeit auf die Handlung folgte, fo müften fich beim Ausgehen von jener Annahme gehäufte Schwierigkeiten ergeben haben, wenn die Zeugen fich in der Regel auf die Handlung beziehen würden. Ift das im allgemeinen nicht der Fall gewefen, fo möchte ich es dadurch vorzüglich rechtfertigen, wenn ich an der Beziehung auf die Beurkundung als Regel fefthalte. Denn der nachweisbaren Ausnahmen ergeben fich fo viele, dafs ich ohne jenes negative Moment es kaum gewagt haben würde, hier noch von einer Regel zu fprechen.

143. Dafs wenigftens fehr häufig Beziehung der Zeugen auf die Handlung anzunehmen ift, ergibt fich zunächft wohl daraus, dafs in folchen Fällen, wo in der Urkunde nicht blos von Zeugen fchlechtweg die Rede, fondern auch angedeutet ift, wofür fie Zeugen find, die gewählten Ausdrücke fich vielleicht häufiger auf die Handlung, als auf die Beurkundung, vgl. § 140, beziehen.

143] Heifst es nicht felten *huius facti testes sunt* oder *testes, qui facto interfuerunt, in quorum presentia hec facta sunt*, fo wird das nicht gerade nothwendig auf die Handlung bezogen werden müffen; auch wenn zunächft die Beurkundung als die zu bezeugende Thatfache ins Auge gefafst war, konnte der Ausdruck verwandt werden; er wird kaum etwas anderes befagen follen, als die am häufigften vorkommende Wendung: *huius rei testes sunt*, welche die Beziehung im Unklaren läfst. Heifst es St. 3418, M. Boica 29,271, in ungewöhnlicher Weife *testes eius rei sunt*, fo wird die dadurch näher gelegte Beziehung auf die Handlung dadurch unterftützt, dafs auch die Datirung unter Acta nur das Jahr nennt; die Urkunde dürfte aber überhaupt kaum in der Kanzlei konzipirt feien.

Beftimmter fcheint es auf die Handlung zu deuten, wenn in Weife der Privaturkunden die Aufzählung der Anwefenden mit Actum eingeleitet wird. So heifst es St. 4791: *acta sunt ista in presentia*, oder Huillard 1,224. 226: *acta sunt hec presentibus*, worauf dann die Datirung mit Datum folgt. Aber in keinem diefer Fälle haben wir beftimmteren Anlafs zu vermuthen, dafs man den ungewöhnlichen Ausdruck wählte, um anzudeuten, dafs die Zeugen wohl der Handlung, nicht aber der Beurkundung entfprechen.

Häufiger erfcheint die Aufzählung der Anwefenden in der Weife näher mit Actum verbunden, dafs fie in die Datirung hineingezogen ift, was zweifellos auf den Brauch der Privaturkunden und Notariatsinftrumente zurückzuführen ift. So fchon St. 4736: *acta sunt haec 1192, ind. 10, 13 kal. martii, praesentibus his principibus —; data — ap. Hagenowe*. Solche Fälle mehren fich dann im dreizehnten Jahrhunderte. Handelt es fich dabei überwiegend um eine mit Actum eingeleitete Datirung, fo findet fich daffelbe doch auch wohl, wenn diefe unter Datum gegeben ift; fo Huillard 1,513. 2,77. 831. In wie weit wir darin ein Zeichen fehen dürfen, dafs man die Zeugen auf die Handlung bezogen wiffen wollte, wird wefentlich davon abhängen, ob wir in folchen Fällen die Datirung überhaupt auf die Handlung zu beziehen haben; und dafs uns da der Ausdruck Actum nicht ficher leitet, wurde § 101 bereits bemerkt.

Deutlicher ergibt fich die Beziehung auf die Handlung, wenn die befondere Art derfelben bemerkt wird, wenn es häufig heifst *testes huius traditionis, donationis, investiture, conventionis sunt*. Nur wird man auch darauf nicht zu grofses Gewicht legen dürfen, da der Sprachgebrauch in Anfchlag zu bringen ift, wonach man nicht felten etwa den Ausdruck *donatio* gebrauchte, wo es genauer *donationis pagina* heiffen follte; vgl. z. B. das § 142 zu St. 3905 Bemerkte. Oft freilich fcheint die genauere Faffung wohl nur Beziehung auf die Handlung zuzulaffen. So etwa St. 3121: *hec enim traditio facta est presentibus;* 3410: *huius actionis testes sunt;* 3624: *testes qui actioni et iudicio interfuerunt;* 4018: *adhibitis testibus — qui ubi prefatum R. de feodo supradicto in-*

vestivimus, presentes affuerunt; 4080: *testes in quorum presentia hec investitura et concessio facta est.* Diese Beispiele liefsen sich leicht mehren.

Insbesondere werden in den Rechtssprüchen die Anwesenden durchweg als beim Urtheile, also bei der Handlung Betheiligte erwähnt. So 1222, M. Germ. L. 2,249: *prolationi sententie interfuerunt hii principes et testes.* Ueblicher ist es bei Rechtssprüchen, die am Urtheile Betheiligten schon in der Narratio aufzuführen. Werden dann an gewöhnlicher Stelle noch Zeugen erwähnt, so begnügt man sich wohl mit einer Zurückverweifung auf die Urtheiler. So Böhmer Acta 253: *acta sunt hec 1223, presentibus principibus supradictis,* nämlich den vorher als Urtheilern Genannten; oder M. Germ. L. 2,453: *testes huius sunt principes superius nominati et alii quam plures principes et fideles nosri.*

144. Auf die Ausdrücke der Urkunden möchte ich allerdings im allgemeinen nicht zu viel Gewicht legen. Sie zeigen immerhin, dafs man in den Zeugen nicht gerade immer in erster Linie Beurkundungszeugen sah. Aber die Zeugen der Handlung und der Beurkundung fielen wohl so oft zusammen, dafs kaum anzunehmen ist, dafs man in Fällen, wo das nicht 'zutraf, den Unterschied bei Wahl der Ausdrücke immer genau beachtete. Die Grundlage für ein sicheres Urtheil werden wir da nur gewinnen können durch die Prüfung der Zeugenreihen einzelner dazu geeigneter Urkunden.

Für solche Prüfung werden natürlich die Fälle nachträglicher Beurkundung länger vergangener Handlungen am geeignetsten seien. Auch dabei handelte es sich mehrfach erweislich nur um Beurkundungszeugen, vgl. § 141. Scheint aber nach den folgenden Angaben in solchen leichter zu kontrollirenden Fällen die Aufführung der Handlungszeugen zu überwiegen, so wird uns das kaum als Mafsstab für das gesammte Verhältnifs dienen können. Gerade dann, wenn längere Zeit seit der Handlung verflossen, konnte es dem Ansehen des königlichen Zeugnisses nicht wohl zu nahe treten, wenn nicht der König allein als Zeuge für die Handlung einstand, deren nähere Umstände ja leicht dem Gedächtnisse des Einzelnen entschwunden seien konnten. Der König war vielleicht gar nicht mehr in der Lage, ein genügend sicheres Zeugnifs abzugeben, wenn ihm nicht vorher die Handlung durch die Zeugen derselben erwiesen war. Das tritt deutlich hervor in der § 82 besprochenen Urkunde St. 3888, wo der Kaiser 1160 in Italien die spätestens 1158 in Deutschland erfolgte Entscheidung eines Rechtsstreites bekundet unter ausdrücklicher Berufung auf das Zeugnifs solcher Grofsen, welche sowohl jetzt bei ihm in Italien, als damals bei dem Rechtsspruche anwesend waren. Auch aus Privaturkunden konnten wir § 63 ein Beispiel anführen, dafs man bei nachträglicher Beurkundung Werth darauf legte, solche Personen aufzuführen, welche zugleich Zeugen der Handlung und der Beurkundung waren.

Noch ein anderer Gesichtspunkt wird da zu beachten sein. Wo

144] alsbaldige Beurkundung durch den König in Ausficht genommen, alfo ein an und für fich durchaus genügendes Beweismittel gefichert war, war die Feftftellung der Handlungszeugen ohne Bedeutung; eher mochte man darauf bedacht feien, durch Anführung von Beurkundungs- zeugen den Beweis der Echtheit jenes Zeugniffes zu erleichtern. War dagegen eine Beurkundung anfangs nicht beabfichtigt, fo war auch bei Handlungen des Königs fpäter der Beweis nur durch die Handlungs- zeugen zu führen, vgl. § 82; und dann wird man, worauf wir zurück- kommen, darauf bedacht gewefen feien, die Namen der Handlungs- zeugen fchriftlich zu fixiren. So fanden wir ja fchon § 132 Fälle, dafs man Verzeichniffe der Handlungszeugen auch für folche Sachen befafs, welche aufferdem vom Könige verbrieft waren. Kam es dann zu nach- träglicher Beurkundung, fo wird diefelbe gewifs oft auf Grundlage fol- cher Handlungsnotizen erfolgt feien; fand man hier die Handlungszeugen verzeichnet, fo ift es fehr erklärlich, wenn diefe nun auch in das Diplom übergingen. Ich glaube daher einerfeits, dafs bei erweislich nachträg- lichen Beurkundungen vorzugsweife Beziehung der Zeugen auf die Hand- lung zu vermuthen feien wird, andererfeits aber auch, dafs das hier fich ergebende Verhältnifs nicht zum Mafsftab für die Häufigkeit der Hand- lungszeugen überhaupt genommen werden darf.

Gerade bei nachträglicher Beurkundung deuten denn auch die ge- wählten Ausdrücke wohl beftimmter auf Handlungszeugen. Wir nahmen § 120 an, dafs bei der Urkunde Huillard 3,432 von 1230 nicht etwa der Monatsnamen verfchrieben, fondern ein zu Hagenau erfolgter Verzicht nachträglich unter Nennung des Ortes der Handlung zu Speier beur- kundet wurde. Das fcheint denn eine weitere Unterftützung darin zu finden, dafs es nicht einfach heifst *testes isti sunt*, fondern hinzugefügt ift: *qui tali interfuerunt renunciacioni;* wegen der verfpäteten Beur- kundung wollte man fie wohl abfichtlich beftimmter als Handlungs- zeugen bezeichnen. Aber von diefer Bezeichnung abgefehen, würde uns hier jeder Halt abgehen, die Sachlage beftimmter zu beurtheilen. Die Zeugen find durchweg Perfonen, welche fich damals in der täglichen Umgebung des jungen Königs befanden, welche eben fo wohl zu Speier, als zu Hagenau bei ihm feien mochten. Je wichtiger und von der bis- herigen Annahme abweichender die Behauptung ift, dafs die Zeugen fich keineswegs immer auf die Beurkundung beziehen, um fo weniger werden wir uns mit folchen, das Verhältnifs nur im allgemeinen andeu- tenden Fällen begnügen dürfen; wir werden nach Haltpunkten fuchen müffen, welche den Beweis geftatten, dafs die genannten Perfonen bei der Beurkundung gar nicht anwefend feien konnten. Wo fich das er- gibt, hat man es bisher wohl als Beweis für die Unechtheit der Urkunde behandelt. Mögen aber einzelne der anzuführenden Fälle auch aus · anderen Gründen nicht unbedenklich feien, fo werden wir daneben eine fo grofse Zahl völlig unverdächtiger finden, dafs fie die Behauptung ge- nügend rechtfertigen, dafs ein anfcheinender Widerfpruch zwifchen

Zeugen und Datirung, der fich durch Beziehung jener auf die Handlung
erklären läfst, für die Annahme der Fälfchung nicht ausreicht.

145. In Einzelfällen wird die Uebereinftimmung der anderweitig bekannten Zeugen der Handlung mit den in der Urkunde genannten Zeugen die Sachlage nicht zweifelhaft laffen können,
da wohl nur in den feltenften Fällen fich die Annahme würde vertreten
laffen, es könnten zufällig die Zeugen der Handlung auch wieder Zeugen der nachträglichen Beurkundung gewefen feien.

Befonders deutlich ergibt fich das Verhältnifs bei dem § 86 befprochenen St. 4140, verhandelt 1164, beurkundet 1172. Die Zeugen
der Handlung kennen wir hier genau aus der bifchöflichen Beurkundung
von 1164. Diefelben Perfonen finden wir nun in der Kaiferurkunde von
1172 genannt. Dafs fie nicht zufällig auch bei der Beurkundung anwefend feien konnten, ergibt fich hier ganz beftimmt daraus, dafs viele
der Zeugen, insbefondere die vier Bifchöfe, 1172 bereits geftorben
waren. Es deutet überdies in der Zeugenreihe felbft das *Reinhardus
praepositus postea episcopus* beftimmter auf das Verhältnifs hin; 1164
noch Probft, wurde er 1171 Bifchof von Wirzburg.

Nach einer Aufzeichnung im Traditionsbuche von Weiffenau, Huillard 1,724. bat der Probft den K. Friedrich, als diefer 1220 zu Weingarten war, um Ueberlaffung eines Waldtheiles. Bei Einbringung diefer
Bitte waren fünf genannte Reichsdienftmannen anwefend, welche diefelbe unterftützten, worauf der König fie gewährte und dem Probfte
den betreffenden Waldtheil übergeben liefs. Als der König dann in
demfelben Jahre nochmals nach Weingarten kam, wahrfcheinlich fünf
Monate fpäter, liefs fich der Probft nachträglich zur gröfsern Sicherheit
die Schenkung vom Könige beurkunden. Auch diefe Urkunde ift erhalten, Huillard 1,723; unter *huius rei testes sunt* nennt fie eben nur
jene fünf Reichsdienftmannen, welche demnach als Zeugen der Handlung aufgeführt feien müffen, wenn wir nicht annehmen wollen, gerade
nur fie feien zufällig auch wieder Zeugen der Beurkundung gewefen.

146. Schon der Fall St. 4140 führte uns auf die Anführung zur
Zeit der Beurkundung verftorbener Zeugen. Sind die bezüglichen Urkunden echt, fo können fich folche Zeugen natürlich nicht
auf die Beurkundung beziehen, falls wir für diefe die Zeit der Datirung
als mafsgebend zu betrachten haben. Es mag nun feien, worauf wir
zurückkommen, dafs in folchen Fällen die Zeugen nicht gerade auf die
Handlung, fondern auf eine frühere Stufe der Beurkundung zu beziehen
find. Wir laffen diefen Unterfchied hier auffer Acht, fuchen nur überhaupt Fälle feftzuftellen, bei welchen die Zeugen fich auf einen früheren
Zeitpunkt, als den in der Datirung genannten beziehen müffen, was dann
doch überwiegend, zumal bei gröfserem Zeitabftande, der der Handlung
feien wird.

Gegen die Echtheit von St. 2938 von 1097 Nov. 10 läfst fich, nachdem der von Erhard Reg. Weftf. n. 1268 betonte irrige Titel des Kai-

146] fers in dem vollständigen Abdrucke Stumpf Acta 88 sich richtig
stellt, insbesondere nur noch die Aufführung des Bischof Volkmar von
Minden als Zeugen geltend machen, der, wenn sein Todesjahr auch
nicht ganz sicher ist, spätestens 1196 ermordet seien dürfte. Der Beziehung auf die Handlung scheint hier freilich entgegenzustehen, dafs
mit *hanc paginam — conscribi fecimus et impressione nostri sigilli insigniri iussimus presentibus principibus regni* die aufgezählten Fürsten
bestimmt als Beurkundungszeugen bezeichnet zu werden scheinen.

Um so sicherer erscheint ein anderer Fall. St. 3515, Bresslau Dipl.
c. 63, ist im Originale datirt aus Fulda 1146 Aug. 2. Bischof Egilbert
von Bamberg, der in ihr Zeuge ist, starb aber bereits 1146 Mai 29
Jaffé Conr. 80 hielt daher die Urkunde für verdächtig. Dem Originale
gegenüber gab Stumpf diese Ansicht auf, nahm an, dafs im Originale
augusti ein Versehen statt *madii* sei, und reihte danach ein. Nun hat
schon Bresslau a. a. O. 180 dagegen bemerkt, dafs es in der Urkunde
heifse *testes sub quorum presentia hec acta et firmata sunt*, die Zeugen
sich demnach recht wohl auf eine frühere Handlung beziehen könnten.
Diese Annahme stöfst nicht allein auf keine Schwierigkeit, sondern findet die bestimmteste Unterstützung. Es handelt sich um eine Schenkung
an Hersfeld, zunächst dadurch veranlafst, dafs die Königin dort Apr. 14
verstorben war. Die Schenkung selbst haben wir fast zweifellos in den
Mai und nach Nürnberg zu setzen. Denn nach St. 3516 waren von den
eilf Zeugen unserer Urkunde der Bischof von Bamberg, die Aebte von
Eberach und Halsbrunn, Herzog Friedrich und Pfalzgraf Hermann am
14. Mai beim Könige zu Nünberg; zumal die Uebereinstimmung bezüglich der selten am Hoflager erscheinenden Aebte kann schwerlich eine
zufällige sein. Auch gehört zweifellos in dieselbe Zeit eine andere Schenkung für das Seelenheil der verstorbenen Königin an Halsbrunn, St. 3518.
Der anscheinende Widerspruch scheint hier doch seine ganz sichere Erklärung darin zu finden, dafs der verstorbene Bischof nur Handlungs-
zeuge war.

St. 3597, Stumpf Acta 144, wird von Stumpf zögernd zu 1152
Jan. 8 Basel eingereiht, weil der als Zeuge genannte Konrad von Zähringen am 8. Jan. starb, der König aber Jan. 7 noch zu Konstanz, dann
Jan. 12 zu Freiburg war. Dafs die Urkunde zwischen beide Daten zu
setzen ist, ist allerdings sehr wahrscheinlich; aber wenigstens bei Annahme
der Uebereinstimmung des urkundlichen mit dem thatsächlichen Itinerar
gewifs nicht schon auf Jan. 8. Gerade diesen Tag anzunehmen sind wir
aber nicht genöthigt, sobald zugegeben ist, dafs die Zeugen sich auch
auf einen frühern Zeitpunkt beziehen können.

Wir wiesen § 103 nach, dafs bei Reg. Henr. (VII.) 64 die Datirung
von 1224 Sept. 20 sich nur auf eine der Beurkundung mehr als ein Jahr
vorausgehende Handlung beziehen kann, da im Texte Engelbert von
Köln als verstorben bezeichnet wird. Eröffnet eben dieser die Reihe der
Zeugen, so beziehen sich natürlich auch diese auf die Handlung. Ebenso

ergab fich bei dem § 121 befprochenen Falle Reg. Fr. II. 670 von 1230 Aug., dafs der als Zeuge genannte Herzog von Oefterreich fchon im Juli geftorben war.

Böhmer wies bereits darauf hin, dafs in dem Privileg K. Rudolfs für Wien aus Wien 1278 Juni 24, Reg. Rud. 451, Lambacher Interregnum 166, Zeugen und Datirung nicht ftimmen. Denn Bifchof Leo von Regensburg war bereits 1277 Juli 12 geftorben; es find weiter vier der Zeugen an demfelben Tage zu Hagenau nachweisbar, Reg. Reichss. 131, während auch des Königs Sohn Albrecht fchwerlich zu Wien gewefen feien kann. Böhmer und Andere dachten zunächft an falfche Datirung; dafs das unzuläffig fei, ift von Lorenz in den Wiener Sitzungsber. 64, 84 nachgewiefen. Diefer, wie nachträglich auch fchon Böhmer, erklärte dann die Urkunde für unecht. Ich gehe auf die Frage der Echtheit um fo weniger ein, als die Veröffentlichung einer eingehendern, die Echtheit vertheidigenden Unterfuchung von Tomafchek in der Sitzung der kaiferl. Akademie vom 17. Mai 1876 angekündigt wurde. Es mag genügen, hier darauf hinzuweifen, dafs fo manchen andern ahnlichen Fällen gegenüber wenigftens jener Widerfpruch die Unechtheit nicht erweifen kann.

147. Einen entfprechenden Halt kann die erweisbare Nichtanwefenheit einzelner Zeugen bei der Beurkundung geben, wie wir § 99 Aehnliches bezüglich der Intervenienten geltend machten, bei denen freilich die Sachlage von vornherein nicht zweifelhaft ift. Für Zeugen weifs ich da abgefehen von dem zuletzt befprochenen nur auf einige keineswegs zweifellofe Fälle hinzuweifen.

St. 4151, Böhmer Acta 124, zweifellos echt, aus Worms 1173 Nov. 29, ift in ungewöhnlicher Weife nicht vom Kanzler, fondern vom Protonotar rekognoszirt. Das follte doch auf Abwefenheit des Kanzlers fchlieffen laffen, der aber unter den Zeugen erwähnt wird. Die ganze Faffung der Urkunde, insbefondere auch die Bezeichnung der Zeugen als folche, *qui presentes fuerunt*, würde nachträglicher Beurkundung recht wohl entfprechen. Von Bedeutung wird die Frage insbefondere dadurch, dafs auch Erzbifchof Chriftian von Mainz unter den Zeugen genannt wird. Wollte man die Urkunde gemäfs Indiktion und Königsjahr zu 1172 fetzen, fo wäre feine Anwefenheit beftimmt ausgefchloffen; er war damals nachweislich in Tuszien. Dafs er Ende 1173 in Deutfchland gewefen fei, fcheint fich allerdings auch anderweitig zu beftätigen. Ich felbft wies § 105 darauf hin, dafs die ihn nennende Zeugenreihe der verdächtigen Urkunde St. 4065 einer echten Vorlage von Ende 1173 entnommen feien dürfte. Weiter hat Varrentrapp Chriftian 61. 101 auf eine 1173 zu Bingen ausgeftellte Urkunde Chriftians, Bodmann Rheing. Alterth. 235, aufmerkfam gemacht. Aber bei den Unregelmäffigkeiten, welche wir § 51.68 gerade aus der Mainzer Kanzlei diefer Zeit nachwiefen, würde mir auch die Annahme nicht zu gewagt fcheinen, man habe während Chriftians Abwefenheit in Deutfchland auf feinen Namen

147] geurkundet oder er habe in Italien trotz der Einleitung mit *datum*
Ort und Zeugen nach der in Deutfchland gefchehenen Handlung beibehalten. Auffallend bleibt mir feine Rückkehr nach Deutfchland immerhin. Andererfeits müfste wieder die Zeugenreihe, wenn fie einer vor
feiner Legation gefchehenen Handlung entfprechen follte, bis 1171
zurückgerückt werden. Ift damit die Erwähnung des Konrad als Erwählten von Worms noch vereinbar, fo ift Gottfried erft 1172 Kanzler
geworden; wir müfsten alfo annehmen, er fei fchon in feiner früheren
Stellung Zeuge gewefen. Als Beleg für unfern nächften Zweck werden
wir die Urkunde bei fo zweifelhafter Sachlage gewifs nicht verwerthen
können. Aber da fie in fo manche Fragen eingreift und leicht noch
Anlafs zu weiterer Erörterung bieten könnte, fo glaubte ich doch auf
die Möglichkeit hinweifen zu follen, dafs in ihr Zeugen einer früheren
Handlung genannt feien könnten.

Beftimmter würde fich das Verhältnifs ergeben bei St. 4116, Böhmer Acta 123, wenn daffelbe nach dem im Originale genannten Inkarnationsjahre zu 1172, nicht aber nach der Indiktion zu 1170 zu fetzen
wäre; und im allgemeinen wird beim Widerfprechen der Jahresangaben
doch eher anzunehmen feien, dafs die eine zu niedrig, als dafs die andere
zu hoch angegeben wurde. Nun war aber, wie Stumpf für feine Einreihung zu 1170 geltend macht, der als Zeuge genannte Heinrich der
Löwe 1172 in Paläftina.

Ich zweifle nicht, dafs fich noch beftimmtere Belege dafür finden
werden, dafs einzelne Zeugen bei der Beurkundung nicht anwefend
feien konnten. Aber einen folchen Beweis für einzelne Perfonen mit
voller Sicherheit führen zu können, fetzt eine befonders günftige Sachlage voraus, welche fich überdies meiftens nur bei eingehenderen Einzelforfchungen bemerklich machen wird.

148. Günftiger liegen die Verhältniffe oft, wenn wir nicht einzelne
Perfonen, fondern die Gefammtheit oder doch eine Mehrzahl von Zeugen ins Auge faffen. Es wird fich dann vielleicht von keiner einzelnen
Perfon mit Sicherheit nachweifen laffen, dafs fie bei der Beurkundung
nicht anwefend feien konnte. Aber das Nichtpaffen einer Mehrzahl von Zeugen zum Orte der Beurkundung tritt dann oft fo
auffallend hervor, dafs es Beziehung auf die Handlung faft zweifellos
macht, zumal fich dann durchweg ergibt, dafs die Zeugen dem ausdrücklich genannten oder doch mit Sicherheit zu vermuthenden Orte
der Handlung durchaus entfprechen.

Wir fuchten § 118 nachzuweifen, dafs bei St. 3348 die Handlung
1136 zu Bardewik, die Beurkundung aber erft 1137 in Italien erfolgte.
Dafs dann aber auch die Zeugen, durchweg Norddeutfche aus der nähern
Umgebung des Ortes, nur der Handlung, nicht der Beurkundung entfprechen können, bedarf keines nähern Nachweifes.

Wo es fich nicht um allgemeine Reichstage oder etwa um Kriegs-
züge handelt, da werden wir die Grofsen eines Landes in gröfserer Zahl

nur im Lande felbft beim Könige erwarten dürfen. Auch wo eine Orts-angabe ganz fehlt, läfst die Heimath der Mehrzahl der Zeugen gewöhn-lich leicht erkennen, in welche Gegend die Zeugenreihe gehört. Nun hat St. 3244, M. Boica 15,263, vom 26. Mai 1129 aus Stöckey weftlich von Nordhaufen datirt, eine grofse Zahl überwiegend baierifcher Zeu-gen, während mit Ausnahme des Bifchofs von Merfeburg keiner nach Norddeutfchland gehört; die Reihe fchliefst zudem mit Minifterialen, welche nach baierifcher Sitte *per aurem attracti* waren. Da nun weiter auch die Handlung nach den Angaben des Textes nach Regensburg gehört, fo wird für die Zeugen zweifellos daffelbe anzunehmen feien. Eine ganz entfprechende Sachlage ergibt fich dann für St. 4099, M. Boica 10,42, mit ausfchliefslich baierifchen Zeugen und nach Baiern gehörender Handlung, aber datirt aus Heiligenftadt 1169 Jan. 20. Vgl. auch, was § 134 zu St. 3083, aus Münfter mit baierifchen Zeugen, be-merkt wurde.

Wir wiefen § 95.98 darauf hin, wie unwahrfcheinlich es ift, dafs die Handlung zum Orte der Beurkundung gehöre, wenn der König ganz kurz vorher am Aufenthaltsorte des Empfängers oder an dem Orte, wo derfelbe den Hof zu fuchen pflegte, gewefen war. Eine ganz ähnliche Sachlage findet fich nun wohl bezüglich der Zeugen. Ift da auf die an-gefehenen Grofsen, welche den König längere Strecken begleiten moch-ten, weniger Gewicht zu legen, fo ift bei weniger angefehenen Perfonen gewifs fehr häufig der Schlufs gerechtfertigt, dafs fie in einiger Entfer-nung von ihrem vom Könige kurz vorher berührten Aufenthaltsorte fchwerlich noch am Hofe gewefen feien werden, dafs, wenn ein Ein-zelner dem Hofe folgen mochte, um etwa das inzwifchen gefertigte Di-plom in Empfang zu nehmen, das für eine Mehrzahl gewifs nicht anzu-nehmen ift.

Rheinaufwärts ziehend beftätigt der Kaifer, St. 4159, Lacomblet U. B. 1,315, der Abtei Siegburg ihre Privilegien zu Sinzig 1174 Mai 9. Unter den Zeugen findet fich der Schultheifs von Siegburg und fein Bruder und der Zöllner von Siegburg; dann der Vogt von Köln und andere auf die Umgebung Kölns deutende Perfonen. Dafs diefe dem Kaifer auch nur bis Sinzig nachgezogen, ift doch ganz unwahrfchein-lich; auch mag zu beachten feien, dafs Konrad von Sinzig, der in der an demfelben Tage ausgeftellten St. 4160 Zeuge ift, hier fehlt. Der Sachverhalt dürfte doch der gewefen feien, dafs die Beftätigung zu Köln nachgefucht und gewährt und in der Urkunde die Handlungszeugen genannt wurden.

Der Stadt Worms beftätigt der Kaifer St. 4370, Stumpf Acta 222, ihre Privilegien zu Strafsburg 1184 Jan. 3. Unter den Zeugen wird weder der Bifchof, noch fonft ein auf Strafsburg deutender Zeuge ge-nannt; dagegen fieben aus Worms, während doch kaum anzunehmen ift, dafs eine Reihe Wormfer Domherren den Kaifer zu Strafsburg aufgefucht haben follte. Aehnliches möchte ich annehmen bei St. 4743

148] für Hagenau zu Speier, und bei St. 5010 für Strafsburg zu Enheim ausgeftellt.

149. Das Gewicht folcher Beweisführung kann fich nun noch fehr ftärken durch das Nichtübereinftimmen mit anderen der Beurkundung entfprechenden Zeugenreihen. Allerdings find nicht gerade alle beim Kaifer Anwefenden in jeder Urkunde Zeugen; in Urkunden deffelben Tages finden fich manche Abweichungen in der Zeugenangabe; aber doch nicht leicht fo, dafs die Zeugenreihen in gleichzeitig entftandenen Urkunden durchaus verfchiedene wären. Ift das dennoch der Fall, fo werden wir um fo ficherer hier oder dort auf ausnahmsweife Beziehung der Zeugen auf die Beurkundung zu fchliefsen haben; und wo das zutrifft, kann dann nach fonftigen Haltpunkten nicht leicht zweifelhaft feien.

Die deutfchen Grofsen, welche den König auf Zügen nach Italien begleiteten, find uns aus den dort ausgeftellten Urkunden durchweg genau bekannt. Finden wir nun bei St. 4092, Böhmer Acta 121, in Italien 1167 entftanden, keinen der Zeugen in den andern von diefem Zuge bekannten Zeugenreihen wieder, fo werden wir auf Handlungszeugen zu fchliefsen haben, was dadurch unterftützt wird, dafs nach den Angaben der Urkunde felbft die Handlung auf einem Hoftage zu Wirzburg, wahrfcheinlich 1165, vorgenommen war.

St. 4284, Cod. Moraviae 1,301, ift nach den Angaben der Urkunde felbft verhandelt auf einem Hoftage zu Eger, aber datirt von Magdeburg 1179 Juli 1. Die Grofsen, welche damals zu Magdeburg waren, faft ausfchliefslich Sachfen, kennen wir genau aus St. 4282. 83; nicht ein einziger von ihnen wird in der Zeugenreihe von St. 4284 genannt. Und dazu kommt, dafs die Zeugenreihe an und für fich kaum einen Zweifel laffen könnte, ob fie nach Eger oder Magdeburg gehört; fie nennt ausfchliefslich baicrifche, oftfränkifche und böhmifche Grofse.

Auffallen kann auch, dafs St. 4051, Huillard 4,371, für ein burgundifches Klofter 1165 Sept. 19 zu Worms ausgeftellt, auffer dem Bifchofe von Worms nur eine lange Reihe ausfchliefslich burgundifcher Zeugen nennt, von denen wir keinen in den Sept. 24 und 26 zu Worms ausgeftellten Urkunden St. 4052. 53 wiederfinden, deren zahlreiche, unter fich grofsentheils übereinftimmende Zeugenreihen mit jener lediglich in dem Bifchofe von Worms ftimmen. Da aber das Erfcheinen der Burgunder zu Worms, welche den Erwählten von Bifanz an den Hof begleitet haben mochten, an und für fich nicht auffallen kann, der Kaifer in der nächftvorhergehenden Zeit nicht in Burgund gewefen zu feien fcheint und die Ausfertigung der Urkunden mehrere Tage auseinanderliegt, fo dafs die Burgunder inzwifchen zurückgekehrt feien mochten, fo dürfte der Fall doch eher als ein folcher zu betrachten feien, der zur Vorficht mahnt, einem einzelnen, wenn auch noch fo auffallenden Haltpunkte nicht zu viel Gewicht beizulegen, wenn er nicht durch die fonftigen Umftände unterftützt wird.

150. Einen weiteren fehr beachtenswerthen Haltpunkt bietet oft die Uebereinſtimmung mit anderen der Handlung entſprechenden Zeugenreihen. Durch bloſſen Zufall werden ſich Zeugenreihen, welche nicht derſelben Zeit angehören, nicht leicht in weiterem Umfange übereinſtimmend geſtalten können. Zeigt ſich ſolche Uebereinſtimmung, ſo finden wir durchweg den Grund darin, daſs es ſich wenigſtens um Gleicheit des Ortes handelt und die angeführten Perſonen ſolche ſind, welche gerade an dieſem Orte den Hof zu ſuchen pflegten, oder überhaupt durch längere Zeit dauernd am Hofe waren. Und wenn es nicht befremden kann, wenn etwa in Urkunden, welche zu Regensburg in verſchiedenen Jahren gefertigt ſind, dieſelben Fürſten genannt werden, ſo würde eine ſtarke Uebereinſtimmung der weniger angeſehenen Zeugen ſelbſt unter ſolchen Verhältniſſen auffallen müſſen. Die Vermuthung, daſs in einer Urkunde Handlungszeugen genannt ſeien, kann daher oft eine faſt zweifelloſe Beſtätigung dadurch erhalten, daſs ſich gröſsere Uebereinſtimmung mit Zeugenreihen aus der Zeit und von dem Orte ergibt, welchen die Handlung erweislich oder muthmaſslich angehört.

Von beſonderm Intereſſe iſt der bereits § 80 erwähnte Fall St. 4287. In undatirter Urkunde bekundet der Kaiſer, daſs er, *dum essemus in Ytalia*, eine durch den Erzbiſchof Philipp von Köln vorgenommene Verpfändung beſtätigt habe. Für die Beſtimmung der Zeit der Ausfertigung der Urkunde ging man bisher von den Zeugen aus, dieſe nach der üblichen Annahme auf die Beurkundung beziehend. Lacomblet ſetzte ſie danach zu April 1179, was auch dadurch unterſtützt ſcheint, daſs der Kaiſer damals St. 4276 ähnlichen Inhaltes ausſtellte. Stumpf dagegen reihte ſie zu Juli 1179 ein, weil die Zeugen meiſtens gleich ſeien mit denen der damals zu Magdeburg ausgeſtellten Urkunden; trifft das aber ebenſo, wie im April, nur drei von den dreizehn Zeugen, ſo war doch kaum ein Grund, von der noch anderweitig begründeten Annahme Lacomblets abzugehen. Aber die Zeugen können in dieſer Richtung überhaupt keinen Halt bieten, da ſie zweifellos Handlungszeugen ſind. Deutet darauf ſchon der Ausdruck: *super hoc facto testes fuerunt*, ſo möchte ich dem allerdings ausſchlaggebende Bedeutung nicht beimeſſen. Entſcheidend iſt die Zeugenreihe in St. 4181 von 1176 Juli 29 aus Pavia; auſſer dem Erzbiſchofe Philipp ſelbſt finden wir hier fünf von den ſechs geiſtlichen Fürſten, dann die drei angeſehenſten Laien wieder, eine Uebereinſtimmung, welche natürlich nicht auf Zufall beruhen kann und die Beziehung der Zeugen auf die Handlung um ſo ſicherer erweiſt, als wir ohnehin wiſſen, daſs dieſe in Italien ſtattfand.

Es muſs an und für ſich auffallen, daſs in St. 4477, Hormayr Geſch. v. Tirol 2,113, für Kloſter Innichen, datirt aus Gingen 1187 Apr. 19, alle Zeugen, mit Ausnahme der Erzbiſchöfe von Mainz und Magdeburg, Baiern angehören; wo wir ſechs baieriſche Biſchöfe zuſammen als Zeugen finden, da iſt wohl an und für ſich an Regensburg zu denken. Finden

150] wir nun überdies in St. 4475 aus Regensburg 1187 März 5 fämmtliche eilf Zeugen bis auf den Bifchof von Brixen und den Probft von Innichen genannt, fo kann doch gar nicht mehr zweifelhaft feien, dafs die Zeugen fich auf die Handlung beziehen.

Wurde § 126 für Böhmer Acta 236 von 1214 auf die auffallende Uebereinftimmung mit der Zeugenreihe einer ganz anders datirten Urkunde hingewiefen, fo kann es in diefem Falle bei der fonftigen Sachlage zweifelhaft bleiben, ob das gerade Handlungszeugen erweifen mufs. Suchte ich aber § 113 zu erweifen, dafs Reg. Henr. (VII.) 71 erft 1226 gefertigt, aber nach der Handlung aus Bern 1224 datirt fei, fo entfprechen diefer zweifellos auch die Zeugen wegen der Uebereinftimmung mit anderen, 1224 zu Bern ausgeftellten Urkunden.

K. Heinrich hielt 1227 März einen zahlreich befuchten Hoftag zu Aachen. Die nächftfolgende Urkunde für das Stift zu Aachen, Reg. 139, Huillard 3,320, ift datirt aus Oppenheim Apr. 5. Die Handlung gehört gewifs nach Aachen; aber bei Vergleich mit den zu Aachen ausgeftellten Urkunden zweifellos auch die unter *testes huius facti sunt* aufgeführten Zeugen. Alle Fürften waren zu Aachen und haben dann ficher nicht den König in fo grofser Zahl nach Oppenheim begleitet; noch beftimmter deuten mehrere der weniger angefehenen Zeugen auf Aachen.

Dafs bei den Urkunden Böhmer Acta n. 324 von 1228, dann bei der zweiten Ausfertigung von Reg. Henr. (VII.) 304 von 1233 die Zeugen fich wegen Uebereinftimmung mit der Handlung entfprechenden Reihen fich nur auf diefe beziehen können, wurde bereits § 101 bemerkt.

Vergleichen wir fämmtliche befprochene Fälle von Handlungszeugen, fo find das nur zum geringeren Theile folche, bei welchen auch die Datirung abweichend von der Regel nicht der Beurkundung, fondern der Handlung entfpricht, wo es demnach nicht befremden und nicht irre leiten kann, daffelbe Verhältnifs bei den Zeugen wiederzufinden. Zum gröfsern Theile find es Fälle, bei denen die Datirung der Beurkundung entfpricht. Es ergibt fich alfo, wie das fchon § 141 bezüglich der Beurkundungszeugen bemerkt wurde, kein feftftehendes Verhältnifs zwifchen Zeugen und Datirung; und da auch die Art der Anführung der Zeugen uns überwiegend über die Beziehung derfelben im Unklaren läfst, fo liegt es auf der Hand, wie bedenklich es in Einzelfällen feien kann, nach der bisher üblichen Annahme die Angaben der Datirung auch für die Zeugen als mafsgebend zu betrachten.

151. Ein weiterer irreleitender Umftand ift der, dafs wir in den Zeugen zuweilen überhaupt nicht Zeugen des Königs, weder für die Beurkundung, noch für die Handlung zu fehen haben, fondern in Königsurkunden die Zeugen der beftätigten Privathandlung aufgeführt find, ohne dafs das Verhältnifs gerade immer genügend kenntlich gemacht wäre. Bereits § 132 wurde darauf hingewiefen, dafs das vereinzelte Aufführen von Zeugen in Königsurkunden in Zeiten,

wo daſſelbe im allgemeinen noch nicht üblich war, zuweilen daraus zu erklären iſt. Als es üblicher wurde, die beim Könige Anweſenden zu verzeichnen, findet ſich wohl beides in derſelben Urkunde. So gehört ſchon St. 2896, Miraeus 1,164, von 1089, die von Stumpf anſcheinend beanſtandete Zeugenreihe nach den ausdrücklichen Angaben des Textes nur zu der beſtätigten Privathandlung, während dann die Zeugen der Beſtätigung in die Datirung eingeſchoben ſind; doch ergeben ſich gegen die Urkunde auch ſonſtige Bedenken. St. 3083 ſind auſſer den im Texte als Intervenienten aufgeführten Groſsen am Schluſſe die Traditionszeugen angegeben; vgl, § 134. Seit es dann üblich wurde, die anweſenden Groſsen am Schluſſe als Zeugen aufzuführen, finden ſich auſſerdem im Texte wohl die Zeugen der Privathandlung genannt; ſo St. 3208. 9. 31. 3319. Kann das nicht wohl irreführen, ſo ergeben ſich nun auch für die Zeit, wo die Aufführung der Zeugen des Königs allgemein üblich war, Fälle, in welchen ſichtlich nur die Privatzeugen angeführt ſind.

In St. 3523, M. Boica 29,294, von 1146, finden ſich an der gewöhnlichen Stelle der Zeugen der Königsurkunden zwei Zeugenreihen, eingeleitet mit *testes, qui praesentes fuerunt in collatione decimationis, hii sunt,* und *in traditione vero ipsius allodii testes, qui affuerunt, hii sunt.* Aber es ſind nicht Handlungszeugen des Königs, wie man erwarten ſollte; aus dem Texte der Urkunde ergibt ſich· beſtimmt, daſs es ſich dort um eine Handlung des Biſchofs von Wirzburg, hier eines Delegirten des Königs handelt, welche der bei beiden nicht anweſende König nur beſtätigt.

St. 4076, Steierm. U. B. 1,722, von 1166 Okt. 15, erhalten in Transſumpt K. Friedrichs II., war von Stumpf nicht beanſtandet, während Zahn, Steierm. U. B. 1, Vorr. XXXVII, geneigt iſt, ſie als Fälſchung zu betrachten. Als Hauptverdachtsgrund betrachtet er, daſs die Kaiſerurkunde ſämmtliche Zeugen der beſtätigten markgräflichen Urkunde von 1160 wiederholt, welche doch gewiſs nicht 1166 ebenſo und zwar beim Kaiſer zuſammengeweſen ſeien dürften. Aber in der Kaiſerurkunde iſt mit *adhibitis testibus, qui in privilegio marchionis continentur,* ausdrücklich auf den Sachverhalt hingewieſen. So ungewöhnlich ein ſolches Vorgehen der Kanzlei ſeien mag, ſo wird uns der Umſtand zur Verwerfung der Urkunde doch ſchwerlich berechtigen.

Reg. Fr. II. 107, Huillard 1,342, beſtätigt der König zu Hagenau 1214 Dez. 6 eine vom Stifte Rasdorf im Fuldiſchen eingegangene Einigung. An der gewöhnlichen Stelle der Zeugen heiſst es: *acta vero sunt hec coram honestis personis presentibus et discretis,* worauf ausſchlieſslich Mitglieder des Stiftes und andere Geiſtliche aus dem Fuldiſchen genannt werden. Daſs das nur die Zeugen der beſtätigten Handlung ſind, wie auch ſchon die Faſſung das nahe legt, kann nicht wohl einem Zweifel unterliegen. In einer Urkunde des Königs vom vorhergehenden Tage, Reg. 106, finden wir durchaus andere Zeugen, welche dem Ausſtellorte Hagenau entſprechen.

17*

152. Ungleich bedenklicher ift eine andere Unregelmäffigkeit, die
willkürliche Vermengung von Handlungszeugen und Beurkundungszeugen, wie wir dafür auch aus Privaturkunden § 68 einige
Fälle anführen konnten. Fanden wir § 137 Königsurkunden, in welchen
fowohl die Handlungszeugen, als die Beurkundungszeugen aufgeführt
find, fo wurden diefelben ausdrücklich auseinandergehalten und gekennzeichnet. Aber es läfst fich nun weiter nachweifen, dafs zuweilen beide
Arten von Zeugen ganz willkürlich zufammengeworfen wurden, während in der Urkunde eine bezügliche Andeutung überhaupt oder wenigftens die Scheidung der beiden Zeugenklaffen fehlt.

Es ift ein befonders günftiger Umftand, dafs wir wenigftens in
einem Falle das willkürliche Vorgehen der Kanzlei bei der Zeugenaufführung ganz unmittelbar verfolgen können. In St. 4420.21, Stumpf
Acta 227, hat fich nämlich für ein und diefelbe Handlung ein Diplom
und ein vom Hofnotar gefertigtes Inftrument erhalten. Das letztere be-
fagt, dafs 1185 Juni 30 der Kaifer Boten der Stadt Alba mit den Regalien inveftirte; *actum in palacio predicti d. imperatoris de Taurino
presente G. cancellario et W. Astense episcopo et T. comite de Lesche-
monde et aliis multis*; das ift die Anführung der Anwefenden, wie fie
auch fonft in Notariatsinftrumenten üblich ift. Es heifst dann weiter:
*predictus d. imperator in presentia d. Astensis episcopi, T. castellani
et potestatis de Nono* und anderer bisher nicht Genannter *hoc instrumentum fieri precepit*. Die bei der Handlung und dem Befehle Anwefenden waren alfo zweifellos nicht diefelben. Auffallenderweife werden
dann noch unter *interfuerunt predicte investiture testes* der Graf von
Blandrate, Grandisvillanus von Pavia und Heinrich von Quadordio genannt. Werden diefe als Zeugen von denen gefchieden, welche einfach
als bei der Handlung anwefend aufgeführt find, fo wird der Grund der
feien, dafs nur fie als Zeugen im engern Sinne des Wortes zu faffen find,
da die Inveftitur unter Zeugnifs anderer italienifcher Kronvafallen gefchehen follte. Vergleichen wir nun das Diplom, fo ergibt fich, worauf
wir zurückkommen, dafs diefes feinem ganzen Umfange nach auf dem
Inftrumente beruht. Insbefondere werden aber unter *huius rei testes
sunt* genau diefelben Perfonen, welche diefes als Anwefende oder Zeugen nennt, in einer Reihe, ohne alle weitere Unterfcheidung aufgeführt,
nur mit Rückficht auf die Rangverhältniffe etwas abweichend geordnet,
indem der Bifchof von Afti dem Kanzler vorgeftellt ift. Die Unterfchiede, welche der Notar zwifchen der Handlung und dem Befehl zur
Fertigung des Inftrumentes, zwifchen bloffen Anwefenden und Zeugen
machte, find alfo hier verwifcht. Können wir das zufällig in diefem
einen Falle, wo der Unterfchied allerdings nicht ftark ins Gewicht fällt,
verfolgen, fo wird es nicht befremden können, wenn ein ähnliches Zufammenwerfen fich auch in Fällen ergibt, wo die verfchiedenen Arten
der Zeugen verfchiedenen Orten und weiter auseinanderliegenden Zeiträumen entfprechen.

Wir befprachen bereits § 145 die Urkunde St. 3515, datirt aus Fulda 1146 Aug. 2. Es ergab fich, dafs der damals fchon verftorbene Bifchof von Bamberg, dann vier andere Perfonen zweifellos als Zeugen der im Mai zu Nürnberg vorgenommenen Handlung zu betrachten feien. Aber es ift das nicht für alle Zeugen anzunehmen. Schon der Ausdruck *testes sub quorum presentia hec acta et firmata sunt*, deutet darauf hin, dafs es fich um Zeugen der Handlung und Beurkundung handelt, welche bei nachträglicher Beurkundung an anderem Orte auch von dem verftorbenen Bifchofe abgefehen natürlich nicht zufällig diefelben Perfonen feien können. Alle Zeugen nun, welche oben nicht genannt find, nämlich der Abt von Fulda, der Graf von Henneberg und fein Bruder, der Graf von Ziegenhain und fein Bruder von Reichenbach, dann Gifo von Hildenburg, gehören einem Gebiete an, welches auch dann auf Fulda als Ort ihres Zufammenfeiens fchlieffen laffen dürfte, wenn dasfelbe nicht ausdrücklich als Ausftellungsort genannt wäre. Zudem ift keine einzige diefer Perfonen in den drei im Mai zu Nürnberg ausgeftellten Urkunden Zeuge. Es wird demnach nicht zu bezweifeln feien, dafs ein Theil der Zeugen fich auf die Handlung im Mai zu Nürnberg, ein anderer auf die Beurkundung im Auguft zu Fulda bezieht.

Für St. 3758 wurde § 105 nachgewiefen, dafs die Datirung fich auf die Handlung beziehen müffe, welche 1155 Okt. auf einem Hoftage zu Wirzburg vorgenommen wurde. Dagegen ergab fich, dafs nach den Titeln mehrerer Zeugen die Beurkundung erft in den letzten Monaten 1156 erfolgt feien könne. Trotzdem wird für die Mehrzahl der Zeugen nicht zu bezweifeln feien, dafs fie Handlungszeugen find. Die auf dem Wirzburger Tage 1155 Anwefenden kennen wir aus St. 3729, dann aus der St. 3767 ausdrücklich auf die Handlung bezogenen Zeugenreihe. Von diefen finden wir auch in unferer Urkunde genannt die geiftlichen Fürften von Magdeburg, Wirzburg, Speier, Bamberg, Fulda, den Herzog Friedrich, Landgrafen Ludwig, Markgrafen Albert, Pfalzgrafen von Wittelsbach, die Grafen von Henneberg, Werthheim, Abensberg, Rheineck und Marquard von Grumbach, während von den angefehenern Grofsen niemand fehlt, als der Bifchof von Brandenburg und Markgraf Conrad. Das ift eine fo auffallende Uebereinftimmung, dafs mir die Annahme eines Zufalles durchaus unzuläffig erfcheint. Vergleichen wir etwa den zahlreich befuchten Wirzburger Hoftag von 1156 Juni, zu dem unfere Urkunde in den Mon. Boica gefetzt ift, fo ergibt fich da nicht allein eine Uebereinftimmung nur in neun, ftatt vierzehn Perfonen, fondern es würden überdies allein von geiftlichen Fürften noch zehn anwefend gewefen fein, welche in unferer Urkunde trotz der grofsen Ausdehnung ihrer Zeugenreihe nicht genannt wären. Ich möchte daher gar nicht bezweifeln, dafs auch die Zeugen fich zunächft auf die Handlung im Oct. 1155 beziehen. Finden fich nun aber in der Reihe auch Arnold von Mainz und Heinrich von Sachfen genannt, welche 1155 fchwerlich zu Wirzburg waren, dann Erzbifchof Friedrich und

152] Rheinpfalzgraf Konrad, welche 1155 diefe Stellungen noch nicht einnahmen, fo fcheint das kaum eine andere Erklärung zuzulaffen, als die, dafs man den Handlungszeugen auch noch die angefehenften der Beurkundungszeugen einreihte. Und dafür fcheint hier felbft die Faffung einen Halt zu bieten. Nachdem der Kaifer gefagt hat, er laffe die Urkunde fertigen, *ut ista concessio et donatio rata, firma et stabilis perpetualiter maneret*, heifst es: *huius concessionis et donationis atque confirmationis testes sunt*. Nehmen wir irgendwelche Genauigkeit der Faffung an, fo können die *testes donationis* hier nur Handlungszeugen feien, da es fich gar nicht um eine Schenkung des Kaifers, fondern des Herzogs Friedrich handelt. Haben wir dagegen die *testes confirmationis* zunächft als Zeugen der Beurkundung des Kaifers zu betrachten, fo dürfte die Einführung der Zeugenreihe eben defshalb weitfchweifiger, als gewöhnlich gefafst feien, weil man dabei das Zufammenwerfen verfchiedener Arten von Zeugen beachtete.

St. 4162, M. Boica 29,421, fällt die Handlung gewifs nach Wirzburg; und darauf bezieht fich dann wohl auch die Mehrzahl der Zeugen, welche Wirzburg und der nähern Umgebung angehört. Datirt aber ift die Urkunde aus Fulda 1174. Hätten wir nun in den Zeugen ausfchliefslich Handlungszeugen zu fehen, fo wäre es doch ein auffallendes Zufammentreffen, dafs gerade auch der Abt von Fulda zu diefen gehört hätte. Dafs er, und weiter auch der Abt von Hersfeld und Gotfrid von Bufek bei Giefsen erft bei der Beurkundung in die Reihe der Handlungszeugen eingefchoben feien, ift gewifs eine fehr naheliegende Annahme.

St. 4499, Affeburg. U. B. 24 aus dem Originale, ift datirt aus Nordhaufen 1188 Aug. 28. Die Handlung gehört nach Goslar, wo der Kaifer fich kurz vorher aufhielt. Zweifellos auch ein grofser Theil der Zeugen; die zahlreich genannten Geiftlichen und Bürger aus Goslar haben den Kaifer ficher nicht nach Nordhaufen begleitet; auch von den angefehenern Zeugen werden fehr viele in den zu Goslar ausgeftellten St. 4494. 95. 96 genannt. Es kann fich nur fragen, ob wir die ganze Zeugenreihe nach Goslar zu fetzen haben. Da mufs nun einmal auffallen, dafs auch von den angefehenern Zeugen manche zu Goslar gar nicht genannt werden. Weiter aber, dafs das vorzugsweife folche trifft, welche wir an und für fich eher in Thüringen, als zu Goslar am Hofe erwarten werden; fo den Abt von Hersfeld, den Landgrafen mit feinem Bruder, den Burggrafen von Magdeburg mit Bruder, den Grafen von Ilfeld, die beiden Grafen von Lohra, die Edeln von Weida und Arnftein. Ift das Vorkommen folcher Fälle überhaupt einmal zugegeben, fo dürfte die Annahme kaum einem Widerfpruch begegnen, dafs hier Zeugen der Handlung und der Beurkundung in bunter Mifchung genannt find, lediglich nach dem Range geordnet, wie das auch bei den andern Fällen zutrifft.

Auffallend find auch die Zeugen von St. 4820, Lacomblet U. B.

1,376, für den Erzbifchof von Köln 1193 Juni 28 zu Worms ausgeftellt. Dafs fie wenigftens zum Theil Beurkundungszeugen find, ift gar nicht zu bezweifeln; denn mit Ausnahme zweier Wormfer Pröbfte finden wir darunter fämmtliche dreizehn Zeugen der am folgenden Tage zu Worms ausgeftellten St. 4821. Dafs in diefer die Erzbifchöfe von Köln und Trier, wie manche andere Fürften fehlen, kann wenigftens auffallen; find Erzbifchöfe anwefend, fo fehlen fie nicht leicht in einer Zeugen- reihe. Auffallender ift, dafs in St. 4820 fünf Kölner Aebte und Pröbfte genannt find, dann aber nach Aufzählung mehrerer Grafen aus ver- fchiedenen Theilen des Reiches, von denen die meiften auch in St. 4821 genannt find, eine zufammenhängende Reihe von zwanzig Grafen, Edeln und Minifterialen, durchweg aus den niedern Landen und Mannen der Kölner, einzelne der Trierer Kirche, von denen kein einziger in St. 4820 erfcheint. Es wäre denkbar, dafs die Erzbifchöfe am 28. noch zu Worms, am folgenden Tage aber mit ihrem Gefolge abgezogen waren. Aber die nähern Umftände machen es mir ganz unwahrfcheinlich, dafs ins- befondere der Kölner Erzbifchof überhaupt zu Worms war. Kurz vor dem Wormfer Tage, vgl. Toeche Heinr. VI. 556, hatte der Kaifer fich auf einem Tage zu Koblenz, wo er nach dem berichtigten Datum von St. 4819 am 14. Juni urkundet, mit den gegen ihn verbündeten Fürften gütlich abgefunden. Zu diefen gehörte Bruno von Köln. In unferer Urkunde wird ihm neben der Beftätigung älterer Privilegien die Lehns- hoheit über die für das Reich ertaufchte Burg Ahr überlaffen. Das ift zweifellos Verbriefung einer vom Kaifer zu Koblenz eingegangenen Bedingung; fagt der Kaifer von der Lehensauftragung durch die Be- fitzer der Burg an Köln: *hec autem in presentia nostra acta sunt et huius rei testes sumus*, fo wird fich das zweifellos auf eine fchon zu Kob- lenz vollzogene Handlung beziehen. Sollte nun der bejahrte Erzbifchof, der kurz darauf feine Würde niederlegte, dem Kaifer noch nach Worms gefolgt feien und zwar mit einem fo überaus zahlreichen Gefolge? Zweifle ich nicht, dafs die Zeugen fich zum grofsen Theil auf die Hand- lung zu Koblenz beziehen, fo findet das noch eine weitere Unterftützung. Von den in der Urkunde aus Koblenz genannten Fürften werden Trier, Thüringen, Landsberg und Meiffen, dann die Grafen von Lon und Schauenburg auch in St. 4820 genannt, nicht aber in St. 4821. Alles das fcheint mir den Sachverhalt nicht zweifelhaft zu laffen.

Aehnliches möchte ich annehmen für St. 4851, M. Boica 29,478, obwohl die Faffnng auch hier, wie in der zuletzt befprochenen Urkunde, keinerlei Halt bietet, da es einfach *huius rei testes sunt* heifst. Der Kaifer bekundet, dafs jemand *in sollempni curia nostra Salfelden* durch feine Hand in Gegenwart des Bifchofs von Merfeburg und anderer nicht- fürftlicher Grofsen der Domkirche von Bamberg ein Gut aufliefs, und dafs er das beftätige. Ift die Urkunde aus Nürnberg 1194 März 18 datirt, fo wird fich das lediglich auf die Vollendung der Urkunde be- ziehen, nicht etwa eine befondere Beftätigungshandlung hieher zu ver-

152] legen feien; vgl. § 88. Wir haben aber weiter Urkunden aus Saalfeld von Febr. 28, St. 4849, und aus Nürnberg März 22, St. 4852. Von
den Zeugen unferer Urkunde nun ftimmen nur mit diefer die Bifchöfe
von Bamberg, Freifing, der Graf von Wertheim und der Marfchall von
Anebos, was alfo auf Beurkundungszeugen fchlieffen läfst. Dagegen
ftimmen nur mit der Urkunde aus Saalfeld der Rheinpfalzgraf und der
Markgraf von Meiffen. Wollen wir nicht annehmen, dafs diefe trotz
ihrer Nichtnennung in der andern Urkunde den Kaifer nach Nürnberg
begleiteten, was doch zumal beim Markgrafen kaum fehr wahrfcheinlich ift, fo würden auch hier beide Zeugenarten gemifcht feien.

    Schon § 150 wurde darauf hingewiefen, dafs die Zeugen von Reg.
Henr. (VII.) 139 aus Oppenheim 1227 Apr. 5 fich auf den im März zu
Aachen gehaltenen Hoftag beziehen werden. Ebenfalls zu Oppenheim
Apr. 6, Reg. 140, Huillard 3,321, wiederholt dann der König wörtlich
ein dem Deutfchorden zu Aachen März 27, Reg. 131, gegebenes Privileg. Die Zeugen find in beiden Ausfertigungen grofsentheils diefelben,
und ich zweifle nicht, dafs die meiften nicht zu Oppenheim, fondern nur
zu Aachen gegenwärtig waren; dafs etwa der Erzbifchof von Trier oder
der Herzog von Brabant den König noch nach Oppenheim begleitet
haben follten, mufs doch ganz unzuläffig erfcheinen. Während aber
nicht alle Zeugen der Aachener Urkunde wieder aufgenommen find,
kamen hier neu hinzu der Bifchof von Worms, der Pfalzgraf von Tübin-
gen und der Graf von Leiningen. Keiner von diefen war nach den zahlreichen Urkunden auf dem Tage zu Aachen; fie ftellten fich wohl erft
zu Oppenheim beim Könige ein. Es fcheint alfo, da man nicht einfach
die frühere Reihe wiederholte, dafs man, um auch die neue Ausfertigung
mit einer ftattlichen Reihe von Zeugen zu verfehen, zu den Beurkundungszeugen willkürlich eine gröfsere Zahl der früheren Zeugen wieder
hinzufügte. Aehnliches würde fich ergeben, falls wir bei der § 145 befprochenen St. 4140 anzunehmen hätten, die Reihe der Handlungszeugen fei nicht aus einer felbftftändigen Aufzeichnung der Kanzlei, fondern aus der bezüglichen bifchöflichen Urkunde von 1164 entnommen;
denn ein nicht unbedeutender Theil der Zeugen diefer wäre dann ausgelaffen, dagegen am Ende fechs Zeugen hinzugefügt, welche recht
wohl Beurkundungszeugen von 1172 feien könnten.

    Wir befprachen bereits § 101 Reg. Henr. (VII.) 304, lediglich mit
Actum 1233 ohne Ort und Tag. Am Ende der Zeugenreihe findet fich
eine Reihe von Bürgern von Hall, welche ficher nicht an einem andern
Orte beim Könige waren. Da auch der Wortlaut auf nachträgliche
Beurkundung zu deuten fcheint, fo wird die Handlung nach Hall fallen.
Handlungszeugen dürften dann auch die oftfränkifchen Herren von
Klingenberg, Limburg, Weinsberg und Schmiedefeld feien, weiter der
Markgraf von Baden, der 1233 März 26 in Gegenwart des Königs zu
Hall urkundet, Wirtemb. U. B. 3,325, wonach die Zeit der Handlung zu
beftimmen feien wird. Dagegen können die erftgenannten Zeugen, der

Erzbifchof von Trier, dann die Bifchöfe von Wirzburg und Strafsburg fchwerlich Handlungszeugen fein. Es ift nicht wohl denkbar, dafs diefe, ohne dafs wir von einem Hoftage wüfsten, fich zu Hall beim Könige eingefunden hatten. Der Erzbifchof urkundet überdies Apr. 5 in Trierer Angelegenheiten, alfo doch wohl in der Heimath, vgl. Görz Trier. Reg. 39. Sie find gewifs Zeugen der bei Gelegenheit einer gröfsern Verfammlung vollzogenen Beurkundung. Am nächften wird es liegen, an den Mainzer Tag im Juli zu denken, obwohl nach dem dürftigen Material dort nur der Erzbifchof nachweisbar ift, während diefer während der Heerfahrt gegen Baiern Anfang September, an welcher beide Bifchöfe Theil nahmen, in der Heimath war. Dafs eine zweite, fichtlich fpätere Ausfertigung Speier, gleichfalls ohne Tag nennt, wird für die erfte nicht mafsgebend feien. Diefe zweite wiederholt die Zeugen der erften, nur dafs ftatt der fünf Bürger von Hall nun der Schultheifs Konrad von Hall genannt ift. Sollte diefer etwa zu Speier gewefen feien, fo wäre es nicht unmöglich, dafs die Reihe der zweiten Ausfertigung aus Zeugen der Handlung, der erften und der zweiten Ausfertigung zufammengefetzt wäre.

Aehnliche Bedenken bezüglich der Zeugen erregt Reg. Henr. (VII.)' 303, Huillard 4,615, aus dem Originale Cod. Anhalt. 2,93, mit Actum Nürnberch 1233 Juni 27, deren Zeugenreihe die Fürften von Mainz, Trier, Wirzburg, Fulda und S. Gallen eröffnen. Böhmer macht darauf aufmerkfam, dafs die Urkunde fehr vereinzelt im Itinerare ftehe; doch ift diefes wenigftens nicht unvereinbar. Mehr Anftofs erregt mir, dafs die beiden Erzbifchöfe und wohl auch die andern geiftlichen Fürften dann nochmals fchon vier Wochen fpäter wieder zum Tage nach Mainz gekommen wären. Wahrfcheinlicher ift doch, dafs fie nur Beurkundungszeugen find, während die Datirung fich auf die Handlung bezieht, wofür ja auch das Actum fpricht. Wollte man nach Vermuthung Böhmers die Urkunde in den September fetzen, wo allerdings beide Erzbifchöfe nach Reg. 310 zu Nürnberg waren, fo wäre anzunehmen, dafs trotz des Actum der Ort fich auf die Beurkundung, nur der Tag auf die Handlung beziehe, was nach dem § 126 Bemerkten wenig wahrfcheinlich feien dürfte.

Ich zweifle nicht, dafs bei einer genaueren Prüfung der Zeugenreihen bei Einzelforfchungen fich noch manche ähnliche Fälle ergeben dürften, da eine befonders günftige Sachlage dazu gehört, um bei flüchtiger Durchficht auf fie aufmerkfam zu werden. Doch dürften fchon die erörterten Belege die Behauptung genügend rechtfertigen, dafs die Kanzlei bei Aufführung der Zeugen oft fehr willkürlich vorging, bald die der Beurkundung, bald die der Handlung nannte, bald auch beide zufammenwarf, wozu dann noch die fpäter zu befprechenden Wiederholung der Zeugen älterer Urkunden kommt.

Allerdings möchte ich nicht bezweifeln, dafs in der grofsen Mehrzahl der Diplome fowohl die gefammte Datirung, als die Zeugen fich

152] auf die Beurkundung beziehen und daher, ſo weit nicht etwa dieſe ſelbſt noch zu anſcheinenden Widerſprüchen führen konnte, auch unter ſich übereinſtimmen. Man wird dieſes Verhältniſs auch nach dem Ergebniſſe unſerer Erörterungen immerhin noch als die Regel betrachten dürfen. Aber freilich als eine Regel, von der ſich überaus zahlreiche Ausnahme finden, ſo daſs bei Einzelforſchungen nur mit groſser Behutſamkeit davon Gebrauch gemacht werden darf.

VORLAGE UND BEURKUNDUNG.

153. Wenn jede Urkunde nach Maſsgabe des zu beurkundenden
Einzelfalles ganz ſelbſtſtändig abgefaſst worden wäre, ſo würden wir
für die Erklärung der anſcheinenden Widerſprüche keinen dem Beginne
der Beurkundung vorausgehenden Zeitpunkt zu beachten haben, als
den der Handlung, wenn dieſe überhaupt der Beurkundung voran-
ging. Aber nur in den ſeltenern Fällen handelte es ſich um völlig freie
Geſtaltung; in der Regel wurden für die Beurkundung V o r l a g e n benutzt. Als Vorlagen eines Schriftſtückes bezeichnen wir jedes andere
Schriftſtück, welches der Schreiber jenes vor Augen hatte und für die
Herſtellung deſſelben irgendwie benutzte; ſei es, daſs er es ſeinem ganzen Umfange nach abſchrieb, ſei es, daſs er ihm etwa nur dieſe oder
jene Einzelangabe entnahm. Für unſere Zwecke haben wir da zu unterſcheiden zwiſchen Vorlagen der Urkunde und der Beurkundung. Die
uns erhaltene Urkunde iſt das Schluſsergebniſs der geſammten Beurkundung, für welches in der Regel Schriftſtücke als unmittelbare Vorlage gedient haben werden, welche erſt in Folge des Befehles zur Beurkundung der Einzelthatſache entſtanden waren, ſei es ein vollſtändiges
Konzept, ſeien es einzelne, erſt bei der Reinſchrift zu vereinigende oder
auch zu ergänzende Aufzeichnungen, welche demnach der Beurkundung
ſelbſt, wenn auch verſchiedenen Stufen derſelben angehören. Auf dieſe
unmittelbaren Vorlagen der Urkunde oder auch, wo dieſe fehlten, auf
die Urkunde ſelbſt konnten nun auch Schriftſtücke Einfluſs gewinnen,
welche ſchon vor dem Beginne der geſammten Beurkundung vorhanden waren, welche zum Theil überhaupt nicht mit Rückſicht auf den
Einzelfall, oder aber, wenn ſie ſchon den Einzelfall im Auge hatten, doch
nicht zunächſt zum Behufe der Beurkundung deſſelben gefertigt waren,
welche vorhanden geweſen ſeien würden, wenn auch ein Befehl zur
Beurkundung nie ertheilt wäre. Mag da in Einzelfällen nicht ſcharf zu
ſcheiden ſeien, ſo wird es im allgemeinen nicht zweifelhaft ſeien können,
welche von den in die Beurkundung eingreifenden Schriftſtücken wir
noch nicht als zur Beurkundung ſelbſt gehörig, ſondern nur als Vor-

153] Vorlagen der Beurkundung zu behandeln haben. Als folche werden in Betracht kommen Formulare, Vorurkunden und Akte.

Sind alle diefe Vorlagen vor dem Beginne der Beurkundung entftanden, fo können die beiden erften fogar lange vor der Handlung vorhanden gewefen feien. Es ift daher denkbar, dafs aus ihnen Angaben in die Urkunden übergegangen find, welche nur der Zeit ihrer Entftehung entfprechen, und fich dadurch Widerfprüche zwifchen der auf die Beurkundung bezüglichen Datirung und anderen Beftandtheilen der Urkunde ergeben haben. Es ift fogar die Möglichkeit nicht ausgefchloffen, dafs fie auf die Datirung felbft einwirkten. Wir werden zu unterfuchen haben, in wie weit das nach Mafsgabe von Einzelfällen wirklich zutraf.

154. Dabei werden wir die Formulare für unfere Zwecke kaum eingehender zu berückfichtigen haben; wenigftens fo weit es fich um Formulare im ftrengen Sinne des Wortes handelte, Mufter, welche lediglich für die formelle Faffung den Halt bieten follten, welchen dem entfprechend denn auch alle irreleitenden Beziehungen auf einen beftimmten Einzelfall fehlten. Dafs von jeher auch in der Reichskanzlei nach folchen Formularen gearbeitet wurde, ift bekannt.

Das konnte zunächft zu dem Mifsgriffe führen, dafs man vergafs, die allgemeinen Angaben durch die nach dem Einzelfall beftimmten zu erfetzen. Privaturkunden geben dafür auffallende Belege. So in Urkunde des Erzbifchofs von Köln, Mittelrh. U. B. 2,149: *acta sunt hec anno d. i. 1196, loco tali, sub testimonio istorum.* In einer nur in einem Kopialbuche erhaltenen Urkunde des Bifchofs von Brandenburg um 1234, Cod. Anhalt. 2,98, könnte das *datum anno m.cc. et cetera* Nachläffigkeit des Kopiften feien; aber auch in befiegelt gewefener Originalurkunde eines Edeln von der Lippe, Wilmans U. B. 4,129, heifst es: *actum ibi anno domini et cetera.* Für derartige Nachläffigkeiten find mir aus der Reichskanzlei Beifpiele nicht bekannt. Auf einen Fall, bei dem neben dem Namen auch das denfelben in der Formel andeutende *N.* beibehalten zu feien fcheint, weift Sickel Acta 1,130 hin; doch würde da nach Stumpf Wirzb. Imm. 2,48 auch eine andere Erklärung zuläffig feien. Die Lücken in Diplomen, insbefondere für Namen von Gauen und Grafen dürften allerdings häufig eher auf Benutzung von Formularen, als auf Unkenntnifs der Kanzlei zurückgehen, während die häufigen Lücken in der Datirungszeile einen beftimmten anderweitigen Grund haben. Derartige Nachläffigkeiten werden aber nicht leicht irre leiten können.

Es kam nun aber weiter zweifellos oft vor, dafs das Formular dem Einzelfalle nicht genau entfprach; insbefondere in früherer Zeit entftandene Formulare noch fortgebraucht wurden, als der zu beurkundende thatfächliche Hergang fich fchon wefentlich anders geftaltet hatte; vgl. § 29. Gefchah das in Folge eines abfichtlichen Fefthaltens an den altgewohnten urkundlichen Formen, wie etwa in dem dort angeführten

Falle der Fortführung der nicht mehr paſſenden Faſſung der Rekognition, ſo gehört das, auch abgeſehen davon, daſs es ſich eben in dieſem Falle um einen in den Formularen gewöhnlich nicht enthaltenen Beſtandtheil handelt, nicht hieher; nicht das Arbeiten nach Formularen, ſondern ungenauer Kanzleigebrauch war da maſsgebend; in ein ganz neu entworfenes Formular würde das ebenſo aufgenommen ſeien. Aber auch der Rechtsinhalt konnte in einer nicht mehr entſprechenden Weiſe dargeſtellt ſeien und das nur deſshalb in die Urkunde übergehen, weil man zu läſſig war, den Text neu zu konzipiren. Für andere Zwecke kann die Beachtung dieſes Umſtandes ſehr wichtig werden. Handelt es ſich da aber in der Regel um ſehr langſam ſich ändernde Zuſtände, bei denen es vielleicht eines Jahrhunderts und mehr bedarf, um den Widerſpruch mit Beſtimmtheit hervortreten zu laſſen, ſo werden wir bei den uns hier beſchäftigenden Fragen kaum in die Lage kommen, in dieſem Umſtande einen Haltpunkt zu finden. Und zudem haben wir in der Reichskanzlei doch einen raſcheren Wechſel der Formulare anzunehmen, als bei den Notaren, welche dieſelben durch Jahrhunderte fortgebrauchen. Fehlt es auch in den Königsurkunden keineswegs an Beiſpielen, daſs die Faſſung auf längſtvergangene Zeiten zurückweiſt, ſo iſt das gewiſs in der Regel weniger auf die Benutzung von Formularen, als von Vorurkunden zurückzuführen.

Vereinzelt freilich wird ſelbſt in möglichſt allgemein gehaltenen Formularen ſich ein Ausdruck finden können, welcher beſonderer Verhältniſſe wegen ſchon nach ſehr kurzer Friſt nicht mehr paſste, während das ganze übrige Formular ſeine volle Anwendbarkeit behielt. So insbeſondere bei auf die Königszeit berechneten Formularen; nach der Kaiſerkrönung hätte die Aenderung einzelner bezüglicher Ausdrücke genügt. Es kann nicht auffallen, wenn dann auf die Aenderung vergeſſen wurde, wenn etwa in der § 103 beſprochenen Kaiſerurkunde St. 3266, wo freilich andere Schwierigkeiten hinzukommen, noch von der *regia dignitas* die Rede iſt.

Was man als Formulare benutzte, waren nun aber wohl überwiegend nicht Formulare im ſtrengen Sinne des Wortes, ſondern Abſchriften früher wirklich ausgefertigter Urkunden, welche nur dadurch der Form jener näher gebracht waren, daſs man bei der Abſchrift bald mehr, bald weniger von den nur den Einzelfall treffenden Beſtimmungen fortgelaſſen hatte, während andere geblieben waren. Die Mehrzahl der auf die Reichskanzlei zurückgehenden Stücke in den Formelſammlungen ſind dieſer Art. Unter den aus der Kanzlei K. Heinrichs VII. erhaltenen Vorräthen ſind ſie nicht ſelten, vgl. Wiener Sitzungsber. 14,158, während ſich, ſo weit ich ſehe, nur ein einziges eigentliches Formular, Dönniges Acta 1,41, darunter findet. Die Benutzung ſolcher Vorlagen haben wir von der vollſtändiger älterer Urkunden nicht zu ſcheiden, wie wir denn überhaupt, wenn wir von dem erſterwähnten Falle nachläſſiger Beibehaltung allgemeiner Ausdrücke aus den Formularen abſehen, den

154] Unterfchied diefer von den Vorurkunden für unfere Zwecke ganz
unberückfichtigt laffen können; das Formular gab weniger Anlafs zu
Mifsgriffen, wie wir fie im Auge haben; folche aber, welche wirklich
dadurch veranlafst feien mögen, find ganz derfelben Art, wie die durch
Vorurkunden veranlafsten.

VORURKUNDEN FÜR PRIVATURKUNDEN.

155. Als Vorurkunden bezeichne ich mit Rückficht auf eine
fpätere Beurkundung jede fchon früher vorhandene Urkunde, welche
bei jener vorgelegen und auf die Geftaltung derfelben irgendwelchen
Einflufs genommen hat, mag es fich dabei nun um nur Formelles, mag
es fich um Sachliches handeln. Ueberwiegend wird es fich dabei um
Urkunden entfprechenden Inhaltes handeln; es wird eine frühere Urkunde vorgelegt, um auf Grundlage derfelben den Inhalt beftätigt oder
erneuert, oder auch eine Neuausfertigung der Urkunde felbft zu erhalten. Mag man darauf den Ausdruck Vorurkunde in einem engern Sinne
des Wortes befchränken, fo wird für unfere Zwecke jene weitere Anwendung fich empfehlen. Es kam doch auch nicht felten vor, dafs aus
diefem oder jenem Grunde eine Urkunde wefentlich anderen Inhaltes
auf eine fpätere Urkunde Einflufs gewann; und wenigftens für unfere
Zwecke liegt kein Grund vor, diefe Fälle zu fcheiden. Weiter wird hier
am geeignetften der nicht felten vorkommende Fall zu erörtern feien,
wo eine Urkunde vorgelegt wird nicht um auf Grundlage derfelben eine
andere Urkunde entfprechenden Inhaltes, fondern nur eine Beglaubigung
oder Beftätigung der vorgelegten zu erhalten; der Unterfchied ift im
wefentlichen nur ein formeller; drückt jemand etwa einer ihm vorgelegten Urkunde fein Siegel auf, fo hat das doch wefentlich diefelbe Bedeutung, als wenn er eine eigene, den Inhalt jener wiederholende Beftätigungsurkunde fertigen würde. Beide Formen gehen denn auch mannich-
fach in einander über.

156. Sehen wir zunächft auf Privaturkunden, fo finden wir
da nicht felten Beifpiele für folche bloffe Beglaubigung vorgelegter Urkunden. Schon § 59 wurde darauf hingewiefen, dafs insbefondere Bifchöfe häufig die von Anderen ausgeftellten Urkunden
durch Unterfchrift oder Siegel beftätigten. Sehr gewöhnlich ift darauf
fchon im fortlaufenden Texte der Urkunde felbft hingewiefen, und folche
Fälle gehören nicht hieher, da dann die Beglaubigung als Beftandtheil
der urfprünglichen Beurkundung felbft zu betrachten ift. Zweifelhaft
kann das feien, wenn mehrfach am Schluffe der Urkunde und ohne Verbindung mit dem Texte derfelben ein die Beglaubigung ankündigender
Zufatz folgt; fo etwa Martene Coll. 2,80, Remling U. B. 1,120, Steierm.
U. B. 1,383. Ift der Zufatz von derfelben Hand und gleichzeitig gefchrieben, fo wird allerdings die Beglaubigung als urfprünglicher Beftandtheil der Beurkundung zu betrachten feien, obwohl die fcharfe

Scheidung immerhin auffallend bleibt und den Gedanken nahe legt, man habe, wenn auch bei der Reinfchrift, wenigftens bei der Konzipirung noch nicht gewufst, dafs eine folche Beglaubigung erfolgen werde; für zwei derartige Beglaubigungen durch Erzbifchof Eberhard von Salzburg von 1147, Steierm. U. B 1,272. 275, hat Meiller Salzb. Reg. 452 nachgewiefen, dafs der Erzbifchof wenigftens zur Zeit der Datirung nicht am Orte war. Im Einzelfalle können die Umftände noch beftimmter darauf hinweifen. Ift in der § 129 befprochenen Urkunde von 1196 für Epternach, Mittelrh. U. B. 1,447, im Texte felbft auf Beglaubigung durch Siegel des Kaifers hingewiefen, welche aber nie erfolgt zu feien fcheint, während es dann nach dem den Erzbifchof gar nicht erwähnenden Texte heifst: *hanc traditionis cartam ego E. — s. Treverensis ecclesie archiepiscopus rogatu heredum et religiossissimi Efternacensis abbatis T. episcopali banno et sigillo confirmavi,* fo liegt doch die Annahme nahe, man habe erft nachträglich zum Erfatz der kaiferlichen die erzbifchöfliche Beglaubigung nachgefucht. Beftimmter noch wird das zu vermuthen feien, wenn die Beglaubigung überhaupt nicht angekündigt ift. So ift eine Urkunde des Stiftes von Soeft, Seibertz U.B. 1,45, fo gefafst, dafs man zunächft ihre Beweiskraft nur in der Aufführung der Zeugen gefucht haben wird; ift diefelbe dann vom Erzbifchofe von Köln eigenhändig unterfchrieben und befiegelt, fo würde darauf doch ficher im Texte Rückficht genommen feien, wenn die Beglaubigung nicht erft nachträglich hinzugekommen wäre.

Das kann nicht irre leiten, wenn es fich um Beglaubigung durch gleichzeitig lebende Perfonen handelt. Das aber war nicht immer der Fall. Insbefondere kommt es wohl vor, dafs ein Nachfolger Urkunden eines Vorgängers durch Zufügung feiner Unterfchrift oder feines Siegels beftätigt. Pfalzgraf Otto von Burgund beftätigt 1199 eine Urkunde feines Vaters durch *sigilli nostri impressione,* Chevalier M. de Poligny 1,312. Einer Urkunde des Bifchofs von Münfter von 1193 haben zwei Nachfolger deffelben im folgenden Jahrhunderte auch ihre Siegel angehängt mit der Bemerkung, dafs das gefchehe, um die Verleihung des Vorgängers zu beftätigen; vgl. Cod. Weftf. 2,233. Da läfst der begleitende Text den Sachverhalt nicht zweifelhaft. Auch wenn es unter einer Urkunde des Bifchofs Eddo von Strafsburg von 762, Schöpflin Als. dipl. 1,40 heifst: *ego Remedius peccator et episcopus facta prioris mei Eddonis episcopi relegi et consensi et subscripsi,* gibt die Faffung genügenden Auffchlufs über die befremdende Unterzeichnung durch den Nachfolger. Das trifft aber nicht immer zu. Mabillon De re dipl. l. 2, c. 20, § 4 ff. führt eine Reihe Beifpiele an, dafs fpätere Bifchöfe ohne irgendwelche auf den Sachverhalt deutende Faffung ihre Unterfchrift zufügten, fo dafs ein und diefelbe Urkunde von zwei und drei Bifchöfen deffelben Sitzes unterfchrieben erfcheint. Näher konnte es noch liegen, dafs ein Nachfolger ftillfchweigend die Urkunde beglaubigte, indem er das zu Grunde gegangene Siegel eines Vorgängers durch fein eigenes

156] erſetzte, wie wir das auch bei Königsurkunden finden werden. Wenn etwa einer Urkunde des Erzbiſchofs Everger von Köln von 989, Ennen und Eckertz Köln. Quellen 1,472, das Siegel ſeines Nachfolgers Heribert anhängt, ſo wird das gerade nicht gegen die Echtheit ſprechen müſſen.

157. Doch kann es ſich in dieſem Falle auch um ein anderes Verhältnifs handeln, um die **Neuausfertigung älterer Urkunden.** Bereits § 16 wurde darauf hingewieſen, wie oft das Bedürfnifs vorlag, eine Urkunde neu oder mehrfach ausgefertigt zu haben, während es doch keine, dem Notariat entſprechende Einrichtung gab, welche es ermöglicht hätte, einer bloſſen Abſchrift den Werth des Originals zu geben. Das führte, wie wir ſahen, zuweilen dazu, dafs man ſelbſt eine Renovation vornahm, ohne alle Abſicht zu täuſchen ein angebliches Original fertigte. Wenn man das nicht wollte oder konnte, lag es am nächſten, ſich an den Rechtsnachfolger des früheren Ausſtellers um eine Neuausfertigung zu wenden.

Daraus hat ſich ſpäter die Form der Transſumirung, der w ö r t l i c h e n   E i n r ü c k u n g, entwickelt, indem der Rechtsnachfolger die wörtlich wiederholte ältere Urkunde in eine eigene Urkunde einſchob, durch welche er für die Neuausfertigung derſelben einſtand und in der Regel zugleich ihren Inhalt beſtätigte. Aus deutſchen Privaturkunden iſt mir kein früherer Fall vollſtändiger Transſumirung bekannt, als eine Urkunde des Biſchofs von Strafsburg von 1153, Schöpflin Als. dipl. 1,202, in welche zwei Urkunden ſeiner Vorgänger von 1125 und 1133 wörtlich aufgenommen ſind, aber mehr als Grundlage für die eigene Beſtätigung, als zu dem Zwecke, dem Empfänger eine weitere Ausfertigung zu ſchaffen. Jedenfalls war im zwölften Jahrhunderte die Transſumirung noch wenig üblich; wäre ſie ſchon häufiger in Gebrauch geweſen, ſo würde man ſich der hier vorliegenden Aufgabe nicht ſo ungeſchickt entledigt haben, als das nach den zu beſprechenden Fällen häufig geſchah.

Handelte es ſich nur darum, ein weiteres Beweismittel für den Inhalt zu haben, ſo konnte es genügen, wenn der Nachfolger in einer eigenen **Beſtätigungsurkunde** erklärte, dafs ſein Vorgänger das und das nach Ausweis der vorgelegten Urkunde gethan habe. Zuweilen wird überhaupt die zu erneuernde Urkunde ihrem Wortlaute nach nicht mehr vorgelegen haben. So bekundet 1172 der Erzbiſchof von Köln, Seibertz U. B. 1,87, eine an fünfzig Jahre früher geſchehene Handlung, deren Verbriefung durch ſeinen Vorgänger aber verbrannt war, anſcheinend auf Grundlage eines Traditionsaktes, mit Angabe der Zeit und der Zeugen der Handlung, weiter dann Zeit und Zeugen ſeiner Beurkundung hinzufügend. Letzteres iſt aber nicht immer der Fall. Erinnern wir uns nun, dafs Privaturkunden nach der Handlung datirt zu werden pflegten, ſo kann ſich daraus bei genauem Anſchlufs an die Vorlage ſcheinbar ein Widerſpruch zwiſchen der Zeitangabe und dem

Aussteller ergeben. So findet sich Bodmann, Rheing. Alterth. 77, eine Urkunde Siegfrids, 1060 bis 1084 Erzbischofs von Mainz, mit *acta sunt publice hec anno a. i. 995, ind. 14, non. iulii, regnante Henrico II.*, *Willigiso Moguntine ecclesie currum aurigante;* sehen wir von den Widersprüchen in der Datirung selbst ab, so ist der Widerspruch mit dem Aussteller nur ein scheinbarer, da dieser ausdrücklich sagt, dass er eine Verfügung seines Vorgängers Willigis bestätige. So kann es befremden, in einer Urkunde Ortliebs, 1137 bis 1167 Bischofs von Basel, in welcher er einen Tausch zwischen dem Bisthume und Clugny erzählt und bestätigt, Dümge Reg. 115, der Datirung *anno 1087 actum in loco R.* zu begegnen. Fanden wir auch Beispiele sehr verspäteter Beurkundung, so müste ein so bedeutender Zeitabstand doch sehr auffallen, wenn wir anzunehmen hätten, es handle sich um eine erste Beurkundung. Der Sachverhalt erklärt sich dadurch, dass uns eine Erneuerung vorliegt. Es ist eine uns erhaltene Bestätigungsurkunde des frühern Bischof Burkhard, Neugart Cod. Al. 2,31, nur umgeschrieben, zwar mit voller Beachtung der nun nothwendig gewordenen Aenderungen, aber auch mit strenger Beschränkung auf diese, so dass auch die mit Actum nur auf die Handlung weisende Datirung belassen werden konnte. Dazu kann dann noch kommen, dass auch die nöthigen Aenderungen nicht genügend durchgeführt sind, aus der bestätigten Urkunde einzelnes beibehalten ist, was in die Bestätigung nicht passt. So auffallende Belege, wie wir sie in Königsurkunden finden werden, sind mir dafür allerdings in Privaturkunden nicht aufgefallen. Dagegen hat hier häufig ein anderes Vorgehen zu den auffallendsten Widersprüchen geführt.

158. Es lassen nämlich die zu besprechenden Fälle keinen Zweifel, dass man oft Werth darauf legte, von der früheren Urkunde eine Neuausfertigung unter Beibehaltung der ursprünglichen Fassung, also insbesondere auch unter Beibehaltung des Namens des Ausstellers und der Datirung, zu erhalten. Geschah dann die Neuausfertigung noch durch den Aussteller selbst, so wird sie vielleicht als solche gar nicht kenntlich seien. Geschah sie unter dem Nachfolger, so kann allerdings das Siegel auf den Sachverhalt hinweisen, wie das vielleicht bei dem § 156 erwähnten Falle von 989, dann bei der noch zu besprechenden Urkunde von 1114, Steierm. U. B. 1,108, zutrifft. Doch wäre auch denkbar, dass man später den bezüglichen Siegelstempel noch zur Verfügung hatte. Wilmans veröffentlicht im Westf. U. B. Addit. 61 n. 70 eine Urkunde Bernhards II., Bischofs von Paderborn 1186 bis 1203, deren Schrift entschieden der spätern Zeit des dreizehnten Jahrhunderts angehört, während das Siegel durchaus dem anderer Urkunden Bernhards II. entspricht, nur das Wachs ein anderes ist. Weiter aber ist das Siegel uns sehr häufig nicht erhalten. Weist dann nicht etwa bei bedeutend späterer Neuausfertigung der Unterschied der Schrift auf das Verhältnis hin, so wird dieses sich überhaupt nicht bemerkbar machen können, wenn man sich wirklich ganz genau an den vorliegenden Wort-

158] laut hielt und auf diefen befchränkte. Aber in einigen Fallen hat man doch auch wieder bei übrigens ungeänderter Wiederholung keinen Anftand genommen, einzelnes mit Rückficht auf die Zeit der Neuausfertigung zu ändern oder zuzufetzen, was dann einen Widerfpruch gegen den Haupttext ergibt, der oft zur Verdächtigung der Echtheit der bezüglichen Urkunden Anlafs bot. Sie liegen aber zum Theil in ganz unverdachtigen Originalen vor. Und in Einzelfallen tritt der Sachverhalt dadurch noch beftimmter hervor, dafs aufser der Neuausfertigung fich auch der urfprüngliche Text erhalten hat.

So liegt uns die urfprüngliche und die erneuerte Ausfertigung vor von der undatirten Stiftungsurkunde des Klofters Alpirsbach, Wirtemb. U. B. 1,315.361. Die Angaben der einen deuten ganz beftimmt auf die Zeit um 1099. Alle diefe Angaben kehren in der zweiten ungeändert wieder. Dann aber findet fich in diefer eine Stelle, in welcher K. Lothar und Bifchof Ulrich von Konftanz erwähnt werden, fo dafs fie nicht vor 1125 entftanden feien kann.

Neuausfertigung werden wir weiter anzunehmen haben bei einer Urkunde, deren Schwierigkeiten Lacomblet, Niederrh. U. B. 1,281, durch die Annahme fpäterer Beurkundung einer frühern Handlung befeitigen zu können glaubt, während das doch nicht ausreicht. Bifchof Alexander von Lüttich bekundet, dafs er 1165 ind. 14 zu Aachen von Goswin von Heinsberg und deffen Söhnen, darunter *Philippo scilicet archiepiscopo*, um Beftatigung des Klofters Heinsberg erfucht fei und dafs dann *maxime rogatu d. Philippi prepositi maioris ecclesie et archidiaconi hec confirmata sunt et sigillo nostro roborata iii. idus martii, quod tunc erat in capite ieiunii, in celebri curia nostra Leodii.* Das ergibt 1166 März 13, wo das Caput ieiunii, wenn wir darunter nicht Afchermittwoch, fondern Sonntag Invocavit verftehen, genau ftimmt, während 1165 und 1167 die Faften im Februar beginnen. Läge nun keine andere Schwierigkeit vor, als dafs Philipp fchon Erzbifchof heifst, fo liefse fich das immerhin aus nachträglicher Beurkundung erklären, und das *tunc erat* fcheint das auf den erften Blick zu unterftützen. Aber einmal fcheint es doch gerade die Beurkundung zu fein, für welche auf 1166 hingewiefen wird. Ausfchlaggebend ift aber, dafs Bifchof Alexander fchon 1167 Aug. 9, einige Tage vor dem Erzbifchofe Reinald von Köln, zu Rom ftarb, eine Urkunde, welche Philipp als Erzbifchof kennt, demnach überhaupt nicht von ihm ausgeftellt feien kann. Die einzig zuläffige Erklärung fcheint mir die zu feien, dafs eine Urkunde Alexanders nach feinem Tode neu ausgefertigt wurde, wohl grofsentheils, aber nicht durchaus übereinftimmend, woraus fich dann ergab, dafs Philipp in derfelben Urkunde als Erzbifchof, aber auch als Probft erfcheint, und woraus denn auch das *tunc erat* zu erklären feien wird. Ueber die Befiegelung ift leider nichts angegeben.

In einer nur in Abfchrift erhaltenen Urkunde des Abtes Arnold von S. Maximin, Mittelrh. U. B. 1,713, heifst es nach Aufführung der

Zeugen: *nos quoque, quia antiquitate pagina privilegii huius abolita et neglecta fuit, testimonio formate nostre et cirographi confirmando renovavimus*; dann folgt *acta sunt hec 1169*, mit weiteren, dazu ftimmenden Zeitangaben. Das kann nur die Datirung der ältern Urkunde feien, welche von jenem Zufatze abgefehen wörtlich wiederholt zu feien fcheint; denn die verbriefte Handlung könnte früheftens 1167 fallen, da Erzbifchof Philipp von Köln dabei betheiligt erfcheint; dann kann aber nicht fchon zwei Jahre fpäter die Urkunde wegen ihres Alters einer Erneuerung bedurft haben. Derfelbe Umftand macht es aber auch unwahrfcheinlich, dafs die Erneuerung noch von dem als Ausfteller genannten Arnold herrührt, der 1169 allerdings Abt war, aber vor 1177 geftorben ift; die Erneuerung dürfte trotz des dazu nicht paffenden Textes von einem Nachfolger herrühren.

Eine wohlerhaltene Urkunde des Probftes Otto II. von Kappenberg, der fpateftens 1171 geftorben ift, hat ganz deutlich und von derfelben Hand: *acta sunt hec anno 1204, ind. 8, conc. 4, ep. 28*; ein Verfehen ift durchaus ausgefchloffen; vgl. Cod. Weftf. 2,87. Wie fchon Erhard annahm, wird die Erklärung nur darin gefucht werden können, dafs die Urkunde fpäter nach einer früheren gefertigt und trotz der Einführung mit Actum das jetzt laufende Jahr genannt wurde. Die beiden Siegel find leider abgefallen.

Eine im Originale vorliegende Beftätigungsurkunde des Bifchofs Ulrich von Paffau, Oberöfterr. U. B. 2,604, hat zunächft eine vollftändige, auf 1220 Febr. 6 paffende Datirung. Dann folgt auffallenderweife ohne alle weitere Bemerkung eine nochmalige vollftändige Datirung, deren Angaben durchaus zu 1227 Oct. 21 ftimmen. Wie die Urkunde vorliegt, kann fie natürlich erft 1227 entftanden feien. Aber der als Ausfteller genannte Bifchof Ulrich ftarb gegen Ende 1221. Und dafs die zweite Datirung feinen, in der Urkunde gar nicht genannten Nachfolger Gebhard im Auge hat, ergibt fich beftimmter daraus, dafs es heifst *nostri pontificatus anno 6*, was 1227 auf Gebhard pafst. Die Urkunde wurde wahrfcheinlich diefem zur Erneuerung vorgelegt und einfach abgefchrieben; doch mindert fich das Auffallende dadurch, dafs wohl überdies das jetzt abgefallene Siegel das Gebhards war und damit doch die Bedeutung der zugefügten Datirung fich leichter ergab.

159. Bei den bisher befprochenen Fällen war es wohl zunächft nur auf ungeänderte Neuausfertigung abgefehen; machen uns da einige Aenderungen und Zufätze auf das Verhältnifs aufmerkfam, fo haben wir doch in diefen kaum den Zweck der Neuausfertigung zu fehen. In andern dagegen handelt es fich fichtlich um durch Aenderungen und Zufätze veranlafste Neuausfertigungen. Man wollte nicht blos eine Wiederholung; die frühere Urkunde genügte nicht; man wünfchte aus diefem oder jenem Grunde etwas zugefetzt oder geändert. Auch das gefchah nun mehrfach in der Weife, dafs man die frühere Urkunde mit Einfchlufs der Datirung ganz oder grofsentheils wiederholte

159] und sich auf die gewünschten Aenderungen und Zusätze beschränkte, woraus sich dann Widersprüche ergeben konnten. Insbesondere auch in der Richtung, dass sich nun eine auf die Beurkundung deutende Datirung findet, während sich doch ergibt, dass die uns vorliegende Urkunde erst später entstanden seien kann. Einen derartigen Fall, der ganz sicher ist, weil sich die frühere und die spätere Ausfertigung erhalten haben, besprachen wir bereits § 51; eine Urkunde von 1226 wurde unter Beibehaltung der Datirung nach 1228 nochmals ausgefertigt nach Maßgabe eines Zusatzes, der sichtlich für die Neuausfertigung maßgebend war. Und es fehlt nicht an ähnlichen Fällen.

In einer Urkunde des Erzbischofs Poppo von Trier, Mittelrh. U. B. 1,365, heißt es nach der mit *istam conscriptionem mei sigilli impressione insigniri iussi* schliessenden Beglaubigungsformel noch weiter: *his ita sub tantae testificationis auctoritate firmatis, item anno 1038, ind. 6, Trevericam metropolim Poppone archiepiscopo iam in 25. anno procurante audita est huius confirmationis pagina — in generali placito 4. non. sept., T. advocato causas eiusdem placiti agente, et ab ipso accepta et in — scabinorum manibus data*, worauf die *testes huius sigillatae confirmationis* aufgezählt sind. Dann aber heißt es zu dem auf der Rückseite aufgedrückten Siegel: *anno 1036, ind. 3, episcopatus autem mei anno 22, id. nov. facta est huius confirmationis sigillatio.* Ein blosser Schreibfehler ist durch die mehrfachen Jahresangaben ausgeschlossen; andererseits könnte die Urkunde nur etwa dann schon 1036 gesiegelt seien, wenn der Schlußtheil des Textes ihr erst später zugeschrieben wäre, was hier wohl um so bestimmter ausgeschlossen ist, als die ungewöhnliche Besiegelung auf der Rückseite Vorhandenseien des gesammten Textes zur Zeit der Besiegelung voraussetzen läßt. Leider ist bei den spätern Angaben über die Urkunde, Mittelrh. U. B. 2,647 und Mittelrh. Reg. 1,360, jener höchst auffallende Umstand unberücksichtigt geblieben, während es doch insbesondere von Interesse wäre, bestimmt zu wissen, ob die Schrift der Rückseite von der Hand des Textes herrührt. So weit sich da ohne Einsicht des Originals urtheilen läßt, möchte ich annehmen, dass man eine 1036 entstandene Urkunde 1038 nochmals ausfertigte, nach der Beglaubigungsformel die Angaben über die Verlesung und Verlautbarung im Vogtdinge zufügte, welche schon ihrer Fassung nach auf Zusatz zum ursprünglichen Texte deuten, dann aber noch weiter auch die nach der Siegelung bestimmte Datirung der frühern Urkunde wiederholte.

Eine Schenkung des Herzogs Heinrich von Kärnthen an S. Lambrecht liegt uns in drei Originalausfertigungen vor, Steierm. U. B. 1,109. 111, alle mit der bestimmt auf die Beurkundung deutenden Datirung *scripta est autem hec notitia (traditio) anno 1103, ind. 10, 7 id. ian.* Eine der Ausfertigungen hält Zahn für Fälschung oder nach Vorr. 35 wenigstens für sehr verdächtig. Sie unterscheidet sich von den andern durch die in diesen fehlende Angabe der Schenkung der Kirche zu

Weifskirchen, was immerhin eine Fälfchung veranlafst haben könnte. Es ift weiter nicht blos die Schrift, fondern auch das Siegel ein anderes, während doch nicht anzunehmen ift, dafs der Herzog an ein und demfelben Tage verfchieden fiegelte. Dagegen ift diefes daffelbe Siegel, wie das bei der Beftätigungsurkunde des Herzogs von 1114, Steierm. U. B. 1,117, gebrauchte. Damit fcheint mir nun eine ganz ausreichende Erklärung angedeutet. Erwähnt der Herzog 1114 felbft die Kirche zu Weifskirchen als zur Schenkung gehörig, fo ift doch nicht anzunehmen, dafs er fich über feine eigene Handlung durch eine Fälfchung hat täufchen laffen. Man wird vielmehr bei der Beftätigung 1114 aufmerkfam geworden feien, dafs auf die Anführung der Kirche in den früheren Verbriefungen vergeffen war, und begnügte fich nun nicht mit der Aufführung in der Beftätigung, fondern fertigte aufferdem die frühere Urkunde mit der Ergänzung unter Beibehaltung der Datirung nochmals aus, nur die Faffung aus der dritten Perfon in die erfte übertragend, in der auch die Beftätigung gefafst ift.

Ganz unmittelbar ergibt fich der Sachverhalt in einem andern Falle. Von einer auch vom Erzbifchofe von Salzburg beglaubigten und mitbefiegelten Verbriefung eines Taufches durch den Markgrafen von Steier haben wir zwei ganz gleichlautende Ausfertigungen, Steierm. U. B. 1,275. 382, beide mit *anno 1147, 11. kal. sept., data Graeze.* Aber in der zweiten ift nach der Beglaubigung des Erzbifchofes noch ein langer Zufatz über eine bezügliche, 1159 Mai 29 verhandelte Streitfache zugefügt. Da beide Befiegler noch lebten, konnte auch diefe Wiederholung unter ihren Siegeln ausgefertigt werden.

Im Affeburg. U. B. 1,136. 142 find aus den Originalen zwei Urkunden Ekberts von Affeburg mitgetheilt, deren Text fich lediglich dadurch unterfcheidet, dafs wiederholt in der einen von der *villicatio* und dem *villicus*, in der zweiten von der *prefectura* und dem *prefectus* von Helmftedt die Rede ift. Das kann keine nur zufällige Abweichung feien; man wird auf den Ausdruck Gewicht gelegt und defshalb die Urkunde nochmals ausgefertigt haben; fchwerlich fchon an demfelben Tage. Nun haben beide das Actum Helmftedt Jan. 8, aber die eine 1237, die andere 1238. Unter andern Verhältniffen möchte das als zufälliger Schreibfehler zu betrachten feien. Hier legt der Sachverhalt die Annahme nahe, dafs man bei der Neuausfertigung unter Beibehaltung von Ort und Tag die laufende Jahreszahl fchrieb, ftatt die frühere zu wiederholen.

Nach den befprochenen Fällen kann es keinem Zweifel unterliegen, dafs man keinen Anftand nahm, ältere Urkunden unter Beibehaltung alles deffen, was auf die urfprüngliche Entftehungszeit hinweift, neu auszufertigen. Allerdings fanden wir da überall gewiffe Abweichungen, welche uns den Sachverhalt erkennen laffen. Waren aber diefe Abweichungen fichtlich nicht darauf berechnet, den Sachverhalt klar zu ftellen, fo haben wir fie doch wohl als Ausnahme zu betrachten und

159] demnach anzunehmen, dafs man nicht felten ältere Urkunden fpäter ungeändert oder mit für uns nicht erkennbaren Aenderungen neu ausfertigte, ohne diefes Verhältnifs irgendwie anzudeuten. Und das fcheint doch fehr beachtenswerth zu feien, wenn es fich um die Frage nach der Echtheit von Urkunden handelt, bei welchen der Verdachtsgrund zunächft nur darin liegt, dafs Schrift oder Siegel auf eine fpätere Entftehung der uns vorliegenden Ausfertigung hinweifen. Der Unterfchied von den § 16 befprochenen unechten Originalen echter Urkunden liegt dann immer noch darin, dafs folche Neuausfertigungen von der dazu befugten Gewalt ausgiengen.

160. Der erörterte Fall, wo es fich darum handelte, vorliegende Urkunden neu auszufertigen, ift der wichtigfte und derjenige, der am leichteften zu irreleitenden Widerfprüchen und Ungenauigkeiten führen konnte. Solche konnten fich aber überhaupt ergeben bei jeder Benutzung älterer Urkunden bei der Ausfertigung fpäterer. So wird 814, Ried Cod. Rat. 1,14, bekundet, wie ein Abt Richpald für den Todesfall Schenkungen an S. Emmeran gemacht habe und wie das nach feinem Tode von feinen Treuhändern ausgeführt fei. Dabei ergibt fich nun die fonderbare Form, dafs in der Urkunde abwechfelnd bald der Abt in erfter Perfon fpricht, bald von ihm als bereits verftorben die Rede ift. Die Erklärung ift fichtlich darin zu fuchen, dafs dem Schreiber über die eigene Verfügung des Abtes eine bei deffen Lebzeiten gefertigte Urkunde vorgelegen haben mufs, und er diefer nun nicht blos die fachlichen Angaben entnahm, fondern fie aus Ungefchick zerftückelt in feine Urkunde mit Belaffung der wörtlichen Faffung aufnahm. Mag fo auffallend ungefchickte Benutzung nur vereinzelt vorgekommen feien, fo würden fich doch aus Privaturkunden leicht weitere Fälle nachweifen laffen, bei welchen die ungefchickte oder zu andern Angaben nicht paffende Faffung auf die Benutzung von Vorurkunden zurückgehen mufs.

Das dürfte denn zweifellos zuweilen auch die Datirung getroffen haben, wenn uns auch bei Privaturkunden nicht leicht die Mittel zu Gebote ftehen werden, das mit Beftimmtheit nachzuweifen. Aber bei Einzelfällen liegt die Vermuthung wenigftens fehr nahe. Ueber einen durch die Hand des Kaifers vollzogenen Taufch zwifchen den Aebten von Weiffenburg und Himmerode haben wir eine Verbriefung des Kaifers, St. 4859, Mittelrh. U. B. 2,176, und eine andere des Abtes von Weiffenburg, Remling U. B. 1,126, beide datirt aus Trifels 1194 Mai 9. Die eine mufs Vorlage für die andere gewefen feien, da fich bei einem grofsen Theile des Textes wörtliche Uebereinftimmung zeigt. Dafs die Kaiferurkunde die Vorlage war, kann die Datirung keinen Augenblick zweifelhaft laffen. Denn diefe ftimmt nicht blos in den fachlichen Angaben, fondern auch in ihrer ganzen Faffung in beiden Urkunden bis auf den Buchftaben überein, entfpricht andererfeits ganz genau der in diefer Zeit in der Reichskanzlei üblichen Form der Datirung feierlicher

Privilegien, während diese Form in so genauer Uebereinstimmung sich kaum in irgend einer ganz selbstständig konzipirten Privaturkunde finden dürfte. Die Datirung der Urkunde des Abtes ist zweifellos aus der vorliegenden Kaiserurkunde abgeschrieben. Ist die Möglichkeit nicht ausgeschlossen, dafs beide wirklich an demselben Tage gefertigt wurden, so ist das doch wenig wahrscheinlich. Und dann würde auch hier die Datirung weder der Handlung, noch der Beurkundung entsprechen, sondern lediglich durch die Vorlage bestimmt seien.

Der Bischof von Augsburg erklärte zu Rom in Gegenwart des Pabstes einen Verzicht zu Gunsten der Abtei S. Ulrich. Darüber haben wir zwei Urkunden, M. Boica 22,173. 176; eine Bestätigungsurkunde des Pabstes; dann eine Urkunde, welche der Bischof sichtlich erst später nach seiner Rückkehr nach Deutschland ausgestellt hat. Die ganze Fassung dieser letztern ist durch jene nicht beeinflufst. Auffallen mufs aber doch, dafs beide von demselben Tage, 1156 Juni 1, datirt sind. Allerdings gibt jene den Tag unter Datum, diese unter Actum, so dafs beide Angaben trotz der verschiedenen Entstehungszeit der Urkunden genau seien können, wenn wir annehmen, dafs die päbstliche Urkunde am Tage der Handlung selbst ausgefertigt sei. Ist das kaum wahrscheinlich, so wird man in der bischöflichen Urkunde den Tag der Vorlage entnommen haben, ohne Rücksicht darauf, ob derselbe dem Actum genau oder nur annähernd entsprach.

Ausdrücklich auf ein solches Verhältnifs hingewiesen ist in einer Urkunde des Herzogs von Kärnthen, Steierm, U. B. 1,117, mit *actum Moguntie in Christo feliciter; scriptum 16. kal. februarii, ind. 6, anno 1114, temporibus Hainrici quarti Romanorum imperatoris, cuius privilegiis datis loco et tempore prenotato hec traditio confirmata invenitur.* Die bezügliche Urkunde des Kaisers, St. 3100, Steierm. U. B, 1,119, deren Text doch eher korrumpirt, als unecht seien dürfte, nennt denn auch denselben Tag; und trotz des so bestimmt auf die Beurkundung deutenden *scriptum* kann es hier doch keinem Zweifel unterliegen, dafs die Zeitangabe später einfach aus der Vorurkunde wiederholt ist, da hier Entstehung an ein und demselben Tage mit der ganzen Fassung nicht zu vereinen seien würde.

Auch ein Einflufs auf die Zeugenaufführung läfst sich wohl nachweisen. Dafs bei den früher besprochenen Neuausfertigungen auch die früheren Zeugen wiederholt wurden, kann natürlich nicht auffallen. Aber auch in Fällen, wo es sich nicht um blosse Neuausfertigung, sondern um Erneuerungsurkunden handelte, bei welchen Datirung und andere Angaben der wirklichen Entstehungszeit entsprechen, sind wohl die Zeugen der Vorlage beibehalten, worauf wir bei Erörterung des entsprechenden Verhältnisses in Königsurkunden zurückkommen werden.

161. Ganz entfprechende irreleitende Einflufsnahme der Vorurkunden, wie wir fie für Privaturkunden nachwiefen, finden wir nun auch
häufig bei den Königsurkunden. Auch hier wird es fich empfehlen, von
der bloffen Beglaubigung vorgelegter Urkunden auszugehen.
Eine ältere Form ift die durch Unterzeichnung. Diefe fcheint
fich daraus entwickelt zu haben, dafs K. Ludwig II. Urkunden mehrfach von feinen Söhnen mitunterzeichnen liefs; vgl. Sickel in den Sitzungsber. 36,393.39,128. Diefe Unterzeichnungen find zum Theil in der Beglaubigungsformel mit *manu propria nostra ac filiorum nostrorum firmavimus* angekündigt und erweifen fich dann als gleichzeitig zugefügt.
Entfprechendes findet fich noch in St. 2043. 44, wo in Urkunden K. Konrads II. das Signum K. Heinrichs III. angekündigt und zugefügt ift.

In andern Fällen aber weifen die Nichtankündigung und der Unterfchied der Schrift beftimmt darauf hin, dafs die Unterzeichnungen der
Söhne erft fpäter zugefügt wurden, diefe weitere Beglaubigung alfo anfangs vielleicht gar nicht in Ausficht genommen war. Gefchah das noch
bei Lebzeiten des Ausftellers, fo ergab fich daraus allerdings kein Widerfpruch zwifchen den Unterzeichnungen felbft; doch wird es dann,
worauf fchon Sickel hinweift, zweifelhaft, ob der Mitunterzeichnende bei
der Ausftellung gegenwärtig war.

Derfelben Form hat fich dann mehrfach K. Arnulf bedient, um
Urkunden feiner Vorgänger zu beftätigen, indem er denfelben ohne
weitere Bemerkung fein Signum in der fonft üblichen Form zufügte.
So zu Böhmer Reg. Kar. 840. 50, S. Gall. U. B. 2,203. 204; Reg. 867.
955, M. Boica 28,64. 73 ; dann S. Gall. U. B. 2,264. In allen diefen Fällen
läfst auch die Schrift die fpätere Zufügung erkennen. Deutlicher tritt
das Verhältnifs noch hervor in einer Urkunde K. Zwentibolds von 895
Aug. 14, Reg. 1152, Bouquet Scr. 9,375, indem hier K. Ludwig nicht
blos fein Signum, fondern auch die Datirung Frankfurt 908 Aug. 17
zufügte, welche zweifellos auf die Zeit der Beftätigung zu beziehen ift.
Auch die Urkunde K. Ludwigs III. von 876 Nov. 11 bei Hodenberg
Verd. G. Q. 2,15 hat Signum eines fpätern Herrfchers, wahrfcheinlich
K. Ludwigs IV. Haben wir weiter zwei Urkunden K. Arnulfs, Reg. 1098.
1124, welche auch das Signum K. Ludwigs zeigen, fo fcheint da der
Annahme fpäterer Beftätigung die Gleichzeitigkeit der Schrift im Wege
zu ftehen, während andererfeits doch auch wieder die Zufügung des
Signum des Sohnes zur Zeit der Datirung unzuläffig erfcheint; wir wer-
den auf diefe eigenthümlichen Fälle zurückkommen.

Wurde in den angeführten Fällen dem Signum auch die bezügliche
Formel zugefügt, fo fcheint man fich vereinzelt mit bloffer Zufügung des
Monogramm begnügt zu haben. Mühlbacher machte mich aufmerkfam
auf Reg. Kar. 701, ein Diplom K. Lothars II. von 862 für Stablo. Das
Original zu Düffeldorf hat nach gefälliger Mittheilung von Harlefs zu-

nächſt das Signum K. Lothars mit der gewöhnlichen Formel, wie auch
das Siegel noch als das K. Lothars kenntlich iſt. Links von dieſem finden ſich drei Monogramme ohne Formel; zuerſt das K. Arnulfs; dann
ein päbſtliches, anſcheinend Benedikts IV.; unter dieſen das K. Zwentibolds. Letzteres kennzeichnet ſich als ſpäter zugefügt durch auffallend
hellere Dinte, was nur den Vollziehungsſtrich nicht trifft. Aber auch
die beiden andern weichen im Ductus von dem K. Lothars ab, ſo daſs
die nachträgliche Zufügung nicht zu bezweifeln ſeien wird.

Einige ſpätere Fälle aus Frankreich und Spanien führt Mabillon
De re dipl. l. 2 c. 20 § 11 an. In der Reichskanzlei ſcheint die Form
ſpäter nicht mehr üblich geweſen zu ſeien; doch finden ſich vereinzelt
noch verwandte Fälle.

In Urkunde des Biſchof Eberhard von Lüttich von 965, St. 371,
Ernſt H. du Limbourg 6,95, heiſst es ſchon im Texte: *quod et imperatoria dignitate et principum assensu, bonorumque omnium notitia et
pio favore roborari volumus.* Nach dem Texte finden ſich dann die
Signa des Kaiſer Otto, des König Otto, des weſtfränkiſchen König Lothar, des Erzbiſchof Bruno von Köln und vieler geiſtlichen und weltlichen Groſsen, dann die ungewöhnliche Rekognition: *ego Bruno gr.
d. archiepiscopus et primiscrinius recognovi,* und eine durchaus dem
Brauche der Reichskanzlei entſprechende Datirung mit den Königsjahren beider Ottonen.

Einer Urkunde des Biſchofs Lietbert von Kammerich, St. 2692,
Miraeus Op. 1,157, fehlt im Texte jede Andeutung einer Beglaubigung
durch den König; es ſind einfach Unterſchrift und Siegel des Biſchofs
angekündigt. Mit dem Texte hört aber der Charakter einer Biſchofs-
urkunde auf; ſtatt der Zeugen, biſchöflicher Datirung und Unterſchrift,
welche nun zu erwarten wären, folgt das vollſtändige Schluſsprotokoll
einer Königsurkunde mit Signum, Rekognitionsformel und königlicher
Datirung von 1066, durchaus dem damaligen Brauche der Kanzlei entſprechend. Ob die Urkunde, wie Stumpf annimmt, auch vom Könige
beſiegelt war, läſst ſich aus dem Abdrucke nicht entnehmen, iſt aber zu
vermuthen. Liegt hier nicht ein ganz grober, Theile verſchiedener Urkunden verbindender Miſsgriff eines Abſchreibers oder des Herausge-
bers vor, ſo iſt wohl nur anzunehmen, daſs ſich dem Biſchofe vor Vollziehung der Urkunde Gelegenheit bot, ſie in der Reichskanzlei beglaubigen zu laſſen. Scheint ſie in dieſer Form ganz vereinzelt zu ſeien, ſo
ſchlieſst ſie ſich übrigens dem ſpäter zu beſprechenden Falle näher an,
daſs von Privaten vorausgefertigte Texte von Königsurkunden der
Kanzlei zur Beglaubigung durch Zufügung des Schluſsprotokolles vorgelegt wurden.

Ebenſo vereinzelt ſcheint ein anderer Fall zu ſeien. Auf das Original einer Urkunde K. Lothars von 1136, St. 3322, Bünau Friedr. I.
429, iſt eine Beſtätigung K. Friedrichs von 1179, St. 4289, geſchrieben,
mit dem vollen Protokoll feierlicher Diplome, während der Text ledig-

161] lich die Angabe enthält, daſs der Kaiſer das beſtätige, *que in hoc privilegio Lotharii Romanorum imperatoris sanctita sunt.* Nach der Angabe von Stumpf iſt das weiter noch durch das Siegel beglaubigt, welches im Texte ſelbſt nicht angekündigt iſt.

162. Weniger vereinzelt iſt der Fall einer Beglaubigung von Privaturkunden durch angekündigte Siegelung. Legte man bei Privaturkunden ſichtlich groſsen Werth auf die Beglaubigung durch Siegel etwa des Biſchofs, vgl. § 156, ſo wird man dem des Königs beſonderes Gewicht beigelegt haben und verfehlte denn auch nicht, wenn man ſich der Erlangung deſſelben verſichert hatte, es in der Urkunde ſelbſt anzukündigen.

Der erſte mir bekannte Fall würde eine Urkunde des Erzbiſchofs von Mainz von 910 für Fulda ſeien, Reg. Kar. 1230, Dronke Cod. 302, mit *datum in palatio Triburiensi coram rege Ludowico, qui et conscribi et sigillo suo insigniri iussit.* Auch in einer Fuldaer Urkunde von 1049 ſchlieſst die Datirung: *regnante d. Heinrico tercio imperatore, qui et hanc cartam sua potestativa confirmatione solidavit et sigilli sui impressione munivit,* und in einer andern von 1061 heiſst es: *sed et regis Heinrici decreto et auctoritate munita et confirmata est hec eadem carta et sigillo regie maiestatis munita,* St. 2381. 2598, Dronke 359. 369. Aber dieſe Urkunden ſind uns nicht im Originale, ſondern nur in der Sammlung des Eberhard erhalten und wahrſcheinlich nach deſſen Weiſe ſtark verarbeitet, ſo daſs auf die Art der Beglaubigung kaum beſtimmter zu ſchlieſſen ſeien wird.

Eine andere ältere Urkunde dieſer Art, Ennen u. Eckertz Köln. Quellen 1,471, wird St. 921 als Falſchung bezeichnet. In einer nur in Abſchrift erhaltenen Urkunde mit dem Actum 989 Ind. 2 verbrieft Erzbiſchof Everger von Köln ſeine *favente et consentiente serenissimo tercio Ottone imperatore* gemachten Schenkungen an die Abtei S. Martin: *et ut hec in perpetuum tenaciter hererent et absque ulla contradictione inconvulsa permanerent mea peticione interveniente imperator augustus Otto tercius suo proprio (sigillo) fecit confirmari.* Otto war damals noch nicht Kaiſer. Iſt die Angabe des Kartular richtig, daſs auch ein kaiſerliches Siegel anhing, ſo würde die Echtheit ſich wohl nur vertheidigen laſſen durch Annahme ſpäterer Verbriefung mit Beibehaltung der Zeit der Handlung. Daſſelbe würde dann auch anzunehmen ſeien für eine zweite, ebenſo datirte, in zwei angeblichen Originalen erhaltene Urkunde des Erzbiſchofs deſſelben, nur etwas erweiterten Inhaltes a. a. O. 472, in der zwar nicht die Siegelung, wohl aber die Zuſtimmung Kaiſer Ottos erwähnt wird. Wollten wir aber eine Ungenauigkeit des Kartular bezüglich des Siegel annehmen, das ja leicht nur ein königliches ſeien mochte, ſo dürfte es kaum zu ſehr auffallen, den Sohn und Enkel eines Kaiſers in einer Privaturkunde ſchon 989 als Kaiſer bezeichnet zu ſehen. Wie dem auch ſei, ſo wird meines Erachtens die Entſcheidung davon abhängig zu machen ſeien, ob die angeblichen Originale ſich als echt erproben, da in diefem Falle auch gegen die nur in Abfchrift erhaltene Urkunde nichts einzuwenden feien wird. Bedenken könnte es erregen, dafs eines jener Originale mit dem Siegel Erzbifchof Heriberts verfehen ift, vgl. aber § 156. 157; dafs weiter angebliche Originale Heriberts für daffelbe Klofter a. a. O. 473. 475 das Actum 1022 haben, während der Erzbifchof zweifellos fchon 1021 März 16 geftorben ift.

Ganz unverdächtig ift ein anderer Fall. Um 1033 verbrieft Bifchof Kadeloh von Naumburg den fich an feinem Bifchofsfitze niederlaffenden Kaufleuten Freiheiten, welche ihnen auf feine Bitte K. Konrad verlieh *hocque imperiali edicto firmavit; et ut hoc ratum et immutabile omni pro tempore maneat, huius traditionis salariam iussit susscribi suique signi impressione firmari*; Lepfius B. v. Naumb. 198. Die angekündigte Unterfchrift fehlt; aber vom Siegel haben fich genügende Refte erhalten, um daffelbe als das des Kaifers erkennen zu laffen.

In einer nur in Abfchrift erhaltenen und zunächft ganz in der Weife fonftiger privater Traditionsurkunden gefafsten Verbriefung, St. 3115, Mittelrh. U. B. 1,491, heifst es: *et ne hec traditio postea aliquorum calumpnia quassaretur, scripto annotata et d. Heinrico quinto Rom. imperatori aug. presentata eo precipiente presenti sigillo confirmata est.* Die ganze Beurkundung wird nur diefer Beglaubigung wegen gefertigt feien, da auch die Datirung mit *facta est autem hec confirmatio anno 1114* auf diefe, nicht auf die Handlung deutet.

Ein beachtenswerther Fall ift dann St. 3193, Ried Cod. Rat. 1,182, vgl. M. Boica 29,246, von 1124. Eine den Kaifer zunächft gar nicht nennende Beurkundung der Gründung des Klofters Ensdorf fchliefst: *et ut hoc privilegium stabile et inconvulsum perpetualiter permaneat, ego Heinricus — imperator sigilli nostri impressione firmamus et corroboramus in nomine domini, amen.* Wie diefes, fo ift auch noch *acta sunt hec* mit den Jahresbezeichnungen von derfelben Hand gefchrieben, während dann in der kaiferlichen Kanzlei Ort und Tag, Unterzeichnung des Kaifers, Rekognition und Siegel hinzugefügt find. Da hier auch die Unterzeichnung hinzukommt, fo fchliefst fich der Fall dem § 161 befprochenen St. 2692 näher an.

Zwei andere Fälle von 1095 und 1096 wurden bereits § 129 befprochen. Später, wo die Zufügung fremder Siegel überhaupt üblicher wurde, findet fich dann nicht felten, dafs der König fein Siegel Privaturkunden anhängt und das bereits im Texte angekündigt ift. Dabei ift dann eben wegen der Ankündigung wohl durchweg an gleichzeitige Siegelung zu denken, fo dafs fich Widerfprüche nicht leicht ergeben haben werden. Doch mahnen da die § 129 befprochenen Fälle wenigftens zur Vorficht. Bei der Urkunde von 1096 ift die Siegelung durch den Kaifer wohl in Ausficht genommen, fcheint aber nicht erfolgt zu feien. Eben fo wohl kann es dann doch auch vorgekommen feien, dafs man auf die Befiegelung rechnen durfte und fie ankündigte, diefelbe dann aber an einem andern Orte vollzogen wurde oder fich verzögerte,

162] fo dafs die Datirung folcher Urkunden, auch wenn fie fich auf die Beurkundung bezieht, nicht gerade dem Itinerar des Königs entfprechen mufs. Die Urkunde von 1195 aber erinnert uns daran, dafs die Datirung der Privaturkunden gewöhnlich der Handlung entfpricht und, wo das zutrifft, natürlich die Datirung auch bei gleichzeitiger Befiegelung nicht zugleich auf diefe zu beziehen ift.

163. Bedeutendere Widerfprüche können fich aber ergeben bei Beglaubigung durch nachträgliche Siegelung. In der Weife fcheint diefe kaum üblich gewefen zu feien, dafs ein König einer von einem Vorgänger ausgeftellten und gefiegelten Urkunde noch fein Siegel aufdrückte, um ähnlich, wie bei der § 161 befprochenen Zufügung des Signum den Inhalt auch feinerfeits zu beftätigen. Dafür liefse fich, foweit ich fehe, nur geltend machen das fpäter zu erörternde Reg. Kar. 1098 mit den Siegeln der Könige Arnulf und Ludwig, wo die Sachlage aber überhaupt eine andere zu feien fcheint; dann der § 161 befprochene Fall St. 3322. 4289, wo aber eine vollftändige Beftätigungsurkunde zugefügt ift. Die nachträgliche Befiegelung früherer Königsurkunden fcheint durchweg dadurch veranlafst zu feien, dafs diefe überhaupt unbefiegelt geblieben waren, wie das ja auch in Fällen vorkommt, wo die Abficht der Vollziehung nicht zu bezweifeln ift, oder dafs die frühere Befiegelung zu Grunde gegangen war. Auf Vorhandenfeien des Siegels wurde der gröfste Werth gelegt. K. Heinrich beftätigte 1196, St. 5034, Stumpf Acta 283, ein Privileg feines Vaters mit der ausdrücklichen Bemerkung: *non obstante, quod sigillum impressum cereum vetustate et fractura lesum periit et sigilli sollempnitas defuit consueta.* So konnte es nahe liegen, das nicht vorhandene Siegel in der Reichskanzlei erfetzen zu laffen, woraus fich dann, wenn man nicht etwa den älteren Stempel noch zur Hand hatte, ein Widerfpruch mit der Zeitangabe, oft auch mit dem Ausfteller der Urkunde ergeben mufste. Trotzdem hat man es nicht für nöthig befunden, eine erläuternde Bemerkung hinzuzufügen. Hing ein unverdächtiges Siegel irgendwelchen Herrfchers an, fo war damit ja zugleich gefagt, dafs diefer für fie einfteht.

So erkennt nun auch Stumpf Wirzb. Imm. 2,19. 57, die Echtheit von St. 141 an, obwohl daffelbe von 947 datirt fchon das erft fünfzehn Jahre fpäter paffende kaiferliche Siegel Ottos hat. St. 2513, von K. Heinrich III., aber mit dem Siegel K. Heinrichs IV., zeigt allerdings gehäufte Unregelmäffigkeiten, vgl. Cod. Anhalt. 1,95, Steindorff Heinr. III. 1,402; ift es aber wirklich Fälfchung, fo dürfte es bei dem engen Zufammenhange mit St. 2764 fehr wahrfcheinlich feien, dafs die Fälfchung fchon der Kanzlei K. Heinrichs IV. vorgelegt, von diefer nicht beanftandet und nachträglich befiegelt wurde. Zwei ganz unverdächtige Urkunden K. Heinrichs III. für Goslar, St. 2365. 2394, find mit dem Siegel K. Friedrichs I. verfehen.

Bei dem Werthe, den man auf das königliche Siegel legte, wird

man kaum verfehlt haben, daffelbe anzukündigen, wenn es bei der Beurkundung fchon in Ausficht genommen war. Die ftillfchweigende Zufügung wird daher durchweg auch als nachträgliche zu betrachten feien.
Und das wäre dann auch zu beachten bei Beurtheilung der fchon § 129
erwähnten Fälle, welche Huillard Intr. 62 dafür geltend macht, dafs der
Reichskanzler in Abwefenheit K. Friedrichs II. unter deffen Siegel geurkundet habe.

Bei der Unbefangenheit, mit der man bei diefen Dingen vielfach
vorgegangen zu feien fcheint, wäre es immerhin möglich, dafs man auch
darauf verfallen wäre, ein abgefallenes königliches Siegel durch irgendwelches andere zu erfetzen. Ich laffe es dahingeftellt, ob das ´fonftige
Auffallende in St. 213, Stumpf Acta 7, durch Fälfchung, oder ungefchickte Benutzung der Vorurkunde zu erklären ift. Den Umftand aber,
dafs einer angeblich von K. Otto 952 für Korvei und Herford ausgeftellten Urkunde das Siegel der um 1138 lebenden Aebtiffin Gertrud
von Herford aufgedrückt war, möchte ich jedenfalls nicht als Kennzeichen der Fälfchung betrachten; gerade bei einem Fälfcher möchte
ich die zu folchem Vorgehen gehörende Unbefangenheit am wenigften
vorausfetzen.

164. Nicht fo unmittelbar zu erkennen, als die bisher befprochenen, ift ein anderes nächftverwandtes Verhältnifs, das am geeignetften
hier zur Sprache zu bringen feien wird, nämlich die Beglaubigung
nicht in der Reichskanzlei gefertigter Texte von Königsurkunden. Von den § 162 befprochenen Fällen unterfcheidet fich
das nur durch die Faffung des Zeugniffes; dort beglaubigt der König
das formell zunächft von einem Anderen abgegebenen Zeugnifs, während hier das, was der König beglaubigen foll, von vornherein auch in
die Form eines Zeugniffes des Königs gebracht ift.

So wenig die Reinfchrift der Urkunden vom Ausfteller felbft her-
zurühren pflegt, fo wenig wird die Faffung des Textes trotz der Form
einer perfönlichen Aeufferung von ihm felbft oder doch von folchen
Perfonen, deren er fich für folche Gefchäfte zu bedienen pflegte, herrühren müffen; es genügt, wenn er durch fein Siegel oder ein anderes
Beglaubigungsmittel fich mit dem, was ihm in den Mund gelegt wird,
einverftanden erklärt. Bei Verbriefungen für Kirchen von Privaten,
welche über kein eigenes Kanzleiperfonal verfügten, rührt gewifs überwiegend auch die Faffung des Textes zunächft vom Empfänger her;
theils weil nur diefer über die Kenntniffe zur Konzipirung des Textes
gebot; theils weil diefer an Genauigkeit der Faffung in der Regel das
gröfsere Intereffe hatte. Bei den überhaupt fehr fchwankenden Formen der Privaturkunden wird der Umftand unfer Urtheil nur felten be-
irren können. Aber in Einzelfällen ift er doch zu beachten. Zahn bezeichnet Steierm. U. B. 1,706 eine Urkunde des Herzogs Bertold von
Dalmatien um 1190 für Klofter Seitz zunächft defshalb als Fälfchung,
weil die Urkunde im allgemeinen in Form einer Aeufferung des Aus-

164] ſtellers gefaſst iſt, während in einem Theile derſelben die Mönche als redend erſcheinen. Die nächſtliegende Erklärung ſcheint mir die zu ſeien, daſs der Text im Kloſter geſertigt wurde und der konzipirende Mönch aus der Rolle fiel. Als Kennzeichen der Fälſchung würde man das doch nur dann behandeln dürſen, wenn Konzipirung des Textes durch den Empfänger überhaupt als unzuläſſig zu betrachten wäre. Iſt das nicht der Fall, ſo liegt uns einfach ein Miſsgriff vor, zu welchem für einen Fälſcher die Veranlaſſung nicht näher lag, als für jeden andern Konzipienten.

Der König verfügte nun allerdings über das nöthige Perſonal, und die groſse Maſſe der Königsurkunden iſt zweifellos in der Reichskanzlei nicht blos geſchrieben, ſondern auch konzipirt, wie die Uebereinſtimmung in der Form das zweifellos ergibt. Es gibt nun aber auch manche Königsurkunden, deren Faſſung in den verſchiedenſten Beziehungen dem Kanzleigebrauche nicht entſpricht. In vielen Fallen wird das ein ſchwerwiegender Verdachtsgrund ſeien; vgl. § 8. 9. Andererſeits hat ſich auch wieder ergeben, daſs vielfach die Echtheit der angeblichen Originale ſolcher Diplome gar nicht zu bezweifeln iſt, daſs insbeſondere in Fallen, wo die Faſſung des Textes den Formen der Kanzlei in keiner Weiſe entſpricht, doch die Beglaubigung nicht den geringſten Anſtand bietet. In Einzelfällen wird das ſeine Erklärung darin finden können, daſs wohl zeitweiſe Perſonen in der Kanzlei beſchäftigt wurden, welche derſelben nicht angehörten. Für frühere Zeiten vgl. Sickel Progr. 35, Stumpf Wirzb. Imm. 2,21. Für ſpätere Zeit wurde bereits § 116 darauf hingewieſen, daſs zuweilen Königsurkunden von den italieniſchen Hofnotaren geſertigt wurden, welche zwar am Hofe, aber nicht in der Kanzlei beſchäftigt und mit den Formen derſelben nicht vertraut waren. Es konnte insbeſondere ja auch vorkommen, daſs der König kein Kanzleiperſonal bei ſich hatte, während es dem Empfänger aus dieſem oder jenem Grunde wünſchenswerth war, ſogleich eine Verbriefung zu erhalten. Es iſt erklärlich, wenn die auf dem Zuge K. Friedrichs II. nach Deutſchland entſtandenen Verbriefungen für Genua, vgl. § 116, und für Cremona, Böhmer Acta 772, in ganz ungewöhnlichen Formen gefaſst find; es ſtanden eben nur italieniſche Notare zur Verfügung. Und ähnliches mag doch auch in Fällen, wo die Sachlage ſich weniger beſtimmt kenntlich macht, vorgekommen ſeien.

Vielfach wird die Erklärung aber darin zu ſuchen ſeien, daſs auch Beurkundungen durch den König bis zu einer gewiſſen Stufe Werk des Empfängers ſelbſt waren. Dieſem konnte daran liegen, daſs die Verbriefung genau in der von ihm gewünſchten Faſſung erfolgte. Wenigſtens aus ſpäterer Zeit haben wir ganz beſtimmte Zeugniſſe, daſs die römiſche Kirche für Privilegien, welche ſie von K. Rudolf und K. Albrecht verlangte, den Wortlaut, nach dem ſie abgefaſst werden ſollten, vorlegte; vgl. Ital. Forſch. 2,455. 462. 4,506. Würde die ganz ungewöhnliche Faſſung der Verzichtsurkunde K. Ottos von 1201, vgl. § 116, fich auch fchon daraus erklären, dafs fie heimlich, ohne Zuziehung der Reichskanzlei gefertigt wurde, fo mag überdies der Wortlaut fchon von Rom überfandt feien. Es ift kein Grund abzufehen, wefshalb daffelbe nicht auch zuweilen bezüglich anderer Empfänger gefchehen feien follte. In vielen Fällen war die Kanzlei ohnehin bezüglich des Sachlichen der Urkunde auf Aufzeichnungen angewiefen, welche der um die Verbriefung erfuchende Empfänger ihr einzureichen hatte. Da konnte es doch nahe liegen, eine folche Vorlage fogleich in die Form einer Willensäufferung des Königs zu kleiden. In einem Falle fcheint fich das unmittelbar zu ergeben.

Im Archive zu Mailand findet fich eine alte Abfchrift eines Diplom K. Friedrichs I. für Chiaravalle, jetzt gedruckt Stumpf Acta 551. Sie ift ohne Datirung und Zeugen, mit Korrekturen, und hat zweifellos als Vorlage für das Privileg K. Friedrichs II. von 1226, Reg. 609, Ital. Forfch. 4,350, gedient, da der 1226 paffende Name des Abtes auf Rafur zugefchrieben, dann aber ein Pergamentblatt mit einem längeren, gleichfalls fchon in Form einer kaiferlichen Willensäufferung gefafsten Zufatz angenäht ift, der fich faft wörtlich in der Urkunde von 1226 wiederfindet. Bei anderm Sachverhalte würde der Gedanke am nächften liegen, die vorgelegte Abfchrift fei in der Kanzlei fo geftaltet, um als Konzept für die neue Urkunde dienen zu können. Das ift aber zweifellos dadurch ausgefchloffen, dafs in diefer nicht allein die Faffung durchweg abweicht, fondern auch keineswegs alle Rechte wieder verliehen find, welche die Vorlage enthielt. Man hatte zweifellos fchon im Klofter felbft die Vorlage fo geftaltet, dafs fie auch der Faffung nach als Vorlage für die neue Urkunde hätte dienen können, worauf die Kanzlei aber in diefem Falle nicht einging, fondern mit Benutzung der Vorlage ein anderes Konzept fertigte. War nun hier die Faffung auch des Neukonzipirten in Form königlicher Willensäufferung fchon dadurch näher gelegt, dafs daffelbe fich an den Text einer ältern Kaiferurkunde anfchlofs, fo mögen doch auch ganz felbftftändige Vorlagen des Bittftellers oft mit mehr oder weniger Gefchick fchon in folche Form gebracht feien, welche beizubehalten die Kanzlei keinen Anftand nahm.

Hatten wir bisher nur die Faffung im Auge, fo dafs wenigftens der gefammte graphifche Beftand aus der Reichskanzlei hervorging, fo konnte man da noch weiter gehen, und eine bereits gefertigte Reinfchrift der Kanzlei nur zur Beglaubigung einreichen. Ein unmittelbares Zeugnifs für folches Vorgehen gibt uns die leider ihrem Wortlaute nach nicht bekannte Urkunde K. Friedrichs II. von 1219, Reg. Fr. 262, worin diefer dem Bifchofe von Ivrea geftattet, dafs er ein ihm ertheiltes Privileg mit goldenen Buchftaben dürfe fchreiben laffen, worauf er daffelbe mit einer goldenen Bulle werde verfehen laffen. Dafs das auch fonft gefchehen feien mufs, ergibt fich in manchen Fällen daraus, dafs in ganz unverdächtigen Urkunden die Schrift des Textes von der in der

164] Kanzlei üblichen abweicht, diefer nur das beglaubigende Schlufsprotokoll entfpricht.

Alles das kann ja auch kaum befremden, wenn wir bedenken, dafs
es fich da doch nur um einen Uebergang von den § 162 befprochenen
Fällen zur normalen Königsurkunde handelt. Wenn der Bifchof von
Naumburg 1033 eine Handlung des Kaifers felbft bekundet und diefer
das beglaubigt, fo ift der Unterfchied, dafs der Kaifer in einem Präzepte
felbft das Zeugnifs abgibt, hier das von einem andern abgegebenen
Zeugnifs beglaubigt, doch ein blos formeller. Oder wenn der der Kanzlei fichtlich in Reinfchrift zur Beglaubigung vorgelegte Text von St. 3193
zwar keinen Auffteller nennt, aber fchon eine als Acufferung des Kaifers felbft gefafste Beglaubigungsformel enthält, fo war es doch nur ein
ganz unbedeutender Schritt weiter, wenn man diefe Faffung fogleich
auf den gefammten Text ausdehnte. In einer Reihe von Einzelfällen
find denn auch zweifellos die auffallenden Abweichungen von den in
der Kanzlei üblichen Formen aus diefem Verhältniffe zu erklären.

So wird nach den Unterfuchungen von Steindorff Heinr. III. 1,411.
413 kaum zu bezweifeln feien, dafs manches Auffallende bei St. 2087.
2270, Mittarelli Ann. 2,64, Böhmer Acta 52, darin feine Erklärung findet, dafs die Texte in den bezüglichen Klöftern zu Ravenna und Mailand bereits in Reinfchrift gefertigt waren.

St. 2894, M. Boica 29,209, von 1089, im Original erhalten, wird
von Stumpf als unzweifelhaft echt bezeichnet, wobei von der fpäter zugefügten Zeugenauführung abzufehen ift. Aber nur in der Promul-
gationsformel fpricht der Kaifer in üblicher Weife in der Mehrzahl, im
ganzen übrigen Texte, fogar in der Strafformel und Beglaubigungsformel in der einfachen Zahl. Ein Konzipient der Reichskanzlei würde
darauf fchwerlich verfallen feien. Ift dagegen das Protokoll kanzleigemäfs, während fich kein Unterfchied der Schrift zu zeigen fcheint, fo
wird hier nur eine fchon auf die Form des Diplom berechnete Vorlage
anzunehmen feien.

Im N. Archiv der Gefellfch. 1,129 theilt Schum Näheres über zwei
Diplome K. Heinrichs IV. für den Bifchof von Mantua mit, wohl beide
zu 1093 gehörend. Dem einen, anfcheinend ungedruckten fehlt das
ganze Schlufsprotokoll mit Ausnahme des unvollzogenen Monogramm.
An die Abficht der Fälfchung ift dabei natürlich nicht zu denken. Kommt
es vor, dafs die Kanzlei unvollzogene Ausfertigungen abgegeben hat,
fo wird das doch insbefondere da unwahrfcheinlich feien, wo wie hier,
ein wirklich ausgefertigtes Original nie vorhanden gewefen zu feien
fcheint. Es kommt nun aber hinzu, dafs die graphifche Ausftattung dem
Kanzleigebrauche nicht entfpricht, dem Chrismon ein ungewöhnliches
Zeichen vorangeht, dann aber Invokation und Titel mit monogram-
matifch zufammengefetzten verlängerten Kapitalbuchftaben gefchrieben
find, wie ich fie in italienifchen Privaturkunden oft gefunden habe. Ich
möchte nicht zweifeln, dafs uns ein in der bifchöflichen Kanzlei gefer-

tigter Text vorliegt, der dazu beſtimmt war, in der Reichskanzlei mit dem beglaubigenden Schlufsprotokoll verſehen zu werden. Dieſelbe Annahme liegt dann aber auch für die zweite Urkunde, St. 2922, Muratóri Antiq. 5,645, ſehr nahe. Rekognition und Siegel fehlen. Datirung und Signumzeile ſind zwar vorhanden, aber letztere in Unzialen, alſo ſchwerlich aus der Reichskanzlei, beide anſcheinend erſt ſpäter zugefügt. Im Titel hat der Name des Kaiſers eine monogrammatiſche Geſtalt; ſeine Faſſung *Henricus imperator semper augustus* iſt, wenn wir das unzeitgemäſse *semper* auch dem Abſchreiber oder Herausgeber zur Laſt legen wollen, jedenfalls nicht kanzleigemäſs; die Faſſung des Textes iſt wenigſtens ungewöhnlich und mit den in die Arenga eingeflochtenen Bibelſprüchen der Annahme einer Konzipirung in der biſchöflichen Kanzlei ganz entſprechend.

Der Text von St. 2954, Miraeus 1,368, von 1101, in welchem der König durchaus in der Einzahl ſpricht, iſt ſicher nicht in der Reichskanzlei konzipirt. Das Protokoll dagegen iſt nicht zu beanſtanden, ſtimmt insbeſondere ſo genau mit St. 2953, Stumpf Acta 89, von demſelben Tage ſelbſt in den irrigen Jahresangaben und der ungewöhnlichen Stellung der Tagesangabe überein, daſs bei Annahme der Fälſchung wohl nur dieſes die Vorlage gebildet haben könnte. Dann aber wäre es doch im höchſten Grade auffallend, daſs ſich trotz verwandten Inhaltes nicht der geringſte Einfluſs auf den Text zeigt, daſs insbeſondere die lange Reihe der Anweſenden nicht der Vorlage entnommen iſt. Beide Reihen ſtimmen ſo oft überein, daſs ſie ſich allerdings unterſtützen; aber beide nennen Namen, welche in der anderen nicht vorkommen. Und trotzdem ſcheinen ſich keine Bedenken gegen die Reihe in St. 2954 zu ergeben, wenn wir hinter dem erſten Burchard *episcopus Monasteriensis* ergänzen und dem entſprechend *dux* und *marchio* auf die folgenden Namen beziehen.

Vorlage einer bereits gefertigten Reinſchrift iſt anzunehmen bei St. 3197, M. Boica 10,449, vgl. 29,247. Daſs das Schlufsprotokoll von anderer Hand iſt, als der Text, kann allerdings an und für ſich nicht erweiſen, daſs dieſer nicht in der Reichskanzlei geſchrieben iſt, da das häufig auch bei ſolchen Diplomen zutrifft, bei welchen letzteres gar nicht zu bezweifeln. Aber entſcheidend iſt hier die genaue Uebereinſtimmung mit dem § 162 beſprochenen St. 3196, welches weitergehend überhaupt den Kaiſer als Ausſteller nicht nennt, wie das hier der Fall iſt. Beide ſind von demſelben Tage, für zwei wittelsbachiſche Klöſter; in beiden ſind unter dem der Unterzeichnung in ungewöhnlicher Weiſe vorhergehenden Actum die Jahresangaben noch von der Hand des Textes, während dann von der Kanzlei nicht blos Ort und Tag hinzugefügt, ſondern auch in beiden die richtige Indiktionenziffer 2 ausradirt und durch die damals irrthümlich in der Kanzlei fortgeführte Ziffer 13 erſetzt wurde.

Bei St. 3391, Schöpflin H. Bad. 5,81, Beſtätigung eines Tauſches

164] zwifchen dem Bifchofe von Bafel uud dem Klofter S. Peter im
Breisgaue von 1139, ift nicht blos der Text, fondern auch das Actum
mit Jahr, Ort und Zeugen zweifellos im Klofter konzipirt. Darauf deuten nicht blos Ungewöhnlichkeiten der Form, fondern es heifst in der
Zeugenreihe ausdrücklich *comitibus quoque Bertulfo nostri cenobii advocato*; der Schreiber hat darauf vergeffen, dafs er eine Königsurkunde
zu konzipiren habe.

St. 3461, M. Boica 22,171, vgl. 29,278, für S. Ulrich zu Augsburg
von 1143, bietet fachlich, insbefondere auch in der Zeugcnaufführung,
keinen Anftand. Aber wie fchon der Herausgeber, bemerkt auch Stumpf,
dafs das Original graphifch fehr auffalle, jedenfalls nicht in der Reichskanzlei gefchrieben fei. Dazu kommen nun Eigenthümlichkeiten der
Faffung und Anordnung. Ein hier die Narratio mit der Difpofitio verbindender Satz würde nach dem Brauche der Reichskanzlei wohl im
Eingange als Arenga verwerthet feien. Die unmittelbar an die Zeugen
anfchlieffende Datirung gibt unter Actum lediglich Inkarnationsjahr und
Indiktion, wie fich das häufig in Privaturkunden, nicht leicht in Königsurkunden findet. Es fehlt das Chrismon, weiter, obwohl ein Monogramm
vorhanden, Signumzeile und Rekognition. Der vorgelegte Text dürfte
in der Kanzlei lediglich befiegelt feien.

Für St. 3737, Trouillat Mon. 1,328, für Klofter Lützel von 1156,
ift mindeftens eine echte Vorlage anzunehmen; es entfprechen nach
St. 3736 das Itinerar und fämmtliche Zeugen. Der Text wiederholt im
wefentlichen St. 3388 von 1139, gleichfalls nicht unverdächtig, aber
gleichfalls mit ganz entfprechenden Zeugen und Datirung. Die Umformung von St. 3388 ift jedenfalls nicht in der Reichskanzlei gefchehen;
denn es finden fich in St. 3737 auch folche Abweichungen vom Kanzleigebrauche, welche nicht auf jenes zurückgehen. So das *invictus* des
Titels, die Angabe der Epakte, vor allem der an und für fich unpaffend
an die Zeugenaufführung, ftatt an die Strafformel angehängte Schlufsfatz: *conservantes autem hec gratiam dei et nostram consequantur,
amen, amen, amen*, der ähnlich in päbftlichen Privilegien, aber auch in
Urkunden der Bifchöfe von Bafel, vgl. Trouillat Mon. 1,290. 293. 384. 418,
üblich ift. So nahe hier zweifellos die Annahme der Fälfchung liegt,
fo liefse diefe doch unerklärt, wefshalb gerade ein Fälfcher, dem eine
echte Kaiferurkunde hätte zur Hand feien müffen, fich ganz unnöthiger-
weife von den Formen derfelben entfernt hätte. Näher liegt wohl, was
dann auch St. 3388 treffen könnte, der Gedanke an Beglaubigung eines
vorgelegten Textes. Höchft auffallend ift dann aber noch weiter der
enge Zufammenhang zwifchen St. 3737 und zwei andern Diplomen für
elfäffifche Klöfter. St. 3738, Schöpflin Alf. dipl. 1,471, für Klofter
Neuenburg bei Hagenau, ift, wie fchon Stumpf bemerkt, zweifellos nach
dem Mufter von St. 3737 gefertigt. Von den Namen abgefehen ift die
Uebereinftimmung des Textes durchweg wörtlich; im Titel heifst es
invictissimus, die Epakte ift auch hier angegeben; insbefondere heifst

es dann in derselben unpaffenden Stellung hinter den Zeugen: *conser-vantibus autem haec omnia sit pax et misericordia domini nostri Jesu Christi, amen.* Kommt dazu noch die unzuläffige Zeugenangabe *Cun-rado duce de Suevia,* fo ift es erklärlich, wenn Schöpflin und Stumpf die Urkunde als Fälfchung bezeichneten. Und dennoch erhebt fich da ein gewichtiges Bedenken. Die Zeugen weichen ab; nur Mainz und Sach-fen könnten aus St. 3737 entnommen feien. Trotzdem entfpricht die Zeugenreihe durchaus dem Frankfurter Tage 1156 Febr. 20, wie der Vergleich mit St. 3736 ergibt; hier ftimmen zunächft auch noch Worms, Strafsburg und Dachsburg; da weiter jene Urkunde nur aus Abfchrift bekannt ift, fo läfst St. 3736 wohl kaum einen Zweifel, dafs die bean-ftandete Zeugenangabe fich aus *Cunrado duce (fratre imperatoris, Fri-derico duce) de Suevia* ergeben hat. Weiter aber finden wir daffelbe Verhältnifs bei dem bisher nicht beanftandeten St. 4481, Schöpflin Als. dipl. 1,289, für Klofter Königsbrück von 1187. Für diefes ift St. 3738 Mufter gewefen; es findet fich insbefondere das *invictissimus* und der unpaffende Schlufsfatz faft wörtlich übereinftimmend; dann aber wieder eine Zeugenreihe, welche 1187 durchaus entfpricht. In beiden Fällen müfste alfo einem Fälfcher noch eine andere echte Vorlage zur Hand gewefen feien, aus der er insbefondere die Zeugen entnahm, was im erften Falle um fo auffallender wäre, da nichts hinderte, auch bezüglich der Zeugen der Hauptvorlage zu folgen. So räthfelhaft das Verhältnifs fcheint und fo wenig ich mir da ein beftimmteres Urtheil erlauben möchte, fo wird doch gefagt werden dürfen, dafs Benutzung der Vor-lagen durch jemanden, der einen Text fertigte, um ihn in der Kanzlei beglaubigen zu laffen, nicht unerklärlicher feien würde, als durch einen Fälfcher; bei Annahme der Fälfchung dagegen die Richtigkeit der Zeu-gen fich ohne die unwahrfcheinlichften Vorausfetzungen kaum erklären laffen würde.

Das Original der wichtigen Verbriefung des Augsburger Rechtes durch K. Friedrich von 1156, M. Boica 29,327, wird auch St. 3747 als unzweifelhaft echt anerkannt. Wäre fie uns etwa nur in Abfchrift er-halten, fo würde fchwerlich jemand für ihre Echtheit einftehen mögen. Denn von anderm abgefehen müfste fchon der Umftand, dafs in einer Urkunde des Kaifers von diefem immer in der dritten Perfon die Rede ift, dagegen fprechen. Die Erklärung wird darin zu fuchen feien, dafs einer der Kanzlei vorgelegten Aufzeichnung lediglich das Protokoll zu-gefügt und dann, da eine Verfchiedenheit der Hände nicht bemerkt wird, abgefchrieben wurde; nicht einmal eine Beglaubigungsformel ift dem Texte zugefügt. Auffallend ift auch, dafs die Urkunde zwar 1156 nennt, dagegen Indiktion und beide Regierungsjahre im Juni 1157 ge-nau übereinftimmen, was doch durchaus gegen Ausfertigung im J. 1156 zu fprechen fcheint, während wieder 1157 Juni 21 der Kaifer wenig-ftens dann nicht zu Nürnberg gewefen feien kann, wenn das an fich etwas auffallende urkundliche Itinerar dem thatfächlichen entfprach.

164] St. 3915, M. Boica 29,362, von 1161, hat mehrfach eine ganz ungewöhnliche Faffung, womit ftimmt, dafs nach Angabe Stumpfs die Urkunde nicht in der kaiferlichen, fondern in der Wirzburger Kanzlei gefchrieben ift. Beglaubigt ift fie dann lediglich durch Aufdrückung des kaiferlichen Siegels, da für Signum und Rekognition zwar ein freier Platz gelaffen, aber nicht ausgefüllt ift. Der Inhalt erklärt hier den Hergang; es galt das Kapitel wegen Verpfändung der Wirzburger Kirchenfchätze behufs des Zuges des Bifchofs nach Italien ficher zu ftellen; der Text wird zwifchen Bifchof und Kapitel vereinbart feien und jener fich verpflichtet haben, die Beglaubigung durch den Kaifer zu erwirken.

In folchen Fällen ergibt fich dann wohl engerer Anfchlufs an die Formen derjenigen Kanzlei, in welcher wir den Text nach den fonftigen Umftänden zunächft entftanden denken dürfen. So ift St. 4281, Dümge Reg. 146, von 1179, zu Konftanz und wohl zunächft im Intereffe des dortigen Bifchofs ausgeftellt. Der Reichskanzlei entfprechen die Formen nicht; dagegen ift die Art der Datirung und der Anführung der Zeugen diefelbe, welche in Konftanzer Bifchofurkunden üblich war.

Diefes Verhältnifs mag denn auch eingegriffen haben bei einer Reihe Urkunden K. Friedrichs II. und feines Sohnes Heinrich, Huillard 1,448. 666. 786. 2,759, alle für die Abtei Neuenburg im Elfafs, welcher auch das oben befprochene St. 3738 angehört. Alle zeigen ungewöhnliche Faffung des Textes und insbefondere der Datirung; fo die Einleitung mit *acta sunt hec et scripta*, Nichtangabe von Monat und Tag, Zählung von Epakten und Konkurrenten, in einer fogar *acta tempore A. abbatis*. Auf willkürliche Umgeftaltung im Kartular, wie Huillard fie für die letzte Angabe annimmt, läfst fich das nicht überhaupt zurückführen, da eine der Urkunden im Originale erhalten ift. Würde fich für andere nachweifen laffen, dafs mindeftens echte Vorlagen vorhanden gewefen feien müffen, fo würde bei Annahme der Fälfchung die ungewöhnliche Form nur noch unerklärlicher werden. Am nächften dürfte doch auch hier die Annahme liegen, dafs die Urkunden im Klofter gefchrieben und in der Kanzlei nur befiegelt wurden.

165. Wie fchon der letztbefprochene Fall auf Aehnliches hinweift, fo dürfte wenigftens in einzelnen Fällen die auffallende **Datirung von Königsurkunden nach Bifchofsjahren** mit dem erörterten Verhältniffe zufammenhängen. Nur werden wir dabei nicht gerade immer fo weit zu gehen haben, da jede aus einer bifchöflichen Kanzlei ftammende Vorlage, auch wenn fie in der Kanzlei weiter verarbeitet wurde, zur Erklärung der Eigenthümlichkeit ausreichen würde.

Von St. 2054 von 1034, welches Jahre des Bifchofs von Lüttich zählt, werden wir abfehen müffen. Denn es ift nur in ganz ungenügendem Auszuge bekannt und nur beim Vorliegen des vollftändigen Textes würde fich entfcheiden laffen, ob die fonftigen Verdachtsgründe, Nennung eines fchon 1026 verftorbenen Herzogs von Lothringen und

anfcheinender Widerfpruch mit dem Itinerar, auch bei Annahme der
Echtheit zu erklären feien würden. Dagegen ift St. 3097, zuletzt gedruckt Brefslau Dipl. c. 54, von
1114, im Original erhalten. Die unter Acta gegebene Datirung gibt
weder Indiktion, noch Regierungsjahre des Kaifers, dagegen *anno 7.
venerabilis Brunonis episcopi*, nämlich von Speier. Auf andere Eigenthümlichkeiten wies fchon Bresslau 177 hin und ich kann mich nur der
Annahme deffelben anfchlieffen, dafs die Urkunde ihrem ganzen Umfange nach in der Speierer Kanzlei gefchrieben feien wird. Nun foll
weiter nach Wirtemb. U. B. 1,340 und Stumpf auch das erhaltene Sie-
gelfragment dem Bifchofe angehören, während Brefslau es doch eher
für kaiferlich halten möchte. Sollte jenes richtig feien, fo würde etwa
anzunehmen feien, dafs die beabfichtigte Siegelung durch den Kaifer
aus diefem oder jenem Grunde unterblieb und ftatt deffen das des Bifchofs angehängt wurde, was gerade hier zuläffig erfcheinen konnte, da
die Urkunde nicht zunächft zu Gunften des Bifchofs gefertigt ift, fondern Verpflichtungen deffelben gegen das Kapitel feftftellt.

St. 3240, Lacomblet U. B. 1,200, von 1129 für S. Pantaleon zu
Köln, fchliefst die Datirung mit *anno pontificatus Friderici Coloniensis
archiepiscopi 30*. Ohne die Echtheit des Original zu beanftanden, erklärt Stumpf daffelbe doch als kaum aus der königlichen Kanzlei hervorgegangen, während Schum, Vorftudien 8, es als kanzleigemäfs bezeichnet. Ob hier die ungewöhnliche Form auf Konzipirung im Klofter
oder in der erzbifchöflichen Kanzlei zurückzuführen ift, laffe ich dahingeftellt. Die Form der Datirung ift gerade in den Urkunden K. Lothars
fo wenig feftftehend, es zeigt fich da insbefondere fo häufig ein Einflufs
der in den Privatkanzleien üblichen Formen, dafs es kaum befremden
könnte, wenn auch bei Konzipirung in der Reichskanzlei eine folche
Angabe Aufnahme gefunden hätte. Entfprechend heifst es nun auch
in St. 3266, Lacomblet U. B. 1,207, von 1132 für daffelbe Klofter: *anno
pontificatus domni Brunonis II. Coloniensis archiepiscopi 1*. Nun hat
fchon Schum darauf hingewiefen, dafs hier die Form der Datirung aus
St. 3240 entlehnt feien müffe. Für die Reichskanzlei wäre dazu kein
näherer Anlafs geboten gewefen, da beide Urkunden zwar für daffelbe
Klofter, aber verfchiedenen Inhaltes find. Wurde dagegen der Text im
Klofter konzipirt, fo ift es erklärlich, wenn man fich für die Form an
eine dort vorhandene frühere Königsurkunde hielt. Der Umftand, dafs
der Titel erft nachträglich eingefchoben ift, dafs weiter zu einem königlichen Text Titel und Siegel des Kaifers zugefügt find, könnte hier den
Gedanken doppelt nahe legen, dafs die Urkunde der Kanzlei fchon in
Reinfchrift vorgelegt und erft verfpätet beglaubigt wurde. Sind andere
Erklärungen nicht ausgefchloffen, fo fehe ich jedenfalls auch in diefem
Verhältniffe keinen entfcheidenden Verdachtsgrund, während ich bereits § 103 darauf hinwies, wie der Annahme der Fälfchung doch er-
hebliche Bedenken im Wege ftehen.

165] In der Datirung des unverdächtigen Original ven St. 3568, Cod. Weftf. 2,55, für Abt Wibald von Korvei von 1150, heifst es *anno autem Wiboldi Corbeiensis abbatis 3.* Da die Form der Datirung übrigens ganz kanzleigemäfs ift, fo dürfte die Angabe mehr zufällig aus einer im Klofter enftandenen Vorlage, wie fie bei Konzipirung des ausführlichen Textes jedenfalls zur Hand feien mufste, aufgenommen feien.

Am zweifellofeften ergibt fich das Verhältnifs in einer in ganz unverdächtigem Original erhaltenen Urkunde K. Heinrichs für Erzbifchof Sifrid von Mainz, Reg. Henr. (VII.) 123, Huillard 2,898, mit *acta sunt hec apud Herbipolim, anno d. i. 1226, 5 kal. dec., pontificatus nostri 26.* Das entfpricht den Jahren Sifrids. Denkt Huillard an Zufügung der Datirung durch den Erzkanzler felbft, was nach fpäter zu Erörterndem ein ganz ungewöhnlicher Fall feien würde und, wenn nicht fchon im Konzepte erfolgt, fich in Verfchiedenheit der Schrift zeigen müfste, fo liegt gewifs die Annahme viel näher, dafs der Text überhaupt in der erzbifchöflichen Kanzlei gefchrieben wurde und der Konzipient, der übrigens feine Aufgabe tadellos durchführte, fchliefslich darauf vergafs, dafs er nicht den Erzbifchof, fondern den König fprechen zu laffen habe.

166. Führte die Beglaubigung vorgelegter Texte mehr zu Auffallendem, als zu Widerfprechendem, fo hat fich letzteres zweifellos, wie bei Privaturkunden, fo auch bei Königsurkunden nicht felten durch Neuausfertigung älterer Urkunden ergeben. Wir befchränken uns dabei zunächft auf Befprechung des einfacheren Falles, dafs die Neuausfertigung noch durch den urfprünglichen Ausfteller felbft gefchah.

Schon § 16 wurde darauf hingewiefen, wie es von Werth war, mehrere Originalausfertigungen derfelben Urkunde zu befitzen. Insbefondere auch für den Fall des Verluftes der einen. In St. 2772, Dümge Reg. 111, von 1074 fagt der König ausdrücklich, dafs er feiner Gemahlin eine fchon früher verbriefte Schenkung *hac carta* erneuere, *ut si prioris testimonio destituatur, ad hanc recurrendo se consoletur.* Es ift daher der Fall nicht felten, dafs wir mehrfache, ganz gleichwerthige Ausfertigungen derfelben Urkunde finden. Diefe werden gewifs oft gleichzeitig entftanden feien, weil man fich von vornherein zu fichern fuchte. Dafs fie diefelbe Datirung zeigen, wird das freilich nicht beftimmt erweifen müffen. Es ift allerdings möglich, dafs die verfchiedenen Ausfertigungen an demfelben Tage gefertigt oder doch vollzogen wurden. Aber die Gleichheit der Datirung könnte fich auch daraus ergeben haben, dafs diefe nach der Handlung beftimmt war; vgl. § 111. Weiter aber lag es zweifellos nahe, auch die nach der Beurkundung beftimmte Datirung der einen in der andern zu wiederholen, auch wenn beide nicht gleichzeitig entftanden.

Dafs das nicht immer gefchehen ift, ergeben die mehrfachen Ausfertigungen mit abweichender Datirung, welche wir § 85 als Beweis für die Beziehung der Datirung auf die Beurkundung zu verwerthen fuchten. Aber zweifellos find fpätere Neuausfertigungen nicht felten **unter Wiederholung des urfprünglichen Protokoll**, alfo insbefondere auch der Datirung, erfolgt. Stimmen beide Ausfertigungen genau überein, fo wird fich das allerdings nicht beftimmter nachweifen laffen. Es find hier folche Fälle ins Auge zu faffen, bei welchen es fich zwar im wefentlichen nur um zwei Ausfertigungen derfelben Urkunde handelt, fich aber doch Abweichungen zeigen.

Schon dann, wenn diefe bei völliger Uebereinftimmung der fachlichen Angaben nur die Faffung und Anordnung treffen, werden wir die Ausfertigungen doch wenigftens dann kaum an demfelben Tage entftanden denken dürfen, wenn fich ergibt, dafs es fich nicht um mehr willkürliche Abweichungen, fondern um abfichtliche Befferungen handelt. Bei den beiden Ausfertigungen von Reg. Kar. 929, S. Gall. U. B. 2,224, beide von 881 Mai 9, hat die eine die wohl anfangs vergeffene Strafformel an ganz ungewöhnlicher Stelle zwifchen Rekognition und Datirung. In der andern ift das gebeffert, zugleich aber die ganze Faffung gekürzt, ohne dafs vom Inhalte etwas aufgegeben wäre. Das wird doch kaum an demfelben Tage gefchehen feien.

Weiter aber zeigt fich häufig, dafs die mehrfache Ausfertigung nicht dadurch veranlafst war, dafs man mehrere gleichwerthige Verbriefungen wünfchte, fondern dadurch, dafs die eine Urkunde etwas enthält, was in der andern fehlt und wodurch fie für den Empfänger gröfsern Werth hat, als diefe. Schon § 136 wurde darauf hingewiefen, dafs einzelne Neuausfertigungen wohl nur gemacht wurden, um befonders angefehene oder für den Einzelfall wichtige Intervenienten oder Zeugen zuzufügen. St. 701, deffen Original Stumpf für unzweifelhaft echt erklärt, unterfcheidet fich von St. 700, Böhmer Cod. Moenofr. 8, insbefondere durch manche Erweiterung der angeführten Schenkungen; dafs St. 701 die fpätere Faffung ift, ergibt fich unmittelbar dadurch, dafs St. 700 fich näher an die als Vorlage benutzte Urkunde Reg. Kar. 892 anfchliefst; aber beide Urkunden find wenigftens nach der Angabe von Stumpf übereinftimmend von 977 Apr. 12 datirt. St. 1346. 47, Lacomblet U. B. 1,83, beide von 1003 Febr. 23, ftimmen, abgefehen von einer äufferlich erkennbaren Interpolation in der erfteren, wörtlich überein, nur dafs fich in der zweiten ein Zufatz findet, in welchem neben der allgemeinen Beftätigung eine Schenkung, auf welche der Empfänger befondern Werth gelegt zu haben fcheint, noch ausdrücklich beftätigt wird. Bei St. 3086, M. Boica 29,230. 31,385, von 1112 Apr. 27, unterfcheiden fich die beiden Ausfertigungen insbefondere dadurch, dafs in der einen die Angaben über die Tradition genauer find. Bei zwei Ausfertigungen der Schenkung einer Kirche von 1214 Okt. 23, Reg. Fr. II. 94, Wirtemb. U. B. 3,11.12, unterfcheidet fich die eine nur durch einen Zufatz, in welchem die zur Kirche zehentpflichtigen Orte aufgeführt find. Das Privileg K. Friedrichs für die römifche Kirche von

166] 1213 Juli 12, Reg. Fr. II. 65, ift uns in drei Ausfertigungen erhalten; während zwei im wefentlichen nur den Wortlaut des Privilegs des Vorgängers wiederholen, enthält die dritte fehr wichtige Zufätze; vgl. Ital. Forfchungen 2,424 ff.

In allen diefen, leicht zu vermehrenden Fällen, befchränken fich die Abweichungen auf den Text, während Protokoll und insbefondere Datirung übereinftimmen. Dafs diefe fich etwa auf die Handlung beziehe, ift nirgends zu vermuthen. Sollen wir nun annehmen, dafs beide Beurkundungen an demfelben Tage erfolgten? Das wird doch felbft dann kaum anzunehmen feien, wenn fogleich nach Fertigung der einen beachtet wurde, dafs im Intereffe des Empfängers noch etwas hinzuzufügen fei. Eben fo häufig mag es vorgekommen feien, dafs man das erft nach einiger Zeit gewahrte und nun um nochmalige Ausfertigung mit dem gewünfchten Zufatze erfuchte. Bei dem Privileg K. Friedrichs von 1213 Juli 12 deuten die näheren Umftände darauf hin, dafs über die Zufätze länger verhandelt wurde und die erweiterte Ausfertigung erft im folgenden Jahre erfolgte; vgl. Ital. Forfchungen 2,424. Ich zweifle daher nicht, dafs in folchen Fällen die Datirung nur in der erften Ausfertigung der Beurkundung entfpricht, in der fpätern aber aus der vorgelegten früheren wiederholt wurde. Das mufste nicht gerade Nachläffigkeit feien; es konnte auf Wunfch des Empfängers oder nach Brauch der Kanzlei gefchehen. Welche Ausfertigung als die jüngere zu betrachten ift, wird in folchen Fällen in der Regel nicht zweifelhaft feien können; die dem Empfänger günftigere Faffung wird darauf hinweifen.

Widerfprüche insbefondere zur Datirung würden fich bei folchem Vorgehen nur etwa dann ergeben können, wenn beftimmte auf eine fpätere Zeit deutende Aenderungen oder Zufätze hinzugekommen wären, wie wir dafür aus Privaturkunden § 159 Beifpiele fanden. Mag das auch bei Königsurkunden vorgekommen feien, fo wüfste ich doch etwa nur auf St. 488. 89, Stumpf Acta 309, Or. Guelf. 5,7, hinzuweifen, beide für Klofter Hilwartshaufen von 970 Apr. 11, völlig übereinftimmend, nur dafs ftatt der Aebtiffin Helmburg in St. 489 deren Nachfolgerin Emma genannt wird. Sollte das angebliche Original von St. 489, welches Stumpf allerdings erft ins eilfte Jahrhundert fetzt, noch zu Lebzeiten der Emma entftanden feien, fo läge es nahe, Neuausfertigung anzunehmen, bei der man dann den Namen nach der jetzigen Empfängerin änderte. An eine in böfer Abficht vorgenommene Fälfchung ift hier fchwerlich zu denken, da ein Zweck nicht abzufehen wäre.

Aber auch wo fich keine Widerfprüche ergeben, wird Nichtbeachtung jenes Verhältniffes zu Fehlfchlüffen führen können. In der fpätern Ausfertigung wird die Schrift der Datirung nicht entfprechen. So lange es fich nur um die Zeitgemäfsheit der Schrift handelt, wird das kaum ins Gewicht fallen, wenn die Neuausfertigung noch bei Lebzeiten des Ausftellers erfolgte. Gälte es aber etwa feftzuftellen, wann eine beftimmte Hand in der Kanzlei zuerft vorkommt, fo könnten folche Fälle allerdings fehr verwirrend eingreifen, da es fich ja nicht blos um den Unterfchied von Tagen, fondern recht wohl auch von Jahren handeln kann.

Beachtenswerther noch dürfte ein anderes feien. Dafs zwei Urkunden über denfelben Gegenftand und von demfelben Tage abweichenden Text zeigen, hat man mehrfach als Verdachtsgrund gegen die Echtheit einer derfelben geltend gemacht. Ergibt fich nun überdies, wie das in unfern Fällen zutrifft, dafs das Mehr der einen dem Intereffe des Empfängers entfpricht, fo liegt gewifs nichts näher, als der Gedanke an Fälfchung durch Interpolation einer echten Vorlage. Der Verdacht kann fich dann noch weiter dadurch fteigern, dafs das Mehr der fonftigen Faffung nicht entfpricht.

Ein höchft auffallendes Beifpiel geben St. 1391.92, Cod. Anhalt. 1,73.74, für die Abtei Nienburg, beide von 1004 Aug. 8. Der König fchenkt *duas nostri iuris civitates, id est Triebus et Liubochoni, (Mroscina, Grothisti, Liubsi, Zloupisti, Goztewissi), cum teritoriis suis (ac omne, quicquid Dietheri in beneficium habuit) in pago Lusici.* Nur die eine der übrigens übereinftimmenden Ausfertigungen enthält das Eingeklammerte; und kommt hier zu dem an und für fich verdächtigen Mehr hinzu, dafs zwei Orte angekündigt, aber fechs genannt werden, fo würde gewifs niemand fälfchende Interpolation bezweifeln, wenn uns nur Abfchriften vorlägen. Aber es liegen nicht allein die Originale vor, fondern Sickel Programm 47 erklärt ausdrücklich, dafs die Echtheit des Originals von St. 1391 gar nicht in Frage ftehen könne, da von derfelben Hand eine Reihe anderer Diplome des Königs gefchrieben feien. Das Hinzugekommene wird fchon urfprünglich gefchenkt, aber als Zubehör der beiden Städte nicht namentlich aufgeführt feien; auf Wunfch des Empfängers wird die Kanzlei das in der zweiten Ausfertigung nachgeholt haben, ohne den begleitenden Text entfprechend zu ändern.

St. 2408, Acta Palat. 3,147, für Brauweiler von 1051 Juli 18, wird Stumpf Acta 432, wo eine kürzere Ausfertigung aus dem Originale zu Paris mitgetheilt wird, als interpolirt erklärt. Der Unterfchied beftcht darin, dafs ftatt des einfachen *cum universis eo pertinentibus* dort die einzelnen Arten der Zubehör aufgezählt werden, dafs dann aber weiter eine Angabe der Gränzen des beftätigten Stiftungsgutes eingefchoben ift. Ganz ähnlich unterfcheidet fich St. 3075, Cod. Anhalt. 1,142, für Reinhardsbrunn von 1111 Aug. 27, von St. 3074 im wefentlichen nur durch Einfchiebung der Gränzangabe; nur defshalb fcheint Stumpf die Echtheit zu bezweifeln. Das find doch Zufätze, welche recht wohl bei Annahme einer Neuausfertigung ihre Erklärung finden. Und auch in andern Fällen, wie etwa St. 3425, kann es doch fehr zweifelhaft feien, ob wir gerade an fälfchende Interpolation zu denken haben, wenn einmal durch nach Ausweis der Originale unzweifelhafte Fälle feftgeftellt ift, dafs die Reichskanzlei Diplome mit fpäteren Zufätzen unter Beibehaltung der urfprünglichen Datirung neu ausgefertigt hat. Hätten wir

166] anzunehmen, dafs die Datirung immer genau den Tag der Entftehung des uns vorliegenden Schriftftückes bezeichne, fo würde folcher Sachverhalt allerdings mit der Echtheit oft kaum vereinbar erfcheinen.

167. Wichtiger für unfere Zwecke ift der Umftand, dafs nicht immer
das Protokoll der Vorlage beibehalten wurde, fondern auch N e u a u s-
f e r t i g u n g e n u n t e r d e m l a u f e n d e n P r o t o k o l l erfolgten. Dafür
wurden bereits § 85 eine Reihe von Belegen angeführt, bei denen aller-
dings der Umftand nicht zu auffallenderen Widerfprüchen führen konnte,
weil es fich um geringe Zeitabftände handelte. Wurde aber ein Diplom
erft nach Jahren neu ausgefertigt, fo wird man allerdings fich eher erinnert haben, dafs nun manche Aenderungen nöthig feien. So bei
St. 2215. 2312, Remling U. B. 1,30.41, von 1041 und 1046, wo insbefondere die durch den inzwifchen erfolgten Tod der Kaiferin Gifela
nöthig gewordenen Umgeftaltungen vorgenommen find. Dann kann
das nur infofern irreleitend feien, als auch in folchen Fällen durchweg
jede Andeutung fehlt, dafs es fich um eine Neuausfertigung handelt,
und wir dann, wenn die urfprüngliche Ausfertigung fich nicht erhalten
hat, um fo mehr geneigt feien werden, die Handlung erft zur Zeit der
Neuausfertigung gefchehen zu denken, weil bei dem wiederholten, kurz
nach der Handlung entftandenen Texte jede Veranlaffung fehlte, diefelbe als eine länger vergangene zu bezeichnen. So heifst es St. 1662
von 1016 in Wiederholung von St. 1582 von 1013, Cod. Weftf. 1,62. 72.
gleichfalls *concedimus*, nicht etwa *concessimus;* hätten wir nur die fpätere
Ausfertigung, fo müfsten wir annehmen, die Schenkung fei erft jetzt
erfolgt. Wiederholte man aber überhaupt den früheren Text ungeändert unter dem jetzt laufenden Protokolle, fo konnten fich daraus natürlich die beftimmteften Widerfprüche ergeben.

Das Diplom K. Heinrichs über den Gandersheimer Streit mit einem
dem angegebenen Jahre 1013 durchaus entfprechenden Protokoll,
St. 1572, aus dem Originale veröffentlicht und erläutert von Bayer in
den Forfch. zur D. Gefch. 16,180 ff., wurde früher allgemein als Fälfchung betrachtet, insbefondere defshalb, weil es mehrere Unterzeichnungen von Männern enthält, welche 1013 bereits geftorben waren.
Dem gegenüber hat nun Bayer einmal die zweifellofe Echtheit des Diplom feftgeftellt, da es von derfelben Hand gefchrieben ift, von der eine
Reihe anderer Diplome des Königs herrühren. Es ift aber weiter fein
Verdienft, beftimmt nachgewiefen zu haben, wie fich in diefem Falle
der Widerfpruch ergeben hat. Bei einem Brande im Januar 1013 fcheinen die Urkunden der Hildesheimer Kirche zu Grunde gegangen zu
feien; das fchon 1007 gegebene Diplom wurde neuausgefertigt mit
Aenderung des Protokoll, aber mit Beibehaltung des Textes und der
Unterzeichnungen, welche zu 1007 durchaus ftimmen.

Ift ein folcher Fall einmal feftgeftellt, fo fteht doch nichts der Annahme im Wege, dafs auch in andern entfprechend vorgegangen wurde.

Es fehlt nicht an Diplomen, bei welchen zunächft das Schlufsprotokoll auf eine fpätere Zeit deutet, als der Text und es ift möglich, dafs das bei einzelnen auf Neuausfertigung zurückzuführen ift; da aber im allgemeinen andere Erklärungen da näher liegen dürften, fo werden wir fpäter auf diefelben eingehen. Anders ift das, wo auch das Eingangsprotokoll auf fpätere Zeit deutet, als der Text; find da anderweitige Erklärungen nicht gerade ausgefchloffen, fo liegen fie doch weniger nahe, und die Annahme von Neuausfertigung fcheint die Sachlage am ungezwungenften zu erklären.

Ein folcher Fall liegt vor bei St. 1229, Mittelrh. U. B. 1,332, welche Stumpf anfcheinend nur defshalb verwirft, weil in ihrem Texte der 993 Dec. 9 geftorbene Erzbifchof Ekbert von Trier wiederholt genannt und zweifellos als lebend vorausgefetzt wird, womit nicht allein das von 1000 Mai 30 datirte Schlufsprotokoll, fondern auch fchon der Kaifertitel im Eingange in Widerfpruch zu ftehen fcheint. Auf Entftehung des Textes in der königlichen Periode deutet auch, dafs von der *regalis potentia*, dagegen in St. 1228 von demfelben Tage und verwandten Inhaltes dem Protokoll entfprechend von der *imperialis potentia* die Rede ift. Aeuffere Kennzeichen der Unechtheit fcheinen durchaus zu fehlen, da fonft doch Mittelrh. U. B. 2,638 und Mittelrh. Reg. 1,327, wo jenes Bedenken ausdrücklich betont wird, gewifs darauf hingewiefen wäre. Das kaiferliche Protokoll ift tadellos und ftimmt genau mit St. 1228, das im Falle einer Fälfchung freilich als Mufter gedient haben könnte. Schwerer wiegt, dafs beide ganz diefelbe Siegelung mit Bleibulle an Lederftreifen zeigen. Sollten überdies etwa beide von derfelben Hand gefchrieben feien, fo würde der Beweis der Echtheit zweifellos feien, falls man nicht auch das ganz unverdächtige St. 1228 verwerfen will. Auch der Inhalt, Ueberlaffung des Klofters Oeren an den Erzbifchof von Trier, fcheint gegen eine Fälfchung zu fprechen. Eine folche hätte wohl nur im Intereffe der Erzbifchöfe erfolgen können; von diefen veranlafst würde aber eine Fälfchung die erzbifchöflichen Befugniffe fchwerlich fo ftark befchränkt haben, als das hier gefchieht. Möchte ich danach annehmen, dafs die Urkunde echt und der Widerfpruch dadurch veranlafst fei, dafs eine fpäteftens 993 entftandene Urkunde im J. 1000, wo die Ausftellung einer andern Urkunde für Oeren nähere Veranlaffung bieten mochte, neuausgefertigt wurde, fo wird fich diefe Annahme auch dadurch unterftützen laffen, dafs der ganze Sachverhalt Ausftellung einer Urkunde entfprechenden Inhaltes im J. 993 überaus wahrfcheinlich machen mufs. König Otto III. reftituirte nämlich 993 Apr. 18 dem Erzbifchofe Ekbert die Abtei S. Servaes zu Maftricht, Mittelrh. U. B. 1,322. Da diefelbe einft von K. Otto I. gegen Ueberlaffung der Abtei Oeren für das Reich ertaufcht war, fo mufsten nothwendig 993 die Verhältniffe auch diefer Abtei zur Sprache kommen. Dafs es damals nicht in der Abficht lag, nun Oeren an das Reich zurückzunehmen, ergibt die Reftitutionsurkunde deutlich durch den Ausdruck,

167] K. Otto I. habe Oeren vertaufcht, *quasi sua propria esset.* Aber
jedenfalls bedurfte der Erzbifchof jetzt einer ausdrücklichen Anerkennung feines Rechtes auf Oeren.

168. Es fcheint nun aber weiter, dafs man zuweilen weder das
frühere Protokoll ungeändert beibehielt, noch aber auch es durchgreifend durch das laufende erfetzte, und fich in Folge deffen Widerfprüche
im Protokoll felbft ergaben. Am wenigften Bedenken dürfte in diefer
Richtung der Fall einer **Neuausfertigung unter laufendem Protokoll mit Belaffung der früheren Datirung** erregen. Gab
man bei Neuausfertigung einer Königsurkunde dem Herrfcher den ihm
jetzt gebührenden Kaifertitel, änderte man die Rekognition auf den
Namen des jetzt fungirenden Kanzler, fo konnte es doch im Intereffe
der Partei liegen, dafs nicht zugleich die frühere Datirung geändert
wurde.

In diefer Richtung wird nun auf das zurückzuverweifen feien, was
§ 107 über St. 271. 286. 2259 bemerkt wurde, Kaiferdiplome mit Datirung aus der Königszeit, während doch die Annahme der Fälfchung
auf Unzuläffigkeiten führt. Ich fuchte diefe Fälle dort zu erklären durch
Beziehung auf die Handlung; und es ift immerhin möglich, dafs uns in
jenen Stücken die erften Beurkundungen erhalten find. Aber ungezwungener dürfte fich das Verhältnifs vielleicht aus Neuausfertigung
erklären laffen, wie das auch bei anderen Fällen, welche wir zunächft
für Datirung nach der Handlung geltend machten, zuläffig feien und bei
folchen befonders nahe liegen würde, bei welchen nicht etwa durch
Einleitung der Datirung mit Actum oder fonftige Umftände beftimmter
auf abfichtliche Zurückdatirung nach der Handlung hingedeutet ift.

An Neuausfertigung wäre insbefondere wohl zunächft zu denken
bei St. 2165, Lacomblet U. B. 1,107 für die Abtei Werden, falls nach
der eingehenden Unterfuchung von Steindorff Heinr. III. 1,390 die Echtheit überhaupt noch für möglich zu halten wäre. Datirt von 1040
Jan. 18 hat fie den erft 1047 zuläffigen Kaifertitel im Eingange und im
Signum. Von den früheren Fällen würde diefer fich dadurch unterfcheiden, dafs wahrfcheinlich auch die Rekognition Theodorich für
Bardo aus der Vorlage wiederholt wäre, wenn auch die Möglichkeit
nicht ausgefchloffen wäre, dafs Theodorich II. auch nach der Kaiferkrönung noch kurze Zeit fungirt hätte. Ift das Diplom Fälfchung, fo ift
es zweifellos aus St. 1315, mit dem der Hauptinhalt ftimmt, und St. 2164,
dem die Datirung und ein grofser Theil der Narratio entfpricht, zufammengefetzt. Diefes Verhältnifs würde aber auch bei einer echten, gleichzeitig mit St. 2164 entftandenen Urkunde kein Bedenken erregen. Lacomblet erklärte ausdrücklich, dafs das Aeuffere keinen Verdacht errege,
und wies bereits auf Neuausfertigung hin. Für die Echtheit würde fich
weiter geltend machen laffen, dafs der Zweck einer Fälfchung nicht
wohl abzufehen ift, in der nichts vorkommt, was die Abtei nicht ohnehin in echten Diplomen verbrieft hatte, und weiter doch die Annahme

immer bedenklich ift, dafs ein Fälfcher ohne befondern Grund von dem ihm vorliegenden echten Protokoll follte abgewichen feien; man müfste denn diefen Grund darin finden, dafs auf das Diplom gerade eines Kaifers befonderes Gewicht gelegt wäre. Andererfeits hat freilich Steindorff auch gegen das Aeuffere gewichtige Bedenken erhoben. Und insbefondere fcheint mir, wie ich fchon § 9 bemerkte, überaus bedenklich die zweimalige Abweichung vom kanzleigemäffen Kaifertitel, die bei Annahme der Neuausfertigung vielleicht etwas erklärlicher werden dürfte, aber doch noch bedenklich genug bliebe.

Es konnte fich zur Zeit der Neuausfertigung das Protokoll nun auch dahin geändert haben, dafs der Titel des Herrfchers noch derfelbe, aber ein anderer Kanzler im Amte war; behielt man dann die Datirung bei, fo erfcheint diefe zu früh für die Rekognition. Solche Fälle ergaben fich fchon § 104. 105, wo aber die Erklärung in anderer Richtung zu fuchen ift. Hier wird ein Fall zu befprechen feien, bei dem noch eine andere Schwierigkeit hinzutritt, bei dem es fich aber, wenn die Urkunde überhaupt echt ift, wohl nur um Neuausfertigung handeln kann.

K. Heinrich II. bekündet 1016 zu Bamberg ohne Tagesangabe mit der entfprechenden Rekognition Günther für Erchanbald eine auf Bitten Eberhards von Bamberg deffen Klofter Schüttern gemachte Schenkung, St. 1664, Marian Auftr. sacra 1ᵇ,413. Diefe Schenkung findet fich nochmals verbrieft St. 1665, Würdtwein N. S. 6,173, zwar mit Fortlaffung eines Zehnten, fonft aber wefentlich erweitert, fo dafs im Falle der Echtheit, welche von Stumpf und Dümge Reg. Bad. 16 in Abrede geftellt wird, diefe die fpätere Ausfertigung feien dürfte. Die Datirung ftimmt genau überein, nur dafs hier auch der Tag, Apr. 15, angegeben ift, der fich nach anderen damals zu Bamberg ausgeftellten Urkunden als entfprechend erweift. Nun findet fich aber die Rekognition Piligrim für Eberhard. Diefe fcheint einmal zu früh zu feien; denn nach St. 1669 rekognoszirt gleichfalls im April zu Bamberg noch Piligrims Vorgänger Heinrich von Parma; erft im Juni, St. 1673, ift eine fonftige Rekognition Piligrims bekannt. Weiter aber gehört jene Rekognition überhaupt der italienifchen, und nicht der deutfchen Kanzlei an, was allerdings auf den erften Blick fehr verdächtigend erfcheint. Nun trifft aber auch das von Stumpf nicht beanftandete St. 1673 mit derfelben Rekognition nicht Italien, fondern das burgundifche Klofter Lüders. Und eine Ausnahme von dem gewöhnlichen Brauche dürfte doch gerade in einem Falle zuläffiger erfcheinen, wo der italienifche Erzkanzler Eberhard von Bamberg felbft als Bittfteller erfcheint, auf deffen Erfuchen dann auch die Neuausfertigung erfolgt feien wird. Doch möchte ich darauf weniger Gewicht legen, als auf die Schwierigkeit, gerade bei Annahme der Fälfchung die Unregelmäffigkeit zu erklären. Welchen denkbaren Grund konnte der Fälfcher haben, die ihm vorliegende Rekognition zu ändern? Und vor allem, wie ift es nun zu erklären, dafs ein deutfcher Fälfcher, dem fchwerlich italienifche Diplome zur Hand waren, zu der für die

168] nächstfolgende Zeit durchaus richtigen italienischen Rekognition gelangte? Würde uns die Unerklärlichkeit diefes Umftandes etwa auf den Gedanken bringen, der intereffirte italienifche Erzkanzler felbft fei Urheber der Fälfchung, fo würden wir doch gerade dann wieder Anftand nehmen müffen, ihm die Unvorfichtigkeit zuzutrauen, durch eine, wie ihm am beften bekannt feien mufste, nicht entfprechende Rekognitionsformel fein Machwerk zu verdächtigen. Bei der Annahme, die Neuausfertigung fei einige Zeit nachher in gutem Glauben in der italienifchen Kanzleiabtheilung erfolgt, wie das hier nahe liegen konnte, wird die Unregelmäffigkeit gewifs ungleich weniger befremden können. Bedenken könnte dann noch erregen, dafs die erfte Ausfertigung keinen Tag nennt. Es würde fich aber doch erklären laffen, dafs man trotzdem in der Kanzlei in der Lage war, auf den Tag der Handlung oder der früheren Beurkundung richtig zurück zu datiren. Jedenfalls wird der Umftand bei der zweifellofen Richtigkeit der Tagesangabe gerade bei Annahme der Fälfchung die Schwierigkeiten noch wefentlich vermehren. Auffer St. 1664 müfste der Fälfcher noch eine andere, damals zu Bamberg ausgeftellte echte Vorlage zur Hand gehabt haben, der er den Tag entnehmen konnte. Mag nun mein Verfuch, die Unregelmäffigkeit zu erklären, das Richtige getroffen haben oder nicht, fo fcheint mir jedenfalls eine Erklärung derfelben durch Fälfchung unzuläffig zu feien. Es mag immerhin die vorliegende Urkunde Fälfchung feien; aber auch dann würde, wie bei dem verwandten, § 7 erörterten Falle St. 3298, die ganze Sachlage darauf hinweifen, dafs wenigftens die Unregelmäffigkeit fchon in einer echten Vorlage vorhanden gewefen feien müffe.

169. Bei den bisher befprochenen Fällen handelt es fich wohl mehr um einen fchwankenden Brauch der Kanzlei, als um Mifsgriffe in Einzelfällen. An diefe aber wird zweifellos zu denken feien, wenn fich **Neuausfertigung mit theilweife geänderter Datirung** findet. In folchen Fällen wird man beabfichtigt haben, die frühere Datirung ungeändert zu wiederholen; aber aus Verfehen fchlichen fich dabei einzelne nach der laufenden Datirung beftimmte Angaben ein. Oder auch umgekehrt; man beabfichtigte die laufende Datirung zu geben, behielt aber aus Verfehen einzelne Angaben der Vorlage bei. Dafs folche Mifsgriffe vorkommen, fcheint mir nach einzelnen Fällen, in welchen fich mehrfache Ausfertigungen erhalten haben, unzweifelhaft zu feien.

St. 735. 761, Cod. Anhalt. 1,51. 52, ftimmen durchweg wörtlich überein; es wird darin an Nienburg das gefchenkt, was zu dem fchon früher gefchenkten Kaftell Grimfchleben gehört. In der erften Ausfertigung werden die Orte aufgeführt, *quarum nunc nomina nominare possumus*, nämlich zehn genannte; *hec scilicet loca et insuper quicquid ad predictum iam castellum nominari vel inveniri ad illud pertinens in aliqua utilitate valet*, wird gefchenkt. Dagegen ift nun in St. 761 die Rede von Orten, *quarum sic se numerus habet*, nämlich achtzehn genannte; *hec scilicet loca et insuper quicquid ad ea pertinet vel nominari in aliqua utilitate valet*, werden gefchenkt. Was hier die zweite Ausfertigung veranlafste, ift klar; ebenfo dafs diefelbe nicht unmittelbar nach der erften entftanden feien kann. Damit ftimmt, dafs alle Jahresangaben in St. 735 auf 979, dagegen in St. 761 auf 980 weifen. Beide Ausfertigungen haben aber übereinftimmend *data 5. nonas martii* und *actum in Thornburg*. Dafs der Kaifer in zwei aufeinanderfolgenden Jahren an demfelben Tage zu Dornburg gewefen feien foll, ift immerhin auffallend; doch bietet da das Itinerar eher Beftätigung, als Bedenken. Dafs nun aber genau nach Jahresfrift an demfelben Orte und Tage die Urkunde erneuert feien follte, wäre doch ein fo fonderbarer Zufall, dafs mir die Annahme viel wahrfcheinlicher ift, bei der Erneuerung feien zwar die Jahresangaben geändert, Tag und Ort aber aus der Vorlage beibehalten.

Ein ähnliches Verhältnifs ift wohl zweifellos anzunehmen bei St. 1507 nach Vergleichung mit St. 1506, Harenberg H. Gand. 656. 657, beide für Gandersheim und wefentlich gleichen Inhaltes. Beide find datirt aus Ingelheim Sept. 3, aber diefes hat 1008, jenes 1009, beide mit dem dazu ftimmenden Regierungsjahre, während die Indiktion in beiden nicht ftimmt. Zu der Unwahrfcheinlichkeit einer Neuausfertigung an demfelben Orte genau nach Jahresfrift kommt hier noch, dafs der König im September 1009 fchwerlich zu Ingelheim war; vgl. Hirfch Heinr. II. 2,207. 281. Hirfch und Stumpf fetzen daher beide Ausfertigungen zu 1008. Es ift doch fchwer glaublich, dafs man in zwei an demfelben Tage gefertigten Urkunden für denfelben Empfänger das Jahr verfchieden follte angegeben haben. Und zumal die Annahme, aus bloffem Verfehen feien Jahresangaben eingetragen, welche erft der Zukunft angehörten, wird immer fehr bedenklich feien. Kommt nun noch hinzu, dafs fich in St. 1507 eine mit *insuper etiam* beginnende Erweiterung der Verleihung findet, Neuausfertigung wegen eines Zufatzes hier alfo an und für fich fehr wahrfcheinlich ift, fo möchte ich nicht zweifeln, dafs St. 1507 allerdings erft 1009 gefchrieben ift, Tag und Ort aber aus der Vorlage beibehalten find.

Es dürfte nun doch auch zu erwägen feien, ob ein ähnliches Verhältnifs nicht anzunehmen ift für die bei Hirfch Heinr. II. 2,96. 98 näher befprochenen, auch von Stumpf als unecht bezeichneten Diplome K. Heinrichs für Klofter Michaelsberg zu Bamberg von 1015, St. 1645. 46. 50. 52. Die angeblichen Originale find nach Stumpf erft im zwölften Jahrhunderte gefertigt und bieten daher bezüglich der Richtigkeit ihres Textes keinerlei Bürgfchaft. Für alle aber fcheinen echte Vorlagen wefentlich entfprechenden Inhaltes vorhanden gewefen zu fein, die uns zum Theil noch jetzt bekannt find. So weit fich da vergleichen läfst, fcheint bei der Umfchreibung der Text nicht unverfälfcht geblieben zu feien. Hirfch weift nach, wie fich durchweg eine dem Klofter günftigere Faffung geltend macht. Es finden fich nun aber weiter Widerfprüche

169] in der Datirung aller dieser Urkunden; und da ist doch nicht
wohl abzusehen, was den Fälscher veranlassen konnte, diese unter Abweichung von seinen echten Vorlagen künstlich in Verwirrung zu bringen; denn die Annahme blosser Schreibfehler würde zur Erklärung
nicht hinreichen; er müsste seine Datirungen aus mehreren echten Vorlagen kombinirt haben. Dem gegenüber wird doch auch die Möglichkeit zu berücksichtigen seien, dass die Unregelmässigkeiten der Datirung
auf die Vorlagen zurückgehen und in diesen dadurch veranlasst seien
könnten, dass man die 1015 entstandenen Urkunden 1017 neuausge-
fertigte und dabei nur theilweise die frühere Datirung beibehielt. Zunächst haben alle Datirungen einerseits 1015 und die wenigstens nach
damaliger Kanzleizählung dazu passende Ind. 12, andererseits aber
Regni 16 und Imp. 4, welche 1017 entsprechen. Nun ist einmal nicht
zu bezweifeln, dass schon 1015 Urkunden entsprechenden Inhaltes unter
richtiger Datirung für Michaelsberg ausgefertigt wurden; von der Ausfertigung für Fulda St. 1651 hat sich eine Abschrift der Ausfertigung
für Michaelsberg erhalten, vgl. Hirsch 97; für St. 1644 ist eine solche
mit Sicherheit zu vermuthen, da St. 1645 sie voraussetzt. Es ist aber
weiter nach dem unverdächtigen St. 1684 auch 1017 Mai 8 für Michaelsberg geurkundet, und zwar nach damaliger Kanzleizählung mit
Regni 16 und Imp. 4. Der Fälscher hätte also Vorlagen theils von 1015,
theils von 1017 gehabt und deren Datirung unterschiedslos in allen seinen Fabrikaten so zusammengeworfen, dass er zwei Jahresangaben aus
jenen, zwei aus diesen entnahm. Er hätte dann weiter Tag und Ort in
St. 1645. 46 aus den Vorlagen von 1015, in St. 1650 aus der Vorlage
von 1017 genommen, in St. 1652 den Tag von 1015 beibehalten, den
Ort aber willkürlich geändert, also bei diesen Angaben ein Verfahren
eingeschlagen, welches der gleichmässigen Behandlung der Jahresangaben nicht entsprechen würde. Der Annahme, die Widersprüche seien
aus Neuausfertigungen von 1017 zu erklären, scheint allerdings im Wege
zu stehen, dass dann nicht abzusehen wäre, wesshalb neben dem richtig
von 1017 datirten St. 1684 auch St. 1650 entsprechenden Inhaltes nochmals ausgefertigt wäre. Aber doch nur dann, wenn wir annehmen, dass
eben alles, worin sie sich unterscheiden, Werk des Fälschers von St. 1650
sei. Das aber anzunehmen sind wir wenigstens nicht genöthigt. Es
wäre doch auch denkbar, dass St. 1684 auf Andringen des Bischofs gefertigt wurde, dessen Rechte in der frühern Ausfertigung weniger betont
seien mochten. Mit Sicherheit wird sich hier schwer urtheilen lassen.
Es ist ja möglich, dass in einem Einzelfalle ein Fälscher die Angaben
seiner Vorlagen in willkürlichster Weise durcheinanderwarf. Und ich
würde bei graphisch unhaltbaren Stücken kaum daran gedacht haben,
darauf hinzuweisen, dass solche Unregelmässigkeiten dennoch möglicherweise auch auf die Kanzlei zurückgehen könnten, wenn wir hier nicht
ganz entsprechende Missgriffe auch in zweifellos echten Neuausfertigungen fänden.

St. 2441, Höfer Zeitfchr. 2,531, ift eine zweite Ausfertigung von St. 2442, Mittelrh. U. B. 1,395, deffen Text es wörtlich wiederholt, nur dafs ein Zufatz eingefchoben ift, wonach auch angegebene Zehnte in die Schenkung einbegriffen find. In den Daten Goslar Aug. 5, Ind. 6 Ord. 25, Regni 15, Imp. 7 ftimmen beide überein; aber ftatt des 1053 in St. 2442, dem die übrigen Angaben entfprechen, findet fich 1054 in St. 2441. Bedenken wir nun, dafs eine Entftehung beider Stücke an demfelben Tage an und für fich unwahrfcheinlich ift, dafs St. 2441 uns jedenfalls die neuere Faffung zeigt, fo ift es doch fchwerlich ein ganz zufälliges Verfehen, dafs hier im Widerfpruch mit der übrigen Datirung das folgende Inkarnationsjahr genannt ift. Es ift mir ungleich unwahr-fcheinlicher, dafs man 1053 fchreibend aus Verfehen das folgende Jahr nannte, als dafs man 1054 eine frühere Datirung wiederholend aus Ver-fehen die laufende Jahreszahl eintrug.

Damit find wir denn auf Fälle gelangt, wie wir fie § 122 ff. befpra-chen, bei welchen fich die Angaben der Datirung theils auf einen frü-heren, theils auf einen fpäteren Zeitpunkt bezogen, was wir zunächft durch den Unterfchied zwifchen Handlung und Beurkundung zu er-klären fuchten. Wird in manchen Fällen nur diefe Annahme zuläffig feien, fo liegen andere wieder fo, dafs es fich um Neuausfertigungen handeln könnte, bei welchen die Datirung der Vorlage nur theilweife wiederholt wurde. Dafür möchte insbefondere bei dem § 122 befpro-chenen Falle St. 412 der Umftand fprechen, dafs, wenn man auch in der Kaiferzeit nach einer in die Königszeit fallenden Handlung datiren mochte, man dann doch fchwerlich die ganze Urkunde noch als könig-lich abgefafst hätte; Neuausfertigung einer Königsurkunde, der man dann immerhin auch noch ein königliches Siegel anhängen mochte, würde den Sachverhalt wohl ungezwungener erklären. Und in diefer Richtung möchte denn auch die Erklärung zu fuchen feien für St. 358, von dem ich § 14 zu erweifen fuchte, wie fchwer es feien dürfte, ge-rade bei Annahme der Fälfchung die Widerfprüche zu erklären. Neh-men wir an, es fei eine 965 gemachte Neuausfertigung einer fpäteftens 954 entftandenen Königsurkunde, fo würde der Schreiber wohl zu-nächft Zufügung der laufenden Datirung beabfichtigt haben, während er fich dann für die, eine Beziehung auf den Kaifertitel meidende Faffung des Datum und wahrfcheinlich für das Actum doch durch die Vorlage beftimmen liefs. Werden die angeführten Fälle, bei welchen fich die frühere Ausfertigung erhalten hat, als zutreffend anerkannt, fo ift es doch ftatthaft, einen entfprechenden Sachverhalt auch da anzunehmen, wo fich ohne folche Kontrolle ähnliche Widerfprüche finden.

170. Es wird weiter noch die Behandlung der Anführung der Fürbitter bei Neuausfertigungen zu beachten feien. Diefe follte allerdings auffer Frage ftehen. Da die Fürbitter fich auf die Hand-lung beziehen, fo war da auch bei einer Neuausfertigung nichts zu ändern, mochte diefe nun unter dem urfprünglichen, oder unter dem lau-

170] fenden Protokoll erfolgen. In den von mir verglichenen Fällen finden sich denn auch in den mehreren Ausfertigungen durchweg dieselben Intervenienten genannt. Sind wir aber bei einer ersten Ausfertigung überwiegend zu der Annahme berechtigt, daß dieselbe sich unmittelbar an die Beurkundung anschloß, die Datirung uns demnach auch andeutet, wann und wo die genannten Fürbitter beim Könige waren, so wird für solche Annahme jeder Halt fehlen, sobald es sich um eine Neuausfertigung mit geänderter Datirung handelt. Werden etwa in St. 1737 aus Mühlhausen 1019 Dec. 15 und ebenso in der Neuausfertigung St. 1750 aus Kaufungen 1020 Mai 22 der Erzbischof von Magdeburg und Graf Dodicho als Intervenienten genannt, so mögen beide zu Mühlhausen gewesen seien; aber für eine Anwesenheit auch zu Kaufungen würde sich doch nicht einmal eine begründete Vermuthung ergeben. Wir fanden § 99 eine Reihe von Fällen, daß die Intervenienten zur angegebenen Zeit nicht am Orte gewesen seien können. Es ist möglich, daß ein oder anderer auf Neuausfertigung zurückzuführen ist; wo eine solche aber nicht erweisbar, gibt ohnehin der Unterschied zwischen Handlung und Beurkundung die ausreichende Erklärung.

Es scheint nun aber, daß man zuweilen die Angabe der Fürbitte doch der Zeit der Neuausfertigung genauer angepaßt hat. Geschah das etwa nur durch Auslassung einer nicht mehr passenden Intervenienz, so kann das nicht irre leiten. So wenn bei St. 2215. 2312 von 1041 und 1046 die Fürbitte der inzwischen verstorbenen Kaiserin Gisela bei der Wiederholung beseitigt wurde. Auffallender ist es schon, wenn St. 656 von 975 Juni 11 die Erzbischöfe von Mainz und Köln als Intervenienten genannt werden, in einer zweiten Ausfertigung St. 659 von Juni 21 aber nur der erstere. Besonders bedenklich erscheint dann aber der Fall St. 1582. 1662, Cod. Westf. 1,62. 72, von 1013 Apr. 24 Grone und in wörtlicher Wiederholung, aber mit entsprechend geändertem Protokoll 1016 Jan. 14 Dortmund. Beide nennen sieben Bischöfe als Intervenienten, aber mit dem Unterschiede, daß statt des Bischofs von Hildesheim in St. 1662 der Bischof Wigger von Verden genannt ist. Da dieser frühestens 1014 Bischof geworden ist, so entspricht er nur der Neuausfertigung. Ist nun anzunehmen, daß die ganze Reihe der Neuausfertigung entspricht? Das Auslassen des Hildesheimers scheint gleichfalls darauf zu deuten. Aber daß die sechs Bischöfe, unter ihnen die ziemlich entfernt wohnenden von Metz und Havelberg zufällig nach drei Jahren wieder bei der Neuausfertigung gewesen seien sollten, ist schwer denkbar; folgen sie überdies genau in derselben Reihenfolge, so ist doch ungleich wahrscheinlicher, daß man, wie das ja an und für sich auch richtig, die frühere Reihe einfach kopirte und nur willkürlich den neuerhobenen Bischof von Verden, dem man dadurch etwa eine Aufmerksamkeit erweisen wollte, an der Stelle einschob, wo man für diesen Zweck einen anderen ausließ. Aehnliches trifft auch zu bei zwei Intervenientenreihen, welche in der Vita Meinwerci, c. 22. 133, M. Germ. Scr. 11, 115. 133

irrigerweife auf die befprochenen St. 1582. 1662 bezogen find. Aber es wird kaum zu bezweifeln feien, dafs dem Verfaffer zwei Ausfertigungen irgend einer andern Schenkungsurkunde von 1013 und 1016 vorlagen; fechs Bifchöfe ftimmen in beiden überein, während ihnen 1016 noch Wigger von Verden und zwei Römer zugefügt find. Und weiter ift Zufügung des Wigger zu einer älteren Reihe auch anzunehmen bei St. 1661, Cod. Weftf. 1,72, das gleichfalls Neuausfertigung eines Diploms von 1013 feien wird, zumal die Intervenientenreihe mit St. 1662 übereinftimmt. Liegt die Sachlage nur felten fo günftig, dafs fich folche Willkürlichkeiten beftimmter nachweifen laffen, fo wird um fo gröfsere Vorficht bei Schlufsfolgerungen aus der Intervenienz geboten feien. Dafs diefelbe fpäter in der Zeit des Uebergehens von den Intervenienten zu Zeugen wohl nur der Ausfertigung angepafst wurde, ift bereits § 136 zu St. 3014. 3172 bemerkt.

Fälle, in welchen bei Neuausfertigungen andere Z e u g e n erfcheinen, wurden § 142 angeführt. Das kann aber nicht auffallen, infofern die Zeugen fich ja überwiegend auf die Beurkundung zu beziehen fcheinen, wir unter anderm gerade aus diefem Umftand darauf fchlieffen müffen. Bezogen fich aber, wie das nach dem § 143 ff. Bemerkten zweifellos oft der Fall war, die Zeugen auf die Handlung, fo konnten fie auch in einer Neuausfertigung wiederholt werden. Doch wird fich in folchen Fällen, wo uns nur eine Ausfertigung vorliegt, nicht leicht entfcheiden laffen, ob das Nichtftimmen der Zeugen zur Datirung aus Beziehung derfelben auf die Handlung zu erklären ift, oder daraus, dafs bei einer Neuausfertigung die früheren Beurkundungszeugen wiederholt wurden. In einzelnen Fällen ift das zweifellos gefchehen; wir werden fie im Zufammenhange mit der Wiederholung der Zeugen in Beftätigungsurkunden befprechen.

171. Wir haben uns bisher auf den Fall der Neuausfertigung durch den urfprünglichen Ausfteller befchränkt. Es fragt fich nun, ob wir weiter gehen und auch N e u a u s f e r t i g u n g v o n U r k u n d e n f r ü h e r e r K ö n i g e annehmen dürfen, wie wir bei Befprechung der Privaturkunden allerdings entfprechende Beifpiele fanden.

Das Bedürfnifs nach Neuausfertigung von Urkunden, deren Ausfteller nicht mehr lebte, mufste fich oft ergeben; und dafs man fich dann wohl an den König wandte, ift in einem Falle, wo es fich um eine Privaturkunde handelt, ausdrücklich gefagt. Nach einer Urkunde Karls des Grofsen aus deffen Kaiferzeit, Sickel K. 249, Mabillon 507, legten die Mönche von Novalaife ihm ein 788 zu ihren Gunften ausgefertigtes Teftament vor, welches, *quia faepiffime per placita comitum per diverfos pagos neceffitate cogente ipfum ad relegendum detulerunt, iam ex parte valde dirutum effe videbatur; et ideo, quia per fe non fuerunt aufi ipfum teftamentum renovare, petierunt celfitudini noftrae, ut per noftram iuffionem denuo fuiffet renovatus eo tenore, ficut ipfe ad hoc relegi melius potuiffet;* er habe dann befohlen *per fideles notarios no-*

171] *stros infra palatium ipsum testamentum denuo renovare;* endlich: *non enim ex consuetudine anteriorum regum hoc facere decrevimus, sed solummodo propter necessitatem et mercedis augmentum transscribere praecipimus, hoc modo et subter plumbum sigillari iussimus.* Dann folgt der Text der vorgelegten Urkunde. Von Bedenken, die fich gegen die Urkunde etwa erheben liefsen, vgl. Sickel Acta 1,129. 200 n. 8, können wir für unfern Zweck abfehen; fie zeigt mindeftens, wie man in einer kaum viel fpätern Zeit diefe Dinge auffafste. An einer feften Form fcheint es durchaus zu fehlen; das Verfahren eigenmächtiger Renovation, wie wir es § 16 befprochen, wird als üblich wenigftens angedeutet; die Transfumirung auf Befehl des Königs erfcheint als vereinzelte, ungewöhnliche Vergünftignng, die denn auch wenigftens zunächft nicht üblich geworden ift.

Handelte es fich um Diplome früherer Könige, fo wird man in den meiften Fällen fich damit begnügt haben, fich den Inhalt desfelben vom Nachfolger neu verbriefen zu laffen; gefchah das mit der ausdrücklichen Bemerkung, dafs hier eine entfprechende Verfügung des Vorgängers erneuert und beftätigt werde, fo mochte auch der Verluft der frühern Urkunde kaum mehr einen Rechtsnachtheil zur Folge haben können. Aber man fcheint doch mehrfach gewünfcht zu haben, Neuausfertigungen früherer Königsurkunden in ihrer wörtlichen Faffung zu erhalten.

Auf einen bezüglichen Vorgang hat Wilmans Kaiferurk. 1,115. 157 aufmerkfam gemacht. K. Heinrich bekundet 927, St. 15, Cod. Weftf. 1,42, für die Nonnen von Herford fei bei ihm Fürbitte eingelegt, *quatenus illarum praecepta regia, quae ab ethnicorum infestatione exusta sunt, renovari praeciperemus;* demgemäfs, *prout ea ab antecessoribus nostris habere videbantur, nostrae auctoritatis renovatione praenotare iussimus, ea scilicet ratione,* dafs alles, was in Gewer des Klofters erfcheint, demfelben verbleiben folle, insbefondere auch genannte Orte, *quae quidam falsitatis fraude abstrahere conantur.* Wieder bekundet dann K. Otto 940, St. 82, Cod. Weftf. 1,44, dafs ihm diefelbe Bitte geftellt fei, und er, *prout ea ab antecessoribus nostris habere videbantur, hoc nostrae auctoritatis renovatione iussimus redintegrari,* nämlich erftens freie Abtswahl; dann Verbleiben deffen, was in Gewere erfcheint; endlich Befreiung der Hinterfaffen von der öffentlichen Gerichtsbarkeit. Es wird doch mit Wilmans anzunehmen feien, dafs es fich dabei um Neuausfertigungen der befchädigten, zum Theil noch erhaltenen Originale handelte. In der Urkunde K. Heinrichs fcheint ganz beftimmt darauf hingewiefen; auch die kurzen Angaben der Rechte in der Urkunde K. Ottos können doch fchwerlich fo aufgefafst werden, dafs fie felbft die verlornen Urkunden erfetzen follten; wäre das beabfichtigt gewefen, fo würde zweifellos ihr Inhalt ausführlich in diefe neuen Urkunden aufgenommen feien, wie das z. B. bei dem ähnlichen Falle Reg. Kar. 1208, M. B. 28,139 gefchieht. Die wiederholte Bitte wird daraus zu erklären feien, dafs 927 noch nicht alle zu renovirenden Urkunden beigebracht werden konnten, wie das Wilmans näher ausführt. Nun haben fich im ehemaligen Herforder Archive von vier Urkunden K. Ludwig des Deutfchen für Herford von 851. 53. 59. 68, Wilmans Kaiferurk. 113. 119. 147. 154, Abfchriften des zehnten Jahrhunderts erhalten; und es liegt gewifs nahe, diefelben mit Wilmans auf die von den Königen befohlene Renovation zurückzuführen. Würden diefe Abfchriften wirklich in der Reichskanzlei gefertigt feien, fo hätten wir einen ähnlichen Vorgang, wie den vorhin befprochenen aus der Zeit Karls des Grofsen. Nur freilich mit dem fchwerwiegenden Unterfchiede, dafs die die Renovationen beglaubigenden Diplome hier ganz von ihnen getrennt, demnach auch gar nicht zu erweifen wäre, dafs jene allgemeine Beglaubigung gerade diefe Abfchriften treffe. Denn diefe felbft entbehren jeder Beglaubigung; nach gütiger Mittheilung von Wilmans find fie einfache Abfchriften, bei denen nicht einmal die äuffere Form des Original beibehalten ift, auffer bei der von 868, welche ganz in Weife eines Original geordnet und gefchrieben ift. Aber da die Befiegelung fehlt, während der Vollziehungsftrich ausradirt zu feien fcheint, würde fich doch auch bei diefer nichts ergeben, woran fich erkennen liefse, dafs es fich nicht etwa nur um eine im Klofter felbft gefertigte Nachzeichnung handle.

Ift diefer Fall richtig erklärt, ging man wirklich fo ungefchickt vor, um dem Wunfche nach Neuausfertigung zu genügen, fo würde fich daraus doch beftimmt ergeben, dafs es in diefer Richtung an einer feften Form ganz fehlte. Bezüglich unferes nächften Zweckes fcheint der Fall zugleich zu ergeben, dafs es nicht üblich war, Urkunden der Vorgänger in einer Form neu auszufertigen, welche an und für fich die Neuausfertigung als genügend beglaubigt erfcheinen liefs. Aber eben dann, wenn es an einer beftimmten Form fehlte, kann man doch in Einzelfällen auch darauf verfallen feien. Und wirklich fcheint mir zuweilen keine andere Erklärung der auffallendften Widerfprüche denkbar zu fein.

Die Urkunde K. Arnulfs von 892 Nov. 3 für Herford, Reg. Kar. 1098, Wilmans Kaiferurk. 1,261, ift in ganz unverdächtigem Originale zu Berlin erhalten; der Anftand, der fich etwa aus dem *Rotmari* des Druckes, ftatt *Theotmari archicapellani*, entnehmen liefse, erledigt fich nach gütiger Mittheilung von Wilmans dadurch, dafs von dem Namen im Originale nur noch *mari* ficher zu erkennen ift. Unter dem Signum K. Arnulfs hat das Diplom auch noch das *Signum domni Hludowici serenissimi regis*; es waren weiter zwei, jetzt abgefallene Siegel, das eine über, das andere unter der Datirung aufgedrückt, zweifellos die Siegel Arnulfs und Ludwigs. Läge uns das Diplom nur in Abfchrift vor, fo würden wir uns gewifs keinen Augenblick befinnen, es den § 161 befprochenen Fällen anzureihen, bei welchen der Nachfolger eine Urkunde feines Vorgängers durch Zufügung des Handzeichens beftätigte. Aber das Signum Ludwigs ift, wie Wilmans fchon beim Abdrucke betonte,

171] von derfelben Hand gefchrieben, welche die ganze Urkunde fertigte.
Bei der entfcheidenden Wichtigkeit des Umftandes hatte Wilmans auf
meine Anfrage die befondere Güte, das Original in diefer Richtung nochmals zu prüfen; er theilte mir mit, dafs fowohl die gleiche Färbung der
Dinte, als die Gleichheit der Schriftzüge feine frühere Aeufserung aufs
beftimmtefte beftätigten. Die uns vorliegende Ausfertigung kann also
ficher nicht 892 entftanden feien, wo Ludwig noch nicht geboren war;
aber weiter fchwerlich vor 900, da Ludwig bei Lebzeiten des Vaters
nicht als Mitherrfcher erfcheint, oder auch nur den Königstitel führt.
Mir wenigftens fcheint da keine andere Erklärung zuläffig, als dafs Ludwig eine Urkunde feines Vaters neu ausfertigen liefs und zugleich durch
Zufügung feines Handzeichens und Siegels beftätigte. Dafs man dann
nach dem Tode K. Arnulfs anfcheinend noch deffen Siegel aufdrücken
konnte, wird nicht befremden können, da es noch vorhanden gewefen
feien wird; hat ja K. Ludwig felbft fich noch des Siegels K. Ludwig des
Deutfchen bedient, vgl. S. Gall. U. B. 2,323.

Diefem Falle gegenüber wird nun doch zu erwägen feien, ob derfelbe Sachverhalt nicht anzunehmen feien dürfte bei der Urkunde K.
Arnulfs von 896 Aug. 9 für S. Gallen, Reg. Kar. 1124, S. Gall. U. B.
2,309. Auch hier findet fich das Signum König Ludwigs und zwar gleichzeitig zugefügt, wie Wartmann ausdrücklich betont. Dafs es etwa aus
der beftätigten Urkunde K. Ludwigs des Deutfchen herübergenommen
feien follte, wie Wartmann zweifelnd andeutet, ift kaum fehr wahrfcheinlich. Wartmann denkt an Mitunterzeichnung Ludwig des Kindes
bei Lebzeiten des Vaters, wie derartige Fälle ja mehrfach nachzuweifen
find, vgl. § 161; aber der Königstitel ergibt dagegen doch ein fchwer
zu befeitigendes Bedenken. Am einfachften fcheint mir auch hier die
Annahme einer Neuausfertigung unter K. Ludwig zu feien, bei der man
dann wieder das Siegel K. Arnulfs noch zur Hand gehabt hätte.

Rieger hat in den Wiener Sitzungsber. 76,477 ff. eine Urkunde K.
Ludwigs für Rheinau von 870 März 20 aus dem Originale mitgetheilt
und nachgewiefen, dafs der ebenfo datirte Text Reg. Kar. 826, Zapf
Monum. 436, eine im zehnten Jahrhunderte entftandene erweiternde
Ueberarbeitung ift. Das überaus Auffallende ift nun aber, dafs nicht
allein die Aenderungen und Zufätze volle Kenntnifs des Kanzleigebrauches
verrathen, fondern die Hand, welche die erweiterte Urkunde fchrieb,
diefelbe zu feien fcheint, welche einzelne echte Diplome K. Ottos I. gefchrieben hat; Rieger denkt daher an eine in der Kanzlei entftandene
Fälfchung. Wir fanden nun § 166 Beifpiele, dafs Urkunden mehrfach
mit dem Empfänger günftigen Zufätzen fpäter unter Beibehaltung der
Datirung nochmals ausgefertigt wurden, allerdings, fo weit fich das beurtheilen läfst, noch während der Regierung des urfprünglichen Ausftellers. Sollte es nun zu gewagt feien, an Aehnliches auch hier zu denken? könnten nicht die Mönche von Rheinau bei K. Otto I. eine Neuausfertigung mit den ihnen erwünfchten Zufätzen erwirkt haben? Es

genügt mir, auf die Möglichkeit folcher Erklärung der höchft auffallenden
Sachlage hingewiefen zu haben; wenigftens bei oberflächlicher Prüfung
des reichen, zur Beurtheilung des Falles dienenden Materials, welches
Rieger zufammengeftellt hat, fcheint fich mir nichts zu ergeben, was
folche Annahme ausfchlöfse, welche doch von vornherein kaum weniger
unwahrfcheinlich feien dürfte, als die einer in der Kanzlei gefertigten
Fälfchung.

    Wenigftens erwähnen möchte ich hier auch St. 359, Miraeus 1,505,
von K. Otto I. für S. Ghislain mit 965 Mai 1 Nimwegen. Im Falle der
Fälfchung mufs das Schlufsprotokoll aus zwei echten Diplomen K. Ottos I.
und K. Heinrichs III. zufammengefetzt feien. Formel des Signum, dann
Königsjahre und Kaiferjahre ftimmen durchaus zu 965; es könnte dafür
St. 369, Böhmer Acta 8, gleichfalls für S. Ghislain, die Vorlage gewefen
feien; Ort und Tag aber ftimmen 965 nicht zum Itinerar. Es pafst nun
aber weiter die Rekognition Adalger für Bardo nur 1042 bis 1044; beftimmter auf 1044 weift nicht allein die Ind. 12, fondern auch Tag und
Ort, da wir Urkunden aus Nimwegen von 1044 Apr. 26 und Mai 2
haben; dem entfprechend ift denn das Siegel auch das K. Heinrichs III.
Das gefammte Protokoll würde demnach ftückweife aus zwei echten
Vorlagen komponirt feien, von der die eine auch das Siegel geliefert
hätte. Die Annahme derartigen Vorgehens eines Fälfchers wird immer
bedenklich feien, vgl. § 13. Die Annahme, dafs man 1044 ein Diplom
von 965 in diefer Weife neu ausgefertigt hätte, würde mir an und für
fich kaum bedenklicher fcheinen, nachdem wir § 168 Fälle nachwiefen,
dafs man fich bei Neuausfertigungen theils durch die Vorlage, theils
durch das laufende Protokoll beftimmen liefs. Auch das für K. Otto I.
allerdings nicht paffende *Romanorum imperator* würde bei Annahme
einer Neuausfertigung fich leicht erklären. Aber auch der Text entfpricht fo wenig den Formen der Reichskanzlei, dafs doch fchwerlich
an Echtheit der Urkunde, über deren angebliches Original nähere Angaben fehlen, zu denken feien dürfte.

    172. Hat in früherer Zeit zweifellos auch der Reichskanzlei eine re-
gelmäfsige Form gefehlt, um ältere Urkunden unter Belaffung ihres urfprünglichen Wortlautes neu auszufertigen, fo finden wir dafür fpäter
die Form w ö r t l i c h e r E i n r ü c k u n g in eine Urkunde des Herrfchers,
der die Neuausfertigung befiehlt und beglaubigt und dabei in der Regel
dann auch feinerfeits den Inhalt beftätigt. Das war die am wenigften
zu Mifsgriffen Anlafs bietende Form, da beftätigte und beftätigende Urkunde ganz auseinandergehalten, die erfte ganz in ihrem urfprünglichen
Wortlaute belaffen wurde. Aber es hat doch längere Zeit gedauert, bis
man die Form mit voller Strenge handhabe; es zeigt fich da eine ähnliche Unficherheit, wie bei den Neuausfertigungen. So wurden wohl gewiffe Beftandtheile der zu erneuernden Urkunden, insbefondere das Protokoll, fortgelaffen, was dann unficher laffen kann, was der erneuerten
und was der erneuernden Urkunde angehört. Man hat weiter wünfchens-

172] werthe Aenderungen und Erweiterungen wohl ftillfchweigend in dem eingerückten Texte felbft vorgenommen, ftatt die bezüglichen Angaben in den begleitenden Text einzuflechten. Läfst fich das in Fällen nachweifen, wo uns auch die urfprüngliche Ausfertigung erhalten ift, fo wird das auch da zur Vorficht mahnen, wo uns folche Kontrolle abgeht.

Schon bei der § 171 befprochenen Urkunde Karls des Grofsen, Sickel K. 249, ift der fpäter für die Inferirung mafsgebende Geſichtspunkt, wörtliche Wiederholung mit Zufügung einer Beglaubigungsurkunde des transfumirenden Herrfchers, durchaus eingehalten; aber der Fall fcheint ganz vereinzelt geblieben zu feien. In Italien ift die Transfumirung in verfchiedenen Formen fchon früh gebräuchlich. In der Reichskanzlei aber hat es lange gedauert, bis man fich an diefe Form gewöhnte. Bei angeblichen früheren Fällen fehlt es denn auch nicht an fonftigen Verdachtsgründen gegen die Echtheit der Urkunde; fo bei St. 1995, vgl. Bresslau Kanzlei 160.

Der erfte unverdächtige Fall dürfte St. 2760, Trouillat Mon. 1,188, von 1073 Mai 20 für das Bisthum Bafel feien. K. Heinrich fagt: *Traditionem igitur Conradi avi nostri ad Basiliensem ecclesiam, ne inveterata minus subsistere valeat, renovamus, cum verba ipsius nostro quoque testimonio memorie commendamus, quia in ore duorum vel trium stabit omne verbum; quorum series hec est.* Dann folgt in wörtlicher Wiederholung der gefammte Text der Urkunde K. Konrads St. 1984, Trouillat 1,161, mit Einfchlufs der Beglaubigungsformel, nur mit Fortlaffung von Invokation und Titel, dann der Datirung, auf welche fich hier das Schlufsprotokoll befchränkte, alfo des gefammten Protokoll. Da dann auch die unmittelbar fich anfchliefsende Beglaubigungsformel K. Heinrichs mit: *hec verba carte avi nostri nostre huius cartule verbis prosequimur*, eingeleitet ift, fo ift der ganze Sachverhalt hier möglichft klar geftellt.

Es folgt dann St. 3081 von 1111 Oct. 22 für S. Eucharius zu Trier, bei welchem K. Heinrich V. ein auch im Original erhaltenes Diplom K. Heinrichs III. von 1053 wörtlich einrückt. Die Veröffentlichung Mittelrh. U. B. 1,480 genügt nicht, um die formelle Behandlung und die Treue der Wiedergabe mit genügender Sicherheit beurtheilen zu laffen. Es ift nur bemerkt, dafs der übrigens wörtlichen Wiederholung vor der Beglaubigungsformel die Worte: *et nichilominus advocatiam cui et quamdiu vult committendi*, zugefügt find; dafür werden wahrfcheinlich die im Originale a. a. O. 396 an ungeeigneter Stelle nach der Beglaubigungsformel folgenden Worte: *et in arbitrio predicti abbatis pendet advocatia*, fortgelaffen feien. Das wird in der Veröffentlichung nicht erfichtlich; eben fo wenig, ob bei der Einrückung das Protokoll fortgelaffen ift, wie nach den fonftigen früheren Fällen zu vermuthen ift. So viel ergibt fich, dafs die Wiederholung keine ganz ungeänderte war.

Bei einem weiteren Fall, St. 3460. 4125. 4810, Mittelrh. U. B. 1,590. 2,39. 171, wird ein Privileg, welches K. Konrad 1144 dem Kloster Springirsbach auf Bitten des Abtes Richard ausstellte, von K. Friedrich 1171 auf Bitten des Abtes Gotfrid unter wörtlicher Einrückung bestätigt. Das Eingangsprotokoll ist fortgelassen; mit *testes—quorum nomina hec sunt* endet die Uebereinstimmung; es werden nicht die Zeugen der Vorurkunde, sondern der Bestätigung aufgeführt, wie denn auch lediglich das dieser entsprechende Schlussprotokoll folgt. Weiter aber ist, abgesehen von der Zufügung der Worte *sive aliquo prorsus incommodo*, da, wo die Mutter des Abtes Richard erwähnt wird, zugefügt: *et presentis abbatis Godefridi avia*, was natürlich nicht in der bestätigten Urkunde steht. Weiter ertheilt dann noch 1193 K. Heinrich auf Bitten des Abtes Absalon eine Bestätigung unter wörtlicher Inserirung der Urkunde Konrads; aber es ist nicht diese selbst, sondern die Bestätigung K. Friedrichs dazu benutzt, obwohl diese gar nicht erwähnt wird. Denn auch hier findet sich das *et presentis abbatis Godefridi avia*, welches nun weder in die bestätigte, noch in die bestätigende Urkunde passt und ganz unerklärlich seien würde, wenn uns das Mittelglied nicht erhalten wäre.

Wie unsicher die Form noch gehandhabt wurde, ergibt sich auch bei St. 4124, M. Boica 29,399, von 1171 Mai 7 für Ottobeuern. K. Friedrich sagt, da er die Freiheit der Kirche nicht zu mindern, sondern zu mehren beabsichtige, *scriptum praedecessoris nostri imperatoris Lotharii propter veritatis evidentiam placuit nobis in praesenti pagina interserere, ut deinde nostrae traditionis et filii nostri Henrici regis Romanorum edicta competenti ordinatione possimus apponere; est autem huiusmodi scriptum imperatoris Lotharii.* Es folgen nun eine Reihe einzelner Bestimmungen, welche man doch zunächst als wörtliche Wiederholung der Urkunde K. Lothars unter Fortlassung des Protokolls und wohl der Schlussformeln des Textes zu betrachten hätte. Heisst es dann aber: *ut igitur tam domni imperatoris Lotharii scriptum, quam nostrae traditionis edictum omni aevo ratum conservetur*, habe er diese Karte siegeln zu lassen, so muss das Vorhergehende auch schon die neuen Bestimmungen K. Friedrichs enthalten. Aber diese sind als solche gar nicht kenntlich gemacht. Die Urkunde Lothars ist uns nicht erhalten; wohl aber zwei Fälschungen angeblich von 769 und 972, M. Boica 31, 7.211, welche ihr als Vorlage dienten. Danach ergibt sich, dass zwei mit *amplius* und *item* eingeleitete Stellen, welche man als Einschiebungen betrachten möchte, nicht erst von K. Friedrich herrühren, da sie sich schon in der Vorlage von 769 finden. Von den mit *preterea firmissime statuimus* beginnenden Schlussstellen geht allerdings nichts auf die ältern Vorlagen zurück. Diese nun als Zusätze K. Friedrichs zu betrachten, scheint im Wege zu stehen, dass noch in der vorletzten Bestimmung der zur Zeit K. Lothars lebende Abt Rupert erwähnt wird; doch scheint die Anführung ihn nicht gerade als noch lebend vorauszusetzen. Jedenfalls ergibt sich, dass die Form der Einrückung noch ausserordentlich ungeschickt angewandt wurde.

Auch aus dem folgenden Jahrhunderte ist mir noch eine sehr unge-

172] naue Inferirung bekannt. In Reg. Fr. II. 76 beftätigt K. Friedrich 1214 ein Privileg K. Ottos für Salzburg von 1209, Reg. Ott. 53, gedr. Böhmer Acta 209. 233. Mit *cuius hec est continencia* ift auf wörtliche Wiederholung hingedeutet, wie fie denn auch grofsentheils zutrifft; aber nicht allein zeigen fich doch bedeutende Abweichungen der Faffung, fondern es find in die Schlufsfätze der Urkunde Ottos auch fachliche Beftimmungen hineingearbeitet, welche erft unter K. Friedrich feftge-ftellt zu feien fcheinen, von denen wenigftens in der Urkunde Ottos nicht die Rede ift. Das Protokoll diefer, dann Beglaubigungsformel und Zeugen werden auch hier nicht wiedergegeben. Wurde es fpäter üblich, auch das Protokoll zu wiederholen, tritt dadurch eine fchärfere Scheidung zwifchen dem beftätigten und beftätigenden Theile der Urkunde ein, fo wird das dazu beigetragen haben, dafs man nun von jeder Aenderung jenes abfah, insbefondere auch etwaige Erweiterungen der beftätigten Befugniffe in den beftätigenden Theil aufnahm.

173. Auch wo es fich fichtlich weniger darum handelte, eine Neu-ausfertigung der vorgelegten Urkunde ihrem Wortlaute nach, als eine Beftätigung ihres Inhaltes zu erhalten, hat man fich fpäter aus Rück-fichten der Genauigkeit, vielfach auch wohl der Bequemlichkeit häufig der Form der Inferirung bedient. In früherer Zeit wurden in folchem Falle Beftätigungsurkunden gefertigt, welche zwar den Inhalt der Vorurkunde wiederholen, ihrer ganzen Faffung nach aber als Urkunden des beftätigenden Herrfchers erfcheinen. War dann der vorliegende Text dem entfprechend umzugeftalten, fo ift es erklärlich, wenn das nicht immer mit der nöthigen Umficht gefchah.

Dabei konnte es fich um Beftätigung nach vorgelegten Pri-vaturkunden handeln. War ein Rechtsgefchäft unter Privaten abge-fchloffen und beurkundet, für welches die Beftätigung des Königs noth-wendig oder wünfchenswerth war, fo wurde die Beurkundung vorgelegt, um für die Beftätigungsurkunde als Grundlage zu dienen. Oft ift in die-fer die Vorlage erwähnt; in manchen Fällen hat fich die Vorurkunde erhalten; vgl. auch Sickel Acta 1,129. Der vorgelegte Text konnte dann zuweilen faft ungeändert in der Beftätigungsurkunde abgefchrie-ben werden. In St. 2643, Lacomblet U. B. 1,129, von 1064, könnte der ganze Text bis zur Beglaubigung einen früher gefertigten Tradi-tionsakt wörtlich wiederholt haben mit Ausnahme der Bezeichnung des Vorgängers als *patris nostri*; und wenn es dann in der Beglaubigung heifst: *hanc commutationem laudamus et traditionis descriptionem sigilli nostri impressione confirmamus*, fo fcheint damit auf folche Sachlage ausdrücklich hingewiefen zu feien; doch dürfte hier, wenn die Urkunde echt ift, vielleicht der ganze Text nur zur Beglaubigung vorgelegt feien. Jedenfalls wird der enge Anfchlufs an den Wortlaut einer Privaturkunde kein Verdachtsgrund gegen die beftätigende Königsurkunde feien kön-nen. Zahn im Steierm. U. B. Vorr. 37 beanftandet die fklavifche Treue, mit welcher die Kanzlei in St. 4076, Steierm. U. B. 1,722, den mark-

gräflichen Stiftsbrief des Spitals am Semmering bis auf das Wort aus-
fchreibt. Aber alles ift ganz entfprechend der Form einer Königsurkunde umgefchrieben und mit: *hec autem omnia in privilegio predicti
marchionis per ordinem continentur*, ausdrücklich auf einen Sachverhalt
hingewiefen, der doch an und für fich nicht befremden kann. Dafs dann,
wie hier, fo auch in andern Fällen nicht felten aus den Vorlagen auch
die Zeugen der beftätigten Privathandlung in der Beftätigungsurkunde
wiederholt wurden, wurde bereits § 151 nachgewiefen.

In Einzelfällen kann allerdings die Benutzung eine ungefchickte
gewefen und etwas Ungehöriges in die Beftätigungsurkunde übergegangen feien. Das Auffallende in St. 2925, M. Boica 31,372, von 1094,
dürfte darauf beruhen, dafs der Text fichtlich nur Umfchreibung der
privaten Schenkungsurkunde ift. In einer Stelle ift fogar die nöthige
Umfchreibung überhaupt unterblieben; es ift die Rede von *haeredibus
meis*, welche auch abgefehen davon, dafs es fonft *haeredibus nostris*
heiffen müfste, nach dem Zufammenhange und den entfprechenden
Beftimmungen anderer Urkunden nicht die Erben des Kaifers, fondern
die des Schenkers find. Und hier fcheint fich fogar ein Einflufs der
Vorlage auf das Protokoll zu ergeben; das Actum Wirzburg pafst nicht
zum Itinerar des 1094 in Italien befindlichen Kaifer und wird fich auf
die beftätigte Privathandlung beziehen, welcher es durchaus entfpricht.

Im allgemeinen wird aber kaum anzunehmen feien, dafs die Benutzung vorgelegter Privaturkunden häufiger zu Widerfprüchen geführt
hat. Man wufste in diefem Falle von vornherein, dafs der Text derfelben einer durchgreifenden Umgeftaltung bedürfe, um für die Königsurkunden verwendbar zu feien, und war dadurch zu gröfserer Aufmerkfamkeit veranlafst.

174. Viel ungünftiger geftaltet fich diefes Verhältnifs, wenn es fich
um Beftätigung nach vorgelegten Königsurkunden handelt.
Da wufste man von vornherein, dafs nicht blos der Inhalt, fondern auch
die wörtliche Faffung grofsentheils ungeändert in die Erneuerungsurkunde aufgenommen werden könne. Diefe wird wohl geradezu nur als
Neuausfertigung bezeichnet. So fagt K. Otto II.: *renovari et rescribi
per imperialem nostram munificenciam iubemus quoddam preceptum,
quod — genitor noster — Spirensi ecclesie — donavit et concessit*, und
entfprechend find die weitern Erneuerungsurkunden für Speier eingeleitet, vgl. Remling U. B. 1,16. 19. 21. 28. 50. Gefchah das aber nicht
in der erft fpäter üblich werdenden Weife, dafs die Vorurkunden wörtlich transfumirt und vom Erneuerer beglaubigt wurden, fo waren fchon
wegen des Wechfels des Ausftellers und Empfängers mancherlei Aenderungen nöthig. Es ift erklärlich, wenn diefe häufig nur ganz oberflächlich durchgeführt wurden und das die mannichfachften Widerfprüche veranlafste.

Dabei wird aber zu beachten feien, dafs wir in der Regel nur einen
Einflufs der beftätigten Urkunde auf den Text anzunehmen

174] haben werden, nicht auch auf das Protokoll. Dafs diefes ein durchaus anderes werden müffe, wufste man von vornherein; man hatte da von der Vorlage ganz abzufehen. Dagegen bedurfte der Text in Fällen, wo der Empfänger noch derfelbe war, oft gar keiner Aenderungen, konnte unter geändertem Protokoll wörtlich wiederholt werden; Beifpiele dafür werden wir ohnehin zu befprechen haben. In anderen Fällen hätte es nur ganz leichter Aenderungen bedurft. Aber vereinzelt hat man das ganz überfehen, den Text ohne jede Aenderung wörtlich wiederholt. So bei St. 4990 von 1196, Stumpf Acta 278, wo freilich die Sache fo lag, dafs man fich wirklich anftandslos an den Text von St. 4122 von 1171 hätte halten können, wenn man etwa nur durch Weglaffung des *noster fidelis et dilectus* und Hinzufügung eines *quondam* angedeutet hätte, dafs Peter, 1171 allerdings Erwählter von Kammerich, das 1196 nicht mehr war. Oder vergafs man nicht auf alle Aenderungen, fo waren diefe doch häufig ungenügend; fo wurde bei dem fchon § 172 befprochenen St. 4810 lediglich der Name des als Bittfteller genannten Abtes geändert, übrigens der gefammte Text von St. 4125 wörtlich wiederholt und damit irrthümlich auch der vorhergehende Abt als lebend erwähnt. Bei den beiden Privilegien für Nienburg von 1041 und 1062, St. 2218. 2603, Cod. Anhalt. 89. 111, ftimmt der ganze Wortlaut bis auf die entfprechend geänderten Namen des Abtes und der Intervenienten; im übrigen ift fo wenig Sorgfalt auf die Umgeftaltung verwandt, dafs ein Zufatz, der fich in der Vorlage an unpaffender Stelle hinter der Beglaubigungsformel findet, auch in der Erneuerung an diefer Stelle belaffen wurde.

Bleibt diefes Verhältnifs unbeachtet, fo kann das zu den mannichfachften Fehlfchlüffen führen. So fchon da, wo es fich lediglich um die formelle Faffung handelt. Reg. Ott. IV. 37 von 1208 für Worms gibt Beglaubigungsformel und Anführung der Zeugen in einer Faffung, die fich auf den erften Blick als durchaus veraltet darftellt; fie ift zweifellos entnommen aus St. 3119 von 1114 oder, da der Inhalt abweicht, aus einer andern gleichzeitigen Urkunde für Worms; vgl. Bresslau Dipl. c. 125. 136. So pafst in Reg. Henr. (VII) 39, jetzt vollftändig gedruckt Wilmans U. B. 4,80, das *sigilli impressione* und *manu propria corroborantes* in keiner Weife zum J. 1223; aber es handelt fich um Wiederholung von St. 3482 von 1144, deren Faffung wörtlich beibehalten ift, nur mit Aenderung der nicht mehr paffenden fachlichen Angaben. Solche Unregelmäffigkeiten können dann, wenn ihr Grund verkannt wird, Anlafs zu Verdacht gegen die Urkunde geben, wie wir dafür ein überaus auffallendes Beifpiel aus der Reichskanzlei felbft haben. K. Karl erklärt 1375, Lacomblet U. B. 3,675, ein von ihm felbft 1363 der Stadt Köln ertheiltes Privileg für unecht, insbefondere wegen mehrerer angegebenen feiner Kanzlei fremden Formeln, dann weil überhaupt der *stilus cancellarie nec in regula dictaminis, neque modo loquendi* beobachtet fei. Aber das noch jetzt erhaltene Original ift durchaus unverdächtig und

die Abweichung vom damaligen Kanzleiſtile erklärt ſich einfach dadurch, daſs ein Privileg K. Ludwigs von 1314 als Vorlage diente und
wörtlich wiederholt wurde.

Aber auch ſachlich kann das Beibehalten der Faſſung der Vorlagen oft zu Fehlſchlüſſen führen. Sehr häufig iſt der Fall, daſs, wenn ein
früherer Herrſcher Güter oder Rechte neu verleiht, ein ſpäterer in ſeiner
Erneuerung die ganze Faſſung ungeändert wiederholt, obwohl dieſe nur
auf Neuverleihung, nicht auf bloſſe Beſtätigung paſst; ſind dann die
älteren Verbriefungen nicht mehr vorhanden, ſo kann das zu den irrig-
ſten Annahmen verführen. Ein überaus bezeichnendes Beiſpiel bietet
die Urkunde Böhmer Acta 778, durch welche K. Friedrich 1220 dem
Guido Cacciaconte eine Burg verleiht, *attendentes preclara servitia, que
iam pridem in partibus Apulee nobis exibuit ac deinceps domino con-
cedente ad honorem imperii erit exibiturus.* Man ſollte danach annehmen, daſs Guido ſich etwa durch Bekämpfung K. Ottos in Unteritalien
verdient gemacht hätte. Aber der ganze Text iſt vom erſten bis zum
letzten Worte Wiederholung der bezüglichen Urkunde K. Ottos von
1211, Böhmer Acta 771; die Dienſte, welche K. Friedrich nach der
Faſſung belohnt, waren thatſächlich gegen ihn geleiſtete.

Sehr gewöhnlich iſt dann weiter, daſs die verſchiedenſten Angaben,
welche nur für die Zeit der Vorlage paſsten, ungeändert in die Erneuerungen übernommen wurden. Einrichtungen, welche nach dem
Texte der letztern als beſtehend vorausgeſetzt werden ſollten, gehören
oft erweislich nur einer längſtvergangenen Zeit an; und es wird ſich daraus nicht ſelten mit ziemlicher Sicherheit ſchlieſsen laſſen, bis in welche
Zeit die uns verlornen Vorlagen zurückgereicht haben müſſen; vgl. z. B.
Ital. Forſch. 2,17. Nahm man die Angabe der Lage eines Ortes aus der
Vorlage auf, ſo war allerdings der Gau derſelbe geblieben; aber nur
zu leicht vergaſs man darauf, daſs der Gaugraf inzwiſchen gewechſelt
hatte. Ein beſonders auffallendes Beiſpiel geben die Beſtätigungsurkunden für Kloſter Fiſchbeck von 954 und 1025, St. 233. 1868, Cod. Weſtf.
1,46. 87; die Güteraufzählung ſtimmt wörtlich überein, einſchlieſslich der
Namen der fünf Grafen, in deren Gauen die Güter lagen; da iſt natürlich jeder Gedanke auszuſchlieſſen, es könnten zufällig nach ſiebzig Jahren in allen Gauen gleichnamige Grafen geweſen ſeien. Solche Nachläſſigkeiten konnten ſich auch mehrfach wiederholen. Im Pactum K.
Lothars für Venedig von 840, Romanin St. di Venezia 1,356, verſpricht
der Kaiſer, alle Leute der Venetianer zu reſtituiren, *qui ad nos confu-
gium fecerunt, postquam pactum anterius factum fuit Ravennae.* Dieſe
nur für den beſtimmten Ausſteller paſſende Beſtimmung wurde dennoch
wörtlich wiederholt in dem Pactum K. Berengars von 888, Forſch. zur
D. Geſch. 10,279, und in dem K. Ottos I. von 967, Stumpf Acta 12;
erſt in dem K. Ottos II. von 983, Leibniz Ann. 3,448, iſt ſie beſeitigt.
Hätten wir nur eine der ſpätern Ausfertigungen, ſo würden wir zu dem
irrigen Schluſſe berechtigt ſeien, der betreffende Herrſcher habe ſchon

174] früher ein anderes Pactum zu Ravenna gefchloffen. Und für ähnliche Mifsgriffe liefsen fich leicht weitere Belege anführen.

175. In diefer Richtung wird insbefondere der **Einflufs der beftätigten Urkunde auf die Anführung der Fürbitter** zu beachten feien. Diefe Anführung findet fich in den Text eingeflochten und es war daher bei ihr diefelbe Veranlaffung zu Mifsgriffen durch Ueberfehen der nöthigen Aenderung geboten. So wird St. 1177. 1320 eine Schenkung K. Ottos von 999 von K. Heinrich 1002 wörtlich wiederholt mit Einfchlufs der Intervenienz des bereits 999 verftorbenen Bifchof Franko von Worms. Bei St. 1402. 3040 wird fogar noch 1110 Name des Bittftellers und des Ortes der Bitte aus Vorlage von 1005 wiederholt.

Sind nun fo grobe Verftöffe auch Ausnahmen, fo wird doch für manche Zwecke wohl zu beachten feien, dafs wenigftens die angebliche Art der Intervenienz fehr häufig keineswegs durch den thatfächlichen Hergang beim Einzelfalle, fondern lediglich durch die Vorlage beftimmt war; dafs es von diefer abhing, ob man überhaupt Intervenienten nannte oder nicht; dafs das weiter auch auf die Perfonen einwirken konnte, dafs man fichtlich oft nur diejenigen nannte, welche auch die Vorlage aufführte, oder wenn diefe inzwifchen geftorben waren, diejenigen, welche nun diefelbe Stellung einnahmen.

Fällt es in Zeiten, wo Intervenienten regelmäffig genannt werden, oft auf, dafs diefelben einzelnen Diplomen fehlen, fo ergibt fich durchweg der Grund darin, dafs auch in den bezüglichen Vorurkunden keine Intervenienten genannt waren, weil der Text in feiner erften Faffung in eine Zeit zurückreicht, in welcher die Aufführung nicht üblich war.

K. Karl der Dicke beftätigt 885, Reg. Kar. 990, den Domherren von Toul ihre Befitzungen mit der ungewöhnlichen Formel *admonente et exhortante episcoporum nostrorum, qui tunc presentes erant, collegio nec non interveniente Tullensi episcopo A.;* das wiederholt K. Arnulf 894, Reg. Kar. 1109, nur mit Aenderung des Namens des Bifchofs. Heifst es in der Beftätigung K. Konrads II. für Freifing St. 1987: *tam venerabilium episcoporum, quam reliquorum conspectui nostro assistencium procerum intercessioni pie annuentes,* fo wiederholt fich das nicht blos in den entfprechenden Verbriefungen der Nachfolger St. 2148. 2532, fondern ich zweifle nicht, dafs die in diefer fpätern Zeit nicht übliche Formel bis auf Vorlagen aus der Karolingerzeit zurückgeht, da es fchon 903, Reg. Kar. 1196, M. Boica 28,134 in einem Präzepte für Freifing heifst: *intercessioni* genannter Bifchöfe und Grafen *ac reliquorum conspectui nostro assistencium procerum communi omnium confilio pie annuentes.* Im Diplom K. Heinrichs II. für Altaich von 1009, St. 1519, heifst es *interventu dilecte contectalis nostre Chnnigunde et pro dilecti Aldahensis abbatis Godehardi gratissimo obsequio;* das findet fich Wort für Wort eben fo wieder St. 1548. 1719, und noch unter K. Heinrich III. 1049, St. 2364, nur dafs die Namen entfprechend geändert find. Aehnlichen Wiederholungen begegnen wir überaus häufig. Und auch wo der Wortlaut mit der Faffung der Urkunde geändert ift, macht fich doch der Einflufs der Vorlage wohl deutlich geltend. K. Zwentibold reftituirt 898, Reg. Kar. 1168, dem Erzftift Trier die Abtei Maftricht *cum consilio ac iudicio episcoporum et comitum nostrorum;* fie wird dann nochmals 993, St. 989, von K. Otto reftituirt *omnium fidelium nostrorum consultu, archiepiscoporum, episcoporum, abbatum, ducum et comitum;* ift die Erwähnung der Zuftimmung der Grofsen in diefer Zeit nicht üblich, fo wird fie hier trotz der verfchiedenen Faffung durch die Vorlage veranlafst feien.

Befonders häufig finden wir in Erneuerungsurkunden als Intervenienten die Perfonen wieder genannt, welche nun die entfprechende Stellung einnahmen. Ein fehr auffallendes Beifpiel bietet St. 1782 von 1022 für S. Sophia zu Benevent. Hier ift Bifchof Heinrich von Parma Fürbitter, der damals allerdings nach dem Placitum Antich. Est. 1,131 mit dem Kaifer in Unteritalien war, der aber fonft nie Fürbitter und bei dem auch eine befondere Beziehung gerade zu S. Sophia nicht abzufehen ift. Aber die Urkunde ift Erneuerung von St. 502 von 972, in welcher Bifchof Hubert von Parma als Erzkanzler mit Dietrich von Metz intervenirt; nur das wird Veranlaffung gewefen feien, auch hier den Bifchof von Parma zu nennen; in dem kurz nachher für daffelbe Klofter gegebenen St. 1783 wird denn auch eine Fürbitte gar nicht erwähnt.

Oft freilich wird fich die Wiederkehr von Perfonen derfelben Stellung in Beftätigungen für den entfprechenden Empfänger dadurch erklären können, dafs es fich um den bezüglichen Diözefanbifchof, Landesherzog, Gaugrafen oder fonft eine Perfon handelt, welche zur Fürbitte gerade für diefen Empfänger zunächft berufen war. In St. 665. 74. 93. 737. 53. 63. 90. 827, fämmtlich für S. Peter in Afchaffenburg, ift immer die Fürbitte Herzog Ottos und nur diefe erwähnt. Entfpricht das nun auch durchaus feinen befondern Beziehungen als Gründer, fo würden doch gewifs zuweilen auch Fürbitter fehlen oder es würde, wie fo häufig in diefer Zeit, die Kaiferin genannt feien, wenn nicht die Urkunden auf einander eingewirkt hätten. So weit ich fehe, ift da allerdings nirgends beftimmter nachzuweifen, dafs der Herzog zur angegebenen Zeit nicht am Hofe war. Wenn aber wenigftens in einzelnen Fällen fogar verftorbene Fürbitter wiederholt wurden, fo werden wir fchwerlich bezweifeln dürfen, dafs man häufig bei Beftätigungen einfach den Namen des in der Vorlage genannten Bifchof oder Herzog entfprechend änderte, ohne irgend welche Rückficht darauf, ob derfelbe nun thatfächlich auch bei der Beftätigung intervenirt hatte oder nicht. Selbft die Form der Einführung kann da zu Fehlfchlüffen führen. Bezeichnet K. Otto 1009, St. 1213, den bittenden Bifchof von Vicenza als feinen *familiaris,* fo werden wir daraus auf engere perfönliche Beziehungen fchliefen dürfen; aber der entfprechende Schlufs wäre doch

175] kaum gerechtfertigt, wenn K. Heinrich 1008, St. 1487, [jenen Ausdruck aus der Vorlage lediglich wiederholt.

176. Weniger nahe konnte eine W i e d e r h o l u n g d e r Z e u g e n
a u s d e r V o r u r k u n d e liegen. Die Zeugenaufführung ift, worauf wir
zurückkommen, vom Texte zu fcheiden; man wufste, dafs für fie die
Vorurkunde eben fo wenig mafsgebend feien konnte, wie für das Protokoll. Wir fahen denn auch § 142, dafs fogar in mehreren Ausfertigungen
derfelben Urkunde die Zeugen geändert wurden; felbft in früheren Fällen wörtlicher Transfumirung wurden die Zeugen diefer, nicht der eingerückten Urkunde angegeben; vgl. § 172. Dagegen finden fich nun
auch Beifpiele, dafs die Zeugen mit dem übrigen Texte einfach aus der
Vorlage wiederholt wurden. Das kann fich in einzelnen Fällen daraus
erklären, dafs man die Handlungszeugen beibehalten wollte. Aber es
trifft auch in Fällen zu, wo das zweifellos nicht mafsgebend war, wo man
bei Neuausfertigungen oder Beftätigungen Zeugen der Vorlage wiederholte, welche in diefer zweifellos Beurkundungszeugen waren. Und dabei begegnen wir. nicht felten einem ähnlich willkürlichen Vorgehen,
wie wir es § 170 bereits bezüglich der Intervenienten nachwiefen, dafs
man nämlich nun doch der Vorlage nicht genau folgte, fondern Zeugen
diefer und der neuen Beurkundung willkürlich zufammenwarf.

Eine Schenkung von Gütern zu Boppard an S. Pantaleon wird zu
Köln 1105 Dec. 3 von K. Heinrich IV. und nochmals in wörtlicher Wiederholung zu Köln 1107 Nov. 2 von K. Heinrich V. bekundet, St. 2976.
3020, Lacomblet 1,171. 174. Unter *huius rei testes sunt* wird in beiden
zuerft der Erzbifchof von Köln genannt, dann in jener der Bifchof von
Minden, dagegen in diefer die Bifchöfe von Münfter und Eichftädt, wie
diefelben Perfonen auch in den beiden Texten fchon als Intervenienten
aufgeführt find. Dann aber folgt in beiden Urkunden eine ganz genau
übereinftimmende Reihe von vierzehn Perfonen, Prälaten, Grafen, Edle,
zuletzt fieben von der Reichsmannfchaft von Boppard. Diefe natürlich
nicht zufällige Uebereinftimmung ift fchon Lacomblet aufgefallen; er
meint, weil der Abtei viel an der Schenkung lag, habe diefelbe die frühern Zeugen derfelben nach Köln kommen laffen. Ich möchte fehr bezweifeln, dafs auch nur bei der erften Beurkundung die Leute aus Boppard zu Köln waren; fie werden, wie ich das § 148 für ähnlich liegende
Fälle annahm, Zeugen für die nach Boppard gehörige Handlung feien,
die dann erft zu Köln verbrieft wurde. Bezüglich der Erneuerung aber
zweifle ich keinen Augenblick, dafs man fich mit einer der Beurkundung
entfprechenden Aenderung der angefehenften Zeugen begnügte, dann
aber einfach die frühern Zeugen wiederholte, fei es aus Nachläffigkeit,
fei es, weil diefelben wenigftens theilweife Handlungszeugen gewefen zu
feien fcheinen, während dann doch wieder einzelne, wie die Kölner Prälaten und die Grafen von Geldern und Berg, fchwerlich Zeugen der anfcheinend nach Boppard gehörenden Handlung, fondern wohl nur der
zu Köln erfolgten erften Beurkundung gewefen feien werden. Wir haben

hier demnach anfcheinend eine Reihe, welche Zeugen der Handlung, der erften und der zweiten Beurkundung zufammenwirft. Und ein folches Vorgehen wird kaum noch fehr befremden können nach den Belegen, welche wir fchon § 152 für die Vermengung der Handlungszeugen und der Beurkundungszeugen anführen konnten.

Das in drei angeblichen Originalausfertigungen erhaltene St. 3256, Heineccius Antiq. Gosl. 131, aus Goslar 1131 Febr. 7 für Reichenberg bei Goslar, wird von Stumpf und Schum Vorft. 6 für Fälfchung gehalten. Wenn aber nach den Angaben von Schum zwei der angeblichen Originale Fälfchung zu feien fcheinen, fo ift das für das dritte fehr zweifelhaft. Aeufsere Kennzeichen der Fälfchung fcheinen ganz zu fehlen; Schum meint, es fei der Gefchicklichkeit des Fälfchers gelungen, der Fälfchung einen ziemlich unverdächtigen Charakter zu geben. Der Verdacht knüpft fich insbefondere an die Zeugenreihe. Stumpf betont, dafs diefe genau der in St. 3246, Heineccius 125, aus Goslar 1129 Juni 17, gleichfalls für Reichenberg, entfpricht. Will Schum das als ausfchlaggebend nicht anerkennen, fo wird Stumpf zuzuftimmen feien, dafs das die Echtheit wenigftens dann ausfchliefst, wenn wir an der Annahme fefthalten, dafs die Zeugen fich auf die in der Datirung angegebene Zeit beziehen müffen. Von blos zufälliger Uebereinftimmung kann da keine Rede feien. Es ift möglich, dafs die genannten Perfonen fowohl 1129, als 1131 zu Goslar waren. Aber ficher hätte man nicht zufällig zweimal aus der Maffe der Anwefenden genau diefelben achtzehn Perfonen als Zeugen ausgefucht, zumal es fich um Perfonen niedern Ranges handelt, welche an und für fich keineswegs in erfter Reihe zu berückfichtigen waren, und es nach St. 3245 und 3255 weder 1129, noch 1131 an angefeheneren Zeugen zu Goslar gemangelt haben würde; noch weniger würde man zufällig diefe Perfonen genau in derfelben Reihenfolge und in derfelben wörtlichen Faffung genannt haben. Weift Schum darauf hin, dafs fich auch in der zwifchenliegenden St. 3254, Stumpf Acta 108, von 1130 Nov. 13 aus Braunfchweig eine folche Uebereinftimmung zeige, fo find die Fälle doch gar nicht zu vergleichen; die Uebereinftimmung trifft lediglich einen Theil der freien Herren, die aber in anderer Faffung und durch andere Perfonen getrennt aufgeführt werden. Mir fcheint nur ein Doppeltes möglich. Entweder ift St. 3256 unecht und die Zeugenreihe vom Fälfcher aus St. 3246 entnommen; dann mufste derfelbe noch eine zweite echte Vorlage von 1131 haben, da insbefondere die Datirungszeile auch in ihrer Faffung nicht auf St. 3246 zurückgeht und ihre Angaben durchaus richtig find. Oder die Urkunde ift echt, wofür doch das Aeuffere zu fprechen fcheint, und die Zeugen find von der Kanzlei aus einer Vorlage von 1129 wiederholt. Diefe Vorlage dürfte dann kaum St. 3246 felbft gewefen feien, fondern wahrfcheinlicher eine andere, an demfelben Tage für Reichenberg gegebene Urkunde; denn St. 3246 ift zwar für denfelben Empfänger, aber andern Inhaltes, und die Zeugenreihe in St. 3256 hat am Schluffe noch zwei Namen, welche dort fehlen.

176] Am wahrſcheinlichſten würde mir ſeien, daſs St. 3256 Neuausfertigung einer 1129 gegebenen, uns nicht erhaltenen Urkunde gleichen
Inhaltes iſt. Oder es könnte auch etwa der ſpäter zu erörternde verwandte Fall eingegriffen haben, daſs der Text mit Einſchluſs der Zeugen 1129 entſtanden, aber erſt 1131 ausgefertigt worden wäre. Ob die
an und für ſich ſehr ſchwach begründete Vermuthung von Schum, einer
der Zeugen ſei 1131 ſchon geſtorben geweſen, richtig ſei oder nicht,
können wir dahingeſtellt laſſen; wiederholte man eine ältere Reihe, ſo
konnte das auch Verſtorbene treffen, wie wir ja § 146 auch Beiſpiele
für Nennung verſtorbener Handlungszeugen fanden.

Ganz unanfechtbare Belege für Wiederholung von Zeugenreihen
aus den Vorlagen haben wir dann aus dem dreizehnten Jahrhunderte.
Eine Beſtätigungsurkunde K. Ottos IV., Reg. 172, für S. Florian über
Befreiung von weltlicher Gerichtsbarkeit durch den Herzog von Oeſterreich aus Nürnberg 1212 Mai 21 wird von K. Friedrich, Reg. 51, zu
Regensburg 1213 Febr. 14 wörtlich wiederholt mit Einſchluſs der ein-
undzwanzig Zeugen; vgl. Oberöſterr. U. B. 2,547. 558. Alle Nürnberger Zeugen fanden ſich natürlich nicht zufällig ebenſo wieder zu Regensburg zuſammen; auch ergeben ſich in den aus Regensburg bekannten Urkunden durchaus andere Zeugen. Auch an Wiederholung von
Handlungszeugen iſt hier nicht zu denken; denn die Nürnberger Zeugen
ſind nicht Zeugen der beſtätigten Handlung des Herzogs, ſondern der
Beſtätigung durch K. Otto; und K. Friedrich beſtätigt nicht etwa dieſe,
ſondern die Handlung des Herzogs. Es kann ſich um bloſſe Nachläſſigkeit, um gedankenloſe Wiederholung aus der Vorlage handeln. Möglich
aber auch, daſs gerade in dieſem Falle die Wiederholung der früheren
Zeugen eine abſichtliche war. Denn ganz entſprechendes finden wir in
vier, ſämmtlich im Originale vorliegenden Verbriefungen Herzog Leo-
polds von Oeſterreich, a. a. O. 2,550. 554. 563. 569, welche gerade denſelben Gegenſtand betreffen, ſo daſs nicht wohl an zufällige Miſsgriffe
zu denken iſt.

Die beiden erſten haben *acta in civitate Anesi, data ibidem* 1213
Aug. 8, wofür aber nach den ſonſtigen Jahresangaben 1212 zu ſetzen
iſt. Demnach ſollte man doch annehmen, daſs beide in ihren Zeugen
weſentlich übereinſtimmen würden. Bei zwanzig iſt das auch der Fall;
dann aber hat die erſte Urkunde fünfunddreiſsig, welche in der zweiten
fehlen; umgekehrt dieſe dreizehn, welche jener fehlen. Das iſt, zumal
es ſich um denſelben Gegenſtand handelt, ſo auffallend, daſs ich annehmen möchte, beide Stücke ſeien nicht gleichzeitig entſtanden, das eine
ſei eine ſpätere wörtlich übereinſtimmende Neuausfertigung, bei welcher
dann aber in dieſem Falle die Zeugen geändert worden wären. Dieſe
Annahme wird dadurch unterſtützt, daſs der Beſtätigung K. Ottos von
1212 Mai 21 ſchon eine Urkunde entſprechenden Inhaltes vorgelegen
haben muſs; dann haben wir von jenen die erſte als Wiederholung zu
betrachten, da ſie ſich in ihrem Inhalte der Urkunde des Kaiſers ge-

nauer anfchliefst. Stimmen trotzdem zwanzig Zeugen überein, fo könnte
das auf den Gedanken bringen, man habe willkürlich einen Theil der
Zeugen beibehalten, einen andern geändert; da es fich aber durchweg
um öfterreichifche Edle und Dienftmannen handelt, fo kann die Zahl
derjenigen, welche wiederholt auf zwei herzoglichen Hoftagen anwefend
waren, recht wohl fo grofs gewefen feien.

Dann folgen aber wieder zwei Verbriefungen des Herzogs von 1213
Juni 16 mit *acta sunt hec in prato iuxta Naerden, peracta in Dorn-
pach, data Wienne*, wohl zunächft dadurch veranlafst, dafs inzwifchen
auch K. Friedrich die Sache beftätigt hatte, da der Herzog fich ausdrücklich auf die Beftätigung K. Ottos und K. Friedrichs beruft. Dafs
diefe beiden, an ein und demfelben Tage gegebenen Urkunden in ihren
Zeugen übereinftimmen, kann natürlich nicht auffallen; wohl aber, dafs
es gerade diefelben dreiunddreifsig Perfonen find, welche in derfelben
Reihefolge in der zweiten Urkunde von 1212 genannt werden. Scheint
man demnach hier auf Beibehaltung der früheren Zeugen Werth gelegt
zu haben, fo ift es immerhin möglich, dafs auch die Wiederholung in
der Urkunde des Königs auf befonderen Wunfch des Herzogs gefchah.

Doch könnte da auch noch eine andere Auffaffung eingegriffen
haben. K. Friedrich hat fpäter 1231 in den fizilifchen Konftitutionen
Erneuerung aller Urkunden verlangt, in welchen fich der Name von
Ufurpatoren des Königreichs, alfo zunächft K. Ottos, fände; vgl. Huillard 4,98. Das wurde wenigftens bei Privaturkunden, welche ich zu
Neapel einfah, theils fo ausgeführt, dafs der Name Ottos einfach ausgelaffen wurde, theils fo, dafs man ftatt des auf Otto lautenden Protokolles
das entfprechende Friedrichs eintrug. So könnte auch hier die Auffaffung eingegriffen haben, dafs man weniger eine felbftftändige Beftätigung Friedrichs auszufertigen, als die Ottos auf feinen Namen umzu-
fchreiben habe.

Das würde denn auch zutreffen bei Reg. Ott. 165 und Fr. II. 286
Cod. Saxon. II. 9,1.5. Das Diplom Ottos von 1212 März 20 aus Frankfurt ift unter Aenderung des Protokoll 1219 Juli 25 ganz wörtlich wiederholt, fo dafs auch das *imperialis* des Textes überall belaffen ift;
ebenfo die fieben Zeugen genau in derfelben Reihenfolge und mit dem
üblichen *et alii quam plures* abfchlieffend, während dann erft *Ulricus
scriptor d. H. de Lobdeburg* hinzugefügt ift, der etwa die Neuausfertigung vermittelt haben mag.

Entfprechendes Vorgehen finden wir aber auch, wo es fich um
Neuausfertigungen eigener Urkunden K. Friedrichs handelt. Reg. 215.
216, Huillard 1,530. 531, wiederholt der König 1218 Jan. 3 zu Wimpfen
zwei eigene Privilegien für den Deutfchorden, nämlich Reg. 188 von
1216 Dec. Nürnberg und Reg. 200 von 1217 Mai 25 Augsburg. In
beiden Wiederholungen finden fich die Zeugen der Vorlagen, wie fich
das fchon dadurch verräth, dafs einmal zu Wimpfen fo angefehene und
zahlreiche Zeugen nicht zu erwarten find; dafs fich weiter natürlich in

21*

176) zwei Urkunden deſſelben Tages nicht durchaus verſchiedene Zeugen finden würden. Doch iſt in Reg. 215 nicht ſklaviſch kopirt; der
Herzog von Oeſterreich und der Biſchof von Bamberg fehlen, wohl weil
man ſich erinnerte, daſs dieſe auf dem Kreuzzuge waren; beim Herzoge
von Meran hat man darauf vergeſſen; weiter iſt der Kämmerer neu hinzugekommen. Hier iſt die Wiederholung. zweifellos eine abſichtliche.
Die Neuausfertigungen erfolgten ſichtlich wegen der nur in dieſen erwähnten Zuſtimmung der Königin und des jungen Heinrich, da es ſich
um Sizilien handelte. Man wollte nun zweifellos für die neuen Ausfertigungen ebenſo angeſehene Zeugen und hatte dieſe zu Wimpfen nicht
zur Hand.

Es ſind weiter Reg. 226, aus Wirzburg 1218 Juli 12, die Zeugen
von Reg. 72 von 1213 Oct. 19 wiederholt, aber nach der mir vorliegenden Originalabſchrift Böhmers, auf welche doch auch durch Hennes der
Druck bei Huillard 1,552 zurückgehen ſoll, nicht ſo genau, ſelbſt mit
Einſchluſs der Schreibweiſe der Namen, als der Druck das vermuthen
laſſen ſollte. Dieſer ſcheint ſeinerſeits das Vorgehen der Reichskanzlei
wiederholt und mit Ausnahme einer ungenauen Aenderung einfach die
Zeugenreihe der erſten Urkunde nachgedruckt zu haben, während doch
gerade in ſolchen Fällen Genauigkeit bis auf den Buchſtaben wünſchenswerth wäre. Einmal blieb bei der Wiederholung der Legatentitel des
Erzbiſchofs von Magdeburg fort; weiter ſetzte der Schreiber ſtatt des
Markgrafen Heinrich von Mähren den Markgrafen Dietrich (nicht Heinrich) von Meiſſen. Hielt er ſich ſo nicht genau an die Vorlage, ſo iſt
es um ſo auffallender, daſs er auch den Landgrafen Hermann von Thüringen wiederholte, obwohl dieſer ſeit drei Jahren verſtorben war.

Iſt derartiges Vorgehen überhaupt nachgewieſen, ſo wäre es möglich, daſs von den § 144 ff. beſprochenen Fällen, bei welchen wir das
Nichtſtimmen der Zeugen zur Datirung zunächſt aus Beziehung jener
auf die Handlung zu erklären ſuchten, einzelne durch Wiederholung bei
einer Erneuerung zu erklären wären. Und ſahen wir, daſs die Kanzlei,
im allgemeinen wiederholend, doch wohl willkürlich änderte und neue
Zeugen zufügte, ſo würde auch bei den § 152 beſprochenen Fällen einer
Vermengung der Zeugen nicht überall gerade der Unterſchied von
Handlung und Beurkundung maſsgebend geweſen ſeien müſſen. Insbeſondere dürfte bei Reg. Henr. (VII.) 140 und 304, wo uns beide Ausfertigungen bekannt ſind, theilweiſe Wiederholung der früheren Beurkundungszeugen anzunehmen ſeien; und dann würden, worauf wir ſchon
dort hinwieſen, in Reg. 304 wahrſcheinlich Zeugen der Handlung, der
erſten und der zweiten Ausfertigung zuſammengeworfen ſeien, wie ſich
das oben auch für St. 3020 zu ergeben ſchien. Solchen Unregelmäſsig-
keiten gegenüber lieſe ſich doch die Frage aufwerfen, ob ſelbſt ſo auffallende Stücke, wie das § 13 beſprochene Reg. Henr. (VII) 37, Huillard
2,769, welches Zeugenreihen aus der Zeit K. Heinrichs VI. und K. Heinrichs VII. mit einander verbindet, nothwendig Fälſchung ſeien müſſe,

zumal der Zweck einer folchen fchwer abzufehen wäre, da der gefammte
Text auch in echten Diplomen vorhanden war; bei dem ebendort befprochenen St. 3776 für Ichtershaufen, welches gleichfalls verfchiedene
Zeugenreihen zufammenwirft, läfst der Text wenigftens die wahrfchein-
lichen Zwecke der Fälfchung erkennen.

177. Wichtig wird nun insbefondere die Frage feien, ob wir auch
einen Einflufs der beftätigten Urkunde auf das Protokoll
annehmen dürfen. Im allgemeinen ift das gewifs nicht wahrfcheinlich.
Man wird nicht leicht darauf vergeffen haben, dafs auch da, wo der
Text nahezu wörtlich wiederholt werden konnte, doch ein anderes Protokoll nöthig war, und wird dann überhaupt von der Vorlage abgefehen,
diefelbe nicht einmal für die formelle Faffung, insbefondere der Datirung benutzt haben. Das beftätigt fich denn auch oft dadurch, dafs Urkunden, welche in ihrem Texte wegen des engen Anfchluffes an die
Vorlage ganz veraltete Formen zeigen, doch in der Faffung ihres Protokolles genau dem zeitweiligen Kanzleigebrauche entfprechen. So z. B.
bei dem § 174 erwähnten Reg. Henr. (VII.) 39 von 1223; während der
Text St. 3482 Wort für Wort folgt, zeigt fich im Protokoll nicht der
geringfte Zufammenhang.

Aber es gibt doch auch Ausnahmen, bei denen fichtlich wenigftens
die Form des Protokolles durch die Vorlage beftimmt war. Man vergleiche etwa die Eingangsprotokolle der fchon § 174 angeführten Pacta
für Venedig. Da handelt es fich freilich überhaupt um eine ganz ungewöhnliche Form. Aber es fehlt nicht an anderen Beifpielen. So wurde
fchon § 174 auf Reg. Ott. IV. 37 von 1208 hingewiefen, welches im
Texte veraltete Formeln einer Vorlage von 1114 entnahm; aber auch
auf die Faffung des Protokolls ift diefelbe nicht ohne Einflufs geblieben;
dafs der Ort mit Actum an das Ende der Datirung geftellt wird, ift in
diefer Zeit längft aufser Gebrauch gekommen und zweifellos nur durch
die Vorlage veranlafst. Befonders auffallend ift Reg. Rud. 24, Lacomblet
U. B. 2,377, von 1273, welches unter Actum die Zeitangaben gibt, dann
unter Datum den Ort mit Zurückbeziehung auf die Zeitangaben des
Actum. Das ift in diefer Zeit fonft nicht mehr üblich; was aber hier die
ungewöhnliche Faffung veranlafste, kann keinen Augenblick zweifelhaft
feien; es find im Diplome felbft zwei Urkunden K. Friedrichs II. transfumirt, in welchen jene Form angewandt ift.

Wenn nun in diefen Fällen, welche fich leicht vermehren liefsen,
die Vorlage auch auf die thatfächlichen Angaben nicht einwirkte, fo
zeigen fie doch, dafs man wenigftens zuweilen bei Erneuerungen fich
auch durch das Protokoll der Vorlage leiten liefs. Und dann ift es doch
denkbar, dafs fich auch thatfächliche Angaben aus den Vorlagen ein-
fchlichen. Dafür fanden wir unter ganz entfprechenden Verhältniffen
fchon Belege bei Neuausfertigungen. Behielt man da nicht überhaupt
das frühere Protokoll bei, fügte man das laufende zu, fo wufste man auch
da von vornherein, dafs man für diefes von der Vorlage ganz abzufehen

177] habe. Trotzdem ergaben sich § 169 Fälle, dafs einzelne Angaben aus der Vorlage in die Neuausfertigung ihren Weg fanden. Und dann wird es doch nicht gerade mehr befremden können, wenn das auch bei Beſtätigungsurkunden zuweilen der Fall geweſen ſeien ſollte; es läſst ſich doch verſuchen, daraus Umſtände zu erklären, welche die Echtheit der · Urkunde zu verdächtigen ſcheinen.

Ein Fall, wo das das Eingangsprotokoll treffen würde, wäre St. 3213, Wenck Hess. L. G. 3,64, in welchem um 1108 von K. Heinrich V. eine Schenkung Karls des Grofsen an Hersfeld beſtätigt wird. Der Eingangs-titel *Heinricus d. f. cl. rex Francorum et Longobardorum ac patricius Romanorum* iſt zweifellos ſehr verdächtigend und Stumpf ſpricht ſich zweifelnd über die Echtheit des angeblichen Original aus. Sollte dieſes aber echt ſeien, ſo würde ſich der Sachverhalt unmittelbar ergeben; als Vorlage hätte die bezügliche gefälſchte Schenkungsurkunde K. Karls von 777, Sickel Acta 2,415, Wenck 3,11, gedient; man hätte in der Kanzlei daraus den Titel K. Karls auf K. Heinrich übertragen. Für St. 1906 von 1026 hat ſchon Breſslau Kanzlei 57.158 darauf hingewieſen, dafs der für K. Konrad ſonſt nicht vorkommende Titel *Francorum pariterque Langobardorum rex* aus der Vorlage St. 1384 entnommen ſeien dürfte.

Einen überaus auffallenden Beleg dieſer Art würde Reg. Fr. II 358, Huillard 1,800, von 1220 Juli für Monreale geben, wenn wir es auf eine Vorurkunde Kaiſer Heinrichs zurückzuführen hätten, dafs Friedrich hier mehrere Monate vor ſeiner Kaiſerkrönung im Eingange, wie in der Datirung den Kaiſertitel führt und Kaiſerjahre gezählt ſind. Auf eine Ur-kunde K. Heinrichs wird auch wirklich im Texte hingewieſen. Aber wenigſtens die uns bekannte St. 4896, Stumpf Acta 584, hat nicht als Vorlage gedient, da nicht allein die Faſſung des Textes, ſondern auch des Schluſsprotokolles, welches hier die deutſche, dort die ſizilifche Form zeigt, ganz abweicht.

Gegen St. 1453, Miraeus 1,507, aus Mainz 1007 Juni 4, ſcheint kein Verdachtsgrund vorzuliegen, als die Rekognition Heriberts für Willigis, welche überhaupt nicht zu K. Heinrich II., ſondern nur zu K. Otto III. paſst. Nun entſpricht nicht allein die Datirung genau dem Itinerar, ſon-dern auch ihre Faſſung iſt dem Kanzleigebrauche durchaus angemeſſen; eine echte Urkunde K. Heinrichs muſs dem Fälſcher nothwendig vorge-legen haben. Dann wäre es doch höchſt auffallend, dafs er dieſer nicht auch die Rekognition entnommen haben ſollte, ſondern ſich nur für dieſe an irgendwelche Urkunde K. Ottos III. hielt. Nicht gerade unwahrſchein-licher würde doch die Annahme ſeien, dafs ſchon K. Otto eine entſpre-chende Urkunde ausgeſtellt hätte und bei der Erneuerung aus Verſehen die Rekognition wiederholt worden wäre.

Das erinnert denn an den Fall St. 2682 von 1065 Aug. 30, bei welchem ſich einmal Signum und Rekognition jener Datirung entſpre-chend finden, dann aber noch das Signum K. Heinrichs III. und die nur für die Jahre 1044 bis 1046 paſſende Rekognition Theoderich für Bardo folgen. Zur ſicheren Beurtheilung des Falles würde freilich Einſicht des Originals unerläſslich ſeien. Als ſpäterer Zuſatz, wie Stumpf denkt, wird das ſchwerlich zu betrachten ſeien; Mittelrh. U. B. 2,658, wo der Umſtand ausdrücklich betont wird, fehlt jede bezügliche Andeutung; die nicht mehr paſſenden Angaben ſcheinen als urſprüngliche Beſtandtheile anerkannt zu ſeien. Gibt der Druck im Mittelrh. U. B. 1,419 die Anordnung des Original genauer wieder, ſo möchte ich kaum bezweifeln, daſs zuerſt aus Verſehen aus einer Vorurkunde K. Heinrichs III. Signum und Rekognition wiederholt, dann erſt, als man das bemerkte, die laufenden Angaben nachgetragen wurden. Denn einmal ſcheinen dieſe in fortlaufender Zeile an die Beglaubigungsformel angehängt zu ſeien, wie das ſonſt nicht üblich, bei unſerer Annahme aber erklärlich wäre, weil ohnedem der nöthige Raum gefehlt haben dürfte. Es kommt hinzu, daſs *datum 3 kal. ſept.* in ungewöhnlicher Weiſe an die laufende Rekognitionsformel angehängt iſt, ſtatt am Eingange der Datirung vor den Jahresangaben nachgetragen zu werden, wie ſolche Nachtragung nur des Tages, worauf wir zurückkommen, oft erweisbar iſt. Ich denke, daſs man auf das Verſehen aufmerkſam wurde, als man die Datirung ergänzen wollte, und ihm nun in jener ungewöhnlichen Weiſe abzuhelfen ſuchte. Die an demſelben Tage gleichfalls für Speier ausgeſtellten St. 2680. 81 ſind ganz in der üblichen Weiſe datirt.*)

---

*) Ich hatte es verſucht, in dieſer Richtung auch die Unregelmäſſigkeiten, welche ſich in St. 559, Mohr Cod. Rät. 1,88, finden, insbeſondere die zur angenommenen Ausſtellung durch K. Otto II. und zur Datirung nicht paſſende Intervenienz und Rekognition zu erklären, da durch den Ausdruck *hoc iterato precepto* ausdrücklich auf Neuausfertigung hingewieſen ſcheint und innere Gründe es mir durchaus unwahrſcheinlich machten, jene Unregelmäſſigkeiten könnten durch Fälſchung entſtanden ſeien. Aber kurz vor dem Abdrucke wurden mir durch gütige Vermittlung von Ottenthal noch die Ergebniſſe einer Prüfung bekannt, welcher Sickel die Churer Originale unterzog. Dieſe beſtätigte allerdings durchaus meine Vermuthung, daſs keine Fälſchung vorliege; der Text iſt von demſelben Schreiber, welcher St. 233. 236 aus den Jahren 954 und 955 fertigte. Aber das, wie andere Umſtände ſchienen zugleich zu ergeben, daſs es ſich um eine Urkunde aus der Königsperiode Ottos I. handle, welcher denn auch, von der Datirung abgeſehen, alles entſpricht. Damit wird meine frühere Annahme hinfällig, es liege ein Diplom Ottos II. vor, welche ſich vorzüglich auf das Zuſammenſtimmen von Ind. 9 und Regni 6 ſtützte, während nach Sickel Regni 25 zu leſen wäre; es würde jetzt vielmehr die Aufgabe ſeien, die zu einem Königsdiplom Ottos I. nicht paſſende Datirung zu erklären. Ich glaubte unter dieſen Verhältniſſen die Urkunde hier überhaupt nicht mehr berückſichtigen und meine bezügliche Erörterung beſeitigen, den Fall aber nicht unerwähnt laſſen zu ſollen, inſofern er doch einen wichtigen Beleg für meine Annahme gibt, wie wenig uns in allen Fällen die auffallendſten Widerſprüche im Protokoll zur Annahme der Fälſchung berechtigen. — Zu den § 107 beſprochenen Churer Diplomen bemerke ich, daſs nach der genaueren Prüfung durch Sickel die Echtheit von St. 286 ſich als zweifellos ergab, während er für St. 271 nun annimmt, daſs es nicht von derſelben Hand geſchrieben, ſondern ihr nachgebildete Fälſchung ſei. Damit würde natürlich nicht ausgeſchloſſen ſeien, daſs eine echte Urkunde mit demſelben Protokoll vorlag; iſt in dieſem lediglich der Kaiſertitel anſtöſſig, ſo wird wenigſtens das nach Ausweis von St. 286 kein entſcheidender Verdachtsgrund mehr ſeien dürfen.

178. Sehen wir nun noch auf den für uns wichtigsten Theil des Protokolls, so fanden wir § 169 mehrere Fälle nur theilweiser Wiederholung der Datirung, bei denen es sich um Neuausfertigungen von Urkunden deſſelben Herrſchers handelte. Aber wenigſtens in ſpäterer Zeit ergeben sich auch Fälle, wo solche theilweiſe Wiederholung der Datirung aus der beſtätigten Urkunde anderer Herrſcher nicht zu bezweifeln iſt.

Bereits § 176 wurde Reg. Fr. II. 286 beſprochen, welches Reg. Ott. 165 wörtlich mit Einſchluſs der Zeugen wiederholt, vgl. Cod. Saxon. II. 9,1. 5. Auch für die Formel der Datirung wird die Vorurkunde maſsgebend geweſen ſeien, da ſie genau mit dieſer übereinſtimmt. Aber Ort, Inkarnationsjahr und Tag ſind der Erneuerung gemäſs angegeben, wobei das Verſehen 1218 für 1219 nicht auffallen kann. Damit wird nun aber doch nicht auf dieſelbe Linie zu ſtellen ſeien, wenn es Ind. 15 ſtatt Ind. 7 heiſst; denn die irrige Angabe ſtimmt mit der Vorurkunde und iſt zweifellos aus dieſer beibehalten.

König Heinrich (VII.) beſtätigt dem Kloſter Eberbach eine von ſeinem Vater dem Kaiſer verliehene Zollbefreiung unter dem Datum Ingelheim, Aug. 23, *anno imperii nostri quinto*, Böhmer Acta 279; jetzt auch Forſchungen zur D. Geſch. 16,89, wo von Becker ausführlich nachgewieſen iſt, weſhalb die Urkunde nicht nach Annahme früherer Herausgeber dem Kaiſer Heinrich VI. zugeſchrieben werden könne. Die Annahme, es ſei *imperii* ſtatt *regni* verſchrieben, beſtätigt ſich nicht, da uns das bei Zählung von der Wahl auf 1224, von der Krönung auf 1226 führen würde, in beiden Jahren aber das Itinerar widerſpricht. Dieſes weiſt vielmehr auf 1225. Ich möchte nun kaum bezweifeln, daſs die Angabe einer vorgelegten kaiſerlichen Urkunde aus Nachläſſigkeit entnommen iſt. Die uns bekannte Urkunde Friedrichs entſprechenden Inhaltes, Reg. Fr. 223, iſt allerdings ſchon 1218 ausgeſtellt; aber es iſt doch nicht unwahrſcheinlich, daſs Friedrich als Kaiſer die Verleihung wiederholte; das fünfte Jahr ſeines Kaiſerthums aber begann ſchon 1224 Nov. 22, ſo daſs von dieſer Seite unſerer Annahme nichts im Wege ſteht. Es läge da alſo ein ganz ähnliches Verſehen vor, wie bei der § 165 beſprochenen Nennung von Pontifikatsjahren, ſo weit wir dieſe auf Benutzung von Privaturkunden als Vorlagen zurückzuführen haben.

Ich zweifle nicht, daſs ſich auch aus älterer Zeit Fälle würden nachweiſen laſſen, bei welchen Widerſprüche in der Datirung aus Beibehaltung einzelner Angaben der zu erneuernden Urkunde zu erklären wären. Belege dafür aufzuſuchen, ſchien mir überflüſſig, da ſolche für den nächſtverwandten Fall der Neuausfertigung bereits beigebracht wurden, ſich weiter aber noch beſonders auffallende bei einem andern nächſtverwandten, noch zu beſprechenden Falle zu ergeben ſcheinen.

179. Wir haben bisher nur den Fall ins Auge gefaſst, daſs auf Grundlage einer vorgelegten Urkunde eine Neuausfertigung oder Beſtätigungsurkunde deſſelben Inhaltes gefertigt wurde. Aber es ſcheint

mir nicht felten auch eine Benutzung von Vorurkunden verfchiedenen Inhaltes ftattgefunden zu haben, wenn diefelben übrigens geeignet waren, als Vorlage zu dienen. Bei diefer Annahme be-
finde ich mich allerdings in beftimmtem Widerfpruche insbefondere mit
Brefslau Kanzlei Konr. 26. 159, welcher die Benutzung von Vorurkunden nur da zugeben will, wo der Rechtsinhalt der früheren Urkunde im
wefentlichen dem der neuauszufertigenden entfprach, während begrün-
deter Verdacht entftehe, wenn bei wefentlich anderem Rechtsinhalte
Benutzung einer älteren in einer jüngeren Urkunde nachzuweifen fei.
Nun ift es zweifellos richtig, dafs viele Fälfchungen in der Weife entftanden, dafs eine echte Vorlage für eine Fälfchung anderen Rechtsinhaltes benutzt wurde. Aber dann wird doch in der Regel aus jener alles
beibehalten feien, was unbefchadet des Zweckes beibehalten werden
konnte, vgl. § 10; Vorlage und Fälfchung werden da überwiegend nicht
als ältere und jüngere, fondern als Urkunden gleicher Entftehung erfcheinen. Allerdings konnte der Fälfcher Gründe haben, die Entftehungsverhältniffe zu ändern, vgl. § 9; aber doch gewifs überwiegend in
der Richtung, dafs nun die Fälfchung als das ältere Stück erfcheint.
Mag in Einzelfällen das Umgekehrte vorgekommen feien, fo fcheint mir
doch im allgemeinen die Benutzung irgendwelcher älteren Urkunden
für auch angeblich jüngere gerade bei Annahme der Fälfchung wenig
wahrfcheinlich zu feien; jedenfalls möchte ich das nicht fchlechtweg
als Verdachtsgrund hinftellen. Denn es ift doch recht wohl denkbar,
dafs man ältere Urkunden verfchiedenen, wenn auch verwandten Inhaltes bei Neubeurkundungen als Vorlage benutzte.

Das konnten, wie ich denke, einmal der Kanzlei eingereichte
Urkunden feien. Allerdings nicht gerade in der Weife, dafs der Empfänger eine ältere Urkunde verfchiedenen Inhaltes zu dem Zwecke
vorlegte, damit die neue danach gefertigt werde. Aber wenn eine Kirche
fich ihre Privilegien beftätigen liefs, fo wurden für diefen Zweck alle
bezüglichen Diplome in Abfchrift oder Original der Kanzlei eingereicht.
War nun für die Kirche zugleich eine neue Gewährung zu verbriefen,
fo lag es doch fehr nahe, eine der eingereichten als Vorlage zu benutzen,
wenn fich eine folche eben fo geeignet erwies, als das fonft etwa zu be-
nutzende Formular. Denn da es fich um denfelben Empfänger oder
doch deffen Nachfolger handelte, bot eine folche Vorurkunde mehr, als
das Formular. Halten wir uns an den von Brefslau befprochenen Fall
St. 1905, Ughelli 5,273, fo möchte ich allerdings keineswegs für die
Echtheit der Urkunde überhaupt einftehen. Aber wenigftens der Umftand, dafs dabei fichtlich St. 1383 von K. Heinrich II. als Vorlage
diente, obwohl hier ein Theil von Bellinzona, dort die Graffchaft Mifox
an das Bisthum Como gefchenkt wird, fcheint mir kein ausfchlaggebender Verdachtsgrund zu feien. Es wurden damals 1026 zu Verona
eine Reihe von Diplomen für Como gefertigt; auffer jenem find uns noch
drei erhalten, von welchen auch St. 1906. 7 nur Erneuerungen von Di

179] plomen K. Heinrichs II. find. Es werden damals dem neuen Herrfcher alle Privilegien, welche die Kirche von feinem Vorgänger erhielt,
vorgelegt feien; fie waren in der Kanzlei zur Hand und nichts fcheint
mir dann doch naheliegender, als dafs man eins derfelben für eine gleichzeitige Neubeurkundung benutzte.

Ich zweifle kaum, dafs fich auch aus unbeftritten echten Diplomen
ein folches Vorgehen würde erweifen laffen. Nur wird es oft fchwer
feien, feftzuftellen, dafs nothwendig ein folcher Sachverhalt vorliegen
müffe. Zwei Urkunden für Gandersheim, St. 762. 938, Leibniz Ann.
3,396. 548, von K. Otto II. 980 und von K. Otto III. 990 ausgeftellt,
find im Originale erhalten. In jener heifst es: *dilectae coniugis Theophanu imperatricis augustae ac carissimae filiae nostrae Sophiae votum
sequentes, ob dilectionem et interventum neptis nostrae Gerbirgis abbatissae venerabilis;* in diefer: *ob dilectionem et petitionem dilectae genitricis nostrae Theophanu videlicet imperatricis augustae et carae soro-
ris nostrae Sophiae sanctimonialis, simul etiam propter pium interventum dilectae neptis nostrae Gerbirgae Gandereshemensis ecclesiae
venerabilis abbatissae.* Trotz der Abweichung der Faffung und der
nähern Beziehung gerade diefer Perfonen zu Gandersheim zweifle ich
keinen Augenblick, dafs die Uebereinftimmung keine zufällige, fondern
eine durch eine Vorurkunde beftimmte ift; vgl. § 175. Der Inhalt beider Urkunden ift wefentlich verfchieden; wir hätten alfo auch hier einen
Beleg für unfere Annahme, falls gerade St. 762 Vorlage für St. 938 gewefen feien würde. Ift aber letzteres als Neuverleihung gefafst, fo fchliefst
das nicht aus, dafs es trotzdem Wiederholung einer früheren Urkunde
ift, vgl. § 174; es kann auch auf eine andere, uns nicht erhaltene Urkunde von 980 zurückgehen; und wurden 980 etwa gleichzeitig zwei
Urkunden für Gandersheim gefertigt, fo wird es nicht befremden, wenn
die Intervenienz in beiden übereinftimmend angegeben wurde. So wenig
ich auch bezweifle, dafs zuweilen eingereichte ältere Urkunden für Neubeurkundungen verfchiedenen Inhaltes benutzt wurden, fo fchwer wird
es im Einzelfalle oft feien, zu erweifen, dafs nicht auch eine Vorurkunde
gleichen Inhaltes aus der bezüglichen Zeit vorhanden gewefen feien
könne.

180. Beachtenswerther fcheint mir überhaupt der andere Fall einer
Benutzung in der Kanzlei vorhandener Urkunden verfchiedenen, aber verwandten Inhaltes zu feien. Hatte man eine folche kurz
vorher für denfelben Empfänger ausgeftellt, fo erleichterte man fich
doch die Arbeit, wenn man fich, ftatt an das allgemeine Formular, an
diefe Vorurkunde hielt, welche ja, wenn nicht im Original, doch in Konzept oder Abfchrift in der Kanzlei vorhanden feien mochte. Als Beifpiel der Benutzung von Formularen führt Bresslau Kanzlei 24 an, dafs
die Beftätigungsurkunden K. Konrads II. für Bamberg, St. 1858 von
1024 Oct. 17, St. 1860 von 1024 Dec. 19, St. 1864-67 von 1025 Jan. 12
fo wörtlich übereinftimmen, dafs die Benutzung einer gemeinfchaftlichen

Vorlage für alle fechs ganz zweifellos fei. Ift das richtig, fo ift mir doch ebenfo zweifellos, dafs die Uebereinftimmung fich nicht daraus ergab, dafs nun jede der fechs Urkunden unmittelbar nach dem allgemeinen Formular gefertigt wurde. Diefes mag für die erfte zugezogen feien; dann find aber die weiteren aus der Vorurkunde abgeleitet, fo dafs lediglich die Bezeichnung des beftätigten Gegenftandes geändert wurde. Denn auch in dem individuell Beftimmten zeigt fich gröfsere Uebereinftimmung, als fich meiner Anficht nach aus felbftftändiger Benutzung deffelben Formular ergeben konnte. Heifst es übereinftimmend *fidelis noster Eberhardus Babenbergensis videlicet episcopus*, fo wird doch fchwerlich das *videlicet*, das nur in St. 1865 fehlt, im Formular geftanden haben, während die Zufügung keineswegs etwa fo üblich war, dafs fie auch bei felbftftändiger Eintragung der Bezeichnung des Empfängers erklärlich feien würde. Und zweifellos würde bei diefer wenigftens in ein oder andern Falle das üblichere *Babenbergensis ecclesiae episcopus* gefchrieben feien. Heifst es weiter St. 1858. 60: *ad ecclesiam et altare s. Petri apostoli*, St. 1867: *ad ecclesiam et altare s. Petri principis apostolorum*, St. 1864-66: *ad altare s. Petri principis apostolorum*, fo fcheint fich deutlich zu ergeben, wie die Texte auseinander abgeleitet find, während bei felbftftändiger Ausfüllung des Formular fich fchwerlich fo grofse Uebereinftimmung ergeben hätte. Die Vorurkunde ift hier als Formular benutzt; und für manche Zwecke mag der fich daraus ergebende Unterfchied nicht ins Gewicht fallen. Für unfere Zwecke ift er von gröfster Bedeutung. Nicht leicht aus einem allgemeinen Formular, vgl. § 154, wohl aber aus einer als Formular benutzten Vorurkunde konnten Angaben aufgenommen werden, welche zu den auffallendften Widerfprüchen führten.

Solches Vorgehen aber wird nicht gerade felten gewefen feien. Denn zweifellos wird die Kanzlei über viele von ihr früher ausgeftellte Urkunden verfügt haben, auch wenn ihr diefelben nicht vom Empfänger wieder eingereicht wurden. Ob fchon in früherer Zeit in der Kanzlei vollftändige Regeftenbücher gehalten wurden, in welchen man eine Abfchrift der ausgefertigten Diplome zurückbehielt, wird fich fchwer entfcheiden laffen. St. 4345, worin K. Friedrich I. 1182 von einem Privilege K. Heinrichs III. fagt: *cuius rescriptum habuimus et etiam in registro imperii continebatur*, ift freilich fo, wie es vorliegt, zweifellos unecht; in wie weit die Angabe etwa trotzdem beachtenswerth ift, würde fich erft nach genauerer Feftftellung der Art und Zeit der Fälfchung beurtheilen laffen. Wird in Urkunden von 1146 und 1153, St. 3511. 3675, dann Stumpf Acta n. 337, bemerkt, *quod in archivis imperii nostri continetur*, dafs Vienne und Arles in Abwefenheit des Königs der Hut des Erzbifchofs überlaffen feien, fo läfst fich nicht entfcheiden, ob man dabei gerade in der Kanzlei vorhandene Abfchriften früherer Privilegien im Auge hatte. Ein Fall aus der Zeit K. Friedrichs II. fcheint gegen das Vorhandenfeien vollftändiger Regeften zu fprechen, Reg. Fr. 841,

180] Huillard 4,845. Die Dortmunder legten 1236 dem Kaifer die Abfchrift eines Privilegs vor, das er ihnen 1220 .ertheilte, um Erneuerung
bittend, weil das Original verbrannt fei. Um fich von der Wahrheit der
Ausfage zu überzeugen, läfst nun der Kaifer nicht etwa durch feine
Kanzlei Nachforfchungen anftellen, wie das doch am nächften lag, wenn
Regeften geführt wurden, fondern es wird durch Zeugeneid feftgeftellt,
dafs das Privileg gegeben, verbrannt und gleichen Inhaltes mit der Ab-
fchrift gewefen fei. In der Zeit K. Heinrichs VII. wird allerdings Ein-
tragung in die Reichsregeften mehrfach erwähnt; aber die betreffenden
Anführungen, Chmel Handfchr. 2,323.326, Dönniges Acta 1,140. 156,
Böhmer Acta 456, fcheinen darauf hinzudeuten, dafs das nicht bei allen
Stücken gefchah; die reichen Vorräthe an Archivalien, welche uns aus
feiner Zeit erhalten find, laffen eher auf Spezialregeften, als allgemeine
Reichsregeftenbücher fchlieffen; vgl. Wiener Sitzungsber. 14,159.

Sehen wir aber auch von Regeften für die frühere Zeit ganz ab,
fo werden auch ohnedem in der Kanzlei viele frühere Königsurkunden
vorhanden gewefen feien. Die Konzepte wurden doch wohl zweifellos
einige Zeit aufbewahrt. Weiter aber, wenn auch eigentliche Regeften
fehlten, wird man vielfach Abfchriften einzelner Urkunden zurückbehalten haben, um fie bei ähnlichen Ausfertigungen als Vorlage benutzen
zu können. Und dafs man, auch wo man nur folche Zwecke im Auge
hatte, die Urkunde nun nicht immer zur eigentlichen Formel umgeftaltete,
die Beziehungen auf den Einzelfall nicht tilgte, ergeben ja genugfam
folche Sammlungen, welche zunächft nur als Mufter dienen follten; es
mag genügen, an die Sammlung Udalrichs von Bamberg zu erinnern,
in welche fo viele Diplome einfchliefslich des gefammten Protokolls in
unverkürzter Abfchrift übergegangen find. Was Dönniges aus den beim
Tode K. Heinrichs VII. in Italien zurückgebliebenen Archivvorräthen
als Acta registrata veröffentlichte, find durchweg vollftändige Abfchriften oder Konzepte von der Kanzlei ausgeftellter Urkunden. Und dafs
diefe eben auch zu dem Zwecke zurückbehalten wurden, um als Mufter zu
dienen, ergibt fich daraus, dafs insbefondere unter den Stücken diefer
Art, welche ich aus den Pifaner Archiven veröffentlichte, fich manche
finden, welche übrigens wörtlich abgefchrieben nach Weife der Formulare mit *datum etc.* abbrechen, da für jenen Zweck die Datirung keine
Bedeutung hatte; vgl. Wiener Sitzungsber. 14,158.

Wurden nun in der Kanzlei vollftändige Abfchriften früherer Urkunden benutzt, fo konnte fich daraus ganz derfelbe Sachverhalt ergeben, wie bei der Benutzung älterer, zur Erneuerung eingereichter Urkunden. Aus den einen, wie aus den anderen konnten Einzelangaben
in die neue Verbriefung übergehen, welche nur der älteren entfprachen.
Allerdings lag das näher bei Urkunden, welche zur Erneuerung oder
Beftätigung eingereicht wurden, weil man da von vornherein wufste, dafs
auch die beftimmteren Angaben grofsentheils zu wiederholen waren.
Aber auch die in der Kanzlei vorhandenen Abfchriften wird man vor-

zugsweife nur dann fpäter benutzt haben, wenn es fich nicht blos im allgemeinen um ein Gefchäft derfelben Art, fondern auch, wie in dem oben angeführten Beifpiele, um denfelben Empfänger, diefelbe Veranlaffung oder fonftige Umftände handelte, welche auch die für den Einzelfall beftimmte Faffung der Urkunden zum grofsen Theil verwendbar erfcheinen liefsen. Nur der Unterfchied dürfte etwa beachtenswerth feien, dafs es fich bei eingereichten Originalen um Vorlagen aus viel früherer Zeit handeln konnte, während die Kanzlei bei Benutzung der eigenen Vorräthe nicht leicht auf bedeutend ältere Stücke zurückgegriffen haben wird.

181. Es dürfte nun genügen, wenn ich zum Belege, dafs hier ganz dieselben Mifsgriffe erfolgen konnten, wie bei Erneuerungsurkunden, genauer auf einen befonders beachtenswerthen Fall theilweifer Wiederholung der Datirung aus Vorurkunden verwandten Inhaltes eingehe. Es handelt fich dabei um die zahlreichen Schenkungsurkunden K. Heinrichs II. für Bamberg, deren genauere Unterfuchung überhaupt für manche Punkte der Urkundenlehre von ausfchlaggebender Bedeutung feien dürfte, da uns in keinem anderen Falle eine fo lange Reihe nach Inhalt und Form in engfter Beziehung ftehender Originalurkunden vorliegt. Manche fich hier aufwerfende Frage würde fich allerdings nur auf Grundlage eingehender Prüfung der Originale mit Sicherheit beantworten laffen. Die folgenden Bemerkungen entftanden zunächft lediglich auf Grundlage der Drucke. Kurz vor der Veröffentlichung konnte ich dann allerdings auch noch die Originale einfehen. Aber ich glaubte mich mit einer flüchtigen Einficht der einzelnen Stücke begnügen und insbefondere auf die Unterfuchung des Zusammenhanges nach den Schreibern, welcher für manche hier in Betracht kommende Punkte von gröfster Wichtigkeit feien dürfte, verzichten zu müffen. Denn auch abgefehen davon, dafs die kurze Zeit, welche mir zur Durchficht der Münchener Originale *) zu Gebote ftand, für die nächften Zwecke, welche ich dabei im Auge hatte, ohnehin kaum ausreichte, ift es ja bekannt, dafs die Originalurkunden gerade K. Heinrichs II. von Bayer und Rieger ohnehin bereits allfeitig unterfucht find, wenn die Ergebniffe auch

---

*) Wenn ich mich nach dem § 35 Bemerkten noch während des Druckes der früheren Theile diefes Bandes mit der fchon 1875 vorgenommenen Durchficht der Originale zu Wien und Münfter zu begnügen gedachte, fo wurde ich erft bei der Ueberarbeitung des zweiten Bandes auf Umftände aufmerkfam, welche es mir wünfchenswerth machen mufsten, nochmals eine gröfsere Reihe von Originalen von Königsurkunden einzufehen. Die vom Direktor v. Löher zuvorkommend ertheilte Erlaubnifs und die bereitwillige Unterftützung der Beamten ermöglichte es mir, im Oktober 1876 die gefammte Reihe der Originale von Königsurkunden bis auf K. Rudolf im Reichsarchive zu München durchfehen zu können. Handelte es fich dabei um mehr als achthundert Stücke und ftanden mir nur wenige Tage zur Verfügung, fo wird man es erklärlich finden, wenn ich mich möglichft auf die Beachtung deffen befchränken mufste, was ich, wie die nachträgliche Zufügung von Vollziehungsftrich, Datirung und Zeugen, zunächft im Auge hatte, dagegen nicht in der Lage war, bezüglich der einzelnen Urkunden alles zu beachten, was möglicherweife für meine Unterfuchungen von Gewicht feien könnte.

181] noch nicht veröffentlicht wurden. Bei folcher Sachlage wird man es begreiflich finden, wenn ich mich felbft für folche einfchlagende Fragen, für deren Beantwortung die Drucke ausreichen, mit einer mehr oberflächlichen Vergleichung begnügte. Für den nächften Zweck, für die Begründung der Behauptung, dafs die fich in manchen diefer Urkunden findenden Widerfprüche durch theilweife Beibehaltung der Datirung der Vorurkunden zu erklären find, dürfte meine Erörterung ausreichen, während es allerdings einer viel eingehenderen Unterfuchung bedürfen würde, um mit einiger Sicherheit darüber urtheilen zu können, wie diefe Mifsgriffe fich im einzelnen ergeben haben dürften.

Die erften Schenkungen St. 1447. 48 aus Bamberg 1007 Mai 6 bieten nichts Auffallendes und ftehen zu den fpäteren in keiner nähern Beziehung. Dafs diefe, obwohl aus verfchiedenen Jahren ftammend, in ihrem Texte nächftverwandt find, ergibt die oberflächlichfte Vergleichung. Das ift natürlich nicht daraus zu erklären, dafs die älteren Ausfertigungen der Kanzlei wieder eingereicht wurden. Eben fo wenig aber auch daraus, dafs ein und dasfelbe allgemeine Formular felbftftändig wieder ausgefüllt wurde. Aus dem Folgenden wird fich genugfam ergeben, dafs die Uebereinftimmung zweifellos darauf zurückzuführen ift, dafs man die früheren Ausfertigungen bei den fpäteren als Mufter benutzte. Zeigt unter ihnen gerade St. 1598 aus Rom 1013 Febr. 15 eine wefentlich andere Faffung, fo wird das eben daraus zu erklären feien, dafs man zu Rom die bezüglichen Kanzleivorräthe nicht zur Hand hatte.

Den Ausgang für die fpäteren bilden zweifellos die fieben und zwanzig Urkunden St. 1457—1483 aus Frankfurt 1007 Nov. 1, mit dem entfprechenden Regni 6, dann Ind. 5, ftatt 6, was nicht auffallen kann, da diefe Indiktion fogar noch im folgenden Jahre eine Zeitlang fortgeführt wird. Es liegt wefentlich dafelbe Formular zu Grunde, aber mit fo vielen Abweichungen im einzelnen, dafs felbft bei nur fünf Ausdrücken, welche ich nach vorläufiger Durchfieht auswählte, um mir nach ihnen den Zufammenhang der Texte wenigftens oberflächlich zu vergegenwärtigen, die Fälle felten find, dafs mehrere Urkunden in allen übereinftimmen. Sichtlich wurde an dem Formular während der Fertigung vielfach geändert und gebeffert. So heifst es nur n. 1457 *episcopus liberam dehinc habeat potestatem*, dann in fieben jener erften Urkunden, aber auch noch n. 1499 *ep. lib. dch. habeat pot. suique successores*, weiter unrichtig n. 1467. 80. 83 *ep. suique successores lib. dch. habeat potestatem*, was dann in acht der erften Urkunden und allen aus den folgenden Jahren, in welchen die Formel nicht überhaupt abweicht, mit *habeant* richtig geftellt ift. Dabei handelt es fich fichtlich nicht blos um regellofe Abfchreiberabweichungen, fondern um fortfchreitende Aenderungen. Wie fchon in einem der angeführten Ausdrücke, fo ergaben fich dabei auch fonft wohl Verfchlechterungen. So beginnt in der grofsen Maffe der erften Urkunden die Arenga mit *saluberrimis igitur sacri eloquii institutionibus erudimur*. Aber n. 1464. 66. 74. 81, dann aus dem fol genden Jahre n. 1500—1504, haben da unter fonftiger Beibehaltung des Textes das finnlofe *saluberrimus*, was dann in der fpätern Fälfchung n. 1484, für welche eine folche Urkunde als Vorlage benutzt feien mufs, dazu verleitete, das *saluberrimus* als zum Titel des Königs gehörig zu behandeln. Ein folches Verfehen rührt natürlich nicht vom urfprünglichen Konzipienten her. Eben fo wenig kann es fich beim Abfchreiben deffelben richtigen Konzepts mehrmals felbftftändig ergeben. Diefe und ähnliche Umftände weifen beftimmt darauf hin, dafs nur wenige der Urkunden unmittelbar nach dem urfprünglichen Konzepte gefertigt feien können, dafs man weiterhin bereits gefertigte Urkunden als Vorlage für die noch zu fertigenden benutzte, wobei im Texte nichts nothwendig zu ändern war, als die Bezeichnung des gefchenkten Gegenftandes, während fich dann aufserdem eine Menge unwefentlicher formeller Aenderungen ergeben. Wer fich der Mühe unterziehen wollte, in diefer Richtung die Texte bis aufs einzelnfte zu vergleichen, würde vorausfichtlich mit Sicherheit die Filiation der gefammten Urkundenmaffe feftftellen können. Die Urkunden find von verfchiedenen Händen gefchrieben, weichen auch in der Anordnung, fo in der Anführung der Rekognition bald hinter, bald unter der Signumzeile, wie in der Zeichnung des Monogramm mannigfach von einander ab.

Die Datirung der Hauptmaffe der Urkunden, Frankfurt 1007 Nov. 1, entfpricht dem eigentlichen Gründungstage des Bisthums, an welchem der neue Bifchof die Weihe empfieng. Damit wird eine feierliche Tradition des Gutes verbunden gewefen feien, fo dafs wir die Datirung als zunächft auf die Handlung bezüglich aufzufaffen haben. Sie würde zugleich der Beurkundung entfprechen, wenn wir annehmen dürften, die Diplome feien vorher gefertigt und am Gründungstage vollzogen und übergeben,. wie denn bei den meiften auch die nachträgliche Zufügung des Vollzugsftriches deutlich erkennbar ift. Bei vielen mag das der Fall gewefen feien. Allerdings ift bei der grofsen Mehrzahl die gefammte Datirung fichtlich gleichzeitig mit dem Texte von derfelben Hand gefchrieben, nur bei einzelnen, wie n. 1468. 70. 78. 79, von anderer Hand zugefügt, was gegen jene Annahme zu fprechen fcheint. Aber der Tag der feierlichen Uebergabe ftand doch wohl fchon einige Zeit vorher feft, fo dafs die Datirung darauf berechnet werden konnte. Jedenfalls find die Urkunden zum grofsen Theile in Vorrath gefertigt, ehe auch nur feftftand, welche befondere Schenkung durch diefelben bezeugt werden follte. Denn es find, wie das für n. 1480 fchon Wirtemb. U. B. 1,245 bemerkt wurde, in vielen nicht allein der Name des Gaues und des Grafen, der in andern ganz fehlt, kenntlich erft fpäter eingetragen, fondern auch der zweimal erwähnte Name des gefchenkten Ortes felbft; fo n. 1462. 66. 69. 73. 74. 77. 78. 79. 83. Heifst Eberhard in der Rekognition noch nicht Bifchof, fo wird das frühere Entftehung wenigftens nicht erweifen, da er auch noch in fpäteren Rekognitionen mehrfach nicht als Bifchof bezeichnet ift.

181] Dagegen ſteht meines Erachtens auch nichts der Annahme im Wege, daſs alle jene Urkunden oder ein Theil derſelben erſt nachträglich geſertigt wurden. Und bereits § 106 wieſen wir darauf hin, daſs bei n. 1464.65, wohl auch bei n. 1463, die abweichende Rekognition in Verbindung mit der Textgeſtaltung kaum einen Zweifel laſſen, daſs ſie erheblich ſpäter entſtanden ſind; insbeſondere ſcheint auch n. 1464 mit Einſchluſs der beſtimmt auf ſpätere Zeit deutenden Rekognition ſeinem ganzen Beſtande nach von ein und derſelben Hand gleichzeitig geſchrieben zu ſeien. Dabei wird es ſich dann freilich nicht gerade um gedankenloſes Uebernehmen der Datirung aus der Vorlage handeln müſſen; man mochte abſichtlich nach der Handlung datiren. Anders iſt das aber bei der groſsen Zahl ſpäterer Schenkungsurkunden, bei welchen wir eine abweichende Datirung finden, demnach wenigſtens eine Beziehung auf den Gründungstag nicht in der Abſicht lag.

Von dieſen hat St. 1495 Mainz Mai 19, was 1008 genau dem Itinerar entſpricht, während durch dieſes, wie andere Gründe, Entſtehung ſchon 1007 beſtimmt ausgeſchloſſen iſt. Aber die Jahresangaben 1007 Ind. 5, R. 6 ſind genau die der frühern Schenkungsurkunden, während nur R. 6 auch im Mai noch paſſen würde. Meine frühere Vermuthung, die Urkunde werde gleichzeitig mit den älteren, deren Text, insbeſondere bei n. 1478, ſie ſich genau anſchlieſst, geſertigt und lediglich Ort und Tag ſpäter bei der Verwendung eingetragen ſeien, beſtätigte ſich wenigſtens bezüglich des letztern Punktes nicht. Die ganze Datirungszeile iſt gleichzeitig nachgetragen. Aber trotzdem wird doch nicht zu bezweifeln ſeien, daſs bei der Datirung im Mai 1008 die Jahresangaben aus einer der als Vorlage benutzten älteren Urkunden wiederholt wurden.

Auffallend iſt weiter insbeſondere St. 1499 mit Mainz 1008 Juli 6, in welcher dasſelbe Gut geſchenkt wird, wie in n. 1500 mit Frankfurt 1008 Juli 6, in welchem, wie das auch bei n. 1502.3.4. zutrifft, der Name des Gutes deutlich erſt ſpäter eingetragen iſt. In den Mon. Boica 31,283 und ebenſo bei Stumpf wird das dadurch erklärt, daſs n. 1499 wegen kleinerer Mängel kaſſirt und durch n. 1500 erſetzt ſei. Aber abgeſehen davon, daſs die Urkunde ja nicht kaſſirt, ſondern an Bamberg abgeliefert iſt, kann nicht von Mängeln, ſondern lediglich von Unterſchieden der Faſſung die Rede ſeien, welche ſich aus verſchiedenen Vorlagen erklären. St. 1499 ſchlieſst ſich nämlich gerade ſolchen der Urkunden von 1007 genauer an, ſo n. 1468.71. 72, bei welchen ſich wegen Nichterwähnung des Kaiſer Otto und der bloſsen Anhängung des *suique successores* annehmen läſst, daſs ſie nach einem der älteſten Formulare geſertigt ſind. Dagegen entſpricht n. 1500 genau dem Formular der andern von 1008 Juli 6 zu Frankfurt datirten Urkunden; beide Faſſungen ſtehen auſser aller nähern Verbindung. Es handelt ſich alſo hier zweifellos nicht um beabſichtigte Doppelausfertigung ein und derſelben Urkunde, bei der man auch ſchwerlich den Ortsnamen das einemal *Mahandorf*, das anderemal *Machindorf* geſchrieben haben würde. Es wird ein Miſsgriff in

der Richtung anzunehmen feien, dafs man bei Ausfertigung der einen
Urkunde nicht beachtete, dafs fchon eine andere deffelben Inhaltes gefertigt fei. Das würde dann freilich zu Ausfertigung an ein und demfelben Tage wenig ftimmen, wie dabei auch die Datirung aus verfchiedenen, wenn auch nur eine Tagereife auseinanderliegenden Orten fchwer
erklärlich feien würde. Eine beftimmtere Vermuthung auszufprechen,
wie diefe Verhältniffe fich geftaltet haben könnten, möchte ich mir um
fo weniger erlauben, als ich das Original von n. 1499 nicht gefehen habe.
Ich möchte nur darauf hinweifen, dafs es Ind. 5 aus einer der älteren
Vorlagen beibehalten haben wird, während die Urkunde felbft wegen
des Kanzler Günther und Regni 7 erft 1008 ausgefertigt feien kann;
dafs weiter fowohl zu Frankfurt, als zu Mainz bereits für Bamberg geurkundet war, und daher auch einer der Ausftellorte aus einer Vorurkunde
entnommen feien könnte.

St. 1516. 17 aus Altftädt Mai 25 und Merfeburg Juni 1 müffen dort
nach dem Itinerar 1009 datirt feien. Dagegen haben nun beide 1008
Ind. 6, R. 7, was im Sommer zutrifft, während nur R. 7 auch 1009 paffen
würde. Die nächftliegende Annahme, dafs die Urkunden mit Einfchlufs
der Datirungszeile fchon 1008 gefchrieben und ihnen fpäter nur Tag
und Ort zugefügt feien, fcheint dadurch ausgefchloffen, dafs in n. 1516
fich überhaupt keine Nachtragung bei der Datirung ergibt, in n. 1517
aber die ganze Datirungszeile mit derfelben auffallend blaffen Dinte, wie
die Namen von Gau und Graf, nachgetragen ift. So dürfte doch zu vermuthen feien, dafs die Jahresangaben durch eine Vorurkunde von 1008
beftimmt find, obwohl keine der uns bekannten genau übereinftimmt.
Zu Merfeburg 1009 Juni 1 reihen dann M. Boica 29,395 und Stumpf
auch St. 1518 ein, welches in eigenthümlicher Weife nur *data kal.
iunii* hat ohne Ort und Jahr. Es gehört aber zweifellos zu n. 1535. 36
aus Mainz 1010 Juni 1, wo fich nicht allein die nächfte Verwandtfchaft
des Formular ergibt, fondern insbefondere auch das feltenere *notavit* der
Rekognitionsformel zutrifft.

St. 1537 aus Ingelheim Juli 2 hat auf Rafur den erft 1011 paffenden
Erzkanzler Erchanbald, während zuerft Willigis geftanden zu haben
fcheint; auch die letzten Einheiten der Jahresziffern fcheinen fpäter zugefchrieben worden zu feien, fo dafs es insbefondere urfprünglich Ind. 7
und Regni 8 geheifsen zu haben fcheint, was auf 1009 führt. Es ift alfo
die Urkunde fchon 1009 gefchrieben, aber erft 1011 vollftändig ausgefertigt; oder fie ift 1011 gefchrieben und dabei die urfprüngliche Rekognition und die Jahresangaben einer Vorurkunde entnommen. Könnte
die Tagesangabe nachgetragen feien, fo ift der Ortsname zweifellos fogleich mit der übrigen Datirungszeile gefchrieben. Bezögen wir Tag
und Ort auf 1011, fo ergäbe fich Collifon mit n. 1550 aus Mainz Juli 2.
Allerdings find auch hier die Angaben, obwohl die Urkunde mit Einfchlufs der Datirung in einem Zuge gefchrieben zu feien fcheint, verwirrt;
zu 1010, welches durch den Erzkanzler Erchanbald ausgefchloffen ift,

181] findet fich die erft 1013 paffende Ind. 11; am wahrfcheinlichften wird doch die Urkunde nach Regni 10 zu 1011 zu fetzen feien. Dabei kann auffallen, dafs während die Formulare diefer fpätern Zeit fchon durchweg ftark von den Urkunden von 1007 abweichen, fich das diefer n. 1550 denfelben, insbefondere n. 1477. 79, noch eng anfchliefst, während n. 1537 fchon ftark gekürzt erfcheint. Zur Beurtheilung nun, in wie weit in diefen Urkunden wenigftens Tag und Ort zufammenftimmen, dürfte jeder fichere Haltpunkt fehlen. Beurkundung an demfelben Tage zu Ingelheim und Mainz ift allerdings nicht unmöglich, aber immerhin wenig wahrfcheinlich, fo dafs entweder der Ort Ingelheim zu 1009 gehören, oder auch einer der Ortsnamen aus einer Vorurkunde übernommen feien dürfte. Auffallen kann es immerhin, dafs nach n. 1495. 99. 1535. 50 zu vier verfchiedenen Zeiten zu Mainz für Bamberg geurkundet feien foll.

Faft zweifellos fcheint die Sachlage bei St. 1566. 67. 68 zu feien, mit Frankfurt Nov. 1, Jahr 1011, während Ind. 6 auf 1008, Regni 11 auf 1012 deutet, wohin Stumpf die Urkunden einreiht, gewifs in fo weit mit Recht, als bei widerfprechenden Jahresangaben diefer Zeit die Angabe der Regierungsjahre fich durchweg als die richtige erweift. Aber zu Frankfurt war der König 1012 Nov. 1 ficher nicht. Nach der genauen, durch die Urkunde aus Merfeburg Oct. 17 geftützten Angabe Thietmars, M. Germ. Scr. 3,830, ging der König von Merfeburg zunächft nach Arneburg und war am Allerheiligenfefte, alfo gerade am 1. Nov. zu Helmftädt. Selbft wenn wir davon abfähen, an 1011 dächten, möchte ich bei dem genauen Uebereinftimmen von Tag und Ort mit den Urkunden von 1007, welche ftatt Ind. 6 allerdings Ind. 5 haben, nicht bezweifeln, dafs Ort und Tag aus einer jener Vorlagen entnommen, nur Rekognition und Jahresangaben richtig geftellt find. Aehnlichen Sachverhalt hat hier fchon Bresslau in Hirfch Heinr. II. 3,348 vermuthet.

Durch Ind. 6 fteht mit diefen in näherer Verbindung St. 1589, aus Merfeburg Dec. 1, welches nach Stumpf auch in der Schrift mit ihnen übereinftimmt. An Ausfertigung in dem angegebenen Jahre 1013 ift nicht zu zweifeln, da Regni 12 damit ftimmt. Aber eben fo wenig daran, dafs der König, der fchon vor Weihnachten in Pavia war, nicht am 1. Dec. in Merfeburg feien konnte. An einen Schreibfehler im Originale, wie vorgefchlagen ift, möchte ich um fo weniger denken, als doch auch Ind. 6 einer Erklärung bedarf. Ich möchte lieber daran erinnern, dafs fchon 1008 zu Merfeburg für Bamberg geurkundet wurde und dafs dem Ind. 6 genau entfpricht.

Der Ausftellort Merfeburg begegnet uns dann noch in zwei Schenkungsurkunden. St. 1636 hat 1012, dann Regni 12 und Imp. 1, welche nur 1014 Febr. bis Juni zufammenftimmen. Der Tag Nov. 1 ift damit nicht vereinbar; halten wir an demfelben feft, fo müffen wir uns für das bezügliche Jahr des Kaiferthums, alfo 1014, entfcheiden, weil Kaiferjahre 1013 überhaupt noch nicht gezählt werden konnten. Nachdem wir nun aber dem Nov. 1 in allen Urkunden von 1007, dann wieder n.

1566. 67. 68 begegneten, ebenso der Name Merseburg so oft in dieser Reihe wiederkehrt, wäre doch zu erwägen, ob Tag und Ort denn wirklich der Ausfertigung entsprechen. Nach der Angabe Thietmars kam der Kaiser nach der Rückkehr über die Alpen nach Pöhlde, wo er das Weihnachtsfest feierte, dann *post haec* nach Merseburg. Ich stimme der Ansicht Bresslaus bei Hirsch Heinr. II. 3,309 durchaus zu, dass sich das nur auf den Aufenthalt zu Merseburg im April,1015 beziehen kann. Es scheint mir aber weiter einen früheren Aufenthalt zu Merseburg seit der Rückkehr vom Römerzuge auszuschliessen; Thietmar hätte sich doch schwerlich so ausgedrückt, wenn ein solcher schon vorausgegangen wäre. Allerdings heisst es in seiner Erzählung, dass der im Nov. 1014 auf Befehl des Kaisers gefangene Werner hätte nach Merseburg gebracht werden sollen. Aber dass der Kaiser selbst damals zu Merseburg war, ist weder ausdrücklich gesagt, noch nothwendig zu folgern; umgekehrt, erzählt der Bischof von Merseburg, dass *eodem die* ihm selbst befohlen sei, zum Kaiser zu kommen, so müssen wir schliessen, dass der Kaiser damals nicht zu Merseburg war. Ich möchte danach kaum bezweifeln, dass der Tag der Urkunde oder der Ort, möglicherweise auch beides, nicht der Ausfertigung entspricht, sondern auf die Vorlagen zurückgeht. Indictio 3, zu 1005 stimmend, ist ganz regellos, wenn wir nicht etwa den naheliegenden Schreibfehler *iii.* statt *vi.* annehmen wollen, was dann wieder auffallende Uebereinstimmung mit n. 1589 ergäbe.

Endlich ist St. 1648 wieder aus Merseburg Apr. 17 datirt. Zu 1015 passt Imp. 2, und reihen wir die Urkunde danach ein, so bieten sich keine Schwierigkeiten; denn St. 1649 aus Kaufungen Apr. 22 ist nach Bresslau a. a. O. 317 unecht, und ich möchte auch kaum annehmen, dass die Datirung ungeändert aus einer echten Vorlage entnommen ist, da nach dem Berichte Thietmars der Kaiser doch schwerlich schon so lange vor den Mitte Mai beginnenden Rogationen zu Kaufungen gewesen seien dürfte. Auffallen muss aber, dass nicht allein Ind. 14 und Regni 14 auf 1016 weisen, sondern nach St. 1667. 68 auch sonst im Apr. 1016 noch 1015 und Imp. 2 irrig fortgezählt wurden, so dass doch sehr wahrscheinlich ist, dass man bei der Datirung das Jahr 1016 bezeichnen wollte. Da war denn freilich der Kaiser im April nicht zu Merseburg, sondern zu Bamberg.

Sehen wir zurück, so treffen wir in der Datirung dieser Schenkungsurkunden auf die mannichfachsten Schwierigkeiten. Sind diese wiederholt der Art, dass sie Zusammenstimmen von Tag zum Ort oder beider zum Jahre durchaus unwahrscheinlich machen, während doch auch wieder der Unterschied von Handlung und Beurkundung kaum eingegriffen haben kann, so wird es freilich im Einzelfalle kaum möglich seien, mit Bestimmtheit nachzuweisen, wie die Widersprüche entstanden sind. Finden wir aber wieder und wieder Angaben von Jahren und von Tagen oder von Orten, welche der bezüglichen Urkunde nicht entsprechen können, wohl aber in früheren Schenkungsurkunden ebenso vorkommen,

181] fo wird doch kaum zu bezweifeln feien, dafs das vielfach daraus
zu erklären ift, dafs man die früheren als Vorlage für die fpäteren benutzte und dabei bald diefe, bald jene Angaben der Datirung aus der
Vorlage wiederholt wurden. Jedenfalls zeigen diefe Urkunden recht
deutlich, dafs man im allgemeinen auf volle Genauigkeit der Datirung
kein fehr grofses Gewicht gelegt haben kann.

AKTE.

182. Der Einflufs, den Formulare und Vorurkunden auf die Beurkundung ausübten, ift auch früher fchon vielfach beachtet worden. Nicht
genügend berückfichtigt fcheint mir zu feien, dafs auch noch Vorlagen
wefentlich anderer Art die Beurkundung beeinfluffen konnten. Wurde
eine Handlung von rechtlichem Intereffe vorgenommen, fo mufste es
nahe liegen, die mafsgebenden Umftände derfelben, Hergang, Zeugen,
Ort und Zeit, fogleich fchriftlich zu fixiren, um in diefer Richtung fpäter
nicht lediglich auf die Erinnerung angewiefen zu feien, ohne dafs man
doch beabfichtigte, in diefer Aufzeichnung fchon ein an und für fich
rechtsgültiges Beweismittel zu fchaffen. Eine folche Aufzeichnung bezeichne ich als Akt, da das der Sache zu entfprechen fcheint und fich
die Wahl des Ausdruckes durch älteren, wie neueren Sprachgebrauch
rechtfertigen läfst. Der uns vielleicht geläufigere Ausdruck Protokoll ift
fchon defshalb hier nicht wohl verwendbar, weil derfelbe in der neuern
Urkundenlehre ganz allgemein in einer andern Bedeutung in Gebrauch
ift. Würden die Urkunden den Ausdruck Notitia nahe legen, fo dürfte
es fich doch kaum empfehlen, ihn in deutfchgefchriebenen Erörterungen
zu verwerthen; der Ausdruck Notiz würde wohl die Sache umfaffen, fie
aber doch zu wenig beftimmt bezeichnen. Sind wir gewohnt, zunächft
die Handlung felbft, nicht einen Bericht über diefelbe als Akt zu bezeichnen, fo wird das der Verwendung des Ausdruckes hier kaum im
Wege ftehen, da in folchen Fällen, wo das ein Mifsverftändnifs veranlaffen könnte, nichts nöthigt, das Fremdwort da zu gebrauchen, wo von
der Handlung felbft die Rede ift. Sind dann mehrere einzelne folcher
Aufzeichnungen als Akte zu bezeichnen, fo können wir den auch uns
geläufigen Ausdruck Akten in der Weife verwerthen, dafs wir ihn
da anwenden, wo es fich um zufammenhängende Reihen von folchen
Aufzeichnungen handelt, wie diefelben fich häufig finden, fei es, weil
ein verbindendes Moment in der Gleichartigkeit der fortlaufend verzeichneten Handlungen lag, fei es, weil die Einheit der Perfon des Be-
richtenden dafür mafsgebend war.

183. Was das Verhältnifs zu deutfchen Privaturkunden betrifft, fo haben wir davon fchon § 56 gefprochen. Verlor der
Urkundenbeweis anfcheinend im Laufe der Zeit an Gewicht, fo begnügte man fich mehr und mehr mit bloffen unbeglaubigten Akten,
welche nicht felbft die Handlung erweifen, fondern nur die anderweitige

Beweisführung erleichtern follten. Das drückt fich denn auch in der
Form aus; es wird weniger bezeugt, als berichtet; wer berichtet, ift
durchweg gar nicht gefagt, da fein Zeugnifs ja doch in keiner Weife
ausfchlaggebend feien kann; fehlt dem Zeugniffe jede Beglaubigung, fo
ift natürlich auch in ihm felbft auf keinerlei Beglaubigung hingewiefen.
Wo man beabfichtigte, in der Aufzeichnung felbft ein Beweismittel zu
fchaffen, da ift auch in der Regel die Faffung eine andere, darauf berechnete; Perfon des Zeugen und Beglaubigung werden da beftimmter
betont.

Läfst fich nun auch im allgemeinen zwifchen einer zunächft dem
Akte, und einer zunächft der Urkunde entfprechenden Form unterfcheiden, fo liegt darin kein ausfchlaggebender Umftand. Ob wir ein uns
vorliegendes Schriftftück als Akt oder als Urkunde zu betrachten haben,
wird davon abhängig zu machen feien, ob es felbft als Beweismittel
dienen konnte oder nicht. Und dafür wird die Form nicht mafsgebend
feien müffen. Es wurden § 54. 55 Fälle angeführt, bei welchen der Ausfteller ganz in der gewöhnlichen urkundlichen Form fein Zeugnifs abgibt und diefes durch Befiegelung beglaubigt, während das Schriftftück
doch ganz ungeeignet war, als Beweismittel zu dienen, weil das Zeugnifs des Ausftellers in eigener Sache abgegeben wurde; für den Beweis
konnte es nicht mehr Werth haben, als jeder unbeglaubigte Akt. Dagegen werden wir einen beglaubigten Akt der fonftigen Urkunde
ganz gleichzuftellen haben; ihn von diefer zu fcheiden, wird fich nur
etwa dadurch rechtfertigen laffen, dafs die Faffung zu ergeben fcheint,
bei Fertigung des Textes habe man Beurkundung zunächft nicht im
Auge gehabt. Um den Akt zu beglaubigen und ihn damit zur Urkunde
zu machen, kann felbft die ftillfchweigende Zufügung eines Siegels genügen, infofern man das dahin auffafste, dafs die fiegelnde Perfon dadurch das im Texte Berichtete als ein von ihr abgegebenes Zeugnifs
anerkennt. Aus der Kanzlei des Bifchof Meinwerk von Paderborn haben
fich zahlreiche unbeglaubigte Akte erhalten, vgl. Cod. Weftf. 1,65, zunächft fichtlich für den eigenen Gebrauch gefertigt. Diefen fchliefst fich
aufs engfte durch feine ganze Faffung ein a. a. O. 85 abgedrucktes
Schriftftück an, das aber ein', jetzt abgefallenes Siegel hatte, welches
das bifchöfliche gewefen feien dürfte. Da es fich um eine Verpflichtung
des Bifchofs handelt, fo wird man den Akt einfach dadurch, dafs man
ihm das Siegel zur Beglaubigung aufdrückte, zu einem Beweismittel für
die Partei umgeftaltet haben. Aehnliche Beifpiele, dafs die Form durchaus einem bloffen Akte entfpricht, fich dann aber eine nicht angekündigte Siegelung findet, ergeben fich häufig; vgl. z. B. Steierm. U. B.
1,110. 112. 174. 388. Sind folche Stücke nur in Abfchrift erhalten, fo
ift überhaupt nicht mehr erfichtlich, ob fie beglaubigt waren oder nicht.
In andern Fällen wird man den Akt dadurch der Form der Urkunde
näher gebracht haben, dafs man ihm eine, insbefondere die Befiegelung
ankündigende Beglaubigungsformel anhängte, in welcher der Beglaubi-

183] gende felbftredend eingeführt ift, während der übrige Text als Bericht einer ungenannten Perfon erfcheint; vgl. z. B. was § 162 über St. 3193 angegeben wurde, oder Steierm. U. B. 1,253. 266.

Ich möchte nun allerdings keineswegs annehmen, dafs überall, wo der Text einer Urkunde lediglich als Bericht einer ungenannten Perfon erfcheint und der mafsgebende Zeuge erft durch das Siegel oder die Beglaubigungsformel kenntlich wird, überhaupt zunächft nur Fertigung eines unbeglaubigten Aktes beabfichtigt war, den man dann nachträglich für Herftellung einer Urkunde verwerthete. Es fcheint vielmehr, dafs man fich vielfach fo daran gewöhnt hatte, die Angaben über die Handlung nur in einem unbeglaubigten Akte zu fixiren, dafs man an der gewohnten Form vielfach auch da fefthielt, wo von vornherein die Abficht auf Herftellung einer Urkunde gerichtet war. So möchte ich gar nicht bezweifeln, dafs es etwa bei der Beurkundung der Dotirung des Klofters S. Lambrecht durch den Herzog von Kärnthen von 1103, Steierm. U. B. 1,109. 111, von vornherein darauf abgefehen war, ein Zeugnifs des Herzogs felbft zu fchaffen, obwohl der ganze Text die Form einer bloffen Traditionsnotiz hat, nur durch das Siegel zum Zeugnifs des Herzogs wird. Dafs die Form weniger paffend fei, fcheint man gefühlt zu haben, als nach unferer, § 159 begründeten Annahme 1114 die Urkunde neu ausgefertigt wurde; ftatt: *omnibus Christi fidelibus — innotescat, quod Karinthie dux H. pro anime sue remedio —*, heifst es: *quod ego H. Karinthie dux pro anime mee remedio —*, und weiter in entfprechender Umformung, aber übrigens wörtlicher Uebereinftimmung. Die Formen gehen da fo mannigfach in einander über, dafs zwifchen beglaubigtem Akt und Urkunde nicht fchärfer gefchieden werden kann.

Wenn in dem letzterwähnten Falle auch in der umgeformten Urkunde fich keine Beglaubigungsformel findet, fo ift das fichtlich nur dadurch veranlafst, dafs die Vorlage in Form eines Aktes gefafst war. Zweifellos haben häufig für Privaturkunden Akte als Vorlage gedient; auch dann, wenn Beurkundung fogleich beabfichtigt war, mag man häufig zunächft nur einen Akt gefertigt haben. Dafs das nicht felten auf die formelle Faffung eingewirkt hat, ift. nicht zu bezweifeln. Aber für unfere Zwecke werden wir den Umftand kaum weiter zu beachten haben. Ungenaue oder widerfprechende thatfächliche Angaben konnten aus dem Akte nicht wohl in die Privaturkunden übergehen, da ja auch diefe, wie § 41 ff. nachgewiefen wurde, in der Regel zunächft nur die Handlung ins Auge faffen, insbefondere Ort, Zeit und Zeugen auf diefe beziehen, fo dafs auch die wörtliche Wiederholung folcher Angaben aus einem Akte keinerlei ftörenden Einflufs ausüben konnte.

184. Sind in Deutfchland in diefer Richtung die Formen fehr fchwankende, fo haben fich in Italien feftere Formen entwickelt. Wenigftens fo weit es fich um die übliche Beurkundung durch Notare handelt, ergibt fich ein ganz beftimmtes Verhältnifs zwifchen Akt und Urkunde.

Kürzere Notariatsinftrumente mögen allerdings oft fo entftanden feien, dafs der Notar den unmittelbar bei der Handlung gefertigten Bericht durch Unterfchrift und Zeichen beglaubigte und der Partei übergab. Aber bei regelmäffigem Vorgehen geht dem Inftrumente, dem urkundlichen Beweismittel für die Partei, ein Akt, die fogenannte Imbreviatur, voran, welche zunächft für den eigenen Gebrauch des Notar beftimmt ift, aber auch für die Beweiskraft des Inftrumentes felbft erhöhete Bürgfchaft bietet, da bei Anfechtung derfelben Echtheit und Unverfälfchtheit durch Vergleich mit der Imbreviatur geführt werden konnte; daher werden die Notare wohl ausdrücklich verpflichtet, kein Inftrument ohne vorherige Imbreviatur auszuftellen; fo in Statuten von 1266 bei Wurftemberger Peter v. Savoyen 4,422. In den Imbreviaturen der Notare, welche wir im Anfchlufs an den gewählten Ausdruck als N o t a - r i a t s a k t e n bezeichnen, werden die einzelnen Akte fortlaufend eingetragen; fie enthalten alle Angaben über die Handlung, welche nöthig find, um diefelbe fpäter förmlich zu beurkunden, *in publicam formam redigere*. Die älteften mir bekannten, das 1155 beginnende Notularium eines Genuefer Notar, veröffentlicht Mon. patriae Ch. 2,285 ff., gibt die Zeugen, dann die vor dem Notar abgegebene Erklärung, dann unter Actum Ort und Zeit. Bei manchen ift der Akt wohl fchon ganz in Form des Inftrumentes gefafst, nur fo, dafs die ftehenden Formeln abgekürzt find und die Beglaubigung des Notar noch fehlt; in einzelnen ift auch die Unterfchrift des Notar zwar nicht zu jedem Akt, aber auf jeder Seite eingetragen. Da der Notar für feine Imbreviaturen eben fo verantwortlich ift, wie für die von ihm gefertigten Inftrumente, fo ift der Akt an und für fich ein durchaus genügendes Beweismittel für die Handlung, wie fich am deutlichften daraus ergibt, dafs jeder Notar auch nach der Imbreviatur eines anderen, felbft verftorbenen Notar Inftrumente ausfertigen darf. Ift der Akt nicht beftimmt, als Beweismittel für die Partei zu dienen, fo ermöglicht er es, jeden Augenblick in einem Inftrumente ein folches zu fchaffen. Da auch das Inftrument lediglich ein beglaubigter Bericht über die Handlung ift, fo find in ihm die fachlichen Angaben und, foweit fie dazu geeignet ift, die wörtliche Faffung des Aktes einfach zu wiederholen; ein ftörender Einflufs kann fich da nicht geltend machen; das Inftrument ift nur eine beglaubigte Ausfertigung des Aktes. Insbefondere werden wir denn auch beide nicht zu fcheiden haben, fo weit es fich um die Einwirkung derfelben auf in anderen Formen gefafste Urkunden handelt, wie wir eine folche insbefondere bei Königsurkunden finden werden; ob der Akt unbeglaubigt war oder fchon in der Form des Inftrumentes vorlag, wird da keinen wefentlichen Unterfchied bedingen können.

185. In den Notariatsakten finden fich Berichte über die verfchiedenartigften Gefchäfte vereinigt, da Aufnahme des Aktes durch ein und diefelbe Perfon hier allein das verbindende Moment bildet. Es find für unfere Zwecke nun weiter zu beachten folche Akten, in welche Be-

185] richte über alle vor ein und derfelben Behörde vorgenommenen Handlungen eingetragen wurden. Wir finden fie gewöhnlich als Acta curiae, Hofakten, bezeichnet, mag es fich dabei nun um den Hof des Königs oder eines Fürften, oder irgendwelchen niedern Gerichtshof oder eine ftädtifche Behörde handeln ; als allgemeinere deutfche Bezeichnung dürfte fich etwa A m t s a k t e n empfehlen. Eines der beachtenswerthe-ften Denkmale diefer Art dürften die Acta curiae archiepiscopalis des Erzbifchofs Ubald von Ravenna von 1213 feien bei Amadesius Antist. Rav. 3,159 ff. Jeder Akt beginnt mit Zeit und Ort, berichtet dann über die Handlung und fchliefst mit der Zeugenangabe. Diefe Akte hatten wohl an und für fich die Beweiskraft eines Zeugniffes der bezüglichen Behörde, und es wird nicht gerade überall in der Abficht gelegen haben, dafs auf Grundlage derfelben weitere Verbriefungen gefertigt werden follten. Jedenfalls war das aber jederzeit dadurch ermöglicht, und fichtlich fcheint die Faffung des Aktes mehrfach dadurch beftimmt, dafs man die Fertigung einer Urkunde nach demfelben im Auge hatte. In den mit 1248 beginnenden Akten der bifchöflichen Kurie von Arezzo, welche ich im dortigen Kapitelsarchive benutzte, ift für jeden Akt fchon die volle Form des Notariatsinftrumentes gegeben; nur find die Jahreszahlen und die Unterzeichnung des Notar nicht bei jedem Akte, fondern jene am Kopfe, diefe am Schluffe der Seite für alle auf derfelben befindlichen Akte gegeben. Aus folchen Hofakten, wie fie in Italien bei den verfchiedenften Behörden vorkommen, konnte dann durch irgendwelchen Notar jederzeit ein Inftrument gefertigt werden; vgl. Ital. Forfch. 4,408. 410.

Jedes Amt hatte in der Regel feinen eigenen Notar, welcher während der Zeit feiner Verwendung zunächft nur für das Amt befchäftigt war. Die Amtsakten fallen dann wefentlich mit den Imbreviaturen des bezüglichen Notar zufammen. Fertigte er vereinzelt andere Akte, fo konnten diefe dann unter die Amtsakten gerathen. So findet fich z. B. Dönniges Acta 1,42 ein Akt über ein Privatgefchäft eines Begleiters des Königs unter Akten des königlichen Hofes; vgl. auch a. a. O. 2,92.

Wenn nun auch in Deutfchland von eigentlichen Notariatsakten nicht die Rede war, fo ift es doch fehr möglich, dafs fchon früh auch hier Amtsakten in diefer oder jener Form geführt wurden, zumal man an das Eintragen von Akten durch die Traditionsbücher gewöhnt war. Insbefondere möchte hier zu erinnern feien an eine Reihe von Aufzeichnungen auf einzelnen Pergamentblättern in verfchiedenem Format und von verfchiedenen Händen gefchrieben, welche fich aus der Kanzlei Bifchof Meinwerks von Paderborn erhalten haben, vgl. Cod. Weftf. 1,65 ff. Es find nicht blos Notizen über Traditionen zu Gunften der Kirche, fondern auch über Leiftungen und Verpflichtungen des Bifchofs, find alfo in diefer Richtung fonftigen Traditionsakten nicht einfach gleichzuftellen; fie machen doch den Eindruck, als fei es Brauch gewefen, über alle Gefchäfte, deren Kenntnifs der Kanzlei fpäter von Nutzen feien konnte, Akte zu fertigen. Bloſſe vorläufige Notizen haben wir in ihnen nicht zu ſehen, da ſie zu ſorgſältig geſchrieben ſind.

186. Bei Privaturkunden und Inſtrumenten konnte das Vorliegen eines Aktes nicht leicht einen ſtörenden Einfluſs üben, da hier der Inhalt des Aktes nur etwa in anderer Faſſung zu wiederholen war. Wichtig aber iſt die Beantwortung der Frage, in wie weit wir eine Benutzung von Akten bei Königsurkunden anzunehmen haben. Denn bei der Königsurkunde werden weniger die Umſtände betont, unter welchen die Handlung, als die, unter welchen das Zeugniſs des Königs über die Handlung erfolgte; wir ſuchten nachzuweiſen, daſs ſich wenigſtens in der Regel darauf Angabe von Ort, Zeit und Zeugen beziehen ſollte. Lag nun bei der Beurkundung bereits ein Akt vor, in welchem die bezüglichen Angaben für die Handlung ſelbſt verzeichnet waren, ſo liegt es auf der Hand, daſs ſich da leicht ein ſtörender Einfluſs ergeben konnte.

Aus der Reichskanzlei ſelbſt dürfte uns von Akten nichts Aelteres erhalten ſeien, als die Akten der Kanzlei K. Heinrichs VII. Man ſieht, daſs nicht gerade alle am Hofe entſtandenen Akte in fortlaufender Reihe in Bücher eingetragen wurden. Auch unter dem, was ſich von den Kanzleivorräthen auf einzelnen Blättern erhalten, erſt ſpäter in Bände vereinigt und von Dönniges als Acta registrata veröffentlicht iſt, finden ſich einzelne Imbreviaturen der Hofnotare und ſonſtige Akte. Zuweilen wurden ganz kurze Akte auf die bezüglichen eingereichten Urkunden geſchrieben; ſo Dönniges Acta 2,155. 156. 166. 170. Aber es haben ſich auch zuſammenhängende Akten erhalten. Was Dönniges 1,43 ff. als Liber propositorum et expeditorum in consilio veröffentlichte, ſind Aufzeichnungen über das, was im kaiſerlichen Rathe vorgelegt und erledigt wurde; dabei iſt wohl bemerkt, daſs bezügliche Verbriefungen erfolgten, wie denn auch die expedirten Stücke durchſtrichen ſind; vgl. Dönniges 1,xiii. Aber ihrer ganzen Form nach dürften ſie auf die Verbriefungen ſelbſt keinen Einfluſs genommen haben; nur ſelten nähern ſie ſich mehr der Form der Imbreviaturen, ſo insbeſondere n. 130. Wichtiger in dieſer Richtung iſt das Stück Acta 1,3 ff., welches Dönniges als Liber consiliarius bezeichnete; es iſt doch wohl nichts anderes, als ein Fragment der Imbreviaturen des erſten Hofnotar Bernardus de Mercato, Originalaufzeichnungen über am Hofe geſchehene Handlungen, zweifellos gerade zu dem Zwecke aufgenommen, um für weitere Beurkundung zur Grundlage zu dienen. Zum Theil haben ſie ſchon die Form des ausgeführten Notariatsinſtrumentes: *per hoc presens publicum instrumentum cunctis appareat*; zum Theil ſind es kurz geſaſste Notizen, welche aber alles enthalten, was nöthig war, um daraufhin ein vollſtändiges Inſtrument zu fertigen. Daſs ſolche danach wirklich gefertigt wurden, zeigen nicht blos die Randbemerkungen zu n. 43 a. b. *expedita per Leonardum, expedita per me Bernardum*. Es haben ſich auch wohl die vollſtändig ausgeführten Inſtrumente anderweitig

186] erhalten. So für die kurze Imbreviatur n. 55, vgl. Acta 2,134.
Dann aber auch für n. 24. 28, vgl. Antiq. It. 4,631. 633, wo die Imbreviatur schon ebenso vollständig ausgeführt ist, wie das Instrument. Der
Vergleich ergibt nur ganz unbedeutende Aenderungen und Zusätze, übrigens Uebereinstimmung bis auf den Wortlaut. Der Unterschied zwischen
Akt und Instrument zeigt sich hier abgesehen von der jenem fehlenden
Beglaubigung insbesondere darin, dafs im Instrumente einzelnes fortgefallen ist, was zunächst nur für die Imbreviatur Bedeutung hatte. Sind
in dieser n. 24 die beiden Hofnotare im Texte als Anwesende aufgeführt,
so konnte das entfallen, da sich das im Instrumente aus der Beglaubigung
ergab. Ebenso der in der Imbreviatur von n. 28 erwähnte Befehl des
Königs an die Hofnotare, jedem, der darum ersuche, ein bezügliches
Instrument zu fertigen.

Das Verhältnifs von Akt und Instrument ist nun allerdings für
unsere Zwecke nicht gerade von Bedeutung. Wichtiger wäre es, wenn
sich Diplome nachweisen liefsen, welche nach diesen Akten gefertigt
wären. Ist mir keines bekannt, so möchte ich doch im allgemeinen nicht
bezweifeln, dafs diese Akte eben so wohl als Vorlage für Diplome, wie
für Instrumente benutzt wurden. Findet sich zu n. 2 die Notiz *factum
semel pro rege*, so wird es sich da um ein Instrument handeln. Dasselbe
mag der Fall seien, wenn es zu n. 1 heifst *factum semel pro comite*;
aber dann möchte ich nicht bezweifeln, dafs aufser dem Instrumente
nach dem Akte auch noch ein Diplom gefertigt sei. Es handelt sich um
die Belehnung des Grafen von Savoien und seine Erhebung zum Fürsten
1310 Nov. 24. Ueber so wichtige Sachen pflegten doch Privilegien
ausgestellt zu werden. Und darauf scheint mir ausdrücklich hingedeutet,
wenn es am Schlusse des Aktes heifst: *et de predictis omnibus et singulis supradicti domini rex et comes voluerunt, mandaverunt et pre-
ceperunt michi Bernardo de Mercato notario infrascripto et aliis nota-
riis ibidem presentibus fieri publica instrumenta, que etiam dictari
possent et deberent per iurisperitos et specialiter per d. Anthonium de
Bargiis utriusque supradictorum dominorum regis et comitis consilia-
rium et iuratum;* da nicht wohl abzusehen ist, wozu bei blofser Fertigung von Instrumenten die Zuziehung eines rechtsgelehrten Rathes dienen sollte, so möchte bei dem *dictare* an die Entwerfung des Textes
eines Privileg auf Grundlage des Aktes zu denken seien. Es kommt
hinzu, dafs wir über die Erneuerung jener Belehnung und Erhebung
nach der Kaiserkrönung ein in den feierlichsten Formen abgefafstes
Privileg von 1313 Juni 11 haben, Acta 2,213, welches auch den Inhalt
jenes Aktes grofsentheils wiederholt, der demnach, wenn nicht, wie zu
vermuthen, schon einem früheren königlichen Diplome, wenigstens diesem kaiserlichen als Vorlage gedient hat.

187. Was nun frühere Zeiten betrifft, so wird bezüglich der Königsurkunden für Italien gar nicht zu bezweifeln seien, dafs über
viele Handlungen und Entschliessungen des Königs zunächst Akte ge-

fertigt wurden und diefe häufig auf jene einwirkten. In wie weit und bis wann zurück eigentliche Hofakten geführt wurden, in welche die-felben fortlaufend von Hofnotaren eingetragen wurden, wird fich frei-lich fchwer beftimmen laffen. Denn bloffe Akte über Handlungen des Königs haben fich aus älterer Zeit, wenn wir von dem zu befprechen-den Falle von 983 abfehen, kaum erhalten. Wohl aber danach gefer-tigte Inftrumente, welche wir, wie fchon bemerkt, für unfere Zwecke den Akten gleichftellen können, da es ja wefentlich nur beglaubigte Akte find.

Ueber manche Handlungen des Königs wurden herkömmlich nur Inftrumente gefertigt; fo insbefondere über die gerichtlichen Entfchei-dungen. Aber auch manche Gewährungen, über welche in der Regel Diplome ausgeftellt wurden, finden fich wohl in Inftrumenten verbrieft; fo etwa die Schenkung St. 3132, deren von Stumpf als auffallend be-zeichnete Form fich genau einem italienifchen Notariatsformular für Schenkungen anfchliefst, oder die Beftätigung St. 3154. Vielfach wird dann eine weitere Verbriefung überhaupt nicht erfolgt feien. Das No-tariatsinftrument St. 3003 von 1097, Verleihung eines Vorrechtes durch den König an den Markgrafen von Efte betreffend, ift im Texte und beftimmter noch in der Unterfchrift des Notar bereits als Privilegium bezeichnet; es follte alfo zweifellos nicht etwa nur einem noch anzufer-tigenden Diplome als Grundlage dienen. Manche Parteien mochten fich der Koften eines Privilegs wegen mit dem Inftrumente begnügen. Zu-weilen mochten auch Nichtanwefenheit des gewöhnlichen Kanzleiper-fonal oder ähnliche Umftände eine Verbriefung in den gewöhnlichen Formen nicht geftatten. Dann verfuchten die italienifchen Notare wohl, fich der Form der Diplome näher anzufchlieffen, ohne diefelben doch geradezu nachzuahmen; vgl. § 116. Oder es wurde dem Inftrument vereinzelt noch eine Beglaubigung in der Kanzlei zugefügt. So 1212 bei der wichtigen Beftätigung Cremas an Cremona, Böhmer Acta 772; das kurze Notariatsinftrument wurde in der Kanzlei nur datirt und be-fiegelt.

Aber es fehlt uns auch keineswegs an Haltpunkten, welche erwei-fen, das königliche Diplome auf Grundlage von Akten oder Inftrumenten gefertigt wurden. Sind diefelben nicht häufiger, fo wird der Grund darin liegen, dafs in folchen Fällen die Partei in der Regel kein Inftrument erhalten haben wird, während uns die Akten des Hofes verloren find.

In einem Inftrumente, Böhmer Acta 246, wird ausführlich berichtet, wie K. Friedrich 1220 Oct. 12 am Montage der Kirche von Cafale ihre Befitzungen und Rechte beftätigte und einen Stiftsherrn damit inveftirte. Nach Angabe von Zeugen und Ort heifst es dann noch: *Praeterea etiam hanc chartam feguenti die martii in praesentia praepositi de Tanna et Torelli d. rex praecepit (fieri et) litteras suo sigillo sigillari, comme-morantes predictas donationes, concessiones et confirmationes;* worauf der Notar mit *interfui predictis omnibus et iussus hanc chartam scripsi*

187] unterzeichnet. Bis auf den Schlufsfatz dürfte das Inftrument lediglich einen fchon am Tage vorher gefertigten Akt wörtlich wiederholen, da doch eine der Handlung gleichzeitige Aufzeichnung anzunehmen ift. Der Schlufsfatz ift korrumpirt. Aber ich glaube kaum, dafs er dahin aufzufaffen ift, dafs nur diefes Inftrument zu fertigen und ausnahmsweife mit dem königlichen Siegel zu verfehen fei. Ich möchte ihn fo verftehen, dafs der König aufser dem Inftrumente auch noch ein befiegeltes Diplom deffelben Inhaltes zu fertigen befahl. Diefem wurde dann natürlich der Akt zu Grunde gelegt, welcher felbft feiner wörtlichen Faffung nach fchon vielfach darauf berechnet fcheint, dafs nach ihm ein feierliches Diplom gefertigt werden follte.

Wir befprachen bereits § 102 die Urkunde über die Aechtung der Grafen von Cafaloldi 1220, Reg. Fr. II. 379. Dafs am Hofe über die Bannfentenzen des Königs Akten geführt wurden, wird gar nicht zu bezweifeln feien; und die eigenthümliche Anordnung der Urkunde fcheint fich mir am einfachften daraus zu erklären, dafs alles, was über die frühere Verhängung des Bannes gefagt ift, und das dazu gehörige Datum aus dem Akte wiederholt feien wird, während man dann die mit *verum quia* beginnende Nachricht über die fpätere Publikation des fällig gewordenen Bannes und die bezügliche Zeitangabe zum Zwecke der Beurkundung hinzufügte.

Laut Inftrument von 1191 Nov. 25, St. 4719, verfprach K. Heinrich an Cremona den Befitz von Crema, Infula Fulcherii und ungenannter Orte, *sicuti in brevibus et privilegio d. imperatoris predictis Cremonensibus nomine communis Cremone concesso continetur.* Aber das Privileg war noch nicht gefertigt; zweifellos genauer heifst es in dem Inftrumente St. 4721 über den an demfelben Tage für den Kaifer geleifteten Schwur: *de Crema et Insula Fulcherii et locorum omnium, que in breviariis privilegii suprascripti d. imperatoris-continentur et in ipso privilegio continebuntur.* Unter den Breviarien des Privileg werden wir uns doch ein Notariatsinftrument zu denken haben, in welchem der gefammte, vorläufig geheim zu haltende Inhalt des verfprochenen Privileg angegeben war. Scheint ein entfprechendes Schriftftück im Archive zu Cremona zu fehlen, fo ift das wahrfcheinlich daraus zu erklären, dafs daffelbe fpäter der Kanzlei eingereicht und danach wirklich das bezügliche Privileg 1192 März 5, St. 4740, gefertigt wurde.

Ein befonders günftiger Zufall ift dann, dafs uns über eine und diefelbe Handlung, die Belehnung von Alba 1185 Juni 30, fowohl ein Inftrument, als ein Diplom erhalten find, St. 4420. 21, welche wir § 152 fchon bezüglich der Zeugen befprachen. Auch hier fcheint mir, wie in dem oben befprochenen Inftrumente von 1220 Oct. 12, erkennbar zu feien, dafs der urfprüngliche Akt mit den unter Actum gegebenen Angaben über Ort und Anwefende fchlofs, während dann die Angabe, dafs der Kaifer in Gegenwart Genannter Fertigung des Inftrumentes befahl, erft in diefem felbft hinzugefügt oder auch etwa in den Imbreviaturen des fertigenden Hofnotar nachgetragen feien wird. Da zu Handlung und Befehl verfchiedene Anwefende genannt find, fo erfolgten beide kaum gleichzeitig; und es mufs daher fehr zweifelhaft erfcheinen, ob auch das Inftrument an dem am Eingange des Akts genannten Tage gefchrieben wurde. Das Diplom ift dann, da es auch die beim Befehl Anwefenden unter die Zeugen einreiht, erft auf Grundlage des Inftruments oder etwa des vervollftändigten Akts gefertigt. Dabei tritt nun deutlich hervor, wie fehr beftimmend folche Vorlagen waren. Der Text ftimmt bis auf die Aenderungen, welche durch die Form des Diplom bedingt waren, wörtlich überein; eine Beglaubigungsformel fehlt fichtlich nur defshalb, weil die Vorlage nichts Entfprechendes enthielt; die Zeugen der verfchiedenen Handlungen find im Diplom in eine Reihe zufammengeftellt; weiter aber find auch die Angaben des Aktes über Zeit und Ort der Handlung unter Datum einfach wiederholt, obwohl es nach dem Gefagten doch durchaus unwahrfcheinlich feien mufs, dafs es noch am Tage der Handlung gefertigt wurde.

Aus früherer Zeit fcheint befonders beachtenswerth ein Fall, bei dem fich gleichfalls Akt und Diplom erhalten haben. St. 847, M. Germ. L. 2, 35, ift nichts anderes, als ein Akt über die 983 Juni 7 am Hofe in Gegenwart genannter Genoffen erfolgte Verhandlung über die Bitte der Venetianer um ficheres Geleit, über das Zurathen der Fürften und den gewährenden Befehl des Kaifers, eine bezügliche Verbriefung, *huiuscemodi scriptum*, zu fchreiben und zu fiegeln. Das daraufhin ausgeftellte Diplom ift dann zweifellos St. 846, M. Germ. L. 2, 34. Es ift auffallend, dafs fich hier auch der Akt in den venetianifchen Kopialbüchern erhalten hat, der fo, wie er uns vorliegt, ganz ungeeignet erfcheinen mufs, um den Venetianern als Beweismittel zu dienen, während doch auch kaum anzunehmen ift, dafs er ihnen etwa als Inftrument ausgefertigt und in den Kopialbüchern nur die Beglaubigung des Notar fortgelaffen wurde; denn im Akte felbft ift nicht auf Fertigung eines Inftrumentes, fondern eines befiegelten Diplom hingewiefen, wie es ja auch wirklich gefertigt wurde. Ich möchte nicht bezweifeln, dafs wir hier eine einfache Abfchrift aus den Hofakten vorliegen haben; es konnte ja für Venedig von Intereffe feien, eine folche neben der Urkunde zu befitzen. Dafür dürfte fich vielleicht auch geltend machen laffen, dafs trotz der fonftigen genauen Angaben eine Ortsangabe fehlt; fällt das Stück in einen längern Aufenthalt zu Verona und wurde es einer fortlaufenden Reihe von Akten entnommen, fo mochte der Ort in einer Weife kenntlich gemacht feien, welche jedesmalige Wiederholung überflüffig machte. Dann wird uns aber diefes Stück zunächft dafür mafsgebend feien müffen, dafs damals Hofakten geführt wurden und wie fie geführt wurden. Beim Vergleiche mit dem Diplom, das hier in feinem Texte kaum beeinfluft feien dürfte, ergibt fich insbefondere, dafs keineswegs alle thatfächlichen Angaben des Aktes in das Diplom übergingen, insbefondere nicht die Anführung der Anwefenden, von denen nur die beiden Kaiferinnen als Fürbitterinnen

187] genannt werden, dafs man alfo am Hofe genauere Aufzeichnungen über die bezüglichen Verhandlungen gehabt haben wird, als die meiften Diplome das vermuthen laffen. Das Diplom ift fchwerlich fchon an demfelben Tage gefertigt, zumal es das Pactum, St. 845, Leibniz Ann. 3, 448, als bereits gewährt vorausfetzt, welches von demfelben Juni 7 als dem Tage der Handlung datirt ift. Leider ift uns die Datirung des Diplom nicht erhalten; ich möchte kaum bezweifeln, dafs wenigftens für diefe der Akt mafsgebend gewefen feien dürfte.

Fs ift weiter in dem Pactum K. Lothars für Venedig von 840, Reg. Kar. 556, Romanin St. di Ven. 1, 356, der gefammte, vom Kaifer in der dritten Perfon redende Eingang fichtlich nur Wiederholung eines Aktes über die Genehmhaltung der anfcheinend von Bevollmächtigten beider Parteien vorher feftgeftellten Beftimmungen durch den Kaifer. Die Beftimmungen felbft find dann allerdings in die Form einer perfönlichen Aeufserung des Kaifers gebracht; aber doch nicht fo durchgreifend, dafs der Kaifer nicht auch von einem *mandatum d. imperatoris Lotharii*, von *missi d. Lotharii imperatoris* redete, auch von *pars domini nostri*, was beftimmter darauf deutet, dafs die urfprüngliche Form die einer Willensäufserung kaiferlicher Unterthanen war. Dabei finden wir denn wieder einen höchft auffallenden Beleg für die Abhängigkeit der Erneuerungen von den Vorlagen. Die letzterwähnten Ausdrücke find auch im Pactum K. Berengars von 888, Forfch. zur D. Gefch. 10, 279, nicht etwa befeitigt, fondern auf Berengar umgefchrieben. Ebenfo findet fich in diefem, wie auch noch in dem Pactum K. Ottos I. von 967, St. 435, Stumpf Acta 12, der die Form des Aktes beibehaltende Eingang wefentlich nur auf den betreffenden Herrfcher umgefchrieben, aber fo gedankenlos, dafs man in der Kanzlei K. Berengars bei kleinen felbftftändigen Zufätzen trotzdem in die Form einer Aeufserung des Herrfchers verfiel, es da *regni nostri*, *vestre potestatis* heifst; und die fich daraus ergebende Formlofigkeit blieb dann auch unter K. Otto I. trotz der Umfchreibung unbeachtet. Erft im Pactum K. Ottos II. von 983, St. 845, Leibniz Ann. 3, 448, erfolgte eine durchgreifende Befferung der Faffung, die aber doch noch auffallende Eigenthümlichkeiten zeigt und insbefondere noch immer in der ungewöhnlichen Datirung unter Actum und im Eingange das Zurückgehen auf einen Akt verräth.

188. Wenn die in Italien üblichen Notariatsinftrumente das Aufnehmen von Akten näher legen mochten, fo fcheint es mir doch auch in den Königsurkunden für Deutfchland an Haltpunkten nicht zu fehlen, aus denen fich ergeben dürfte, dafs auch in Deutfchland am Hofe vielfach zunächft Akte aufgenommen wurden, welche man dann bei der fpäteren Beurkundung benutzte.

Am deutlichften tritt das hervor bezüglich der Akten des Hofgerichtes. Im Mainzer Rechte von 1235, M. Germ. L. 2, 318, wird ausdrücklich als Verpflichtung des Notar des Hofgerichtes angegeben: *Idem scribet omnes sentencias coram nobis in maioribus causis inventas, maxime contradictorio iuditio optentas, que vulgo dicuntur gesamint urteil, ut in posterum in casibus similibus ambiguitas rescindatur, expressa terra secundum consuetudinem cuius sentenciatum est.* Allerdings ift da der angegebene Zweck ein anderer und die Verfügung könnte ja auch unausgeführt geblieben feien. Aber auch ohne diefe ausdrückliche Angabe würde ich gar nicht bezweifeln, dafs über die Urtheile des Hofgerichts Akte aufgenommen und nach diefen die uns erhaltenen Beurkundungen von Rechtsfprüchen gefertigt wurden.

  Einen feften Ausgangspunkt fcheint da für die fpätere Zeit insbefondere der § 113 berührte Umftand zu bieten, dafs in den Beurkundungen der Rechtsfprüche fchon im Texte der Ort, feit K. Rudolf dann auch der Tag genannt wird. Das war überflüffig, wenn der Text zunächft zum Zwecke der Beurkundung konzipirt wurde, da diefe jene Angaben ohnehin in der Datirung zu bringen hatte. Auch der Umftand, dafs man etwa im Texte Tag und Ort der Handlung, in der Datirung dagegen der Beurkundung kenntlich machen wollte, kann nicht eingewirkt haben, da, wie wir fahen, beide Angaben durchweg zufammenfielen oder die Datirung einfach auf die Angabe des Textes zurückverwies. Viel beachtenswerther ift der Umftand, dafs bei doppelter Angabe der Tag faft regelmäffig im Texte nach der kirchlichen Feftrechnung, in der Datirung aber nach römifchem Kalender bezeichnet wird.

  Nur das letztere entfpricht dem Brauche der Reichskanzlei, der von vereinzelten Fallen abgefehen im dreizehnten Jahrhunderte die Datirung nach Feften noch fremd ift; erft unter K. Ludwig dem Baiern wird diefe allgemeiner üblich, wohl zunächft im Anfchlufs an den jetzt häufiger werdenden Gebrauch der deutfchen Sprache. Die königlichen Verbriefungen der Rechtsfprüche wurden denn auch zweifellos nicht von den Notaren des Hofgerichts, fondern von der Kanzlei ausgefertigt. Wenigftens in älteren Rechtsfprüchen, fo M. Germ. L. 2,186, Huillard 2,796. 833, ift mit *datum per manus protonotarii* wohl beftimmter darauf hingewiefen, wie ja auch übrigens das Protokoll der Verbriefungen von Rechtsfprüchen im allgemeinen dem anderer Königsurkunden durchaus entfpricht.

  Dafs nun die Kanzlei bei freier Formulirung des Textes fich in diefem nicht einer andern, ihr überhaupt fremden Weife der Tagesbezeichnung bedient haben würde, ift doch zweifellos. Sie mufs dazu durch ihr fchon vorliegende Texte beftimmt feien; und das können der ganzen Sachlage nach nicht wohl andere gewefen feien, als die von den Notaren des Hofgerichts gefertigten Akte. Dafs man gerade im Hofgerichte fich an die kirchliche Feftrechnung hielt, könnte ein zufällig entftandener Brauch feien. Aber es könnte da auch recht wohl ein fachlicher Grund eingegriffen haben, infofern die gebundenen Tage, an welchen nicht Gericht gehalten werden follte, wefentlich durch die kirchlichen Fefte beftimmt waren.

  Der Annahme einer Fertigung nach den Hofgerichtsakten entfpre-

188] chen auch die fonftigen Umftände. Die Faffung der Verbriefungen
der Rechtsfprüche ift durchweg eine fo knappe, dafs man leicht fieht,
wie die Kanzlei im wefentlichen nur den vorliegenden Akt wiederholte,
die kleinen Aenderungen vornehmend, welche nöthig waren, um dem
Berichte des Aktes die Form einer Kundmachung durch den König zu
geben. Die weiteren Zuthaten waren gering. Vereinzelt ift lediglich der
Titel des Königs vorgefetzt und die Datirung zugefügt; fo M. Germ. L.
2,362. In der Regel findet fich nach dem Titel noch eine kurze Kund-
machungsformel; dann nicht immer, aber doch in der Mehrzahl der
Fälle am Ende eine Beftätigungs- und Beglaubigungsformel; etwa: *quam
quidem sententiam auctoritate regia approbamus, dantes has nostras
litteras nostro sigillo sigillatas in testimonium super eo.* Dafs dann
zweifellos die Datirung gewöhnlich nicht der Beurkundung entfprach,
fondern durch die im Akt vorliegende Zeitangabe beftimmt war, wurde
bereits § 113 nachgewiefen.

189. Hatten wir bisher zunächft die fpäteren Zeiten im Auge, wo
die Sachlage befonders deutlich hervortritt, fo wird diefe doch keineswegs erft durch jene Beftimmung des Mainzer Rechtes begründet feien.
Es ift vielmehr gar nicht zu bezweifeln, dafs es fich bei diefer um keine
Neuerung handelte, dafs auch früher fchon über die Urtheile des Hofgerichtes Akten geführt wurden und dafs diefe Hofgerichtsakten
früherer Zeit bei bezüglichen Beurkundungen als Vorlage dienten.

Zunächft läfst fich jene knappe, dem Berichte über die Sache nur
die nöthigften Formeln zufügende Faffung mindeftens bis auf die Zeit
K. Heinrichs VI. zurückverfolgen, aus der uns zuerft eine gröfsere Zahl
beurkundeter Rechtsfprüche erhalten ift. Und leicht würde fich eine
Reihe von Eigenthümlichkeiten des Sprachgebrauches nachweifen laffen,
welche fich auch fpäter ebenfo finden und auf den Gebrauch des Hofgerichtes zurückzuführen feien werden.

Selbft jene Eigenthümlichkeit, auf welche wir befonderes Gewicht
legten, die Bezeichnung des Tages nach der Feftrechnung, läfst fich zurückverfolgen, obwohl es in früherer Zeit nicht üblich war, auch im Texte
den Tag zu nennen. Finden wir nämlich in der früheren Zeit K. Friedrichs II., fo Huillard 2,77. 826. 3,415, gerade bei Beurkundungen von
Rechtsfprüchen wohl ausnahmsweife in der Datirung den Tag nach der
Feftrechnung angegeben, fo wird nach dem früher Gefagten doch kaum
zu bezweifeln feien, dafs das nur gefchah, weil man dem als Vorlage
dienenden Akte folgte. Vereinzelt ift das auch wohl fpäter der Fall; fo
wird 1287, M. Germ. L. 2,452, die Tagesbezeichnung des Textes *in vigilia annuntiationis b. virginis* ebenfo in der Datirung wiederholt. In
der Erneuerung des Landfriedens für Franken durch K. Friedrich I.
1179, St. 4274, Böhmer Acta 130, beginnt die Narratio: *cum itaque in
prima dominica quadragesime, que fuit 12. kal. martii, in opido Wi-
zenburc ad faciendas iusticias pro tribunali sederemus,* während am
Schluffe unter Acta die Jahre angegeben find. Die ganz ungewöhnliche

Form der Urkunde erklärt fich am leichteftcn aus der Annahmc, dafs fie nach einem im Hofgerichte aufgenommcncn Akt gefertigt wurde, womit dann die Doppelbezeichnung dcs Tages ftimmen würde. Vielleicht darf man da noch weiter zurückgehen. Unter Traditionen von S. Michael zu Bamberg bei Schannat Vind. litt. 42.43 finden fich Berichte über Gerichtsverhandlungen vor einem Boten des Kaifers 1052 und vor dem Könige felbft 1057; in beiden ift der Tag nach römifchem Kalender und aufferdem nach der Feftrechnung angegeben, überhaupt die Datirung genauer, als in den andern Stückcn der Sammlung. Die Berichte felbft, wie fie vorliegen, dürften im Stifte gefertigt feien; aber es ift doch nicht gerade unwahrfcheinlich, dafs die Zeitangaben auf die Akten des Hofgerichts zurückgehen.

Auch die den fpäteren Verbriefungen der Rechtsfprüche eigenthümliche Nennung des Ortes im Texte findet fich ebenfo in dcn frühercn; nicht gerade immer, aber doch fo häufig, dafs dafür die Form der Akten einen beftimmteren Anhalt geboten haben mufs. Nannten diefe zweifellos auch die Zeit, fo wäre es doch leicht möglich, dafs in ihnen die Ortsangabe in näherer Verbindung mit dem übrigen Texte ftand, als die Zeitangabe. Darauf könnte etwa die ungewöhnliche Datirung St. 4959, Cod. Weftf. 2,238, deuten, wo unter Acta zunächft Ort und Zeugen genannt, fchliefslich dann Jahr und Tag angehängt find. In der Regel wird der Ort fchon im Eingange des Textes genannt. Wird er dann häufig in der Datirung wiederholt, fo wirkt der Umftand zuweilen doch auch auf diefe in fo weit ein, dafs in ihr in ungcwöhnlichcr Weife ein Ort nicht genannt wird; fo Huillard 1,323. 3,308, wo in letzterm Falle noch die Angabe des Tages nach der Feftrechnung hinzukommt. Diefe Angabe des Ortes im Texte finden wir fchon im zwölften Jahrhunderte häufig in Verbriefungen von Rechtsfprüchen oder in folchen Diplomen, in welchen Rechtsfprüche angeführt werden. So wird St. 3672 von 1153 bei vier angeführten Rechtsfprüchen jedesmal der Ort genannt, wo fie gefunden wurden, bei dem letzten auch *in festo pentecostes* hinzugefügt, was noch beftimmter auf Vorliegen des Aktes fchliefsen laffen dürfte. Bei St. 4054, Böhmer Acta 114, von 1165 wird der Umftand dann noch auffallender dadurch, dafs der im Texte genannte Ort bei der Datirung überhaupt nicht wiederholt wird; die ganze Urkunde zeigt überhaupt fo viel Eigenthümliches, dafs fie durchaus den Eindruck macht, als fei fie nicht aus der Kanzlei hervorgegangen, fondern nur von einem der Hofnotare der Akt ganz oberflächlich in die Form einer kaiferlichen Urkunde gebracht.

Vereinzelt ift auch das nicht einmal gefchehen. Reg. Henr. (VII.) 19, M. Germ. L. 2,249, beginnt: *Noverint universi, quod cum apud Aquisgranum Henricus rex Romanorum in sollempni curia sederet pro tribunali*, worauf dann über eine Reihe von Rechtsfprüchen berichtet wird. Es findet fich keine Beglaubigungsformel, noch fonft etwas, was fich ausfchliefslich auf die Beurkundung beziehen würde; der ganze Akt

189] könnte wörtlich abgefchrieben feien. Nur einmal ift die Form deffelben verlaffen, indem es unter Actum heifst: *in nostra coronatione.*
Da das Actum den fchon im Texte genannten Ort wiederholt, so dürfte
demnach zum Zwecke der Beurkundung dem vorliegenden Texte lediglich die Datirung zugefügt feien, deren Zeitangabe in den Akten ohne
nähern Zufammenhang mit dem Texte kenntlich gemacht feien mochte.
Nur das Siegel, welches der nur in Abfchrift erhaltenen Urkunde angehängt gewefen feien wird, kann ergeben haben, dafs es fich um ein
Zeugnifs des Königs handelt. Durchaus beibehalten ift auch die Form
eines Aktes bei St. 3565, M. Germ. L. 2,564, von 1149, welches überdies in ungewöhnlicher Weife mit den Zeitangaben beginnt; nur dafs
hier äusdrücklich zugefügt ift: *et ut haec omnia postmodum rata et inconvulsa permanerent, presentem paginam item inclitus rex sigilli sui
impressione muniri iussit et, ut testes, qui interfuerunt, annotarentur,
instituit.* Ein Schreiber ift nicht genannt; die Form würde wefentlich
der eines Notariatsinftrumentes entfprechen.

Auf das Vorliegen von Gerichtsakten wird oft auch fchliefsen laffen,
dafs wir fehen, wie die Kanzlei nach geraumer Zeit noch in der Lage
war, Rechtsfprüche mit genauer Angabe der Nebenumftände zu verbriefen. St. 4654 wird zu Fulda 1190 Juli ein zu Merfeburg 1189 Octo-
ber 16 gefundener Rechtsfpruch unter Angabe des Tages und der Urtheiler bekundet. In der Verbriefung eines fchon 1152 gefundenen, aber
erft 1157 beurkundeten Rechtsfpruches, St. 3762, werden alle bei der
prolatio sententiae anwefend Gewefenen in grofser Zahl namentlich aufgeführt. In Urkunde von 1089, St. 2893, worin der Kaifer zu Regensburg die dem Markgrafen Ekbert abgefprochenen Graffchaften an Utrecht
reftituirt, werden nicht nur die im Jahre vorher zu Quedlinburg gegen
Ekbert erfolgten Rechtsfprüche felbft, fondern auch die Namen der beiden Urtheilsfinder und zwölf zuftimmender Grofsen erwähnt. Solche
Angaben fetzen doch zweifellos das Vorhandenfein gleichzeitiger Aufzeichnungen voraus.

Ein befonders beachtenswerther Fall erlaubt uns, noch in bedeutend frühere Zeit zurückzugreifen. St. 516, Mohr Cod. 1,91, beftätigt
der Kaifer 972 der Kirche von Chur die angefochtene Schenkung eines
Königshofes, nachdem vorher durch Inquifitionsverfahren die Berech-
tigung des Kaifers zur Schenkung feftgeftellt war. Die Angaben der Urkunde über die Gerichtsverhandlung find fehr genau; die fchwörenden
Zeugen, wie die anwefenden Grofsen find einzeln aufgeführt. Daraus
wird fich an und für fich eine beftimmtere Folgerung nicht ziehen laffen;
nahmen wir § 110 auch an, dafs das Diplom nach der Handlung datirt
wurde, fo folgt daraus nicht gerade, dafs es erft erheblich fpäter gefertigt wurde. Es gibt nun aber über denfelben Gegenftand ein zweites
bereits § 5 erwähntes Diplom, deffen Veröffentlichung und genauere
Befprechung durch Sickel bevorfteht, fo dafs ich auf die Frage, wie die
höchft fonderbare Form des Schriftftückes überhaupt entftanden feien

dürfte, hier nicht näher eingehe. Von den für unfere Zwecke beachtenswerthen Umftänden erklärt fich die Erwähnung des 968 geftorbenen
Bifchof Hartbert von Chur als noch lebend unmittelbar daraus, dafs die
Vorlage St. 236 von 955 gedankenlos benutzt wurde. Es ift nun aber
weiter zwar der Eingang und der Schlufs in gewöhnlicher Weife in en-
gerem Anfchluffe an St. 516 als Zeugnifs des Kaifers gefafst, dagegen
die Angabe über die Gerichtsverhandlung zwar auch fachlich übereinftimmend mit St. 516, aber in ganz anderer Form gegeben, nicht als
Zeugnifs des Kaifers, fondern als Bericht eines Ungenannten, in welchem
auch vom Kaifer wiederholt in dritter Person die Rede ift. Das kann
zweifellos feine Erklärung nur darin finden, dafs dem Schreiber ein Akt
über die Gerichtsverhandlung vorlag, aus dem er die Angaben in ungeänderter Form entnahm, während fie in St. 516 entfprechend umge-
formt wurden. Doch dürfte der Akt felbft noch vollftändiger gewefen
feien, da jeder der beiden Texte einige Namen hat, welche dem anderen
fehlen.

Wenigftens zu erwähnen dürften hier auch noch feien Reg. Kar.
1962. 64, Mittelrh. U. B. 1,223. 224, Verbriefungen über die auf Urtheil
der Pallaftfchöffen erfolgte Reftitution der Abtei S. Servaes an Trier
durch K. Karl von Weftfranken von 919 Juni 13 und Juli 9. Die letztere
ift ein Präzept in gewöhnlichen Formen. Die erftere wird nur als Notitia
bezeichnet, entbehrt der königlichen Unterzeichnung, ift nicht *anulo
nostro* fondern *sigillo nostri palatii* gefiegelt, nicht in Vertretung des
Erzkanzlers rekognofzirt, fondern auf Befehl des Königs von einem Notar
gefchrieben. Aber eine gröfsere Annäherung an die Formen eines Ge-
richtsaktes zeigt fich kaum; dafs ein folcher vorlag, würde fich nur etwa
aus der ungewöhnlichen, auf die Beglaubigungsformel folgenden Aufzählung der Urtheiler fchliefsen laffen.

190. Wird für die Verbriefungen von Rechtsfprüchen nicht zu bezweifeln feien, dafs fie nicht blos vereinzelt, fondern regelmäffig nach
den bezüglichen Akten gefertigt wurden, fq läfst fich das allerdings für
andere Klaffen von Urkunden in gleicher Allgemeinheit nicht behaupten. Dafs aber bei andern Verbriefungen wenigftens nicht felten Akte
vorlagen, möchte ich nicht bezweifeln.

Es wird doch von vornherein wahrfcheinlich feien, dafs über die
verfchiedenften Handlungen am Hofe gleichzeitige Aufzeichnungen gemacht wurden, welche wir etwa als Akten der Hofkanzlei zufammenfaffen können, da ohnedem eine geregelte Gefchäftsführung kaum
denkbar wäre. Allerdings finde ich diefelben nirgends beftimmter erwähnt, falls nicht etwa die § 180 angeführte Beziehung auf die Reichsarchive mit folchen Akten in Verbindung zu bringen wäre. Insbefondere kann es auffallen, dafs in Fällen, wo früher am Hofe Verhandeltes
zur Sprache kam, wohl von einem Beweife durch Zeugen die Rede ift,
nie aber, fo weit ich fehe, durch die Akten der Kanzlei. Dabei wird
aber doch zu beachten feien, dafs diefe nicht gefertigt wurden, um als

190] Beweismittel zu dienen, dafs fie wohl, wie die Traditionsakten der
Kirchen, einen Zeugenbeweis erleichtern konnten, aber doch kaum folchen
Zwecken zunächft ihre Entftehung verdankten. Man betrachtete fie wohl
nur als eine Erleichterung für den Gefchäftsbetrieb von vorübergehen-
dem Werthe; über eine gewiffe Zeit hinaus wird man fie kaum aufbewahrt, ficher nicht zur Hand gehabt haben, da bei dem fortwährenden
Wandern des Hofes die von der Kanzlei mitgeführten Archivalien doch
zweifellos ein beftimmtes Mafs kaum überfchreiten durften. Manches
mochte dann freilich an folchen Orten deponirt feien, an welcher fich
der Hof häufiger und länger aufhielt. Es wird fchwer feien, über die Geftaltung diefer Verhältniffe in älterer Zeit mit einiger Sicherheit zu urtheilen. Einen unmittelbaren Einblick geftatten uns in diefer Richtung
erft die bei K. Heinrichs VII. Tode in Italien zurückgebliebenen Vorräthe der Reichskanzlei; vgl. Wiener Sitzungsber. 14,149 ff. Man fieht,
dafs manche auf die nächftvorhergehenden Regierungen bezügliche
Archivalien über die Alpen mitgenommen waren, dafs weiter auch auf
dem Zuge des Kaifers zum Süden Manches mitgeführt wurde, während
die Hauptmaffe der Vorräthe zu Pifa beruhte. Im allgemeinen erwecken
diefe Beftände kein günftiges Vorurtheil für die in der Kanzlei herr-
fchende Ordnung. Doch ift es fehr möglich, dafs diefe Verhältniffe in
früherer Zeit bei längerem Verbleiben der Krone bei einem Haufe günftiger geftaltet waren.

Ift nun auch aus der früheren Zeit meines Wiffens kein noch fo
fpärlicher Reft von deutfchen Hofakten felbft auf uns gekommen, fo .
ergeben fich doch in den an Parteien gegebenen Verbriefungen manche
Anhaltspunkte, dafs folche vorhanden waren.

Zunächft liegen uns auch in Deutfchland Verbriefungen von Handlungen oder Entfchlieffungen des Königs vereinzelt wohl in der unge-
änderten Form des Aktes oder danach gefertigten Inftrumentes vor.
Freilich ·werden diefe nicht immer in der Reichskanzlei gefchrieben
feien. So ift zweifellos ein befiegelter Akt von 1167, St. 4093, Wartmann U. B. 3,46, Schenkung eines Minifterialen durch K. Friedrich an
S. Gallen, nach der ganzen Faffung im Klofter felbft gefchrieben; er
würde fich in keiner Weife von anderen Traditionsakten unterfcheiden,
wäre er nicht befiegelt gewefen, aller Wahrfcheinlichkeit nach mit dem
Siegel des Kaifers, da nur diefes das Schriftftück zu einem Beweismittel
machen konnte, wozu es doch beftimmt gewefen zu feien fcheint. Ebenfo
wird der Akt von 1188, St. 4507, Cod. Anhalt. 1,486, über eine Verfügung des Kaifers zu Gunften des Klofters Frofe im Klofter felbft gefchrieben feien; auch von den drei Siegeln ift das einzige vollftändig
erhaltene das des Klofters felbft; der Werth der Aufzeichnung konnte
dann nur in den beiden andern Siegeln liegen, wahrfcheinlich denen der
Bifchöfe von Merfeburg und Naumburg, welche im Akte als Zeugen
aufgeführt find, deren Beglaubigung alfo von Gewicht war.

Um Schriftftücke, welche in der Kanzlei felbft gefertigt wurden,

handelt es fich zweifellos bei den in Form von Akten gefafsten Beurkundungen von Verträgen des Königs, welche bereits § 115 befprochen
wurden. Allerdings werden diefe infofern keinen Rückfchlufs auf andere
Beurkundungen geftatten, als der Akt hier in der Regel nicht als bloffe
Vorbereitung der Urkunde erfcheint, wir vielmehr nachzuweifen fuchten, dafs ein befonderer Gefichtspunkt dafür fprach, die Form des Aktes
für die endgültige Verbriefung beizubehalten. In Einzelfällen aber hielt
man fich wohl defshalb an diefe Form, weil es fich nur um eine vorläufige Verbriefung handelte, nachträgliche Ausfertigung eines Diplom
in Ausficht genommen war. Das ift ausdrücklich gefagt in dem Inftrumente St. 4375 von 1184 für den Grafen von Hennegau, das feinem
Hauptinhalte nach anfcheinend einen vorher gefertigten Akt wörtlich
wiederholt, während feine Bedeutung als Beweismittel für die Partei dann
allerdings durch die Angabe kenntlich gemacht ift, dafs der Kaifer
Siegelung und Anführung der Zeugen befahl. Noch weniger geändert
fcheint eine bloffe Abfchrift des Aktes vorzuliegen bei einer andern
Verbriefung für den Grafen von 1188, St. 4628; nur etwa die Anführung von Ort und Tag unter Datum dürfte einem Akte nicht entfprechen; es fehlt dem Schriftftücke felbft jede Angabe, dafs daffelbe ein
Zeugnifs des Königs fei; es wird diefen Charakter nur durch Anhängung
des Siegels erhalten haben.

Aber auch da, wo die Verbriefung die Form eines königlichen
Zeugniffes hat, fieht man wenigftens in Einzelfällen deutlich den Einflufs des Aktes auf die Faffung. So insbefondere bei Reg. Albr. 5, Warnkönig Flandr. R. G. 1,99, wo die Narratio in ungewöhnlicher Weife mit
genauer Angabe der Zeit und des Ortes und der Grofsen, in deren Gegenwart die Belehnung vorgenommen ift, beginnt; dafs da ein Akt
lediglich in die Form eines königlichen Zeugniffes umgefchrieben wurde,
wird keinem Zweifel unterliegen können. Daraus ift es denn auch zu
erklären, dafs, wie bereits § 112 bemerkt wurde, die Datirung trotz des
Ausdruckes Datum fich nur auf die Handlung, nicht auf die Beurkundung beziehen kann. Auch bei den anderen § 112 angeführten Urkunden könnte die ungewöhnliche Aufnahme der Zeitangaben in den Text
auf Akten zurückgehen. Daffelbe möchte der Fall feien bezüglich der
ungewöhnlichen Faffung des Schlufsprotokoll, wie fie fich wohl unter
Heinrich VI., häufiger im folgenden Jahrhunderte findet, bei welcher
die Aufführung der Grofsen in die Datirung aufgenommen ift und diefelben nicht als Zeugen, fondern als Anwefende bezeichnet find. So
etwa St. 4736: *acta sunt haec a. d. 1192, ind. 10, 13. kal. martii praesentibus his principibus — ; data per manum S. i. a. protonotarii apud
Hagenowe;* oder Huillard 2,850: *acta sunt hec Northusen in presentia
— anno inc. d. 1225, 5 kal. aug., ind. 13.* Weicht das vom gewöhnlichen Gebrauche der Kanzlei ab, während es dem der Notariatsakte
entfpricht, fo wird die Annahme einer Einwirkung vorliegender Akte
nicht gerade unwahrfcheinlich feien. Werden weiter vereinzelt fchon

190] im eilften Jahrhunderte Handlungszeugen in Königsurkunden genannt, vgl. § 132, fo findet das gewifs feine einfachfte Erklärung darin, dafs ein Akt vorlag, aus dem dann nicht blos die Angabe über die Handlung felbft, fondern auch die den Diplomen fremde Zeugenaufführung übernommen wurde.

191. Aber auch ganz abgefehen von der Form wird oft die Genauigkeit der Angaben bei nachträglichen Beurkundungen, welche, wie wir fahen, oft erft Monate und Jahre nach der Handlung erfolgten, dafür fprechen, dafs die Kanzlei über gleichzeitige vorläufige Aufzeichnungen verfügte. In Einzelfällen mag allerdings die Partei in der Lage gewefen feien, Vorlagen beizubringen, welche nach längerer Zeit noch genaue Angaben geftatteten; fo kann St. 4140, erft 1172 über eine Handlung von 1164 gefertigt, diefe Angabe einer vorgelegten gleichzeitigen bifchöflichen Verbriefung derfelben Handlung entnommen haben, vgl. § 86. Aber das find doch Ausnahmen.

Wir wiefen § 103 nach, dafs die Urkunde über die Belehnung der Gräfin von Ravensburg im J. 1224, Reg. Henr. (VII.) 64, mehr als ein Jahr fpäter ausgefertigt wurde. Sind in derfelben nicht allein Tag, Ort und Lehensftücke, fondern auch fechszehn Zeugen zum Theil niederen Ranges angegeben, fo wird an Benutzung einer gleichzeitigen Aufzeichnung gar nicht zu zweifeln feien. Dafs Akten über die Belehnungen geführt wurden, obwohl diefelben in der Regel nicht verbrieft wurden, ift gewifs nicht zu bezweifeln; auch die ungewöhnliche Faffung der Urkunde würde fich recht wohl auf Einflufs eines Aktes zurückführen laffen. Auch bei vielen der § 144 ff. erörterten Fälle, bei welchen die Zeugen fich nicht auf die nachträgliche Beurkundung, fondern auf die frühere Handlung beziehen, wird doch nicht zu bezweifeln feien, dafs Akte vorhanden waren, denen man die Namen auch fpäter noch entnehmen konnte.

Auf daffelbe läfst aber oft auch der Rechtsinhalt fchliessen. Wo es fich etwa nur um Schenkung eines Hofes mit Zubehör handelt, da mochte auch ohne gleichzeitige Aufzeichnung bei nachträglicher Beurkundung die einfache Thatfache fich leicht feftftellen laffen. Aber häufig war der Inhalt nachträglicher Beurkundungen keineswegs fo einfach geftaltet. So fuchte ich § 118 für St. 3123 die Anficht zu begründen, dafs die Handlung nach Speier 1116, die Beurkundung aber nach Italien 1118 gehört. Nun handelt es fich aber um ziemlich verwickelte Abmachungen und Verfügungen, veranlafst durch die Klagen des Abtes von S. Maximin über ein ihm durch den früheren Kanzler, jetzigen Erzbifchof von Mainz entfremdetes Lehen. Werden weiter zwölf Intervenienten namentlich aufgeführt, wird der Ort, vielleicht auch der Tag, der Handlung entfprechend angegeben, fo konnte man diefe doch zweifellos nicht zwei Jahre fpäter in Italien verbriefen, wenn man nicht eine den ganzen fachlichen Inhalt der Urkunde umfaffende Aufzeichnung vorliegen hatte. Dabei fcheint noch ein anderer Umftand beachtenswerth. Der Kaiſer ſagt 1125 Mai 7, St. 3212, Mittelrh. U. B. 1,510, und zwar zweifellos im Hinblick auf das fragliche Privileg, daſs er *ante viiii. annos privilegii noſtri auctoritate* das Recht des Abtes anerkannt habe. Das weiſt alſo auf 1116. Dem Privileg ſelbſt konnte man das nicht entnehmen, da es 1118 nennt. Allerdings mochte der Abt bei ſpäterer Vorlegung deſſelben geltend machen und leicht erweiſen, daſs die bezügliche Entſcheidung 1116 erfolgt ſei. Es iſt nun aber keineswegs unwahrſcheinlich, daſs die Urkunde von 1125 überhaupt nicht auf unmittelbares Einſchreiten des Abtes erfolgte. Sie betrifft zunächſt eine Reſtitution, welche der Abt ſeit acht Jahren vergeblich verlangt hatte; eine Beſtätigung jener, wohl nicht genügend ausgeführten Verfügung von 1116; endlich Abſtellung einer erſt in das laufende Jahr fallenden Vergewaltigung. Es iſt weiter in ihr ausdrücklich geſagt, daſs der Kaiſer ſie auf dem Krankenbette ausſtelle, weil er in Vorausſicht ſeines nahen Todes beſchloſſen habe, den bisher unerledigten Klagen des Abtes, wie aller andern Kirchen gerecht zu werden. Danach iſt es doch ſehr möglich, daſs der Kaiſer aus eigenem Antriebe gerade jetzt die Fertigung befahl und die Kanzlei dabei nicht auf Vorlagen des Abtes, ſondern auf ihre eigenen Aufzeichnungen angewieſen war. Dann würde ſich ergeben, daſs dieſelbe eine Aufzeichnung über den Hergang hatte, welche nicht zu dem im früheren Diplome angegebenen J. 1118, ſondern zum J. 1116 eingetragen war, wobei es ſich dann wohl nur um Hofakten handeln konnte.

· Bei ſehr vielen der früher beſprochenen nachträglichen Beurkundungen würde ſich nachweiſen laſſen, daſs ſie zweifellos auf eine frühere Aufzeichnung zurückgehen müſſen. Freilich wird das nicht nothwendig gerade immer ein Akt geweſen ſeien müſſen. So nahm ich etwa § 99 für St. 792 aus Rom 981 Apr. 2 an, daſs die Handlung ſchon das Jahr vorher in Deutſchland geſchah. Bei den genauen Angaben des Geſchenkten und der Intervenienten kann dann unmöglich erſt zu Rom die erſte Aufzeichnung erfolgt ſeien. Aber es iſt ja denkbar, daſs in Deutſchland ſogleich ein Konzept gefertigt wurde, die Ausfertigung der Urkunde aber erſt zu Rom erfolgte.

Dieſe anderweitige Erklärung durch ein früher gefertigtes Konzept ſcheint mir aber insbeſondere doch nur zuläſſig, wenn die Datirung ſich, was wir allerdings als Regel zu erweiſen ſuchten, auf die Beurkundung bezieht. Denn nach Mafsgabe ſpäterer Unterſuchungen glaube ich annehmen zu dürfen, daſs die Konzepte zunächſt keine Datirung enthielten, wenn dieſelbe nicht etwa ſchon aus einer Vorlage in dieſelben übergegangen war. Insbeſondere aber bei den ſehr zahlreichen Ausnahmen, bei welchen die Datirung ganz oder doch theilweiſe der Handlung entſpricht, ſcheint mir durchweg anzunehmen zu ſeien, daſs ein Akt vorlag und mittelbar oder unmittelbar auf die Datirung Einfluſs gewann; nur dadurch ſcheinen mir jene Ausnahmen überhaupt eine genügende Erklärung zu finden. Ob daraus nun auch der Umſtand zu erklären

191] feien dürfte, dafs befonders häufig der Ort der Handlung, die Zeit aber der Beurkundung entfpricht, vgl. § 118, darüber dürfte fich fchwer mit Sicherheit urtheilen laffen. Wenigftens für die ältere Datirungsform fcheint da auch die Anführung nur des Ortes unter Actum zur Erklärung auszureichen. Aber es wird in diefer Richtung doch auch beachtenswerth feien, dafs bei Rechtsfprüchen, deren durchgängige Ausfertigung nach Akten am wenigften zu bezweifeln feien wird, in früherer Zeit gerade nur der Ort, nicht auch die Zeit, dem Akte entnommen wurde, vgl. § 189. Das könnte darauf fchlieffen laffen, dafs die Form der Akten eine Entlehnung gerade des Orts befonders nahe legen mochte, wenn es da auch an anderen, fpäter zu befprechenden Erklärungen nicht fehlt.

Die Einwirkung der Vorurkunden auf die Beurkundung läfst fich allerdings ungleich beftimmter erweifen, als die der Akte, da jene fich einmal überaus häufig felbft erhalten haben, was bei diefen kaum in ein oder anderem Falle zutrifft, da weiter in den Erneuerungen fo häufig ausdrücklich auf die Vorurkunden hingewiefen ift. Ohne diefe Umftände dürften die Urkunden, welche uns mit Sicherheit auf Beeinfluffung durch eine Vorurkunde fchlieffen laffen, kaum zahlreicher feien, als die, in welchen fich Benutzung eines Aktes verräth. Gibt diefe uns die nächftliegende Erklärung für die häufige, früher befprochene Beziehung der Datirung und der Zeugen auf die Handlung, fo werden wir fie auch weiterhin noch vielfach in Rechnung zu ziehen haben.

UEBERSICHT.

HANDLUNG UND BEURKUNDUNG.

107. Kaiferdiplome mit Datirung aus der Königszeit. — 108. Nichtzuläffigkeit der Annahme eines Zufammenfallens von Handlung und Beurkundung auf einen Tag. 109. Datirung vom Tage der Handlung; bei Vollziehung durch die Urkunde; 110. bei nachfolgender Beurkundung. 111. Mehrfache Ausfertigung mit gleichlautender Datirung. 112. Zurückverweifung auf den Tag der Handlung. — 113. In Beurkundungen von Rechtsfprüchen; 114. von Gefetzen; 115. von Verträgen; 116. in ungewöhnlicher Form. Nichteinheitliche Datirung. 117. Datirung zum Theil nach der Handlung und zum Theil nach der Beurhundung; 118. nach Ort der Handlung und Zeit der Beurkundung; in der älteren Datirungsformel; 119. in den Formeln der ftaufifchen Zeit; ausnahmsweife Angabe des Ortes unter Actum; 120. ohne Rückficht auf Actum und Datum; ·121. bei der Monatsdatirung. — 122. Nach Ort der Handlung mit theils diefer, theils der Beurkundung entfprechenden Zeitangaben; Tag der Handlung und Jahr der Beurkundung; 123. Tag der Beurkundung u. Jahr der Handlung; 124. Jahresangaben theils nach der Handlung, theils nach der Beurkundung. — 125. Nach Zeit der Handlung u. Ort der Beurkundung; ältere Datirungsformel; 126. fpätere Formeln. Willkürliche Datirung. 127. Vorausdatirung nach Zeit der bevorftehenden Handlung. 128. Willkürliche Zurückdatirung. ·129. Datirung nicht vom angeblichen Ausfteller herrührender Beurkundungen.

Handlungszeugen und Beurkundungszeugen. 130. Fehlen der Zeugen in ältern Königsurkunden. 131. Ausnahmsweifes Vorkommen; Unterzeichnungen; 132. Aufführung in der Urkunde. — 133. Zufammenhang der fpätern Zeugen mit den frühern Fürbittern. 134. Uebergang von den Fürbittern zu Zeugen. 135. Einflufs der Privaturkunden auf die Form. — 136. Beziehung auf Handlung oder Beurkundung; Zuftimmungszeugen. 137. Anführung von Handlungszeugen und Beurkundungszeugen. — 138. Beziehung auf die Beurkundung; 139. wegen Erwähnung in der Beglaubigungsformel; 140. ausdrücklicher Bezeichnung als Beurkundungszeugen; 141. bei nachträglicher Beurkundung; 142. mehrfache Ausfertigungen mit verfchiedenen Zeugen. — 143. Beziehung auf die Handlung; 144. bei nachträglicher Beurkundung; 145. wegen Uebereinftimmung mit den anderweitig bekannten Handlungszeugen; 146. Nennung verftorbener Zeugen; 147. Nichtanwefenheit bei der Beurkundung; 148. Nichtpaffen zum Orte? 149. Nichtübereinftimmen mit gleichzeitigen Beurkundungszeugen; 150. Uebereinftimmung mit Zeugenreihen aus der Zeit der Handlung. — 151. Beziehung auf die beftätigte Privathandlung. — 152. Vermengung von Handlungszeugen und Beurkundungszeugen.

VORLAGE UND BEURKUNDUNG.

Vorbemerkungen. 153. Benutzung von Vorlagen. 154. Formulare.

Vorurkunden für Privaturkunden. 155. Vorurkunden überhaupt. 156. Beglaubigung vorgelegter Urkunden. · 157. Neuausfertigungen ; durch wörtliche Einrückung ; Beftätigungsurkunden ; 158. unter Beibehaltung der urfprünglichen Faffung ; 159. durch Aenderungen und Zufätze veranlafste Neuausfertigungen. — 160. Benutzung älterer Urkunden.

Vorurkunden für Königsurkunden. 161. Beglaubigung vorgelegter Urkunden durch Unterzeichnung; 162. von Privaturkunden durch angekündigte Siegelung; 163. durch nachträgliche Siegelung; 164. von nicht in der Reichskanzlei gefertigten Texten von Königsurkunden. 165. Datirung nach Bifchofsjahren.— 166. Neuausfertigung durch den urfprünglichen Ausfteller unter Wiederholung des urfprünglichen Protokoll ; 167. unter laufendem Protokoll, 168. aber mit Belaffung der urfprünglichen Datirung; 169. mit theilweife geänderter Datirung. 170. Behandlung der Anführung der Fürbitter und Zeugen. 171. Neuausfertigung von Urkunden früherer Könige. 172. Wörtliche Ein͵

rückung. — 173. Beſtätigungsurkunden nach Privaturkunden; 174. nach Königsurkunden; Einfluſs auf den Text; 175. auf Anführung der Fürbitter; 176. Wiederholung der Zeugen. 177. Einfluſs auf das Protokoll. 178. Theilweiſe Wiederholung der Datirung. — 179. Benutzung von Vorurkunden verſchiedenen Inhaltes; von an die Kanzlei eingereichten; 180. von in der Kanzlei vorhandenen. 181. Theilweiſe Wiederholung der Datirung; die Schenkungsurkunden K. Heinrichs II. für Bamberg. Akte. 182. Der Ausdruck Akt und Akten. 183. Verhältniſs zu deutſchen Privaturkunden. Beglaubigte Akte. 184. Notariatsakten. 185. Amtsakten. — 186. Benutzung von Akten bei Königsurkunden. Akten aus der Kanzlei K. Heinrichs VII. 187. Benutzung in Königsurkunden für Italien; 188. für Deutſchland; von Akten des Hofgerichts, in ſpäterer Zeit; 189. in früherer Zeit; 190. von Akten der Hofkanzlei; wegen Beibehaltung der Form des Aktes; 191. wegen der Genauigkeit bei nachträglichen Beurkundungen.

INNSBRUCK, im November 1876.